EUGÈNE GUÉNIN

LA
NOUVELLE-FRANCE

Prix 4.50

HACHETTE ET CIE

LA NOUVELLE-FRANCE

DU MÊME AUTEUR

La Russie. HISTOIRE, GÉOGRAPHIE, LITTÉRATURE. *Deuxième édition.* — Un vol. in-18, broché... 3 fr. 50

Les Parisiens de Paris. SILHOUETTES ARTISTIQUES. — Un vol. in-18, broché. 2 fr.

Bucoliques. NOUVELLES. — Un vol. in-18, broché................... 3 fr. 50

Histoire de la Colonisation française. Tomes I et II. LA NOUVELLE-FRANCE. *Deuxième édition.* — Deux vol. in-18, brochés........................ 7 fr.

Les Hommes d'action. CAVELIER DE LA SALLE, préface de Gabriel Bonvalot. — Un vol. in-18, broché... 0 fr. 50

Montcalm. — Un vol. in-18, broché............................. 0 fr. 75

Coulommiers. — Imp. PAUL BRODARD.

Champlain fait pendre un des conspirateurs

BIBLIOTHÈQUE DES ÉCOLES ET DES FAMILLES

EUGÈNE GUÉNIN

LA NOUVELLE-FRANCE

OUVRAGE ILLUSTRÉ DE 400 GRAVURES ET 5 CARTES

Couronné par l'Académie française

PARIS
LIBRAIRIE HACHETTE ET Cie
79, BOULEVARD SAINT-GERMAIN, 79
1900

Droits de traduction et de reproduction réservés.

A

Monsieur ÉMILE LOUBET

PRÉSIDENT DU SÉNAT

Ce livre a été dédié en témoignage de reconnaissance et de respectueux dévouement.

Gloria victis.

La France possédait autrefois, dans l'Amérique septentrionale, un vaste empire qui s'étendait depuis le Labrador jusqu'aux Florides, et des rivages de l'Atlantique aux lacs les plus reculés du Haut-Canada.

Aujourd'hui, deux îlots, Saint-Pierre et Miquelon, aux abords de Terre-Neuve, nous restent, seuls débris de cet immense domaine; une autre race a colonisé le nouveau monde et pris possession des territoires qui séparent les océans, étouffant, détruisant à son contact toutes les populations indiennes, essayant de traiter de même les malheureux Français restés aux bords du Saint-Laurent. Proscriptions, transportations, pillages, dépossession, corruption, tous les moyens ont été employés pour atteindre le but et faire du Canada une nouvelle Irlande; ils ont échoué devant la résistance insurmontable des Canadiens français.

C'est l'histoire de cette colonisation et de ces luttes, trop ignorées, que nous allons retracer, avec une admiration passionnée pour les héros qu'elles enfantèrent et pour le peuple dont les plus dures épreuves n'ont entamé ni la foi ni l'amour du vieux pays.

De cette constante affection pour la France, nous avons trouvé, pendant que nous réunissions les matériaux de cet ouvrage, une preuve bien touchante. Le premier volume d'une Histoire du Canada, de Garneau, parvenu entre nos mains par le hasard des ventes, était accompagné de l'envoi dont nous reproduisons le texte :

« Mon cher ami, cette première édition de l'Histoire du Canada a été achetée par mon père en 1845. A cette époque nous nous doutions de ce qu'avaient été les nôtres; nous savions qu'il avait passé au-dessus du berceau de nos anciens des émanations de poudre, des cris de guerre, des cliquetis d'épées et de tomahawks, des hourras de victoire. On se racontait ces choses dans les familles, tout en causant de la France qui ne revenait pas. Nous possédions les grandes lignes de notre passé, mais nous ne connaissions pas encore les héroïques détails de notre épopée nationale. Garneau nous les a révélés.

« Mon père, un vieux de la Nouvelle-France, m'a souvent pris sur ses genoux pour me raconter et pour commenter ce que ses pères avaient fait chez nous, chez vous, en Amérique, au nom de la vieille France. Enfant, j'ai souvent feuilleté ces chers volumes. Ils sont rarissimes aujourd'hui; de plus ils sont relique de famille.

« Je vous les donne, ces livres, puisque vous aimez notre pays, cette Alsace, cette Lorraine perdue pour vous, — mais non pour les vôtres, — depuis 1763. Vous les lirez au coin du feu, en songeant à notre glorieux passé, en disant à nos frères d'outre-mer d'aider à notre avenir qui ne le sera pas moins.

« Mon père est mort en priant pour la France. Si son cœur était venu en contact avec ce cœur chaud et patriotique que je vous connais, il se serait fait un plaisir de vous offrir lui-même cette Histoire du Canada.

« Il est mort : je le remplace, et je ne fais en ce moment qu'obéir à sa voix. Sur son lit d'agonie je l'ai souvent entendu répéter ces mots auxquels je m'unis avec vous de toute mon âme : Puisse Dieu protéger la France !

« FAUCHER DE SAINT-MAURICE.

« Québec, ce 15 septembre 1883, 124ᵉ anniversaire de la bataille des plaines d'Abraham. »

Le Canadien qui a écrit ces lignes nous pardonnera de les publier; elles toucheront jusqu'au fond de l'âme tous ceux qui ont le culte de la Patrie.

E. GUÉNIN.

LA NOUVELLE-FRANCE

CHAPITRE I

JACQUES CARTIER — CHAMPLAIN

En l'année mil cinq cent trente-trois, Jacques Cartier, pilote malouin, désirant perpétuer son nom par quelque action signalée, fit savoir à messire Philippe Chabot, amiral de France, la bonne volonté qu'il avait de découvrir des terres, ainsi que les Espagnols avaient fait aux Indes occidentales, et aussi, neuf ans auparavant, Jean Verazzano, lequel n'avait créé aucune colonie, mais avait seulement reconnu la côte depuis la Floride jusqu'à Terre-Neuve. L'amiral en fit part au roi François 1er, qui confia audit Cartier deux vaisseaux de chacun soixante tonneaux et soixante et un hommes d'équipage pour l'exécution de ce qu'il avait proposé.

Parti du port de Saint-Malo le 20 avril 1534, Cartier arrivait le 10 mai en vue de Terre-Neuve. Après en avoir suivi les côtes, il s'engageait dans le détroit de Belle-Isle et longeait la terre du Labrador. L'aspect désolé de cette contrée devait frapper le navigateur qui la dépeint sous le jour le plus triste : « Si la terre correspondait à la bonté des ports, ce serait un grand bien; mais on ne la doit point appeler terre, et plutôt cailloux et rochers sauvages et lieux propres aux bêtes farouches, car il n'y a autre chose que mousse, petites épines et buissons, çà et là séchés et demi-morts. En somme, je pense que cette terre est celle que Dieu donna à Caïn. On y voit des hommes de belle taille et grandeur, mais indomptés et sauvages. Ils portent les cheveux liés au sommet de la tête et étreints comme une poignée de foin, y mettant au travers un petit bois ou autre chose au lieu de clou, et quelques plumes d'oiseaux. Ils vont vêtus de peaux d'animaux et se peignent avec certaines couleurs rouges. »

Contournant par le nord l'île de Terre-Neuve et se dirigeant à l'ouest, Cartier arrivait à la baie de Gaspé, dont il prenait possession au nom du roi de France, en faisant planter une croix sur le rivage. Il côtoya ensuite la grande île d'Anticosti, à l'entrée du fleuve Saint-Laurent, puis les vents d'est commençant à souffler avec violence et la saison des tempêtes approchant, il se décida à revenir en France. Les heureux résultats de la navigation qu'il avait accomplie valurent à l'entreprenant Malouin de puissants protecteurs, et l'un d'eux, le vice-amiral de la Meilleraie, obtint pour lui trois navires, avec charge de les conduire, équipés et avitaillés pour quinze mois, au parachèvement de la découverte des terres qu'il avait commencé à reconnaître.

Le 19 mai 1535, la petite flottille appareillait. Le 1er septembre, les équipages remontant le fleuve Saint-Laurent s'arrêtaient au port de Tadoussac, à l'entrée de la rivière de Saguenay, où quelques sauvages, venus du pays de Canada, en amont du fleuve, se livraient à la pêche des loups marins. Le 7 septembre, ils arrivaient à Canada, amas de cabanes dont le nom a été appliqué depuis à la totalité de la contrée. La saison s'avançant déjà fort, Cartier prit la résolution de passer l'hiver dans ce pays inconnu ; il voulait achever de relever le cours de la grande rivière dans laquelle jamais marinier n'était entré avant lui. En conséquence, il descendit à terre pour faire planter des balises et mettre les navires en sûreté. C'est à l'embouchure de la rivière Saint-Charles qu'il s'arrêtait ainsi, près du lieu où s'élève aujourd'hui Québec. « Ce point du Saint-Laurent, par la distribution des montagnes, des plaines, des coteaux, des vallées, des chutes, des îles, est l'un des sites les plus grandioses et les plus magnifiques de l'Amérique. Les deux rives du fleuve conservent longtemps en remontant depuis le golfe un aspect imposant, mais triste et sauvage ; sa grande largeur à son embouchure, ses nombreux écueils, ses coups de vent en certaines saisons de l'année, ses brouillards en font un lieu redoutable pour les navigateurs qui contribue encore à augmenter cette tristesse. Les côtes escarpées qui le bordent pendant l'espace de plus de cent lieues, les montagnes couvertes de sapins noirs qui resserrent au nord et au sud la vallée qu'il descend et dont il occupe par endroits presque toute la largeur, les îles aussi nombreuses que variées par leur forme et dangereuses à la navigation qui se multiplient à mesure qu'on avance, enfin tous les débris épars des obstacles que le grand tributaire de l'Océan a rompus et renversés pour se frayer un passage à la mer saisissent l'imagination du voyageur qui le remonte pour la première fois. Mais à Québec la scène change : autant la nature est âpre et sauvage sur le bas du fleuve, autant elle est ici variée et pittoresque sans cesser de conserver un caractère de grandeur. » (Garneau.)

Le site était bien choisi pour un hivernage ; quant aux naturels, dès que les navires furent à l'ancre, plus de cinq cents vinrent les visiter et offrir des vivres et du poisson, en échange desquels il leur fut fait de petits présents. Comme leur chef manifestait le désir d'entendre la détonation d'une pièce d'artillerie, Cartier donna l'ordre de tirer une douzaine de coups sur le bois voisin. « Ils en furent tous si étonnés qu'ils pensaient que le ciel fût chu sur eux et se prirent à hurler si fort qu'il semblait qu'enfer y fût vuidé. »

Après une reconnaissance du fleuve jusqu'au village d'Hochelaga, situé au pied d'une montagne à laquelle fut donné par lui le nom de Mont Royal, changé depuis en celui de Montréal, Cartier rejoignit le havre de Sainte-Croix où il allait être soumis avec ses compagnons aux atteintes d'un âpre et dur climat. Au Canada, l'hiver est en effet plus rigoureux que dans les contrées européennes situées à la même latitude. Nulle chaîne de montagnes ne protège le pays contre les vents

Jacques Cartier prend possession de la baie de Gaspé

glacés de l'ouest et du nord-ouest, et près de là s'étendent les froides régions arctiques. En quelques semaines, la transformation est accomplie. De tous côtés, les plaines immenses sont ensevelies sous une épaisse couche de neige. Au milieu d'elles, les forêts de sapins, sombres et silencieuses, s'étendent à l'horizon. Quel triste aspect présente alors ce pays naguère encore si vert, si animé et si riant !

« Dans le jour, un horizon terne, un ciel gris ou chargé de nuages noirs, quelquefois un jaune et fugitif rayon de soleil pareil au dernier regard d'un malade qui s'éteint ; puis une obscurité subite sans les douces lueurs du crépuscule et, dans les nuits parfois lucides, des étoiles qui ressemblent à de froides pointes d'acier clouées au firmament et une lune pâle qui ressemble à un disque de glace. Pas une mélodie dans les airs, pas un mouvement dans les champs ni dans les bois. Les lacs et les rivières, enchaînés par les glaces, ont perdu leurs doux murmures ; les insectes avec leurs larves sont cachés dans les réduits imperceptibles d'où ils ne sortiront qu'au printemps ; les oiseaux se sont enfuis vers des régions plus chaudes ; les écureuils mêmes, ces vifs habitants des forêts, émigrent ; les ours et les ratons se bloquent dans une ténébreuse retraite ; les daims et les élans se retirent dans les profondeurs des forêts ; les loups seuls errent encore à l'aventure, cherchant une proie sur cette terre dépeuplée, et dans leurs appétits faméliques poussent des hurlements sinistres. Parfois aussi, une corneille égarée fend l'air comme une flèche noire et s'abat sur un rameau de sapin en jetant un cri aigu. De temps à autre, dans les ombres du soir, retentissent les accents du hibou cornu, dont les modulations plaintives, pareilles aux gémissements d'une voix humaine, épouvantent comme un sinistre augure, comme un chant funèbre, le voyageur solitaire qui les entend résonner dans le silence des nuits. Mais quelquefois, dans cette immobilité de la nature, tout à coup le vent d'hiver se lève, et dans son vol impétueux balaie les plaines de neige comme le simoun les sables du désert. La tempête éclate et les grandes tiges de sapin s'inclinent sous sa puissance, se courbent l'une contre l'autre, s'entre-choquent et se rompent avec un fracas pareil à celui d'une muraille qui s'écroule ou d'une mer en furie qui se brise sur les rochers. En un instant, les géants séculaires des forêts sont mutilés et découronnés, et la terre est jonchée de leurs larges rameaux. Après ces ouragans, le ciel redevient clair et serein, la neige brillante, trop brillante même, car elle fatigue les yeux et à certains moments son éclat est dangereux. » (Xavier Marmier.)

Décimés pendant l'hiver par le scorbut, les Français durent abandonner un des trois navires, la *Petite Hermine*, pour regagner la France au mois de juillet 1536. Un troisième voyage de Cartier, en 1541, n'amena pas d'autres découvertes ; retiré à Saint-Malo, il y mourait de la peste le mercredi 1er septembre 1557. Aucun navigateur n'avait encore osé avant lui pénétrer jusque dans le cœur même du nouveau monde.

Un neveu et héritier de Cartier, Jacques Noël, maître pilote de Saint-Malo, fit plusieurs voyages au Canada et remonta le Saint-Laurent jusqu'aux rapides. On lit dans une lettre de lui qu'il avait dressé une carte marine de ces contrées, et l'avait remise en 1587 à ses deux fils, Michel et Jean, se rendant à leur tour dans ces parages. Jacques Noël était associé avec un sien parent pour la traite des fourrures, et tous deux obtinrent, par lettres patentes du 14 janvier 1588, le monopole de ce commerce ; mais, dès le 9 juillet suivant, sur les réclamations d'autres marchands de Saint-Malo qui faisaient le même trafic, leur privilège était révoqué par Henri III, et les deux associés en furent pour les frais qu'ils avaient engagés dans le but d'exploiter leur monopole.

Lorsque les troubles prirent fin avec l'avènement du roi Henri le Béarnais au trône de France, des esprits aventureux songèrent à reprendre les explorations de Cartier et à tirer profit de ses découvertes. C'est dans ce but qu'un gentilhomme breton, Troïlus du Mesgouez, marquis de la Roche, gouverneur de Morlaix, obtenait de Henri IV, le 3 janvier 1578, le titre de « lieutenant général et vice-roi des terres neuves et pays occupés par gens barbares qu'il prendra et conquestera aux pays de Canada, Hochelaga, Labrador, etc., avec pouvoir de lever, fréter et équiper tel nombre de gens, navires et vaisseaux qu'il advisera ».

Sous la conduite d'un pilote normand du nom de Chédotel, qui avait déjà fait plusieurs fois le voyage de Terre-Neuve, le marquis de la Roche s'embarquait sur un navire avec une soixantaine d'hommes extraits des prisons, que le plaisir de courir les aventures avait déterminés à l'accompagner comme colons. Il lui avait sans doute été impossible de décider d'autres Français dans une situation plus honorable à prendre part à l'expédition. Parvenu à l'île de Sable, dans le golfe Saint-Laurent, à vingt-cinq lieues au sud du cap Breton, il débarqua la plus grande partie des hommes qu'il avait amenés; son intention était de reconnaître les abords du continent où il voulait créer un établissement et de revenir ensuite les prendre; il leur laissait des vivres et des munitions pour leur permettre de s'installer en attendant son retour. Après une exploration des côtes de l'Acadie, il allait accomplir sa promesse et aborder l'île de Sable lorsque, surpris par une tempête, il fut rejeté en plein océan et poussé si rapidement vers l'Est qu'en dix ou onze jours il arrivait en France. Fait prisonnier par le duc de Mercœur qui gouvernait en Bretagne au nom de la Ligue contre le roi, il fut enfermé au château de Nantes et y resta prisonnier pendant cinq ans. Délivré enfin, il revint à la cour et parla au roi des malheureux abandonnés au delà des mers. Ému de pitié, Henri IV ordonna au pilote Chédotel, qui allait retourner aux bancs de Terre-Neuve pour la pêche, de se rendre à l'île de Sable et de ramener les hommes qu'il y trouverait. Cette île, en forme de croissant, complètement improductive, sans arbres ni broussailles, a une étendue d'une dizaine de lieues; elle renferme un lac qui couvre la moitié de sa surface; de la mousse et quelques herbes y poussent seules sur un sol de sable mouvant. Elle avait déjà été visitée, sous le règne de François 1er, par le baron de Saint-Léry, qui y avait laissé quelques vaches et des pourceaux.

Les colons débarqués par le marquis de la Roche sur cette terre déserte, livrés à eux-mêmes et ne voulant plus reconnaître aucun maître, furent bientôt en proie à d'horribles luttes intestines. Ayant à pourvoir à leur subsistance et attendant de jour en jour le navire qui les avait amenés là, ils consommèrent sans ménagement leurs provisions. Il leur fallut ensuite recourir à la chasse et à la pêche; les vaches et les pourceaux, qui s'étaient multipliés sur ce sol ingrat, furent tués et mangés jusqu'au dernier; les coquillages trouvés à la côte, les poissons fournirent plus tard un aliment bien précaire. Pour s'abriter contre les intempéries de l'air, les uns creusèrent des trous dans le sable et se firent de véritables terriers; les autres, les plus forts sans doute, s'emparant des débris d'un navire jeté par une mer furieuse sur les rochers de la plage, en construisirent une baraque dans laquelle ils échap-

SAINT-MALO.
Dessin de Taylor, d'après une photographie de M. Ordinaire.

pèrent aux morsures du froid et aux tourbillons de neige. La discorde les avait armés les uns contre les autres, les querelles qui s'étaient engagées entre eux, dès les premiers jours, s'étaient souvent terminées par des rixes mortelles; mais une misère commune avait fini par les dompter et amener les survivants à s'entr'aider pour soutenir leur triste existence. Les années s'écoulant et faisant disparaître tout espoir de délivrance, ces malheureux en étaient venus à vivre comme les sauvages; le froid les ayant obligés à remplacer leurs vêtements tombés en lambeaux, ils en avaient fait avec des peaux de loups marins qu'ils surprenaient et tuaient lorsqu'ils venaient se reposer sur les plages de l'île. Leurs cheveux et leurs barbes tombaient incultes sur leurs poitrines et leurs épaules; les intempéries de l'air avaient brûlé et bruni leur peau; ainsi accoutrés ils étaient hideux; descendus au dernier degré de la bestialité, ils vivaient au jour le jour, succombant les uns après les autres au froid, à la faim et aux maladies qu'engendrent toujours la misère et le défaut de soins. Lorsque le pilote Chédotel, chargé de les rapatrier, arriva en vue de l'île de Sable, ils restaient douze. De retour en France, ils furent présentés au roi dans l'état où ils avaient été trouvés, avec leurs peaux d'animaux marins et leurs longues barbes. Par son ordre ils reçurent chacun cinquante écus et on les renvoya dans leurs familles, avec défense de les rechercher pour les crimes qui avaient autrefois entraîné leur emprisonnement. Pendant leur long séjour à l'île de Sable, ils avaient amassé des peaux de loups marins et de renards noirs, que le pilote Chédotel, homme fort avare, s'était fait remettre avant de consentir à les embarquer. Sur leurs réclamations, une transaction intervint entre eux et le pilote, qui dut leur restituer au moins la moitié de leur bien, le reste lui étant alloué pour ses frais de voyage.

Le marquis de la Roche, emprisonné pendant plusieurs années, ruiné et dans l'impossibilité de reprendre ses projets de colonisation, finit par mourir de chagrin. Malgré son échec, sa succession fut vivement recherchée et obtenue par Pierre Chauvin, capitaine de vaisseau qui, d'accord avec le sieur Dupont-Gravé, marin et négociant de Saint-Malo, entreprit de conduire une colonie au Canada. Après y avoir réuni un riche chargement de pelleteries, il regagna la France, laissant seize de ses hommes à Tadoussac, où le froid et la faim les décimèrent. « L'hiver survenant, dit Champlain, leur fit bien connaître le changement qu'il y avait entre la France et Tadoussac; c'était la cour du roi Pétaud; chacun voulait commander; la paresse, la fainéantise avec les maladies qui les surprirent les réduisirent en de grandes nécessités. » Ils seraient tous morts de misère et de faim si les sauvages des environs ne les avaient secourus et nourris du produit de leurs chasses.

Un second voyage des deux associés, exécuté dans des conditions analogues en 1600, fut aussi lucratif au point de vue commercial, mais ne donna pas de meilleurs résultats quant à la colonisation. En 1601, Chauvin mourait au moment où il se préparait à un troisième voyage et son privilège passait au gouverneur de Dieppe, Aymard de Chastes, commandeur de l'ordre de Malte, vice-amiral des mers du Ponant, qui forma une compagnie de marchands de Dieppe, de Rouen et de Saint-Malo pour organiser une expédition dont il confia le commandement à Dupont-Gravé; celui-ci s'adjoignait à son tour l'homme qui allait bientôt fonder Québec et réaliser le rêve de Jacques Cartier en créant la colonie du Canada.

Samuel de Champlain, né en 1567, à Brouage, pays de Saintonge, était le fils d'Antoine de Champlain, capitaine de la marine, et de Marguerite Le Roy. La profession de son père détermina celle qu'il devait suivre à son tour. « Dès mon bas âge, écrit-il dans la relation de ses voyages publiée en 1613, l'art de la navigation m'a attiré à l'aimer et m'a provoqué à m'exposer presque toute ma vie aux ondes impétueuses de l'Océan. Il m'a fait côtoyer une partie des terres de l'Amérique et principalement de la Nouvelle-France. » Un de ses oncles, réputé l'un des meilleurs marins de son temps, s'acquit une si grande estime chez les Espagnols qu'il devint pilote général de leurs forces navales.

Après avoir servi avec le grade de maréchal des logis dans l'armée royale pendant les troubles de la Ligue, Champlain fit en 1599, avec son oncle, un voyage en Espagne, puis il se rendit au Mexique où il séjourna près de deux ans et demi. A son retour, en 1601, il consigna les détails de son exploration dans un mémoire qui fut adressé au roi Henri IV sous ce titre : « Brief discours des choses plus remarquables que Samuel Champlain de Brouage a recognues aux Indes occidentales au voyage qu'il y a fait. »

Nommé géographe du roi, Champlain séjourna à Dieppe, où il entra en relations avec le gouverneur de Chastes, qui lui proposa de faire le voyage du Canada « pour voir ce pays ». Ce projet le séduisit et il obtint du roi l'autorisation de se joindre à l'expédition projetée à la côte d'Amérique. Henri IV le chargea de lui faire un rapport fidèle de ce qu'il verrait à la Nouvelle-France. Parti de Honfleur le 15 mars 1603 avec Dupont-Gravé, il remontait le fleuve Saint-Laurent jusqu'au sault Saint-Louis et recueillait sur le pays des informations qu'à son retour il publiait sous ce titre curieux : « Des sauvages, ou voyage de Samuel Champlain, de Brouage, fait en la France-Nouvelle, contenant les mœurs, façon de vivre, mariages, guerres et habitations des sauvages de Canadas; de la descouverte de plus de quatre cens cinquante lieues dans le païs des sauvages; quels peuples y habitent, des animaux qui s'y trouvent, des rivières, lacs, isles et terres, et quels arbres et quels fruicts elles produisent; de la coste d'Acadie, des terres que l'on y a descouvertes, et de plusieurs mines qui y sont, selon le rapport des sauvages. A Paris, chez Claude de Montr'œil, tenant sa boutique en la cour du Palais. » Le permis d'imprimer est daté du 15 novembre 1603.

Pendant ce voyage, M. de Chastes était mort et avait été remplacé dans son privilège par Pierre du Guast, sieur de Monts, gentilhomme protestant qui s'était attaché à la fortune de Henri IV et avait été nommé par lui gouverneur de Pons. De Monts avait accompagné comme volontaire le capitaine Chauvin à Tadoussac, et le triste souvenir qu'il avait gardé de ce voyage le décida à essayer de former un établissement plus au Sud, dans l'Acadie, dont le climat moins rude et la terre plus fertile permettraient de s'y fixer sans s'exposer aux mécomptes éprouvés par ceux qui avaient hiverné en plein Canada. Accompagné de quelques gentilshommes, de cent vingt soldats et ouvriers catholiques et protestants, il partait du Havre le 7 mars 1604 et arrivait en vue des côtes de l'Acadie le 6 mai suivant. Champlain, à la requête du roi qui avait pris un vif intérêt à la relation de son premier voyage, faisait partie de l'expédition avec Dupont-Gravé et Jean de Biencourt, sieur de Poutrincourt, gentilhomme de Picardie, qui désirait depuis longtemps voir ces terres de la Nouvelle-France et y choisir quelque lieu propre pour s'y retirer en compagnie de sa femme et de ses enfants, avec l'espoir d'y trouver plus de tranquillité qu'en Europe. Il allait y rencontrer les mêmes luttes, les mêmes convoitises, et constater finalement que là, comme dans le vieux monde, la force brutale et la perfidie triomphent trop souvent.

Après un hivernage à l'île Sainte-Croix, pendant lequel trente-six hommes succombèrent aux attaques du scorbut, de Monts descendit vers le Sud et s'arrêta à Port-Royal, aujourd'hui Annapolis, où il résolut de s'installer définitivement. Le site était bien choisi; la nature n'a rien épargné pour en faire un des plus beaux ports du monde : la baie a deux lieues de long sur une grande lieue de large; une petite île occupe le milieu du bassin et les vaisseaux peuvent en approcher de fort près; le climat y est tempéré; des terres fertiles, de vastes prairies environnées de profondes forêts s'étendaient aux alentours; la chasse y était abondante et le rivage poissonneux. De Poutrincourt, frappé des avantages que présentait ce site attrayant, en demanda la concession à M. de Monts, qui la lui accorda.

Dans l'automne de 1605, de Monts, laissant le soin de sa colonie naissante à Champlain et Dupont-Gravé, repassa en France, où il vit son privilège révoqué sur les plaintes des pêcheurs bretons, basques et normands; il chargea néanmoins Poutrincourt, qui l'avait accompagné, de conduire un navire à Port-Royal, pour y transporter du matériel et de nouveaux colons. Parmi eux se trouvait Marc Lescarbot, avocat au Parlement de Paris, qui a écrit une relation fort intéressante de ce voyage. « Ayant eu l'honneur, dit-il, de connaître le sieur de Poutrincourt quelques années auparavant, il me demanda si je voulais être de la partie. Après avoir bien consulté en moi-même, désireux non tant de voir le pays que de reconnaître la terre oculairement à laquelle j'avais ma volonté portée, et fuir un monde corrompu, je lui donnais ma parole. »

Arrivé, pour s'embarquer, à la Rochelle, l'avocat qui jetait ainsi la robe aux orties pour courir le monde composait afin de s'égayer l'esprit, en attendant l'heure du départ, et faisait imprimer un adieu à la France, « reçu avec applaudissements du peuple ». Il commence par ces vers, qui ne manquent pas d'une certaine grâce :

> Ores que la saison du printemps nous invite
> A sillonner le dos de la vague Amphitrite,
> Et cingler vers les lieux où Phœbus chaque jour
> Va faire tout lassé son humide séjour,
> Je veux ains que partir dire adieu à la France,
> Celle qui m'a produit et nourri dès l'enfance :
> Adieu non pour toujours, mais bien sous cet espoir
> Qu'encores quelque jour je la pourrai revoir.

Il était bien Français, celui qui écrivait ces vers; voir du pays lui semblait fort plaisant, mais l'adieu « à la douce mère » n'était pas prononcé sans esprit de retour; avant même de s'embarquer il promettait de revenir.

Le départ n'alla pas tout seul. Lescarbot nous en retrace, dans un style fort alerte, les diverses péripéties : « Arrivés que nous fûmes à la Rochelle, nous y trouvâmes notre navire, appelé le *Jonas*, du port de cent cinquante tonneaux, prêt à sortir hors les chaînes de la ville pour attendre le vent. Cependant nous faisions bonne chère, voire si bonne qu'il nous tardait que nous fussions sur mer pour faire diète; ce que nous ne fîmes que trop quand nous y fûmes une fois, car deux mois se passèrent avant que nous vissions terre. Mais les ouvriers parmi la bonne chère

Le pilote Chédotel retrouve les abandonnés de l'île de Sable

(car ils avaient chacun vingt sols par jour) faisaient de merveilleux tintamarres au quartier de Saint-Nicolas où ils étaient logés ; ce qu'on trouvait fort étrange en une ville si réformée que la Rochelle, en laquelle ne se fait aucune dissolution apparente, et faut que chacun marche l'œil droit s'il ne veut encourir la censure soit du maire, soit des ministres de la ville. De fait il y en eut quelques-uns prisonniers, lesquels on garda à l'hôtel de ville jusqu'à ce qu'il fallût partir, et eussent été châtiés sans la considération du voyage, auquel on savait bien qu'ils n'auraient pas toutes leurs aises, car ils payèrent assez par après la folle enchère de la peine qu'ils avaient baillée aux bourgeois de ladite ville pour les tenir en devoir.

« Notre *Jonas*, ayant sa charge entière, est enfin tiré hors la ville, à la rade, et pensions partir le huitième ou le neuvième d'avril. Mais comme il y a ordinairement de la négligence aux affaires des hommes, avint que le capitaine ayant laissé le navire mal garni, n'y étant pas lui-même ni le pilote, ains seulement six ou sept matelots tant bons que mauvais, un grand vent s'élève dans la nuit, qui rompt le câble du *Jonas* et le chasse sur un avant-mur qui est hors la ville contre lequel il choque tant de fois qu'il se crève. Et bien vint que la mer pour lors se retirait, car si ce désastre fût arrivé de flot le navire était en danger d'être renversé avec une perte beaucoup plus grande qu'elle ne fut; mais il se soutint debout et y eut moyen de le radouber, ce qui fut fait en diligence. A ce spectacle était presque toute la ville de la Rochelle sur les remparts. La mer était encore irritée et pensâmes aller choquer plusieurs fois contre les grosses tours de la ville. Enfin, nous entrâmes dedans, bagues sauves. Le vaisseau fut vuidé entièrement et fallut faire nouvel équipage. La perte fut grande et le voyage presque rompu pour jamais, car après tant de coups d'essais, je crois qu'à l'avenir nul ne se fût hasardé d'aller planter des colonies par delà, ce pays étant tellement décrié que chacun nous plaignait sur les accidents de ceux qui y avaient été par le passé. Néanmoins, le sieur de Monts et ses associés soutinrent virilement cette perte. Enfin à toute force l'onzième de mai 1606, à la faveur d'un petit vent d'Est, on gagna la rade de la Palisse, puis nous fîmes voile en pleine mer tant que peu à peu nous perdîmes de vue les grosses tours et la ville de la Rochelle, puis les îles de Ré et d'Oléron, disant adieu à la France. »

La traversée ne s'accomplit pas sans encombre ; les vents furent presque toujours contraires, parce qu'on était parti trop tard, et les mauvais temps donnèrent matière à la verve du gai compagnon. On arriva enfin aux bancs de Terre-Neuve, et l'on fit route vers Port-Royal, assez à temps pour rencontrer Champlain et Dupont-Gravé qui, se croyant abandonnés, avaient pris le parti de repasser en France. Les premiers jours après le débarquement furent employés en réjouissances. « Le sieur de Poutrincourt fit mettre un muid de vin en perce, et donna permission de boire à tous venants, tant qu'il dura, si bien qu'il y en avait qui se firent beaux enfants. »

Pendant l'automne, Poutrincourt et Champlain visitèrent les côtes au sud ; les indigènes leur apportaient des vivres en échange de menus objets ; ils eurent parfois maille à partir avec eux. Lescarbot nous dépeint plaisamment comment les choses se passaient : « Le sieur de Poutrincourt ayant pris terre, voici, parmi une multitude de sauvages, des fifres en bon nombre, qui jouaient de certains flageolets longs faits comme des cannes de roseaux, peinturés par-dessus ; mais non avec telle harmonie que pourraient faire nos bergers, et pour montrer l'excellence de leur art ils sifflaient avec le nez en gambadant. Et comme ils accouraient précipitamment pour venir à la barque, il y eut un sauvage qui se blessa grièvement au talon contre le tranchant d'une roche, dont il fut contraint de demeurer sur la place.

« Le chirurgien du sieur de Poutrincourt, à l'instant, voulut apporter à ce mal ce qui était de son art, mais ils ne le voulurent permettre que premièrement ils n'eussent fait à l'entour de l'homme blessé leurs simagrées. Ils le couchèrent donc par terre, l'un d'eux lui tenant la tête en son giron, et firent plusieurs criaillements et chansons, à quoi le malade ne répondait sinon : Ho! d'une voix plaintive. Ce qu'ayant fait, ils le permirent à la cure du chirurgien et s'en allèrent comme aussi le patient après qu'il fut pansé; mais deux heures après il revint le plus gaillard du monde, ayant mis à l'entour de sa tête le bandeau dont était enveloppé son talon, pour être plus beau fils. Pour le maïs, les fèves et raisins frais cueillis, ils en apportaient plus qu'on ne voulait à l'envi l'un de l'autre, et en récompense on leur attachait au front une bande de papier mouillée de crachat, dont ils étaient fort glorieux. On leur montra, en pressant le raisin dans un verre, que de cela nous faisions du vin que nous buvions et on les voulut faire manger du raisin, mais l'ayant en la bouche ils le crachaient comme poison, tant ce peuple est ignorant de la meilleure chose que Dieu ait donnée à l'homme après le pain. Néanmoins ne manquent-ils point d'esprit et feraient quelque chose de bon s'ils étaient civilisés, mais ils sont cauteleux, larrons et traîtres, et quoiqu'ils soient nus, on ne se peut garder de leurs mains, car si on détournait tant soit peu l'œil et voyent l'occasion de dérober quelque couteau, hache ou autre chose, ils n'y manqueront point et mettront le larcin entre leurs fesses où le cacheront sous le sable avec le pied si dextrement qu'on ne s'en apercevra point. »

Deux coups de feu tirés sur un sauvage qui avait dérobé une hache amenèrent des représailles; ses compagnons, au point du jour, vinrent sans bruit, « ce qui leur était aisé à faire, n'ayant ni chevaux, ni charrettes, ni sabots », jusque sur le lieu où dormaient cinq des hommes de Poutrincourt; voyant l'occasion belle à faire un mauvais coup, ils donnèrent dessus à traits de flèches et coups de masse, et en tuèrent trois, le reste demeurant blessé. Après avoir repoussé cette attaque, les Français rendirent les derniers devoirs à leurs morts, que l'on enterra dans cette région inconnue, au pied d'une croix que l'on avait plantée. « Mais l'insolence de ce peuple barbare fut grande après les meurtres par eux commis en ce que comme nos gens chantaient sur nos morts les oraisons et prières funèbres, ces marauds dansaient et hurlaient loin de là, se réjouissant de leur trahison, et pourtant quoiqu'ils fussent grand nombre, ne se hasardaient pas de venir attaquer les nôtres, lesquels pour ce que la mer baissait fort se retirèrent en la barque. Mais comme la mer fut basse et n'y avait moyen de venir à terre, cette méchante gent vint derechef au lieu où ils avaient fait le meurtre, arrachèrent la croix, déterrèrent l'un des morts, prirent sa chemise et la vêtirent, montrant leurs dépouilles qu'ils avaient emportées, et parmi ceci encore tournant le dos à la barque jetaient du sable à deux mains par entre les fesses en dérision, hurlant comme des loups, ce qui fâcha merveilleusement les nôtres, lesquels ne manquaient de tirer sur eux leurs pièces de fonte, mais la distance était fort grande, et avaient déjà cette ruse

LA ROCHELLE.
Dessin de Lancelot, d'après nature.

de se jeter par terre quand ils y voyaient mettre le feu, de sorte qu'on ne savait s'ils avaient été blessés ou autrement. »

Les vents contraires et la crainte de manquer de vivres par suite de l'hostilité des naturels hâtèrent le retour à Port-Royal, où la saison d'hiver se passa cette fois sans trop de souffrances. Au printemps on sema du blé et des légumes ; puis, sous la direction de Champlain et de Lescarbot, dont la robuste gaîté soutenait tous les esprits, on construisit un moulin servant à broyer le grain, un alambic pour fabriquer du goudron, des fourneaux destinés à préparer du charbon de bois. Entre autres distractions, Champlain imagina tout un amusant cérémonial pour le service de la table. Lescarbot y fait allusion en ces termes, dans son histoire de la Nouvelle-France : « Je dirai que pour nous tenir joyeusement et nettement quant aux vivres, fut établi un Ordre en la table dudit sieur de Poutrincourt, qui fut nommé l'*Ordre de Bon temps*, mis premièrement en avant par le sieur Champlain, auquel ceux d'icelle table étaient Maîtres d'hôtel chacun à son jour, qui était en quinze jours une fois. Or avait-il le soin de faire que nous fussions bien et honorablement traités. Ce qui fut si bien observé que, quoique les gourmands de deçà nous disent souvent que nous n'avions point là la rue aux Ours de Paris, nous y avons fait ordinairement aussi bonne chère que nous saurions faire en cette rue aux Ours, et à moins de frais. Car il n'y avait celui qui deux jours que son tour vînt ne fût soigneux d'aller à la chasse, ou à la pêcherie, et n'apportât quelque chose de rare, outre ce qui était de notre ordinaire. Si bien que jamais au déjeuner nous n'avons manqué de saupiquets de chair ou de poissons, et au repas de midi et du soir encore moins ; car c'était le grand festin, là où le Maître d'hôtel, ayant fait préparer toutes choses au cuisinier, marchait la serviette sur l'épaule, le bâton d'office en main et le collier de l'Ordre au col, qui valait plus de quatre écus, et tous ceux d'icelui Ordre après lui portant chacun son plat. Le même était au dessert, non toutefois avec tant de suite. Et au soir, avant rendre grâces à Dieu, il résignait le collier de l'Ordre avec un verre de vin à son successeur en la charge, et buvaient l'un à l'autre. »

Malheureusement, en France, pendant ce même temps, de Monts voyait la société qu'il avait formée ruinée par les agissements de marchands hollandais dont les navires avaient enlevé les pelleteries acquises au cours d'une année de trafic sur le Saint-Laurent. Il informa Poutrincourt de sa situation critique, et celui-ci, ne pouvant plus compter sur aucun secours, dut se résigner à abandonner Port-Royal dont il laissa les bâtiments à la garde des indigènes du voisinage, avec lesquels il avait toujours entretenu les meilleurs rapports. Lescarbot, Champlain et tous leurs compagnons retournèrent avec lui en France.

Trois ans après, à la suite d'un arrangement avec deux négociants de Dieppe, Poutrincourt revenait à la côte d'Acadie ; il y retrouvait les choses exactement dans l'état où il les avait laissées ; les meubles étaient aux mêmes places ; rien n'avait été dérangé par les indigènes dont l'accueil fut aussi cordial que par le passé. Mais les dissensions religieuses vinrent troubler à leur tour cette nouvelle tentative : catholiques et huguenots apportaient là comme ailleurs leurs passions aveugles et leurs tristes préjugés. Déjà, dans le premier voyage de Champlain à la côte d'Acadie, celui-ci avait assisté entre serviteurs du Seigneur à d'étranges scènes assez peu faites pour aider à la conversion des infidèles. Il avait vu le ministre protestant et le curé s'entre-battre à coups de poing sur le différend de la religion. « Je ne sais pas, dit-il en racontant cette rixe scandaleuse, qui était le plus vaillant et qui donnait le meilleur coup, mais je sais très bien que le ministre se plaignait quelquefois au sieur de Monts d'avoir été battu; ils vidaient en cette façon les questions de controverse. Je vous laisse à penser si cela était beau à voir; les sauvages étaient tantôt d'un côté, tantôt de l'autre, et les Français, mêlés selon leurs diverses croyances, disaient pis que pendre de l'une et de l'autre religion. »

Un autre historien des débuts de la colonie, le père Sagard, parlant des premières expéditions au Canada, raconte « qu'en ces commencements où les Français furent vers l'Acadie, il arriva qu'un prêtre et un ministre moururent presque en même temps; les matelots qui les enterrèrent les mirent tous deux dans une même fosse pour voir si, morts, ils demeureraient en paix, puisque, vivants, ils ne s'étaient pu accorder. » Ces luttes intestines devaient amener Champlain et ses successeurs à n'admettre plus tard que des catholiques au Canada, et le temps a maintenu entre les hommes qui peuplent cette terre une division que la conquête a rendue plus profonde encore : langue et religion n'y font qu'un; catholique et Français sont synonymes, comme

CHAMPLAIN.
Dessin de Ronjot.

protestant et Anglais. Au départ de Poutrincourt, la reine mère, Marie de Médicis, sur les instances des jésuites, voulut envoyer avec lui deux pères de cet ordre à Port-Royal, mais ses associés protestants ne consentirent pas à leur embarquement. Alors la femme du gouverneur de Paris, Mme de Guercheville, catholique zélée, indignée de la conduite de ces marchands, obtint que leur contrat d'association fût annulé. A l'aide de quêtes et de sommes qu'elle avança sur sa fortune, elle arma un navire, la *Grâce de Dieu*, sur lequel prirent passage le chevalier de La Saussaye, commandant de l'expédition, et des pères jésuites qui allèrent fonder une mission à l'île des Monts-Déserts, près de l'entrée de la rivière Pentagouet : ils donnèrent à ce lieu le nom de Saint-Sauveur.

Champlain avait proposé à Mme de Guercheville de s'associer avec M. de Monts dont il garantissait la droiture, mais elle ne voulut pas entendre parler d'un accord avec ce calviniste; elle se borna à lui racheter ses droits et obtint de la reine régente « donation de toutes les terres de la Nouvelle-France, depuis la grande rivière jusques à la Floride », hormis Port-Royal concédé à Poutrincourt. Elle devenait ainsi seule propriétaire de l'immense contrée comprise sous la dénomination de Nouvelle-France. Pendant ce temps, la colonie de Port-Royal restait sans secours ; son chef, revenu en France, n'y trouvait pas les appuis sur lesquels il avait cru pouvoir compter, et les colons, trop occupés de la traite des pelleteries, avaient négligé la culture de la terre : ils en furent réduits à vivre de glands et de racines dont quelques spécimens, rapportés en France, y firent les délices de plusieurs tables. On les appela topinambours.

Les tentatives de Mme de Guercheville, d'une part, et de Poutrincourt, de l'autre, ne devaient pas aboutir ; un acte d'insigne piraterie, commis par les Anglais, allait bientôt anéantir tous leurs efforts. Il devait être malheureusement suivi d'autres que la faiblesse ou l'indifférence du gouvernement français laisserait également impunis. Le prétexte du différend entre les Français et les Anglais, au sujet de l'Acadie, résidait dans ce fait que Henri IV, par édit du 7 novembre 1603, avait nommé M. de Monts « lieutenant général au pays de l'Acadie, du 40° au 46° degré, pour peupler, cultiver et faire habiter lesdites terres », et qu'en 1606, trois ans après, le roi d'Angleterre, Jacques 1er, accordait une charte de colonisation de la Virginie, du 36° au 45° degré. Les deux concessions empiétaient l'une sur l'autre, mais la prise de possession par les Français, en vertu d'un titre premier en date, établissait un droit que les Anglais étaient bien décidés à ne pas reconnaître, et nous allons assister à cet étrange spectacle d'un peuple qui, en pleine paix, ne tenant compte que de ses convoitises, profitera de toutes les circonstances pour s'emparer brutalement des territoires qui l'avoisinent.

Pendant que les Français commençaient leurs établissements au Canada et sur la côte d'Acadie, les Anglais, après plusieurs tentatives infructueuses à la Floride, prenaient pied en Virginie et fondaient la ville de Jamestown, dans la baie de Chesapeake. De là, ils envoyaient des navires à la pêche de la morue vers le Nord, au large des Monts-Déserts. Un de leurs capitaines, Samuel Argall, surpris par les brumes si fréquentes dans ces parages, fut poussé à la côte, où il rencontra des sauvages qui, le croyant Français, l'informèrent qu'il trouverait des hommes de sa nation à Saint-Sauveur. Les Anglais avaient grand besoin de vivres, ils étaient « dans un pauvre état, déchirés, demi-nus », épuisés par une dure navigation ; ils s'informent diligemment des forces des Français, et, certains d'avoir la supériorité du nombre et de l'armement, ils courent à pleines voiles sur le navire de La Saussaye, à l'ancre dans la baie. Le commandant était à terre avec la plupart de ses hommes ; il n'y avait à bord que quelques matelots. A l'aspect de ce bâtiment qui arrivait en ennemi, le sieur de La Motte Le Villin, lieutenant de La Saussaye, s'empresse d'organiser la défense, mais les Anglais étaient soixante soldats et avaient quatorze pièces d'artillerie ; après une vive canonnade ils abordent le vaisseau des Français, s'en saisissent, pillent tout ce qu'ils y trouvent, et leur chef, Argall, dérobe la commission du roi que La Saussaye avait laissée dans son coffre.

On était alors en paix avec l'Angleterre ; l'acte de Samuel Argall constituait sans discussion possible une piraterie. Le procédé qu'il employait en s'emparant de la commission du commandant français allait lui permettre, avec une merveilleuse hypocrisie, de justifier son agression. Le lendemain, La Saussaye, qui ne pouvait s'expliquer une pareille attaque, « venait trouver l'Anglais, qui lui fit bonne réception et lui demande sa commission. Il va à son coffre pour la prendre, croyant qu'on ne l'avait point ouvert. Il y trouve toutes ses hardes et commodités hormis la commission, dont il demeura fort étonné. Et alors l'Anglais, faisant le fâché, lui dit : « Quoi? vous nous donnez à entendre que vous avez commission du roi votre maître, et vous ne la pouvez produire? Vous êtes donc des forbans et pirates qui méritez la mort! » Dès lors les Anglais partagèrent le butin entre eux. » (Champlain.)

Satisfait sans doute du succès de sa ruse, Argall, sur les observations des pères jésuites, consentit à laisser une quinzaine de Français partir avec La Saussaye dans une chaloupe pour rejoindre Terre-Neuve où ils trouveraient des navires qui les rapatrieraient; pareil nombre avait pu s'échapper au moment de l'attaque et gagner le large dans une barque. De bonne fortune ils rencontrèrent un bâtiment français qui les conduisit à Saint-Malo. Les autres furent emmenés par Argall en Virginie, où le gouverneur anglais « voulut les faire mettre à mort comme forbans, mais Argall se banda contre lui, disant qu'il leur avait donné sa parole. Et, se voyant trop faible pour les soutenir et défendre, il se résolut de montrer les commissions qu'il avait dérobées. » Le gouverneur, les voyant, s'apaisa, mais il réunit son conseil et décida de faire raser toutes les demeures et forteresses des Français jusqu'au 46e degré, prétendant que ce pays lui appartenait. Pour accomplir cette résolution, Argall retournait avec trois vaisseaux à Saint-Sauveur, à Sainte-Croix et à Port-Royal, où il brûlait et détruisait toutes les constructions après en avoir chassé les habitants. Ces malheureux, réfugiés dans les bois, y élevèrent des cabanes de troncs d'arbres et vécurent de chasse et de pêche, avec leurs amis les sauvages abénaquis.

Les réclamations de Poutrincourt, ruiné par ce pillage, restèrent sans résultat; au milieu des troubles de la Régence la destruction des postes français en Acadie passa inaperçue.

Mme de Guercheville, qui avait envoyé La Saussaye à Londres pour y appuyer ses plaintes, ne put obtenir que la restitution de son navire; quant au dommage que lui causait la destruction de Saint-Sauveur, il lui fut seulement fait quelques promesses dont elle attendit vainement la réalisation. Ainsi s'accomplit le premier pas des Anglais dans une voie qu'ils ont suivie méthodiquement jusqu'à nos jours, laissant les leurs agir, les blâmant au besoin, mais profitant toujours de leurs actes, fussent-ils, comme celui d'Argall, de véritables crimes.

La ruine des établissements d'Acadie avait enlevé au sieur de Monts toute espérance de ce côté. Sur les conseils de Champlain, il résolut de diriger ses efforts vers le Canada, et ayant encore obtenu du Roi, pour une année, le privilège de la traite des pelleteries, il fréta deux navires dont l'un, commandé par Dupont-Gravé, devait séjourner à Tadoussac, pendant que Champlain, à qui l'autre était confié, irait édifier une habitation dans l'intérieur des terres, en remontant le fleuve Saint-Laurent. Partis de Honfleur le 13 avril 1608, les deux bâtiments arrivaient le 3 juin à Tadoussac; Dupont-Gravé s'y installait pour commercer avec les indigènes venus en grand nombre dans ce lieu avec les peaux que les Européens recherchaient. Champlain, de son côté, remontait le Saint-Laurent jusqu'à l'endroit où Jacques Cartier avait hiverné et que les sauvages algonquins du voisinage nommaient Kebbec, terme signifiant rétrécissement, parce qu'à cette place le fleuve est resserré entre deux côtes élevées. La ville qu'allait créer Champlain a pris le nom du lieu où elle a été fondée. « Le site qu'il choisit convenait admirablement à son dessein d'organiser une France nouvelle dans l'Amérique. Placé à cent trente lieues de l'embouchure du Saint-Laurent, Québec possède un havre magnifique qui peut contenir les flottes les plus nombreuses, et où les plus gros vaisseaux peuvent arriver facilement de la mer. A ses pieds coule le grand fleuve qui fournit une large voie pour pénétrer jusqu'au centre de l'Amérique septentrionale. Sur ce point le Saint-Laurent se rétrécit considérablement, n'ayant au plus qu'un mille de largeur, de sorte que les canons de la ville et de la citadelle peuvent foudroyer les vaisseaux qui tenteraient le passage. Québec est donc la clef de la vallée du grand fleuve, dont le cours est de près de huit cents lieues : il est la sentinelle avancée de l'immense empire français qui devait se prolonger depuis le détroit de Belle-Isle jusqu'au Mexique. » (Ferland.) Ainsi s'exprime, non sans tristesse, l'auteur canadien à qui nous empruntons ces lignes, car cette vaste contrée nous a été ravie grâce aux fautes et à l'incurie d'un gouvernement indigne, et une autre race s'est répandue dans toute cette partie du monde.

Aussitôt arrivé au lieu qu'il avait choisi pour l'installation de la colonie, Champlain fit abattre les arbres qui couvraient le sol, élever des magasins pour mettre les vivres et les marchandises à couvert, et commencer une maison comprenant trois corps de logis à deux étages; un fossé de quinze pieds de largeur et six pieds de profondeur fut creusé autour des bâtiments et une plate-forme, garnie de pièces de canon, établie entre l'habitation et la rivière. En même temps que les constructions s'achevaient, le terrain aux alentours était défriché et ensemencé.

Ces heureux débuts faillirent encore une fois échouer par l'indiscipline de quelques colons. Ennuyés du travail qui leur était imposé, se plaignant de la nourriture qui, selon eux, n'était point assez abondante, des ouvriers complotèrent de tuer Champlain en l'étranglant dans son lit ou en lui tirant un coup d'arquebuse, de s'emparer des provisions renfermées dans les magasins et de s'enfuir en Espagne avec le produit de leur pillage. Comme le disait Lescarbot, « il est fort difficile de contenter une populace accoutumée à la gourmandise, tels que sont beaucoup de manouvriers en France qui toujours grommellent et sont insatiables, comme nous en avons vu plusieurs en notre voyage ». Heureusement pour la colonie naissante, un des hommes, pris de remords, informa Champlain du complot et lui en désigna les auteurs. Les quatre principaux coupables furent arrêtés et condamnés à mort. Un seul, toutefois, fut « branché »; les autres, reconduits en France, étaient envoyés aux galères. Cet exemple rigoureux mit fin à toute nouvelle tentative de désordre, et l'on acheva sans autre incident les travaux dont l'exécution était indispensable en prévision de l'hivernage.

Dupont-Gravé retourna en France avec le produit des échanges faits à Tadoussac pendant la saison; une trentaine d'hommes restèrent à Québec avec Champlain. Le froid et le scorbut les éprouvèrent cruellement; huit seulement survécurent, fort affaiblis, aux attaques du fléau, et la santé ne leur revint qu'avec le printemps. Au cœur de cet hiver, Champlain eut de plus à secourir quelques misérables sauvages mourant de faim au milieu des neiges : « Le 5 février, dit-il, il neigea fort. Le 20, il apparut à nous quelques sauvages qui étaient au delà de la rivière qui criaient que nous les allassions secourir, ce qui était hors de notre puissance, à cause de la rivière qui charriait un grand nombre de glaces; mais la faim pressait si fort ces pauvres misérables que, ne sachant que faire, ils se résolurent de mourir, hommes, femmes et enfants, ou de passer la rivière pour l'espérance qu'ils avaient que je les assisterais en leur extrême nécessité. Ils se mirent en leurs canots, pensant gagner notre côté par une ouverture de glaces que le vent avait faite, mais ils ne furent sitôt au milieu de la rivière que leurs canots furent pris et brisés entre les glaces en mille pièces.

LE VIEIL HONFLEUR.
Dessin de Jules Noël, d'après nature.

« Ils firent si bien qu'ils se jetèrent avec leurs enfants, que les femmes portaient sur leur dos, dessus un grand glaçon. Comme ils étaient là-dessus, on les entendait crier tant que c'était grand'pitié, n'espérant pas moins que de mourir. Mais l'heur voulut qu'une grande glace vint choquer par le côté de celle où ils étaient, si rudement qu'elle la jeta à terre. Eux, en voyant ce coup si favorable, furent à terre et s'en vinrent à notre habitation si maigres et si défaits qu'ils semblaient des anatomies, la plupart ne se pouvant soutenir. Je leur fis donner du pain et des fèves, mais ils n'eurent pas la patience qu'elles fussent cuites pour les manger, et leur prêtai des écorces d'arbres pour couvrir leurs cabanes.

« A la fin d'avril, les neiges accumulées sur le sol et les glaces qui couvraient le fleuve ayant disparu, Champlain entreprit de remonter le Saint-Laurent et d'explorer l'intérieur du pays. Arrivé à l'île Saint-Éloi, près de la rivière Sainte-Marie, il rencontra un parti de sauvages algonquins qui lui proposèrent d'aller avec eux attaquer leurs ennemis les Iroquois, « contre lesquels ils avaient guerre mortelle ».

Il accepta et retourna chercher des renforts à Québec en compagnie de ses nouveaux alliés. Après cinq ou six jours passés en réjouissances, danses et festins, la bande de Montagnais et d'Algonquins qui avait escorté Champlain se rendit avec lui au lac Saint-Pierre et de là à la rivière des Iroquois. Ils la remontèrent jusqu'au premier sault, qu'il fut impossible de faire franchir à l'embarcation des Européens. Il fallut alors recourir, pour continuer le voyage, aux canots d'écorce; mais la perspective de naviguer dans d'aussi fragiles embarcations fit réfléchir les Français qui accompagnaient Champlain, et deux seulement consentirent à le suivre. Les autres, dit-il plaisamment, « saignèrent du nez »; il les renvoya à Tadoussac, où Dupont-Gravé séjournait pour la traite des pelleteries. Il suffit de lire une description de ces canots dans lesquels il fallait s'aventurer avec les sauvages pour comprendre les hésitations des compagnons de Champlain en même temps que l'audace et l'esprit d'entreprise de ce dernier qu'aucune difficulté ne rebutait lorsqu'il s'agissait de s'engager dans de nouvelles explorations : « Le fond est d'une ou deux pièces d'écorces, auxquelles on en coud d'autres avec de la racine qu'on gomme en dedans et en dehors, de manière qu'elles paraissent être d'une seule pièce. Comme l'écorce qui en fait le fond n'a guère au delà de l'épaisseur d'un ou deux écus, on la fortifie par des clisses de bois de cèdre extrêmement minces qui sont posées en long, et par des courbes du même bois, mais beaucoup plus épaisses, rangées dans le sens de la courbure du canot d'un bout à l'autre. Les deux extrémités sont entièrement semblables, parce qu'on n'y attache pas de gouvernail et que celui qui est à l'un des bouts gouverne avec l'aviron ou avec la perche quand il faut refouler l'eau en piquant de fond. Les avirons sont fort légers, quoique faits d'un bois d'érable assez dur. Ils n'ont guère que cinq pieds de long, dont la pelle en emporte un et demi, sur cinq ou six pouces de largeur. Si ces canots sont commodes, ils ont aussi leurs inconvénients. Il faut user d'une grande précaution en y entrant et s'y tenir assez contraint pour ne pas tourner. Ils sont d'ailleurs très fragiles; pour peu qu'ils touchent sur le sable ou sur les pierres, il s'y fait des crevasses par où l'eau entre et gâte les marchandises ou les provisions qu'on porte. Toutes les fois qu'on entre ou qu'on sort du canot, il faut être pieds nus, et lorsqu'on met pied à terre il faut décharger le canot, le tirer hors de l'eau et le mettre à l'abri sur le sable ou sur la vase, de peur que le vent ne le brise. »

Partis le 2 juillet du premier sault, Champlain et ses sauvages, au nombre de soixante dans vingt-quatre canots, arrivèrent après plusieurs jours de voyage au pays des ennemis; là, ils n'avancèrent plus que la nuit, se reposant le jour au fond des bois. Outre leurs sorciers, qu'ils consultaient pour savoir ce qui pouvait advenir de leur entreprise, les sauvages demandaient souvent à Champlain s'il avait songé, et vu leurs ennemis. Il leur répondait non, et leur donnait « courage et bonnes espérances ». Un soir, en dormant, il rêva qu'il voyait les Iroquois se noyant dans le lac; le lendemain, étant éveillé, ils ne faillirent, comme à l'accoutumée, de lui demander s'il avait songé quelque chose. Il leur raconta son rêve et cela leur donna une telle confiance qu'ils ne doutèrent plus du succès.

Laissons maintenant Champlain lui-même nous dépeindre sa première rencontre avec les Iroquois, dont les Français, prenant parti pour les Algonquins, allaient ainsi se faire d'éternels ennemis : « Le soir étant venu, nous nous embarquâmes en nos canots pour continuer notre chemin, et comme nous allions fort doucement, sans mener bruit, nous fîmes rencontre sur les dix heures du soir, au bout d'un cap qui avance dans le lac, des Iroquois lesquels venaient à la guerre. Eux et nous commençâmes à jeter de grands cris, chacun se parant de ses armes. Nous nous retirâmes sur l'eau; les ennemis mirent pied à terre, arrangèrent leurs canots les uns contre les autres et commencèrent à abattre du bois avec de méchantes haches qu'ils gagnent quelquefois à la guerre, et d'autres de pierre, et se barricadèrent fort bien. Les nôtres tinrent aussi toute la nuit leurs canots arrangés les

CONSTRUCTION D'UN CANOT D'ÉCORCE.
Dessin de Basset, d'après une photographie.

uns contre les autres, attachés à des perches pour ne s'égarer et combattre tous ensemble s'il en était besoin; et étions à la portée d'une flèche sur l'eau du côté de leurs barricades. Comme ils furent armés et mis en ordre, ils envoyèrent deux canots séparés de la troupe pour savoir de leurs ennemis s'ils voulaient combattre, lesquels répondirent qu'ils ne désiraient autre chose, mais qu'il fallait attendre le jour pour se connaître, qu'aussitôt que le soleil se lèverait ils nous livreraient le combat, ce qui fut accordé par les nôtres, et en attendant toute la nuit se passa en danses et chansons, tant d'un côté que d'autre, avec une infinité d'injures et autres propos, comme du peu de courage qu'ils avaient, et de résistance contre leurs armes, et que le jour venant ils le sentiraient à leur ruine. Les nôtres aussi ne manquaient de répartie, leur disant qu'ils verraient des effets d'armes que jamais ils n'avaient vues et tout plein d'autres discours. Le jour venu, mes compagnons et moi étions toujours couverts, de peur que les ennemis ne nous vissent, préparant nos armes le mieux qu'il nous était possible. Après que nous fûmes armés, nous prîmes chacun une arquebuse et descendîmes à terre. Je vis sortir les ennemis de leur barricade; ils étaient près de deux cents hommes forts et robustes qui venaient au petit pas au-devant de nous, avec une gravité et assurance qui me contenta fort; à la tête desquels il y avait trois chefs. Les nôtres aussi allaient en même ordre, et me dirent que ceux qui avaient trois grands pennaches étaient les chefs, et que je fisse ce que je pourrais pour les tuer. Aussitôt que fûmes à terre, ils commencèrent à courir environ deux cents pas vers leurs ennemis qui étaient de pied ferme, et n'avaient encore aperçu mes compagnons qui s'en allèrent dans les bois avec quelques sauvages. Les nôtres commencèrent à m'appeler à grands cris; pour me donner passage ils s'ouvrirent en deux, et me mis à leur tête, marchant environ vingt pas devant, jusqu'à ce que je fusse à trente pas des ennemis qui firent halte en me contemplant, et moi eux. Comme je les vis s'ébranler pour tirer sur nous, je couchai mon arquebuse en joue et visai droit à un des trois chefs, duquel coup il en tomba deux par terre, et un de leurs compagnons qui fut blessé. J'avais mis quatre balles dedans mon arquebuse. Les nôtres, ayant vu ce coup si favorable pour eux, commencèrent à jeter de si grands cris qu'on n'eût ouï tonner, et cependant les flèches ne manquaient de part ni d'autre. Les Iroquois furent fort étonnés que si promptement deux hommes avaient été tués; comme je rechargeais, l'un de mes compagnons tira un coup de dedans le bois qui les surprit derechef de telle façon, voyant leurs chefs morts, qu'ils perdirent courage, se mirent en fuite et abandonnèrent le champ et leur fort, s'enfuyant dedans le profond des bois, où, les poursuivant, j'en fis demeurer d'autres encore. Nos sauvages en tuèrent aussi plusieurs et en prirent dix ou douze prisonniers. Le reste se sauva avec les blessés. Il y en eut des nôtres quinze ou seize blessés à coups de flèches, qui furent promptement guéris. Après que nous eûmes la victoire, ils s'amusèrent à prendre le maïs et les farines des ennemis et aussi leurs armes qu'ils avaient laissées pour mieux courir. Et ayant fait bonne chère, dansé, chanté, trois heures après nous nous en retournâmes avec les prisonniers. Le lieu où se fit cette charge est par 43 degrés et quelques minutes de latitude, et le nommai le lac de Champlain. Après avoir cheminé huit lieues, sur le soir ils prirent un des prisonniers à qui ils firent une harangue des cruautés que lui et les siens avaient exercées à leur endroit, et qu'au semblable il devait se résoudre d'en recevoir autant, et lui commandèrent de chanter, s'il avait du courage, ce qu'il fit, mais avec un chant fort triste à ouïr. Cependant les nôtres allumèrent un feu et comme il fut bien embrasé ils prirent chacun un tison et faisaient brûler ce pauvre misérable peu à peu pour lui faire souffrir plus de tourments. Ils me sollicitaient fort de prendre du feu et de faire comme eux, mais je leur remontrai que nous n'usions point de ces cruautés et que s'ils voulaient que je lui donnasse un coup d'arquebuse j'en serais content. Ils dirent que non et qu'il ne sentirait point de mal. Je m'en allai d'avec eux comme fâché de voir tant de cruautés qu'ils exerçaient sur ce corps. Comme ils virent que je n'en étais pas content, ils m'appelèrent et me dirent que je lui donnasse un coup d'arquebuse, ce que je fis sans qu'il en vît rien. Après qu'il fut mort, ils lui ouvrirent le ventre et jetèrent ses entrailles dans le lac, puis lui coupèrent la tête, les bras et les jambes et réservèrent la peau de la tête qu'ils avaient écorchée, comme ils avaient fait de tous les autres qu'ils avaient tués à la charge. Après cette exécution faite, nous nous mîmes en chemin pour nous en retourner, ce que nous fîmes avec une telle diligence que chaque jour nous faisions vingt-cinq et trente lieues dans leurs canots. Comme nous fûmes à l'entrée de la rivière, il y eut quelques sauvages qui songèrent que leurs ennemis les poursuivaient. Ce songe leur fit aussitôt lever le siège, encore que le temps fût fort mauvais à cause du vent et de la pluie, et furent passer la nuit au milieu de grands roseaux qui sont dans le lac Saint-Pierre. Deux jours après, arrivâmes à notre habitation. Le lendemain je fus avec eux dans leurs canots à Tadoussac.

DESCENTE D'UN RAPIDE EN CANOT D'ÉCORCE.
Dessin de Weber.

Approchant de terre, ils prirent chacun un bâton où au bout étaient pendues les têtes de leurs ennemis. Comme ils en furent près, les femmes se dépouillèrent toutes nues et se jetèrent à l'eau, allant au-devant des canots pour prendre ces têtes et les pendre à leur col comme une chaîne précieuse. Quelques jours après, ils me firent présent d'une de ces têtes et d'une paire d'armes de leurs ennemis, pour les conserver, afin de les montrer au roi, ce que je leur promis, pour leur faire plaisir. »

Après cette expédition, Champlain résolut de repasser en France pour informer M. de Monts des travaux entrepris à Québec, et des découvertes effectuées pendant les quinze mois de son séjour au Canada. Reçu par le roi Henri IV avec bienveillance, il lui fit le récit de ses expéditions et lui présenta une ceinture en porc-épic, œuvre des femmes algonquines. Mais le privilège de la traite des castors, accordé pour un an à M. de Monts, ne fut pas renouvelé, par suite des plaintes des marins basques, bretons et normands, dont ce monopole empêchait les opérations commerciales aux terres neuves. M. de Monts et la compagnie au nom de laquelle avait été créé l'établissement de Québec ne voulurent pas néanmoins abandonner leur œuvre, et ils armèrent deux navires, dont le commandement fut remis à Champlain et Dupont-Gravé. Le premier était chargé du gouvernement de la colonie et de la découverte des contrées environnantes; le second devait continuer comme par le passé la traite des pelleteries à Tadoussac. Ayant embarqué avec eux un certain nombre d'ouvriers, ils partirent de Honfleur le 18 avril 1610 et arrivèrent le 26 mai à l'embouchure de la rivière Saguenay. Les Montagnais y attendaient Champlain, pour l'emmener encore avec eux guerroyer contre les Iroquois. Ils lui apprirent que des Algonquins et des Hurons, au nombre de quatre cents, les rejoindraient à l'entrée de la rivière qui conduisait au territoire ennemi. Le 19 juin, l'infatigable explorateur était au rendez-vous, et un éclaireur l'informait qu'un parti d'une centaine d'Iroquois s'était retranché à peu de distance. Accompagné de quatre Français et de ses sauvages alliés, il se dirigea vers le fort des ennemis à travers bois, étangs et marécages, dans l'eau jusqu'aux genoux et en proie aux moustiques. Leurs nuées étaient si épaisses qu'elles ne permettaient pas aux hommes de reprendre haleine « tant elles les persécutaient et si cruellement que c'était chose étrange ».

Comme les sauvages, plus agiles, avaient pris les devants, leurs hurlements lorsqu'ils découvrirent les retranchements des adversaires servirent aux Français qui s'égaraient dans les fourrés à se diriger vers le lieu de l'action. Leur arrivée fut saluée par les alliés de cris étourdissants. La barricade des Iroquois était faite de gros arbres disposés les uns près des autres, en rond, forme ordinaire de leurs forteresses. Les assaillants s'approchèrent et commencèrent l'attaque à coups de flèches et d'arquebuse. Au fort du combat Champlain fut blessé d'une flèche au cou; il arracha l'arme, qui était garnie à son extrémité d'une pierre très aiguë. Un de ses compagnons eut le bras traversé. Les Iroquois, épouvantés par les armes à feu, se jetaient à terre à chaque détonation, mais leurs barricades étaient solides et les munitions commençaient à manquer lorsque quelques traitants français, qui stationnaient à une lieue de là, attirés par le bruit de la lutte, accoururent au secours de leurs compatriotes. Des pieux arrachés firent dans la palissade une brèche qui permit de donner l'assaut. Une trentaine de sauvages se précipitaient alors avec Champlain et ses compagnons dans le fort, et ce qui restait des ennemis prenait la fuite. Ils n'allèrent pas loin, car ils étaient aussitôt dépêchés par ceux qui étaient restés au dehors et le peu qui s'en échappa se noya dans la rivière. Les Algonquins et les Montagnais avaient de leur côté une cinquantaine de blessés et trois tués. Ils écorchèrent les têtes de leurs ennemis morts et coupèrent un des corps par quartiers pour le manger. Ils avaient fait une quinzaine de prisonniers : ils en brûlèrent trois le même jour avec des raffinements inouïs de barbarie ; les autres furent conservés pour être martyrisés à l'arrivée dans les tribus par la main des femmes et des filles qui ne se montraient pas moins inhumaines que les hommes et les surpassaient encore en cruauté. Champlain eut pour sa part de butin un de ces misérables auquel il évita la mort et qui, profitant d'un défaut de surveillance, s'enfuit quelques jours après.

Le supplice des prisonniers, chez les nations de l'Amérique septentrionale, était, en effet, de les brûler à petit feu, et voici quelles épouvantables souffrances on leur infligeait : « Le temps de l'exécution étant arrivé, nous dit un témoin, on peint la victime de diverses couleurs, on l'attache à un poteau et l'on allume des brasiers dans lesquels on fait rougir des barres de fer, des poinçois, de méchantes haches. Afin que le plaisir dure plus longtemps, on ne touche d'abord le prisonnier que de loin en loin, sans émotion ni précipitation. On commence par les extrémités des pieds et des mains, en montant peu à peu vers le tronc ; l'un lui arrache un ongle, l'autre décharne un doigt avec les dents ou avec un mauvais couteau ; un troisième prend ce doigt décharné, le met dans le foyer de sa pipe bien allumée, le fume en guise de tabac ou le fait fumer au prisonnier lui-même. Ainsi successivement on ne lui laisse plus aucun ongle; on brise les os de ses doigts entre deux pierres; on les lui coupe à toutes les jointures, on lui passe et repasse plusieurs fois sur le même endroit des fers embrasés ou des tisons ardents, jusqu'à ce qu'ils soient amortis dans le sang ou dans la graisse qui coule de ses plaies ; on coupe morceau par morceau les chairs rôties; quelques-uns de ces furieux les dévorent, tandis que d'autres se peignent le visage de son sang. Lorsque les nerfs sont découverts, on y insère des fers pour les tordre et les rompre; ou bien on lui scie les bras et les jambes avec des cordes, qu'on tire par les deux bouts avec une extrême violence. Ce n'est là cependant que comme un prélude, et quelquefois, après avoir passé cinq et six heures de temps à ce cruel exercice, on délie le prisonnier pour le laisser en repos, mais il est plus ordinaire de ne point l'abandonner avant qu'on ne l'ait achevé. Lorsqu'on commence à brûler au-dessus des cuisses les douleurs se font sentir bien plus vivement et la cruauté de ces barbares prend de nouvelles forces quand l'état pitoyable où est réduit le patient devrait davantage la ralentir. Souvent ils lui font une espèce de chemise avec de l'écorce de bouleau à laquelle ils mettent le feu qui s'y conserve longtemps, et donne une flamme qui a peu d'activité. D'autres fois ils se contentent de faire des torches de cette écorce, dont ils lui brûlent les flancs et la poitrine; ils passent dans un cercle plusieurs haches rougies dans les brasiers et lui attachent ce cercle autour du cou en forme de collier. Enfin, après avoir brûlé lentement toutes les parties du corps, en sorte qu'il n'y a pas un espace qui ne soit une plaie, après avoir mutilé le visage de manière à le rendre méconnaissable, après avoir cerné la peau de la tête, arraché cette peau de dessus le crâne, versé sur ce crâne découvert une pluie de feu, de cendres rouges ou d'eau bouillante, ils délient ce malheureux, ils le font encore courir s'il en a la force et l'assomment à coups de bâton et de pierres, ou bien ils le roulent dans les brasiers jusqu'à ce qu'il ait rendu le dernier souffle de vie qui lui reste. La cruauté de ces inhumains s'acharne sur le misérable encore après sa mort, et tandis que quelques-uns frappent sur les écorces des cabanes pour obliger l'âme du défunt à abandonner le village, afin que ses mânes errantes ne les épouvantent point en se montrant à eux, il s'en trouve qui dépècent le cadavre, le mettent dans la chaudière et ne lui donnent point d'autre sépulture que leur ventre. » (Lafitau.)

De retour à Québec, le mauvais état des affaires gâtées par la liberté de la traite et la concurrence, les pertes éprouvées par M. de Monts et la mort de Henri IV dont la nouvelle fut apportée par des commerçants, décidèrent Champlain à repasser en France. Le 27 septembre, il débarquait à Honfleur, et le 29 décembre, il signait à Paris son contrat de mariage avec Hélène Boullé, dont le père était secrétaire de la Chambre du Roi. A cet acte assistait comme témoin M. de Monts, qui portait encore le titre de lieutenant général. Au printemps de 1611, Champlain repartait pour Québec, où il apprenait que plusieurs Français avaient déjà remonté le fleuve Saint-Laurent jusqu'au sault Saint-Louis pour y attendre les sauvages qui devaient y descendre avec des pelleteries. Afin d'assurer la sécurité de ce commerce, il résolut de bâtir un fort au-dessous du sault et il choisit pour emplacement une île où trente ans plus tard devaient s'élever les premières maisons de Montréal. Après avoir reçu les Hurons et les Algonquins venus pour la traite et leur avoir promis de visiter leur pays dans le courant de l'année suivante, l'intrépide voyageur regagnait Québec, et les nouvelles qu'il y apprenait le décidaient à retourner promptement en France. Le 11 août, il débarquait à la Rochelle. M. de Monts s'était retiré en Saintonge, à Pons, dont il était gouverneur, et avait renoncé à s'occuper de la colonie. Champlain s'adressa, dans ces circonstances, à Charles de Bourbon, comte de Soissons, qui obtint de la reine régente le titre de lieutenant général au pays de la Nouvelle-France. Par commission du 15 octobre 1612, il nommait Champlain son lieutenant, mais sa mort survenue quelques jours après, le 1er novembre, remettait tout en question. Son neveu, le prince de Condé, à la sollicitation de l'explorateur, voulut bien donner sa protection à son entreprise, se fit nommer vice-roi le 20 novembre 1612 et, comme son prédécesseur, le choisit pour lieutenant. Il lui conféra à ce titre le gouvernement militaire et politique du pays de Canada et lui donna charge de former une association entre les personnes qu'il jugerait les plus capables de servir à la fois la colonisation et le commerce. Malgré tous ses efforts, le nouveau gouverneur ne parvint pas à créer cette association, mais il obtint du prince le privilège de la traite pour trois navires de Normandie, un de la Rochelle et un de Saint-Malo. Chacun des vaisseaux devait remettre à la colonie le vingtième des pelleteries qu'il embarquerait, et fournir six hommes qui seraient employés à la guerre ou à la découverte.

Revenu à Québec le 7 mai 1613, après une absence de deux ans, Champlain trouvait la colonie en bon état. Toujours animé de la passion des explorations aventureuses, il se rendait au sault Saint-Louis et remontait la rivière des Outaouais, dont les rapides augmentaient singulièrement les difficultés et les dangers du voyage. Il faillit s'y noyer. « Le dernier de mai, dit-il, nous passâmes un sault qui est rempli de pierres et rochers, où l'eau court de grande vitesse; et nous fallut traîner nos canots à bord de terre avec une corde. A demi-lieue de là, nous en passâmes un autre petit à force d'avirons, ce qui ne se fait sans suer. Il y a une grande dextérité à passer ces saults pour éviter les bouillons et brisants qui les traversent, ce que les sauvages font d'une telle adresse qu'il est impossible de plus, cherchant les détours et lieux plus aisés qu'ils connaissent à l'œil. Le samedi 1er juin, nous passâmes encore deux autres saults, le premier contenant demi-lieue de long et le second une lieue, où nous eûmes bien de la peine, car la rapidité du courant est si grande qu'elle fait un bruit effroyable et, descendant de degré en degré, forme une écume si blanche partout que l'eau ne paraît aucunement. Ce sault est semé de rochers; quelques îles sont çà et là couvertes de pins et cèdres blancs.

Ce fut là où nous eûmes de la peine, car, ne pouvant porter nos canots par terre à cause de l'épaisseur du bois, il nous les fallait tirer dans l'eau avec des cordes, et, en tirant le mien, je me pensai perdre à cause qu'il traversa dans un des bouillons, et si je ne fusse tombé favorablement entre deux rochers, le canot m'entraînait, d'autant que je ne pus défaire assez à temps la corde qui était entortillée à l'entour de ma main, qui me l'offensa fort et me la pensa couper. Un sauvage vint après pour me secourir, mais j'étais hors de danger; et ne faut s'étonner si j'étais curieux de conserver notre canot, car s'il eût été perdu il fallait demeurer là et attendre que quelques sauvages passassent par là, qui est une pauvre attente à ceux qui n'ont de quoi dîner et qui ne sont accoutumés à telle fatigue. » Le voyage fut continué dans ces conditions de dangers et de privations jusqu'à l'île où s'étaient cantonnés les Algonquins auxquels Champlain rendait visite. Ils lui firent le meilleur accueil tout en paraissant fort surpris de ce qu'il avait pu remonter le cours de la rivière, et leur chef donna un grand festin pour lui souhaiter la bienvenue. Les convives arrivèrent chacun avec son écuelle de bois et sa cuiller; sans ordre ni cérémonie ils s'assirent par terre dans la cabane, et le chef leur distribua une manière de bouillie faite de maïs écrasé entre deux pierres avec de la chair et du poisson coupés par petits morceaux, le tout cuit ensemble sans sel. Notre voyageur, qui ne voulait pas de leur bouillie « à cause qu'ils cuisinent fort salement », leur demanda du poisson et de la viande pour les accommoder à son goût.

Champlain avait alors l'intention, sur les indications mensongères d'un de ses compagnons, de gagner la mer qu'il croyait à peu de distance. Convaincu de l'imposture de cet homme par les renseignements que lui donnèrent les indigènes, il ne lui restait plus qu'à revenir sur ses pas; mais le retour ne s'accomplit pas sans incidents. A dix ou douze lieues de l'île où ils avaient été si cordialement accueillis, les Français avaient été rejoints par une soixantaine de canots algonquins chargés de pelleteries pour la traite au sault Saint-Louis. Au coucher du soleil, toute la bande s'arrêta pour camper dans une île boisée; mais au milieu de la nuit un sauvage, songeant que les ennemis l'assaillaient, se leva en sursaut et se prit à courir vers l'eau en criant : « On me tue! » Les autres s'éveillèrent tout étourdis et, croyant être attaqués par les Iroquois, se jetèrent à corps perdu dans la rivière, ainsi qu'un des Français qui s'imagina qu'on allait l'assommer. Le bruit alarma Champlain et ses compagnons; ils coururent au secours des Algonquins, mais leur surprise fut extrême en les voyant se débattre dans le courant sans cause apparente. Ils parvinrent, non sans peine, à calmer cette panique qui se termina par des rires et des railleries.

Après un court séjour à Québec, Champlain se décida à repasser encore en France, où l'appelait la défense des intérêts de la petite colonie. Grâce à la protection du prince de Condé, il parvint cette fois à former une société dans laquelle entrèrent de gros marchands de Saint-Malo et de Rouen; sa durée était fixée à onze ans. Tout le cours de l'année 1614 fut occupé par ces négociations et Champlain ne put faire voile pour l'Amérique que le 24 avril 1615; il emmenait avec lui quatre religieux de l'ordre des récollets, qui allaient s'établir au Canada, les pères Jamay, Dolbeau, Joseph Le Caron et le frère Duplessis. Le père Jamay s'installa à Québec, où fut élevée une petite chapelle; le père Dolbeau se rendit à Tadoussac pour instruire les Montagnais et les autres tribus sauvages qui

venaient y faire la traite; le père Le Caron eut pour sa part le pays des Hurons. Une douzaine de Français l'y accompagnèrent pour commercer avec les Peaux-Rouges. Peu de temps après le père Le Caron, Champlain se mettait en route avec quelques hommes pour les mêmes contrées. Il parvenait cette fois jusqu'aux bords du lac Huron, auquel il donna le nom de mer Douce, en raison de son étendue : cette vaste nappe d'eau a près de 300 lieues de long et 50 de large. Il visita le pays des Hurons qui lui firent bon accueil et sur lesquels il donne de curieux détails :
« Leurs cabanes sont en façon de tonnelles ou berceaux, couvertes d'écorces d'arbres, de la longueur de 25 à 30 toises et 6 de large, laissant par le milieu une allée de 10 à 12 pieds de large, qui va d'un bout à l'autre; aux deux côtés il y a une manière d'établi, de la hauteur de quatre pieds, où ils couchent en été pour éviter l'importunité des puces dont ils ont grande quantité; et en hiver ils couchent sur des nattes, proche du feu, pour être plus chaudement. Au bout d'icelles cabanes, il y a un espace où ils conservent leurs blés d'Inde, qu'ils mettent en de grandes tonnes faites d'écorces d'arbres; au milieu de leur logement il y a des bois qui sont suspendus, où ils pendent leurs habits, vivres et autres choses, de peur des souris qui y sont en grande quantité. En telle cabane il y aura douze feux, qui sont vingt-quatre ménages, où il fume à bon escient en hiver, qui fait que plusieurs en reçoivent de grandes incommodités aux yeux, à quoi ils sont sujets jusqu'à en perdre la vue sur la fin de leur âge n'y ayant fenêtre aucune ni ouverture que celle qui est au-dessus de leurs cabanes par où la fumée sort. Leur vie est misérable; leur principal manger est le blé d'Inde, qu'ils accommodent en plusieurs façons. Ils en pilent dans des mortiers de bois, et le réduisent en farine, dont ils font des pains en forme de galettes qu'ils font cuire sous les cendres, et étant cuites ils les lavent et les enveloppent de feuilles; mais ce n'est pas leur ordinaire, ils en font d'une autre sorte qu'ils appellent migan; ils prennent le blé d'Inde pilé, sans ôter la fleur, duquel ils mettent deux ou trois poignées dans un pot de terre plein d'eau, le font bouillir en le remuant de fois à autre, de peur qu'il ne brûle ou qu'il ne se prenne au pot; puis mettent en ce pot un peu de poisson frais ou sec, selon la saison, pour donner du goût audit migan, et en font fort souvent encore que ce soit chose mal odorante, principalement en hiver, pour ne le savoir accommoder ou pour n'en vouloir prendre la peine. Le tout étant cuit, ils tirent le poisson et l'écrasent bien menu, ne regardant de si près à ôter les arêtes, les écailles ni les tripailles, comme nous faisons, et mettent le tout ensemble dedans le pot, qui cause le plus souvent le mauvais goût; puis, étant ainsi fait, ils en répartissent à chacun quelque portion. Ce migan est fort clair et non de grande substance, comme on peut bien juger. Pour le regard du boire il n'est point de besoin, étant ledit migan assez clair de soi-même. Ils ont une autre manière de manger du blé d'Inde, et pour l'accommoder ils le prennent par épis et le mettent dans l'eau, sous la bourbe, le laissant deux ou trois mois en cet état jusqu'à ce qu'ils jugent qu'il soit pourri; puis ils l'ôtent de là et le font bouillir avec la viande ou le poisson et le mangent. Il n'y a rien qui sente si mauvais que ce blé sortant de l'eau, tout boueux, et néanmoins les femmes et les enfants le sucent, comme on fait les cannes de sucre, n'y ayant chose qui leur semble de meilleur goût, ainsi qu'ils le démontrent. »

L'été, ces sauvages allaient presque nus; l'hiver ils portaient des peaux de bêtes,

LE LAC HURON.
Dessin de Langlois, d'après une photographie.

des guêtres et des chaussures de peau. Les femmes, couvertes jusqu'aux genoux, avaient la tête et les bras nus. Champlain nous donne à ce sujet des détails très précis, confirmés par toutes les relations : « Leurs habits sont faits de diverses peaux de bêtes sauvages. Ils les accommodent assez raisonnablement, faisant leur brayer d'une peau de cerf moyennement grande, et d'une autre le bas de chausses, ce qui leur va jusqu'à la ceinture. Leurs souliers sont de peaux de cerfs, ours et castors, dont ils usent en bon nombre. Plus, ils ont une robe de même fourrure en forme de couverte, et des manches qui s'attachent avec un cordon par derrière. Voilà comme ils sont habillés durant l'hiver. Quand ils vont par la campagne, ils ceignent leur robe autour du corps, mais étant à leur village ils quittent leurs manches et ne se ceignent point. Les passements pour enrichir leurs habits sont de colle, et de la raclure desdites peaux, dont ils font des bandes en plusieurs façons, y mettant par endroits des bandes de peinture rouge-brun parmi celles de colle, qui paraissent toujours blanchâtres, n'y perdant point leurs façons quelque sales qu'elles puissent être. Pour s'embellir la face et avoir meilleure grâce, quand ils se veulent bien parer, ils se peignent le visage de noir et de rouge, qu'ils démêlent avec de l'huile ou bien avec de la graisse d'ours ou autres animaux. Comme aussi ils se teignent les cheveux, qu'ils portent les uns longs, les autres courts, les autres d'un côté seulement. » Quant aux morts, ils ne les enterraient pas ainsi que cela se fait dans notre Europe. « Lorsque quelqu'un est décédé, dit notre voyageur, ils enveloppent le corps de fourrures et le couvrent d'écorces d'arbres fort proprement; puis ils l'élèvent sur quatre piliers. » On mettait à côté du défunt ses armes, ses colliers, ses fourrures, une chaudière et des vivres.

Pendant son séjour chez les Hurons, ces derniers emmenèrent l'explorateur à une grande chasse dont il donne une description pittoresque : « Le 28 octobre, dit-il, chacun commença à se préparer pour aller à la chasse aux cerfs. Après avoir suivi une rivière environ douze lieues, puis porté les canots par terre demi-lieue, nous entrâmes dans un lac qui a d'étendue dix à douze lieues de circuit, où il y avait grande quantité de gibier comme cygnes, grues blanches, outardes, canards, sarcelles, bécassines, oies et plusieurs autres sortes de volatiles dont je tuai bon nombre, qui nous servit bien en attendant la prise de quelque cerf. De là nous fûmes à un certain endroit éloigné de dix lieues où il y en avait quantité. Ils s'assemblèrent vingt-cinq sauvages et se mirent à bâtir deux ou trois cabanes de pièces de bois accommodées les unes sur les autres, et les calfeutrèrent avec de la mousse. Ce qu'étant fait, ils furent dans le bois, proche d'une petite sapinière, où ils firent un clos en forme de triangle, fermé de deux côtés, ouvert par l'un d'iceux. Ce clos était fait de grandes palissades de bois fort pressées, de la hauteur de huit à neuf pieds, et longues de chaque côté de mille cinq cents pas; au bout duquel triangle y a un petit clos, qui va toujours en diminuant, couvert en partie de branchages, y laissant seulement une ouverture de cinq pieds par où les cerfs devaient entrer. Ils firent si bien qu'en moins de dix jours ils mirent leur clos en état. Toutes choses étant faites, ils partirent avant le jour pour aller dans le bois, à quelque demi-lieue de leur dit clos, s'éloignant les uns des autres de quatre-vingts pas, ayant chacun deux bâtons, desquels ils frappent l'un sur l'autre, marchant au petit pas en cet ordre. Les cerfs oyant ce bruit s'enfuient devant eux, jusqu'à ce qu'ils arrivent au clos où les sauvages les pressent d'aller, et se joignent peu à peu vers l'ouverture de leur triangle; les cerfs courent le long desdites palissades jusqu'à ce qu'ils arrivent au bout, où les sauvages les poursuivent vivement, ayant l'arc et la flèche en main, prêts à décocher; et étant au bout du triangle ils commencent à crier et à contrefaire les loups, dont y a quantité, qui mangent les cerfs; lesquels oyant ce bruit effroyable, sont contraints d'entrer en

CERF DU CANADA.
Dessin de Deyrolle, d'après une photographie.

la retraite par la petite ouverture, et là sont pris aisément, car cette retraite est si bien close et fermée qu'ils n'en peuvent sortir. Il y a un grand plaisir à cette chasse qu'ils continuaient de deux jours en deux jours, si bien qu'en trente-huit jours ils en prirent cent vingt, desquels ils se donnèrent bonne curée, réservant leur graisse pour l'hiver; ils en usent comme nous faisons du beurre, et des peaux ils en font des habits. Voilà comme nous passâmes le temps attendant la gelée pour retourner plus aisément, d'autant que le pays est grandement marécageux. »

Sur leurs vives instances, Champlain avait consenti l'été précédent à accompagner encore ses hôtes dans une expédition contre les Iroquois. C'était un moyen pour lui de parcourir et de reconnaître tout ce domaine où la colonisation devait s'étendre un jour. Pour arriver à rejoindre l'ennemi, il fallut traverser, pendant trente-cinq jours de marche, les forêts et les plaines qui séparaient le lac Huron du lac Ontario, sur la rive méridionale duquel on trouva une bourgade dont on fit le siège. Elle était entourée de quatre rangées de palissades hautes de trente pieds et affermies par de gros arbres dont les branches entrelacées constituaient un sérieux obstacle pour l'assaillant. Par suite de l'indiscipline des Hurons qui n'agissaient qu'à leur volonté et n'écoutaient aucun conseil, l'attaque échoua, malgré les armes à feu des Français; Champlain y reçut deux blessures aux jambes. Un secours de cinq cents hommes que les Hurons attendaient n'étant pas arrivé et les escarmouches autour du village restant sans résultat, il fallut se résigner à la retraite. On emporta les blessés dans des paniers : « Ils étaient mis là dedans pliés et garrottés de telle façon qu'il était impossible de se mouvoir. » Et ce n'était pas sans leur faire ressentir de grandes douleurs. « Je le puis certifier, dit Champlain, ayant été porté quelques jours sur le dos d'un de nos sauvages, ainsi lié, ce qui me faisait perdre patience; aussitôt que je pus avoir la force de me soutenir, je sortis de cette prison. » La retraite s'effectua sans encombre, les ennemis ayant dès la première heure renoncé à la poursuite.

Après avoir passé, un peu malgré lui, l'hiver au milieu de ces peuplades, visité les bords du lac Nipissing et rétabli la paix qu'un meurtre avait compromise entre ses hôtes et les Algonquins, Champlain redescendit à Québec où il arriva le 15 juillet 1616. Dans un conseil tenu avec les récollets et six des colons les plus intelligents, il fut reconnu que, malgré tous les efforts, on n'aboutirait à rien si l'on ne fortifiait pas la Nouvelle-France en augmentant le nombre de ses habitants et en accoutumant les sauvages à la vie sédentaire, qui permettrait seule d'avoir sur eux une action efficace. Champlain, dont les traversées ne se comptaient plus, revint encore une fois en France, avec les pères Jamay et Le Caron, pour défendre la cause de la colonie, mais il se heurta comme dans ses premiers voyages aux difficultés et aux oppositions soulevées par des marchands qui n'avaient d'autre préoccupation que les avantages de la traite et le prompt retour des navires pour assurer l'écoulement des pelleteries. Les troubles de la Régence compliquaient encore la situation : le prince de Condé, vice-roi de la Nouvelle-France, était à la Bastille; le maréchal de Thémines fut chargé de le remplacer comme lieutenant du roi. Condé qui recevait 3 000 livres par an de la société constituée pour l'exploitation de la colonie prétendait continuer à toucher cette somme; Thémines réclamait là-dessus 1 500 écus, et de son côté l'intendant de l'amirauté voulait qu'une partie de cet argent fût employée à l'avantage de l'œuvre entreprise dans le nouveau monde. Toutes ces contestations furent renvoyées devant le conseil du roi et de là aux cours du Parlement. Elles se continuaient encore en 1617, pendant que Champlain retournait au Canada. Il emmenait avec lui la première famille ayant l'intention de s'y fixer sans idée de retour, celle de Louis Hébert, apothicaire, qui avait déjà fait partie de l'expédition de Poutrincourt et qui « prenait grand plaisir au labourage de la terre ». Hébert s'établit avec les siens sur un terrain compris aujourd'hui dans la haute ville de Québec, y éleva une habitation, et donna, en se livrant à la culture, un exemple qui ne fut malheureusement pas assez suivi.

Cette fois la traversée fut longue, et l'on n'arriva au port qu'après avoir épuisé presque toutes les provisions. D'autre part, à Québec la disette était grande, le scorbut y avait atteint plusieurs colons et la poudre commençait à manquer. A l'automne, Champlain franchit encore l'Océan avec le père Dolbeau pour tâcher d'éclairer les principaux associés sur la situation et en obtenir des secours. Pendant l'hiver, deux hommes de l'habitation de Québec furent tués par les sauvages, qui manifestèrent l'intention de se défaire de tous ces étrangers. Prévenus par le frère Duplessis auquel un indigène converti révéla le complot, les Français se retranchèrent dans un petit fort en bois. On finit par se réconcilier : un des coupables fut livré avec deux otages, et des présents de peaux et de grains de porcelaine rachetèrent le meurtre commis.

En France, Champlain, malgré toutes ses démarches, ne pouvait rien obtenir des associés, et en 1618 il ramenait à Québec le père Dolbeau, avec quelques autres colons décidés à tenter la fortune dans ce pays nouveau et à cultiver les terres qui leur seraient concédées. Il repassait la même année en France, où il retrouvait les mêmes difficultés que dans ses précédents voyages : tracasseries, lésineries, délais du côté des associés; jalousies, procès, empiétements de la part des

SAUVAGES EN COSTUME DE GUERRE.
Dessin de A. de Neuville.

marchands étrangers à la compagnie; indifférence de la cour qui ne pouvait ni ne voulait s'occuper de ces possessions lointaines. Le temps se passa en voyages, en envois de secours insuffisants, en luttes acharnées entre sociétés concurrentes, entre catholiques et huguenots, jusqu'à l'arrivée du cardinal de Richelieu au ministère. Devenu grand maître et surintendant général de la navigation et du commerce, il prit sous sa protection la colonie de la Nouvelle-France, et le 29 avril 1627 il signait l'acte d'établissement de la Compagnie des cent associés. Aux termes de cet acte, la Compagnie s'engageait à envoyer annuellement deux ou trois cents hommes à la colonie, à les y loger et entretenir pendant trois ans; ce temps expiré, elle devait assigner à chaque colon une quantité de terre défrichée suffisante pour sa famille, et lui fournir le blé nécessaire pour les premières semences. En retour, le roi lui accordait à perpétuité le fort et l'habitation de Québec avec tout le pays de la Nouvelle-France, le droit de fabriquer des armes, de bâtir et fortifier des places, de distribuer les terres, le trafic des cuirs, peaux et pelleteries; et, pour quinze ans, le monopole du commerce qui se pourrait faire dans l'intérieur du pays. La pêche des morues et des baleines était toutefois réservée et déclarée libre pour tous les Français, et les habitants qui ne seraient pas nourris et entretenus par la Compagnie étaient autorisés à faire la traite avec les sauvages, à la condition que les pelleteries seraient livrées aux associés ou à leurs commis, tenus de les payer à un prix déterminé. Pour favoriser la colonisation, le roi déclarait que tout artisan qui exercerait son métier pendant six ans dans la Nouvelle-France serait réputé maître et pourrait tenir boutique à Paris et autres villes; que pendant quinze ans toutes les marchandises provenant de la colonie seraient exemptes d'impôts; que les descendants des Français qui se fixeraient dans le pays, ainsi que les sauvages qui embrasseraient la foi catholique, seraient censés et réputés naturels Français et jouiraient dans la mère patrie de tous les droits attachés à cette qualité sans être tenus de remplir aucune formalité de naturalisation.

La société, qui avait à sa tête le cardinal de Richelieu et le marquis d'Effiat, surintendant des finances, comptait parmi ses membres le commandeur de Razilly, Champlain, le célèbre imprimeur Sébastien Cramoisy, l'abbé de la Madeleine et les principaux marchands de Paris, de Rouen, de Dieppe et de Bordeaux. Elle donnait les plus belles espérances pour l'avenir de l'œuvre entreprise, et le zèle des associés se manifestait dès 1628 par l'envoi de quatre navires sous la direction du sieur de Roquemont, membre de la Compagnie. Un cinquième était frété pour le compte des jésuites, chargés d'envoyer des missionnaires à la Nouvelle-France, sur la demande des récollets eux-mêmes, qui ne pouvaient suffire à la conversion des peuplades avec lesquelles on était entré en relations. Malheureusement la petite flotte fut attaquée et prise à l'entrée du Saint-Laurent par les Anglais, que conduisaient des huguenots réfugiés, originaires de Dieppe, les frères Kertk. La guerre étant déclarée entre le cabinet de Londres et la France, l'aîné des frères, David Kertk, avait obtenu une commission du roi d'Angleterre et armé plusieurs navires avec lesquels il résolut de s'emparer de la Nouvelle-France. Arrivé au cap Tourmente, entre Tadoussac et Québec, il y détruisit les quelques maisons ainsi que les étables et le bétail qui s'y trouvaient, puis il chargea des Basques prisonniers de porter à Champlain une lettre dans laquelle il l'informait qu'ayant obtenu mission du roi de la Grande-Bretagne de prendre possession du Canada et de l'Acadie, il était arrivé à Tadoussac avec dix-huit navires, qu'il avait capturé les vaisseaux chargés d'apporter des provisions à la colonie et que les Français n'ayant plus de vivres devaient se rendre afin d'éviter une effusion de sang inutile. A cette sommation, Champlain, d'accord avec Dupont-Gravé et les autres habitants, répondit avec une noble fierté : « Monsieur, ayant encore des grains sans ce que ce pays en fournit, et sachant très bien que rendre un fort et habitation en l'état que nous sommes maintenant, nous ne serions pas dignes de paraître devant notre roi, vous estimerez plus notre courage en attendant de pied ferme votre personne avec vos forces, que si nous abandonnions lâchement une chose qui nous est si chère, sans voir l'essai de vos canons, approches, retranchements et batteries

UN SAULT (RIVIÈRE CHICOUTIMI).
Dessin de Weber, d'après une photographie.

contre une place que je m'assure que la voyant et reconnaissant vous ne jugerez pas de si facile accès comme l'on vous aurait pu donner à entendre. Nous attendons d'heure à autre pour vous recevoir, et empêcher si nous pouvons les prétentions qu'avez eues sur ces lieux, hors desquels je demeurerai, monsieur, votre serviteur. »

Depuis trois ans, la colonie dont la détresse était extrême n'avait reçu ni vivres ni munitions; il n'y avait que cinquante livres de poudre dans les magasins, et la famine était proche; mais, suivant l'expression de Champlain, « en ces occasions bonne mine n'est pas défendue ». Kertk, convaincu qu'il allait se heurter à une résistance désespérée, préféra remettre l'attaque au moment où la disette aurait fait son œuvre; il brûla les barques qu'il avait trouvées à Tadoussac et regagna le golfe Saint-Laurent. Champlain, de son côté, prit toutes ses précautions pour faire durer le plus longtemps possible le peu de vivres qui lui restait; la pêche, la chasse, la récolte faite par la famille Hébert, des racines que l'on allait chercher dans les bois, quelques morceaux de venaison donnés par les sauvages empêchèrent la colonie de mourir de faim pendant l'hiver; mais l'année suivante, lorsque les frères Kertk revinrent avec leur flotte, il ne restait plus rien, ni vivres, ni poudre, ni moyens de défense. Ils firent savoir à Champlain qu'ils connaissaient le triste état dans lequel il se trouvait et lui demandèrent la remise, aux conditions les plus honorables, du fort de Québec. On était arrivé au 16 juillet 1629; il n'y avait plus aucun espoir de secours; Champlain réclama son transport en France avec ses compagnons et les religieux, le droit de sortir du fort avec armes et bagages et des vivres en échange de pelleteries. Ces conditions accordées, Québec fut remis aux Kertk, qui en prirent possession. Suivant reçu délivré par eux, voici tout ce qui se trouvait tant au fort qu'à l'habitation : « 7 canons, 7 pierriers, 51 boulets, 40 livres de poudre à canon, 30 livres de mèches, 15 mousquets, 4 arquebuses, 10 hallebardes, 12 piques, 5 à 6 milliers de plomb, 52 armures, 2 pétards de fonte verte, une vieille tente et quelques ustensiles de ménage. » Les prisonniers furent embarqués sur un des vaisseaux des Kertk qui leur permirent, selon l'énergique expression d'un brillant écrivain canadien, « d'aller redire en France que sous tous les cieux et par tous les temps il se pouvait trouver des hommes dont la mission consistait à trahir et à humilier la patrie ». (Faucher de Saint-Maurice.)

De 1608, date de la fondation de Québec, jusqu'à 1629, alors que Champlain, réduit à la dernière extrémité, rendait la colonie, de nombreux navires avaient été envoyés à la Nouvelle-France: ils y avaient amené des hommes que la traite des fourrures avait occupés à peu près uniquement et dont la plupart étaient allés vivre chez les sauvages dont ils prenaient les habitudes vagabondes; quelques arpents de terre défrichés, cinq ou six cabanes à l'île du Cap-Breton, une douzaine à Québec, deux ou trois dans l'île de Montréal, à Tadoussac et aux Trois-Rivières, tels étaient les tristes résultats acquis; ils étaient dus à la négligence et à la mauvaise volonté des compagnies successivement créées qui, sans jamais tenir compte des obligations attachées à leur monopole, se contentaient des bénéfices de la traite; c'était malgré elles que Champlain avait bâti le fort et amené quelques familles qui s'étaient vouées au défrichement des terres : « tout ceci se faisait à dessein de tenir toujours le pays nécessiteux et d'ôter le courage à chacun d'y aller habiter, pour avoir la domination entière. » La conséquence était fatale : au moment où les frères Kertk jetaient l'ancre devant Québec, il ne se trouvait dans toute la contrée qu'une soixantaine de Français; leurs moyens de résistance étaient nuls et la misère à laquelle ils se voyaient réduits était telle qu'ils en arrivaient à considérer comme leur sauveur un ennemi qui se présentait à eux avec des vivres.

Ramené en France, Champlain y apprenait que la paix avait été signée avec l'Angleterre deux mois avant le jour où il avait rendu Québec. Informé du fait, Richelieu réclama aussitôt la restitution du Canada à la France. Comme l'affaire traînait en longueur, il se décida à employer l'argument le plus capable de convaincre les Anglais : il fit armer en guerre une flotte de dix navires pour aller reprendre possession, au besoin par la force, d'une colonie dont la propriété ne nous était même pas contestée.

La nouvelle, portée à Londres, y produisit l'effet attendu : par traité du 29 mai 1632, le roi d'Angleterre s'engageait à restituer tous les lieux occupés par ses sujets en la Nouvelle-France, l'Acadie et le Canada, ordonnait à ceux qui commandaient à Port-Royal, au fort de Québec et au cap Breton de remettre ces postes aux officiers nommés par le roi de France, et prescrivait de réparer les dommages causés à tous ceux qui avaient des intérêts à Québec au moment de la prise. Le 13 juillet 1632, Québec était remis aux Français. Champlain y retournait en 1633, comme lieutenant du cardinal, avec trois vaisseaux portant deux cents personnes, marins et colons, des marchandises, des armes et des provisions en abondance. Dès son arrivée, il rétablissait les bonnes relations avec les Montagnais, les Algonquins et les Hurons que la morgue et les allures cassantes des Anglais avaient éloignés. Il envoya des missionnaires au milieu de ces tribus qu'il importait d'amener peu à peu à la civilisation. Quelques Hurons descendirent le fleuve pour la traite en 1634; moyennant de nombreux présents, ils consentirent à emmener chez eux les pères Brébeuf et Daniel. Ceux-ci, parvenus à la bourgade de leurs compagnons de voyage, s'y installèrent de leur mieux dans une cabane. Les sauvages venaient admirer les objets qu'ils avaient apportés d'Europe, des aimants, des miroirs, des outils de menuiserie; mais ce qui les plongeait dans l'admiration c'était l'horloge marquant les heures et dont la sonnerie les émerveillait. Ils l'appelaient le capitaine du jour. « Quand elle sonne, écrivait le père de Brébeuf, ils disent qu'elle parle; ils demandent, quand ils nous viennent voir, combien de fois le capitaine du jour a parlé; ils nous interrogent sur son manger. Ils demeurent des heures entières afin de la pouvoir ouïr parler. Ils demandaient, au commencement, ce qu'elle disait. On leur répondit deux choses qu'ils ont fort bien retenues : l'une que quand elle sonnait à quatre heures du soir pendant l'hiver, elle disait : « Sortez, allez-vous-en, afin que nous fermions la porte », car aussitôt ils lèvent le siège et s'en vont; l'autre qu'à midi elle disait : « Sus, dressons la chaudière ». Et ils ont encore mieux retenu ce langage, car il y a des écornifleurs qui ne manquent pas de venir à cette heure-là pour participer à notre sagamité. »

En 1634, sur les indications de Champlain, plusieurs Français bâtissaient un fort et des habitations aux Trois-Rivières, entre Québec et l'île de Montréal; c'était un endroit fréquenté par les Montagnais et les Algonquins qu'y attirait l'abondance du gibier.

Grâce à l'influence de Richelieu et à l'actif concours de la Compagnie des cent associés, les envois de colons se continuèrent assez rapidement, et de généreux prolecteurs, comme le marquis de Gamache, le commandeur de Sillery, la duchesse d'Aiguillon, les dames de La Peltrie et de Bullion, contribuèrent bientôt par des dons considérables à la fondation à Québec d'institutions de bienfaisance et d'un collège. C'est au milieu de ces créations, en grande partie dues à son infatigable initiative, que le fondateur de la colonie, atteint d'un mal qui ne pardonne pas, s'affaissait et tombait pour ne plus se relever. Frappé de paralysie, il s'éteignait le 25 décembre 1635, après deux mois et demi de souffrances, témoignant jusqu'à sa fin du profond intérêt qu'il portait aux familles venues avec lui dans cette nouvelle patrie. Champlain mourait aimé et respecté de tous ceux qui l'avaient approché et qui s'accordaient à lui reconnaître une constance, une fermeté et un désintéressement admirables, en même temps que la foi la plus vive dans l'œuvre qu'il avait poursuivie. « Trente-deux ans auparavant, il avait visité le Saint-Laurent pour la première fois et formé le projet d'y planter le pavillon français sur les hauteurs de Québec. Seul il avait persévéré dans cette glorieuse entreprise et en avait supporté patiemment toutes les peines et toutes les difficultés. A la guerre, au milieu des conseils, dans ses longs voyages de découverte, il n'avait cessé de déployer un grand courage, une habileté remarquable et une constance que rien ne pouvait lasser. Il sut choisir avec un rare bonheur les sites où s'élèvent aujourd'hui les villes de Montréal, des Trois-Rivières et de Québec; il traça lui-même les plans et surveilla l'exécution des travaux qui se firent dans ce dernier lieu. Il protégeait si soigneusement les intérêts publics et particuliers des Français et des sauvages que tous le regardaient comme un père, et qu'au milieu des contestations qu'il eut à régler il ne s'éleva jamais le moindre doute sur la droiture de ses intentions. » (Ferland.) Son énergie, sa persévérance assuraient à la France la possession de la magnifique vallée du Saint-Laurent; ses découvertes depuis Québec jusqu'aux grands lacs le mettaient au rang des plus illustres pionniers du nouveau monde; sa prévoyance et son activité sauvegardaient l'avenir de la colonie qu'il avait créée et qui allait se développer sous ses successeurs. Il avait bien mérité de la Patrie, et son souvenir est resté cher aux Canadiens français.

CHAPITRE II

LES PREMIERS GOUVERNEURS

Le successeur de Champlain au gouvernement de la Nouvelle-France, avec le titre de lieutenant général du roi, fut nommé le 10 mars 1636; c'était M. de Montmagny, chevalier de l'ordre de Saint-Jean de Jérusalem, « homme distingué par son courage, sa persévérance et son dévouement, administrateur fidèle, zélé défenseur des droits et de l'honneur de la France ». Son nom, traduit par les sauvages en Onontio, la Grande Montagne, devint le terme par lequel les indigènes désignèrent dans la suite tous les gouverneurs. M. de Montmagny arrivait à Québec le 11 juin 1636 avec plusieurs navires, quelques troupes et des secours abondants. Il s'occupa immédiatement de fortifier la cité naissante dont il dressa le plan, et fit installer une batterie commandant le passage du fleuve. Aux Trois-Rivières, le poste fut agrandi et pourvu d'une plate-forme garnie de canons. L'arrivée de nouveaux émigrants augmenta heureusement le personnel de la petite colonie; deux familles, celles de Le Gardeur de Repentigny et de Le Neuf de La Potherie, originaires de Normandie, comptaient à elles seules quarante-cinq personnes. M. de Repentigny amenait avec lui sa mère, sa femme, son frère, ses sœurs et plusieurs enfants. « Nous avons ici, écrivait le père Le Jeune, de très honnêtes gentilshommes, nombre de soldats de façon et de résolution : c'est un plaisir de leur voir faire les exercices de la guerre dans la douceur de la paix, de n'entendre le bruit des mousquetades et des canons que par réjouissance, nos grands bois et nos montagnes répondant à ces coups par des échos roulant comme des tonnerres innocents qui n'ont ni foudres ni éclairs. La diane nous réveille tous les matins, nous voyons poser les sentinelles. Le corps de garde est toujours bien muni, chaque escouade a ses jours de faction. »

Ces heureux débuts du nouveau gouverneur furent bientôt suivis de graves événements : les Iroquois, que les armes à feu avaient d'abord effrayés mais qui en furent ensuite approvisionnés par les colonies anglaises, tandis que les Français se gardaient d'en fournir à leurs sauvages alliés, recommencèrent à descendre dans la vallée du Saint-Laurent et à attaquer les Hurons dont ils allaient poursuivre obstinément la destruction. D'autre part, une épidémie de petite vérole, gagnant de proche en proche les tribus qui alimentaient Tadoussac et Québec de pelleteries, les décima et faillit amener le massacre des Français séjournant chez elles. Ils étaient une trentaine, vigoureux, actifs, dans la force de l'âge et accoutumés aux voyages les plus rudes; leur perte eût été d'autant plus sensible que toutes relations auraient été rompues avec les peuplades qui les avaient adoptés. Les accusations de sorcellerie portées contre eux se dissipèrent peu à peu, et bientôt les Hurons, aux prises avec de féroces adversaires, apprécièrent mieux l'utile concours de ces intrépides aventuriers dont quelques-uns d'entre eux avaient voulu se défaire comme étant les auteurs de leurs maux. Nous reviendrons sur cette lutte acharnée qui devait se terminer par la destruction de nos imprévoyants alliés, mais deux faits méritent de nous arrêter un instant avant d'aborder ce triste récit, c'est la création de l'hôpital de Québec, et la fondation de Montréal. Ils mettent en relief l'esprit religieux qui a présidé aux débuts de la colonie et qui s'est perpétué jusqu'au jour de la conquête anglaise, où il s'est trouvé en lutte avec le protestantisme et a constitué un des plus solides éléments de résistance du peuple vaincu aux tentatives d'absorption de la race anglo-saxonne.

Les nombreuses éditions des Voyages de Lescarbot et de Champlain à la Nouvelle-France avaient appelé l'attention publique sur l'Amérique septentrionale; leurs récits mouvementés, les découvertes accomplies, le goût des aventures avaient déjà déterminé un certain nombre d'hommes résolus à se rendre dans ce pays pour y tenter un établissement; les Relations des missionnaires vinrent entretenir ce mouvement. Écrites par des hommes instruits, remplies de faits intéressants, elles se continuèrent sans interruption de 1632 à 1673, apportant chaque année au public un compte rendu des missions perdues au milieu des tribus. La première, envoyée par le père Le Jeune, est datée du 28 août 1632, « du milieu d'un bois de plus de 800 lieues d'étendue, à Québec »; elle a été imprimée, ainsi que les suivantes, à Paris, rue Saint-Jacques, chez Sébastien Cramoisy, imprimeur du roi. Ces publications, aujourd'hui fort recherchées des bibliophiles, ont été poussées dans certaines ventes jusqu'à 400 et 500 francs l'exemplaire. Leur lecture excitait l'intérêt, et des personnes charitables, désirant participer à la conversion des sauvages, expédiaient au Canada des fonds et des ouvriers pour construire des établissements hospitaliers. La duchesse d'Aiguillon, nièce du cardinal de Richelieu, continuant à porter à la colonie l'intérêt que ce grand homme d'État y avait attaché lui-même, écrivait que, pour contribuer à l'installation de religieuses à Québec, elle avait décidé d'y envoyer six manœuvres « pour défricher des terres et faire quelques logements pour ces bonnes filles ». Ayant obtenu en 1637 la concession d'un terrain dans cette ville, elle y faisait commencer les fondations de l'hôpital, à la construction et à l'entretien duquel elle consacrait des sommes considérables. Elle en confia la direction aux religieuses Augustines, qui tenaient en France l'hôpital de Dieppe. Une autre création analogue fut celle de l'école des Ursulines, destinée à l'éducation des jeunes filles, due à l'initiative de Mme Grivel de La Peltrie, secondée par la Mère Marie de l'Incarnation.

La fondation de Montréal a le même caractère. Une Relation contenant une description de l'île où devait s'élever un jour la grande cité, donna l'idée à un receveur des tailles de La Flèche, M. de La Dauversière, d'y établir une colonie. Il se rendit dans ce but à Paris et y forma une association connue depuis sous le nom de Notre-Dame de Montréal. M. Olier, fondateur du séminaire de Saint-Sulpice, en faisait partie. Ayant obtenu d'un membre de la Compagnie des cent associés, M. de Lanson, la cession de l'île dont il était propriétaire, les fondateurs cherchèrent, pour la création qu'ils projetaient, des hommes accoutumés au travail et exercés au métier des armes; ils leur donnèrent pour chef un officier de mérite, M. de Maisonneuve, dont on connaissait le caractère ferme et résolu. Mlle Jeanne Mance, fille du procureur du roi à Nogent, accompagnait les nouveaux colons. Elle avait obtenu de Mme de Bullion, veuve d'un riche surintendant des finances, les fonds nécessaires, 12 000 livres, pour créer un hôpital dans la nouvelle cité, et une rente de 2 000 livres pour son entretien. La petite troupe, comprenant M. de Maisonneuve, deux prêtres, Mlle Mance, trois femmes et quarante-sept hommes, était réunie au mois d'août 1641 à Québec, où M. de Montmagny essaya de la retenir par cette considération que, grâce aux nouveaux venus, la colonie qui ne comprenait encore que deux cents Européens serait en mesure de résister plus efficacement à ses adversaires. La réponse de M. de Maisonneuve fut d'une simplicité héroïque : « Ce que vous me proposez, dit-il, serait bon si l'on m'avait envoyé pour délibérer et désigner un poste; mais la Compagnie qui m'a choisi ayant décidé que j'irais à Montréal, il est de mon honneur et vous trouverez bon que je m'y rende pour commencer une colonie, quand même tous les arbres de cette île devraient se changer en autant d'ennemis. »

Le 18 mai 1642, une pinasse, un bateau plat et deux chaloupes portant M. de Maisonneuve et ses compagnons arrivaient à l'île de Montréal; ils débarquaient à l'endroit que Champlain, trente et un ans auparavant, avait désigné comme un site favorable à un établissement. C'était une langue de terre formée par la jonction d'un petit cours d'eau avec le Saint-Laurent. « Au bord du ruisseau s'étendait un champ et au delà s'élevait la forêt avec son avant-garde d'arbres isolés. Les fleurs hâtives du printemps s'épanouissaient dans l'herbe naissante et les oiseaux aux plumages variés voltigeaient dans les buissons. Maisonneuve sauta à terre et se jeta à genoux; ses compagnons imitèrent son exemple et unirent leurs voix dans un cantique enthousiaste d'actions de grâces. Les tentes, le bagage et les armes furent ensuite transportés à terre. » (Parkman.) C'est de ce jour que date la fondation de la cité à laquelle fut d'abord donné le nom de Ville-Marie. Un fort en pieux servit à protéger ses premiers habitants, dont la venue avait rempli d'espoir les anciens colons en leur démontrant qu'ils n'étaient pas oubliés du vieux pays, et en leur donnant l'assurance qu'ils auraient dans les nouvelles recrues de vaillants défenseurs. Ce secours, nous allons le voir, arrivait à point.

Laissant en paix le gros de la nation des Hurons, les Iroquois s'étaient bornés d'abord à des coups isolés, à des attaques contre les bourgades les plus éloignées. Si des plaintes leur en étaient faites, ils déclaraient qu'il n'était question dans tout cela que de démêlés particuliers. Les Hurons, se croyant toujours en paix avec ces perfides agresseurs, insouciants par suite du terrible danger qui les menaçait, ne virent le péril que quand leur pays fut envahi par les bandes ennemies. Dans les premiers mois de 1636, une première irruption avait lieu; l'attitude résolue des coureurs des bois qui se trouvaient dans les villages détermina seule les Iroquois à la retraite, mais ce fut pour reparaître bientôt avec plus d'acharnement, et au mois d'août 1637 cinq cents d'entre eux poussaient l'audace jusqu'à venir enlever, devant le poste des Trois-Rivières, des Hurons apportant diverses pelleteries à Québec. Pour arrêter leurs incursions, M. de Montmagny entreprit d'élever un fort à l'entrée de la rivière par laquelle ils descendaient au Saint-Laurent. Il s'y rendit avec trois barques portant des ouvriers, des soldats et du canon. Les travaux étaient activement poussés et le retranchement presque achevé lorsqu'une troupe de trois cents Agniers déboucha de la forêt pour assaillir les travailleurs. « Ces barbares, dit la Relation de 1642, se divisèrent en trois bandes, et nonobstant qu'ils vissent les barques à l'ancre ils se jetèrent sur nous avec une fureur si étrange qu'il semblait qu'ils dussent tout enlever du premier coup. Aussitôt chacun court aux armes; un caporal nommé du Rocher, étant de garde et voyant qu'ils mettaient déjà le pied dans le retranchement, s'avance la tête baissée avec quelques soldats et les repousse courageusement. Les balles des mousquets et des arquebuses sifflent de tous côtés. Un grand Iroquois, portant une espèce de couronne de poils de cerf teinte en écarlate, enrichi d'un collier de porcelaine, s'avançant trop, est couché par terre tout raide mort d'une mousquetade. Un autre reçoit sept coups dans son bouclier et bien autant dans son corps. Nos Français, étant animés, se ruent avec un tel carnage qu'ils font lâcher prise à ces barbares. Ils firent néanmoins leur retraite avec conduite, se retranchant dans un fort qu'ils avaient secrètement dressé à une lieue environ au-dessus de nous. On trouva par après des haches et d'autres armes que les blessés avaient laissées avec du sang qui rougissait leur trace. » Le fort, achevé après cette rude attaque, reçut le nom de Richelieu, qui fut plus tard donné à la rivière dont il gardait l'entrée.

La petite colonie de Montréal avait échappé la première année aux attaques d'un ennemi qui en ignorait l'existence, mais au printemps de 1643 dix Algonquins, fuyant devant un parti d'Iroquois, se réfugiaient chez les nouveaux colons. Ceux qui les poursuivaient se retirèrent sans attaquer la place, mais ils revenaient au mois de juin et surprenaient, à quelques milles de l'habitation, des canots hurons chargés de pelleteries. Dans leur épouvante, ceux qui les montaient ne songèrent même pas à se défendre; vingt-trois furent saisis par leurs agresseurs qui poursuivirent les autres jusqu'aux palissades du fort. Ils se retirèrent après avoir tué trois Français et en avoir pris deux qu'ils emmenèrent avec le reste des prisonniers, dont la plupart furent brûlés. Quelques secours arrivèrent sur ces entrefaites; ils étaient conduits par un gentilhomme de Champagne, M. d'Ailleboust; comme il avait une certaine connaissance de l'art des fortifications, il remplaça l'enceinte de pieux par des retranchements revêtus de solides bastions dans lesquels les colons pourraient se réfugier lorsque la présence de l'ennemi serait signalée. Des chiens amenés de France furent dressés à la garde des alentours; ils discernaient, à l'odorat, les endroits où étaient cachés les sauvages. Tous les matins, ils faisaient une ronde aux environs, et s'ils découvraient quelque embuscade, ils revenaient au fort en aboyant de toutes leurs forces. Ces précautions suffisaient à peine pour mettre les Français à l'abri des attaques des Peaux-Rouges, qui, cachés dans les forêts, profitaient de toutes les occasions favorables pour enlever ou massacrer

MONTRÉAL.
Dessin de Benoist, d'après une photographie.

les travailleurs isolés. Les habitants, ainsi traqués, se lassèrent de ces agressions journalières auxquelles on ne ripostait pas, et demandèrent instamment à M. de Maisonneuve de faire une sortie pour combattre ces dangereux rôdeurs. Comme ils se plaignaient de ses refus et l'accusaient de timidité, il entreprit de leur donner satisfaction.

Le 30 mars 1644, les chiens, faisant leur battue quotidienne, donnaient l'alarme; leurs aboiements furieux indiquaient que l'ennemi était dans le voisinage; les plus bouillants insistèrent de nouveau pour marcher contre lui. M. de Maisonneuve y consentit, et, après avoir laissé le commandement du fort à M. d'Ailleboust, il se dirigea, avec une trentaine d'hommes, vers le bois où les sauvages avaient été signalés. Ils y étaient en effet, attendant depuis quatre jours l'occasion qui s'offrait à eux; deux cents de leurs guerriers tombèrent tout à coup sur les Français qui, abrités derrière des arbres, épuisèrent leurs munitions dans une vigoureuse défense. Forcés de se retirer et effrayés par le nombre de leurs agresseurs, ils se dirigèrent vers un chemin de traîne où les neiges, tassées, arrêtaient moins la marche, et M. de Maisonneuve resta seul en arrière. Il était armé de deux pistolets et se retournait de temps en temps vers l'ennemi pour le tenir à distance. Les Iroquois le reconnurent et voulurent le prendre vivant pour le donner en spectacle et le brûler dans leurs bourgades. Leur chef, chargé de cette capture, serrait de près sa proie et allait la saisir lorsque le commandant français, se retournant brusquement, lui fracassa la tête d'un coup de pistolet. Alors la poursuite cessa; dans la crainte que dans un retour offensif on n'enlevât le corps de leur mort, les sauvages l'emportèrent en toute hâte dans la forêt, pendant que M. de Maisonneuve rentrait au fort. Dans cette rencontre, trois Français avaient été tués et deux autres pris; ils subirent durant quatre jours le supplice du feu. C'était une perte sensible, mais elle eut ce bon effet de rendre les colons plus prudents et de leur montrer combien avait été sage la conduite de leur commandant, dont le courage et le sang-froid dans cette affaire furent admirés de tous.

Une autre bande de trente Agniers s'était postée auprès des Trois-Rivières; le 27 avril 1644, six Hurons, accompagnés par le père Bressani, remontant le Saint-Laurent dans trois canots, furent surpris par ces féroces adversaires; un des Hurons était tué d'un coup d'arquebuse au moment de l'attaque, les autres faits prisonniers. Le mort était dépecé, mis à la chaudière et mangé. Au village des Agniers, le missionnaire fut roué de coups de bâton. Comme il était tombé évanoui, on lui coupa, pour le ranimer, le pouce de la main gauche et deux doigts de la droite. Porté ensuite dans une cabane, ses bourreaux lui brûlèrent les ongles et lui disloquèrent les pieds. Le lendemain on recommença, renchérissant sur ce qu'on lui avait fait souffrir la veille. Au bout de quelques jours, son corps n'était qu'une plaie où les vers grouillaient, et il s'en dégageait une odeur tellement insupportable que personne n'en voulait plus approcher. Il ne restait qu'à l'achever lorsque les anciens lui apprirent qu'il ne subirait pas le dernier supplice. Il fut donné à une vieille qui, n'en pouvant attendre aucun service dans l'état où il se trouvait, le céda à des Hollandais avec lesquels il se rendit à Manhatte, d'où un navire le ramena à la Rochelle. Pareil traitement avait déjà été infligé par la même tribu au père Jogues qui, après des souffrances inouïes, était également revenu en France mutilé et dans le plus complet dénuement.

Pendant que la colonie était ainsi infestée, d'autres bandes allaient porter la dévastation chez les Hurons et y mettaient tout à feu et à sang. Le père Lallemand, témoin de ces désastres, écrivait alors : » La désolation est extrême dans ce pays; presque tous les jours de pauvres femmes se sont vues assommées dans leurs champs, les bourgs ont été dans des alarmes continuelles et toutes les troupes huronnes, qui s'étaient levées en bon nombre pour donner la chasse à l'ennemi, ont été défaites et mises en déroute. On a emmené les captifs par centaines, et souvent nous n'avons pas eu d'autres porteurs de ces funestes nouvelles que de pauvres malheureux échappés des flammes, dont les corps à demi brûlés et les doigts des mains coupés nous donnaient plus d'assurances que leurs paroles mêmes du malheur qui avait fondu sur eux et sur leurs compatriotes. Enfin au fléau de la guerre se joignit celui de la famine universelle parmi ces nations, à plus de cent lieues à la ronde. »

Au fort Richelieu, les attaques étaient continuelles; le 14 septembre 1644, un soldat travaillait dans un petit champ à portée de mousquet de la palissade; cinq Iroquois sortant d'un taillis où ils étaient à l'affût se jettent sur lui et essayent de l'entraîner. Il se cramponne à des souches d'arbres avec une telle vigueur qu'ils ne peuvent l'en détacher et lui déchargent sur la tête plusieurs coups de hache. Les hommes du fort commencent à tirer sur eux et les mettent en fuite. Malgré les blessures dont il est atteint, le soldat se relève et marche vers le retranchement. Deux sauvages reviennent sur lui et, croyant l'achever, le percent de coups. Ramassé par ses compagnons accourus à son secours, en s'exposant aux décharges des ennemis cachés dans le bois, il est transporté à l'habitation et finit, après de longs mois de souffrances, par se rétablir. Le 7 novembre suivant, un autre soldat, sorti pour tirer du gibier, était massacré par une bande cachée dans les broussailles et sa chevelure arrachée avec la peau du crâne. Cinq jours après, alors que la terre était couverte de neige, sept hommes allaient chercher du bois de chauffage. Leur traîneau chargé, ils s'en retournaient lorsqu'ils furent assaillis par une troupe embusquée dans la forêt. Ils s'enfuirent vers l'habitation, mais l'un d'eux, embarrassé par la courroie qui servait au traînage, fut saisi, terrassé et scalpé aussitôt. Aux cris de la sentinelle, les hommes de garde tirèrent sur les sauvages, qui prirent la fuite. Le blessé, couvert de sang, le crâne mis à nu, n'avait plus figure humaine; il resta trois jours sans connaissance; les soins qui lui furent prodigués le rappelèrent cependant à la vie; mais la garnison, contrainte de rester enfermée dans ce petit retranchement, y souffrit beaucoup et finit par l'abandonner pour rentrer à Québec. A Montréal, la situation était à peu près la même et les alertes continuelles; cependant les précautions prises par M. de Maisonneuve et son incessante vigilance déjouèrent toutes les attaques. Elles étaient parfois singulièrement hardies, ainsi qu'en témoigne le fait suivant : une bande étant venue pour faire quelque coup, l'un des Agniers, après que tous les travailleurs s'étaient retirés au son de la cloche qui les appelait au dîner, s'approcha de leur chantier et monta sur un arbre fort épais dans l'intention de tirer de là quelque isolé. Mais, après le repas, les hommes armés revinrent tous ensemble à l'ouvrage et placèrent un corps de garde sous l'arbre même où le sauvage s'était caché, ce qui l'obligea à rester là immobile et à attendre que les Français se fussent retirés pour descendre. (Faillon.)

Impuissant à infliger à ses agresseurs le châtiment de leurs continuels méfaits, M. de Montmagny songea à entamer avec eux des négociations afin d'obtenir une paix dont la colonie avait grand besoin pour assurer son existence. Ayant dans ses mains quelques prisonniers, il en relâcha un qu'il laissa partir seul, et le chargea d'informer les Agniers que s'ils voulaient sauver la vie des autres, il fallait lui envoyer des ambassadeurs pour traiter. Les Peaux-Rouges, qui avaient de leur côté éprouvé de cruelles pertes, commençaient à se lasser d'une guerre qui leur coûtait trop de monde; les avances de M. de Montmagny et le désir de sauver leurs compagnons retenus par les Français les décidèrent à expédier à Québec deux ambassadeurs.

Ces derniers emmenèrent avec eux le nommé Guillaume Couture, qui avait été pris avec le père Jogues. C'était un garçon courageux, actif; on le croyait mort et son retour causa une grande joie à la colonie, qui fit le meilleur accueil aux envoyés des Agniers. Ils furent reçus solennellement dans la cour du fort des Trois-Rivières, recouverte de voiles pour protéger l'assistance contre l'ardeur du soleil.

Le spectacle qui s'offrit alors aux Français était bien fait pour provoquer leur étonnement; c'était, avec tout le cérémonial indien, une véritable représentation à laquelle ils assistaient. Le gouverneur, assis dans un fauteuil, avait à ses côtés ses officiers, des missionnaires et les principaux habitants de la colonie. Les Iroquois prirent place devant lui sur une natte, pour marquer leur respect à l'égard d'Onontio, qu'ils appelaient leur père. Des Algonquins, des Montagnais et des Hurons en grand costume, le visage peint, enveloppés de leurs robes de fourrures, assistaient à la séance mêlés aux Français. Le centre de la place restait vide; il était réservé à l'orateur, qui joignait le geste à la parole pour exprimer plus clairement ses pensées. Les Agniers avaient apporté dix-sept colliers de porcelaine, représentant autant de propositions qu'ils avaient à faire, et pour les exposer à la vue de tous ils avaient planté deux piquets et tendu de l'un à l'autre une corde sur laquelle ils devaient les suspendre. « Chacun ayant pris place, l'orateur iroquois se leva, prit un collier, et le présentant au gouverneur il lui dit : « Onontio, prête l'oreille à ma voix, tous les nôtres parlent par ma bouche; mon cœur n'a point de mauvais sentiments, mes intentions sont droites. Nous voulons oublier toutes nos chansons de guerre et leur substituer des chants d'allégresse. »

Aussitôt il se mit à chanter, ses compagnons marquant la mesure avec leur « hé », qu'ils tiraient en cadence du fond de leur poitrine, et tout en chantant il se promenait à grands pas et gesticulait. Il regardait souvent le soleil, il se frottait les bras comme pour se préparer à la lutte; enfin il reprit un air plus composé et continua ainsi son discours : « Le collier que je te présente, mon père, te remercie d'avoir donné la vie à mon frère; tu l'as retiré de la dent de l'Algonquin, mais comment as-tu pu le laisser partir seul? Si son canot avait tourné, qui l'eût aidé à le relever? S'il s'était noyé ou qu'il eût péri par quelque accident, tu n'aurais eu aucune nouvelle de la paix, et peut-être eusses-tu rejeté sur nous une faute que tu n'aurais dû imputer qu'à toi. » En achevant ces mots, il suspendit son collier sur la corde, en prit un autre et, après l'avoir attaché au bras de Couture, il se tourna de nouveau vers le gouverneur et lui dit : « Mon père, ce collier te ramène ton sujet, mais je me suis bien gardé de lui dire : — Mon neveu, prends

SAUVAGE SCALPANT SON ENNEMI.
Dessin de Janet Lange, d'après un document américain.

un canot, et retourne dans ton pays. — Je n'aurais jamais été tranquille jusqu'à ce que j'eusse appris des nouvelles certaines de son arrivée. Mon frère, que tu nous as renvoyé, a beaucoup souffert et couru bien des risques ; il lui fallait porter seul son paquet, ramer toute la journée, traîner son canot dans les rapides, être toujours en garde contre les surprises. » L'orateur accompagnait ce discours de gestes expressifs ; on s'imaginait voir un homme tantôt conduire son canot avec la perche, tantôt parer une vague avec son aviron ; il faisait ensuite semblant de heurter du pied contre une pierre, en portant son bagage, puis il marchait en clopinant, comme s'il se fût blessé. Les autres colliers avaient rapport à la paix, dont la conclusion était le sujet de cette ambassade ; chacun avait sa signification particulière, que l'orateur expliquait : l'un aplanissait les chemins, l'autre rendait la rivière calme, un troisième enterrait les haches ; il y en avait pour faire entendre que l'on se visiterait désormais sans crainte, pour indiquer les festins qu'on s'offrirait mutuellement, l'alliance entre toutes les nations, le dessein qu'on avait toujours eu de ramener les pères Jogues et Bressani, l'impatience où l'on était de les revoir, l'accueil qu'on se préparait à leur faire, les remerciements pour la délivrance des trois derniers captifs. Chacun de ces articles était exprimé par un collier, et quand l'orateur n'eût point parlé, son action aurait rendu sensible tout ce qu'il voulait dire. Ce qui surprit davantage, c'est qu'il joua son personnage pendant trois heures sans en paraître plus échauffé. Il fut encore le premier à donner le branle pour une espèce de fête qui termina la séance et qui se passa en chants, en danses et en festins. » (Charlevoix.)

Deux jours après (car, aux termes de la coutume indienne, on ne répondait pas immédiatement), M. de Montmagny, en présence d'une assemblée aussi nombreuse que la première, fit connaître sa réponse aux propositions des ambassadeurs et leur remit autant de présents qu'il avait reçu de colliers. Les articles du traité de paix furent ensuite arrêtés ; les Algonquins et les Hurons y étaient compris. Bientôt après, M. de Montmagny était rappelé en France et remplacé par M. d'Aillebous qui, de Montréal, avait passé au commandement du poste des Trois-Rivières.

Il connaissait le pays et ses besoins, mais il en prenait le gouvernement à une époque singulièrement critique. La trêve intervenue avec les Agniers fut en effet de courte durée ; elle était rompue dès 1646. Une épidémie qui faisait de grands ravages parmi eux et la perte d'une récolte dévorée par les insectes furent attribuées aux sortilèges du père Jogues qui, revenu de France, n'avait pas hésité à retourner au milieu de ces barbares ; conduit dans une cabane, il y fut tué d'un coup de hache. Un Français, nommé Lalande, qui l'accompagnait, eut le même sort ; leurs têtes coupées furent exposées sur la palissade du village, et leurs corps jetés à la rivière. Certains, après ces meurtres, qu'il n'y avait plus de paix possible, les Iroquois se mirent aussitôt en campagne. Un de leurs détachements qui s'était approché d'un village de Hurons trouva ces derniers sur leurs gardes. Ne voulant pas se retirer sans avoir rien fait, quelques rôdeurs passèrent la nuit dans la forêt voisine ; un Huron, en sentinelle sur un retranchement, ne cessait de crier, pour montrer qu'il ne dormait pas. A l'aube, croyant que tout danger avait disparu, il s'endormit avec un de ses compagnons. Un des sauvages embusqués, n'entendant plus rien, s'approche alors, tue l'un des dormeurs d'un coup de hache, arrache à l'autre sa chevelure et prend la fuite. Nos alliés eurent bientôt leur revanche ; trois d'entre eux, après vingt jours de marche, pénétraient dans un village ennemi, y tuaient plusieurs hommes, mettaient le feu aux cabanes et regagnaient leur territoire sans avoir été rejoints.

Un des chefs algonquins, nommé Piskaret, avait été, pendant les guerres précédentes, un des plus redoutables adversaires des Iroquois, et l'on racontait de lui des exploits merveilleux dont le souvenir était resté dans la mémoire des colons. Un jour, cinq chefs, n'ayant pu réussir avec un nombreux parti, avaient voulu aller seuls venger la mort d'un des leurs qui avait été pris et brûlé par les Agniers. Ils firent un canot et se munirent d'armes à feu. Piskaret, qui les commandait, partit des Trois-Rivières et alla camper aux îles de Richelieu. Le lendemain il voyait descendre cinq canots d'Iroquois portant chacun dix hommes. Il avait eu la précaution de faire passer du gros fil d'archal de dix pouces de longueur dans des balles de plomb ainsi accouplées; chaque coup dans un canot devait y faire une ouverture qui le coulerait à fond, car ces embarcations étaient en écorces de bouleau extrêmement minces. Entourés par les Iroquois qui croyaient les prendre sans résistance, les Algonquins firent une décharge qu'ils renouvelèrent aussitôt avec d'autres mousquets; les ennemis culbutèrent de leurs canots que l'eau remplissait, et nos alliés leur cassèrent la tête, à la réserve de quelques-uns dont le sort fut aussi cruel que celui du malheureux qu'ils avaient brûlé.

Une autre fois, Piskaret partait seul, à la fonte des neiges, pour surprendre l'ennemi; il avait, dans le chemin, disposé ses raquettes le devant derrière afin de dépister ceux qui voudraient le poursuivre, et quand il fut proche d'un village il passa le reste de la journée dans un arbre creux. Il en sortit la nuit et chercha un endroit où il pourrait se réfugier à mesure qu'il ferait quelque coup. Un grand amas de bois était disposé en carré près des cabanes; il se glissa dans ce bûcher. Tout étant paisible aux alentours, il entra dans une cabane où il tua ceux qui y dormaient et enleva leurs chevelures; puis il se retira dans son trou. Le lendemain, lorsque ce carnage fut découvert, la bourgade prit l'alarme et les jeunes gens s'élancèrent à la poursuite du meurtrier. Ils trouvèrent les traces d'un homme qui s'enfuyait, et le suivirent longtemps, mais elles finissaient par se perdre dans les neiges fondues. Piskaret, immobile, attendait la nuit avec impatience; quand il vit qu'il était temps d'agir, il entra dans un autre logis où il égorgea tous ceux qui s'y trouvaient et regagna son chantier. Le lendemain, ce ne furent que pleurs et hurlements : la consternation était générale. On courut encore à la découverte, et l'on visita vainement les rochers et les taillis. La troisième nuit, l'Algonquin se glisse encore vers une cabane et voit par une fissure qu'il s'y trouve deux sentinelles éveillées; il en était de même dans les autres. Quand il fut certain que l'on se tenait sur ses gardes, il entr'ouvrit une porte derrière laquelle un guerrier assis sommeillait la pipe à la bouche, lui fendit le crâne d'un coup de hache et gagna la forêt, pourchassé par les compagnons de sa victime que les cris de l'autre sentinelle avaient réveillés. Comme il était fort agile, il se laissa poursuivre, dénonçant même de temps à autre sa présence par des cris. Il attira ainsi à sa suite cinq ou six des guerriers les plus alertes; enfin, comme la nuit approchait, il précipita sa marche et se cacha dans un fourré. Ceux qui le cherchaient, fatigués d'une aussi longue course et n'espérant plus le rejoindre, s'arrêtèrent près de sa retraite, allumèrent un feu et finirent par s'endormir. Piskaret profita de leur sommeil pour les tuer tous et enlever leurs chevelures. (De La Potherie.) Ce vaillant guerrier allait être une des premières victimes de la reprise des hostilités. « Il chassait paisiblement et s'en retournait chargé de mufles et de langues d'élans, lorsqu'il vit six Iroquois derrière lui, qui l'avaient aperçu auparavant et qui avaient un pavillon à la main. Ils chantaient en marchant la chanson de paix, par laquelle ils faisaient entendre qu'ils venaient à dessein de la confirmer. L'Algonquin les aborda fièrement, et s'étant assis avec eux alluma sa pipe, qu'il leur donna à fumer. Dans la conversation qu'ils eurent ensemble il leur apprit où étaient campés ses compagnons, divisés pour la chasse en deux troupes. Les autres lui dirent qu'ils allaient voir leur père Onontio. Ils se levèrent pour continuer leur chemin et, sur-le-champ, l'un des six se chargea de ce que l'Algonquin avait à porter; c'est la coutume des sauvages d'en user ainsi avec ceux qu'ils honorent et respectent beaucoup. Ils marchèrent tous de front, Piskaret au milieu d'eux. Il y eut un de la compagnie qui resta derrière, et qui, les laissant aller un peu devant, les joignit ensuite promptement et cassa la tête à l'Algonquin qui ne s'en méfiait point. » (Perrot.) Les auteurs de cette perfide agression avaient été détachés d'un gros parti de près de mille hommes pour aller à la découverte; ils informèrent aussitôt les leurs de ce qu'ils avaient appris et le lendemain, à la pointe du jour, les chasseurs algonquins, surpris dans leurs campements, étaient massacrés ou emmenés prisonniers.

Les premiers avis de ce désastre furent donnés aux Français par des femmes qui avaient pu s'échapper et qui parvinrent, au milieu des plus grands périls, à rejoindre la colonie. Une d'elles surtout fit preuve d'une résolution et d'un courage surhumains. Il y avait dix jours qu'elle était prisonnière. Une nuit qu'elle était couchée, attachée par les pieds et par les mains avec des cordes à autant de piquets et environnée de sauvages qui s'étaient étendus sur les cordes, elle s'aperçut que tous dormaient d'un profond sommeil. « Elle essaya de dégager une de ses mains et, ayant réussi, il ne lui fut pas difficile d'achever de se délier tout à fait. Elle se lève ensuite, va doucement à la porte de la cabane, y prend une hache, en frappe celui qui se trouvait le plus près sous sa main et se jette dans le creux d'un arbre qu'elle avait remarqué fort proche de là. Au bruit que fit le mourant, le village fut bientôt éveillé, et comme on ne douta point que la captive n'eût gagné au pied, toute la jeunesse se mit à ses trousses. Elle voyait ce mouvement de sa retraite; elle observa que tous ceux qui couraient après elle suivaient la même voie et qu'il n'y avait personne autour de son arbre. Elle en sortit sur-le-champ et, prenant sa course dans la direction opposée à celle où on la cherchait, elle gagna la forêt sans être aperçue. Tout le reste de la nuit on ne s'avisa point d'aller de ce côté-là; mais, le jour venu, on reconnut ses pistes et on les suivit. L'avance qu'elle avait lui donna deux jours de répit; le troisième elle entendit du bruit; elle se trouvait sur le bord d'un étang, elle s'y jeta jusqu'au cou, et dans le moment qu'elle aperçut les Iroquois elle se plongea tout à fait dans l'eau derrière des joncs à la faveur desquels il lui était aisé de respirer et de voir ce qui se passait. Elle remarqua qu'après avoir bien regardé de toutes parts, ceux qui la poursuivaient retournaient sur leurs pas. Elle les laissa s'éloigner, puis elle traversa le marais et continua sa route. Elle marcha trente-cinq jours, ne vivant que de fruits et de racines. Enfin elle arriva au Saint-Laurent, qu'elle traversa dans un canot trouvé sur la berge, et débarqua au fort des Trois-Rivières, où le récit qu'elle fit de son aventure eut bien de la peine à trouver croyance. » (Charlevoix.) On se prépara néanmoins à repousser une attaque; mais, pendant que quelques bandes venaient inquiéter nos colons et menacer leurs établissements, le gros des forces iroquoises achevait la ruine de la malheureuse et imprévoyante nation huronne, que l'éloignement et la faiblesse extrême de nos forces ne nous permettaient pas de secourir.

Le 4 juillet 1648, la bourgade de Saint-Joseph, sur les bords du lac Huron, était surprise, et sept cents personnes impitoyablement égorgées ou brûlées. Le père Daniel, qui vivait dans ce lieu depuis quatorze ans, partageait le sort de ses ouailles, qu'il refusait d'abandonner. L'hiver suivant, le 16 mars, le village de Saint-Ignace était également envahi, et ses quatre cents habitants massacrés; il ne s'en échappait que trois hommes. Courant à demi nus sur les neiges et les glaces, ils portèrent l'alarme au village voisin de Saint-Louis; les femmes et les enfants se réfugièrent aussitôt dans les bois pendant que les guerriers se préparaient à défendre désespérément leurs foyers. Bientôt leurs terribles adversaires assaillaient la bourgade; deux fois, les Hurons les repoussaient, mais enfin, écrasés par le nombre, ils tombaient sous les débris de leurs palissades renversées. Les pères de Brébeuf et Lallemant, restés dans la mêlée pour absoudre et baptiser les mourants, étaient pris et soumis aux plus épouvantables tortures. Le supplice du premier dura plusieurs heures. Exaspérés de ne pouvoir lui arracher un signe de faiblesse, ses bourreaux lui coupèrent les lèvres, le nez, la langue, et lui enfoncèrent un tison enflammé dans la bouche. Un d'eux finit par lui arracher le cœur que ces forcenés dévorèrent. Les épreuves du père Lallemant se prolongèrent un jour et une nuit entière; on l'enveloppa d'écorces de sapin auxquelles on mit le feu et qui se consumèrent lentement; ses yeux, arrachés, furent remplacés par des charbons ardents; à la fin, un des barbares, fatigué sans doute de le voir souffrir si longtemps, l'acheva d'un coup de hache. Les Hurons des autres bourgades, apprenant ces désastres, abandonnèrent leurs cabanes, auxquelles ils mirent le feu, et se réfugièrent dans les bois où leurs implacables bourreaux continuèrent à les poursuivre et à les exterminer. La famine en fit périr un grand nombre; plusieurs s'enfuirent au loin et trouvèrent un refuge chez d'autres peuplades; les derniers supplièrent les missionnaires de les conduire chez les Français. Ils arrivèrent ainsi au nombre d'environ quatre cents à Québec, et le gouverneur les établit dans l'île d'Orléans, sous la protection d'un fortin où ils pourraient se réfugier en cas d'attaque. L'année 1651, qui avait vu la destruction de la nation huronne, finit par le changement de M. d'Aillebout, que remplaça l'un des membres les plus influents de la Compagnie des cent associés, M. de Lauson; mais la colonie n'en fut pas secourue davantage. Énergiquement soutenue à son début par la main de Richelieu, elle devait languir après sa mort et rester sans appui sérieux jusqu'à l'arrivée de Colbert aux affaires.

Le nouveau gouverneur était un vieillard de soixante-dix ans, sans énergie, incapable de faire tête aux maux qui accablaient la Nouvelle-France et de remettre en ordre les affaires qu'il trouvait du reste dans un déplorable état. Les Iroquois, devenus plus hardis depuis leurs victoires dans la région des lacs, commençaient à ne plus considérer comme des barrières infranchissables les retranchements des

Européens, et se répandaient par bandes dans toute la vallée du Saint-Laurent. Le commandant des Trois-Rivières, M. Duplessis-Bochart, attiré par eux dans une embuscade, était tué avec une quinzaine d'hommes. Les campagnes étaient infestées et il ne se passait pas de mois « sans que le livre des morts fût marqué de rouge » par la main de ces insaisissables envahisseurs. Un secours d'une centaine d'hommes amenés de France par M. de Maisonneuve à Montréal donna cependant quelque répit; l'ennemi, informé de la présence de ce renfort et déjà éprouvé dans les rencontres de chaque jour, demanda une suspension d'armes pour traiter de la paix, qui fut conclue en 1654. Elle permettait aux Onnontagués et aux autres cantons éloignés de venir chercher directement des marchandises à Québec, sans passer par l'intermédiaire des Agniers, qui se les procuraient dans les colonies anglaises; mais la jalousie des Agniers privés de cet avantage allait bientôt rompre l'accord intervenu. Sans plus de motifs, les incursions de ces sauvages recommencèrent, et il se forma un gros parti pour enlever les Hurons établis dans l'île d'Orléans. Débouchant dans le fleuve par la rivière de Richelieu, cette bande passa de nuit sans être découverte devant le poste des Trois-Rivières et gagna l'île où elle s'embusqua dans la partie boisée : « Il fut résolu d'attendre au lendemain afin de mieux surprendre les Hurons lorsqu'ils iraient pour cultiver leurs terres, parce que dans ce temps-là ils seraient tous hors de leur fort. Ces pauvres gens, qui ne s'attendaient à rien moins, sortirent, hommes et femmes, à l'heure ordinaire; aussitôt les Iroquois s'emparèrent du terrain qui était entre le fort et les Hurons afin de les empêcher de s'y réfugier et firent tout le gros du village prisonnier. On vit facilement de Québec la manière dont l'affaire se passa. Les Iroquois s'étant ainsi rendus maîtres des Hurons, les firent embarquer dans leurs canots et passèrent en plein jour devant Québec, en les obligeant de chanter pour les mortifier davantage. Cela fit murmurer ceux de la ville, et tout le monde s'étonna qu'on ne réprimait pas leur insolence en faisant tirer l'artillerie sur leurs canots qui marchaient côte à côte, mais on ne voulut en rien faire à cause, dit-on, des missionnaires qui étaient chez eux, qu'ils n'ont pas laissé pour cela de livrer aux plus cruels supplices. » (Perrot.) Quelques-uns des malheureux ainsi surpris avaient pu s'échapper et se réfugier à Québec; les Agniers eurent l'audace d'envoyer des délégués pour les réclamer, et leur orateur dit insolemment au gouverneur, dont l'indigne faiblesse autorisait ce langage : « Lève tes bras et laisse aller ces enfants que tu tiens pressés sur ton sein, car s'ils venaient à faire quelque sottise, il serait à craindre qu'en voulant les châtier nos coups ne portassent sur toi. »

Un pareil état de choses ne pouvait durer plus longtemps; M. de Lauson fut rappelé en France. Son successeur, le vicomte d'Argenson, débarquait à Québec le 11 juillet 1658; c'était un homme jeune, de mœurs sévères, appartenant à une famille de robe. Le lendemain de son arrivée, le cri de guerre se faisait entendre à quelques pas des habitations; une femme venait d'être tuée dans un champ voisin par des rôdeurs agniers. Il se mettait aussitôt à la tête d'une troupe et poursuivait sans les atteindre les meurtriers jusqu'au fond des bois. La colonie, parcourue par ces bandes, était à la veille de la ruine; elles apparaissaient partout à la fois, à Montréal, aux Trois-Rivières, à Québec, à Tadoussac, interceptant les convois de marchandises, brûlant, pillant, massacrant tout sur leur passage.

« Chaque semaine on entendait parler de prisonniers attachés au poteau, de têtes scalpées, de membres mutilés, de femmes, d'enfants torturés, écorchés, brûlés vifs. Le récit de ces malheurs, mêlés à d'horribles raffinements de cruauté, semait l'épouvante parmi la population en deuil. Incapable d'atteindre dans sa retraite impénétrable un ennemi invisible qui frappait dans l'ombre et s'évanouissait sans laisser aucune trace, on se demandait avec désespoir si la colonie, ainsi harcelée de tous côtés, ne serait pas bientôt décimée et submergée dans son sang. » (Casgrain.)

Au printemps de 1660, des Algonquins de Tadoussac surprenaient dans les îles de Richelieu un canot envoyé à la découverte. Il était monté par quatre Iroquois; trois étaient tués, le quatrième blessé; arrivé à Québec, on l'attachait au poteau. Avant de mourir, il déclarait que huit cents guerriers se dirigeaient sur Montréal où quatre cents autres devaient les rejoindre, et que leur dessein était de s'emparer de ce poste, ainsi que des Trois-Rivières et de Québec, dont les habitants seraient massacrés et les constructions détruites. Toutes les précautions furent aussitôt prises pour résister à cet assaut, et des messagers envoyés aux alentours pour inviter les colons à se tenir sur leurs gardes; mais comment dépeindre les anxiétés et les transes des longues nuits passées sans sommeil dans l'attente d'un ennemi dont la férocité n'était que trop connue et qui, à chaque instant, pouvait fondre à l'improviste sur les faibles remparts de la ville? Les heures s'écoulaient cependant sans que l'orage attendu vînt à éclater, et l'on apprenait enfin qu'il s'était dissipé au loin. Les Iroquois étaient en effet retournés dans leurs bourgades, emportant avec eux des centaines de morts et de blessés. Des Hurons prisonniers qui s'étaient échappés répandaient en même temps la nouvelle d'un combat dans lequel quelques jeunes gens de Montréal, se sacrifiant pour tous, avaient arrêté dans leur marche sanglante les envahisseurs et leur avaient infligé les pertes les plus cruelles avant de périr jusqu'au dernier.

Cet héroïque fait d'armes égale, s'il ne dépasse, les plus belles pages de l'antiquité : l'amour de la patrie poussé jusqu'à la mort, la volonté ferme de périr pour dégager la colonie, la constance la plus admirable dans les longues journées de cette lutte surhumaine, tout s'y trouve réuni; et par un bonheur suprême le sacrifice ainsi accompli produisait tous ses fruits : l'ennemi, épouvanté par une résistance aussi acharnée, voyant l'élite de ses guerriers abattue, abandonnait ses funestes projets et se déterminait à une retraite qui sauvait la Nouvelle-France.

Parmi les volontaires amenés du vieux pays par M. de Maisonneuve, le fondateur de Montréal, se trouvait un jeune soldat, Adam Dollard, sieur des Ormeaux; il était qualifié dans les actes de ce temps de « commandant dans la garnison du fort de Villemarie ». Il avait vingt-cinq ans et s'était déjà fait remarquer par son audace et sa résolution. Au mois d'avril 1660, les continuelles alarmes auxquelles étaient en proie tous les colons, dans l'attente de la formidable armée partie des cantons pour exterminer les Visages-Pâles, lui suggérèrent le dessein d'aller, avec quelques hommes déterminés, à la rencontre de cette invasion, de se battre avec la rage du désespoir et d'inspirer ainsi une véritable terreur aux ennemis. Dans ce but, il propose à seize colons, jeunes et ardents comme lui, de remonter le fleuve et de se porter au-devant de l'Iroquois, au lieu d'attendre ses coups. Tous promettent de le suivre; ils font leur testament, communient ensemble et s'engagent par un serment solennel à lutter jusqu'au dernier souffle, sans demander ni accepter aucun quartier. Parti de Montréal le 22 avril, Dollard arrivait le 1er mai au pied du Long-Sault, sur la rivière des Outaouais. Il trouvait là et occupait avec sa troupe un petit retranchement construit l'automne précédent par des Algonquins; c'était une enceinte de pieux debout, en mauvais état, dominée par un coteau voisin; elle avait un autre défaut plus grave, son emplacement était à une certaine distance de la rivière. Une quarantaine de Hurons, commandés par un chef dévoué aux Français, Anahontaha, venaient de Montréal rejoindre ces braves, dont la hardiesse les avait enthousiasmés; quatre Algonquins les accompagnaient. Le lendemain de leur arrivée, quelques-uns de ces alliés, envoyés à la découverte sur la rivière, voyaient descendre deux canots conduits par des éclaireurs ennemis; ils précédaient une troupe de trois cents guerriers. Prévenu de leur approche, Dollard alla se poster à l'endroit où ces hommes devaient débarquer; une décharge meurtrière en tuait plusieurs; les autres s'enfuyaient dans les bois et allaient donner l'alarme au corps qui les suivait : il y avait un parti de Français et de sauvages au petit fort! Les Iroquois en conclurent que c'était un convoi se rendant au pays des Hurons, et certains d'en venir aisément à bout, ils se dirigèrent vers le réduit.

Les Français s'employaient pendant ce temps à se fortifier de leur mieux; ils renforcèrent avec des branches d'arbres les pieux de l'enceinte, entassèrent de la terre et des pierres jusqu'à hauteur d'homme dans les interstices, et établirent des meurtrières de distance en distance. Des hurlements épouvantables, accompagnés de décharges de mousqueterie, interrompaient bientôt cette besogne, et le corps ennemi se ruait à l'assaut; mais à chaque meurtrière étaient postés trois tireurs qui dirigeaient sur les assaillants un feu continuel et en atteignaient un grand nombre. Les autres, saisis de frayeur en voyant tomber tous ces braves, se retiraient en désordre. Les assiégés n'avaient pas perdu un seul homme dans cette première attaque. Mais les Iroquois, malgré l'échec qu'ils venaient d'éprouver, étaient trop nombreux pour accepter leur défaite, et ils revinrent plusieurs fois à la charge. Les Français et leurs alliés, animés de la plus ardente émulation, les repoussèrent encore et abattirent tous ceux qui se trouvèrent à portée de leurs coups. Pour mettre le comble à la fureur de ces sauvages, des Hurons, franchissant la palissade, allaient au milieu du feu couper la tête d'un chef qu'une balle avait tué et la plantaient sur un des pieux de l'enceinte. Des cris forcenés répondaient à cette dernière insulte, les canots des assiégés restés sur la berge étaient brisés et transformés en torches pour mettre le feu au retranchement, mais les décharges des Français étaient si fréquentes que les ennemis, malgré leur furie, ne pouvaient en approcher. Renonçant alors à enlever la position tant que toutes leurs forces ne seraient pas réunies, les assiégeants envoyèrent demander du secours à l'autre bande de cinq cents Agniers et Onnontagués qui les attendaient aux îles de Richelieu pour fondre sur la colonie et à couvert derrière les arbres de la forêt, ils se contentèrent de bloquer la petite troupe sur laquelle ils espéraient prendre bientôt une éclatante revanche. Plusieurs jours s'écoulèrent ainsi, amenant pour les assiégés les plus cruelles souffrances; le froid, la faim, la soif, l'insomnie les accablaient; pendant les courts instants de repos qu'ils pouvaient prendre à tour de rôle, ils se couchaient sur la terre glacée, exposés aux balles des adversaires embusqués qui ne cessaient de tirer sur l'enceinte. Ils n'avaient pour se soutenir qu'un peu de farine qu'à défaut de boisson ils avalaient sèche; en creusant le sol, ils trouvèrent un petit filet d'eau bourbeuse bien insuffisant pour les désaltérer; plusieurs se risquèrent à passer par-dessus les pieux et à courir jusqu'à la rivière sous le feu des ennemis pour y remplir les quelques vases qui leur restaient. Puis les munitions vinrent à manquer aux

LE SAULT DE LA CHAUDIÈRE (RIVIÈRE DES OUTAOUAIS).
Dessin de Weber, d'après une photographie.

Hurons qui ne les avaient pas suffisamment ménagées, et il fallut partager avec eux ce qui restait de poudre et de plomb. Enfin ces versatiles alliés, lassés d'une résistance aussi longue, affaiblis sans doute par les privations et gagnés par la crainte de la mort, finirent par céder aux invitations des Iroquois qui leur criaient de les rejoindre et d'abandonner les Faces Pâles, dont le massacre aurait lieu dès que la grande armée des guerriers que l'on attendait serait arrivée. Les uns d'un côté, les autres de l'autre, ils sautèrent tous par-dessus l'enceinte et se rendirent à leurs perfides conseillers, ne laissant dans le fort que les Français, les quatre Algonquins et le vaillant Anahontaha, qui à toutes leurs objurgations répondit qu'il avait engagé sa parole et qu'il mourrait avec ses alliés.

Le cinquième jour, une immense clameur retentissait au loin dans les profondeurs des bois et d'innombrables salves de mousqueterie annonçaient à tous les échos l'arrivée du renfort si longtemps attendu. Aussitôt, les assaillants réunis, formant un gros de huit cents hommes, se précipitent avec furie sur le fortin; mais la résistance acharnée des assiégés les rejette encore au loin, après en avoir abattu un bon nombre. Pendant trois jours, tantôt en masse, tantôt par groupes isolés essayant une surprise, les assauts se renouvellent avec la même rage d'un côté, la même défense désespérée de l'autre. De grands arbres sont abattus dans la direction du réduit, dont ils favorisent les approches, mais tous les efforts viennent se briser à la meurtrière palissade. Des guerriers s'avancent et demandent à parlementer; ils sont reçus à coups de fusil, quelques-uns sont tués, les autres s'enfuient hors de la portée des balles. Découragés par les pertes énormes qu'ils ont déjà subies, certains commencent à parler de lever le siège et de retourner dans leurs cantons; les plus énergiques, renseignés par les Hurons qui les ont rejoints, considèrent que ce serait une honte éternelle de laisser sans vengeance le massacre de tant de guerriers et de reculer ainsi devant une vingtaine d'hommes. Leur avis finit par l'emporter et tous décident qu'ils périront dans un nouvel assaut ou qu'ils enlèveront le fort. Les plus intrépides s'élancent les premiers en poussant d'effroyables cris; ils s'abritent derrière des morceaux de bois liés ensemble et sont suivis rapidement par le gros de leurs forces. Les projectiles pleuvent sur eux et en font un horrible carnage; Dollard et ses compagnons, décidés à vendre chèrement leur vie, chargent à éclater de gros mousquetons et tirent à toute volée dans ces masses dont les hurlements couvrent le bruit des décharges; mais les morts et les blessés protègent contre les coups ceux qui les suivent et les plus alertes parviennent au pied de la palissade; les uns tirent par les meurtrières dans le réduit pendant que d'autres s'efforcent d'arracher les pieux et de faire une brèche dans l'enceinte ou de l'escalader. Les Français, sentant bien que le moment final est venu de cette lutte surhumaine, exaltés et rendus terribles par l'idée même du dernier sacrifice, tombent à coups de hache et de sabre sur tous ceux qui paraissent et disputent avec acharnement le terrain. Des fusils remplis de poudre et de balles sont garnis de fusées et jetés au milieu des assaillants qu'ils blessent ou tuent de leurs éclats.

Un baril de poudre restait; Dollard y ajuste une mèche enflammée et le lance de l'autre côté du retranchement sur lequel s'acharnent plusieurs guerriers; une branche d'arbre arrête le projectile et le fait retomber dans le réduit où il éclate; l'explosion renverse, brûle ou tue plusieurs défenseurs. Cet accident désastreux relève le courage des agresseurs qui commençaient à désespérer du succès; des pieux brisés leur livrent passage, mais quelques assiégés sont encore debout; ils se précipitent avec une furie folle sur les envahisseurs, frappent, déchirent et tuent jusqu'à ce que la multitude qui les entoure les terrasse enfin expirants. La rapidité de leurs coups et le nombre des adversaires qu'ils abattirent ainsi fut tel que l'ennemi, perdant toute idée de faire des prisonniers, ne se considéra comme vainqueur que quand le dernier de ces héros s'affaissa sur les monceaux de cadavres dont le sol était jonché. Les barbares essayèrent, dans leur rage impuissante, d'en soumettre trois qui respiraient encore au supplice du feu, mais ils rendirent aussitôt le dernier soupir; un seul, moins profondément atteint, subit le martyre avec une force

Héroïque défense de Dollard et de ses compagnons

et une patience qui déconcertèrent ses bourreaux eux-mêmes. Ils déchargèrent leur fureur sur les transfuges hurons qui s'étaient lâchement rendus à eux et les emmenèrent dans leurs bourgades où ils en firent, suivant l'expression d'un historien, « de furieuses et horribles grillades ». Le chef huron et les quatre Algonquins avaient partagé le sort des Français; ils étaient morts avec le même courage.

D'après le témoignage des Iroquois eux-mêmes, un tiers de leurs guerriers avait péri dans cette formidable lutte. Épouvantés d'une défense aussi meurtrière, ils ramassèrent leurs blessés et leurs morts et se retirèrent dans leurs cantons. L'admirable sacrifice de Dollard et de ses amis avait sauvé le Canada tout entier. La France se doit de ne pas oublier ces humbles héros; ils font partie de nos gloires nationales, et leurs noms méritent d'être gravés en lettres d'or sur nos plus superbes monuments. Ils ont été inscrits, le 3 juin 1660, il y a plus de deux siècles, sur le registre mortuaire de Montréal, et nous les reproduisons ici, avec une respectueuse émotion, au souvenir de tant de constance et d'intrépidité :

Adam Dollard, sieur des Ormeaux, commandant, âgé de vingt-cinq ans ;
Jacques Brassier, âgé de vingt-cinq ans ;
Jean Tavernier, dit la Hochetière, armurier, âgé de vingt-huit ans ;
Nicolas Tillemont, serrurier, âgé de vingt-cinq ans ;
Laurent Hébert, dit la Rivière, âgé de vingt-sept ans ;
Alonié de Lestres, chaufournier, âgé de trente et un ans ;
Nicolas Josselin, âgé de vingt-cinq ans ;
Robert Jurée, âgé de vingt-quatre ans ;
Jacques Boisseau, dit Cognac, âgé de vingt-trois ans ;
Louis Martin, âgé de vingt et un ans ;
Christophe Augier, dit Desjardins, âgé de vingt-six ans ;
Étienne Robin, dit Desforges, âgé de vingt-sept ans ;
Jean Valets, âgé de vingt-sept ans ;
René Doussin, sieur de Sainte-Cécile, soldat de la garnison, âgé de trente ans ;
Jean Lecomte, âgé de vingt-six ans ;
Simon Grenet, âgé de vingt-cinq ans ;
François Crusson, dit Pilote, âgé de vingt-quatre ans.

Dollard, Brassier, Tavernier, Josselin, Robin, Valets, Doussin, Lecomte et Crusson étaient venus de France à Montréal en 1653, avec M. de Maisonneuve.

Le vicomte d'Argenson, qui avait remplacé comme gouverneur M. de Lauson, manquait, ainsi que ce dernier, des qualités nécessaires pour remédier à un état de choses que les faibles forces mises à sa disposition ne pouvaient d'ailleurs beaucoup modifier. Il était en outre en complet désaccord avec l'évêque de Québec, Mgr Laval, dont le caractère entier s'accommodait mal d'un gouverneur trop imbu des idées de la mère patrie au point de vue de la justice et du droit. Un seul exemple suffira pour le démontrer; c'est M. d'Argenson lui-même qui, le 5 septembre 1658, peu de temps après son arrivée, écrivait cette lettre caractéristique : « M. l'Évêque a un zèle qui le porte souvent hors du droit de sa charge et une telle adhérence à ses sentiments qu'il ne fait aucune difficulté d'empiéter sur le pouvoir des autres, et avec tant de chaleur qu'il n'écoute personne. Ces jours derniers, il fit enlever une servante d'un habitant de Québec et mit de son autorité cette fille chez les Ursulines, sur le seul prétexte qu'il voulait la faire instruire ; et par là il priva cet habitant du service qu'il avait droit de recevoir de sa servante, après l'avoir amenée de France avec beaucoup de frais. Si je n'eusse insinué sous main d'accommoder cette affaire et que l'habitant eût poursuivi l'évêque en justice, j'eusse été obligé de pousser l'affaire avec beaucoup de scandale, et cela par la volonté de ce prélat qui dit que l'évêque peut ce qu'il veut et qui ne menace que d'excommunication. »

De son côté, Mgr Laval, usant de son crédit auprès de M. de Lamoignon, le priait de rappeler un gouverneur qui ne partageait pas ses idées au point de vue du prosélytisme. M. d'Argenson, en butte à des attaques qu'il croyait imméritées, atteint d'ailleurs d'infirmités que le climat du Canada ne faisait que rendre plus douloureuses, fatigué enfin de la lutte incessante contre les sauvages, demanda lui-même à être relevé de ses fonctions. A la suite de la campagne dont les Montréalais avaient supporté tout l'effort, il adressait à Paris un mémoire dans lequel il manifestait son découragement, et disait : « Il faut n'avoir point vu la situation de nos habitations françaises, répandues le long du fleuve Saint-Laurent, pour ignorer le danger qu'elles courent soit par la famine si les ennemis brûlent les blés et tuent les bestiaux, ce que nous ne pourrions pas présentement empêcher ; soit par l'armée des Iroquois si elle se répand dans la campagne, comme c'était son dessein ce printemps. Elle était de sept cents hommes et s'est contentée de la défaite de dix-sept Français et de celle de quelques sauvages, et par là a été détournée d'enlever et de brûler plusieurs habitations, tellement écartées les unes des autres qu'elles ne doivent pas attendre de secours. » Il était trop évident que M. d'Argenson ne se trouvait plus en état de diriger la colonie, et il fut pourvu à son remplacement.

Son successeur, le baron d'Avaugour, arrivait à Québec le dernier jour du mois d'août 1661, et partait dès le lendemain pour visiter Montréal et les Trois-Rivières. La faiblesse des postes lui parut extrême, et il témoigna son étonnement de voir qu'avec si peu de forces son prédécesseur avait pu garder le pays. Il le pria de dire au roi que si, l'année suivante, il ne recevait pas les renforts qui lui avaient été promis, il se retirerait sans attendre son rappel. Il écrivit dans le même sens et chargea de sa lettre un des principaux colons, M. Boucher, à qui Louis XIV et Colbert firent le meilleur accueil. Pour mettre le ministre à même de juger des ressources du Canada, M. Boucher composa et fit imprimer à Paris une brochure qu'il intitula : « Histoire véritable et naturelle de la Nouvelle-France ». L'ouvrage est dédié à Colbert. Malheureusement, par suite des luttes que la France avait alors à soutenir en Europe, les secours furent retardés jusqu'en 1665, et les brigandages des Iroquois continuèrent à dévaster la colonie, qu'en 1663 un violent tremblement de terre vint en outre ravager.

Comme pour M. d'Argenson, l'entente entre l'évêque et le gouverneur n'avait pas été de longue durée, mais une autre cause avait contribué à les brouiller : c'était la vente de l'eau-de-vie aux sauvages. Les missionnaires, constatant les terribles effets des liqueurs fortes sur les Peaux-Rouges, demandaient instamment, et l'évêque avec eux, que cette vente fût rigoureusement interdite et punie des peines les plus sévères. Le gouverneur, faisant droit à ces vives réclamations, venait de faire fusiller trois hommes surpris au moment où ils se livraient à ce commerce malgré ses défenses, lorsqu'une veuve, habitant Québec, convaincue du

QUÉBEC, VUE DE LA POINTE LÉVIS.
Dessin de Clerget, d'après une photographie.

même méfait et jetée en prison, fut réclamée par le père Lallemant, recteur du collège des Jésuites. Le baron d'Avaugour, froissé de cette intervention, singulière dans la circonstance, répondit avec colère que puisque la vente de l'eau-de-vie aux sauvages n'était pas une faute pour cette femme, elle ne le serait plus, pour personne, et qu'il ne voulait pas être le jouet de ces contradictions. Deux partis se formèrent, les uns tenant pour M. d'Avaugour, les autres pour l'évêque. Les choses en vinrent à ce point que le prélat, mitre en tête, crosse en main, suivi de tout son clergé, monta en chaire et prononça l'excommunication contre ceux qui se livreraient à la traite des liqueurs fortes. Ses anathèmes ne produisant pas tous les résultats qu'il désirait, il se décida à passer en France, où il obtint le rappel du gouverneur et son remplacement par une de ses créatures, le chevalier de Mézy, major de la citadelle de Caen, sur la docilité et la soumission duquel il croyait pouvoir compter.

L'administration du baron d'Avaugour, malgré les difficultés au milieu desquelles il avait eu à se débattre, avait donné quelque répit au Canada, et démontré aussi la nécessité d'organiser plus complètement le pouvoir civil et judiciaire. A la veille de quitter la colonie, ce gouverneur adressa au roi un plan très étudié sur les moyens d'étendre la domination française dans tout le nord de l'Amérique. « Pour penser tout de bon à y planter les fleurs de lys, disait-il avec raison, je ne vois rien de plus solide que de fortifier Québec, faire un fort sur sa droite, de l'autre côté du fleuve, et un à sa gauche sur la rivière Saint-Charles; cela soutenu par un envoi de trois mille hommes. Ainsi ce poste serait parfaitement établi et une très grande affaire commencée. Pour y bien parvenir, il faut deux choses : cent mille écus pour les fortifications, et que les trois mille soldats soient choisis non seulement pour la guerre, mais aussi pour le travail ; qu'en venant dans ce pays ils se proposent d'y ouvrir la tranchée d'une place et de retrancher un camp, ce qui leur semblera bien doux, car ils sauront que c'est pour leur établissement. Pour la sûreté de la chose, il faut faire état de les entretenir trois années et dans la première de leur donner du blé pour la semence. Le tout ainsi exécuté, je confirme qu'il n'y a puissance au monde qui sorte les Français de Québec. »

M. d'Avaugour conseillait ensuite d'organiser dix provinces comme celle de Québec, d'envoyer trois mille hommes dans les cantons des Iroquois pour disperser cette canaille, et de construire un fort solide au lieu où les Hollandais avaient établi celui d'Orange, qui n'était qu'une méchante redoute de bois, moyennant quoi « Sa Majesté serait le maître du plus beau et du plus grand État du monde ». Si ce projet, facile à réaliser malgré les frais qu'il pouvait entraîner, avait été accepté et poursuivi énergiquement, il aurait incontestablement assuré à la France la possession de l'Amérique du Nord. Malheureusement les luttes sur le vieux continent absorbaient le plus clair des forces de la monarchie, et la possession de territoires déserts à peu près inconnus la laissait indifférente. Aux demandes si pressantes et si justes de M. d'Avaugour il fut répondu par l'envoi de cent familles auxquelles une subvention était accordée pendant un an, afin qu'elles pussent commencer des défrichements. Le gouverneur était en même temps avisé de son rappel. De retour en France, il obtint du roi la permission de servir contre les Turcs et se fit tuer bravement en défendant le fort de Serin, sur les frontières de Croatie.

En septembre 1663, M. de Mézy, désigné pour remplacer M. d'Avaugour, arrivait à Québec avec Mgr Laval. Quelques mois auparavant, la Compagnie des cent associés, ayant perdu un grand nombre de ses membres et ne pouvant plus remplir ses obligations, avait remis au roi le Canada, s'en rapportant à son équité pour les dédommagements qu'il croirait devoir lui accorder. Par un édit d'avril 1663, Louis XIV faisait rentrer la colonie dans le domaine royal, et créait un conseil souverain chargé d'administrer la justice et de réglementer le commerce local, ainsi que les affaires de police selon la Coutume de Paris. Ce conseil, auquel était déféré le jugement définitif de toutes les affaires administratives et judiciaires, avait les mêmes droits que les parlements de France; il était composé du gouverneur, de l'évêque, de conseillers primitivement au nombre de cinq, puis de douze, d'un procureur du roi et de l'intendant qui devint, en 1675, président du conseil.

Le peu de succès de la Compagnie des cent associés et les embarras, ainsi que les retards apportés par elle à la colonisation ne suffirent pas malheureusement à éclairer le gouvernement de Louis XIV sur les inconvénients de ce genre de monopole, et une nouvelle société privilégiée fut créée sous les auspices du ministre de Lionne. Elle prit le nom de Compagnie des Indes occidentales. Par lettres patentes du mois de mai 1664, le roi lui concédait tout le commerce des pays de terre ferme d'Amérique, de l'Amazone à l'Orénoque, aux Antilles, au Canada et à l'Acadie, ainsi que sur la côte d'Afrique, du cap Vert au cap de Bonne-Espérance. La société était établie pour quarante ans. Composée de marchands et d'hommes d'affaires dont le profit particulier était le seul but, elle fit encore moins pour la colonisation de la Nouvelle-France que la Compagnie des cent associés, au nombre desquels s'étaient du moins trouvés des personnages éminents qui avaient consacré une partie de leur fortune à la création d'établissements de bienfaisance ou de centres comme Montréal. Un des hommes qui ont le plus contribué au développement de la colonie, l'intendant Talon, écrivait à Colbert dès 1666 au sujet de cette nouvelle société : « Si le roi a regardé la Nouvelle-France comme un beau pays, dans lequel on peut former un grand royaume, je ne puis me persuader qu'il réussisse dans son dessein en laissant en d'autres mains que les siennes la seigneurie, la propriété des terres, et même le commerce, qui fait l'âme de l'établissement. Depuis que les agents de la Compagnie ont fait entendre qu'ils ne souffriront aucune liberté de commerce, non seulement aux Français, qui avaient coutume de passer en ce pays, pour le transport des marchandises de France, mais encore aux propres habitants du Canada, jusqu'à leur disputer le droit de faire venir, pour leur compte, des denrées du royaume, je reconnais très bien que la Compagnie, continuant de pousser son établissement jusqu'où elle prétend le porter, profitera beaucoup en dégraissant le pays; elle lui ôtera le moyen de se soutenir et fera un obstacle essentiel à ses progrès, et dans dix ans il sera moins peuplé qu'il ne l'est aujourd'hui. »

Les observations de Talon eurent sans doute quelque succès, car en 1675 la Compagnie, dont les dépenses étaient d'ailleurs considérables, accepta le remboursement de ses actions, et les terres qui lui avaient été concédées furent définitivement réunies au domaine royal.

CHAPITRE III

PROGRÈS DE LA COLONIE

L'ÉVÊQUE de Québec avait obtenu, grâce aux influences dont il disposait à la cour, le gouverneur de son choix, mais il n'eut pas, il faut le dire, à s'en louer plus que de M. d'Avaugour; M. de Mézy apporta dans les discussions entre le pouvoir civil qu'il représentait et l'autorité religieuse, comme dans les négociations avec les tribus iroquoises, une fermeté de caractère qui surprit ceux qui croyaient pouvoir compter sur une condescendance aveugle et une parfaite docilité de sa part. La révocation de certains membres du conseil, l'élection d'un syndic chargé de représenter les intérêts de la ville de Québec amenèrent entre l'évêque et le gouverneur une brouille complète; elle se termina, comme pour ses prédécesseurs, par le rappel de M. de Mézy, qui mourut sur ces entrefaites, et fut remplacé par M. de Courcelles.

En même temps que ce dernier recevait ses pouvoirs, le marquis de Tracy était nommé vice-roi d'Amérique, avec mission de se rendre à Cayenne pour en chasser les Hollandais qui s'en étaient emparés, puis aux Antilles afin d'y recevoir le serment de fidélité des gouverneurs et des conseils souverains, ainsi que des habitants, et enfin à la Nouvelle-France dans le but d'y régler les différends survenus entre les diverses autorités. M. Talon était à la même date envoyé comme intendant au Canada. « Ces trois messieurs, disent les Annales de l'Hôtel-Dieu de Québec, étaient doués de toutes les qualités qu'on pouvait souhaiter. Ils joignaient à un extérieur prévenant beaucoup d'esprit, de douceur, de prudence, et s'accordaient parfaitement pour donner une haute idée de la puissance et de la majesté royale; ils cherchèrent tous les moyens propres à former ce pays, et y travaillèrent avec une grande application. Cette colonie, sous leur sage conduite, prit des accroissements merveilleux. »

Alexandre de Prouville, marquis de Tracy, était un ancien lieutenant général qui avait donné de nombreuses preuves de valeur dans les combats et d'habileté dans des négociations délicates dont il avait été chargé. Il avait été commissaire général de l'armée en Allemagne, et l'âge ne lui avait enlevé ni son ardeur ni son énergie. Il amenait avec lui le régiment de Carignan, dont les vieux soldats venaient de faire en Hongrie une brillante campagne contre les Turcs ; un grand nombre de ses officiers appartenaient à la noblesse, et la plupart se fixèrent avec leurs hommes au Canada lorsque le régiment fut licencié. Daniel de Remi, seigneur de Courcelles, successeur de M. de Mézy, était également un officier de mérite et d'expérience. Enfin M. Talon, précédemment intendant du Hainaut, allait se montrer habile administrateur, se passionner pour l'œuvre dont il avait la charge et apporter dans ses fonctions le zèle le plus ardent et des idées dont la largeur et la justesse ne furent pas toujours appréciées par Colbert à leur exacte valeur.

CHEF SAUVAGE.
Dessin de Riou.

Par les mêmes navires que le régiment de Carignan, dont la superbe tenue enthousiasma les Canadiens, arrivèrent un grand nombre de familles, des artisans, des engagés, une douzaine de chevaux, les premiers que l'on eût vus dans le pays, des bœufs, des moutons pour les nouveaux colons. Ce fut l'effort le plus grand accompli jusqu'alors, et s'il avait été continué pendant quelques années, la Nouvelle-France eût été dans l'avenir à l'abri de toutes les attaques. Le baron d'Avaugour en avait signalé la nécessité ; Talon allait y insister, mais les guerres de Louis XIV contre ses voisins absorbaient toutes ses forces et Colbert répondait à son intendant le 5 janvier 1666, « qu'il ne fallait pas encore songer à former en Amérique un État puissant ; que des obstacles insurmontables s'y opposaient, et que le roi devait surtout empêcher que son royaume se dépeuplât à l'avantage du Canada ».

L'appareil dont s'entourait le vice-roi était pour la population de Québec, et surtout pour les sauvages accourus dans cette ville, un sujet d'étonnement et d'admiration. Il ne sortait pas sans être accompagné de vingt-quatre gardes, de quatre pages, de six laquais, et environné d'un grand nombre d'officiers richement vêtus ; mais ce fut surtout chez les Peaux-Rouges que l'impression produite par cette magnificence et le nombre des soldats débarqués fut la plus forte. Les Hurons envoyèrent douze députés au grand chef Ononlio pour lui souhaiter la bienvenue et lui dire leur joie de voir enfin arriver ce secours destiné à les protéger contre les cruels Iroquois qui menaçaient d'achever bientôt l'anéantissement de leur nation. Celui d'entre eux qui prit la parole prononça un discours dont la forme pittoresque plut infiniment à M. de Tracy. « A tes pieds, lui dit-il, tu vois les débris d'une grande terre, et les restes pitoyables d'un monde entier autrefois peuplé d'une infinité d'habitants. Ce ne sont maintenant que des squelettes qui te parlent ; l'Iroquois a dévoré leurs chairs, les a brûlées sur des bûchers et ne leur a laissé que les os. Il ne nous restait plus qu'un souffle de vie ; nos membres, qui ont passé par les chaudières bouillantes, n'avaient plus de vigueur, quand avec peine ayant levé les yeux nous avons aperçu sur le fleuve les navires qui te portaient, et avec toi tant de braves soldats. Ce fut alors que le soleil nous parut resplendir de plus beaux rayons et rendre la lumière à notre ancienne terre qui depuis tant d'années était couverte de nuages et de ténèbres. Alors nos lacs et nos rivières apparurent calmes, sans tempêtes et sans brisants, et il nous sembla entendre une voix sortie de ton vaisseau qui nous disait : Courage, peuple désolé, tes os vont être liés avec des nerfs et des tendons, ta chair va renaître, tes forces te seront rendues et tu vas vivre comme tu as vécu autrefois. Nous prenions d'abord cette voix comme un doux songe qui flattait nos misères, mais le bruit de tant de tambours et l'arrivée de tant de soldats nous ont détrompés. »

Le vice-roi promit à ces infortunés de les secourir dès que toutes les troupes qui venaient de France auraient débarqué. Il aurait voulu, sans délai, attaquer les barbares dont les courses et les meurtres n'avaient pas cessé, mais les dernières compagnies du régiment de Carignan n'arrivèrent qu'en septembre, et la saison était trop avancée pour porter la guerre sur le territoire des ennemis. Pour mettre, en attendant, une entrave à leurs incursions, il fit, dès le mois de juillet 1665, transporter quatre compagnies à l'entrée de la rivière Richelieu, puis rebâtir à cet endroit le fort qu'y avait élevé autrefois M. de Montmagny, et qui prit le nom de M. de Sorel, officier chargé de la direction des travaux. Deux autres furent édifiés à quelques lieues de distance pour fermer le passage aux rôdeurs agniers et servir de base aux opérations qui devaient être dirigées contre eux. Ces préparatifs effrayèrent les cantons, dont trois envoyèrent des députés avec des présents pour demander la paix. M. de Tracy leur fit bon accueil, accorda la liberté à plusieurs prisonniers et accepta de traiter avec les envoyés. Il leur déclara qu'il était prêt à vivre également en bon accord avec les Agniers s'ils laissaient la colonie en repos. Mais ces derniers, encouragés par les Anglais, gardaient une attitude hostile et leurs partis continuaient à massacrer les Français qu'ils surprenaient. Il fut alors résolu, malgré l'hiver, d'organiser une expédition dans le pays même de ces barbares et M. de Courcelles se chargea de la diriger.

Les glaces devenues assez solides pour porter les troupes, le gouverneur réunit six cents hommes au fort Sainte-Thérèse, le plus rapproché du territoire ennemi, et sans attendre une trentaine d'Algonquins qui devaient servir de guides, mais qui s'étaient enivrés en route, la colonne partait dans les neiges, les raquettes aux pieds ; chaque homme, outre ses armes, emportait une trentaine de livres de provisions. On couchait dans des trous au milieu des neiges. L'usage des raquettes gênait singulièrement les soldats nouvellement arrivés de France, et il y avait à traverser fréquemment des rivières ou des lacs gelés, avec un froid dépassant la rigueur des plus rudes hivers du vieux pays. Plusieurs, dès les premiers jours, eurent le nez, les oreilles, les doigts gelés; il fallut les laisser aux forts; d'autres durent être éga-

VOLONTAIRE CANADIEN CHAUSSÉ DE RAQUETTES.
Dessin de Dupuy.

lement remplacés, parce qu'ils avaient les jambes déchirées ou coupées par les glaces. On parcourut ainsi, au prix des plus rudes épreuves, les deux cents lieues qui séparaient le fleuve Saint-Laurent du canton des Agniers. Plus de soixante hommes moururent, dans cette course, de faim et d'épuisement. Enfin la colonne s'égara au milieu des forêts désertes et alla déboucher à vingt lieues des villages des Iroquois. On apprit alors que ces derniers, instruits par des coureurs de cette invasion, avaient abandonné leurs cabanes et s'étaient enfuis dans les profondeurs des bois, hors de l'atteinte des Français. D'autre part, les pluies commençaient et donnaient lieu de craindre une débâcle qui aurait rendu le retour impossible ; M. de Courcelles se résigna non sans regret à revenir sur ses pas, et la colonne regagna péniblement Québec, accompagnée des Algonquins qui avaient fini par la rejoindre et qui, par leur chasse, lui procurèrent quelques vivres. L'expédition n'avait pas réussi, mais elle témoignait d'une telle audace et d'une énergie si soutenue que les Iroquois en furent effrayés ; aussi dès le mois de mai suivant vit-on arriver à Québec des ambassadeurs des cinq cantons pour traiter de la paix. Mais ils n'étaient pas repartis pour leurs bourgades que des rôdeurs agniers surprenaient quelques Français chassant sans méfiance sur le lac Champlain, en tuaient trois dont un officier, neveu de M. de Tracy, et en emmenaient quatre prisonniers. Une expédition fut aussitôt organisée pour les délivrer et M. de Sorel en reçut le commandement. A la tête de trois cents hommes, il se dirigea à grandes journées sur le canton des Agniers, et il n'en était plus qu'à une vingtaine de lieues lorsqu'il rencontra un de leurs chefs, nommé le Bâtard flamand qui, avec trois autres guerriers, ramenait les prisonniers et était chargé d'offrir toutes satisfactions pour le meurtre de leurs compagnons. M. de Sorel ayant dès lors atteint le but principal de sa mission, qui était de délivrer ses compatriotes, revint à Québec avec le Bâtard flamand. Presque en même temps d'autres envoyés des Tsonnontouans, des Onnontagués et des Goyogouins arrivèrent pour tâcher de conclure une paix générale, mais il fut impossible de s'entendre et M. de Tracy prit la détermination de rompre ces négociations que les Agniers paraissaient avoir engagées uniquement pour gagner du temps. On savait par ailleurs que les colons de la Nouvelle-Angleterre et leur gouverneur Nicolls les encourageaient vivement à la résistance. Nicolls avait même adressé aux représentants du Massachusetts et du Connecticut des lettres pressantes par lesquelles il les invitait à profiter de l'occasion pour chasser les Français du Canada en unissant leurs forces et en commençant par détruire le corps de M. de Sorel engagé contre les Agniers. Mais ces deux États, dont les habitants étaient occupés à leurs moissons, repoussèrent cette proposition. C'était le même gouverneur qui écrivait d'autre part à M. de Tracy, alors que ce dernier lui demandait de s'opposer de son côté aux supplices que les Agniers, ses bons amis, infligeaient aux prisonniers français : « Je m'efforcerai dans toutes les occasions de prendre les intérêts des Européens au milieu des païens d'Amérique, comme cela convient à un chrétien, pourvu toutefois que les domaines du roi d'Angleterre ne soient pas envahis et que la sécurité de ses sujets ne se trouve pas mise en danger. Sur tout autre point j'agirai envers vous avec courtoisie et respect, d'autant plus volontiers que votre caractère honorable est connu dans cette partie du monde aussi bien qu'en Europe. » Manifestation touchante d'une cordialité apparente, destinée à masquer des agissements qui ne tendaient à rien moins qu'au pillage et à la destruction de notre colonie.

Au cours des négociations, le vice-roi avait invité à sa table les envoyés iroquois parmi lesquels se trouvait un des chefs de guerre compagnons du Bâtard flamand. M. de Tracy témoigna, au cours de ce festin, combien la perte de son neveu, tué récemment, lui était sensible, et il ajouta que le bien public l'avait engagé nonobstant cela à donner la paix au Bâtard flamand, qui la lui avait demandée. L'autre chef agnier, se moquant de la douleur de son hôte, étendit insolemment un bras en présence de tous les invités et se vanta que c'était lui qui avait cassé la tête à cet officier. Indigné, le vice-roi répondit au sauvage qu'il n'en tuerait plus jamais d'autre, et le fit sur-le-champ étrangler par le bourreau.

L'expédition décidée contre les Agniers fut organisée par M. de Tracy qui, malgré ses soixante-deux ans, voulut la commander en personne. Elle se composait de six cents soldats du régiment de Carignan, d'un nombre égal de Canadiens et d'une centaine d'Algonquins alliés. Lorsque cette petite armée fut prête à quitter Québec, le vice-roi la passa en revue devant le Bâtard flamand qui, voyant une troupe si considérable et si bien armée, laissa couler ses larmes et dit tristement : « Nous sommes perdus! » Il pria seulement le chef français de sauver sa femme et ses enfants. Le rassemblement général eut lieu à la fin de septembre au fort Sainte-Anne, récemment construit près du lac Champlain. M. de Courcelles, impatient de prendre une revanche de sa précédente campagne, partit en tête avec quatre cents hommes; quelques jours après, M. de Tracy suivit avec le reste des troupes. De Québec jusqu'au fort Sainte-Anne, la route s'accomplit assez facilement en canots ou en chaloupes; mais au delà il fallut porter, dans les rapides et aux endroits dépourvus d'eau, les trois cents embarcations, ainsi que les armes et les munitions. Malgré les précautions prises, les vivres vinrent à manquer et la famine aurait fait périr bien des hommes, si l'armée, réduite à cette extrémité, n'avait rencontré un bois de châtaigniers chargés de fruits dont elle put se nourrir quelques jours.

Cependant les Agniers ignoraient que leur canton allait être envahi, et ils auraient sans doute été surpris si quelques-uns des leurs, ayant rencontré des Algonquins qui les attaquèrent, n'avaient fui en toute hâte et prévenu de l'arrivée des troupes. Le nombre des assaillants les épouvanta tellement que les Français, bien qu'ayant marché toute la nuit, à l'approche de la première bourgade trouvèrent les cabanes vides et abandonnées. Il en fut de même à la seconde; les fuyards, réfugiés dans les bois et sur les collines, poussaient des huées et tiraient des coups de feu hors de portée. Ils assistèrent ainsi au pillage et à l'incendie de leurs villages, qui furent complètement détruits. On pensait en avoir fini avec les repaires de ces bêtes féroces, mais une Algonquine qui accompagnait l'expédition, et qui avait autrefois été prisonnière des Agniers, informa M. de Courcelles qu'il existait encore deux autres groupes de cabanes un peu plus loin dans la forêt. On y courut aussitôt; le premier était abandonné; on y trouva les corps de deux ou trois prisonniers algonquins à demi brûlés par les ennemis avant leur fuite. Au dernier bourg, les assaillants découvrirent un véritable fort de pieux, entouré d'une triple palissade, flanqué de quatre bastions et rempli de vivres. Les Agniers avaient un instant songé à s'y enfermer et à opposer aux envahisseurs une résistance désespérée, mais le bruit des tambours battant la charge, l'apparition des troupes en masse les avaient terrifiés et déterminés à prendre honteusement la fuite, « leur déroute les couvrant de la dernière des humiliations ». Les quatre bourgades ainsi que les provisions qu'elles renfermaient détruites par le feu, les troupes ravagèrent la campagne aux alentours, afin d'inspirer aux ennemis une crainte salutaire, en leur démontrant qu'ils pourraient être atteints au cœur même de leurs forêts. La famine acheva l'œuvre commencée; il mourut chez les Agniers, pendant l'hiver, plus de quatre cents âmes, et « ceux qui vécurent étaient errants çà et là, pour mendier des vivres dans les cantons voisins. A la fin de la campagne, le Bâtard flamand fut renvoyé et arriva chez lui où il trouva une désolation entière. Les Agniers s'imaginaient avoir toujours les Français aux environs de leurs villages ; ils le pressèrent de retourner sur ses pas et de demander avec instance la paix ». (Perrot.) Celle-ci fut conclue en effet, au grand avantage de la colonie qui, débarrassée des ravages causés par les bandes iroquoises, allait enfin vivre et progresser paisiblement. M. de Tracy, sa mission remplie, pouvait retourner en France accompagné des bénédictions des habitants dont il avait assuré la tranquillité, et du respect des sauvages à qui il avait infligé la plus dure leçon.

Pendant que le vice-roi préparait et menait à bien la campagne contre les Agniers, l'intendant Talon, de son côté, travaillait avec un succès remarquable au développement de la colonie. Les instructions qu'il avait reçues de Colbert se résumaient en ces termes : Au point de vue religieux, éviter de nouveaux conflits, agir avec circonspection à l'égard du clergé et des missionnaires, en prenant néanmoins les mesures nécessaires pour rétablir peu à peu dans son intégrité l'autorité royale ; en ce qui concernait la colonisation, favoriser l'agriculture, fixer au sol les habitants trop disposés à ne s'occuper que de la traite des pelleteries et de courses lointaines, développer l'industrie, particulièrement celle des mines, et fortifier la colonie contre les incursions toujours possibles des sauvages en créant des agglomérations dont la défense serait plus facile que celle de maisons dispersées. C'était là, en effet, le grand obstacle à des progrès rapides, mais il tenait à plusieurs causes indépendantes de la volonté des gouverneurs. Dans les premiers temps, les colons étaient restés à Québec et dans le voisinage ; mais peu à peu les nouveaux venus, en présence d'un pays couvert de forêts, où il n'existait pas de routes, avaient remonté le Saint-Laurent, seule voie de communication possible avec Québec, et installé leurs pénates le long du fleuve. Les débuts étaient rudes : « Quand une famille commence ainsi une habitation, nous dit un contemporain, il lui faut deux ou trois ans avant d'avoir de quoi se nourrir, sans parler du vêtement, des meubles et d'une infinité de petites choses nécessaires. Mais ces premières difficultés passées, ils sont plus à leur aise, et s'ils ont de la conduite ils deviennent riches avec le temps. Au début, ils vivent de leurs grains, de leurs légumes et de leur chasse qui est abondante en hiver. Pour le vêtement et les autres ustensiles, ils font des planches pour couvrir les maisons, et débitent des bois de charpente qu'ils vendent bien cher. Ayant ainsi le nécessaire, ils commencent à faire trafic et de la sorte ils s'avancent peu à peu. » (M. de l'Incarnation.)

Le fleuve et la forêt fournissaient aux colons des ressources précieuses pour leur nourriture; de Québec aux Trois-Rivières ils pêchaient une quantité surprenante de grosses anguilles, que l'on salait pour les conserver dans des barriques comme provision d'hiver. Dans les bois, vers les mois de mai et de juin, des multitudes de ramiers, appelés tourtes, arrivaient en troupes telles qu'elles obscurcissaient l'air; il était alors facile d'en abattre une douzaine d'un coup de fusil, d'autant plus aisément que, s'il y avait quelque branche sèche à un arbre, c'était celle-là que ces oiseaux choisissaient de préférence pour y percher. On en prenait aussi que l'on gardait vivants jusqu'aux premières gelées; on leur coupait alors la gorge et ils étaient empilés dans un grenier où le froid les conservait jusqu'au moment où l'on en tirait parti comme nourriture. Leur nombre était si considérable certaines années que « l'évêque était obligé de les excommunier, par le dommage qu'ils faisaient aux biens de la terre ». (La Hontan.)

La dispersion des colons était une cause de faiblesse si évidente que Colbert, dans ses instructions à Talon, lui disait : « L'une des choses qui a apporté le plus d'obstacles à la peuplade du Canada, a été que les habitants ont fondé leurs habitations où il leur a plu, sans avoir eu la précaution de les joindre les unes aux autres pour s'aider et s'entre-secourir. Pour cette raison, le roi fit rendre, il y a deux ans, un arrêt de son conseil, par lequel il fut ordonné que dorénavant il ne serait plus fait de défrichement que de proche en proche, et que l'on réduirait les habitations en la forme de nos paroisses, autant que cela serait possible. » Cet arrêt, constatait le ministre, était demeuré sans effet, et il invitait l'intendant à trouver un remède au mal; mais les règlements ne prévalurent pas contre l'intérêt qui portait les colons à s'établir dans les endroits où les défrichements étaient faciles, les communications par le fleuve assurées, et où la chasse ainsi que le commerce des pelleteries pouvaient être le plus productifs.

Il y avait encore, semble-t-il, de cet éparpillement une autre raison qui tenait à d'anciennes coutumes. On a bien souvent constaté que dans nos pays de plaines, comme l'Ile-de-France, la Champagne et les départements du Nord, les populations sont réunies en groupes compacts autour de l'église et de la mairie, tandis qu'au contraire dans les contrées au sol granitique, comme l'ouest de la France et surtout la Bretagne, la tendance à l'isolement est manifeste. Or, les premiers colons transportés au Canada étaient des Bretons et des Normands; ils y apportaient leurs coutumes et, comme au vieux pays, ils bâtissaient la ferme au milieu de leurs champs. La division de la propriété contribuait aussi à cette dispersion des familles. Les concessions ou seigneuries accordées par le roi aux personnes qu'il voulait récompenser avaient souvent de deux à dix lieues carrées. Les officiers ou fonctionnaires titulaires de ces fiefs étaient hors d'état, par la médiocrité de leurs ressources ou leur peu d'aptitude, de mettre en culture ces vastes étendues de terrains couverts de bois, qu'il fallait défricher au prix d'un dur labeur; ils les partageaient entre des soldats vétérans ou d'autres émigrants qui s'engageaient à leur payer une redevance perpétuelle. Chacun de ces vassaux recevait ordinairement quatre-vingt-dix arpents de terre, et payait annuellement un ou deux sous par arpent; il était tenu de porter son blé au moulin du seigneur, qui retenait pour droit de mouture la quatorzième partie de la farine, de payer un douzième pour les lods et ventes, de fournir chaque année une corvée d'un jour de travail qu'il pouvait racheter pour quarante sous, et d'entretenir les chemins de communication. En érigeant ces fiefs et en les concédant à d'anciens officiers avec lesquels des hommes ayant servi sous leurs ordres restaient comme vassaux, le ministre suivait un conseil judicieux de Talon qui, préoccupé de la défense de la colonie, estimait que le meilleur moyen d'y pourvoir était d'y retenir comme habitants le plus grand nombre possible d'anciens soldats. « Cette manière de donner un pays nouvellement conquis, écrivait-il le 24 janvier 1667, répond à l'usage, autrefois reçu chez les Romains, de distribuer aux gens de guerre les champs des provinces subjuguées, et la pratique de ce peuple politique et guerrier peut, à mon sentiment, être judicieusement introduite dans un pays éloigné de mille lieues qui, à cause de cet éloignement, peut souvent être réduit à la nécessité de se soutenir par ses propres forces. Elle me paraît d'autant plus à estimer qu'un jour elle procurera au roi un corps de vieilles troupes, capables de conserver cet État naissant du Canada contre les incursions des sauvages. »

C'est dans ce but, et pour créer autant de centres de résistance et de colonisation, que furent concédés, le long du Saint-Laurent, de nombreux fiefs à des officiers, avec l'obligation de s'y établir et d'y attirer les soldats licenciés ayant servi sous leurs ordres. Ces fiefs devinrent autant de paroisses qui conservèrent les noms de leurs seigneurs, comme celles de Sorel, de Chambly, de Berthier, de Saint-Ours, de Contrecœur, de Verchère, de Varennes, de Boucherville, de Longueil. Grâce aux encouragements de Talon, les colons s'adonnèrent, outre la culture des céréales, à celle du lin et du chanvre; des mines de charbon, de fer, de plomb et de cuivre furent découvertes; des bois et des planches fournirent des chargements aux navires retournant en France; la pêche côtière était encouragée et des expéditions de morue verte et sèche, de saumon salé, d'anguilles avaient lieu pour la Martinique et Saint-Domingue. Talon, donnant l'exemple, procédait au défrichement de trois seigneuries, créait à Québec une tannerie et une brasserie, et faisait venir de France des bestiaux, des juments et des étalons qui étaient distribués aux propriétaires les plus méritants. Afin de s'assurer par lui-même si les colons n'avaient pas de réclamations à formuler ou des secours à solliciter, il visitait, de ferme en ferme, les familles même les plus pauvres, s'informant si tous étaient traités avec justice et si une assistance quelconque leur était nécessaire. Enfin, dans le but de préparer l'extension de la colonie et la prépondérance de la France dans cette partie du monde, Talon, d'accord avec M. de Courcelles, envoyait des expéditions vers le nord à la baie d'Hudson, et dans l'ouest aux grands lacs de l'intérieur.

La paix conclue avec les Iroquois avait délivré la colonie des angoisses qui oppressaient les habitants obligés de sortir toujours armés. Le gouvernement de la métropole avait rappelé le régiment de Carignan, mais quatre compagnies étaient restées pour garder les forts les plus avancés, et les officiers, prévenus que des avantages honorifiques et des concessions seraient accordés à ceux d'entre eux qui se fixeraient au Canada, les soldats informés qu'un établissement leur serait assuré dans les domaines de leurs anciens chefs, consentirent volontiers à devenir colons à leur tour. Plus de quatre cents hommes renoncèrent ainsi à retourner en Europe; les officiers devinrent propriétaires des seigneuries créées en leur faveur le long du Saint-Laurent; les soldats restés avec eux comme vassaux reçurent chacun 100 francs avec les vivres d'une année. Une somme de 12 000 livres leur fut distribuée. Cinquante femmes et cent cinquante hommes partirent en outre pour la Nouvelle-France aux frais du roi; de son côté, la Compagnie expédia deux cent trente-cinq émigrants en exécution des engagements qui lui incombaient. Grâce à ces arrivages, qui auraient rapidement fait progresser la colonie s'ils avaient été régulièrement continués, les villages se développèrent, les défrichements éloignèrent les forêts des habitations et les récoltes obtenues sur une terre mieux cultivée assurèrent la subsistance des habitants.

Les coureurs des bois, de leur côté, parcouraient sans crainte les territoires de chasse à la recherche des orignaux et des castors; la traite des pelleteries, n'étant plus entravée par de continuelles embuscades à la descente des canots sur Montréal et Québec, prenait le plus grand essor, et les Iroquois eux-mêmes chassaient en compagnie des Français avec lesquels ils vivaient dans les meilleurs termes. Mais la rapacité de quelques aventuriers faillit plusieurs fois rallumer la

CASTORS. — LEURS DEMEURES.

guerre. Trois d'entre eux, qui connaissaient les endroits où des sauvages avaient coutume de séjourner au cours de leurs chasses, partirent la nuit de Montréal et arrivèrent au lac Saint-Louis, où ils trouvèrent un Iroquois dont le canot était plein de peaux d'élans. Ils lui offrirent de l'eau-de-vie, l'enivrèrent et le voyant sans connaissance, le jetèrent à l'eau, au milieu du lac, après lui avoir attaché une pierre au cou. Quelque temps après, d'autres Peaux-Rouges, revenant de la chasse, aperçurent un corps qui flottait et reconnurent le mort, dont ils transportèrent le cadavre à Montréal. Ses compagnons, furieux, menacèrent de recommencer leurs attaques si justice ne leur était pas rendue.

Les meurtriers, leur crime accompli, avaient apporté les peaux volées à Montréal; elles y passèrent, par voie d'échange, entre plusieurs mains, mais furent reconnues par les Iroquois, à une marque spéciale, chez un marchand qui en avait fait l'acquisition. Ils s'en saisirent aussitôt et les portèrent au commandant de la ville. L'enquête à laquelle les autorités procédèrent sans délai amena la découverte des meurtriers. Arrêtés, ils avouèrent leur méfait. Condamnés à mort par un conseil de guerre, ils furent passés par les armes, au grand étonnement des compagnons du mort, car, n'ayant perdu qu'un homme, ils ne voulaient qu'une victime comme prix du sang. Cet exemple rendit confiance aux sauvages, et M. de Courcelles, venu à Montréal pour veiller à ce que justice fût faite, put retourner à Québec sans avoir à craindre une reprise des hostilités.

Un autre meurtre commis vers le même temps fut dénoncé par un traitant, Cavelier de La Salle, que ses découvertes allaient bientôt rendre célèbre. Un trafiquant hollandais, accompagné de deux maraudeurs français, pénétra, sous prétexte d'acheter des peaux, dans une cabane occupée par une famille d'Onneyouts, composée de six personnes. Après leur avoir fait boire de l'eau-de-vie, ces misérables les massacrèrent et les attachèrent dans un canot qu'ils coulèrent au fond de la rivière voisine. Avertis des recherches commencées sur les indications de La Salle, ils s'enfuirent et se réfugièrent dans les colonies anglaises. Ce nouvel incident n'amena pas néanmoins de complications, car la poursuite des criminels, bien que n'ayant pas donné de résultats, avait été aussi active que possible. Mais d'autres rencontres eurent lieu entre des Outaouais, des Poutéouatamis et des chasseurs iroquois; un village fut attaqué, le feu mis à quelques cabanes, et, malgré la présence de missionnaires parmi ces nations, il y avait lieu de craindre une reprise des hostilités entraînant une conflagration générale dans laquelle la colonie serait fatalement engagée. Afin de prévenir ce désastre, M. de Courcelles « qui l'avait toujours pris sur un ton fort haut avec les sauvages et par là les avait accoutumés à le respecter », leur fit savoir qu'il ne souffrirait pas que la paix fût troublée, et qu'il punirait ceux qui refuseraient de s'accommoder à des conditions raisonnables. Il les invita en même temps à envoyer des députés à Québec pour y exposer devant lui leurs griefs. Les chefs des diverses tribus se rendant à son appel vinrent lui soumettre leurs plaintes, et, grâce à sa fermeté, à son esprit de conciliation, un accord intervint à la satisfaction de tous.

Seuls les Tsonnontouans paraissaient animés de mauvais sentiments et gardaient, malgré la promesse de les rendre, un certain nombre de prisonniers; ils se croyaient à l'abri des coups des Français au fond de leurs forêts, et considéraient comme à peu près insurmontables les difficultés de la navigation au milieu des rapides du Saint-Laurent, au-dessus de Montréal. A leur sujet, l'intendant Talon écrivit à Colbert que si l'on faisait un établissement sur le lac Ontario, on les tiendrait dans le devoir plus aisément. M. de Courcelles partageait cet avis, mais il résolut tout d'abord de démontrer à ces astucieux adversaires que les obstacles par lesquels ils se croyaient protégés n'arrêteraient pas une expédition contre eux. Sous la direction de l'intendant, on construisit un bateau plat pour transporter les provisions indispensables, et M. de Courcelles, avec un détachement de cinquante-six hommes choisis, remonta en canot d'écorce les rapides du fleuve jusqu'au lac Ontario. Il avertit alors les Iroquois, effrayés de son arrivée à l'entrée de leur territoire, que s'ils s'avisaient de troubler la paix il reviendrait avec des forces suffisantes pour les traiter comme l'avaient été les Agniers. L'effet de cette apparition inopinée des troupes françaises fut si profond que les bandes qui allaient partir en campagne se dispersèrent, et que les anciens rappelèrent celles qui étaient déjà en route. Une autre cause facilita le maintien de la paix; l'année 1670, un terrible fléau, la petite vérole, exerça dans les tribus des ravages effroyables et transforma en désert le nord du Canada. Des peuplades entières, comme celle des Attikamègues, disparurent, et Tadoussac, où elles descendaient faire la traite, fut dès lors à peu près abandonné.

L'année suivante, M. de Courcelles, revenant à l'idée indiquée par Talon, convoqua les chefs des cantons à Cataracoui, près du lac Ontario, leur fit de beaux présents et les informa qu'il se proposait de bâtir à cet endroit un fort où ils viendraient commodément faire la traite au lieu de descendre le fleuve jusqu'à Montréal. Ils approuvèrent ce projet, mais les difficultés de transport en retardèrent l'exécution.

Les fatigues extrêmes de ces voyages et le souci des affaires avaient altéré la santé du gouverneur. Il demanda son rappel au roi. Le départ de M. de Courcelles était une perte pour la Nouvelle-France. « Ses qualités, sans être aussi brillantes que celles de son successeur, étaient peut-être plus solides, parce qu'avec beaucoup d'expérience et de fermeté il possédait cette sagesse si précieuse aux hommes d'État, qui prévient les difficultés. D'une part, en retenant d'une main ferme, mais douce, les prétentions du clergé dans de justes bornes, il sut se concilier l'appui des missionnaires, qui ont rendu de tout temps de si grands services au pays en contribuant à faire respecter par les indigènes le gouvernement et le nom français; et de l'autre il montra dans les affaires indiennes une politique habile, dont on regretta plus d'une fois l'absence chez ceux qui vinrent après lui. » (Garneau.) Dans sa lettre au souverain par laquelle il sollicitait son retour en France, il lui disait que s'il avait le bonheur de recouvrer ses forces il irait se faire tuer pour son service, à l'exemple de tous ses frères, et Louis XIV lui répondit le 7 avril 1672 : « J'ai appris par votre lettre du 10 novembre dernier le voyage que vous avez fait l'année passée au lac Ontario, tant pour reconnaître le pays que pour imprimer toujours dans l'esprit de toutes les nations sauvages la crainte de nos armes, afin de maintenir la paix et le repos parmi mes sujets de la Nouvelle-France. Mais comme le mauvais état de votre santé ne vous permet pas de demeurer davantage dans ce pays, je vous fais cette lettre pour vous dire qu'étant satisfait de l'application que vous avez eue pour vous bien acquitter de l'emploi que je vous ai confié, je vous rappelle dans mon royaume. »

Le 17 mai suivant, le roi écrivait à Talon, qui avait également sollicité son remplacement : « Les infirmités qui vous sont survenues depuis votre retour en Canada ne vous permettant pas d'y demeurer plus longtemps, je trouve bon que vous repassiez dans mon royaume pour le rétablissement de votre santé, et je serai bien aise de vous donner en toute occasion des marques de la satisfaction que j'ai de votre application et des services que vous m'avez rendus dans l'emploi que je vous ai confié. »

Talon, une première fois déjà, en 1667, avait dû revenir en France pour se remettre des fatigues éprouvées dans ses fonctions, et son départ avait été regretté comme un malheur public. « M. Talon nous quitte, écrivait alors la Mère de l'Incarnation, et retourne en France au grand regret de tout le monde et à la perte de tout le Canada, car depuis qu'il est ici en qualité d'intendant le pays s'est plus développé et les affaires ont plus avancé qu'elles n'avaient fait depuis que les Français y habitent. » Les regrets furent encore plus grands lorsque l'intendant quitta définitivement son poste. Grâce à son administration habile et à son incessante activité, la population de la colonie avait doublé en quelques années; des industries s'étaient créées; les défrichements avaient été largement développés, l'agriculture prospérait; on avait pris possession de vastes territoires au nord jusqu'à la baie d'Hudson, à l'ouest jusqu'à l'extrémité des grands lacs; des secours abondants avaient été obtenus de la mère patrie, et ce rêve grandiose d'une Nouvelle-France englobant la presque totalité de l'Amérique du Nord, que Talon avait entrevu et poursuivi de toutes ses forces, commençait, grâce à lui, à se réaliser. Mais l'émigration allait se ralentir, puis s'arrêter, par suite des guerres engagées en Europe, et l'incapacité de certains gouverneurs, le coupable abandon de la colonie à ses seules forces en présence de l'accroissement constant des établissements anglais, devaient peu à peu faire pencher la balance en faveur de nos éternels rivaux.

Louis de Buade, comte de Palluau et de Frontenac, nommé gouverneur en remplacement de M. de Courcelles, était un homme de cinquante ans, d'un esprit vif et pénétrant, d'un caractère ferme mais entier. Sa carrière militaire avait été brillante; il avait servi successivement en Flandre, en Italie, en Allemagne, devant Candie; il avait eu un bras cassé à la bataille d'Orbitello; il assistait en 1664 à la journée du Saint-Gothard, où se distingua le régiment de Carignan, qu'il allait retrouver au Canada. D'une valeur éprouvée, d'une capacité égale, il s'était avancé jusqu'au grade de lieutenant général des armées. C'était, dit Saint-Simon, « un homme de beaucoup d'esprit, fort du monde et parfaitement ruiné ». Sa femme passait, comme lui, pour intelligente et distinguée; elle donnait le ton de l'élégance et avait un logement à l'Arsenal, où fréquentait la meilleure société de Paris. « Le mari, constate méchamment Saint-Simon, n'eut pas trop de peine à se résoudre d'aller vivre et mourir à Québec, plutôt que de mourir de faim ici. » Il avait eu comme compétiteur le gendre de Mme de Sévigné. Celle-ci écrivait en effet le 6 avril 1672 à la comtesse de Grignan : « Ayez une vue sur le Canada comme d'un bien qui n'est plus à portée; M. de Frontenac en est le possesseur. On n'a pas toujours de pareilles ressources; mais quoi que votre philosophie puisse imaginer, c'est une triste chose que d'habiter un nouveau monde, et de quitter celui qu'on connaît et que l'on aime pour aller vivre dans un autre climat, avec des gens qu'on serait fâché de connaître en celui-ci. « On est de tout pays; » ceci est de Montaigne, mais en disant cela il était bien à son aise dans sa maison. »

C'était transmettre d'une manière charmante une mauvaise nouvelle.

Nommé le 6 avril 1672, M. de Frontenac débarquait à Québec à la fin de l'été, et le 12 septembre le conseil souverain, réuni en séance solennelle, enregistrait les lettres patentes du roi relatives à sa nomination. Sa commission lui prescrivait de faire prêter serment aux officiers du conseil et aux trois ordres du pays. « Il fallut alors, écrit-il à Colbert, donner une forme à ce qui n'en avait point encore eu. »

Cette pâle imitation des états généraux n'eut d'ailleurs pas de lendemain, car le gouverneur reçut de Colbert cette réponse datée du 13 juin 1673 : « L'assemblée et la division que vous avez faite de tous les habitants du pays en trois ordres ou

SOUS LE CERCLE POLAIRE.
Dessin de Taylor, d'après une photographie de M. Hayes.

états, pour leur faire prêter le serment de fidélité, pouvait produire un bon effet dans ce moment-là, mais il est bon que vous observiez que, comme vous devez toujours suivre dans le gouvernement et la conduite de ce pays-là les formes qui se pratiquent ici, et que nos rois ont estimé du bien de leur service depuis longtemps de ne point assembler les états généraux de leur royaume, pour peut-être anéantir insensiblement cette forme ancienne, vous ne devez aussi donner que très rarement, et pour mieux dire jamais, cette forme au corps des habitants dudit pays; et il faudra même, avec un peu de temps et lorsque la colonie sera encore plus forte qu'elle n'est, supprimer insensiblement le syndic qui présente des requêtes au nom de tous les habitants, étant bon que chacun parle pour soi, et que personne ne parle pour tous. »

Si le comte de Frontenac avait eu l'idée de donner quelque vie à cette forme ancienne qui permettait aux habitants de la colonie d'exposer leurs besoins et leurs vœux, la lettre de Colbert la fit disparaître, et le gouverneur, se le tenant pour dit, « prit le roi pour modèle; mais en voulant marcher sur ses traces, il opéra ces changements avec des formes et des manières si hautaines et si despotiques que, malgré son influence et sa capacité, il se fit des ennemis nombreux et implacables. » (Garneau.) Les dix années de son gouvernement furent occupées par les soins à donner au maintien de la paix entre les nombreuses tribus sauvages du Canada; par les mesures à prendre au regard des coureurs des bois dont le nombre avait rapidement augmenté et dont la dispersion dans les contrées lointaines affaiblissait la colonie; par des luttes ardentes, comme au temps des premiers gouverneurs, contre certaines prétentions du clergé à la direction des affaires, et contre l'intendant, ainsi que le conseil souverain dont les agissements contrariaient ses vues sur le développement de la Nouvelle-France.

Dès son arrivée à Québec et après avoir obtenu de MM. de Courcelles et Talon tous les renseignements nécessaires sur la direction à suivre pour maintenir les Peaux-Rouges en paix dans leurs cantonnements, M. de Frontenac, se ralliant complètement à l'idée de ces deux administrateurs d'édifier un fort sur les bords du lac Ontario pour tenir en respect les Iroquois, décida tout d'abord de procéder sans délai à sa construction. Il était informé d'ailleurs par un traitant, Cavelier de La Salle, qui parcourait le canton des Onnontagués, que les Anglais engageaient vivement les Iroquois à recommencer leurs courses contre les Français, à s'allier avec les Outaouais et à détourner sur la Nouvelle-York les pelleteries que ces derniers apportaient à Montréal. Il fallait avoir sur le lac Ontario un établissement destiné à intercepter les communications entre ces sauvages et à servir, s'il y avait lieu, de point de départ pour une expédition dans les cantons. En conséquence, Frontenac fit inviter par La Salle les Iroquois à se trouver le printemps suivant à l'entrée de la rivière de Cataracoui, et il s'y rendit lui-même de Montréal, avec deux bateaux plats et cent vingt canots portant six canons et quatre cents hommes. Descendu à terre, il fit dresser les tentes pour loger les troupes. Le lendemain 13 juillet, à sept heures du matin, les soldats en armes, rangés sur deux files devant le pavillon du gouverneur, et ses gardes revêtus de leurs casaques virent passer entre leurs rangs une soixantaine de chefs drapés dans leurs plus beaux costumes et tout surpris d'un appareil si nouveau pour eux. Après s'être assis et avoir fumé pendant quelque temps, suivant leur coutume, l'un d'eux harangua M. de Frontenac, le remercia d'être venu les visiter, manifesta l'espoir qu'il maintiendrait toujours la paix avec eux, et déclara qu'ils seraient comme ses enfants, toujours soumis à ses ordres. Chacun des chefs renouvela les mêmes assurances au nom des siens, et fit présent au gouverneur d'un collier de porcelaine. Frontenac, se conformant fort habilement aux usages de ses hôtes, fit allumer un feu auprès d'eux, et leur répondit par un discours que traduisait aussitôt un interprète. « Mes enfants, leur dit-il, j'ai fait allumer ce feu pour vous voir pétuner et pour vous parler. Vous avez bien fait de suivre les commandements de votre père en venant ici. Prenez donc courage, vous y entendrez sa parole pleine de douceur et de paix, qui remplira de joie vos cabanes; car ne pensez pas que la guerre soit le sujet de mon voyage. Mon esprit est tout rempli de paix et elle marche avec moi. Je sais qu'il y a eu des êtres malveillants qui ont voulu vous persuader que je ne venais en ces cantons que pour manger vos villages, mais ce sont des brouillons qui voudraient rompre l'union entre nous. Soyez donc convaincus que je n'ai eu d'autre dessein que de venir vous voir, car il était juste qu'un père connût ses enfants et que les enfants connussent leur père. »

Le 17 juillet, les chefs étaient reçus de nouveau avec le même appareil; le gouverneur les engageait à abandonner leurs superstitions pour embrasser la religion chrétienne, à faire bon accueil aux robes noires qui iraient au milieu d'eux pour les instruire et à maintenir la paix avec les Français et les sauvages sous leur protection; il ajoutait que le premier qui la romprait serait pendu. Arrivant au véritable but de son voyage, il leur répéta que le fort construit par ses hommes servirait de lieu d'échanges; qu'ils y trouveraient les marchandises dont ils avaient besoin, et qu'ils n'auraient plus à faire une centaine de lieues pour aller les chercher à Montréal « par des chemins rudes et fâcheux ». Il les invita enfin à faire apprendre le français à leurs enfants par les soins des missionnaires, et à lui en confier quelques-uns qu'il ferait instruire à Québec. « Je n'ignore pas, leur dit-il, l'amour que vous avez pour eux, mais ce que je puis vous affirmer, c'est que j'en aurai autant de soin que s'ils étaient les miens, que je les adopterai pour tels, que je garderai les garçons chez moi et mettrai les filles chez les religieuses de Québec, où les Hurons ont déjà les leurs et où ils peuvent vous assurer qu'elles sont bien élevées; que je les visiterai souvent, et que vous pourrez les venir voir quand vous voudrez, promettant de les rendre lorsque vous me les redemanderez, si vous ne souhaitez pas que je les marie avec des Français quand elles seront élevées. » Les Hurons présents à cette conférence confirmèrent la déclaration du gouverneur, et se dirent très heureux de l'éducation donnée à leurs enfants. On échangea des présents; les chefs sauvages reçurent quinze fusils, de la poudre et du plomb, vingt-cinq chemises, autant de paires de bas, des manteaux et du tabac. Ils offrirent de leur côté des colliers de porcelaine.

Dès le premier jour de l'arrivée à Cataracoui, les Français, stimulés par la présence des guerriers sauvages, avaient commencé, sur le plan arrêté par le gouverneur, à creuser la tranchée destinée à recevoir la palissade de pieux, à abattre des arbres et à les équarrir. L'activité déployée fut telle qu'au bout de six jours l'enceinte était fermée et mise en état de défense; on avait construit en même temps des baraques à l'intérieur pour la garnison, et déblayé vingt arpents de terre afin d'y cultiver des graines ou des légumes. L'emplacement du fort, qui prit le nom de Frontenac, était bien choisi, au bord d'une baie profonde, où s'élève aujourd'hui la ville de Kingston. Le 27 juillet, le gouverneur redescendait à Montréal, où il arrivait le 1er août. Les relations qu'il avait établies personnellement avec les chefs des cantons, la facilité avec laquelle il s'était transporté à la tête d'une troupe si considérable au lac Ontario, la construction rapide du fort exercèrent sur l'esprit des Iroquois une influence telle que pendant dix ans la paix ne fut pas troublée, au grand avantage de la colonie dont les habitants purent défricher et cultiver paisiblement les terres.

Malheureusement, les envois d'émigrants de la mère patrie s'étaient arrêtés; les renforts réclamés, si faibles qu'ils fussent, étaient refusés, les guerres engagées en Europe absorbant toutes les forces dont le roi disposait, et les excursions lointaines des coureurs des bois menaçaient de devenir bientôt une source d'affaiblissement et de danger. D'une part, en effet, elles faisaient disparaître dans les forêts nombre d'hommes solides et énergiques; de l'autre, elles créaient chez eux des habitudes d'indiscipline et de vagabondage qui les poussaient à l'exploitation des sauvages et à la contrebande avec les colonies anglaises où les attiraient le bas prix des marchandises et la facilité de se procurer de l'eau-de-vie en échange de laquelle les Peaux-Rouges livraient tout ce qu'ils possédaient. Au moment même de la construction du fort à Cataracoui, M. de Frontenac se vit obligé de désavouer des traitants dont les exigences avaient froissé les Iroquois. « Ce n'étaient, leur dit-il, que des fripons qu'il ferait châtier. » A peine arrivé depuis quelques mois au Canada, le gouverneur avait constaté les désordres qu'entraînait la présence dans les forêts de vagabonds armés réunis en bandes, et le 2 novembre 1672 il écrivait à Colbert : « Il faudrait envoyer ici quelques troupes, qui seraient très nécessaires pour maintenir ce pays en repos en empêchant le désordre des coureurs des bois qui, si l'on n'y prend garde, deviendront comme les bandits de Naples et les boucaniers de Saint-Domingue. Leur nombre s'augmente tous les jours, nonobstant toutes les ordonnances qu'on a faites et que j'ai encore renouvelées avec plus de sévérité qu'auparavant depuis que je suis ici. Leur insolence, à ce qu'on m'a dit, va au point de faire des forts, et d'aller du côté de Manhatte et d'Orange où ils se vantent qu'ils seront reçus et auront toute protection. » Il y avait évidemment là un mal auquel il fallait apporter un remède énergique, car ces rôdeurs pouvaient servir d'espions à nos rivaux. Aussi, en 1673, parut une ordonnance royale faisant défense aux Français de séjourner dans les bois plus de vingt-quatre heures sans la permission du gouverneur; les infractions à cette disposition entraînaient jusqu'à la peine de mort. C'est alors que fut établi le système des congés; ils autorisaient ceux qui en étaient titulaires à emmener avec eux des sauvages et « à passer et repasser librement avec deux canots et leur charge, équipage et marchandises ».

Les mesures ainsi prises et une répression vigilante mirent rapidement un terme aux abus, et dès la fin de 1674 M. de Frontenac affirmait au ministre qu'il n'y avait plus que cinq coureurs des bois réfractaires. Leur principal soutien, Marie Perrot, commandant à Montréal, arrêté, avait été renvoyé en France. Nommé à ce poste par le crédit de Talon, dont il avait épousé la nièce, Perrot était un capitaine au régiment d'Auvergne qui avait passé au Canada dans l'intention d'y faire fortune; « n'ayant que 1 000 écus d'appointements, il avait trouvé le moyen d'en gagner 50 000 par son commerce avec les sauvages ». (La Hontan.) Pour mieux réussir dans la traite des pelleteries, il avait établi un magasin en amont du fleuve, dans l'île qui porte son nom. Les hommes à sa solde y recevaient librement les sauvages qui descendaient des pays d'en haut avec le produit de leurs chasses, et de là également partaient des coureurs des bois auxquels il fournissait eau-de-vie et marchandises pour les écouler au loin. M. de Frontenac, informé de ces agissements, envoya un de ses officiers pour arrêter les délinquants. Perrot, prenant parti pour eux, fit saisir l'officier. Mandé à Québec, pour y rendre compte de cet acte, emprisonné et traduit devant le conseil, il récusa le président, M. de Frontenac, comme son adversaire dans la cause, et plusieurs membres comme parents du successeur qu'on lui désignait. Un missionnaire qui se trouvait à Montréal, l'abbé François Salignac de Fénelon, prêtre de Saint-Sulpice, frère aîné de l'archevêque de Cambrai, intervint auprès du gouverneur en faveur de Perrot, et fut éconduit. Il prit alors ouvertement parti pour le prisonnier, et dans un sermon qu'il prononça le jour de Pâques 1673, il laissa échapper à l'égard du chef de la colonie certaines allusions blessantes dont Frontenac fut aussitôt informé. Assigné devant le conseil, M. de Fénelon récusa également le gouverneur, qui le fit arrêter; il en appela aux juges ecclésiastiques et le conseil hésita sur la procédure à suivre; on remplaça certains membres récusés; des difficultés de procédure survinrent encore; finalement, Perrot et l'abbé de Fénelon furent renvoyés en France, en 1674, pour y être jugés. L'abbé reçut un blâme de son supérieur général « pour s'être trop intrigué dans le monde et mêlé de ce qui ne le regardait pas ». Perrot, plus coupable, se vit enfermé dans un cachot. Grâce à ses relations de famille et à de puissantes protections, il en sortit au bout de quelques semaines pour être renvoyé au Canada. « Afin de le punir, écrivait le roi au gouverneur, je l'ai fait mettre à la Bastille pour quelque temps; en sorte qu'en retournant en ce pays-là, non seulement cette punition le rendra plus circonspect, mais il servira d'exemple pour retenir les autres. » Le souverain blâmait toutefois, après cette satisfaction donnée à Frontenac, sa vivacité à l'égard de Perrot, et, quant à l'abbé de Fénelon, il estimait qu'il aurait dû se borner à le remettre entre les mains de son évêque ou le faire repasser en France par le premier vaisseau sans lui infliger une longue détention. Colbert, de son côté, écrivait au gouverneur : « Sa Majesté m'a ordonné de vous dire, en particulier, qu'il est absolument nécessaire, pour le bien de son service, d'adoucir votre conduite et de ne pas relever avec trop de sévérité toutes les fautes qui pourraient être commises soit contre son service, soit contre le respect qui vous est dû. »

Pendant que M. de Frontenac poursuivait les coureurs des bois pour les amener à rentrer dans la colonie et à se fixer au sol, il avait, d'autre part, à lutter contre l'évêque de Québec, Mgr Laval, et les missionnaires qui réclamaient instamment la suppression totale de la vente de l'eau-de-vie aux Peaux-Rouges, alors qu'il estimait au contraire qu'il n'y avait là qu'une affaire de police dont l'autorité civile seule avait à réglementer les détails. Cette question de la liberté du commerce des liqueurs fortes avait déjà profondément divisé les esprits sous les précédents gouverneurs; elle passionnait toujours les colons; les uns approuvaient l'évêque qui interdisait, sous peine d'excommunication, la vente des boissons enivrantes aux sauvages; les autres estimaient avec les gouverneurs et l'intendant Talon que si ce commerce n'était pas autorisé et réglementé, les indigènes iraient se fournir aux colonies anglaises où ils trouveraient tout à la fois l'eau-de-feu qu'ils recherchaient, des armes et les plus funestes conseils. Les deux partis invoquaient, il faut le reconnaître, des arguments d'une grande force et citaient à l'appui des faits véritablement saisissants. C'était chez les sauvages, disaient les missionnaires, une passion ardente pour cette liqueur qui produisait sur eux les plus funestes effets. Une expérience aussi ancienne que la colonie apprenait qu'ils ne buvaient que pour s'enivrer et commettre les crimes les plus effroyables. « Le village ou la cabane dans laquelle ces malheureux consomment de l'eau-de-vie, constatait un témoin, est une image de l'enfer : le feu vole de toutes parts, les coups de hache et de couteau font couler le sang de tous côtés; l'air retentit de hurlements et de cris effroyables. Ils se mangent le nez, s'arrachent les oreilles; partout où leurs dents s'attachent, elles emportent le morceau. Le père et la mère jettent leurs petits enfants dans les brasiers ou dans les chaudières bouillantes; ils se roulent sur les cendres, le charbon et le sang. Ils s'endorment dans cet état affreux les uns parmi les autres; les esprits de l'eau-de-vie se dissipent, ils s'éveillent le lendemain défigurés, abattus et confus du désordre où ils se trouvent. » (Nicolas Perrot.) « L'Iroquois, dit un autre, boit de propos délibéré pour avoir le plaisir de s'enivrer, et vendrait, s'il le pouvait, sa femme et ses enfants pour se procurer de l'eau-de-vie. » (La Potherie.) « Cette boisson, ajoutait-on encore, est pour eux un appât diabolique. On les voit tous périr par ce malheureux commerce. » (Dollier.) On citait cet exemple des deux mille Algonquins qui fréquentaient les bords de la rivière des Outaouais et que l'eau-de-feu avait exterminés; trente ans après son introduction dans leurs campements il n'en restait plus que cent cinquante. On rappelait enfin que l'expédition de M. de Courcelles contre les Agniers avait échoué parce que les Algonquins qui devaient lui servir de guides, retenus par des traitants qui leur avaient cédé de l'eau-de-vie, s'étaient enivrés pendant plusieurs jours au lieu de rejoindre la colonne qui s'égara dans les neiges et les forêts. D'autre part, on répondait que les missionnaires, dans leur zèle religieux, voulaient empêcher toutes relations entre la colonie et les peuplades sauvages au milieu desquelles ils vivaient, qu'ils ne leur apprenaient que dans ce but la langue française, afin de rester comme interprètes les intermédiaires obligés entre les tribus et l'administration; que le mal n'était pas aussi grand qu'ils le prétendaient; qu'il suffisait de réglementer la vente des boissons alcooliques en punissant les indigènes trouvés en état d'ivresse et les habitants qui leur auraient vendu l'eau-de-feu.

Colbert, en présence de ces opinions divergentes, écrivit alors au gouverneur : « M. l'évêque de Québec m'a fait remettre ici par son grand vicaire une consultation qu'il a faite en Sorbonne. L'intention de Sa Majesté est que si tous les faits contenus en cette consultation sont véritables en général, c'est-à-dire si tous les sauvages et toutes les bourgades s'enivrent et commettent ensuite des crimes, assassinats, etc., en ce cas il est juste que vous cherchiez des moyens d'empêcher qu'on ne porte aux sauvages de ces sortes de boissons; mais si ces désordres sont seulement commis par quelques particuliers et qu'ils soient seulement un peu plus sujets à s'enivrer que ne sont les Allemands et ici en France les Bretons, Sa Majesté veut en ce cas que vous employiez son autorité non pas pour rien prononcer directement contre l'autorité épiscopale, mais pour empêcher, par l'auto-

CAMPEMENT DE SAUVAGES.
Dessin de Riou, d'après un croquis de M. Dixon.

rité royale, que l'épiscopat n'entreprenne rien au dehors de l'Église en une matière qui est purement de police. »

Enfin le ministre prescrivit à Frontenac, pour être complètement éclairé, de réunir vingt-quatre personnes notables de la colonie qui seraient invitées à donner leur avis sur les inconvénients de la traite des liqueurs fortes. Ceux que l'on appela dans cette assemblée, firent remarquer les partisans de l'évêque, étaient engagés dans le commerce avec les nations sauvages; aussi la plupart se déclarèrent-ils en faveur du trafic de l'eau-de-vie, qui ne produisait selon eux que bien peu de désordres parmi les naturels du pays et qui était nécessaire pour se les concilier. Un des membres, Cavelier de La Salle, que M. de Frontenac avait nommé commandant du fort édifié à Cataracoui, ajouta aux arguments développés par les partisans de la traite une observation d'une certaine gravité. Permettre le trafic des boissons, c'était enlever à ce commerce le caractère de contrebande; c'était, par conséquent, y engager les habitants honnêtes, dont les sauvages n'avaient pas à craindre les exigences et les brutalités auxquelles trop souvent les vagabonds les avaient habitués; spécialement pour le fort Frontenac, si l'on interdisait le trafic des boissons, c'était à bref délai la guerre avec les Iroquois. « On doit tout appréhender, dit-il, si on leur refuse ce qu'ils aiment tant, n'y ayant d'autre moyen de les attirer pour leur ôter la défiance qu'on leur inspire. » (Lorin.) Trois membres seulement se prononcèrent contre la vente de l'eau-de-vie; deux, dont l'un était Jolliet, s'opposèrent à son transport dans les bois, tout en admettant la vente modérée dans les habitations; les autres émirent une opinion favorable à la traite. En conformité de cet avis transmis à Colbert, et malgré les démarches de l'évêque de Québec, une ordonnance royale du 24 mai 1679 autorisa la vente de l'eau-de-vie dans les habitations, défendit le trafic de cette liqueur avec les sauvages dans la profondeur des bois et accorda au gouverneur le droit de délivrer des congés valables pour trois mois seulement, du 15 janvier au 15 avril, avec interdiction pour les titulaires de vendre des boissons enivrantes aux indigènes.

M. de Frontenac avait, en somme, obtenu gain de cause auprès du ministre; il en profita pour continuer à étendre la colonie en envoyant de hardis pionniers à la découverte de nouveaux territoires, notamment de La Salle au Mississipi, du Lhut au nord des grands lacs et Nicolas Perrot chez les Sioux. Mais à peine ces difficultés étaient-elles écartées qu'il en surgit d'autres, cette fois entre le gouverneur et l'intendant. Jacques Duchesneau avait été désigné pour remplir cette fonction en remplacement de Talon, trois ans après le départ de ce dernier, que Colbert avait espéré, mais en vain, décider à retourner encore à la Nouvelle-France. Duchesneau, lorsqu'il fut nommé, était depuis dix ou douze ans trésorier dans la généralité de Tours. C'était un homme affectant des dehors d'une extrême piété, mais d'un caractère envieux et servile, qui n'avait rien des idées larges de Frontenac, et dont les actes, dès les premiers jours de son arrivée à Québec, semblaient démontrer le parti pris de contrecarrer le gouverneur dans tous ses desseins. Commis subalterne, il avait pu avoir des qualités d'exécution; intendant et président du conseil supérieur, il estima que son rôle était de surveiller M. de Frontenac, de dénoncer avec malveillance tous ses actes, de s'allier à ses ennemis, de l'user enfin et de rendre son gouvernement impossible. Deux pièces suffisent pour dépeindre l'homme; la première est de Colbert, il écrit à l'intendant : « Vous parlez dans vos lettres comme si M. de Frontenac avait toujours tort, et vous êtes persuadé qu'il ne doit rien faire dans l'exercice et dans les fonctions du pouvoir que le roi lui a donné que de concert avec vous; enfin il paraît que vous vous mettez toujours en parallèle avec lui. Il vous faut bien éclaircir de la différence entre un gouverneur et lieutenant général du pays qui représente la personne du roi, et un intendant. Vous ne devez rien faire dans vos fonctions que d'accord avec lui. » (20 avril 1679.)

Duchesneau répondait au mois de novembre suivant à cette missive hautaine et quelque peu méprisante : « On ne peut recevoir les lettres que vous m'avez fait l'honneur de m'écrire avec un plus profond respect et une plus grande affliction, puisque, n'ayant jamais eu en vue dans toutes mes actions que de vous plaire et de mériter, par ma fidélité et mon exactitude à vous informer de tout ce qui se passe dans ce pays, la continuation de votre protection dont je ressens les effets depuis plus de dix-huit ans, je me vois en état d'appréhender de tomber dans le seul malheur que je puisse craindre, qui est que vous n'ayez plus la même bonté que vous avez toujours eue pour moi. »

L'entente était évidemment impossible entre deux hommes d'un caractère si différent et qui comprenaient d'une manière absolument opposée leur rôle à la Nouvelle-France, l'un poursuivant résolument, parfois avec des violences justifiées par les agissements de ses adversaires, la prépondérance de l'autorité royale qu'il représentait et dont il avait la plus haute idée; l'autre, indiquant lui-même qu'il se considérait comme un contrôleur, disons le mot, comme un espion chargé d'entraver l'autorité trop puissante du gouverneur et de révéler au ministre tout ce qui pouvait exciter son mécontentement ou diminuer le crédit qu'il accordait à son adversaire. La lutte s'engagea pour des questions de préséance, de présidence du conseil; elle se poursuivit à propos de la vente de l'eau-de-vie, des congés accordés aux traitants, le gouverneur et l'intendant s'accusant mutuellement de favoriser la traite à leur profit; elle prit un tel caractère que deux partis se formèrent parmi les habitants, que des querelles et des rixes continuelles se produisirent dans Québec entre les partisans de Frontenac et ceux de Duchesneau, dont le fils paya d'un mois de prison des couplets injurieux contre le gouverneur chantés par lui dans les rues. Le ministre y mit un terme en rappelant Frontenac et en révoquant l'intendant.

CHAPITRE IV

JOLLIET — CAVELIER DE LA SALLE

Dès les premiers temps du séjour des Français au Canada, alors que Champlain remontait au pays des Hurons et que Nicolet, l'un de ses interprètes, parvenait jusqu'au lac Michigan, les sauvages signalaient l'existence, au milieu de ce vaste continent, d'un fleuve immense se dirigeant vers le sud et auquel il était possible de parvenir par des rivières voisines des grands lacs. Les relations des missionnaires parlent à diverses reprises de cette voie de communication par laquelle s'était établi sans doute un courant commercial entre de nombreuses nations faisant l'échange des produits particuliers de leurs territoires, comme ces coquillages, venus du golfe du Mexique, dont se paraient les Peaux-Rouges de la vallée du Saint-Laurent. C'est ainsi que nous lisons dans la Relation de l'année 1640 : « Le sieur Nicolet, qui a le plus avant pénétré dedans ces pays si éloignés, m'a assuré que s'il eût vogué trois jours de plus sur un grand fleuve qui sort de ce lac (des Hurons), il aurait trouvé la mer qui répond au nord de la Nouvelle-Mexique, et que de cette mer on aurait entrée vers le Japon et la Chine; néanmoins comme on ne sait pas où tire ce grand lac ou cette mer douce, ce serait une entreprise généreuse d'aller découvrir ces contrées. »

On trouve encore dans la Relation de 1660 : « Les sauvages qui habitent la pointe de ce lac la plus éloignée de nous ont donné des lumières toutes fraîches qui ne déplairont point aux curieux, touchant le chemin du Japon et de la Chine, dont on a fait tant la recherche, car nous apprenons de ces peuples qu'ils trouvent la mer de trois côtés, du côté du sud, du côté du couchant et du côté du nord; et de la même extrémité du lac Supérieur tirant au sud-ouest il y a environ 200 lieues jusqu'à un autre lac qui a sa décharge dans la mer Vermeille, du côté de la grande mer du Sud; c'est de l'un de ces deux côtés que les sauvages ont des marchandises d'Europe et même disent avoir vu des Européens. »

De pareilles données étaient encore bien vagues, mais les renseignements vont se préciser. En 1666, le père Jean Allouez écrivait : « Les Illinois parlent algonquin, mais beaucoup diffèrent de celui de tous les autres peuples. Ils ne demeurent pas dans ces quartiers; leur pays est à plus de soixante lieues d'ici, du côté du midi, au delà d'une grande rivière qui se décharge, autant que je puis conjecturer, en la mer vers la Virginie. » Dans la Relation de 1667, on lit enfin : « Les Nadouessioneks. Ce sont peuples qui habitent au couchant d'ici, vers la grande rivière nommée Messipi. »

L'intendant Talon se préoccupa de ces dires, cependant bien incertains, et tint pour sérieuses, quant à l'existence même d'un grand fleuve, les indications fournies par les sauvages. Avant son départ pour la France et d'accord avec le gouverneur, M. de Frontenac, il chargea un traitant, Louis Jolliet, d'aller à la découverte de cette rivière mystérieuse. Né à Québec, où il fut baptisé le 21 septembre 1645, Jolliet était fils d'un charron originaire de la Brie, attaché au service de la Compagnie des cent associés. Élevé au collège des jésuites, il reçut en 1662 les ordres mineurs; mais en 1668 il abandonna l'état ecclésiastique pour se livrer à la traite des pelleteries. Il avait déjà fait, sur l'avis de Talon, un premier voyage au lac Supérieur, à la recherche de gisements de cuivre. Il reçut l'ordre cette fois, d'après un mémoire du gouverneur en date du 2 novembre 1672, de passer par le pays des Maskoutens, à l'ouest du lac Michigan, et « de descendre la grande rivière qu'ils appellent Michissipi, qu'on croit se décharger dans la mer de Californie ».

Jolliet avait de bonne heure parcouru la région des lacs, et parlait couramment la langue des tribus qu'il y avait rencontrées. C'était un homme tout à la fois prudent et courageux, habitué à la vie des bois et très apte à mener à bonne fin l'exploration qui lui était confiée. Parti de Québec dans l'automne de 1672, il remonta la rivière des Outaouais et parvint au sault Sainte-Marie où il organisa son expédition. Il engagea pour l'accompagner cinq Français, « hommes bien résolus à tout faire et à tout souffrir pour une si glorieuse entreprise »; un missionnaire, le père Marquette, se joignit à eux. Du maïs, quelques morceaux de viande boucanée, telles étaient les seules provisions que les courageux aventuriers emportèrent dans deux canots d'écorce. Par les lacs Huron et Michigan ils arrivèrent à la baie des Puants chez les Maloumines de la Folle-Avoine. Ces peuples, informés du but du voyage de leurs hôtes, témoignèrent d'une extrême surprise et firent tout leur possible pour les détourner de tenter une si périlleuse aventure; ils leur représentèrent qu'ils rencontreraient des nations cruelles qui ne souffraient pas le passage sur leurs terres des étrangers qu'elles massacraient; que la guerre allumée entre les diverses tribus sur leur route les exposait à être surpris et tués par des bandes de guerriers en campagne; que la grande rivière était pleine de monstres effroyables dévorant les hommes et les canots; qu'un démon en s'entendait de fort loin, abîmait ceux qui osaient en approcher ; qu'enfin la chaleur dans ces contrées était excessive et causerait infailliblement leur mort. Jolliet remercia les Maloumines de ces renseignements, leur promit de se tenir sur ses gardes, mais ne se laissa pas détourner de son but et gagna le fond de la baie où il trouva une rivière très belle à son embouchure, pleine d'outardes, de sarcelles et d'autres oiseaux d'eau attirés par la folle avoine dont ils étaient fort friands. Bientôt cependant la navigation devint difficile, tant à cause des courants que des roches affilées qui coupaient les canots et les pieds de ceux qui étaient obligés de les traîner. Ces rapides franchis, on se trouva chez les Maskoutens, dont les cabanes étaient faites de joncs, « qui ne les défendaient pas beaucoup des vents et bien moins des pluies lorsqu'elles tombaient en abondance ». Elles avaient cependant une commodité : on les mettait en paquets et on les transportait aisément où l'on voulait pendant le temps des chasses.

Le 10 juin, l'expédition quittait ce village avec deux guides qui conduisirent les Français, à travers des marais et de petits lacs, jusqu'à un portage de 2 700 pas entre leur rivière et une autre, celle de Wisconsin, qu'on leur avait dit se décharger dans le fleuve à la recherche duquel ils allaient. Elle était large, remplie de hauts-fonds qui en rendaient la navigation dangereuse, mais ses bords présentaient de bonnes terres entremêlées de bois, de prairies et de coteaux ; on y voyait des chênes, des noyers, des bois blancs ; comme gibier, on apercevait des chevreuils et des bœufs en assez grande quantité.

Après avoir navigué pendant une quarantaine de lieues, la petite troupe arrivait à l'embouchure de ce cours d'eau et entrait le 17 juin dans le Mississipi. « Nous voilà donc sur cette rivière si renommée, dit le père Marquette dans sa relation. Elle est étroite à la décharge du Wisconsin ; son courant, qui porte du côté du sud, est lent et paisible ; elle est coupée d'îles en divers endroits ; sa largeur est fort inégale, elle a quelquefois trois quarts de lieue, et quelquefois elle se rétrécit jusqu'à trois arpents. Nous suivons doucement son cours qui va au sud et au sud-est. C'est ici que nous nous apercevons bien qu'elle a tout changé de face. Il n'y a presque plus de bois ni de montagnes, les îles sont plus belles et couvertes de plus beaux arbres. Étant descendus jusqu'au 44e degré 28 minutes, nous trouvons que les coqs d'Inde ont pris la place du gibier, et les bœufs sauvages celle des autres bêtes. Nous avançons toujours, mais comme nous ne savions pas où nous allions, ayant déjà fait plus de cent lieues sans avoir rien découvert que des bêtes et des oiseaux, nous nous tenons bien sur nos gardes ; c'est pourquoi nous ne faisons qu'un petit feu à terre, sur le soir, pour préparer nos repas et après souper nous nous en éloignons le plus que nous pouvons, et nous allons passer la nuit dans nos canots, que nous tenons à l'ancre sur la rivière assez loin des bords, ce qui n'empêche pas que quelqu'un de nous soit toujours en sentinelle de peur de surprise. »

Après cette longue période d'isolement, le 25 juin, les voyageurs aperçurent sur le bord de l'eau des pistes d'hommes et un petit sentier conduisant à un village. Jolliet s'y rendit avec le père Marquette. Il était habité par des Illinois, et l'accueil qu'ils firent aux deux Français les surprit et les charma tout à la fois : « A la porte de la cabane où nous devions être reçus était un vieillard qui nous attendait dans une posture assez surprenante, qui est la cérémonie qu'ils gardent quand ils reçoivent des étrangers. Cet homme était debout et tout nu, tenant ses mains étendues et levées vers le soleil, comme s'il eût voulu se défendre de ses rayons, lesquels néanmoins passaient sur son visage entre ses doigts. Quand nous fûmes proche de lui, il nous fit ce compliment : « Que le soleil est beau, Français, quand tu viens nous visiter ; tout notre bourg t'attend et tu entreras en paix dans toutes nos cabanes. » Cela dit, il nous introduisit dans la sienne, où il y avait une foule de monde, qui nous dévorait des yeux et qui cependant gardait un profond silence. « Après que nous eûmes pris place, on nous fit la civilité ordinaire du pays, qui est de nous présenter le calumet. Il ne faut pas le refuser, si on ne veut passer

PAYSAGE DU WISCONSIN.
Dessin de Weber, d'après une photographie de M. Mac Allister.

pour ennemi. Pendant que les anciens pétunaient après nous, pour nous honorer, on vint nous inviter de la part du grand capitaine de tous les Illinois à nous transporter en sa bourgade, où il voulait tenir conseil avec nous. Nous y allâmes en bonne compagnie, car tous ces peuples, qui n'avaient jamais vu de Français chez eux, ne se lassaient pas de nous regarder. Ils se couchaient sur l'herbe le long des chemins; ils nous devançaient, puis ils retournaient sur leurs pas pour nous venir voir encore. Étant arrivés au bourg du grand capitaine, nous le vîmes à l'entrée de sa cabane, au milieu de deux vieillards, tous trois debout et nus, tenant leur calumet tourné vers le soleil. Il nous harangua en peu de mots, nous félicitant de notre arrivée; il nous présenta ensuite son calumet et nous fit fumer, en même temps que nous entrions dans sa cabane, où nous reçûmes toutes leurs caresses ordinaires. »

Au conseil succéda un grand festin : de la farine de maïs bouillie dans l'eau et assaisonnée de graisse; des poissons; un grand chien qu'on venait de tuer, et une pièce de bœuf sauvage, tels furent les mets offerts aux Français. Les morceaux étaient présentés à leur bouche par un des indigènes, « comme on ferait à un petit enfant. » Il fallut ensuite visiter tout le village, composé de trois cents cabanes. Pendant que les deux blancs marchaient dans les rues, un des chefs « haranguait continuellement pour obliger tout le monde à les voir sans être importuns ». On leur présentait des ceintures, des jarretières et d'autres ouvrages faits de poils d'ours ou de bœuf, et teints en rouge, en jaune et en gris. Le lendemain, les explorateurs, conduits par la foule à leurs canots, reprenaient leur navigation. Au confluent du Missouri, ils faillirent être entraînés dans un rapide dont, heureusement pour eux, le bruit signala la présence à temps pour y échapper. « Je n'ai rien vu de plus affreux, déclare le père Marquette; un embarras de gros arbres entiers, de branches, d'îlots flottants, sortait de l'embouchure de la rivière avec tant d'impétuosité qu'on ne pouvait s'exposer au travers sans grand danger. L'agitation était telle que l'eau en restait toute boueuse et ne pouvait s'épurer. »

Après un parcours d'une vingtaine de lieues, Jolliet parvint à l'endroit redouté des Maloumines, où, lui avaient-ils affirmé, un Manitou dévorait les passants. C'était une petite anse de rochers dans laquelle se dégorgeait tout le courant du fleuve, « lequel étant repoussé par une île voisine était contraint de passer par un petit canal, ce qui ne se faisait pas sans un furieux combat de toutes ces eaux rebroussant les unes sur les autres, et sans un grand tintamarre donnant la terreur à des sauvages qui craignent tout ».

Au fur et à mesure que l'on descendait le cours du fleuve, l'aspect de ses bords se modifiait, et l'on commençait à voir des cannes, aux nœuds couronnés de feuilles vertes, longues et pointues; elles étaient fort hautes et en si grande quantité que les bœufs sauvages parvenaient à peine à s'y frayer un passage. Enfin le père Marquette ajoute : « Jusqu'à présent, nous n'avions point été incommodés des maringouins, mais nous entrons comme dans leur pays. Voici ce que font les sauvages de ces quartiers pour s'en défendre : ils élèvent un échafaud, dont le plancher n'est fait que de perches, et par conséquent est percé à jour, afin que la fumée du feu qu'ils font dessous passe au travers et chasse ces petits animaux qui ne la peuvent supporter; on se couche sur ces perches, au-dessus desquelles sont des écorces étendues contre la pluie. »

Dans le même dessein, Jolliet et ses compagnons utilisèrent leurs voiles pour en faire une espèce de cabane, dans laquelle ils étaient à peu près à l'abri des moustiques et des rayons du soleil, dont la chaleur devenait insupportable. Comme ils descendaient ainsi au fil de l'eau, ils aperçurent à terre des indigènes armés de fusils qui les invitèrent à débarquer et à venir à leur bourgade où ils leur offrirent du bœuf, de l'huile d'ours et des prunes blanches qu'ils trouvèrent excellentes. Ils apprirent alors qu'ils n'étaient plus qu'à dix journées de la mer, et que d'autres Européens, du côté de l'Est, fournissaient à cette peuplade des étoffes et des armes.

POUR RASSURER SES HÔTES, IL DANSA LE CALUMET.

La nouvelle de l'approche de la mer redoubla l'ardeur des Français, qui reprirent le cours de leur exploration. Les prairies avaient disparu, les deux côtés de la rivière étaient bordés de bois, de cotonniers, d'ormes admirables de hauteur et de grosseur. Les mugissements lointains des bœufs sauvages donnaient cependant lieu de supposer que, derrière ce rideau d'arbres, des prairies leur servaient de pâturages. Vers le 33° degré, après avoir presque toujours descendu dans la direction du Sud, on aperçut au bord de l'eau un village et l'on entendit des sauvages qui par des cris continuels s'animaient au combat. Ils étaient armés d'arcs, de flèches, de massues et de boucliers. « Ils se mirent, dit l'historien de l'expédition, en état de nous attaquer par terre et par eau ; une partie s'embarque dans de grands canots en bois, les uns pour monter la rivière, les autres pour la descendre, afin de nous couper le chemin et nous envelopper de tous côtés ; ceux qui étaient à terre allaient et venaient pour commencer l'attaque. De fait, de jeunes hommes se jetèrent à l'eau pour se venir saisir de mon canot ; mais le courant les ayant contraints de reprendre terre, un d'eux nous jeta sa massue, qui passa par-dessus nous sans nous frapper. J'avais beau montrer le calumet et leur faire signe par gestes que nous ne venions pas en guerre, l'alarme continuait toujours, et l'on se préparait déjà à nous percer de flèches, quand les vieillards aperçurent notre calumet qu'ils n'avaient pas bien reconnu de loin ; mais comme je ne cessais de le faire paraître, ils en furent touchés, arrêtèrent l'ardeur de leur jeunesse, et même deux de ces anciens, ayant jeté dans notre canot leurs arcs et leurs carquois pour nous mettre en assurance, ils y entrèrent et nous firent approcher de terre, où nous débarquâmes, non pas sans crainte de notre part. »

On trouva enfin un indigène qui parlait l'illinois et servit d'interprète. Grâce à lui, cette chaude alarme n'eut pas de suite, et l'on parvint à faire comprendre à ces barbares que l'on allait à la mer. Quelques renseignements leur furent demandés sur la contrée, mais ils répondirent qu'ils seraient fournis huit ou dix lieues plus bas, à un autre grand village nommé Arkansas. Le lendemain, l'expédition arrivait à cette bourgade, qu'elle ne devait pas dépasser. Jolliet pria les anciens de lui faire connaître ce qu'ils savaient de la mer; ils lui répondirent qu'on en était à quelques journées, mais qu'il y avait sur le trajet plusieurs nations avec lesquelles ils étaient en guerre et qui les empêchaient d'entretenir aucun commerce avec les Européens, car ces ennemis, armés de fusils et très aguerris, faisaient des courses incessantes sur le fleuve. Pendant cet entretien, on apportait continuellement dans de grands plats de bois de la sagamité, du maïs entier et des morceaux de chien. Les hommes étaient nus, portaient les cheveux courts et avaient le nez percé « d'où pendait de la rassade, aussi bien que de leurs oreilles ». Les femmes étaient vêtues de méchantes peaux et nouaient leurs cheveux en deux tresses qu'elles jetaient derrière les oreilles. Toute la journée se passa en festins. Le soir, les anciens tinrent un conseil secret, dans la pensée que quelques-uns avaient de casser la tête aux blancs pour les piller; mais l'intervention du chef fit avorter ces mauvais desseins, et, pour rassurer ses hôtes, il « dansa le calumet devant eux », puis leur en fit présent.

Jolliet et le père Marquette délibérèrent alors s'ils pousseraient plus avant, ou s'ils se contenteraient de la découverte qu'ils avaient faite. Persuadés qu'ils n'étaient pas éloignés de la mer, qu'indubitablement le fleuve avait sa décharge dans le sud, au golfe du Mexique, estimant qu'ils s'exposaient à perdre le fruit de leur voyage s'ils allaient se jeter entre les mains des Espagnols qui les retiendraient captifs, et qu'ils n'étaient pas en état de résister aux sauvages infestant le bas du fleuve, ils résolurent de retourner au Canada. Après un jour de repos, ils remontèrent le Mississipi dont les courants leur causèrent d'extrêmes fatigues, mais vers le 30º degré ils trouvaient une rivière, celle des Illinois, qui leur permit d'atteindre avec moins de labeur le lac Michigan. A la fin de septembre, ils parvenaient à la baie des Puants, d'où ils étaient partis au commencement de juin. Le père Marquette regagna la mission du sault Sainte-Marie; Jolliet descendit le Saint-Laurent, dans les rapides duquel il manqua de périr. Son canot chavira, ses hommes se noyèrent, et il perdit ses cartes avec son journal de route. Rentré à Québec, il y rendit compte au gouverneur de son voyage et des découvertes qu'il avait faites, lui signalant les avantages qu'il y aurait à créer des établissements dans ces territoires d'une fertilité si remarquable, dans ces plaines interminables où la culture serait si facile. « Lorsque, dans le commencement, disait-il, on nous parlait de ces terres sans arbres, je m'imaginais un pays brûlé, où la terre était si chétive qu'elle ne pouvait rien produire; mais nous avons remarqué le contraire, et il ne s'en peut trouver de meilleure, ni pour les blés, ni pour la vigne, ni pour quelques fruits que ce soit. Il y a des prairies de trois, de six, de dix et de vingt lieues de long et de trois de large, environnées de forêts de même étendue, au delà desquelles les prairies recommencent. On rencontre quelquefois des herbes fort basses; quelquefois on les voit hautes de cinq à six pieds; le chanvre qui y croît naturellement monte jusqu'à huit pieds. Un habitant n'emploierait point des dix années à abattre le bois et à le brûler, dès le jour même de son arrivée il mettrait la charrue en terre. »

M. de Frontenac, rendant compte à son tour à Colbert des résultats du voyage de Jolliet, écrivait au ministre, le 14 novembre 1674, en lui transmettant une carte des régions explorées : « Le sieur Jolliet, que M. Talon m'a conseillé d'envoyer à la découverte de la mer du sud lorsque j'arrivai de France, en est de retour depuis trois mois et a découvert des pays admirables et une navigation si aisée par les belles rivières qu'il a trouvées, que du lac Ontario et du fort Frontenac on pourrait aller en barque jusque dans le golfe du Mexique, n'ayant qu'une seule décharge à faire dans l'endroit où le lac Érié tombe dans celui d'Ontario, qui dure peut-être une demi-lieue, et où l'on pourrait avoir une habitation. Il a été jusqu'à dix journées près du golfe du Mexique. » En récompense de ses services, l'île d'Anticosti, à l'entrée du Saint-Laurent, fut concédée à Jolliet, par lettres patentes du roi Louis XIV, « au titre de fief et en considération de sa découverte du pays des Illinois ». A sa mort, en 1696, ce fief d'Anticosti fut dévolu à ses enfants, et resta pendant près de deux cents ans la propriété de ses héritiers.

CAVELIER DE LA SALLE.
Dessin de S. Béraud.

Lorsque Jolliet avait ainsi été à la recherche du grand fleuve, il ne l'avait parcouru que jusqu'aux Arkansas ; il était réservé à un autre de descendre à son embouchure et de prendre possession, au nom de la France, des immenses territoires qui devaient constituer la Louisiane.

Robert Cavelier de La Salle, né à Rouen, où il fut baptisé le 22 novembre 1643, en la paroisse Saint-Herbland, appartenait à une riche famille bourgeoise qui depuis longtemps « vivait noblement ». Le nom de la famille était Cavelier ; c'est celui que portait le frère aîné de l'explorateur, prêtre de Saint-Sulpice, missionnaire au Canada. Son oncle, Henri Cavelier, mercier à Rouen, était inscrit le vingt-quatrième sur la liste de la Compagnie des cent associés. Cavelier de La Salle fit ses études à Rouen au collège des jésuites, devenu aujourd'hui le lycée. De haute taille, d'une grande force corporelle, il était d'un caractère énergique, et sous un extérieur froid il cachait une ambition, un désir de s'illustrer qui étouffaient en lui toute passion vulgaire. « Il avait, dit un de ses plus fidèles compagnons, l'esprit et le talent pour faire réussir son entreprise, la fermeté, le courage ; sa grande connaissance dans les arts et les sciences qui le rendaient capable de tout, et un travail infatigable qui lui faisait tout surmonter lui auraient enfin procuré un succès glorieux de sa grande entreprise, si ces belles parties n'avaient pas été balancées par des manières trop hautaines, qui le rendaient bien souvent insupportable, et par la dureté envers ceux qui lui étaient soumis, qui lui attira enfin une haine implacable et qui fut la cause de sa mort. » (Joutel.)

Ajoutons que, protégé du comte de Frontenac, nommé par lui commandant du fort édifié au lac Ontario, chargé de la découverte des pays au sud des grands lacs, il eut les mêmes adversaires que le gouverneur et particulièrement l'intendant Duchesneau, qui contribua de toutes ses forces à sa ruine.

A la mort de son père, Cavelier de La Salle réalisa en capital les 400 livres de rente qui lui revenaient et passa en 1666 au Canada. En 1667, il était à Montréal, dont les propriétaires, les prêtres de Saint-Sulpice, lui concédèrent au-dessus des rapides, dans un lieu qu'il appela la Chine, à huit ou neuf milles de la ville, de vastes terrains exposés aux attaques des sauvages, mais parfaitement situés pour la traite.

A l'endroit où le fleuve Saint-Laurent forme en s'élargissant le lac Saint-Louis, La Salle traça le plan d'un village, entouré d'une palissade. A chacun des colons qui vinrent s'y installer, il donna dans le village même un demi-arpent de terre, et en dehors de la palissade six arpents. Il réserva pour son domaine personnel 420 arpents, sur lesquels il commença des défrichements et des constructions. Dès ce moment, il apprenait la langue iroquoise et accomplissait plusieurs voyages d'exploration et de traite. Des sauvages qui étaient venus hiverner à la Chine lui affirmèrent qu'une grande rivière, l'Ohio, prenait sa source dans leur pays et allait se jeter, à huit ou neuf mois de marche, dans la mer. Suivant les idées des explorateurs de ce temps, il crut qu'il s'agissait de la mer Vermeille et du passage tant cherché pour se rendre aux Indes. Descendu à Québec, il obtint de MM. de Courcelles et Talon l'autorisation de partir à la découverte, mais à la charge par lui de supporter tous les frais de son expédition. Des lettres patentes lui permirent d'explorer les bois, les rivières et les lacs du Canada, et d'engager pour ce voyage des soldats tirés des compagnies en résidence dans la colonie. Pour se procurer les ressources nécessaires il vendit son domaine de la Chine, acheta quatre canots et engagea quatorze hommes. Deux Iroquois devaient servir de guides. Un missionnaire de Saint-Sulpice, M. Dollier de Casson, ancien officier de cavalerie, s'adjoignit à l'explorateur, avec sept hommes et trois canots. Un diacre, l'abbé de Gallinée, « d'une adresse incroyable dans tous les arts mécaniques », se chargea de dresser la carte des pays parcourus.

Partis de Montréal le 6 juillet 1669, La Salle et ses compagnons arrivaient le 2 août au lac Ontario. N'ayant pour nourriture que du maïs cuit dans l'eau, couchant par terre la nuit, astreints à d'extrêmes fatigues dans la remontée si pénible des rapides, ils étaient tous plus ou moins malades lorsqu'ils parvinrent au village des Tsonnontouans où ils séjournèrent pendant un mois pour se remettre, et aussi pour essayer de trouver des guides, ceux qui les avaient accompagnés jusque-là refusant d'aller plus loin.

Des sauvages de cette bourgade avaient apporté de l'eau-de-vie de la Nouvelle-York; un des leurs qui avait été tué par trois maraudeurs français, exécutés à Montréal, comptait des parents dans les cabanes, et ces derniers voulaient, dans leur ivresse, massacrer quelques Faces-Pâles pour se venger. De La Salle et M. Dollier durent partir pour éviter d'être mis à mort, et gagnèrent la rivière qui décharge dans le lac Ontario les eaux du lac Érié en franchissant le sault du Niagara. « C'est une des plus belles cataractes qui soient au monde, rapporte M. de Gallinée; aussi l'entendîmes-nous de dix ou douze lieues. »

Avant d'arriver au lac Érié, Cavelier de La Salle tomba malade à son tour, et les voyageurs durent s'arrêter pour lui laisser le temps de se rétablir. Dans cet intervalle, M. Dollier rencontra Jolliet qui revenait de son expédition à la recherche d'une mine de cuivre près du lac Supérieur, et, sur ses indications, il résolut d'aller de ce côté travailler à la conversion des infidèles. De La Salle invoqua son état de santé pour le laisser partir sans l'accompagner, et resta seul au campement avec ses hommes.

MM. Dollier et de Gallinée, parvenus le 14 octobre sur les bords du lac Érié, y construisirent une cabane pour passer l'hiver. La chasse était abondante aux alentours; on ramassa quelques sacs de noix et de châtaignes, ainsi que des pommes, des prunes et des raisins dont on tira un gros vin noir. Le 23 mars, après un séjour de cinq mois dans ces parages, les voyageurs y plantèrent une croix, à l'exemple de Jacques Cartier, et attachèrent au pied les armes royales, avec une inscription constatant qu'accompagnés de sept Français ils avaient, les premiers de tous les peuples européens, hiverné en ces lieux, dont ils prenaient possession au nom de leur roi comme d'une terre inoccupée. L'acte de prise de possession est signé : « François Dollier, prestre du diocèse de Nantes en Bretagne; de Gallinée, diacre du diocèse de Rennes en Bretagne ».

De là la petite troupe passa dans le lac des Hurons, qu'elle côtoya, et parvint au sault Sainte-Marie, où les pères Dablon et Marquette lui procurèrent les moyens de rejoindre Montréal. La carte des contrées explorées, dressée par de Gallinée, et le procès-verbal de prise de possession rédigé au lac Érié furent envoyés à Talon qui les transmit au ministère à Paris. Après le départ de M. Dollier, La Salle, resté seul avec ses engagés, reprit le cours de son expédition et gagna la rivière de l'Ohio qu'il descendit « jusqu'à un endroit où elle tombe de très haut dans de vastes marais, après avoir été grossie par une autre rivière fort large qui vient du Nord » Il y trouva quelques Peaux-Rouges qui lui dirent que « loin de là, le même fleuve, qui se perdait dans cette terre basse, se réunissait dans un lit ». Il s'engagea dans ces vastes marais, mais comme la fatigue était grande, les hommes qu'il avait entraînés jusque-là le quittèrent tous en une nuit, regagnèrent le fleuve et se sauvèrent. Il se vit seul, à 400 lieues de Montréal, contraint par l'abandon de ses compagnons à revenir en arrière, exposé à mourir de faim dans le parcours de cette longue route, et accablé par le chagrin de ne pouvoir poursuivre la découverte qu'il avait entreprise avec tant d'ardeur. De retour à Montréal, il y reprit son existence de traitant, et servit d'intermédiaire à M. de Frontenac auprès des Iroquois, lors de son voyage au lac Ontario. Nommé par lui commandant du fort élevé à Cataracoui, il y acheva la construction des bâtiments destinés à recevoir les marchandises servant à la traite, et, dès l'automne de 1674, il passait en France, porteur d'une lettre du gouverneur au ministre. Frontenac y disait : « Je crois vous servir en vous recommandant le sieur de La Salle ; c'est un homme intelligent et habile, plus capable qu'aucun de ceux que je connais ici de mener à bonne fin toute entreprise ou découverte qui lui pourrait être confiée, parce qu'il a une connaissance parfaite de l'état du pays, comme vous le verrez si vous consentez à lui accorder quelques moments d'audience. »

A Paris, La Salle trouva dans le prince de Conti un zélé protecteur et obtint, pour ses services comme explorateur, des lettres de noblesse et le don, à titre de seigneurie, du fort Frontenac, à la condition qu'il le rebâtirait en pierres. Le roi lui concéda en même temps le droit de commercer et de continuer ses découvertes vers l'ouest et le sud. La famille de l'explorateur, fière de ses succès, lui avança les fonds qui lui étaient nécessaires. Enfin il prit avec lui, sur la recommandation du prince de Conti, un homme qui resta constamment fidèle à ses intérêts et lui rendit de grands services ; c'était le chevalier de Tonti. Celui-ci avait eu une main emportée par un éclat de grenade dans un combat, mais il l'avait fait remplacer par une en métal recouverte d'un gant, et il s'en servait avec une telle dextérité que les sauvages l'appelaient « main de fer », parce qu'il leur cassait souvent la tête ou les dents d'un coup de poing quand il avait des démêlés avec eux.

Le 14 juillet 1678, La Salle partait de la Rochelle avec trente hommes. Débarqué à Québec au mois de septembre, il se hâta de regagner le fort Frontenac et commença à mettre ses plans à exécution. Tout d'abord, il fit construire une barque de quarante tonneaux, dont la grandeur et les voiles stupéfièrent les indigènes, et remonta sur ce bâtiment le lac Ontario jusqu'à la rivière Niagara, sur le bord méridional de laquelle il commença un fort. L'achèvement en fut confié à Tonti, qui resta dans ce lieu avec une trentaine d'hommes. Il devait en même temps faire construire en amont de la cataracte du Niagara un autre bateau de la même taille que le premier, pour naviguer sur le lac Érié. Après une excursion chez les Tsonnontouans qui avaient menacé de détruire le nouveau fort, La Salle retourna sur les glaces à Frontenac. Au printemps suivant, sa barque effectua plusieurs voyages sur le lac Ontario, entre les deux forts, mais le pilote s'étant un jour trop approché de terre, le bâtiment s'échoua et fut brisé. Ce contretemps ne déconcerta pas La Salle ; il employa le printemps et l'été de 1679 à mettre complètement en état le fort Frontenac, à en remplir les magasins et à visiter les peuplades dont il espérait tirer des lumières pour son entreprise. Sa base, c'est-à-dire le fort dont il avait le commandement, étant bien assurée, il lui restait à jalonner sa route de points de ravitaillement, de forts de pieux où ses hommes trouveraient à la fois un abri et des approvisionnements pour la marche vers le grand fleuve dont il s'agissait de prendre possession. Le fort Niagara était une de ces étapes, la première ; Tonti y avait accompli sa mission, les constructions étaient achevées ; la barque, le *Griffon*, attendait à l'ancre au-dessus de la cataracte. De La Salle s'y embarqua et traversa le lac Érié, puis la mer Douce, mais il essuya dans cette navigation une violente tempête et ne parvint qu'avec peine à Michillimakinac. Il se rendit enfin à la baie des Puants et y fit la traite dans des conditions assez avantageuses pour lui permettre de renvoyer le *Griffon* au fort Niagara avec un riche chargement de pelleteries. La cargaison débarquée, le bateau devait revenir au lac Michigan avec les matériaux et les approvisionnements indispensables pour la suite de l'expédition.

De la baie des Puants, La Salle gagna en canot la rivière des Miamis, où il établit un fort de pieux. Un portage le conduisit ensuite à la rivière des Illinois. Le 14 janvier 1680, il commençait sur ce cours d'eau un autre fort auquel il donna plus tard, en raison des cruels déboires qu'il y éprouva, le nom de Crèvecœur. A Niagara on attendit vainement le *Griffon*, dont on ne retrouva jamais la trace. Il avait sans doute péri corps et biens dans une de ces tempêtes si fréquentes

LE SAULT SAINTE-MARIE.
Dessin de Weber, d'après une gravure américaine.

sur les lacs. On prétendit cependant qu'à l'instigation des Iroquois, effrayés de voir un bâtiment si puissant naviguer sur ces eaux autrefois désertes, une bande d'Outaouais avait surpris et massacré l'équipage du navire à l'ancre dans une anse, pillé la cargaison, puis mis le feu à la coque pour faire disparaître toute trace du crime. La Salle parut croire et écrivit, dans une lettre datée du 16 juin 1683 du fond du lac Michigan, que les marchandises avaient été volées par les hommes de l'équipage qui, après avoir coulé la barque, auraient été rejoindre d'autres coureurs des bois; mais on ne produisit aucune preuve à l'appui de ces assertions.

Ce malheur fut suivi d'un second. La Salle avait beaucoup compté sur les Illinois pour l'aider dans son entreprise; il s'était rendu avec Tonti dans leur pays pour entrer en relations avec eux et chercher un emplacement propice à l'établissement d'un nouvel entrepôt. C'était le fort Crèvecœur qui allait marquer cette dernière étape. Effrayés par les récits des sauvages qui dépeignaient la descente à la mer comme très périlleuse et disaient le fleuve rempli de précipices et de saults aboutissant à un gouffre où les eaux se perdaient, quelques engagés s'enfuirent après avoir, au dire de Tonti, jeté du poison dans la marmite de La Salle, que l'on tira d'affaire avec un contrepoison.

Comme au fort Frontenac et à celui de Niagara, une barque fut mise en chantier pour descendre la rivière. Pendant ce temps, le père Hennepin, récollet flamand qui faisait partie de la troupe, partait avec deux compagnons « pour découvrir la nation des Sioux à 400 lieues des Illinois, du côté du nord, sur le grand fleuve ». Enfin La Salle, sans nouvelles du *Griffon*, dépourvu des ferrements, des cordages et des voiles nécessaires pour achever la barque en construction, prit le parti désespéré de refaire le trajet jusqu'au fort Niagara pour lequel il se mit en route le 22 mars, lui sixième, laissant le commandement à son fidèle lieutenant. Il rencontra en chemin deux hommes qu'il avait expédiés l'automne précédent jusqu'à Michillimakinac, à la recherche de sa barque; ils lui affirmèrent qu'elle n'y avait point passé. Cela le détermina à continuer sa route après avoir envoyé les deux engagés à Tonti, avec ordre d'aller à la recherche d'une éminence qu'il avait remarquée près du village illinois, et d'y bâtir un fort que sa situation même rendrait imprenable. Pendant que Tonti accomplissait cette mission, ses hommes désertèrent après s'être emparés de la plus grande partie des provisions. Il ne resta au campement que deux récollets et trois engagés nouveaux venus de France. Ces malheureux se trouvèrent ainsi dénués de tout et à la merci des sauvages. Quant au père Hennepin et aux deux Français qui l'accompagnaient, partis du fort Crèvecœur le 28 février 1680 sur un canot d'écorce, ils entraient le 8 mars dans le Mississipi et le remontaient, malgré les glaces, jusqu'à l'embouchure de la rivière Wisconsin; surpris par une bande de Sioux et entraînés à travers ronces et marais jusqu'au campement de leurs ravisseurs, ils les suivirent, comme esclaves, dans leurs chasses au milieu des prairies. Vers la fin de juin, ils eurent la chance de rencontrer près du sault Saint-Antoine un traitant, Daniel Greysolon du Lhut, qui explorait les affluents du haut Mississipi.

Dans un mémoire au ministre Seignelay, ce voyageur relate ainsi dans quelles conditions il parvint à délivrer ses compatriotes : « J'appris par huit cabanes de Sioux que je rencontrai que le révérend père Louis Hennepin, récollet, avec deux autres Français avaient été volés et menés en esclaves pendant plus de 300 lieues par les Sioux mêmes. Cette nouvelle me surprit si fort que, sans hésiter, je laissai deux Français avec cesdites huit cabanes de sauvages, aussi bien que les marchandises que j'avais et pris un desdits sauvages à qui je fis un présent pour me conduire avec mon interprète et deux Français où était le révérend père Louis, et comme il y avait bien 80 lieues, je marchai en canot deux jours et deux nuits, et le lendemain à dix heures du matin je le rencontrai avec environ 1 000 ou 1 100 âmes. Le peu de cas qu'on faisait dudit révérend père me fâcha, ce que je leur fis connaître en leur disant que c'était mon frère, et le fis mettre en canot pour venir avec moi dans le village desdits Sioux où je l'amenai, dans lequel je fis tenir un conseil, en exposant le mauvais traitement que l'on avait fait tant audit révérend père qu'aux deux autres Français qui étaient avec lui, leur disant que je ne prenais point de calumet de gens qui, après m'avoir vu, avoir reçu mes présents de paix et avoir été depuis un an toujours avec des Français, les volaient quand ils allaient pour les voir. Chacun tâcha de se disculper dans le conseil, mais leur excuse ne m'empêcha point de dire au révérend père Louis qu'il fallait

CHUTE CANADIENNE DU NIAGARA.
Dessin de Vuillier, d'après une photographie.

venir avec moi du côté des Outagamis, ce qu'il fit. » (Archives du ministère de la marine.) Ramenés à la mission de Michillimakinac par du Lhut, le père Hennepin et ses deux compagnons y passèrent l'hiver; à la fin de mars 1681, ils parvinrent à descendre sur les glaces jusqu'à Québec.

Nous avons laissé La Salle en route pour le fort Niagara; il accomplit en soixante-cinq jours cet effrayant voyage, parcourant au prix de fatigues incroyables un espace de cinq cents lieues et donnant le plus étonnant exemple d'une volonté inflexible, jointe à une endurance telle qu'elle dépassait les forces humaines. On était à la fin de l'hiver, qui avait été rude; les neiges couvrant la terre n'étaient ni fondues ni capables de porter un homme avec des raquettes; les glaces empêchaient de se servir de canots d'écorce; il fallait effectuer la route à pied, chargé de l'équipage ordinaire en ces occasions, c'est-à-dire d'une couverture, d'une chaudière, d'une hache, d'un fusil, de poudre, de plomb et de peaux pour faire des souliers à la sauvage qui ne durent qu'un jour, ceux dont on se servait en France n'étant d'aucun usage dans ce pays; on devait, outre cela, se résoudre à passer au travers des halliers et des buissons, à marcher dans des marécages parfois des journées entières, à construire des radeaux de branches mêlées de faisceaux de joncs sur lesquels on traversait les rivières dans l'eau jusqu'aux genoux, à coucher sur la terre, quelquefois sans manger, parce qu'on ne pouvait porter aucun vivre et qu'il fallait tirer sa subsistance de ce qu'on tuait avec les fusils. On était enfin exposé tous les jours, et principalement la nuit, aux surprises de cinq ou six nations qui se faisaient la guerre. Quatre Français et un sauvage accompagnaient La Salle dans cette marche forcenée; au départ de la rivière des Miamis et en se dirigeant vers le lac Érié, ils furent obligés de traverser des bois tellement entrelacés de ronces et d'épines qu'en deux jours leurs habits mis en lambeaux et leurs visages ensanglantés les rendirent méconnaissables. Plusieurs fois, ils faillirent être massacrés par des rôdeurs; une bande d'Ouapous suivit leurs pistes et les découvrit un soir à cause du feu qu'ils avaient allumé pour camper et faire chaudière. Ces barbares les auraient infailliblement égorgés si celui qui faisait le guet n'avait donné l'éveil. Ils n'eurent que le temps de se poster derrière des arbres, le fusil à la main. Les assaillants, les prenant pour des Iroquois et les croyant nombreux parce qu'ils ne se cachaient pas suivant la coutume de ces peuples lorsqu'ils vont en petites troupes, n'osèrent pas pousser leur attaque et s'enfuirent sans tirer leurs flèches, de peur d'être eux-mêmes enveloppés. La Salle, devinant le mobile de leur épouvante, fit les mêmes marques qu'auraient laissées ceux avec lesquels on le confondait, alluma plusieurs feux et peignit sur l'écorce des arbres des esclaves et des chevelures. Dans les plaines qu'il lui fallait parcourir, il mit le feu aux herbes pour mieux cacher son passage; mais ayant eu ensuite à traverser de grands marais dans la boue jusqu'à la ceinture, les traces que laissèrent ses gens firent bientôt découvrir leur petit nombre à une troupe de Maskoutens qui les suivirent à la piste pendant trois jours et n'abandonnèrent la poursuite qu'aux abords d'une rivière qu'il leur aurait fallu traverser sous le feu des Français. Deux des engagés, abattus de fatigue, tombèrent malades; comme ils ne pouvaient plus marcher La Salle chercha, pour continuer sa route, quelque cours d'eau se déversant dans le lac Érié; en ayant trouvé un, il construisit un canot d'écorce d'orme pour le descendre avec ses hommes, mais les troncs

CHASSE AUX BISONS CHEZ LES SIOUX.
Dessin de G. Doré, d'après Catlin.

d'arbres que les hautes eaux avaient entraînés bouchaient à chaque instant le passage, et d'autre part le cours de la rivière obligeait à de tels détours qu'on n'avait pas fait en cinq jours plus de chemin que dans une journée de marche. Les malades étant un peu soulagés, on reprit la route de terre et l'on parvint au détroit par lequel le lac Huron se décharge dans l'Érié. Deux des compagnons de l'infatigable voyageur le quittent alors pour se rendre à Michillimakinac avec l'espoir d'y trouver des nouvelles du *Griffon*; les deux autres, le sauvage et La Salle, traversent le détroit, d'une lieue de largeur, sur un radeau. Mais les pluies continuelles et le dégel ont inondé les bois; un des engagés et le sauvage sont atteints d'une fièvre violente avec inflammation pulmonaire et crachements de sang; il leur est impossible d'aller plus loin. La Salle et le dernier Français valide construisent en deux jours un canot dans lequel les malades sont embarqués et transportés jusqu'à une cabane au-dessus du sault du Niagara. L'explorateur y trouva quelques-uns de ses gens qui y avaient hiverné. Les nouvelles qu'ils lui apprirent étaient désolantes : le *Griffon* était certainement perdu; un autre navire, le *Saint-Pierre*, qui lui apportait pour plus de 30 000 francs de marchandises de France, avait fait naufrage à l'entrée du golfe Saint-Laurent; des vingt ouvriers qu'il avait fait venir, il n'en était resté que quatre; les autres, découragés par le bruit répandu dans la colonie qu'il ne reviendrait jamais de son expédition, étaient retournés en Europe.

La Salle crut devoir alors descendre jusqu'à Montréal, pour s'y procurer de nouvelles ressources. Après y avoir obtenu les secours indispensables pour continuer son œuvre, il se remettait en route le 10 août 1680 pour rejoindre Tonti et reprendre la marche en avant. De nouveau il remontait les rapides du Saint-Laurent, parcourait en canot l'immense étendue des lacs, descendait la rivière des Illinois et atteignait le fort Crèvecœur qu'il trouvait abandonné. Son lieutenant, à l'arrivée d'un parti d'Iroquois, n'avait échappé que par miracle à la mort et s'était retiré à la baie des Puants d'où il avait, au prix de souffrances inouïes, gagné la mission de Michillimakinac. Dans un mémoire au ministre, Tonti rapporte en ces termes sa périlleuse aventure : « Dans ce temps-là les Illinois virent un parti de six cents Iroquois, ce qui les alarma extrêmement. C'était vers le mois de septembre. La désertion de nos gens, le voyage de M. de La Salle au fort de Frontenac donnèrent soupçon aux sauvages que nous les trahissions. Ils me formulèrent de grandes plaintes sur l'arrivée des ennemis. Comme j'étais nouveau venu de France et que je ne connaissais pas leurs manières, cela m'embarrassa et me fit prendre la résolution d'aller aux ennemis avec des colliers, pour leur montrer que j'étais surpris de ce qu'ils étaient venus pour faire la guerre à une nation dépendant du gouverneur de la Nouvelle-France. Un Illinois m'accompagna et nous nous détachâmes du corps des Illinois qui étaient au nombre de quatre cents et même déjà aux prises avec les ennemis. Comme je fus arrivé à la portée du fusil, les ennemis firent une grande décharge sur nous, ce qui m'obligea de dire à l'Illinois de se retirer; il le fit. Étant arrivé à eux, ces misérables me saisirent et me prirent le collier que j'avais à la main; un autre, au travers de la foule, me plongea un coup de couteau dans le sein et me coupa une côte à côté du cœur; néanmoins m'ayant reconnu, ils me menèrent au milieu de leur camp et me demandèrent le sujet de ma venue. Je leur fis connaître que les Illinois étaient sous la protection du roi de France et du gouverneur du pays, que j'étais surpris qu'ils voulussent rompre avec les Français. Dans ce temps, ils ne laissaient pas d'escarmoucher de part et d'autre, et même un guerrier vint avertir le chef que leur aile gauche pliai et qu'ils avaient reconnu quelques Français parmi les Illinois qui tiraient sur eux, ce qui les chagrina beaucoup contre moi, et ils tinrent conseil entre eux de ce qu'ils feraient de moi. Il y en avait un derrière moi qui tenait un couteau dans sa main, et qui, de temps en temps, me levait les cheveux. Ils étaient de divers sentiments.

Tegancouti, chef du parti tsonnontouan, voulait absolument que je fusse brûlé, et Agonstot, chef du parti des Onnontagués, comme ami de M. de La Salle, voulait ma délivrance. Il l'emporta sur l'autre, et ils conclurent ensemble que, pour mieux trahir les Illinois, il fallait me donner un collier de porcelaine, pour bien marquer qu'ils étaient enfants du gouverneur aussi bien qu'eux, qu'il fallait s'unir et faire une bonne paix. Ils me laissèrent aller pour porter leur parole aux Illinois. J'eus beaucoup de peine à les joindre à cause de la grande quantité de sang que j'avais perdue. »

Les Illinois, informés du sentiment de leurs ennemis, mais les voyant toujours venir en corps de bataille, se retirèrent à trois lieues, laissant dans leur village Tonti avec les deux récollets et les trois engagés français. Les Iroquois, arrivés à cette bourgade, y firent un fort

UNE BANDE D'OUAPOUS SUIVIT LEURS PISTES.

de pieux, et envoyèrent Tonti trouver les Illinois « pour les porter à venir traiter de la paix ». « Ils me donnèrent, ajoute l'auteur du mémoire, un de leurs gens pour servir d'otage. J'y fus avec le père Zénobe. L'Iroquois resta avec les Illinois, et un Illinois vint avec moi. Quand nous fûmes arrivés au fort, au lieu d'accommoder les affaires, il les gâta toutes, en disant aux ennemis qu'ils n'étaient en tout que quatre cents hommes et que le reste de leurs jeunes gens était en guerre, que s'ils voulaient faire la paix avec eux, ils leur donneraient quantité de castors et quelques esclaves qu'ils avaient. Les ennemis me firent appeler, et après m'avoir adressé mille reproches, ils me dirent que j'étais un menteur de leur avoir fait les Illinois nombreux de douze cents combattants, de plusieurs nations alliées et de soixante Français. J'eus beaucoup de peine à me tirer d'affaire. Le soir même, ils renvoyaient l'Illinois pour dire à sa nation de se trouver à une demi-lieue du fort le lendemain, et que là ils concluraient la paix, ce qui fut fait. »

Le 10 septembre, Tonti et le père Zénobe étaient appelés par les chefs iroquois, qui leur offrirent six paquets de castors. Les deux premiers étaient pour dire à leur père, M. de Frontenac, qu'ils ne prétendaient pas manger ses enfants; le troisième était pour servir d'emplâtre à la plaie de Tonti; le quatrième représentait de l'huile pour frotter ses jambes à cause des voyages qu'il avait faits; le cinquième signifiait que le soleil était beau, et le sixième qu'ils eussent à se mettre en route le lendemain pour les habitations françaises. Tonti leur demanda, de son côté, puisque la paix était faite, quand ils partiraient pour retourner dans leurs cantons. « Il s'éleva, dit-il, quelques murmures entre eux. Il y en eut qui me répondirent qu'ils voulaient manger des Illinois avant de se retirer; sur quoi je repoussai leurs présents avec le pied, leur témoignant que puisqu'ils avaient le dessein de manger les enfants du gouverneur il n'était pas besoin de me faire ces présents et que je n'en voulais pas. Un Abénaquis qui était avec eux et qui parlait français me dit que « les hommes » étaient fâchés, et les chefs s'étant levés me chassèrent de leur conseil. Nous nous en fûmes à notre cabane, où nous passâmes la nuit sur nos gardes, étant résolus d'en tuer quelqu'un avant qu'ils nous tuassent, car nous crûmes que nous ne passerions pas la nuit. Néanmoins, au point du jour, ils nous ordonnèrent de partir, ce que nous fîmes. »

Avant son départ, Tonti avait recommandé aux Illinois de se tenir sur leurs gardes, et « de se retirer chez quelque nation éloignée, car assurément ils seraient trahis ». Après cinq lieues de voyage en canot, les Français, se croyant à une distance suffisante des ennemis pour n'avoir plus rien à craindre, mirent pied à terre pour faire sécher des pelleteries qui étaient mouillées; un récollet, le père Gabriel de la Ribourde, s'éloigna de quelques centaines de mètres dans les bois; il y fut surpris par une bande de sauvages qui le massacrèrent. Ne le voyant pas revenir et tous les appels étant restés vains, les survivants remontèrent à force de rames jusqu'au lac Michigan où, le jour de la Toussaint, leur canot fit naufrage à vingt lieues du village des Poutéouatamis. « Les vivres nous manquant, raconte simplement Tonti, je laissai un homme à garder notre équipage, et nous prîmes la route de terre, mais comme j'avais une fièvre continue et les jambes enflées, nous n'arrivâmes à ce village que le jour de la Saint-Martin. » — Il avait fallu onze jours à ces malheureux pour faire le trajet. — « Pendant ce temps-là, nous ne vécûmes que d'ail sauvage que l'on grattait sous la neige. Quand nous y arrivâmes, nous ne trouvâmes point de sauvages; ils étaient allés à leur hivernement, de sorte qu'il nous fallut aller à leurs déserts (parties de la forêt défrichées), où à peine trouvions-nous deux jointées de blé d'Inde par jour, et quelques citrouilles gelées dont nous fîmes un amas dans une cabane au bord de l'eau; et comme nous glanions dans les déserts, le Français que nous avions laissé à la cache vint dans la cabane où nous avions notre petit amas de vivres; il crut que nous les avions mis là pour lui, c'est pourquoi il ne les épargna pas. Nous fûmes fort surpris, comme nous allions partir pour Michillimakinac, de le trouver dans la cabane; il y avait trois jours qu'il y était arrivé. Nous eûmes beaucoup de joie de le voir, et beaucoup de chagrin de voir nos vivres consommés en partie. Nous ne laissâmes pas de nous embarquer. A quelques lieues de là nous fûmes arrêtés par le vent l'espace de huit jours, ce qui nous fit consommer le peu de vivres que nous avions amassés et nous nous trouvâmes avec rien. Enfin nous tînmes conseil pour savoir ce que nous ferions, et, désespérant de pouvoir joindre les sauvages, chacun demanda à retourner au village, à cause qu'il y avait du bois, pour y mourir chaudement. » Le vent s'étant calmé, les voyageurs purent reprendre leur route et trouver enfin les Poutéouatamis avec lesquels chassaient quelques coureurs des bois. Ils hivernèrent auprès d'eux et partirent au printemps pour Michillimakinac où « ils se refirent à grand'peine de tant de misères qu'ils avaient souffertes durant trente-quatre jours de la faim et du froid ». De La Salle y arriva quelque temps après.

Aux Illinois, ce que Tonti avait prévu était arrivé : après son départ sur les injonctions menaçantes des Iroquois, ces derniers profitant de ce que leurs adversaires, croyant à la paix qu'ils avaient conclue, ne se gardaient plus et vivaient sans défiance, avaient surpris leur village, massacré les hommes qui s'y trouvaient et enlevé sept cents femmes et enfants avec lesquels ils avaient repris en toute hâte le chemin de leurs repaires. Quelques Illinois, désespérés de la perte des leurs, suivirent ces barbares pour tâcher de les surprendre ; « ils trouvèrent, sur les lieux où ils avaient campé, des carcasses de leurs enfants que ces anthropophages avaient mangés. A la rivière Saint-Joseph, un Illinois trouva les Iroquois qui faisaient de grands festins de chair humaine; il aperçut son fils embroché que l'on rôtissait à petit

UN GUERRIER.
Dessin de Riou.

feu. La fureur le saisit, et, se jetant sur celui qui le tournait, il le poignarda, et puis, frappant à tort et à travers, il en blessa plusieurs et gagna le fort des Miamis qui lui donnèrent asile. » (La Potherie.)

Cavelier de La Salle, arrivant aux Illinois et ne découvrant ni ses hommes ni les constructions qu'il avait chargé Tonti d'élever, éprouva une vive surprise. Mais de funestes pressentiments le saisirent lorsqu'il se rendit à la bourgade des indigènes; il n'y restait plus que des perches à demi consumées, surmontées de têtes de morts déchiquetées par les corbeaux. Il y en avait d'autres autour du fort des Iroquois, avec quantité d'ossements brûlés et quelques restes des ustensiles et des hardes des Français. On voyait dans les champs beaucoup de carcasses à moitié rongées par les loups, les sépulcres démolis, les os tirés de leurs fosses épars dans la campagne, les trous où les Illinois cachaient leurs meubles quand ils allaient à la chasse tous ouverts, leurs chaudières et leurs pots brisés. Les caches de maïs étaient éventrées et pillées; le maïs sur pied gisait en tas à demi brûlés. Les loups et les corbeaux augmentaient encore par leurs hurlements et leurs cris l'horreur de ce spectacle. Le fort de Crèvecœur était désert et presque entièrement démoli; les ferrures du bateau en chantier avaient été arrachées et les bordages rompus.

En explorant le pays aux alentours, La Salle aperçut dans le lointain, au confluent de l'Illinois et du Mississipi, des restes de cabanes et des êtres humains qui apparaissaient debout comme des hommes et des enfants, mais qui n'avaient aucun mouvement. Ayant débarqué pour les considérer de plus près, il trouva les herbes foulées et le squelette d'une femme en partie brûlée et mangée des loups. Toute la campagne lui présentait un spectacle effroyable et les marques de la cruauté des envahisseurs. Il vit avec épouvante des chaudières encore pleines sur des feux qui depuis s'étaient éteints; ce qu'il avait aperçu de loin, c'étaient des têtes et des corps entiers de femmes et d'enfants empalés, rôtis et laissés debout attachés au poteau du supplice. (La Salle, correspondance.) La contrée était partout déserte et les traces sanglantes du passage des Iroquois indiquaient seules l'étendue de la catastrophe. De La Salle ramassa ce qu'il put découvrir de maïs, et, très inquiet du sort de ses hommes dont il n'avait reconnu aucun vestige parmi les débris humains épars aux alentours, il revint sur ses pas à leur recherche. Parvenu à grand'peine au fort des Miamis, il y trouva les ressources nécessaires pour l'hivernage. Retenu dans ce réduit par les rigueurs de la saison, il put y méditer longuement sur ses découvertes passées, apprécier les mesures qu'il avait prises jusque-là pour aboutir, et rechercher celles qu'il lui restait à adopter pour parvenir enfin à se lancer sur le grand fleuve.

Contrairement à Jolliet, qui n'avait accompli qu'un voyage de découverte sans laisser aucune trace de son passage, Cavelier de La Salle avait conçu le vaste dessein non seulement de reconnaître le cours du Mississipi jusqu'à son embouchure, mais encore de prendre, au fur et à mesure de sa marche en avant, possession des territoires parcourus. Il assurait ainsi, d'une part, la domination française dans ces contrées, pendant que, de l'autre, il jalonnait la route du Canada jusqu'au golfe du Mexique. Les forts Frontenac, Niagara, des Miamis étaient debout, mais rien ne serait assuré tant que les Iroquois pourraient venir, par leurs incursions, détruire les peuplades soumises à la France et, comme à Crèvecœur, anéantir en quelques heures le fruit de longs mois de travaux acharnés. Il n'était possible d'y remédier qu'en réunissant dans une même alliance toutes ces tribus et en les amenant à demeurer auprès des forts français. Ce fut le but de divers voyages accomplis par La Salle en plein hivernage.

Il y avait lieu enfin de renoncer à ces grandes barques dont le prix de construction était très élevé et qui, comme le *Griffon*, pouvaient par leur perte causer un véritable désastre, tous les approvisionnements d'une campagne étant concentrés dans leurs flancs. De La Salle, profitant de l'expérience si douloureusement acquise, décida de continuer son exploration du Mississipi sur des canots et de recourir également à ces frêles embarcations pour maintenir les relations entre les forts.

Afin de mettre à exécution sa ligue contre les Iroquois, il détermina d'abord une trentaine de sauvages qui étaient venus hiverner auprès du fort des Miamis à s'y fixer sous sa protection; un chef d'une peuplade chaouanon, parti des bords de l'Ohio avec cent cinquante guerriers, lui demanda également son appui contre l'ennemi commun, et vint cabaner aussi dans le voisinage du fort. Apprenant, d'autre part, que les Illinois voulaient se réinstaller dans leur pays. La Salle essaya d'entrer en relations avec eux et se mit à leur recherche, avec une vingtaine d'hommes, le 1er mars 1681. Le voyage, raquettes aux pieds, fut des plus pénibles; la réverbération du soleil sur les neiges aveugla le chef et quelques engagés pendant plusieurs jours. La Salle atteignit enfin ceux qu'il cherchait, et en obtint la promesse de se réfugier avec leur nation sous la protection du fort Crèvecœur. Il visita ensuite les Miamis, dans le but de les détacher des Iroquois. Plusieurs de ces derniers se trouvaient dans le village où il arriva, et parlaient des Français avec mépris. La Salle les mit au défi de répéter leurs insolences et les traita avec une hauteur telle, qu'effrayés ils prirent la nuit suivante la fuite à travers bois. Les Miamis en conçurent une si bonne opinion de leur hôte qu'ils se montrèrent tout disposés à entrer dans ses vues. La saison de l'hivernage ainsi utilement remplie, La Salle se mit en route pour Michillimakinac, où il avait appris par des Illinois que Tonti avait trouvé un refuge. Il y arriva le 22 mai, et, après quelques jours de repos, il regagna le fort

TOUTE LA CAMPAGNE PRÉSENTAIT UN SPECTACLE EFFROYABLE.

Frontenac, puis Montréal pour s'entendre avec ses créanciers. Il en obtint de nouveaux subsides, rédigea son testament, et fit les préparatifs d'une dernière expédition, bien résolu à succomber ou à parvenir enfin au but qu'il poursuivait depuis quinze ans.

Parti de Frontenac à la fin d'août, l'explorateur rejoignait Tonti le 3 novembre au sud du lac Michigan. La troupe réunie par ses soins à cet endroit était composée de vingt-trois Français, dont la relation de Tonti nous a conservé les noms : « De La Salle, commandant pour le roi à ladite découverte; le révérend père Zénobe, récollet; le sieur de Tonti, capitaine de brigade; le sieur de Boisrondet; Jacques Bourdon, sieur d'Autray; Jacques La Métérie, notaire; Jean Michel, chirurgien; Jacques Cochois, Anthoine Bassard, Jean Masse, Pierre You, Colin Crevel, Jean de Lignon, André Hénault, Gabriel Barbier, Pierre Migneret, Nicolas de la Salle, André Bobœuf, Pierre Buret, Louis Baron, Jean Pignabel, La Violette,

Pierre Prudhomme, armurier. » Une des personnalités les plus originales de cette petite troupe est certainement Jacques La Méterie qui, dans le procès-verbal de prise de possession de la Louisiane, prend le titre de « notaire de la seigneurie du fort Frontenac, commis pour exercer ladite fonction pendant ce voyage de découverte ». Il est bien rare de voir un officier ministériel rédiger des actes dans de pareilles conditions de danger et d'imprévu, mais sa présence même dans ces légers canots d'écorce, au milieu de contrées inconnues jusqu'alors, éclaire d'un jour lumineux les projets du chef de l'entreprise.

Dix-huit guerriers mahingans ou abénaquis, dix femmes sauvages et trois enfants accompagnaient les Français.

Après avoir gagné la rivière des Illinois, en remorquant sur des traîneaux les bagages et les embarcations, la petite troupe arriva le 6 février au Mississipi, et le 13, le fleuve étant débarrassé des glaçons qui rendaient toute navigation impossible, La Salle commençait la descente du Père des Eaux, auquel il donna le nom de fleuve Colbert. Au fur et à mesure qu'il avançait, il examinait attentivement les berges, relevait l'embouchure des rivières, le nom des peuplades qu'il rencontrait et engageait des relations amicales avec elles. Le 24 février, il était au confluent de l'Ohio, et quelques lieues plus loin il élevait un fort de pieux auquel il donnait le nom d'un de ses compagnons, l'armurier Prudhomme, qui resta égaré pendant neuf jours dans les bois des environs. Le 14 mars, il parvenait aux Arkansas, y plantait une croix à laquelle étaient attachées les armes royales et prenait solennellement possession du pays au nom de la France. Le procès-verbal était signé par le notaire La Méterie, La Salle et tous les Français présents. Puis l'exploration reprit son cours; on évitait soigneusement tout engagement avec les indigènes qui se montraient aux abords du fleuve, on leur offrait des présents contre des vivres lorsqu'ils faisaient un bon accueil aux Faces-Pâles; les canots s'éloignaient si l'attitude des riverains était agressive; parfois on trouvait un village, comme celui de Tangibaho, rempli de cadavres et de sang jusqu'aux chevilles; à cette vue les Français regagnaient en toute hâte le courant qui les éloignait de pareilles scènes de meurtre, et se tenaient sur leurs gardes dans la crainte d'une surprise.

Le 6 avril, on arriva enfin au delta du fleuve; le 7, on reconnut les trois chenaux conduisant à la mer; on les trouva larges et profonds, et le 9, entouré de ses compagnons, le glorieux voyageur planta sur le rivage une colonne aux armes royales, puis il proclama françaises toutes les terres arrosées par le fleuve et ses affluents. Le notaire La Méterie rédigea un procès-verbal relatant dans tous ses détails la cérémonie.

La position des embouchures du Mississipi ayant été relevée à l'astrolabe et les vivres faisant défaut au point d'en être réduits à manger des peaux de bœufs, les Français se déterminèrent à revenir aux Illinois, pour gagner ensuite Québec. Ce ne fut pas sans risquer plusieurs fois de périr. A une quarantaine de lieues de la mer, les Quinipissas, qui à la descente leur avaient déjà lancé des flèches, attaquèrent au point du jour les voyageurs qui les repoussèrent vigoureusement, en tuèrent plusieurs à coups de fusil et brisèrent leurs pirogues pour rendre toute poursuite impossible. Chez les Natchez, où ils avaient laissé des grains en dépôt, ils se virent entourés par plus de 1 500 hommes barbouillés de rouge et de noir, armés de casse-têtes, d'arcs et de flèches, qui paraissaient avoir de mauvais desseins. « Ils nous apportèrent à manger, remarque Tonti, mais nous mangeâmes toujours le fusil à la main. Comme ils craignent les armes à feu, ils n'osèrent nous attaquer, et le chef de la nation pria M. de La Salle de s'en aller, parce que les jeunes gens n'avaient pas d'esprit, ce que nous fîmes volontiers, la partie n'étant pas égale. »

Au prix de fatigues, de privations et de dangers continuels, on parvint enfin au

LE HAUT MISSISSIPI.
Dessin de Paul Huet, d'après M. Deville.

fort Prudhomme, où le chef de l'expédition tomba gravement malade. A sa demande Tonti prit les devants « pour mettre ordre à ses affaires » et gagna Michillimakinac; après quarante jours de souffrance, La Salle l'y rejoignit et résolut de passer en France pour informer le gouvernement de sa découverte; mais il fit construire auparavant le fort Saint-Louis aux Illinois, et y laissa Tonti comme commandant. Les nations voisines, Illinois, Miamis, Chaouanons vinrent bientôt se grouper autour de ce retranchement, et occupèrent aux environs trois cents cabanes. L'emplacement avait été, du reste, admirablement choisi, et toutes les attaques des Iroquois vinrent plus tard y échouer. « Le fort Saint-Louis, écrivait La Salle dans sa correspondance, est situé sur le haut d'un rocher escarpé presque de tous côtés, que la rivière baigne par le pied en sorte qu'on y peut puiser de l'eau du haut du rocher qui a environ 600 pieds de tour. Il n'est accessible que par un côté où la montée est encore assez haute. Ce côté est fermé d'une palissade de pieux de chêne blanc de 8 à 10 pouces de diamètre et de 22 pieds de hauteur, flanquée de trois redoutes faites de poutres équarries et placées en sorte qu'elles s'entre-défendent. Le reste du rocher est environné d'une palissade semblable, haute seulement de 15 pieds parce qu'il n'est pas accessible. Il y a un parapet de gros arbres couchés de leur long l'un sur l'autre à la hauteur de deux hommes, le tout garni de terre, et au haut de la palissade une espèce de cheval de frise dont les pointes sont ferrées pour empêcher l'escalade. »

De retour à la colonie, l'homme qui venait de donner, à force de ténacité, d'audace et d'énergie, tout un monde à la France trouvait ses biens saisis, sa personne désignée aux sauvages comme celle d'un malfaiteur qu'il fallait piller et tuer au passage, ses propriétés dévastées sur l'ordre du nouveau gouverneur, M. de La Barre, et ses découvertes traitées de folies, de mensonges impudents. Il ne lui restait plus qu'à en appeler au souverain et au ministre d'aussi odieuses manœuvres. Le 23 décembre 1683, l'explorateur, débarqué à la Rochelle, se rendit à Paris et remit au ministre un mémoire dans lequel il lui rendait compte de sa découverte. En présence de cet exposé, les stupides calomnies du vieux gouverneur de Québec disparaissaient anéanties; La Salle était reçu et complimenté par le roi qui lui faisait rendre le fort de Frontenac et ses biens; le marquis de Seignelay, qui avait succédé à Colbert dans la direction de la marine, lui réservait le meilleur accueil, écoutait le récit de ses longs travaux et se ralliait à ses idées sur le développement à donner à cette Louisiane dont l'étendue et les richesses naturelles dépassaient l'imagination. « Ce fut pour La Salle l'apogée de sa glorieuse carrière, le dernier sourire que lui accordait la fortune. » (Gravier.)

Chargé de retourner aux embouchures du Mississipi avec une commission portant que tous les Français et sauvages, depuis le fort Saint-Louis des Illinois jusqu'à la mer, seraient sous ses ordres, Cavelier de La Salle partait de la Rochelle, le 24 juillet 1684, avec deux cent quatre-vingts soldats, ouvriers et volontaires, dépassait sans les apercevoir les embouchures du grand fleuve, débarquait à cent lieues plus loin et disparaissait avec sa troupe. Trois années s'écoulaient sans nouvelles de l'expédition, et l'on apprenait enfin par des coureurs des bois que les maladies, les fatigues, les attaques des sauvages avaient peu à peu détruit les malheureux colons; que La Salle, après plusieurs voyages infructueux à la recherche de sa rivière, avait été assassiné par ses compagnons, que ceux-ci se disputant ses dépouilles s'étaient successivement égorgés, et qu'une quinzaine d'hommes avaient seuls survécu. Quelques-uns arrivaient au Canada; d'autres restaient chez les sauvages ou étaient pris par les Espagnols, et tout était dit. L'oraison funèbre de l'infortuné voyageur se résumait en deux lignes : « Il voulait trop entreprendre, il ne fit rien du tout et ne fut plaint de personne. » (Charlevoix. Ferland.) Mais peu à peu la vérité se dévoila; Tonti fit connaître les détails navrants qu'il avait appris; Joutel, l'homme de confiance du chef dans sa dernière expédition, comme Tonti dans la première, publia la relation de cette funeste aventure, et l'on sut alors à quelles malveillances s'était heurté La Salle, par suite de quelles odieuses manœuvres il avait été abandonné sur les côtes désertes du Texas, quels efforts il avait tentés pour en sortir, dans quelles circonstances il avait succombé et comment ses meurtriers s'étaient massacrés les uns les autres.

C'est d'après les témoignages de Joutel, de Tonti, du frère de la victime, que nous allons résumer la tragique destinée de celui dont on a dit avec raison qu'il était un des plus grands hommes de son siècle.

Pour reconnaître les bouches du grand fleuve dont il avait suivi le cours dans son premier voyage et prendre possession de la Louisiane, Cavelier de La Salle avait demandé deux vaisseaux; le roi et Seignelay, qui portaient le plus vif intérêt à l'entreprise, lui en accordèrent quatre, le *Joly*, frégate de 36 canons, la *Belle*, armée de 6 canons, le *Saint-François*, bâtiment de transport, et l'*Aimable*, flûte de 300 tonneaux. Le commandement naval fut par malheur donné à un homme d'un esprit étroit et jaloux, le capitaine de Beaujeu qui, fier de ses ancêtres et de son titre d'officier de la marine royale, n'accepta qu'avec un profond dépit et une irritation mal dissimulée d'être subordonné à un roturier comme La Salle, récemment anobli.

D'autre part, le recrutement des individus destinés à coloniser le pays vers lequel on allait voguer avait été effectué dans des conditions déplorables. Ici, il faut bien le reconnaître, il y eut de la faute de l'explorateur qui, tout à son idée, se préoccupa toujours trop peu du choix des hommes chargés de la mettre en application. Vivant dans son rêve, y consacrant toutes ses forces, disposé à sacrifier sa vie comme celle des autres pour la réussite de ses projets, peu lui importait qui l'accompagnait; il avait besoin d'aides, il prenait ceux qui se présentaient, leur imposait les fatigues les plus effroyables, les amenait à accomplir sous sa volonté de fer des efforts inouïs, en même temps qu'il leur donnait l'exemple d'une endurance extrême et d'une persévérance obstinée; mais, arrivés aux rapides de l'Ohio, mourant de faim et d'épuisement, ses engagés prenaient la fuite; ceux qu'il entraînait jusqu'au fort de Crèvecœur, à bout de forces, disparaissaient après avoir pillé le peu qui restait de vivres et de munitions; ses dernières recrues, réduites à une trentaine d'hommes, allaient finir par le tuer lui-même au Texas, après avoir vu plus de deux cents des leurs succomber. Mais, comme l'écrivait Joutel dans sa relation, « il ne s'attachait qu'à sa pensée et n'admettait les conseils de personne ». Le but pour lui était tout; ceux qui devaient l'aider à l'atteindre, sacrifiés à l'avance, n'entraient pour rien dans ses préoccupations. Ce fut là sa faute, la cause de son insuccès, et il n'est pas nécessaire pour l'expliquer d'invoquer des rivalités de traitants jaloux, qui ont certainement contribué de leur mieux à décourager ses auxiliaires et à les pousser à la désertion, ou les menées souterraines des jésuites dont il ruinait les espérances de domination sur les indigènes chez lesquels il emmenait des pères récollets; il suffit de remarquer que La Salle a trop souvent accepté le concours des premiers venus, et que les désertions ne se sont produites qu'après des épreuves dépassant la limite des forces humaines. On sait fort bien ce que ses adversaires, ceux du comte de Frontenac, son protecteur, ont pu faire après le départ de ce dernier; ils ont réussi à déposséder leur concurrent du fort dont il était propriétaire à Cataracoui, à s'emparer de ses marchandises et à le discréditer autant qu'il était en leur pouvoir. Afin de l'achever, ils l'ont signalé aux coups des Iroquois. Cela suffit pour apprécier leurs actes et les qualifier comme ils le méritent; mais on doit laisser, d'autre part, à La Salle la responsabilité des erreurs qu'il a commises et des conséquences qu'elles ont entraînées.

Pour sa dernière expédition, les cent soldats qui devaient en faire partie avaient été levés à Rochefort par des officiers subalternes de la marine qui, recevant une demi-solde à chaque recrue, amenaient tous ceux qu'ils pouvaient entraîner de force ou par surprise. « Trente bons hommes eussent valu bien mieux, dit Joutel, et auraient fait davantage, hors la mangerie, à quoi ils ne craignaient personne. » Ils étaient incapables de discipline, et malgré les défenses et les punitions, n'agissaient qu'à leur guise; les ouvriers que les agents de La Salle avaient engagés étaient tous si peu au courant de leur métier que le chef de l'expédition se vit dans l'obligation de leur tracer leur ouvrage et de l'exécuter lui-même devant eux. (Dernier mémoire de La Salle.)

Dès le départ, des dissentiments éclatèrent entre Beaujeu et La Salle. A l'île de Madère, Beaujeu voulut mouiller pour faire de l'eau et embarquer quelques rafraîchissements. La Salle, considérant que les provisions d'eau et de vivres étaient encore suffisantes pour deux mois et qu'une relâche de huit ou dix jours donnerait l'éveil aux Espagnols, insista pour que l'on poursuivît la route. « Au passage du tropique du Cancer, les matelots se préparaient à baptiser à leur ordinaire tous ceux qui n'avaient pas passé la ligne, et cela leur eût valu bien de l'argent et de l'eau-de-vie qu'il leur eût fallu donner pour s'exempter de leur baptême. » Leurs cuves pleines d'eau étaient même prêtes pour cela lorsque La Salle l'ayant appris envoya dire à M. de Beaujeu qu'il prétendait que ses gens ne fussent pas exposés à cette cérémonie. « Les matelots, dit Joutel, nous auraient volontiers tous tués! »

On devait s'arrêter au port de la Paix, à Saint-Domingue, dont le gouverneur avait reçu l'ordre d'aider de son mieux La Salle et de lui fournir les vivres ainsi que les munitions dont il aurait besoin. Volontairement, dans l'unique but de priver l'explorateur des ressources qu'il aurait trouvées à terre, Beaujeu passa outre pendant la nuit et continua de naviguer jusqu'au petit Goave, où un certain nombre de malades furent débarqués, à cause de la chaleur dont ils souffraient dans les navires. La Salle, descendu à terre, y eut un violent accès de fièvre, et resta sept jours gravement atteint. Pendant ce temps, Beaujeu refusa de prendre soin de ses affaires, et laissa ses matelots danser et chanter toute la nuit sous les fenêtres du moribond. A peine rétabli, ce dernier apprenait que le transport *Saint-François*, qui portait la plus grande partie des outils et des vivres de l'expédition, avait été enlevé par des flibustiers espagnols. C'était un malheur irréparable. La Salle ne put s'empêcher de témoigner à Beaujeu « qu'il était cause en partie de la perte de ce bâtiment, attendu que s'il avait mouillé au port de la Paix, comme il était convenu, cela ne serait pas arrivé ». Le gouverneur de Saint-Domingue adressa le même reproche à cet officier indigne, et lui déclara très nettement que s'il avait relâché, comme il devait le faire, au lieu indiqué, le bâtiment ne serait pas tombé aux mains de l'ennemi.

Les équipages ravitaillés et la plupart des malades rétablis, on fit route vers l'île de Cuba que l'on devait longer à l'ouest pour remonter ensuite à la côte de la Floride. Afin d'éviter de nouvelles discussions avec le capitaine du *Joly* et dans la crainte qu'il n'arrivât quelque malheur par négligence ou malveillance à l'*Aimable* qui portait presque tous ses effets, La Salle passa sur ce bâtiment avec son frère,

LE PETIT GOAVE, AU TEMPS DE LA POSSESSION FRANÇAISE.
Dessin de Weber, d'après l'atlas de Moreau de Saint-Méry.

les pères récollets Zénobe et Anastase, et plusieurs volontaires. Le 21 décembre, on entra dans le golfe du Mexique; le 28, on reconnut la côte ouest de la Floride, et l'on se mit à longer à distance, à cause du peu de fond aux abords, ces terres inconnues où devaient se trouver les embouchures du Mississipi. Par une triste fatalité, les navires passaient le 6 janvier au large de ces bouches, sans les apercevoir au milieu des brumes. Cent lieues plus loin, La Salle, soupçonnant l'erreur commise, voulut revenir en arrière; Beaujeu s'y refusa. Se croyant encore à peu de distance du grand fleuve et déterminé à ne pas prolonger avec un pareil collaborateur une navigation qui n'avait déjà que trop duré, il prit le parti de débarquer à l'endroit où il se trouvait et qu'il nomma la baie de Saint-Louis. En ayant sondé et balisé l'entrée, il donna l'ordre au chevalier d'Aigron, commandant l'*Aimable*, d'y pénétrer à mer haute, après avoir envoyé à terre le matériel le plus pesant du bord, canons, fer, plomb, afin de franchir plus facilement la barre. D'Aigron refusa le pilote que La Salle lui envoyait, et pendant que ce dernier, informé que des sauvages se montraient aux environs, allait au-devant d'eux, il fit courir son bâtiment sur terre sans tenir aucun compte des balises placées pour lui indiquer sa route. Une première fois il toucha, ne mouilla aucune ancre, et « pour assurer son naufrage » laissa tomber la grande voile afin de mieux arriver. Suivant le rapport de tous ceux qui étaient sur le vaisseau, « il n'y en avait pas un qui ne crût la chose avoir été faite de dessein prémédité ».

Comme un vent violent soufflait du large, que les lames poussaient le navire à la côte et qu'il n'y avait aucun espoir de le remettre à flot, on s'empressa de sauver ce que l'on put de la cargaison, les poudres, les effets des hommes; par malheur l'unique chaloupe dont on disposait pour ce va-et-vient disparut une nuit, et « l'on crut que quelques-uns l'avaient fait échapper exprès, attendu que la corde avec laquelle elle était attachée se trouva coupée ». Le procès-verbal dressé le 1er mars 1683, au sujet de ce naufrage, constate que parmi les objets que l'on a pu ramener à terre il ne s'est rien trouvé audit d'Aigron « qui en avait sauvé jusqu'à ses confitures ». L'échouage était donc absolument volontaire de la part de cet officier. L'équipage de l'*Aimable* et son commandant, qui aurait mérité un châtiment rigoureux si on lui avait fait justice, se réfugièrent à bord du *Joly*, où M. de Beaujeu leur fournit un asile, « et tout ce que put faire La Salle à toutes ces injustices fut d'en écrire en France et de s'en plaindre à M. de Seignelay. Il donna le paquet à M. de Beaujeu qui prit la route d'Europe ».

Par un dernier acte de malveillance, ce capitaine refusa de débarquer des canons et des boulets qui étaient dans son navire, disant que tout cela se trouvait à fond de cale et qu'il ne pouvait le déranger sans compromettre la sûreté de son bâtiment. Il savait cependant qu'il n'y avait à terre que huit pièces de canon sans un boulet. Il pouvait partir avec son digne acolyte d'Aigron; il avait, volontairement, avec préméditation, accompli tout ce qu'il fallait pour faire échouer l'entreprise; il laissait La Salle et ses hommes au fond du golfe du Mexique, sur une côte déserte et insalubre, sans outils, sans approvisionnements, à cent lieues du fleuve à l'embouchure duquel il était chargé de les conduire; sa mission était remplie. Il n'est pas nécessaire de chercher ailleurs les auteurs responsables de la mort de ces deux cent cinquante malheureux; Beaujeu et d'Aigron, son complice, l'ont préparée, rendue inévitable; leur noblesse de nom s'est alliée aux sentiments les plus vils, et c'est sur les bancs des galères royales ou en place de Grève qu'ils méritaient de finir une existence souillée d'un pareil crime.

Lorsque M. de Beaujeu fut parti, on songea, pour se mettre hors de l'insulte des indigènes et abriter ce qu'on avait sauvé du naufrage, à construire un fortin avec des pièces de bois et des planches tirées des débris du navire. Plusieurs engagés désertèrent; d'autres, surpris dans des excursions à la recherche du gibier, furent tués par les sauvages; quelques coups de mousquet écartèrent ces derniers. Les premiers abris étant achevés, La Salle partit avec une cinquantaine d'hommes à la recherche de « la rivière ». Il resta au fort, confié à la garde de Joutel, cent vingt personnes « dont il en mourait tous les jours du scorbut et de la maladie du pays. Il semblait, constate tristement Joutel, qu'il y eût une malédiction sur nos ouvriers. Le mauvais choix qui en avait été fait a été la principale cause des misères que nous avons eues dans ce pays, n'ayant pu entreprendre avec eux aucun ouvrage ».

La Salle ayant trouvé sur sa route, près de la rivière aux Bœufs, une petite éminence qui lui

ÉCHOUAGE DE L' « AIMABLE ».
D'après une gravure du temps.

parut plus convenable que le fortin pour loger sa troupe, s'y installa et enjoignit à Joutel de venir l'y trouver. « Je fus étonné, remarque ce dernier, de voir en arrivant les choses si mal commencées, les plantages des graines et semences ruinés par la sécheresse et les bestiaux, plusieurs morts, quantité de malades, point de couvert qu'un petit carré de pieux où étaient les poudres et quelques barriques d'eau-de-vie. Il fallait songer à faire faire un grand logement; M. de La Salle en avait le dessein, mais la difficulté était d'avoir du bois. Il y avait une petite forêt dont on pouvait en tirer, mais à une lieue dans les terres; or, nous n'avions ni charrettes ni chevaux pour les voitures. On abattit du bois qui fut équarri, mais l'ignorance des charpentiers se trouva si grande que M. de La Salle fut contraint de faire le maître entrepreneur et de marquer les pièces pour le dessein qu'il avait en tête. On traîna quelques pièces de bois jusqu'au camp, à travers les herbes dont la plaine est couverte; on se servit ensuite d'un affût de canon, le tout avec une peine si grande que les plus robustes en étaient accablés. Ce travail si excessif, le peu de nourriture que les travailleurs avaient et qui leur était bien souvent retranché pour avoir manqué à leur devoir, le chagrin que M. La Salle avait de ne pas réussir les choses comme il se l'était imaginé et qui le portait à maltraiter ses gens souvent à contretemps, tout cela causa une tristesse à plusieurs qui déclinèrent à vue d'œil. Ce travail fut cause de la mort de trente personnes, tant de la peine qu'elles y avaient que de chagrin. » Lorsque la maison fut édifiée, on la couvrit de vieilles planches sur lesquelles on cloua des peaux de bœufs, et l'on y réunit les munitions ainsi que les approvisionnements. Enfin une palissade de pieux entoura la construction et mit la colonie à l'abri d'une surprise. Cette installation effectuée, La Salle reprit sa route à la recherche de la rivière et du chemin conduisant au pays des Illinois. Il laissait à l'habitation trente-quatre personnes, sous les ordres de Joutel, qui dut pourvoir à leur subsistance par la chasse aux bœufs sauvages. De longs mois se passèrent sans nouvelles de l'explorateur; un jour il revint avec quelques-uns de ses gens, « tous dans un assez méchant équipage; leurs habits étaient tout déchiquetés ». La Salle parla des beaux pays qu'il avait découverts; il raconta qu'il avait vu quelques nations sauvages avec lesquelles il était entré en relations, « mais il n'avait point trouvé sa rivière ».

LES ASSASSINS DÉPOUILLÈRENT LA SALLE.

Un second voyage fut entrepris après quelques jours de repos, et plusieurs mois s'écoulèrent de nouveau avant que La Salle reparût. La moitié de ses compagnons étaient restés en route, les uns perdus dans les bois, d'autres tués par les sauvages, un dévoré par un crocodile au passage d'une rivière; mais cette pénible marche n'avait encore produit aucun résultat. Ces douloureux échecs n'abattirent pas La Salle; il se détermina à une troisième tentative aussitôt que les chaleurs, qui étaient fort incommodes, seraient passées. On attendit ainsi jusqu'au mois de janvier. depuis le 14 mars 1685, jour du départ de M. de Beaujeu, deux années s'étaient écoulées en vains efforts pour trouver la route du grand fleuve, et les trois quarts des malheureux débarqués sur cette terre au climat meurtrier avaient succombé.

Le 12 janvier 1687, Cavelier de La Salle partait pour la dernière fois avec son frère l'abbé Cavelier, son neveu M. de Moranger, le sieur Duhaut, le chirurgien

Assassinat de Cavelier de La Salle

Lanquetot, le père Anastase, Joutel et une douzaine d'hommes. A travers les plaines couvertes de hautes herbes, les bois profonds, les marécages et les rivières, par des pluies diluviennes, en suivant le plus souvent des sentiers tracés par les bœufs sauvages, la petite troupe exténuée de fatigue arriva enfin dans les premiers jours de mars chez les Cenis. Cette peuplade fournit aux Français quelques vivres pour continuer leur voyage, et le 14 mars ils atteignaient un des affluents de la rivière de la Trinité. La chasse ne donnant pas les résultats qu'il espérait et les vivres commençant à faire défaut, La Salle chargea quelques hommes d'aller chercher du maïs et des fèves à une cache qu'il avait faite auprès du village des Cenis; parmi eux se trouvaient Duhaut, le chirurgien Lanquetot, Larchevêque, domestique de Duhaut, Hiems, boucanier embauché au petit Goave, et un sauvage chaouanon [1]. Plusieurs jours s'étant écoulés sans qu'ils fussent de retour, La Salle, inquiet, envoya au-devant d'eux son neveu Moranger avec deux engagés. Le 19 mars, aucun n'ayant reparu, il partit à leur recherche avec le père Anastase. Quelques heures après, un des engagés, l'air égaré, arrivait au campement et informait Joutel que La Salle, Moranger et deux de leurs gens avaient été tués par Duhaut et les autres. Comme son oncle, le sieur Moranger était d'un caractère hautain et traitait durement les hommes; il eut avec Duhaut et ses compagnons, lorsqu'il les rejoignit, une discussion fort vive; il leur retira même, en les brusquant, de la viande qu'ils avaient boucanée. « Cela les indigna contre lui, outre qu'il y avait longtemps qu'ils lui en voulaient en ce qu'il avait maltraité quelques-uns, même le chirurgien, quoiqu'il lui fût obligé presque de la vie par l'assiduité avec laquelle ce

STATUE DE CAVELIER DE LA SALLE, A CHICAGO.

dernier s'était attaché à lui lorsqu'il avait été blessé au bord de la mer. »

Duhaut, Lanquetot, Larchevêque et les autres, résolus à ne pas en souffrir davantage et à se venger, complotèrent ensemble de le tuer, ce qu'ils firent en lui fendant la tête d'un coup de hache pendant son sommeil. Ils massacrèrent ensuite les deux engagés qui l'accompagnaient, pour que le meurtre accompli ne fût pas révélé par eux. Puis, craignant la justice de La Salle à qui il leur parut impossible de cacher complètement leur forfait, ils prirent leurs mesures pour s'en défaire aussi en arrivant au campement. Mais une rivière débordée par suite des pluies les arrêta au passage et ils durent construire un radeau pour la traverser, ce qui causa un retard dans leur retour et amena La Salle au-devant d'eux. Il allait les

---

[1]. Duhaut était un des associés dans l'expédition; sa part se montait à la moitié de la cargaison d'un des navires. Il avait un jeune frère qui, parti avec La Salle lors de son second voyage à la recherche du fleuve, n'avait pas reparu. Le chirurgien Lanquetot était aussi un des associés. La Salle, pendant une de ses courses, obligea le frère de Lanquetot qui ne pouvait le suivre, à retourner à l'habitation. Comme il était seul, il fut surpris et massacré par les sauvages, ce qui fit jurer alors à Lanquetot qu'il ne pardonnerait jamais la mort de son frère. (Harrisse.)

rejoindre lorsqu'il vit une bande d'aigles qui planaient en l'air. « Cette vue lui fit juger que ceux qu'il cherchait n'étaient pas loin; c'est pourquoi il tira un coup de fusil afin que s'ils étaient proches de là ils pussent l'entendre et lui répondre. Cela fit son malheur, car cela servit à avertir les assassins qui se disposèrent pour le surprendre. Le nommé Duhaut avait passé la rivière avec Larchevêque; comme il entrevit de loin La Salle qui venait droit à eux, il se cacha dans de grandes herbes pour attendre à son passage ledit sieur qui ne songeait à rien et n'avait même pas rechargé son fusil après qu'il l'eût tiré. M. de La Salle aperçut d'abord le nommé Larchevêque et lui demanda où était le sieur Moranger, son neveu. Larchevêque lui répondit qu'il était à la dérive. En même temps, partait un coup de fusil tiré par Duhaut lequel était tout proche dans les herbes; le coup frappa de La Salle à la tête; il tomba mort sur la place sans prononcer une parole. Le père Anastase, qui était proche de lui, crut qu'il allait en recevoir autant; mais ledit Duhaut ayant paru lui cria qu'il n'avait pas à avoir peur, et qu'on ne lui voulait point de mal; que c'était un coup de désespoir qui l'avait obligé à faire cela, qu'il y avait longtemps qu'il avait envie de se venger du sieur de Moranger, qu'il était cause en partie que son frère était perdu et avait péri. Lorsque les assassins se furent tous rassemblés, ils dépouillèrent La Salle avec la dernière cruauté et lui ôtèrent même jusqu'à sa chemise; le chirurgien, notamment, le traitait avec dérision tout nu qu'il était, l'appelant Grand Bacha. Après l'avoir ainsi dépouillé, ils le traînèrent dans des halliers, où ils le laissèrent à la discrétion des loups et autres bêtes sauvages. » (Joutel.)

Les meurtriers, leur vengeance satisfaite, épargnèrent Joutel, le frère de l'explorateur et les autres, mais ils prirent le commandement et s'approprièrent les dépouilles de leurs victimes. Une querelle s'éleva entre eux lorsqu'il s'agit de décider si l'on retournerait à l'habitation ou si l'on continuerait à marcher dans la direction du Mississipi. Hiems, persistant contre l'avis des autres à revenir en arrière, réclama sa part de butin à Duhaut; ce dernier répondit « que tout lui appartenait en ce qu'il avait fait plusieurs avances à La Salle. La contestation s'étant prolongée et échauffée, Hiems finit par dire à Duhaut qu'alors il eût à lui payer ses gages, puisqu'il avait tué son patron, et brusquement il lui tirait un coup de pistolet. Duhaut s'en fut tomber à quatre pas de là. Au même instant, un de ceux qui accompagnaient Hiems, nommé Ruter, tira sur le chirurgien un coup de fusil qui lui passa trois balles au travers du corps ». Les survivants se séparèrent alors; ceux qui avaient participé aux meurtres partirent avec les sauvages, qu'ils accompagnèrent à la guerre contre d'autres tribus. Les autres, au nombre de sept, parmi lesquels Joutel, l'abbé Cavelier et le père Anastase, continuèrent à remonter vers le grand fleuve. Après avoir séjourné chez diverses peuplades, traversé de nombreuses rivières à la nage ou sur des radeaux qu'il fallait construire péniblement et abandonner après le passage, franchi à grand'peine d'immenses marécages, perdu l'un des leurs qui se noya, ils finirent par arriver aux Arkansas où ils trouvèrent deux Français de la troupe de Tonti, qui commandait au fort Saint-Louis des Illinois. Ayant reçu les secours qui leur étaient nécessaires après d'aussi cruelles épreuves, ils remontèrent aux Illinois et de là gagnèrent les lacs et le fleuve Saint-Laurent. Ils arrivaient à Montréal le 17 juillet 1688 et débarquaient à la Rochelle le 5 octobre suivant.

Restés avec les Cenis, Hiems et Ruter furent tués dans une rixe par un de leurs complices. Enfin lorsqu'en janvier 1689 les Espagnols se mirent à la recherche de la colonie que La Salle passait pour avoir établie au Texas et découvrirent le fort de pieux, où il n'y avait plus que des os blanchis et des ruines, ils virent arriver à eux un homme couvert d'oripeaux, le visage peint comme un sauvage. C'était Jean Larchevêque, qui fut envoyé en Espagne d'où on l'expédia au Mexique pour travailler avec les galériens dans les mines. (Harrisse.) Quant aux malheureux qui étaient restés à l'habitation avec le père Zénobe, ils avaient été surpris, peu de temps après le départ de La Salle, par les sauvages des alentours et massacrés sans pitié. Quelques enfants furent seuls épargnés et adoptés par les indigènes dont ils partagèrent l'existence. Plus tard, ils tombèrent entre les mains des Espagnols qui les emmenèrent à Mexico, où le vice-roi les garda près de lui.

Telle fut la fin tragique d'une entreprise dont le but grandiose avait séduit le ministre Seignelay, et d'un homme au sujet duquel le marquis de Mirabeau écrivait en 1759 : « Je doute que l'histoire ancienne ni moderne fasse mention d'aucun exemple d'opiniâtreté, d'audace et de constance qu'on puisse mettre à côté de la découverte et traversée de cet univers du nord au sud, de l'embouchure du fleuve Saint-Laurent à celle du Mississipi par l'intérieur des terres. Si l'engourdissement des beaux-arts va chez nous au point que la patrie refuse un Camoëns au célèbre Cavelier de La Salle, l'histoire doit, elle, du moins, transmettre son nom à la postérité comme celui d'un des plus renommés bienfaiteurs de l'humanité. »

En attendant que la France élève à son enfant un monument qui rappelle aux générations actuelles ses héroïques efforts, la ville de Chicago a érigé sa statue dans un de ses jardins publics, le parc Lincoln.

CHAPITRE V

MASSACRE DE LA CHINE — M. DE FRONTENAC

La politique du comte de Frontenac, pendant les dix années de son séjour à Québec, pouvait se résumer en ces termes : maintenir la paix avec les cinq cantons ; réunir toutes les autres tribus dans l'alliance de la France pour les opposer s'il était nécessaire aux Iroquois dans le cas où ils auraient voulu recommencer la guerre ; profiter de la paix pour développer la colonie en poussant ses habitants à la culture des terres et en réduisant ainsi le nombre des coureurs des bois. Les idées de M. de La Barre, son successeur, furent bien différentes. Inspirées par la passion du lucre, elles aboutirent bientôt à une nouvelle guerre avec les Iroquois, à une paix honteuse et au rappel de ce gouverneur, pour les agissements duquel soldats et colons témoignaient un profond mépris.

Le Fèvre de La Barre était un ancien officier de marine qui avait accompli de brillants faits d'armes aux Antilles, mais la vieillesse lui avait enlevé la vigueur d'esprit et de corps nécessaire pour parcourir et administrer un territoire comme le Canada. À peine débarqué, il fut entouré, conseillé et mené par quelques marchands, ennemis de son prédécesseur, avec lesquels il accepta de partager le bénéfice des congés et de la traite.

Le nouvel intendant, M. de Meulles, passait pour un homme d'un caractère conciliant et un administrateur consciencieux. Ses instructions lui prescrivaient du reste d'éviter tout conflit avec le gouverneur et de ne pas renouveler les luttes qui s'étaient produites entre MM. de Frontenac et Duchesneau. Au moment de leur arrivée à Québec, vers la fin de septembre 1682, la ville venait d'être presque entièrement détruite par un formidable incendie qui avait consumé les trois quarts des magasins et des habitations, la plupart construites en bois. Quelques secours expédiés de France et un petit nombre d'engagés envoyés par le ministre Seignelay ne furent qu'un faible palliatif à ce désastre.

Dès les premiers jours, La Barre, tout en renouvelant pour la forme les anciennes prohibitions, distribua des congés et s'intéressa lui-même à la traite. « C'était du reste une nécessité de la situation. Dans la misère où la cour laissait les premiers fonctionnaires de la colonie, force leur était bien de se procurer des ressources supplémentaires. Le gouverneur général, l'intendant, les magistrats, les officiers, bref tout le monde traitait; seul le gouverneur aurait pu s'opposer à ces abus, mais lui-même était d'accord avec les coureurs des bois et partageait leurs bénéfices; il multipliait les congés, à tel point que la cour en prit alarme et déclara plus tard qu'il avait ainsi rendu nécessaire la guerre iroquoise. » (Lorin.)

Il y avait, dans les agissements de La Barre, une particularité vraiment honteuse. L'intendant de Meulles constate que cet homme, chez qui la vieillesse paraissait avoir éteint tout sentiment d'honneur pour ne laisser que l'ardent désir d'acquérir une fortune, faisait régulièrement la traite avec les Anglais. La Hontan, qui servait alors comme officier au Canada, déclare qu'au fort de Chambly il a vu passer sur la rivière deux canots chargés de castor, envoyés à la Nouvelle-York par ce gouverneur, qui laissait des traitants quitter Montréal pour aller se fixer chez les Anglais. Quant à la prohibition du trafic de l'alcool, sa vente faisait si bien partie de la traite et assurait de tels bénéfices que le zèle de M. de La Barre se borna simplement à l'affichage d'ordonnances que personne n'exécuta. La licence devint si grande que sur vingt-cinq maisons il y en avait dix-huit ou vingt où l'on vendait à boire, et que « les cabanes isolées sur les concessions, au lieu de servir pour défricher, étaient des retraites à voleurs où s'accomplissaient tous les désordres ». (Denonville, lettres, 13 novembre 1685.)

Il ne suffit pas au gouverneur de s'intéresser à la traite, de favoriser la vente de l'eau-de-vie, de faire porter des pelleteries chez les Anglais; il y avait au point de vue du commerce des peaux de castor un concurrent à supprimer, c'était Cavelier de La Salle, commandant du fort Frontenac, engagé alors dans son voyage de découverte du Mississipi. Sous le prétexte que ce fort n'avait plus une garnison suffisante, La Barre, à l'instigation des traitants ses associés, en prend possession et saisit tous les approvisionnements qu'il contient; il envoie un officier au fort Saint-Louis des Illinois opérer la même spoliation; il fait dire aux tribus des lacs qu'il abandonne les Illinois, soutiens de La Salle, aux Iroquois; il déclare à ceux-ci que La Salle n'est pas approuvé dans ses courses aventureuses et qu'on ne s'inquiétera pas de ce qui pourra lui arriver. La conséquence de ces détestables conseils ne se fit pas attendre : les Illinois surpris étaient massacrés, La Salle trouvait leur pays mis à feu et à sang, et ne poursuivait sa marche que grâce à son invincible énergie. Mais les Iroquois, en même temps qu'ils « mangeaient » les Illinois, s'empressaient de détrousser les coureurs des bois qu'ils rencontraient; or il se trouva que c'étaient des gens de M. de La Barre, dont les associés subirent de ce fait des pertes sensibles. Incité par eux à recommencer la guerre contre ces pillards, il écrivit au roi que les Iroquois cherchaient à détacher de notre alliance les nations voisines des lacs, qu'il fallait envoyer deux ou trois cents soldats et mille ou quinze cents engagés pour remplacer aux travaux des champs les habitants qui prendraient les armes, et que si les Peaux-Rouges voyaient arriver des troupes au lac Ontario, ils s'empresseraient de demander la paix.

Le roi se borna à faire passer à Québec deux cents soldats. Il invita en même temps le roi d'Angleterre à empêcher ses colonies de violer la paix qui existait entre les deux nations. Le colonel Dongan, commandant de la Nouvelle-York, reçut l'ordre d'entretenir de bonnes relations avec les Français. Il s'y conforma en fournissant des armes à nos ennemis et en les excitant à attaquer, après les Illinois, nos alliés hurons, miamis et outaouais.

« L'hiver écoulé, et la navigation devenue libre sur le Saint-Laurent, le gouverneur envoya un détachement pour occuper le fort Frontenac. On l'avait tellement laissé à l'abandon après l'expulsion des hommes de La Salle, que l'on aurait pu facilement en escalader les murailles sans échelles. » (La Hontan.) En outre, l'ordre fut transmis aux commandants des postes sur les grands lacs de réunir les coureurs des bois de leurs régions, ainsi que les sauvages qu'ils décideraient à les accompagner, et de descendre au fort Frontenac par le lac Érié.

Avec les soldats envoyés de France, les milices réunies à Montréal et les Peaux-Rouges de la colonie, M. de La Barre se mit à la tête d'une petite armée de douze cents hommes. Le 1er août, il arriva au lac Saint-François, où il rencontra deux émissaires envoyés par les Onnontagués et les Onneyouts. Ces barbares se disaient fort surpris de voir qu'on voulait leur faire la guerre pour venger le pillage de quelques canots, ce qui ne pouvait, suivant eux, donner lieu qu'à des négociations et à une réparation convenable. M. de La Barre leur fit répondre qu'il était prêt à négocier, si la réparation offerte était suffisante. Sans attendre le retour des envoyés, l'armée continua péniblement la remontée des rapides et atteignit l'anse de la Famine, sur la côte sud du lac Ontario. M. de La Barre, tombé malade en route, dut s'arrêter quelques jours avant de rejoindre ses troupes. Il trouva celles-ci fort atteintes ; une grande partie des soldats et la plupart des miliciens, qui avaient passé des journées dans l'eau glacée à pousser les canots, furent saisis de fièvres, et le mal s'accrut rapidement par suite des chaleurs et de la nourriture consistant en salaisons avariées. On allait être obligé de lever le camp et de reprendre hâtivement le chemin de la colonie pour sauver le reste des hommes, lorsque les députés des cantons arrivèrent. Le principal d'entre eux était un Tsonnontouan nommé Haaskouan, que les Français présents à la conférence appelèrent la Grande-Gueule, à cause de sa forte voix. Les Iroquois demandèrent à M. de La Barre d'oublier le pillage des canots, de se retirer avec ses troupes, d'arrêter la marche des sauvages qui venaient des grands lacs le rejoindre ; ils promettaient de leur côté de ne plus attaquer les Miamis et les autres nations nos alliées ; mais quant aux Illinois, ils déclarèrent qu'il y avait entre eux guerre mortelle, et qu'ils les mangeraient. C'est la Grande-Gueule qui fit cette réponse, et l'on peut juger par les passages suivants de son discours sur quel ton il parla au gouverneur : « Onontio, il fallait que tu crusses, en partant de Québec, que l'ardeur du soleil avait embrasé les forêts qui rendent nos pays inaccessibles aux Français, ou que le lac les eût tellement inondées que nos cabanes se trouvant environnées par les eaux il nous serait impossible de sortir. T'en voilà maintenant désabusé, puisque nos guerriers viennent avec moi t'assurer que nous n'avons pas encore péri. Je te remercie en leur nom d'avoir rapporté sur leurs terres ce calumet de paix que ton prédécesseur a reçu de leurs mains. Je te félicite en même temps d'avoir laissé sur la terre la hache meurtrière qui a été rougie tant de fois du sang de tes Français. Écoute, je ne dors pas, et le soleil qui m'éclaire me fait découvrir un grand capitaine à la tête d'une troupe de guerriers qui parle en sommeillant. Il dit qu'il ne s'est approché de ce lac que pour fumer avec les Onnontagués, mais Haaskouan voit au contraire que c'était pour leur casser la tête si tant de Français ne s'étaient affaiblis. Je vois qu'Onontio rêve dans un camp de malades. » Continué dans cet esprit, le discours, traduit par l'interprète et se terminant par le refus d'épargner les Illinois, indigna les Français présents à cette conférence; mais ils rougirent de honte en entendant le gouverneur répondre à ce sauvage : « Eh bien, en tirant sur les Illinois, prends garde de frapper les Français que tu rencontreras sur ton chemin ou aux environs du fort Saint-Louis. »

Les Illinois sacrifiés, la paix fut conclue aux conditions indiquées par les Iroquois, et le 6 septembre 1684, dès le lendemain de cette triste négociation, les troupes quittèrent l'anse de la Famine. Elles avaient été si durement éprouvées par les fièvres et le scorbut que ceux qui restaient valides purent à peine pourvoir à l'embarquement des malades. Puis, les canots se dispersèrent. C'était à qui ferait le plus de diligence, et toutes les milices s'en allèrent à la débandade, perdant quelques hommes chaque jour; quatre-vingts hommes succombèrent à Montréal.

Au moment du départ, un canot avait été envoyé à Niagara pour informer les nations alliées que la paix était faite et qu'elles pouvaient regagner leurs cantonnements. M. de La Durantaye, commandant à Michillimakinac, du Luth qui était venu le rejoindre, Perrot qui avait amené des guerriers du lac Michigan, étaient parvenus à en réunir cinq cents et deux cents coureurs des bois. Leur situation en arrivant à Niagara fut des plus difficiles; les sauvages qu'ils avaient décidés à grand'peine à les suivre, en leur faisant espérer une campagne fructueuse, les accablèrent d'injures et s'en retournèrent chez eux en manifestant leur mépris pour les Français qui n'avaient pas osé attaquer leurs ennemis.

L'indécision et la faiblesse de M. de La Barre furent universellement blâmées; l'abandon des Illinois et la paix honteuse de l'anse de la Famine entraînèrent la révocation de ce gouverneur, au sujet duquel l'intendant de Meulles écrivait « qu'il était plus dangereux que les Iroquois mêmes ». Au moment de son départ, en août 1685, des bandes iroquoises tenaient la campagne et interceptaient toutes communications avec la région des lacs; les attaques contre les Illinois étaient renouvelées et les nations du haut pays ayant perdu toute confiance dans les Français étaient prêtes à s'entendre avec les cantons, à recevoir des Anglais, par leur intermédiaire, des marchandises et des armes et à former à leur tour contre la colonie des partis de guerre.

Dernier trait qui achève de peindre l'homme. Les bâtiments venus de France en 1685 avaient transporté des troupes dont une partie avait été atteinte du scorbut. Craignant la contagion, La Barre prit passage pour revenir en Europe sur une barque de pêche du port de Honfleur, « aimant mieux avoir l'incommodité des mauvaises odeurs du poisson salé que de courir le risque de prendre quelque méchant air dans un des navires du roi ». C'est ce qu'écrivait au ministre, le 28 août 1685, son successeur, M. de Denonville.

Jacques René de Brisay, marquis de Denonville, était colonel d'un régiment de dragons lorsqu'il fut appelé à gouverner le Canada et à réparer les fautes commises par M. de La Barre. Il s'y employa de son mieux, mais avec d'excellentes intentions il aboutit à un véritable désastre, par suite de sa trop grande ignorance du milieu dans lequel il allait commander. Très honnête homme, d'une bravoure éprouvée, n'ayant en vue que le bien de la colonie, il manquait d'activité et se laissa diriger par des conseillers qui ne méritaient pas tous sa confiance. Appelé à vivre au milieu des sauvages, à entretenir avec eux des relations journalières, il ne pouvait supporter leur saleté repoussante et en avait, dit-on, une telle horreur « que leur vue le mettait en quelque façon hors de lui-même ». On le savait d'un complet désintéressement; mais sa femme, qui l'avait accompagné à Québec, « était au contraire d'humeur à ne pas négliger une occasion de profit et tenait au château une chambre, pour ne pas dire une boutique, pleine de marchandises; elle aurait même imaginé, pour se défaire des rebuts qui lui restaient, de les mettre en loterie ». (Archives coloniales.)

Les instructions données au nouveau gouverneur lui prescrivaient d'éviter avec l'intendant les discussions qui avaient troublé la colonie sous ses prédécesseurs, de soutenir les Illinois et les autres nations abandonnées par M. de La Barre, de rompre l'entente entre les Anglais et les Iroquois, et de contraindre ces derniers à la paix par une attitude ferme et vigoureuse.

Parti de la Rochelle dans les premiers jours de juin 1685 avec six cents soldats destinés à renforcer les troupes de la Nouvelle-France, il ne parvint à Québec que le premier août, après une pénible traversée, au cours de laquelle un seul vaisseau, le *Fourgon*, avait perdu son capitaine et soixante hommes enlevés par le scorbut. Quatre-vingts autres furent débarqués malades. A peine remis des fatigues de cette navigation, M. de Denonville se rendit à Montréal, puis à Cataracoui pour y traiter avec les Iroquois et se rendre compte de leurs dispositions à l'égard des Français. Il les trouva très défiants, excités par les Anglais qui leur fournissaient armes et munitions, et « montés sur un ton d'insolence qu'il fallait nécessairement rabattre ». Dès lors, son parti fut pris de les détruire, ou du moins de les affaiblir de manière à les mettre hors d'état de nuire. Afin d'apporter un obstacle à leurs courses au nord des lacs, il proposa au ministre de construire à Niagara un fort de pierres, pouvant recevoir une garnison de quatre à cinq cents hommes. Il espérait ainsi mettre fin aux agissements des colons anglais qui, profitant de la complicité des Iroquois, envoyaient des marchands en traite jusqu'à Michillimakinac et s'efforçaient d'attirer à eux les nations qui jusqu'alors avaient recherché notre alliance et apporté leurs pelleteries dans nos postes.

Le gouverneur apprenait aussi que le commandant de la Nouvelle-York, Dongan, avait réuni à Orange des chefs des cinq cantons et leur avait affirmé que le nouveau général des Français allait leur déclarer la guerre. Afin d'y remédier, il les avait vivement exhortés à fondre sur les Canadiens qu'ils trouveraient sans défiance et à piller nos traitants partout où ils les rencontreraient. Pour achever son œuvre, Dongan, tout en protégeant nos déserteurs dont il favorisait la contrebande, avait entrepris de détacher de la colonie les Iroquois chrétiens établis au sault Saint-Louis et à la Montagne; « il leur fit dire qu'il leur donnerait dans son gouvernement un terrain où ils seraient beaucoup mieux et plus en sûreté que dans la Nouvelle-France. Comme il n'ignorait pas que ce qui les retenait surtout, c'était la crainte de perdre leur religion parmi les Anglais, il leur assura qu'ils auraient dans la Nouvelle-York des missionnaires du même culte ». A sa grande surprise, les sauvages repoussèrent ses offres. Les Hurons seuls, après avoir fait bon accueil aux traitants anglais pendant une absence du commandant français de

Michillimakinac, leur fournirent une escorte jusqu'aux pays des Tsonnontouans. Dongan est un modèle qui a trouvé chez ses compatriotes de trop nombreux imitateurs. Protestations d'amitié aux gouverneurs de Québec pour endormir leur vigilance, conseils de révolte à nos alliés, fourniture d'armes aux Iroquois, protection assurée aux déserteurs, rien n'y manque; c'est le type éternel de l'Anglo-Saxon, descendant des pirates normands, en ayant conservé, sous une civilisation

VUE DE L'ESPLANADE, A QUÉBEC.
Dessin de Benoist, d'après une photographie.

apparente, les âpres convoitises, ainsi que la mauvaise foi et dont le voisinage est toujours un danger. Il nous a coûté le Canada et l'Inde au siècle dernier. Puisse l'exemple du passé servir d'avertissement pour l'avenir de nos colonies actuelles!

Dongan protesta auprès de M. de Denonville contre les approvisionnements envoyés au fort Frontenac et le projet de construction du fort Niagara, sous le prétexte que leur emplacement devait appartenir à la Couronne d'Angleterre. Le gouverneur lui fit répondre que ses prétentions étaient d'autant plus mal fondées que les Français avaient pris possession du pays avant qu'il y eût même un Anglais à la Nouvelle-York, et qu'au reste les deux rois, leurs maîtres, vivant en bonne intelligence, ce n'était pas à eux, leurs sujets, à troubler la paix par de telles chicanes. Le gouverneur avait d'autant plus raison de se tenir sur ses gardes que déjà l'Acadie était en proie aux courses des marins de Boston, qui venaient y faire la pêche et piller les habitations, et qu'à la baie d'Hudson des aventuriers, dont l'expédition avait été organisée sous les auspices de Dongan, avaient surpris le fort Sainte-Thérèse, dont ils avaient enlevé les approvisionnements et les fourrures.

Cet acte de flibustiers fit l'objet de vives protestations de notre ambassadeur à Londres, et Charles II désavoua ses sujets, mais il n'eut pas le pouvoir de leur faire restituer le bien enlevé par eux. La Compagnie du Nord, à laquelle le fort avait été concédé par Louis XIV, informée que les Anglais, après ce premier exploit, avaient construit plusieurs forts au fond de la baie d'Hudson pour commercer dans cette région, dut se mettre en mesure de les enlever par la force. Elle demanda des soldats à M. de Denonville, avec un officier pour les commander, et prit à sa charge les frais de l'expédition. Le gouverneur lui accorda quatre-vingt-dix hommes, la plupart Canadiens, et mit à leur tête le chevalier de Troyes, l'un des officiers les plus vaillants de la colonie. Trois des fils de M. Le Moyne, de Montréal, Sainte-Hélène, d'Iberville et Maricourt, s'associèrent à l'entreprise; l'aîné avait vingt-sept ans, le second vingt-cinq et le troisième vingt-trois. Un missionnaire, le père Silvy, se joignit à la petite troupe qui se mit en marche au mois de mars 1686.

Les rivières étaient gelées et la neige couvrait le sol; il fallut parcourir plus de deux cents lieues par la vallée des Outaouais et le lac Témiscamingue pour atteindre le fond de la baie. La route se fit en raquettes; on portait ou on traînait les vivres et les bagages. La marche se prolongea ainsi jusqu'au 20 juin; les fatigues, les privations, les campements au milieu des neiges, rien n'arrêta ces braves gens qui parvinrent enfin en vue du fort Monsipi, le premier de ceux que les Anglais occupaient. C'était un ouvrage de pieux, bâti sur une hauteur, près de la rivière Saint-Louis, flanqué de quatre bastions revêtus de terre et armé d'une douzaine de canons. Au centre de la place, un réduit servant d'habitation supportait une plate-forme portant quatre pièces d'artillerie. Sainte-Hélène et d'Iberville, avec six compagnons, escaladent les palissades et sautent dans le fort pendant que de Troyes et Maricourt brisent la porte principale à coups de bélier. Puis, tous, poussant le cri de guerre des sauvages, se précipitent à l'assaut du réduit dans lequel s'est réfugiée la garnison surprise par cette attaque. La porte cède, d'Iberville s'élance le premier à l'intérieur, le fusil d'une main, l'épée de l'autre; mais à peine est-il entré que, sous l'effort des assiégés, la porte se referme. Dans l'obscurité, il lâche son coup de feu au milieu des ennemis, sur lesquels il se jette ensuite l'épée au poing, pendant que ses camarades enfoncent la porte. Les Anglais, poursuivis jusque sur la plate-forme, se rendent à discrétion; seul, un canonnier est tué au moment où il mettait le feu à l'une des pièces d'artillerie.

L'ennemi occupait encore deux autres points dans la baie : l'un à quarante lieues de là, le fort Rupert; et l'autre, à trente lieues, le fort d'Albany, sur la rivière Sainte-Anne. M. de Troyes jugea nécessaire d'attaquer d'abord le premier, à proximité duquel sa troupe arriva dans la nuit du 1er juillet. Sainte-Hélène, en allant reconnaître la place, aperçoit un vaisseau mouillé au large dans la baie. Aussitôt ses deux frères, d'Iberville et Maricourt, s'embarquent dans un canot d'écorce avec neuf de leurs Canadiens les plus agiles; ils accostent le bâtiment aux flancs duquel ils s'accrochent, sautent sur le pont, tuent le matelot de quart d'un coup d'épée, cassent la tête aux premiers qui se présentent et font les autres prisonniers. Avec

Attaque du fort de Monsipi par d'Iberville

eux se trouvait le nouveau gouverneur envoyé d'Angleterre à la baie d'Hudson. Il partagea le sort de ses compatriotes.

    Pendant ce brillant fait d'armes, le chevalier de Troyes enfonçait la porte du fort et ses miliciens faisaient un feu continuel par les embrasures sur les hommes de la garnison. Dans l'impossibilité de résister à une attaque si impétueuse, les assiégés demandèrent quartier. Comme il n'avait pas assez de soldats pour y laisser une garde, de Troyes détruisit la redoute et démolit la palissade, pendant que d'Iberville faisait voile pour Monsipi avec les prisonniers embarqués sur le navire dont il s'était emparé. Ces deux forts enlevés, le commandant français voulut achever son œuvre en prenant le troisième, désigné sous le nom d'Albany; mais personne, dans sa troupe, n'en savait exactement la situation. On marcha au hasard, le long des côtes, par des chemins que l'amoncellement des glaces rendait à peu près impraticables. La colonne errait ainsi à l'aventure, lorsque le son lointain de coups de canon signala l'emplacement occupé par l'ennemi. Sainte-Hélène alla encore reconnaître les lieux pendant que d'Iberville avec son bâtiment se rendait à l'embouchure de la rivière. Le fort était situé à quarante pas du bord de l'eau, dans un terrain marécageux; un fossé en mauvais état en défendait l'approche; il y avait quatre bastions garnis d'une plate-forme et armés chacun de quatre canons. D'autres pièces d'artillerie protégeaient les flancs de la place. Le 23 juillet, pendant la nuit, les Français débarquèrent dix pièces de canon qu'ils mirent en batterie dans un bois, sur une hauteur dominant le fort, et à la pointe du jour ils tirèrent plus de cent cinquante volées qui criblèrent l'ennemi de boulets. L'émoi produit par ces décharges fut tel que tous les Anglais se réfugièrent dans une cave et n'osèrent en faire sortir un des leurs pour demander à se rendre que quand le feu cessa faute de munitions. Les assiégeants virent avec grand plaisir arriver le parlementaire chargé de négocier les conditions de la reddition; le froid et le manque de vivres les avaient fort éprouvés; ils en étaient réduits pour calmer leur faim à manger une sorte de persil qu'ils trouvaient sur les bords de la baie. Les prisonniers furent envoyés en France, et le 10 août, l'expédition achevée, le chevalier de Troyes se mit en route pour Montréal, laissant d'Iberville à la baie pour rétablir les affaires de la Compagnie, aux frais de laquelle l'entreprise avait eu lieu. Dans cette campagne, tous les établissements anglais avaient été enlevés et les frères Le Moyne y avaient préludé aux exploits qui devaient bientôt les rendre célèbres. « Sainte-Hélène et d'Iberville, écrivait le père Silvy, se sont merveilleusement signalés, et les sauvages qui ont vu ce qu'on a fait en si peu de temps en sont si frappés d'étonnement qu'ils ne cesseront jamais d'en parler partout où ils se trouveront. » Naturellement, on se récria fort à Londres contre cette agression, et l'on en fit un crime au roi Charles II. « Ce qui est encore plus étonnant, remarque Charlevoix, c'est que les ministres plénipotentiaires de la reine Anne au Congrès d'Utrecht demandèrent à ce sujet des dédommagements qu'ils faisaient monter fort haut, comme si nous n'eussions pas été nous-mêmes en droit d'en exiger de plus considérables pour l'invasion du fort de la rivière Sainte-Thérèse, dont la prise des trois forts du fond de la baie n'était qu'une juste représaille. »

    Les agressions des Iroquois contre nos alliés et ceux de nos coureurs des bois qu'ils pouvaient surprendre continuant à se produire, M. de Denonville estima qu'il fallait en finir avec eux, et prépara dans ce but une campagne contre les

Tsonnontouans, qui se montraient les plus acharnés. Sur ses pressantes demandes, le roi lui envoya, au printemps de 1687, huit cents recrues commandées par le chevalier de Vaudreuil, officier de mousquetaires. Ces hommes devaient en partie remplacer dans les habitations les Canadiens des milices dont le concours était nécessaire à l'expédition pour les portages dans les rapides et la poursuite des sauvages au milieu des bois. Les troupes rassemblées à Montréal se composaient de huit cent trente-deux soldats réguliers, huit cents Canadiens et quatre cents sauvages. Des instructions avaient été envoyées aux commandants des postes sur les grands lacs, leur prescrivant de rassembler les guerriers des nations voisines et de rejoindre avec eux le corps d'armée au lac Ontario. Ces forces permettaient de croire à l'anéantissement de l'ennemi et rendent moins excusable encore l'acte par lequel le gouverneur et l'intendant Champigny, remplaçant M. de Meulles rappelé en France, commencèrent les hostilités.

On sait que les galères, employées dans la Méditerranée par la marine royale, étaient garnies de bancs sur lesquels des malfaiteurs enchaînés servaient de rameurs. Comme les combats et les maladies en enlevaient un grand nombre, tous les moyens étaient employés pour les remplacer; on recommandait aux juges de condamner aux galères les accusés traînés devant eux; on y envoyait les huguenots qui refusaient de se convertir; mais le manque de bras se faisant toujours sentir, le roi écrivait dès le mois de juillet 1684 à M. de La Barre : « Comme il importe au bien de mon service de diminuer autant qu'il se pourra le nombre des Iroquois, et que d'ailleurs ces sauvages, qui sont forts et robustes, serviront utilement sur mes galères, je veux que vous fassiez tout ce qui sera possible pour en faire un grand nombre prisonniers de guerre, et que vous les fassiez passer en France. »

Les mêmes instructions avaient été données à M. de Denonville et à l'intendant. L'occasion était venue de les appliquer. Dans les premiers jours du mois de juin 1687, tout étant préparé pour l'entrée des troupes en campagne, Champigny monta au fort Frontenac pour y surveiller la concentration des approvisionnements. Dès qu'il fut débarqué, il envoya un détachement de Canadiens et de sauvages cerner deux villages situés à sept ou huit lieues et habités par certains Iroquois « qui ne méritaient rien moins que le traitement qu'on leur fit ». On en ramena une quarantaine au fort, au milieu duquel on les attacha de file à des poteaux, en attendant leur transfert à Québec et de là en France. La Hontan, qui fut témoin du fait, raconte dans ses lettres que « ces infortunés chantaient jour et nuit, à la manière des peuples du Canada lorsqu'ils tombent entre les mains de leurs ennemis. Ils disaient qu'on les trahissait sans raison, qu'on leur rendait le mal pour le bien, que pour les récompenser du soin qu'ils avaient toujours eu depuis la paix de pourvoir ce fort de poissons et de bêtes fauves pour la subsistance de la garnison, on les attachait à des piquets de telle manière qu'ils ne pouvaient ni dormir ni se défendre des moucherons, qu'en reconnaissance du commerce de pelleteries qu'ils avaient procuré aux Français, on les faisait esclaves, après avoir égorgé leurs pères et leurs vieillards ». On arrêta aussi plusieurs chefs qui étaient venus sans défiance au-devant du gouverneur, et on leur fit subir le même traitement.

De pareils agissements devaient avoir dans les cantons le contre-coup le plus funeste. La première victime en fut le père Millet, missionnaire chez les Onneyouts, que ces derniers saisirent et torturèrent. Ils l'auraient brûlé sans l'intervention d'une matrone qui l'adopta et le cacha dans sa cabane. Le père de Lamberville, missionnaire chez les Onnontagués, dut son salut à l'attachement que l'on avait pour lui dans cette tribu. Les anciens le firent partir sur-le-champ et conduire au fort Frontenac pour le soustraire au supplice que lui auraient certainement infligé les guerriers dans leur fureur de représailles. On peut juger de la durée du ressentiment soulevé chez ces sauvages par un fait que rapporte un déserteur français nommé Sagean, que les hasards d'une existence aventureuse avaient amené à la Nouvelle-York. Ce coureur des bois accompagnait, deux ans après l'incident, quinze traitants hollandais dans les cantons. Il leur servait d'interprète. A quelques lieues du fort Orange, ils trouvèrent un campement de sauvages, au nombre de dix-neuf cents.

« Ils revenaient de faire la guerre aux Français du Canada, dont ils avaient emmené quarante-huit prisonniers de tout sexe et de tout âge, desquels la plupart étaient attachés à des poteaux, entre autres six hommes, auxquels ces barbares avaient déjà arraché les ongles et la chevelure avec la peau de la tête, ce qui fut un spectacle bien touchant pour ledit Sagean, auquel et à ceux de sa compagnie les chefs ayant demandé ce qu'ils voulaient, ils répondirent d'abord qu'ils étaient venus pour les voir, et leur présentèrent du tabac haché, dont chacun emplit son calumet, et ils fumèrent, tous ensemble, chacun sa pipe, dans un grand silence, après quoi ils se mirent à crier : Que demandes-tu ? — Pour lors, ledit Sagean leur exposa le sujet de son ambassade, leur disant qu'il était là de la part de l'Onontio des Anglais pour les prier, par l'amitié qui était entre eux, de ne plus massacrer comme ils le faisaient les Français qui avaient le malheur de tomber entre leurs mains, mais de les envoyer au fort Orange pour les rançonner, ce que les Hollandais appuyèrent de leur côté. Mais, bien loin de leur accorder cette demande, ils protestèrent que tant que le soleil et la lune paraîtraient ils ne cesseraient de faire la guerre aux Français et de les massacrer, pour venger, disaient-ils, la perte de plus de quatre-vingts des leurs que M. de Denonville, gouverneur de la Nouvelle-France, leur avait enlevés, lesquels il avait envoyés en Europe d'où ils n'étaient jamais revenus, et qu'ils devaient cette satisfaction à leurs parents, qui ne cessaient de pleurer leur perte et d'en demander vengeance, que tant qu'il y aurait des gens de leur nation ils ne cesseraient d'exercer cette vengeance, ce qu'ils accompagnaient de hurlements et d'imprécations épouvantables, s'arrachant les cheveux, se mordant les lèvres, et jetant en l'air des tisons de feu tout allumés, pour signifier le souhait qu'ils faisaient que le feu du ciel tombât sur eux et sur leurs descendants s'ils démordaient jamais de cette résolution. Ils immolèrent à leur rage le même jour, en présence dudit Sagean et ceux de sa suite, ces six malheureuses victimes, auxquelles ils avaient auparavant enlevé la chevelure et arraché les ongles, leur ayant fendu le ventre et fait boire leur sang aux petits enfants qui l'avalaient avec une avidité merveilleuse. Ensuite ils les arrachèrent par morceaux qu'ils mirent à bouillir dans des chaudières et dont ils firent un grand festin. Ledit Sagean et les Hollandais qui l'accompagnaient séjournèrent pendant trois jours à leur camp. On voulut souvent les régaler de chair humaine ; mais ils marquèrent constamment, par les refus qu'ils firent d'en tâter, l'horreur qu'ils avaient pour un mets si odieux. Ayant pris congé d'eux le troisième jour après leur arrivée au camp, ces barbares étalèrent à leurs yeux, avec beaucoup d'ostentation, les chevelures tenant à la peau des têtes de seize hommes français qu'ils avaient massacrés, plantées sur des perches comme des étendards à la porte de leur chef. »

Dès les premiers jours de son administration, M. de Denonville s'était préoccupé des renforts que pourraient lui fournir les divers postes des pays d'en haut ; il avait envoyé des instructions à leurs commandants pour leur indiquer la part qu'ils devraient prendre à la campagne contre les Tsonnontouans : Tonti avait reçu l'ordre de marcher avec les Illinois par le sud des lacs sur le territoire de ces ennemis auxquels il couperait ainsi la retraite ; du Lhut, retranché à la tête du Détroit, du côté du lac Huron, devait concentrer en ce lieu les diverses nations des lacs ; Nicolas Perrot, qui se trouvait chez les Sioux, fut chargé de rassembler les coureurs des bois en traite dans ces parages, ainsi que les sauvages de la baie des Puants et de se rendre avec eux à Michillimakinac ; le commandant de ce dernier poste, de La Durantaye, eut pour mission de réunir les Outaouais, les Hurons et les Saulteux pour gagner ensuite le fort du Détroit. Mais la plupart des alliés, que les tristes agissements de M. de La Barre avaient mécontentés, fournirent des contingents bien inférieurs à ceux que l'on attendait ; plusieurs, comme les Outaouais et les Hurons, entretenaient d'ailleurs à notre insu des relations avec les Iroquois. Tonti, qui espérait réunir cinq ou six cents Illinois, n'en amena que quatre-vingts ; les chefs ne voulurent pas en laisser partir davantage. Ils avaient, en effet, reçu l'avis qu'un gros parti de Tsonnontouans s'était mis en marche pour manger leurs villages. Le fait était exact, mais cette bande avait été arrêtée en route par un envoyé de Dongan chargé de l'avertir que le canton allait être attaqué par les Français. Aux abords de Michillimakinac, de La Durantaye surprit un parti de trente Anglais accompagnés de sauvages qui allaient en traite au nord des lacs, ce qui leur était formellement interdit aux termes du traité de 1686. Il les fit prisonniers et nos alliés pillèrent leurs marchandises. Une autre troupe de pareil nombre, rencontrée par Tonti au lac Érié, subit le même sort.

Le 10 juillet 1687, l'armée, ayant à sa tête M. de Denonville, arriva sur les bords du lac Ontario, au pays des Tsonnontouans, en même temps que cent soixante coureurs des bois et quatre cents sauvages amenés par La Durantaye, Tonti, du Lhut et Perrot, qui remirent au gouverneur les soixante prisonniers anglais. Avec ces derniers, ils avaient saisi un nommé Marion, déserteur français, qui leur servait de guide et d'interprète auprès de nos alliés, chez lesquels il avait séjourné avant de se rendre à la Nouvelle-Angleterre. M. de Denonville le fit passer par les armes.

Les divers corps se réunirent sur la plage à l'embouchure de la rivière des Sables ; on y éleva un retranchement pour protéger la flottille qui avait servi à remonter le Saint-Laurent et à traverser les lacs. « C'était, dit un contemporain, le spectacle le plus extraordinaire qu'on eût jamais vu dans ce pays et qu'on puisse se figurer en Europe. On y voyait un fort grand nombre de visages tout différents, avec une pareille diversité d'armes, de parures, de danses et de manières. On y entendait des chansons, des cris, des harangues de toutes sortes de tons et de langues. La plupart de ces barbares n'avaient, pour tout habit, que des queues de bêtes derrière le dos et des cornes sur la tête. Ils avaient le front et les joues peints en vert ou en rouge, le nez et les oreilles percés et chargés de fer, et tout le corps colorié de diverses figures d'animaux. » (De Saint-Vallier.)

Le 12 juillet, on se mit en marche ; l'avant-garde était dirigée par M. de Callières, commandant de Montréal ; elle comprenait trois compagnies de Canadiens, sous les ordres de La Durantaye, du Luth et Tonti, flanqués à gauche des sauvages qu'ils avaient amenés ; une autre bande de trois cents Péaux-Rouges chrétiens conduits par de Sainte-Hélène les soutenait à droite. Le corps principal, composé de soldats réguliers et de miliciens, au milieu desquels avait pris place le gouverneur, suivait à quelque distance. La bourgade ennemie, la plus importante se trouvait à sept lieues des bords du lac. Dans la première journée, les troupes, à travers bois, parcoururent quatre lieues. Le lendemain, par une chaleur extrême, l'avant-garde s'engagea dans un vallon profond, couvert d'épais taillis. Elle y fut brusquement assaillie par cinq cents Iroquois embusqués à la tête de ce défilé. Deux ou trois cents autres s'étaient cachés dans des marécages voisins du sentier que suivait l'armée ; ils devaient la prendre à revers et la placer entre deux feux ; trompés par l'importance de l'avant-garde, ils sortirent de leur retraite aussitôt qu'elle eut passé devant eux. Poussant alors des hurlements forcenés, ils commencèrent contre le détachement une violente fusillade, puis le chargèrent le casse-tête à la main pendant que l'autre bande l'assaillait en tête avec la même fureur. Il y eut parmi les alliés une véritable panique : les Outaouais en particulier s'enfuirent au premier choc ; mais les sauvages chrétiens

SAUVAGE DU NORD-OUEST.
Dessin de Dupuy.

se comportèrent mieux, et les Canadiens, encouragés par leurs officiers, engagèrent d'arbre en arbre, contre les assaillants, une fusillade qui en tua ou blessa un certain nombre. Leur résistance permit d'attendre sans lâcher pied les troupes régulières que le gouverneur, au bruit des coups de feu et des cris de guerre, avait fait avancer au plus vite. Marchant à leur tête, il chargea les Tsonnontouans qu'il mit en fuite. Dix hommes avaient été tués de notre côté, et une centaine blessés dans cette rencontre. Plus de quatre-vingts Iroquois étaient restés sur le champ de bataille ; nos sauvages les scalpèrent et les Outaouais, qui avaient lâchement pris la fuite aux premiers coups de feu, se vengèrent de leur poltronnerie en coupant les cadavres en morceaux pour les mettre à la chaudière.

Les troupes, qui avaient campé sur place après cette rude affaire, trouvèrent le lendemain la bourgade incendiée; les Tsonnontouans, reconnaissant l'impossibilité de résister à cette invasion, avaient mis le feu pendant la nuit à leurs cabanes et s'étaient enfuis au loin. Dix jours furent employés à détruire trois autres villages et les champs qui les entouraient, à couper le maïs sur pied et à enlever le grain qui servit à ravitailler les postes des lacs. Cette œuvre achevée, une partie des troupes revint avec M. de Denonville à Niagara; le reste regagna le fort Frontenac et Montréal.

Les Tsonnontouans avaient été, en définitive, traités comme les Agniers du temps de M. de Tracy : leur puissance se trouva ébranlée; par le fait de la destruction de leurs provisions, beaucoup périrent de misère l'hiver suivant; leurs esclaves s'enfuirent; de neuf cents guerriers ils se virent réduits à quatre ou cinq cents.

Enfin les intrigues des Anglais, qui cherchaient à nous enlever le commerce des pelleteries dans les hauts pays, se trouvèrent déjouées. Pour y apporter un dernier obstacle, le gouverneur remit en état le fort de Niagara, dont La Salle avait si bien compris l'importance comme base de communication avec les lacs et comme barrière aux courses des Iroquois, amenant à leur suite les marchands de la Nouvelle-York. Il en confia la garde à une centaine de soldats sous le commandement du capitaine de Troyes, qui venait de se signaler à la baie d'Hudson, et redescendit à Québec. Malheureusement les vivres laissés dans les magasins étaient avariés, le scorbut se déclara bientôt parmi les hommes; le défaut de médicaments permit à l'épidémie de se développer d'une manière effrayante; quatre-vingt-dix malades et le capitaine succombèrent en quelques jours. Les autres, épouvantés, abandonnèrent le fort pour rejoindre Montréal.

La leçon infligée aux Tsonnontouans avait d'abord intimidé les autres cantons; mais les pertes subies par ces barbares n'étaient pas suffisantes pour mettre un terme à leur soif de vengeance, et les incursions des bandes dans la colonie recommencèrent bientôt. L'une d'elles enleva trois soldats auprès du fort Frontenac; une autre vint faire quelques prisonniers et brûler des fermes aux abords du fort Chambly; elle avait, on l'apprit depuis, reçu des munitions de la Nouvelle-York et des encouragements du colonel Dongan à pousser ses ravages au cœur même de la Nouvelle-France. Au printemps de 1688, un détachement conduit au fort Frontenac par M. de Sainte-Hélène était attaqué dans les rapides; plusieurs hommes étaient tués ou pris, les autres s'enfuirent pour éviter le même sort. A Sorel, à Contre-Cœur, à Saint-Ours, à Boucherville, des bâtiments étaient incendiés, des bestiaux égorgés. Le gouverneur considéra que, pour mettre fin à ces brigandages, il fallait recommencer une campagne contre leurs auteurs, et demanda dans ce but au ministre un renfort d'un millier de soldats; mais il en reçut cette réponse : « Le roi a besoin d'hommes et d'argent ailleurs; il faut donc se contenter de faire la paix avec les Iroquois par tous les moyens, et de maintenir doucement la colonie jusqu'à ce que, les temps étant différents, le roi puisse prendre les résolutions les plus convenables pour achever de se rendre maître des pays voisins. » Le ministre informa en même temps M. de Denonville qu'il ne lui serait envoyé que trois cents hommes. Il lui faisait connaître, en outre, que le roi d'Angleterre avait rappelé le colonel Dongan. « Comme celui qui le relève, ajoutait-il, doit avoir des ordres de vivre en bonne intelligence avec vous, vous allez être délivré de l'embarras que l'avidité et la mauvaise foi de cet homme vous causaient. »

Dans l'impossibilité de recommencer une nouvelle expédition avec le peu de troupes dont il pouvait disposer, force fut au gouverneur de chercher à traiter avec les cantons afin d'épargner à la colonie de sanglantes incursions, et des pourparlers s'engagèrent par l'intermédiaire des missionnaires. M. de Denonville, se rendant compte de la faute commise lorsqu'il avait fait arrêter et envoyer aux galères un certain nombre d'Iroquois, écrivit en France pour demander leur transfert à Québec, et promit de les rendre à leurs tribus dès qu'ils seraient arrivés. Il consentit aussi à abandonner le fort Niagara dont le ravitaillement aurait présenté de grandes difficultés. Mais, ces négociations, dont nos alliés étaient informés, inspiraient à ces derniers une profonde méfiance ; ils craignaient d'être sacrifiés à leurs farouches ennemis et de voir la paix se conclure ainsi à leurs dépens. Un chef huron, Kondiaronk, que les Français appelaient le Rat, eut alors recours à une ruse vraiment diabolique pour rompre tous les pourparlers. C'était un homme de quarante ans, extrêmement brave, d'un esprit fin et souple ; bien supérieur à ses compatriotes, il était très choyé de M. de Frontenac, qui se plaisait à l'inviter à sa table et goûtait fort ses réparties originales. Se tenant à l'écart après le départ de ce gouverneur, il ne s'était décidé à entrer en campagne contre les Iroquois que sur les prières et les démarches instantes du commandant de Michillimakinac, et il s'était mis en route avec une centaine de guerriers pour accomplir en territoire ennemi quelque fait d'armes éclatant. Arrivé au fort Frontenac, il apprit que des négociations étaient engagées avec ces Iroquois contre lesquels on lui avait affirmé que la guerre se poursuivrait jusqu'à leur destruction totale, et que le gouverneur attendait dans huit ou dix jours leurs ambassadeurs à Montréal. Après lui avoir fait part de cette nouvelle, le commandant du fort l'engagea vivement à retourner à sa bourgade. Le Rat, très surpris de ce que lui disait cet officier, n'en laissa néanmoins rien paraître et, avec la gravité du sauvage, il répondit que cela était raisonnable et qu'il allait reprendre le chemin de son pays. Mais, avant son départ, il s'informa de la route que devaient suivre les ambassadeurs iroquois, et il alla les attendre aux cataractes où il dressa une embuscade. Il y était depuis quatre ou cinq jours, guettant sa proie au passage, lorsque les envoyés des cantons, accompagnés d'une quarantaine d'hommes, arrivèrent à sa portée. Ils traînaient leurs canots le long des berges, ne soupçonnant pas le voisinage d'un ennemi, lorsque les Hurons les assaillirent à l'improviste et en tuèrent plusieurs. Tous les autres furent pris et liés. Un des chefs, reconnaissant Kondiaronk, lui demanda comment il pouvait ignorer que ceux qu'il venait d'attaquer étaient envoyés comme ambassadeurs auprès d'Onontio, leur père commun, gouverneur du Canada. Le Rat, simulant un étonnement extrême, répondit que c'était au contraire ce gouverneur qui l'avait informé du passage d'un parti de cinquante guerriers, et invité à dresser l'embuscade dans laquelle ils étaient tombés. Les Iroquois, indignés d'une telle perfidie, racontèrent au chef huron dans quelles conditions et pour quel motif ils accomplissaient leur voyage. Alors le Rat, jouant le désespéré et le furieux, déclara que M. de Denonville s'était servi de lui pour accomplir une horrible trahison, mais qu'il s'en vengerait tôt ou tard. Pour convaincre ses prisonniers de sa bonne foi, il leur rendit la liberté et n'en garda qu'un seul pour remplacer, disait-il, un des siens tué dans l'attaque. Puis, avec ce prisonnier, il se rendit en toute hâte à Michillimakinac, et le remit à M. de La Durantaye qui, pour lui épargner le supplice du feu, le fit aussitôt fusiller. Ce commandant ignorait les pourparlers de M. de Denonville avec les cantons et le Rat s'était bien gardé de lui en faire part.

L'exécution accomplie, le chef huron choisit un esclave iroquois qui le servait depuis longtemps et lui permit de retourner chez les siens, auxquels il apprendrait que tandis que les Français les amusaient par de feintes propositions de paix, ils faisaient faire sur eux des prisonniers auxquels ils cassaient la tête. Les récits de cet homme, rentré dans sa bourgade, et ceux des envoyés relâchés par les Hurons mirent les Iroquois en fureur, et le Rat put dire avec raison qu'il avait « tué la paix ».

L'expédition de M. de Denonville et le guet-apens du chef huron allaient avoir bientôt une sanglante contre-partie. Dans l'île de Montréal, à l'entrée du lac Saint-Louis, Cavelier de La Salle avait créé un village que l'on désignait sous le nom de la Chine. Des fermes s'y étaient élevées, abritant les familles de hardis pionniers, la plupart attirés à cette extrémité de la colonie par la traite avec les indigènes. Tous se croyaient en pleine sécurité, lorsque, le 5 août 1689, pendant une nuit obscure, une bande de douze ou quinze cents Iroquois traversa le lac Saint-Louis et descendit dans l'île sans avoir été aperçue. Surpris dans leur sommeil, presque tous les hommes furent massacrés avant d'avoir eu le temps de saisir leurs armes pour se défendre. Les autres, garrottés, subirent, au milieu des bâtiments en flammes, les plus effroyables supplices; les enfants, embrochés vifs, étaient mis au feu comme des bêtes à rôtir; les mères étaient obligées, sous les coups, de tourner ces broches avant d'être déchirées et brûlées elles-mêmes; des femmes étaient éventrées, d'autres empalées vives, les cadavres déchiquetés et dévorés palpitants. En moins d'une heure deux cents victimes avaient succombé dans ces horribles tortures. Une centaine de soldats, à l'annonce du désastre, se dirigèrent aussitôt de Montréal sur un fortin à l'ouest de la ville; ils espéraient s'y retrancher et arrêter les agresseurs, mais entourés par un ennemi bien supérieur en nombre et assaillis furieusement, presque tous restèrent sur la place. Après avoir mutilé et déchiré leurs cadavres, les vainqueurs, ivres de sang, se répandirent comme des bêtes féroces dans l'île entière; ils massacrèrent ou firent prisonniers tous les malheureux qu'ils rencontrèrent; puis, rassasiés de carnage, ils regagnèrent sans obstacle leurs bourgades avec deux cents prisonniers dont la plupart subirent le supplice du feu. Jusqu'au mois d'octobre, des partis se montrèrent aux alentours de Montréal tuant ou enlevant les habitants isolés et semant partout la terreur.

La Nouvelle-France était à la merci d'une dernière invasion que les Iroquois annonçaient pour la saison prochaine avec le concours des Anglais; les sauvages alliés n'avaient plus que du mépris pour une nation qui se laissait égorger sans défense; les habitants et les soldats, épouvantés, n'osaient plus sortir de leurs retranchements; le ravitaillement du fort Frontenac était considéré par le gouverneur comme impossible et il en ordonnait l'évacuation. Telle était la situation dans laquelle M. de Denonville laissait la colonie au moment où il était rappelé en France, pour y remplir les fonctions de précepteur du duc de Bourgogne. Avant son départ, il avait saisi le roi d'un projet de démonstration contre les colonies anglaises, dont les incessantes excitations au pillage et à la dévastation du Canada justifiaient de bien tardives représailles. Le chevalier de Callières, gouverneur de Montréal, envoyé à Versailles pour remettre ce projet à la Cour, réussit à démontrer au ministre qu'il était nécessaire de s'emparer de la Nouvelle-York, si l'on voulait mettre fin aux brigandages des Iroquois en les privant du soutien sur lequel ils avaient compté jusqu'alors. Le déplorable état des affaires au Canada exigeait l'envoi de prompts renforts et la nomination comme gouverneur d'un homme énergique, pouvant inspirer confiance à la population dont la détresse était extrême. Sur la recommandation du maréchal de Bellefont, le ministre présenta M. de Frontenac à Louis XIV pour remplacer M. de Denonville. Le roi, dans l'audience qu'il lui accorda, rendant enfin justice après sept ans d'oubli à son administration précédente, adressa au comte ces paroles qui le vengeaient dignement des calomnies dont il avait été victime : « Je vous renvoie au Canada où je compte que vous servirez aussi bien que vous avez fait ci-devant. Je ne vous en demande pas davantage. » Le choix de l'homme était heureux, mais il lui fallut suffire à peu près seul à la lourde tâche qui lui incombait, car il n'obtint que des renforts insignifiants et deux navires avec lesquels il devait essayer d'aborder à la Nouvelle-York, pendant que le chevalier de Callières irait prendre à Montréal le commandement des troupes pour attaquer à revers, par le lac Champlain, la colonie anglaise.

Guillaume III avait chassé le roi Jacques, notre allié, du trône d'Angleterre, et la guerre avait recommencé entre les deux nations. Louis XIV préparait une expédition en Irlande qui absorbait tous les efforts de la marine, et les deux vaisseaux qui devaient conduire Frontenac à la côte d'Amérique, au lieu d'être prêts à la mi-juin, ne prirent la mer qu'au mois d'août. La traversée de l'Atlantique, contrariée par les vents, dura quarante-deux jours. Le moment favorable pour attaquer New-York

CHEF EN TENUE DE GUERRE.
Dessin de A. de Neuville.

était passé et M. de Frontenac se dirigea sur Québec. Il y arriva le 12 octobre. La population tout entière le reçut à son débarquement; les maisons furent illuminées, des feux d'artifice tirés; mais il avait appris à l'île Percée, par des missionnaires récollets, le désastre de la Chine, et sans prendre un repos que son âge — il avait alors soixante-dix ans — et les fatigues de la mer auraient cependant justifié, il partit pour Montréal, où régnait le plus complet désarroi. « Il est difficile, écrivait-il au ministre, de se représenter la consternation générale que je trouvai parmi les habitants, et l'abattement qui était dans les troupes. » Son premier souci fut de faire réoccuper le fort de Cataracoui, dont son prédécesseur avait ordonné l'évacuation; puis il prescrivit d'établir autour de Montréal une nouvelle palissade en pieux de quinze pieds hors terre; il répartit ensuite les troupes dans leurs quartiers d'hiver. Des patrouilles parcoururent régulièrement les environs; des forts de pieux élevés dans les seigneuries les plus importantes permirent aux habitants du voisinage de s'y réfugier : on les garnit de canons que les gardiens tiraient en cas d'alerte.

Le gouverneur avait ramené avec lui de France les chefs envoyés aux galères par M. de Denonville; il avisa les cantons de leur retour, et leur en dépêcha plusieurs que pendant la traversée il avait su gagner à la cause de la France. Leur rentrée dans les bourgades calma quelque peu les esprits et des pourparlers s'engagèrent; mais Frontenac, estimant non sans raison qu'il importait pour obtenir la paix de se montrer fort, résolut de commencer par frapper le véritable ennemi, et par rendre aux Anglais une partie du mal qu'ils avaient fait à la colonie en poussant constamment les Iroquois à la dévaster. Trois expéditions furent préparées, l'une à Montréal, pour opérer du côté d'Orange; la seconde aux Trois-Rivières, avec les environs de Boston pour but; la troisième à Québec, destinée à détruire quelques villages entre Boston et l'Acadie. Le commandement de la première, qui était la plus importante, fut confié à MM. d'Ailleboût de Mantet et Le Moyne de Sainte-Hélène, tous deux lieutenants, d'une intrépidité à toute épreuve; ils avaient sous leurs ordres, comme volontaires, des hommes tels que MM. de Repentigny, d'Iberville, de La Brosse, de Montigny, tous officiers; leur troupe se composait de cent quatorze Français, quatre-vingts sauvages du sault Saint-Louis et seize Algonquins.

Le départ s'effectua pendant la période la plus froide de l'année, au mois de février 1690; la marche avait lieu dans les neiges, raquettes aux pieds, fusil en bandoulière, provisions sur les épaules; on couchait sur le sol, sans abri. Une centaine de lieues avaient été ainsi allègrement parcourues, lorsque les chefs informèrent la colonne du but de l'expédition : il s'agissait d'attaquer Orange, capitale de la Nouvelle-York. Les sauvages, effrayés, se récrièrent; ils ne croyaient pas possible d'enlever une place défendue par une garnison de cinq ou six cents hommes. Comme il eût été imprudent de les mécontenter, Mantet et Sainte-Hélène acceptèrent de se rabattre sur Corlar, gros bourg entouré d'une palissade, à six lieues d'Orange. Il était habité par des Hollandais et des Anglais signalés comme fournissant des armes aux cantons. Pendant neuf jours, Canadiens et sauvages marchèrent, par un froid intolérable, enfonçant parfois jusqu'aux genoux dans les marécages. Arrivés à la nuit près de Corlar, ils détachèrent l'un d'eux pour reconnaître la place. Il s'en approcha sans être aperçu et revint informer les chefs que le bourg comprenant plus de quatre-vingts maisons avait la forme d'un carré long, entouré de pieux, dans lesquels avaient été ménagées deux portes donnant accès à la rue principale. L'attaque avait d'abord été fixée au lever du jour, mais le froid était terrible et le vent soufflant avec violence remplissait l'air de tourbillons de neige. On résolut de brusquer l'assaut, afin de trouver dans la place un abri, du feu et des vivres. D'ailleurs la population dormait dans la sécurité la plus complète; elle avait bien entendu dire qu'un parti français avait quitté Montréal, mais les rigueurs de la température et l'amoncellement des neiges ne permettaient pas de supposer que des Européens seraient capables d'accomplir une telle marche au milieu des bois, sans autre abri que le ciel, sans autres provisions que celles qu'ils portaient avec eux. L'effrayant cri de guerre des sauvages donna le signal de l'attaque; les maisons et un fort gardé par quelques soldats furent promptement enlevés; le feu consuma ensuite les bâtiments. Une soixantaine de prisonniers, pour la plupart femmes, enfants ou vieillards, eurent la vie sauve. Une veuve, habitant Corlar, avait à diverses reprises donné des témoignages de compassion aux captifs français amenés dans ce pays; elle avait soigné des malades, fourni des vivres et des vêtements à plusieurs; ses bienfaits ne furent pas oubliés et sa maison ne subit aucun dommage.

CANADIEN SUR RAQUETTES.

Le butin dont les sauvages s'étaient chargés et le nombre des prisonniers retardèrent la retraite, qui fut inquiétée par les Agniers et les miliciens d'Orange; une quinzaine de Français perdirent la vie dans ces escarmouches, et la troupe, épuisée de fatigue, n'atteignit Montréal qu'à la fin de mars. Néanmoins, l'effet sur lequel comptait M. de Frontenac était produit; la terreur s'empara des colons anglais lorsque ce hardi coup de main leur fut connu, et nos plus acharnés adversaires comprirent que la distance ne les sauverait plus des représailles des Canadiens.

Le parti de guerre formé aux Trois-Rivières avait comme chef un des meilleurs officiers de la colonie, François Hertel, qui emmenait avec lui trois de ses fils. La troupe se composait d'une trentaine de Canadiens et de vingt-cinq sauvages. Le départ eut lieu le 28 janvier 1690; après une longue et rude marche, on arriva le 27 mars en vue d'un bourg anglais du nom de Salmon-Falls. Les Français divisés en trois bandes enlevèrent en même temps d'assaut les deux forts protégeant la place et une grande maison barricadée. Tout ce qui résistait fut taillé en pièces;

l'ennemi eut trente hommes tués et cinquante-quatre faits prisonniers; vingt-sept maisons réduites en cendres et tout le bétail brûlé dans les étables, tels furent les résultats de cette affaire. Poursuivi par un corps de deux cents miliciens, Hertel l'attendit au bord d'une rivière sur laquelle il y avait un pont étroit; les Anglais, méprisant le petit nombre des ennemis, s'y engagèrent sans défiance; Hertel les laissa venir à portée, puis fondit sur eux avec une telle impétuosité que du premier choc il en tua ou blessa dix-huit. Les autres s'enfuirent, et les Français continuèrent sans encombre leur retraite vers la colonie. Dans le trajet, Hertel rencontra le parti formé à Québec et se joignit à lui, après avoir envoyé un détachement informer le gouverneur du succès de son entreprise.

La dernière troupe, qui avait quitté le Canada sous le commandement du lieutenant de Portneuf, ne comprenait que quelques Canadiens accompagnés d'une soixantaine d'Abénaquis. Il leur avait été impossible d'emporter des provisions par suite de la disette qui était grande à Québec, et ils durent chasser en route pour se procurer des vivres. Aussi n'arrivèrent-ils qu'au mois de mai aux abords du fort de Casco, après avoir été rejoints par Hertel et ses compagnons. La place était garnie de huit pièces d'artillerie et abondamment pourvue de munitions. Les Anglais du voisinage s'y étaient réfugiés à l'approche de l'ennemi et la garnison paraissait résolue à se défendre; mais une sortie de cinquante hommes tomba dans une embuscade et fut assaillie si vigoureusement que quatre seulement rentrèrent au fort; une tranchée fut ensuite ouverte. Canadiens et sauvages n'avaient à cet égard aucune expérience, mais l'ardeur qui les animait y suppléa : des outils trouvés dans les fermes du voisinage permirent de remuer la terre et de faire les approches avec un tel succès que la garnison, craignant un assaut qui aurait abouti à son massacre, se rendit prisonnière. Après avoir enlevé du fort tout ce qui pouvait être utilisé, M. de Portneuf en détruisit les bâtiments ainsi que toutes les habitations à deux lieues à la ronde, puis il revint à Québec sans être inquiété.

Ces succès, grossis par la renommée, troublèrent vivement les Anglais, donnèrent à réfléchir aux Iroquois, et permirent à Frontenac de rompre les pourparlers engagés entre ces derniers et les sauvages de l'Ouest, Outaouais et Hurons, qui se préparaient à nous abandonner. Réunis à Montréal, les chefs de ces tribus y furent reçus solennellement par le gouverneur qui les combla d'attentions. Dans une grande assemblée, il leur fit savoir que s'il avait d'abord usé d'indulgence au regard des cinq cantons, c'est parce qu'il espérait qu'ils reviendraient à des sentiments d'affection pour leur père, mais qu'il était las d'attendre leurs propositions et décidé à marcher contre eux avec tous ses alliés. Saisissant alors une hache et entonnant une chanson de guerre, il fit tournoyer l'arme au-dessus de sa tête et, suivant la coutume des sauvages, il la remit aux chefs qui la brandirent à leur tour en dansant et en chantant. « Ce dut être un spectacle inoubliable que celui de ce vieillard, en grande tenue de gouverneur, donnant ainsi le signal violent d'une fête de sauvages; ceux-là seuls pouvaient regretter qu'il renonçât un instant à la dignité de sa charge, qui ne comprenaient pas la valeur sur l'esprit des indigènes d'une semblable manifestation. » (Lorin.) Tous promirent qu'il ne serait plus question de paix avec l'Iroquois. Nicolas Perrot, détaché chez les Sioux, réussit à les maintenir en paix avec les Outagamis et les autres tribus voisines du lac Michigan;

il obtint, en outre, de ces dernières la formation de partis de guerre contre les cantons. Tonti, chargé du commandement aux Illinois, les détermina également à des incursions chez les mêmes ennemis dont ils détruisirent un bon nombre.

Ce n'était pas sans de graves raisons que Frontenac s'assurait le concours de ces peuplades; les pertes infligées par les Canadiens aux colons anglais les avaient décidés à tenter un grand effort pour chasser des voisins si entreprenants; leurs délégués se réunirent en congrès à New-York au mois de mai 1690 et s'entendirent pour une double attaque sur la Nouvelle-France, l'une par mer afin de s'emparer de Québec, l'autre par terre dans la direction de Montréal. Les Bostonais se chargèrent de fournir la flotte et les équipages; les troupes de terre devaient se réunir à Orange et rallier en route les guerriers des cantons. Le commandement de la flotte fut confié à Guillaume Phips. Cet officier avait été d'abord ouvrier charpentier, puis marin; originaire de la Nouvelle-Angleterre, il plaisait au peuple de Boston par l'obscurité même de ses débuts; mais son entêtement égalait son insuffisance, que sa conduite pendant cette campagne mit à nu autant que sa duplicité et sa mauvaise foi. Il commença ses opérations par l'Acadie et vint mouiller devant Port-Royal. Le commandant, M. de Menneval, n'avait à sa disposition que quatre-vingt-dix hommes de troupe; la place était dans un état complet de délabrement et la défense ne semblait guère possible. Sommé de se rendre, M. de Menneval entra en négociations avec Phips qui lui accorda la sortie de la garnison avec armes et bagages, le transport de tous les soldats à Québec, le maintien des habitants dans la possession paisible de leurs biens et le libre exercice de leur religion. Mais la place rendue, Phips, la trouvant beaucoup plus faible qu'il ne l'avait pensé, fit désarmer les soldats, les retint prisonniers avec le commandant, s'empara des effets et de l'argent de ce dernier, et laissa ses hommes mettre à sac les habitations. De retour à Boston, il réunit les navires et les équipages nécessaires pour aller attaquer Québec, et le 16 octobre il arriva en vue de cette ville à la tête de trente-quatre voiles transportant trois mille hommes de troupes.

M. de Frontenac se trouvait à Montréal où il présidait à la foire des pelleteries et organisait la défense contre les Iroquois et les Anglais, de concert avec les nations du haut pays. Il était averti de la formation d'un corps d'invasion à Orange et se préparait à le repousser lorsqu'il apprit que les miliciens anglais, en se réunissant aux contingents des cantons, leur avaient communiqué la petite vérole qui avait rapidement fait parmi eux d'effrayants ravages. Plus de trois cents étant morts, les autres accusèrent les Visages-Pâles de les empoisonner et se dispersèrent. Les Anglais, restés seuls, regagnèrent leurs foyers sans rien tenter contre le Canada.

Informé de l'agression par terre, Frontenac était moins bien renseigné sur l'attaque par mer, et il aurait pu être victime d'une surprise si des chefs abénaquis, qui avaient vu la flotte de Phips se diriger sur le golfe Saint-Laurent, n'avaient envoyé un des leurs prévenir en toute hâte à Québec de la direction prise par l'ennemi. Avisé aussitôt, Frontenac descendit le fleuve dans un canot d'écorce après avoir chargé Callières, commandant à Montréal, de réunir et de lui amener dans le plus bref délai tous les renforts possibles. Le 14 octobre 1690, il rentrait à Québec. La flotte anglaise faisait deux jours plus tard son apparition; mais, sous l'ardente impulsion du gouverneur aidé par toute la population, qui avait en lui la plus absolue confiance, le temps avait été merveilleusement utilisé; les fortifications, complétées, étaient mises en état de défense, des barricades élevées sur divers points, des batteries installées, les milices réunies, les berges du fleuve garnies de troupes.

Le 16 octobre, à dix heures du matin, la flotte anglaise jetait l'ancre devant Québec, et une chaloupe portant pavillon blanc quittait le vaisseau de Phips pour se diriger vers la ville. M. de Frontenac envoya un officier à la rencontre du parlementaire; celui-ci, les yeux bandés, fut conduit au château Saint-Louis où, son bandeau enlevé, il se trouva en présence du gouverneur ayant à ses côtés l'évêque, l'intendant et un grand nombre d'officiers. Sa surprise fut d'autant plus extrême que sur la flotte on croyait Québec sans défense et M. de Frontenac à Montréal. Invité à faire connaître l'objet de sa mission, cet homme remit en tremblant, au nom de son chef, un ultimatum dont le texte fut traduit sur-le-champ à haute voix. Le voici, tel que M. de Frontenac le transmit au marquis de Seignelay : « Guillaume Phips, général de l'armée anglaise, à M. de Frontenac. La guerre déclarée entre les Couronnes d'Angleterre et de France n'est pas le seul motif de l'entreprise que j'ai eu l'ordre de former contre votre colonie. Les ravages et les cruautés exercés par les Français et les sauvages sans aucun sujet contre les peuples soumis à Leurs Majestés Britanniques ont obligé Leursdites Majestés d'armer pour se rendre maîtres du Canada, afin de pourvoir à la sûreté des provinces et à leur obéissance. Mais comme je serais bien aise d'épargner le sang chrétien et de vous faire éviter tous les malheurs de la guerre, moi Guillaume Phips, chevalier, par ces présentes et au nom de Leurs très excellentes Majestés, Guillaume et Marie, roi et reine d'Angleterre, de France, d'Écosse et d'Irlande, défenseurs de la foi, je vous demande de remettre entre mes mains vos forts et châteaux, dans l'état où ils sont, avec toutes les munitions et autres provisions quelconques. Je vous demande aussi que vous me rendiez tous les prisonniers que vous avez, et que vous livriez vos biens et vos personnes à ma disposition ; ce faisant, vous pouvez espérer que, comme bon chrétien, je vous pardonnerai le passé autant qu'il sera jugé à propos pour le service de Leurs Majestés et la sûreté de leurs sujets. Mais si vous entreprenez de vous défendre, sachez que je suis en état de vous forcer, bien décidé avec l'aide de Dieu, en qui je mets toute ma confiance, à venger par les armes les torts que vous nous avez faits, et de vous assujettir à la Couronne d'Angleterre. J'attends votre réponse dans une heure. »

La lecture de cet insolent factum souleva dans toute l'assistance une vive indignation, qui augmenta encore lorsque le parlementaire, suivant ses ordres, tira une montre de sa poche, constata qu'il était dix heures et déclara ne pouvoir attendre une réponse que jusqu'à onze. Le capitaine de Valrennes, exprimant l'opinion d'une grande partie des officiers, dit qu'il fallait pendre cet individu comme le complice d'un corsaire armé contre son légitime souverain, et dont la conduite à Port-Royal avait été celle d'un véritable forban. M. de Frontenac, bien que partageant le sentiment de ceux qui l'entouraient, ne parut pas entendre la réflexion de Valrennes et répondit froidement à l'envoyé : « Je ne vous ferai pas attendre ma réponse si longtemps. La voici : je ne connais point le roi Guillaume, mais je sais que le prince d'Orange est un usurpateur, qui a violé les droits les plus sacrés du sang et de la religion en détrônant le roi son beau-père. Je ne connais point d'autre souverain légitime de l'Angleterre que le roi Jacques II. Le chevalier Phips n'a pas pu être surpris des hostilités des Français, car il a dû s'attendre que le roi mon maître, ayant reçu le roi d'Angleterre sous sa protection, m'ordonnerait de porter la guerre chez les peuples qui se sont révoltés contre leur prince légitime. A-t-il pu croire que quand il m'offrirait des conditions plus tolérables et que je serais d'humeur à les accepter, tant de braves gens y voudraient consentir et me conseilleraient de me fier à la parole d'un homme qui a violé la capitulation qu'il avait faite avec le gouverneur de l'Acadie, qui a manqué à la fidélité qu'il devait à son prince pour suivre le parti d'un étranger qui a détruit les lois et les privilèges du royaume dont il prétend être le libérateur et renversé l'église anglicane? C'est ce que la justice divine, invoquée par votre général, punira un jour sévèrement. »

L'envoyé demanda que cette réponse lui fût remise par écrit. Le gouverneur s'y refusa et dit fièrement : « C'est par la bouche de mes canons que je vais répondre à votre maître. Il apprendra que ce n'est pas de la sorte qu'on fait sommer un homme comme moi. » Et il donna l'ordre de reconduire aussitôt l'Anglais à sa chaloupe.

Phips, qui ne s'attendait pas à une résistance sérieuse, perdit deux jours en préparatifs, et permit ainsi aux sept cents hommes réunis par Callières d'arriver à Québec. De leurs vaisseaux, les Anglais entendirent les acclamations qui saluaient l'entrée de cette troupe dans la ville, au bruit des fifres et des tambours. Ils en demandèrent la cause à un prisonnier français; il leur répondit : « C'est le commandant de Montréal qui arrive avec les gens d'en haut; vous n'avez qu'à plier bagage, car vous perdrez maintenant vos peines. »

Le 18 octobre, vers midi, quinze cents hommes embarqués dans des chaloupes quittaient la flotte et se dirigeaient sur la côte de Beauport où ils débarquaient. Un détachement de trois cents miliciens et des sauvages alliés se chargèrent de les arrêter dans leur marche sur Québec. Le terrain était marécageux, embarrassé d'arbres et de broussailles, coupé de rochers; les Anglais, formés en colonne serrée, enfonçaient en s'avançant dans la vase pendant que les Canadiens, dispersés en tirailleurs et profitant de tous les abris, les abattaient à coups de fusil. Le combat ne dura qu'une heure; le désordre se mit dans les rangs de l'ennemi qui n'osa pas pousser plus loin son attaque, dans la crainte d'avoir affaire à des masses de Peaux-Rouges embusqués derrière tous les arbres. Cette journée lui coûta cent cinquante hommes, tandis que les Français n'eurent que quelques-uns des leurs atteints.

Pendant le débarquement, quatre des plus gros navires de Phips étaient venus s'embosser devant Québec et avaient ouvert contre la ville un feu violent qui fit plus de bruit que de mal. Tout se borna à un homme tué, un blessé et à quelques dégâts matériels sans importance. « Le dommage qu'ils causèrent aux toits des maisons, dit avec mépris un témoin, pouvait monter à cinq ou six pistoles. » (La Hontan.) Par contre, les batteries françaises, servies par des volontaires pleins d'ardeur et pointées par Le Moyne de Sainte-Hélène, dont l'adresse égalait le courage, criblèrent de boulets les navires anglais. Le vaisseau de Phips fut désemparé, sa coque percée en plusieurs endroits, ses manœuvres coupées et beaucoup de ses matelots tués ou blessés. Les autres bâtiments, bien que moins atteints, éprouvèrent de graves avaries et tous levèrent l'ancre avant la fin du jour pour aller se réparer hors de portée du feu de la place. Au fort de l'action, un boulet abattit le pavillon du vaisseau amiral qui tomba dans le fleuve où il fut entraîné par le flot. Quelques hardis jeunes gens réussirent à s'en emparer à la nage, et malgré les coups de feu tirés sur eux l'emportèrent à la vue de toute la flotte. Ils le remirent au gouverneur qui le fit déposer à la cathédrale.

Le lendemain, Phips, ses bâtiments réparés, recommença sans plus de succès le tir contre la ville. Très maltraité par les projectiles des batteries, il se vit contraint de se retirer avec le gros de sa flotte auprès de l'île d'Orléans. Quant aux troupes de débarquement, qui avaient souffert du froid pendant la nuit, car les gelées étaient déjà assez fortes, elles s'étaient approchées de la rivière Saint-Charles qu'il leur fallait traverser pour arriver à la ville, et le 20, Walley qui les commandait, ayant reçu tous les renforts que l'amiral pouvait lui envoyer, reprit sa marche vers Québec. Mais il avait devant lui un corps de deux cents volontaires conduits par les frères Le Moyne, de Longueil et de Sainte-Hélène, soutenus par un millier d'hommes en réserve sous la direction de Frontenac. Les Français, abrités derrière les arbres et les rochers, tiraillant à la manière des sauvages, arrêtèrent encore les assaillants, dont un grand nombre resta sur le champ de bataille. Malheureusement Sainte-Hélène, « un des plus aimables cavaliers et des plus braves hommes que la colonie eût jamais eus », fut atteint à la jambe d'une blessure à laquelle il succomba quelques jours après.

Le 21 octobre, une dernière tentative des Anglais fut repoussée avec le même succès. Décimés par les balles des miliciens et des sauvages, pris en flanc par le feu d'une batterie, ils se virent forcés à la retraite. Au moment où ils regagnaient leurs embarcations, le tocsin se mit à sonner à la cathédrale de Québec; croyant que c'était le signal d'une attaque générale des Français et de ces Peaux-Rouges dont ils avaient une extrême frayeur, les Anglais abandonnant leurs canons s'enfuirent en désordre. Ils profitèrent de la nuit noire et d'une pluie froide qui arrêta la poursuite pour s'embarquer et regagner la flotte.

Le 22, Phips réunit à son bord un conseil de guerre pour examiner s'il serait possible de continuer l'entreprise, malgré les échecs subis jusqu'alors; mais le temps devenait mauvais, les munitions étaient épuisées et l'on dut se résigner à la retraite. La flotte leva l'ancre et descendit le cours du fleuve. Les Anglais avaient perdu six cents hommes dans cette tentative, mais leurs pertes ne s'arrêtèrent pas là; neuf de leurs bâtiments sombrèrent dans le Saint-Laurent avec une grande partie des équipages qui les montaient; Phips lui-même faillit s'échouer près de l'île d'Orléans et, au mois de mai 1691, quatre de ses navires seulement étaient rentrés à Boston.

A Québec, la disparition de l'ennemi devint le signal d'une joie générale et d'une allégresse d'autant plus grande que le danger s'était montré plus menaçant. Une fête magnifique eut lieu le 5 novembre pour célébrer cette victoire; la messe solennelle dite à la cathédrale réunit le gouverneur, les autorités et tous les habitants; le soir, des feux de joie furent allumés sur les places et les maisons illuminées. Malheureusement, les ressources étaient épuisées; les dévastations des sauvages pendant le printemps avaient empêché les semailles et les vivres manquèrent. La détresse devint si grande que l'on se vit dans l'obligation d'envoyer des soldats en subsistance chez les colons les plus aisés, auxquels on versait leur solde.

« C'est par la bouche de mes canons que je vais répondre à votre maître »

En France, la nouvelle de la délivrance de Québec produisit également le meilleur effet, et le roi fit frapper une médaille destinée à en rappeler le souvenir. Elle portait d'un côté l'effigie de Louis XIV et de l'autre cette inscription : *Francia in novo orbe victrix. Kebeca liberata.* M. DC. XC. Frontenac reçut une lettre de félicitations; mais sur la proposition qu'il avait transmise au ministre de reprendre le projet d'attaque de la Nouvelle-York et de Boston, ce dernier lui donna l'ordre de s'en tenir à « une vigoureuse défensive », la Cour ne pouvant, dans l'état des affaires en Europe, lui envoyer aucun renfort.

Les succès remportés par les Français eurent du moins ce résultat d'encourager les sauvages alliés à continuer leurs courses contre les Iroquois, dont plusieurs partis tenaient encore la campagne. Des détachements envoyés à leur poursuite réussirent plusieurs fois à les atteindre et à en mettre quelques-uns hors de combat. Une bande, surprise dans une habitation, laissa quinze des siens sur la place à la première décharge; une douzaine d'autres s'enfermèrent dans la maison d'où ils tiraient sur les Français; un des frères Le Moyne, de Bienville, en s'approchant d'une fenêtre, reçut un coup de fusil qui l'étendit raide mort. On mit le feu au bâtiment pour obliger ces forcenés à se rendre. Les habitants des alentours, exaspérés, brûlèrent impitoyablement les cinq prisonniers qui avaient survécu à cette rencontre. Grâce à la protection de ces détachements, les travaux des champs s'effectuèrent dans de bonnes conditions et les secours, arrivés de France au mois de juillet 1691, permirent de ravitailler tous les postes. La foire annuelle des pelleteries s'acheva sans encombre et les principaux chefs, descendus à Montréal pour la traite, furent reçus par Frontenac à Québec, où ils assistèrent avec admiration aux manœuvres des troupes et aux illuminations de la fête commémorative de la prise de Mons par Louis XIV.

Comme il importait aux Anglais d'encourager les Iroquois à continuer leurs incursions meurtrières, mais que ceux-ci ne voulaient plus marcher seuls, le major Schuyler, de la Nouvelle-York, se joignit à eux avec ses troupes pour essayer de renouveler une tentative sur Montréal. Le commandant de cette ville, Callières, avisé de l'approche de l'ennemi, rassembla quelques centaines de miliciens et vint camper à la prairie de la Madeleine, où il occupa un fort de pieux à trente pas du fleuve. Il était malade et alité lorsque, dans la nuit du 10 au 11 août, qui fut pluvieuse et obscure, les ennemis s'approchèrent du campement sans être découverts dans leur marche, et se jetèrent tête baissée sur les premières troupes qu'ils rencontrèrent. Au bruit de la fusillade, la résistance s'organisa rapidement et les Anglais, se voyant menacés à leur tour par toutes les forces françaises, prirent le parti de se retirer vers la rivière Richelieu. Ils n'avaient laissé sur le terrain que cinq ou six hommes et emportaient une trentaine de blessés, tandis que nous comptions soixante miliciens tués ou prisonniers et plusieurs officiers mortellement atteints, notamment le capitaine de Saint-Cirque, qui remplaçait Callières dans le commandement.

A deux lieues de là, l'ennemi, fier du succès qu'il avait obtenu, rencontra sur sa route un détachement commandé par M. de Valrennes qui arrivait du fort Chambly au secours de Callières. Le major Schuyler, s'imaginant qu'il aurait bon marché de cette troupe beaucoup plus faible que la sienne et qui menaçait cependant de lui barrer le passage, ordonna de l'attaquer aussitôt. Les Français et les sauvages qui les accompagnaient évitèrent la première décharge en se jetant à terre derrière deux grands arbres renversés; ils répondirent ensuite avec tant de vigueur que Schuyler dut rallier plusieurs fois ses hommes pour les ramener au feu. Après deux heures de lutte acharnée, les Anglais finirent par lâcher pied et s'enfuirent en désordre dans les bois en abandonnant drapeaux et bagages. Soixante-cinq des leurs et dix-sept sauvages restaient sur le sol; de nombreux blessés, réfugiés dans les profondeurs de la forêt, y succombaient bientôt d'épuisement et de faim. M. de Valrennes dut se contenter de ce brillant succès et renoncer à la poursuite; ses hommes, qui marchaient depuis trois jours par des chemins affreux, étaient accablés de fatigue et ne tenaient plus debout. En rendant compte au ministre de l'affaire, M. de Frontenac lui écrivait : « Il ne s'est rien passé en Canada d'aussi fort ni de si vigoureux, et l'on peut dire que le sieur de Valrennes a conservé la gloire des armes du roi et procuré un grand avantage au pays, puisque cela nous a donné moyen d'achever paisiblement nos récoltes, dans lesquelles nous aurions été fort inquiétés, et qui, venant à nous manquer, nous auraient mis dans la dernière désolation. »

Cet échec ne suffit pas cependant pour arrêter les incursions sur les bords du Saint-Laurent. Les miliciens atteignirent plusieurs bandes auxquelles ils infligèrent des pertes sensibles, mais le territoire de la colonie était trop vaste pour être efficacement gardé sur tous les points par le peu de troupes dont le gouverneur disposait, et par les habitants disséminés sur un espace aussi grand que la France. Le système des primes, données de part et d'autre pour les chevelures et les prisonniers, encourageait encore la formation de partis de guerre. Au Canada, on payait dix écus pour un Iroquois tué et vingt pour un capturé vivant, « différence de prime qui faisait honneur à l'humanité du gouvernement français, et qui fut établie pour engager les sauvages à ne point massacrer leurs prisonniers comme c'était l'usage ». (Garneau.) Dans les colonies anglaises, on était plus féroce : il n'y avait pas de prime pour les prisonniers; en revanche, chaque soldat recevait dix louis pour une chevelure de Peau-Rouge, et un volontaire vingt louis; s'il passait son temps à faire la chasse à l'homme comme à une bête fauve, il avait droit à cinquante louis par chevelure. (Bancroft.)

C'est à cette époque que se place un épisode qui indique à quel point l'habitude du danger rendait véritablement héroïques jusqu'aux enfants de la Nouvelle-France. Sur la seigneurie de Verchères, située rive droite du fleuve au-dessous de Montréal, on avait établi un fort; ce n'était en réalité qu'un enclos fermé de palissades et garni de bastions armés de canons. Un jour que les habitants étaient occupés aux travaux des champs, un parti de guerriers les surprit dispersés et les captura les uns après les autres. La fille du seigneur, âgée de quatorze ans, se promenait à deux cents pas de l'habitation; aux cris qu'elle entendit, elle courut vers le fort, poursuivie par les Peaux-Rouges, dont les hurlements accéléraient sa fuite. Comme elle arrivait à la porte de la palissade, un sauvage la saisit par un foulard qu'elle portait autour du cou. Elle le détacha rapidement et franchit la porte qu'elle referma aussitôt en criant : aux armes! Il n'y avait dans le fort qu'un jeune soldat, les deux frères de Verchères, âgés de douze et dix ans, et quelques femmes qui, voyant leurs maris garrottés, poussaient des cris lamentables. La jeune fille ne perd pas courage; elle met une coiffure de soldat sur sa tête, place aux créneaux ses deux frères, saisit un mousquet et tire sur l'ennemi, puis elle charge en toute hâte un canon; ne trouvant pas de bourre, elle emploie une serviette, et met le feu à la pièce. De fort en fort, l'alarme se répand jusqu'à Montréal, d'où part aussitôt un détachement. Mais à son arrivée, les Peaux-Rouges, reçus à coups de fusil chaque fois qu'ils s'approchaient des palissades et persuadés qu'ils avaient affaire à de nombreux défenseurs, s'étaient déjà retirés avec leurs prisonniers. Poursuivis par M. de Crisacy, commandant du détachement, rejoints et attaqués avec furie, presque tous restèrent sur le terrain et leurs victimes, délivrées, échappèrent cette fois au supplice qui les attendait.

Frontenac, fidèle à son système et reprenant l'initiative de l'attaque, voulut, en attendant des secours de France qui permettraient de se porter sur Boston et New-York, rentrer du moins en possession de l'Acadie et chasser les Anglais de Terre-Neuve, où la pêche leur procurait de grands profits. La première entreprise présentait d'autant plus de facilité que les Bostonais, après le pillage de Port-Royal, n'y avaient laissé aucune garnison. Le chevalier de Villebon, nommé commandant de cette province, n'eut en y arrivant qu'à faire abattre le pavillon anglais. Il s'installa dans le fort de Jemseck, sur la rivière Saint-Jean, Port-Royal n'étant pas en état de défense. Quant à l'expédition de Terre-Neuve, brillamment conduite en 1696 par d'Iberville à la tête d'une centaine de Canadiens, elle aboutit à l'expulsion des Anglais des postes qu'ils occupaient dans cette île; elle fut suivie d'une autre campagne dans la baie d'Hudson, dont nos adversaires se virent encore une fois chassés.

IROQUOIS.

Les Agniers s'étaient montrés particulièrement hostiles aux Français et fournissaient la plupart des rôdeurs qui désolaient les rives du Saint-Laurent; le gouverneur profita du répit dont jouissait la colonie pour ravager à son tour leur canton. Au mois de janvier 1693, un corps de six cents hommes se réunit dans ce but à Montréal. Il comprenait une centaine de soldats, deux cents sauvages alliés et trois cents volontaires. « On peut dire, à l'honneur des Canadiens, écrivit alors l'intendant, que tous les miliciens joignirent cette expédition avec une bonne volonté qu'on n'espérait pas rencontrer au milieu de gens qui ne peuvent s'éloigner de leurs établissements sans causer un tort considérable à leurs familles. » Marchant sur les neiges avec des raquettes, portant ou traînant leurs vivres, ces hommes intrépides partis de Montréal le 25 janvier sous la direction des lieutenants Mantet, de Courtemanche et de La Noue, arrivèrent le soir du 16 février, sans avoir été découverts, au milieu des trois bourgades fortifiées des Agniers. La Noue et Courtemanche enlevèrent sans coup férir les deux premières, et pendant que le second gardait les prisonniers, Mantet et La Noue se portèrent sur la dernière, la plus importante. Ils s'en approchèrent dans la nuit du 18, et entendirent des chansons de guerre. C'était une bande de quarante sauvages qui se préparaient à aller rejoindre un parti d'Onneyouts et d'Anglais pour se diriger ensuite sur les habitations françaises et y massacrer quelques malheureux. Surpris au milieu de cette fête, ils se défendirent courageusement, mais une vingtaine ayant été tués, les autres se rendirent. Le nombre des prisonniers, pour les trois bourgades, s'élevait à plus de trois cents; ils embarrassèrent fort la retraite, au cours de laquelle il fallut repousser les attaques des miliciens anglais auxquels s'étaient joints plusieurs centaines de sauvages des autres cantons. La plupart des prisonniers, profitant du désarroi qui en résulta parmi leurs gardiens, s'enfuirent dans les bois. Lorsque la colonne parvint au lac Saint-Sacrement, les vivres manquèrent à tel point que l'on regarda comme heureux ceux qui purent se partager un potage fait avec de vieux souliers. (Ferland.) Callières, averti, envoya aussitôt des provisions à ces affamés, et la troupe, exténuée, atteignit enfin Montréal le 16 mars. Elle n'avait pu garder avec elle que soixante-quatre prisonniers.

Malgré les pertes subies par eux, les Iroquois continuèrent leurs brigandages, et les négociations plusieurs fois engagées avec quelques-uns de leurs chefs restèrent sans résultat. Aussi Frontenac, d'accord avec les principaux habitants et invité par le ministre Pontchartrain à poursuivre le plus vivement possible la destruction de ces malfaisants rôdeurs, prit-il ses dispositions pour leur infliger une correction qui les réduisît à sa merci. Le canton d'Onnontagué s'était depuis longtemps montré opposé à la paix; il avait cruellement traité un officier, le chevalier d'Eau, envoyé par Frontenac en ambassade, et brûlé ceux qui l'accompagnaient; il fallait faire un exemple et en finir avec ces barbares. Les troupes, rassemblées à Montréal dans le courant du mois de juin, se composaient de dix-huit cents Français partagés en huit bataillons, et de cinq cents sauvages de la colonie divisés en trois groupes commandés chacun par un officier. Le 7 juillet, on partit de l'île Perrot pour remonter le fleuve; les soixante lieues séparant Montréal du fort Frontenac furent franchies en douze jours. La traversée du lac Ontario s'effectua sans encombre, et le 28 l'armée s'engagea dans la rivière des Onnontagués. Cinquante éclaireurs marchaient en avant sur les deux rives, et les troupes suivaient, divisées en deux corps, le premier commandé par le chevalier de Callières, le second par M. de Vaudreuil. Frontenac, à qui son âge ne permettait pas d'affronter les fatigues d'une pareille expédition, était porté dans un fauteuil au milieu des soldats que sa présence enthousiasmait. On parcourut ainsi trois lieues, et l'on campa au pied d'une chute au delà de laquelle il fallut transporter à force de bras les bateaux et les canons. Cinquante Peaux-Rouges hissèrent, en chantant, sur leurs épaules, le canot dans lequel le gouverneur avait pris place, et le déposèrent de l'autre côté de l'obstacle. L'armée s'avança ensuite le long des berges, dans des sentiers fangeux, avec de la vase jusqu'aux genoux. Elle arrivait le 4 août en vue des bourgades ennemies et prenait ses dispositions d'attaque lorsqu'elle aperçut des flammes qui sortaient des cabanes et les consumaient. On apprit alors par deux prisonnières que depuis plusieurs jours les Onnontagués avaient envoyé

FORT ET POSTE DE TRAITE A L'EXTRÊME NORD.
Dessin de Yan'Dargent.

femmes et enfants dans les profondeurs des bois et s'étaient préparés à opposer aux envahisseurs une résistance acharnée, mais qu'à la vue de l'armée l'épouvante les avait saisis et qu'ils s'étaient enfuis après avoir mis le feu à leur village et au fort que les Anglais leur avaient fait construire. L'ennemi ayant disparu, on dut se borner à dévaster les champs de maïs à deux lieues aux alentours et à détruire tout ce que l'incendie n'avait pas atteint.

Les Onneyouts, voisins des Onnontagués, s'étaient montrés comme eux de cruels adversaires; le chevalier de Vaudreuil reçut la mission de leur faire subir le même sort. A la tête de six cents hommes, il se dirigea en toute hâte sur leur bourgade, où il ne trouva que trente-cinq guerriers qui se rendirent sans combat. Le reste de la population avait fui dans les forêts : cabanes et récoltes furent livrées aux flammes, et Vaudreuil rejoignit l'armée avec ses prisonniers. Tout était détruit dans les deux cantons, et leurs habitants allaient être réduits à mourir de faim ou à accepter la paix aux conditions qui leur seraient imposées. L'armée rentra le 20 août à Montréal; elle n'avait perdu qu'un homme tué pendant la retraite et trois qui se noyèrent dans les rapides.

Le gouverneur informa de sa main le roi du succès que ses armes avaient remporté. Il fit l'éloge de Callières, qui avait montré les plus grandes qualités, des autres officiers, dont il signala le dévouement, et parlant enfin de lui-même il ajouta non sans tristesse : « Je ne sais si Votre Majesté trouvera que j'ai essayé de m'acquitter de mon devoir et si, après cela, elle me croira digne de quelque marque d'honneur qui puisse me faire passer avec quelque distinction le peu de temps qui me reste à vivre; de quelque manière qu'Elle en juge, je la supplie très humblement d'être persuadée que je lui sacrifierai le reste de mes jours avec la même ardeur que j'ai toujours eue pour son service. » Frontenac n'avait jamais reçu jusqu'alors que des gratifications pécuniaires. Le roi lui accorda la croix de Saint-Louis dont le brevet lui parvint par les vaisseaux de 1697. Comme il en avait le pressentiment, il n'en put jouir que quelques mois.

De retour à Québec, le gouverneur reçut de France l'avis d'une expédition sur la Nouvelle-Angleterre, à laquelle il devait coopérer en prenant le commandement des troupes de terre. Le ministre Pontchartrain avait réuni dans ce but une escadre de onze vaisseaux et quatre brûlots et lui avait donné pour chef un marin des plus estimés, le marquis de Nesmond. Quinze cents hommes devaient partir de Québec et gagner la côte d'Acadie afin de s'y embarquer pour Boston et New-York. C'était le plus grand effort qui eût encore été tenté contre les colonies anglaises dont la situation, si l'affaire avait réussi, aurait été des plus critiques; mais l'armement de la flotte traîna en longueur; elle ne quitta la Rochelle qu'à la fin de mai 1697, et la traversée, retardée par les vents contraires, prit deux mois entiers. Parvenu à la côte de Terre-Neuve, Nesmond dut reconnaître que la saison était trop avancée pour attaquer Boston, car les troupes canadiennes, averties de son arrivée, ne pouvaient être rendues à Pentagoet que vers le 10 septembre, et ses navires n'avaient plus de vivres que pour cinquante jours. Après avoir vainement cherché la flotte anglaise qui, d'après une dépêche du ministre, devait stationner dans ces parages, M. de Nesmond se vit obligé de retourner en France sans avoir pu rien entreprendre. La paix de Ryswick, conclue en 1697, mit fin aux hostilités. Aux termes de l'article 7 du traité entre la France et l'Angleterre, les deux puissances rentraient en possession des contrées qu'elles occupaient en Amérique avant la guerre; la baie d'Hudson faisait retour à la France, ainsi que l'Acadie; l'Angleterre rétablissait ses postes de pêche à Terre-Neuve, où nous ne gardions que la côte occidentale et le port de Plaisance.

La nouvelle de la paix ne fut connue à Québec qu'au mois de mai 1698 : le major Schuyler et le ministre protestant Dellius en informèrent le gouverneur en lui amenant dix-neuf prisonniers français en échange de ceux des leurs qui avaient été enlevés dans les divers coups de main accomplis par les Canadiens.

La question de propriété du territoire des Iroquois avait été laissée en suspens par les représentants des deux nations; Frontenac en profita pour continuer à pousser contre eux nos alliés des pays d'en haut, en même temps qu'il négociait avec leurs envoyés une paix qui permettrait enfin à la colonie de progresser librement. Il n'eut pas le bonheur de terminer cette œuvre, qui fut achevée dans le même esprit par son successeur. Le 28 novembre 1698, il succombait à une courte maladie : « Il était dans sa soixante-dix-huitième année et avait conservé dans un corps aussi sain qu'il est possible de l'avoir à cet âge, toute la fermeté et toute la vivacité d'esprit de ses plus belles années. Il mourut, comme il avait vécu, chéri de plusieurs, estimé de tous et avec la gloire d'avoir, sans presque aucun secours de France, soutenu et augmenté même une colonie ouverte, attaquée de toutes parts et qu'il avait trouvée sur le penchant de sa ruine. » (Charlevoix.)

Ainsi qu'il en avait témoigné le désir, le comte de Frontenac fut inhumé à Québec, dans l'église des récollets. Ses obsèques eurent lieu le 19 décembre, avec une grande solennité; le conseil souverain, l'évêque, l'intendant et toutes les notabilités y assistaient. Le père Goyer, récollet, prononça l'oraison funèbre du défunt « qui s'était fait aimer par sa bonté et estimer par sa valeur ».

La mort de Frontenac fut un véritable deuil pour les Canadiens qui savaient de quels services ils lui étaient redevables : ses relations avec les chefs des pays d'en haut les avaient maintenus dans notre alliance; son attitude énergique et ses habiles mesures contre les Anglais avaient sauvé la Nouvelle-France; ses luttes contre les Iroquois avaient lassé ces dangereux adversaires qui étaient maintenant disposés à la paix. Son caractère hautain et autoritaire l'avait parfois entraîné à des querelles avec l'évêque, l'intendant et le conseil, mais c'était le plus souvent pour défendre les intérêts de la colonie, comme lorsqu'il s'opposait de tout son pouvoir à la suppression des congés et des postes au delà des lacs, dont l'abandon aurait eu pour effet certain de faire passer ces immenses contrées sous l'influence anglaise. Aucun administrateur n'a eu plus que lui le sentiment de la grandeur future de ce pays, dont les destinées lui étaient confiées, et la volonté de faire de la France la principale puissance de l'Amérique du Nord. Sans l'abandon déplorable dans lequel le laissait un roi dont toutes les forces s'usaient en vains efforts contre l'Europe coalisée, il aurait réussi dans cette noble entreprise. L'habileté avec laquelle il mit en œuvre les faibles ressources dont il disposait, le concours absolu qu'il sut toujours obtenir des habitants eurent du moins ce résultat de sauver la colonie, de développer ses ressources, de préparer la paix avec les cantons et d'assurer l'avenir.

CHAPITRE VI

UNE FAMILLE DE HÉROS

En 1641, un jeune homme, Charles Le Moyne, âgé de quinze ans, dont les parents étaient hôteliers en la paroisse Saint-Jacques, à Dieppe, quittait cette ville pour aller chercher aventure au Canada. A son arrivée à Québec, il s'engagea au service des missionnaires et alla passer quatre ans avec eux chez les Hurons, en compagnie d'un de ses oncles, nommé Duchesne. En 1646, il était attaché comme soldat et interprète au poste de Montréal. Pendant son séjour au milieu des peuplades sauvages, il avait appris la langue iroquoise, et c'est par son intermédiaire qu'eurent lieu la plupart des négociations entre les cinq cantons et les commandants de Montréal, pour les traités de paix ou les échanges de prisonniers. D'une bravoure extrême, il prit part à toutes les luttes contre les Iroquois et s'en fit tellement craindre et respecter que, surpris par eux dans un des coups de main journaliers qui menaçaient tous les colons, ils lui accordèrent la vie et l'adoptèrent solennellement. Ils le choisirent ensuite pour protecteur auprès du gouverneur du Canada.

Informé de l'admirable résolution de Dollard, Le Moyne avait voulu se joindre à lui et aux seize braves qui allaient arrêter au prix de leur sang l'invasion de la colonie, mais il était alors occupé à ses semailles et le départ précipité de la petite troupe ne lui permit pas de revenir à temps pour l'accompagner. Le 28 mai 1654, il épousa Catherine Thierry, née à Saint-Denis-le-Petit, bourg du diocèse de Rouen, et adoptée par Antoine Primot qui était venu s'établir à Montréal en 1642. De ce mariage naquirent treize enfants, dont neuf fils qui héritèrent du courage et de l'esprit d'initiative de leur père. Leur vie à tous fut consacrée au service de la patrie, et plusieurs trouvèrent une fin glorieuse sur les champs de bataille, comme le brillant et chevaleresque Sainte-Hélène, blessé mortellement pendant le siège de Québec; de Châteauguay, tué à la prise du fort Bourbon en 1694; et de Bienville, tombé la poitrine trouée d'un coup de feu, dans l'attaque d'une maison où s'était réfugiée une bande d'Iroquois. Vaillant soldat, colon laborieux, interprète habile et négociateur souvent heureux, Le Moyne vit ses longs services récompensés par l'intendant Talon qui lui accorda une importante concession de terres sur la rive droite du fleuve Saint-Laurent. Le roi, sur la proposition du gouverneur, lui fit en outre délivrer des lettres de noblesse avec la qualification de sieur de Longueil. C'était le nom d'un village de Normandie, voisin de Dieppe, lieu d'origine des parents de Le Moyne. De même le nom d'Iberville, donné à l'un de ses enfants, était celui d'un fief de la châtellenie d'Hotot-sur-Dieppe.

C'est l'histoire des fils de Charles Le Moyne que nous allons parcourir, et principalement celle de d'Iberville, car sa brillante carrière dans la marine française en fait l'égal de nos plus célèbres officiers. Rappelons d'abord les noms des neuf frères Le Moyne qui s'illustrèrent à l'envi l'un de l'autre, aussi bien sur terre que sur mer; on les distinguait ainsi : de Longueil, de Sainte-Hélène, d'Iberville, de Maricourt, de Sérigny, de Châteauguay et de Bienville, ces deux noms repris par les derniers après la mort de leurs frères. Nous avons vu quelle avait été la brillante conduite de trois d'entre eux, Sainte-Hélène, d'Iberville et Maricourt, dans la campagne de 1687 dirigée par le capitaine de Troyes à la baie d'Hudson. Après cette expédition, d'Iberville était revenu à Québec avec le navire qu'il avait pris et les pelleteries amassées dans les forts. Au moment de son départ, il avait été avisé qu'un bâtiment anglais se trouvait arrêté dans les glaces aux abords de l'île Charleston. Il chargea quatre de ses hommes de pousser jusque-là une reconnaissance. L'un d'eux tomba malade en route et revint au fort. Les trois autres, ne s'étant pas gardés, furent surpris par l'ennemi. Un seul parvint à s'échapper; ses deux compagnons, faits prisonniers, se virent liés et descendus à fond de cale. Ils y passèrent l'hiver, et ils y seraient restés sans un coup d'audace qui leur permit de recouvrer leur liberté. Le printemps venu, le commandant du navire se noya par accident; le pilote, n'ayant que six hommes avec lui pour la manœuvre, fit choix du moins vigoureux des deux Canadiens pour les aider. Un jour, le Français se trouva sur le pont avec deux Anglais, pendant que les autres étaient montés dans la mâture. Exaspéré par les mauvais traitements qu'il avait subis et déterminé à recouvrer sa liberté ou à périr, il profite de l'occasion que le hasard lui offre, saisit une hache et fend la tête aux deux matelots surpris par cette brusque attaque; puis il descend délivrer son camarade. S'emparant des armes du bord, ils remontent sur le pont et menacent les Anglais, stupéfaits, de les tuer s'ils font la moindre résistance. Maîtres du bâtiment, ils se dirigeaient sur le détroit d'Hudson lorsqu'ils rencontrèrent d'Iberville, qui avait équipé un vaisseau pour les délivrer. Les marchandises et les vivres dont le navire anglais était chargé furent répartis dans les forts français. (Documents de Paris, 1re série, vol. III.)

L'année suivante, d'Iberville revenait encore dans les mêmes parages et, près du fort Nelson que les Anglais avaient conservé, son lieutenant La Ferté enlevait le gouverneur du fort de New-Savane, sur la rivière du même nom. Parmi les papiers saisis sur ce prisonnier se trouvait une lettre des directeurs de la Compagnie de Londres ordonnant de proclamer dans leurs forts le prince d'Orange comme roi de la Grande-Bretagne, et de reprendre tous les territoires de la baie d'Hudson considérés par eux comme leur propriété. Deux vaisseaux arrivaient bientôt en vue du fort français de Sainte-Anne pour soutenir cette prétention et chasser les Canadiens; mais d'Iberville avait regagné ce poste avant eux, et la crainte que son nom inspirait aux ennemis les fit hésiter à recourir à la force pour s'emparer de la place. Cependant un de leurs navires portait dix-huit pièces de canon et quatre pierriers; l'autre, pareil nombre de pierriers et dix canons; leurs équipages se composaient de quatre-vingt-trois hommes pourvus de munitions et de vivres en abondance. Après quelques hostilités qui n'aboutirent à aucun résultat, les Anglais proposèrent un accommodement que d'Iberville ne crut pas devoir repousser, car il n'avait que peu de monde avec lui; mais il connaissait ses adversaires, il savait quelle était leur mauvaise foi, leur absence de scrupules; aussi se tint-il sur ses gardes. Il s'aperçut bientôt que les Anglais cherchaient uniquement à l'endormir pour tomber sur lui dès qu'ils le verraient sans défiance. Déterminé à déjouer leurs ruses et à les prévenir, il leur dressa plusieurs embuscades dans lesquelles il fit prisonniers dix-neuf de leurs meilleurs hommes, leur chirurgien et un officier. Ayant ainsi affaibli les deux équipages, il les somma de se rendre prisonniers de guerre. Sur leur refus, un détachement, sous les ordres de son frère Maricourt, vint les harceler dans une petite île où ils étaient campés et sur leurs navires pris dans les glaces. Deux jours après, il le rejoignit avec le reste de sa troupe, et engagea contre les bâtiments une vigoureuse canonnade qui amena les Anglais à composition par crainte d'un assaut meurtrier.

Au mois de juin 1689, Sainte-Hélène vint retrouver ses deux frères et remit à d'Iberville un ordre du gouverneur l'invitant à conduire à Québec la plus importante de ses prises. La saison de traite avec les sauvages achevée, d'Iberville et Sainte-Hélène partirent du fort Sainte-Anne le 12 septembre, laissant à Maricourt trente-six hommes pour garder les postes du fond de la baie. Ils étaient rendus le 25 octobre à Québec avec leur prise et un riche chargement de pelleteries.

L'année suivante, d'Iberville revint à la baie d'Hudson avec deux navires. Son intention était d'expulser les Anglais des forts New-Savane et Nelson, qu'ils occupaient à l'est de la baie. Ayant rallié le *Saint-François* que commandait Maricourt, il se dirigea sur New-Savane, qu'il prit et incendia pendant que les hommes de la garnison se réfugiaient au fort Nelson. La saison étant trop avancée pour assiéger cette place, il fit voile vers Québec avec les pelleteries trouvées dans le fort anglais. Mais à l'entrée du Saint-Laurent, son frère Sainte-Hélène, venu au-devant de lui en canot d'écorce, l'informa que la flotte de l'amiral Phips était dans le fleuve, se dirigeant sur Québec pour en faire le siège. La partie était trop inégale; d'Iberville regagna la haute mer et débarqua en France avec les dépouilles de l'ennemi.

En 1691, nouvelle campagne de d'Iberville à la baie d'Hudson d'où il revenait avec quatre-vingt mille livres de castors et six mille six cents livres de menues pelleteries. Comme les Anglais occupaient toujours le fort Nelson, l'intrépide marin, décidé à les chasser de ce poste, passa en France, afin de soumettre au ministre, qui les approuva, ses projets à cet égard. L'*Envieux*, commandé par M. de Bonaventure, avec qui il allait traverser l'Océan, le *Poli*, qui se trouvait à Québec, et deux autres navires que la Compagnie du Nord s'était engagée à fournir, devaient former la flotte placée sous son commandement. Le fort Nelson enlevé, d'Iberville avait l'ordre d'y demeurer pour le défendre contre les entreprises que les Anglais ne manqueraient pas de tenter pour le reprendre. Malheureusement, les préparatifs d'armement de l'*Envieux* furent si lents que ce vaisseau,

GLACES FLOTTANTES.
Dessin de Weber, d'après une gravure anglaise.

parti de la Rochelle avec un retard considérable, ne put mouiller devant Québec que le 18 octobre. La baie d'Hudson était envahie par les glaces; l'expédition projetée devenait dès lors impossible et l'on songea à employer ailleurs les deux navires et leurs commandants à qui le gouverneur du Canada, M. de Frontenac, proposa d'enlever le fort de Pemkuit, occupé par les Anglais sur la côte d'Acadie. D'Iberville et son digne compagnon d'armes Bonaventure partirent aussitôt. Mais les Anglais, prévenus par deux transfuges échappés de Québec, avaient mis le fort en état de défense; un de leurs navires était mouillé sous le canon de la place pour appuyer de son feu les batteries; enfin, les bas-fonds de la côte présentaient de tels dangers d'échouage qu'à défaut de pilote les deux capitaines jugèrent prudent de rester au large et de ne pas engager une lutte qui pouvait amener la perte de leurs bâtiments sans profit pour la colonie.

A la baie d'Hudson, trois vaisseaux anglais avaient hiverné à soixante-dix lieues du fort Sainte-Anne et s'en étaient rapprochés dès que la fonte des glaces l'avait permis. Il n'était resté pour toute garnison dans ce poste que quatre engagés, dont un était aux fers à la suite du meurtre, dans un accès de folie furieuse, du chirurgien et d'un missionnaire. Une centaine d'hommes débarqués par l'ennemi attaquèrent la place; mais deux d'entre eux ayant été tués par les assiégés, les autres se retirèrent hors de portée. Ayant appris par quelques sauvages des environs à quel petit nombre d'adversaires ils avaient affaire, ils revinrent sur leurs pas. Les trois Français, convaincus que tous leurs efforts seraient inutiles pour se maintenir dans le poste, dont une palissade en bois formait l'unique enceinte, laissèrent là leur prisonnier et parvinrent par les terres à regagner Québec, où ils trouvèrent M. de Frontenac, « fort chagrin de ce que le retardement des vaisseaux de France avait fait encore une fois manquer l'expédition si souvent projetée sur le fort Nelson ».

En 1694, d'Iberville put enfin mener à bien l'entreprise qu'il avait conçue. Son frère, Joseph Le Moyne de Sérigny, parti de France en toute hâte, arriva au Canada avec une commission du roi autorisant la levée d'un détachement pour l'expédition. De concert avec d'Iberville, il engagea cent vingt Canadiens et quelques sauvages du sault Saint-Louis « pour prendre, dit la convention passée à ce sujet avec les engagés, les postes que les Anglais ont dans la baie du Nord ». Cet acte porte la date du 8 août 1694. D'Iberville commandait la *Salamandre* et Sérigny le *Poli*, avec le jeune Châteauguay comme enseigne. Après une navigation des plus dangereuses à travers les glaces dont la baie était couverte, les trois frères arrivèrent le 24 septembre à l'entrée de la rivière Sainte-Thérèse. A une demi-lieue de son embouchure, dans les terres, se trouvait le fort Nelson, bâtiment carré, avec quatre bastions en bois et une double palissade garnie de canons. La garnison se composait de cinquante-trois hommes. Plus d'un mois fut nécessaire pour opérer le débarquement; la côte était encombrée de glaces qui en rendaient l'approche presque impossible et qui faillirent écraser la *Salamandre*. Enfin, le 28 octobre, ce navire put être amené à un mille du fort, dont l'investissement commença aussitôt. Le 4 novembre, une sortie des assiégés fut vigoureusement repoussée; malheureusement de Châteauguay, en chargeant l'ennemi, reçut un coup de mousquet qui le tua raide. D'Iberville et Sérigny, malgré leur douleur, pressèrent vivement les approches de la place, et le 13 novembre les batteries de canons et de mortiers étaient prêtes à couvrir le fort de leurs boulets. Avant de commencer le feu, d'Iberville fit sommer le gouverneur de se rendre. Celui-ci, manquant de bois de chauffage et craignant un bombardement qui le mettrait à la merci des Français, offrit de capituler à la condition que l'on transporterait au printemps suivant sa garnison en Angleterre, et que les officiers resteraient logés

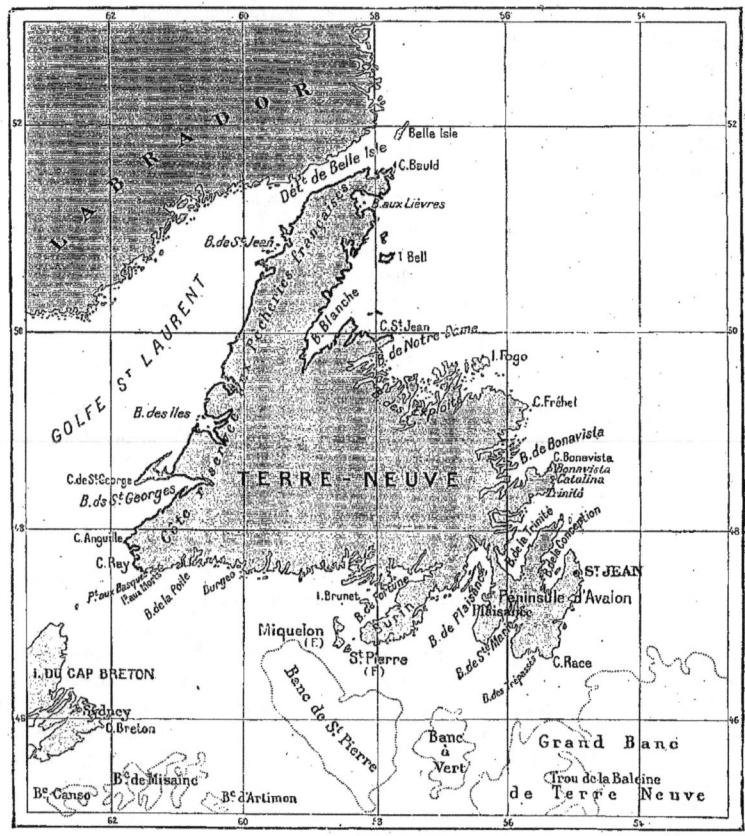

CARTE DE TERRE-NEUVE.

au fort pendant l'hiver. Ces propositions acceptées, d'Iberville prit le 15 novembre possession de la place à laquelle il donna le nom de fort Bourbon. Il y trouva de nombreuses provisions qui permirent à sa troupe de passer, sans trop souffrir, la période hivernale, toujours très rude dans ces parages. Mais le scorbut vint, malgré tous les soins du commandant, éprouver durement la nouvelle garnison. Le lieutenant du *Poli*, neuf Canadiens et dix matelots en moururent; la plupart des survivants en furent attaqués. La fonte partielle des glaces, très tardive cette année, ne permit aux deux navires français de prendre le large que le 28 juillet 1695; ils emportaient un chargement de pelleteries trouvées dans le fort ou provenant de la traite que d'Iberville avait continuée après sa reddition. Soixante-quatre Canadiens et dix sauvages restèrent dans la place comme garnison. Arrêté par les vents contraires à la côte du Labrador, et ses équipages s'affaiblissant chaque jour sous les attaques du scorbut, d'Iberville dut renoncer à regagner Québec et fit voile pour la France. Il débarquait le 9 octobre à la Rochelle et les deux cent trente-quatre malades qu'il ramenait, épuisés par cette longue campagne, défigurés, hideux à voir, épouvantaient la ville par leur aspect morbide et les horribles plaies dont ils étaient couverts.

Pour la campagne suivante, les instructions du ministre de la marine Pontchartrain portaient que deux navires, l'*Envieux* et le *Profond*, seraient armés, dès le mois de février, à Rochefort, et remis à MM. d'Iberville et de Bonaventure. Mission leur était donnée d'attaquer et de détruire le fort de Pemkuit, d'où les Anglais tenaient toute l'Acadie en échec; de passer ensuite à l'île de Terre-Neuve et, avec le concours du gouverneur de Plaisance, d'en chasser l'ennemi par terre et par mer. Sérigny, après avoir accompagné son frère à Pemkuit, devait se rendre à la baie d'Hudson avec le *Dragon*, dont il avait le commandement, pour ravitailler les forts et les mettre à l'abri d'un coup de main. Arrivés le 26 juin 1696 à la baie des Espagnols, d'Iberville et Bonaventure y trouvèrent des lettres de M. de Villebon, gouverneur de l'Acadie, les informant que trois navires anglais avaient été vus croisant à l'entrée de la rivière Saint-Jean. Ils allèrent immédiatement à leur recherche et les aperçurent le 14 juillet. Ils fondirent sur eux à pleines voiles : d'Iberville s'attaqua au *Newport*, armé de vingt-quatre pièces de canon, éteignit son feu, brisa ses mâts et s'en empara; les deux autres, profitant d'une brume épaisse, prirent la fuite et disparurent dans le brouillard. A la côte d'Acadie, d'Iberville et Bonaventure embarquèrent M. de Villebon et cinquante sauvages, puis ils se rendirent devant Pemkuit, que le baron de Saint-Castin, avec deux cents Abénaquis, investit par terre. Les canons, débarqués, furent mis en batterie dès le lendemain, et le feu commença sur la place. Les assiégés, au nombre d'une centaine, effrayés par les bombes qui tombaient dans le fort et pouvaient faire sauter la poudrière, épouvantés par la menace de Saint-Castin que, s'ils attendaient l'assaut, ses sauvages les massacreraient tous, obligèrent le commandant à capituler. Après avoir détruit le fort, d'Iberville se rendit à Plaisance, dans l'île de Terre-Neuve.

Cette île était depuis longtemps fréquentée par les pêcheurs de morues ; les Français y occupaient la baie de Plaisance, sur la côte sud, pendant que les Anglais avaient établi divers postes sur la côte est, où ils avaient bâti la ville de Saint-Jean. Terre désolée, au sol marécageux, couvert de mousses, de forêts de sapins et de bouleaux souvent impénétrables, dont les brouillards obscurcissent presque toujours l'horizon, où d'octobre à avril une neige épaisse couvre la terre d'un linceul uniformément triste et dont les glaces défendent alors l'approche, cette île avait d'abord peu attiré l'attention du gouvernement français, tandis que les armateurs anglais, plus avisés, y envoyaient chaque année de nombreux bâtiments de pêche et prenaient peu à peu possession des baies formant le long de la côte d'excellents abris. C'est à détruire leurs établissements que, d'accord avec le comte de Frontenac, d'Iberville allait s'employer. Arrivé à Plaisance, il apprit que M. de Brouillan, gouverneur de cette place, au lieu de l'attendre, comme il avait été convenu, était parti depuis trois jours avec le vaisseau le *Pélican* et huit bâtiments malouins pour aller attaquer Saint-Jean. Cette expédition ne réussit qu'à demi. M. de Brouillan était un officier de valeur, mais l'appât du gain avait sur lui trop d'action, et son caractère violent rendait son commandement insupportable. Repoussé par les courants et les vents contraires, en désaccord avec les Malouins qui ne servaient que comme volontaires sous ses ordres, informé en outre qu'il y avait dans le port de Saint-Jean une quarantaine de navires dont plusieurs armés de vingt à trente canons, il se rabattit sur les postes du sud qu'il enleva, et réussit à s'emparer de trente bateaux marchands avec lesquels il revint à Plaisance. Il y trouva d'Iberville, qui se préparait à aller attaquer le poste de Carbonière, au nord-est de l'île. Sa prise assurait la possession du reste de la contrée.

Donnant alors une nouvelle preuve de son insupportable humeur, M. de Brouillan voulut s'opposer à cette expédition, et ordonna aux Canadiens, comme s'ils dépendaient de lui, de rester à Plaisance. Mais ceux-ci, qui ne connaissaient que d'Iberville, refusèrent d'obéir et manifestèrent une telle hostilité que le gouverneur, certain si l'on en venait aux mains d'avoir le dessous, déclara qu'il voulait seulement être présent avec sa troupe à la prise de Saint-Jean, dont le butin resterait aux engagés canadiens. D'Iberville, dans un excellent esprit de conciliation, renonça de son côté à l'attaque immédiate de Carbonière, et accepta le concours de M. de Brouillan pour enlever les forts et la ville de Saint-Jean. Se chargeant du rôle le plus difficile, il prit, lui marin, la route de terre avec ses fidèles engagés, pendant que M. de Brouillan s'embarquait avec une centaine d'hommes sur le *Profond* et faisait voile pour Rognouse, lieu du rendez-vous. Pendant neuf jours, les Canadiens marchèrent dans des bois épais, sur un sol détrempé, brisant la glace à chaque instant sous leurs pas, traversèrent des rivières et des marécages avec de l'eau jusqu'à mi-corps, et couchèrent sur la dure. Ayant rejoint M. de Brouillan, ils se dirigèrent sur Saint-Jean; un détachement envoyé en avant fit connaître qu'il n'y avait dans le port que trois navires marchands. L'attaque fut aussitôt décidée, et un corps anglais, sorti de la ville au-devant de l'ennemi, chargea avec une telle vigueur qu'assaillants et assiégés entrèrent en même temps dans la place. Deux forts tombèrent ainsi, avec trente prisonniers, au pouvoir de d'Iberville.

Il restait à en enlever un troisième, flanqué de quatre bastions et armé de douze pièces de canon; deux cents Anglais s'y étaient réfugiés en abandonnant la ville. D'Iberville, à la tête de soixante Canadiens, se chargea des approches, démolit ou brûla les maisons voisines de l'enceinte, et commença l'installation d'une batterie. Effrayés de ces préparatifs conduits avec une merveilleuse activité, les Anglais demandèrent à parlementer et consentirent à se rendre. On leur accorda deux navires pour retourner en Angleterre, et la place fut évacuée sur-le-champ. L'action avait été menée avec d'autant plus d'ardeur que deux vaisseaux ennemis avaient paru à l'horizon. Voyant la place prise, ils regagnèrent le large.

D'Iberville ayant besoin de tous ses volontaires canadiens pour continuer la campagne pendant l'hiver, et les recrues de M. de Brouillan, qui voulait rentrer à Plaisance, étant hors d'état d'affronter de nouvelles fatigues, on démolit les forts et on brûla la ville afin que les Anglais ne pussent revenir s'y installer; puis M. de Brouillan regagna sa résidence et d'Iberville se mit en route vers le nord pour détruire tous les postes de la côte. On était alors au commencement de décembre, et d'épaisses couches de neige couvraient le sol. Les Canadiens se fabriquèrent des raquettes, et pendant deux mois parcoururent le pays, enlevant les points fortifiés, brûlant les établissements, répandant la terreur parmi les habitants. Ils tuèrent deux cents ennemis qui se défendaient les armes à la main, et firent plus de sept cents prisonniers. Il ne resta aux Anglais que Bonaviste et l'île de Carbonière. Le premier de ces deux postes était trop bien fortifié pour être attaqué par des hommes qui, marchant presque toujours par des chemins impraticables, ne pouvaient porter que leurs fusils et quelques vivres. Quant à l'île de Carbonière, bordée de falaises dont les glaces et les vagues défendaient l'approche, elle était inabordable dans cette saison. Le lieutenant de d'Iberville, Montigny, officier du plus brillant courage, essaya vainement d'y prendre pied; ses canots faillirent se briser contre les roches.

De retour à Plaisance, d'Iberville y commençait ses préparatifs pour enlever, dès que la saison en permettrait l'abord, ces derniers refuges de l'ennemi, lorsque, le 18 mai 1697, son frère Sérigny arriva de France avec une escadre, dont il lui remit le commandement, et l'ordre du ministre d'embarquer ses Canadiens pour aller chasser de nouveau les Anglais de la baie d'Hudson, dont quatre de leurs vaisseaux avaient repris possession dans l'automne de 1696. La garnison française du fort Bourbon, attaquée par des forces très supérieures et n'ayant l'espoir d'aucun secours, avait fini par capituler.

A travers les brumes, les glaces et les tempêtes, l'escadre remonta la côte du Labrador et atteignit, le 28 juillet, l'entrée du détroit conduisant à la baie d'Hudson. D'Iberville, frayant la marche, dirigeait le *Pélican*, frégate de cinquante canons; le *Palmier*, de quarante canons, était commandé par Sérigny; puis venaient le *Profond*, le *Wesp* et un brigantin. Le 3 août, malgré les courants et les glaces flottantes encombrant le passage, le détroit était franchi; mais l'escadre se trouva prise alors dans les glaces et courut les plus grands dangers. Le brigantin, poussé par un iceberg contre le *Palmier*, reçut un choc si violent qu'il fut écrasé et coula sur place. Les douze hommes qui le montaient eurent à peine le temps de se sauver. Séparé des autres bâtiments par les mauvais temps et les brumes, d'Iberville arrivait seul, le 4 septembre, en vue du fort Bourbon. Mouillé à trois lieues de la côte, il attendait les siens lorsqu'il aperçut au large sous le vent trois vaisseaux; il leur fit des signaux auxquels ils ne répondirent pas. C'étaient trois frégates anglaises, le *Hampshire*, portant cinquante-six canons et deux cent cinquante hommes d'équipage, le *Derring*, de trente-six canons, et le *Hudson-Bay*, de trente-deux. D'Iberville avait envoyé en reconnaissance à terre vingt-deux hommes et deux officiers; il avait à bord quarante malades atteints du scorbut et ne comptait que cent cinquante combattants, mais il lui fallait absolument s'opposer au débarquement des troupes que les trois navires ennemis amenaient, car s'il le laissait s'effectuer, le siège de la place devenait impossible et tous les efforts accomplis jusqu'alors restaient inutiles. Inspirant à son équipage la résolution

LA FORÊT A TERRE-NEUVE.
Dessin de Weber, d'après une aquarelle de M. Kœnig.

qui l'animait de vaincre ou de périr, le commandant français s'assura par une habile manœuvre l'avantage du vent, puis fondit sur le *Hampshire*, que suivaient le *Derring* et le *Hudson-Bay*. Arrivé à portée, il engagea contre eux un violent combat d'artillerie qui dura plus de trois heures sans résultat décisif. Bienville, le jeune frère de d'Iberville, commandait une des batteries du *Pélican* pendant cette action, au cours de laquelle il fut gravement blessé. Décidé à en finir, d'Iberville arriva bord à bord avec le *Hampshire* et, d'une bordée à la flottaison, causa de tels ravages dans sa coque que la frégate sombra aussitôt avec tout son équipage. Virant de bord, l'intrépide Canadien s'élança sur le *Hudson-Bay* qu'il allait enlever à l'abordage, lorsque le capitaine amena son pavillon et se rendit. Le *Derring*, craignant le même sort, s'enfuit au large. D'Iberville essaya de lui donner la chasse, mais le *Pélican* avait reçu, dans cette lutte acharnée, de nombreuses avaries; plusieurs boulets avaient traversé son bordage et déterminé une voie d'eau à la ligne de flottaison; ses manœuvres étaient coupées, ses voiles déchirées; la poursuite dans ces conditions devenait impossible. Le vainqueur dut laisser échapper cette dernière proie; il fit amariner le *Hudson-Bay*, et réparer à la hâte les avaries des deux navires. Ainsi s'achevait un des plus beaux faits d'armes dont s'honore la marine française.

Les épreuves du vaillant officier n'étaient pas terminées; la nuit s'annonçait comme orageuse; la mer, indice trop certain dans ces parages, se gonflait rapidement; d'Iberville gagna le large avec sa prise, mais la tempête se déchaîna si brusquement et avec une telle violence que les deux navires, malgré tout ce que put faire le commandant, et il n'y avait pas de son temps un meilleur manœuvrier, furent rejetés à la côte et vinrent s'échouer sur le sable à une demi-lieue au large de l'embouchure de la rivière Sainte-Thérèse. On était heureusement à une époque de l'année où, dans ces contrées, le soleil descend à peine au-dessous de l'horizon; grâce à la pâle clarté de ces longs jours, les équipages parvinrent à gagner la terre avec leurs armes et à sauver la plupart des blessés et des malades; mais deux pieds de neige couvraient le sol et dix-huit hommes moururent de froid pendant ce trajet. Sans vivres, sans effets de rechange, d'Iberville prit le parti désespéré d'attaquer sans délai le fort Bourbon, et de l'enlever d'assaut. Mieux valait périr dans un combat acharné que de succomber au froid et à la faim sur ces plages glacées. Il allait engager l'action lorsque le *Palmier*, le *Wesp* et le *Profond* parurent à l'embouchure de la rivière. C'était le salut, et un renfort suffisant pour réduire bientôt à merci la garnison du fort déjà démoralisée par la destruction de la flotte de secours. Aussitôt les approches furent faites et les batteries établies. Quarante-huit heures d'un violent bombardement déterminèrent les Anglais à capituler pour éviter un assaut. Quelques jours après, d'Iberville, laissant une garnison dans le fort, faisait voile pour la France. Le 7 novembre, il arrivait à Belle-Isle et adressait au ministre de la marine son rapport sur cette campagne, qui nous assurait pour plusieurs années la possession de la baie d'Hudson.

La paix avec les Anglais ayant été signée à Ryswick, d'Iberville, qui avait suivi avec attention les explorations de Cavelier de La Salle et appris les détails de sa fin tragique, proposa au ministre de la marine de reprendre son projet de découverte par mer des embouchures du Mississipi, et d'édifier aux abords un fort

LES ÉQUIPAGES PARVINRENT A GAGNER LA TERRE.
Dessin de Weber.

qui en assurerait la possession à la France. Il serait facile ensuite de créer entre le Canada et ce nouvel établissement, par la vallée du grand fleuve, une chaîne de postes qui entoureraient les colonies anglaises et arrêteraient leur expansion vers l'intérieur du continent. Esprit aussi avisé que vaillant soldat et habile marin, le prévoyant Canadien indiquait dès cette époque et redoutait avec raison pour sa patrie le développement futur de nos rivaux dans le nouveau monde. « Si la France, écrivait-il, ne se saisit pas de cette partie de l'Amérique, qui est la plus belle, pour avoir une colonie assez forte pour résister à celle qu'a l'Angleterre dans la partie de l'est depuis l'Acadie jusqu'à la Caroline, la colonie anglaise, qui devient très considérable, s'augmentera de manière que dans moins de cent années elle sera assez forte pour se saisir de toute l'Amérique du Nord et en chasser les autres nations. » C'était une véritable prédiction.

Son projet ayant été agréé, d'Iberville partit de Rochefort le 17 octobre 1698 avec deux vaisseaux, la *Badine* et le *Marin*, et arriva en vue des côtes de la Floride le 27 janvier 1699; le 31, il mouillait au large de la rivière Mobile, qui coule parallèlement au Mississipi. Le 2 février, il débarquait dans une île sablonneuse où le sol était couvert d'ossements humains. Il la nomma l'île du Massacre. Des sauvages lui parlèrent d'une grande rivière qui se trouvait à quelque distance, mais le peu de profondeur des eaux ne permettait pas l'approche de la terre à des bâtiments de fort tonnage. Afin d'éviter la mésaventure survenue à Cavelier de La Salle passant au large des bouches sans les apercevoir, d'Iberville fit armer deux barques longues dites biscaïennes, et s'y embarqua avec son frère Bienville, alors garde-marine, une cinquantaine d'hommes, deux canots d'écorce et vingt jours de vivres. Ce ne fut pas sans de dures épreuves qu'il parvint à la découverte du fleuve.

Souvent enveloppées de brouillards et de brumes dues au mélange des eaux douces et salées, les embouchures du Mississipi se distinguent à peine au milieu des vastes alluvions dans un état encore semi-liquide qui en masquent l'entrée et rendent impossible la marche des navires qui ne suivent pas exactement l'étroit chenal. Du large, lorsque le temps est clair, on aperçoit d'abord deux minces lignes noires enserrant la masse d'eau douce comme un canal entre deux longues jetées. Des passes dangereuses, dont les courants font varier fréquemment la profondeur, mènent à l'entrée du fleuve sur lequel on navigue, mais dont on ne voit pas encore les rives. « A droite et à gauche seulement, de légers renflements de vases étalent sur l'eau leurs contours indécis et marquent les parties hautes du rivage sous-marin qui s'élève entre l'eau douce et l'eau salée. A mesure qu'on avance, ces îlots de boue deviennent plus nombreux et plus allongés; bientôt ils se rapprochent l'un de l'autre, semblables à des vagues solidifiées, puis se réunissent bout à bout et finissent par former un rivage continu au-dessus du niveau du courant. Mais l'étroite bande de terre est en même temps le rivage du fleuve et celui de la mer; les vagues salées et les flots d'eau douce la recouvrent tour à tour et s'y rencontrent dans un dédale de fossés remplis d'un mélange visqueux et corrompu; partout où un renflement du terrain spongieux permet aux plantes de fixer leurs racines, des cannes sauvages et des roseaux y croissent en fourrés impénétrables. » (Reclus.)

C'est par un véritable hasard que d'Iberville, fuyant devant le gros temps du large, s'engagea dans ces passes et se trouva dans le chenal à la recherche duquel il s'était aventuré. Il avait déjà navigué plusieurs jours, au milieu d'îlots de sable et de vase, sans découvrir le fleuve obstinément cherché. Enfin, « le

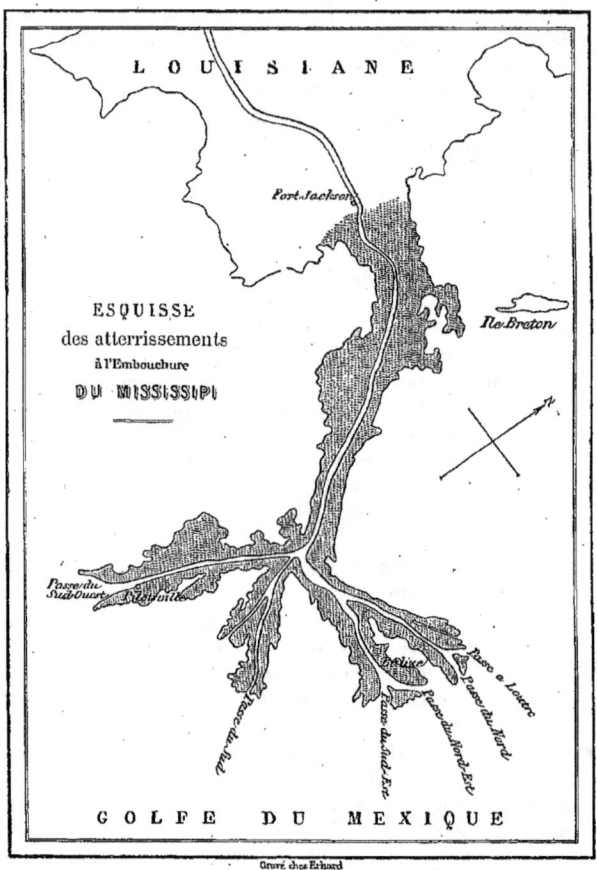

D'après la carte de Franklin-Bache.

2e de mars, — dit-il dans la relation de son voyage, — nous sommes partis suivant la côte. J'ai couru le long de la terre, à une lieue et demie au large, par douze et quinze pieds d'eau, dix lieues, gros vent et la mer très grosse, à ne pouvoir tenir la mer ni donner à la côte, le pays étant trop plat. J'ai tenu la mer capeyant avec mes chaloupes, mes canots dedans, les coups de mer passant très souvent dans nos chaloupes. Ayant tenu trois heures le cap au sud-est pour doubler une pointe de roche, la nuit venant et le mauvais temps continuant à ne pouvoir résister sans aller à la côte la nuit ou périr à la mer, j'ai arrivé sur les roches pour faire côte de jour, afin de pouvoir sauver mes gens et mes chaloupes. En approchant de ces roches pour me mettre à l'abri, je me suis aperçu qu'il y avait une rivière. J'ai passé entre deux de ces roches à douze pieds d'eau, la mer fort grosse, et en approchant j'ai trouvé de l'eau douce avec un fort grand courant. Ces roches sont de bois pétrifié avec de la vase et devenues noires, qui résistent à la mer. Elles sont sans nombre, hors de l'eau, les unes grosses, les autres petites, à distance les unes des autres de vingt pas, cent, trois cents, cinq cents pas plus ou moins, courant au sud-ouest ». L'explorateur se trouvait ainsi dans ce chenal, bordé de chaque côté de hauts-fonds vaseux, où venaient s'échouer les arbres déracinés par les grandes eaux du fleuve. Il avait du même coup évité l'échouage au-devant duquel il allait pour sauver ses équipages; aussi écrit-il avec une visible satisfaction : « Nous sentons, couchés sur les roseaux à l'abri du mauvais temps, le plaisir qu'il y a de se voir sauvés d'un péril évident. C'est un métier bien gaillard de découvrir les côtes avec des chaloupes qui ne sont ni assez grandes pour tenir la mer sous voiles ni à l'ancre, et sont trop grandes pour donner à une côte plate, où elles échouent et touchent à demi-lieue au large! » Les bords vaseux du chenal étaient couverts de roseaux « si épais qu'on avait peine à y voir, et qu'il était impossible d'y passer à moins que de les casser, et le dedans était rempli de marécages impraticables ».

Les vivres diminuant, il fallut, pour continuer le voyage, retrancher le pain et se contenter de farine bouillie avec un peu de lard. Le lendemain, les deux chaloupes commencèrent à remonter le fleuve au milieu des troncs d'arbres encombrant les passes, des cannes et des vases. Bienville ouvrait la route en canot d'écorce, et les chaloupes suivaient péniblement, en luttant contre la violence des eaux, les nombreux détours de la rivière. Jusqu'au 22 mars, cette navigation se prolongea malgré la pénurie des vivres, mais les hommes comprenaient comme leur chef la grandeur de l'œuvre qu'ils accomplissaient, et se consolaient de leurs durs labeurs en joignant parfois à leur maigre ordinaire un morceau de crocodile ou de serpent, hôtes dangereux de ces parages. Un jour, ce fut un régal, ils trouvèrent un chevreuil mort qui avait été apparemment étranglé par des loups; on le partagea entre les deux chaloupes et on le mangea « quoique le ventre commençât déjà à sentir ».

Incertain encore si la rivière dans laquelle il avait pénétré si difficilement était bien le Mississipi, d'Iberville vit tous ses doutes s'évanouir lorsqu'à un village de sauvages Quinipissas, l'un d'eux remit à Bienville, en échange d'une hache, une lettre qu'il gardait depuis longtemps; elle portait cette adresse : « A M. de La Salle, gouverneur général de la Louisiane ». Elle était signée du chevalier de Tonti qui l'avait écrite lorsqu'il était venu du fort Saint-Louis des Illinois jusqu'au golfe du Mexique à la recherche de son chef, et portait : « Du village des Quinipissas, ce vingtième d'avril 1685. Monsieur, ayant trouvé les poteaux où vous aviez planté les armes du roi renversés par les bois de marée, j'en ai fait planter un autre en deçà, environ à sept lieues de la mer, où j'ai laissé une lettre dans un arbre, à côté, dans un trou, avec un écriteau dessus. Les Quinipissas m'ayant dansé le calumet, je leur ai laissé cette lettre pour vous assurer de mes très humbles res-

NOUS AVONS TROUVÉ PLUSIEURS MARAIS.
Dessin de A. de Neuville.

pects. Ce m'est un grand chagrin que nous nous en retournions avec le malheur de ne vous avoir pas trouvé après que deux canots ont côtoyé du côté du Mexique trente lieues, et du côté de la Floride vingt-cinq, lesquels ont été obligés de relâcher, faute d'eau douce. »

Certain, dès lors, qu'il était bien dans les eaux du grand fleuve, d'Iberville regagna la côte et bâtit un fort dans la baie de Biloxi, entre le Mississipi et la rivière Mobile. Il y laissa une garnison de soixante-dix hommes, avec des vivres et des munitions, et fit voile pour la France. C'est ainsi que commença la colonisation de la Louisiane, à laquelle d'Iberville contribua de toutes ses forces.

En 1700, il revint avec deux navires à la baie de Biloxi pour ravitailler ce poste, reconnaître la contrée et s'assurer des ressources qu'elle pouvait présenter. Un bâtiment anglais avait, l'année précédente, pénétré dans une des passes du Mississipi et ne s'était retiré que devant la menace de Bienville de l'y contraindre par la force. Pour empêcher le renouvellement de pareilles tentatives, d'Iberville établit dans la passe de l'est, sur un terrain boisé à l'abri des hautes eaux, un fortin carré à deux étages qu'il arma de six pièces de canon et où il laissa une garnison de quinze hommes. De retour à Biloxi et les fièvres le retenant à bord, il fit reconnaître l'intérieur des terres par Bienville, qui entra en relations avec les diverses peuplades, Taensas, Chactas, Natchez et autres séjournant entre la rivière Mobile et le Mississipi. Dans ce long trajet, l'explorateur et ses compagnons supportèrent des fatigues inouïes, arrêtés par les pluies et les rivières débordées, traversant d'interminables marécages. Quelques extraits du journal de Bienville donneront une idée des souffrances qu'ils eurent à endurer : « Les pluies, dit-il, rendent les chemins très difficiles. J'ai campé au bord d'un marais, mes gens ont été à la chasse sans avoir rien tué ni vu aucune apparence de gibier. Je suis à court de vivres : j'ai trois de mes gens qui marchent, mais qui ont les fièvres depuis deux jours. Le 1er avril, il a plu à verse toute la nuit, et ce matin jusqu'à dix heures que nous sommes partis pour gagner quelques cabanes de sauvages, nous passâmes huit petites rivières de dix et douze pas de large, et fort profondes : nous avons abattu des arbres pour nous servir de ponts; après quoi, nous avons trouvé plusieurs marais et fondrières, où nous avions de l'eau jusqu'au ventre et aux aisselles; nous avons marché jusqu'à la nuit dans ce mauvais pays, n'ayant pas trouvé, pendant tout ce temps, un arpent de terrain propre à camper. Nous ne voyons aucune apparence de chasse et nous sommes réduits à deux petites sagamités claires par jour. Le 2, il a plu toute la nuit jusqu'à deux heures du matin; nous n'avons pu faire qu'une lieue et demie aujourd'hui, à cause des mauvais chemins, dans des marais, dans l'eau jusqu'au ventre le moins. Nous avons trouvé six petites rivières qu'il nous a fallu passer sur des arbres étroits et à deux pieds sous l'eau. Le 5, à demi-lieue de notre cabanage, nous avons trouvé un marais d'un tiers de lieue de large où il n'y avait point de fond à six pieds et qui était plein de bois dont nous avons fait des cajeux pour porter nos hardes : nous avons été tout le jour à le passer; l'eau était très froide, plusieurs de mes gens y ont été saisis de froid et contraints de monter aux arbres pour se délasser; quatre y passèrent presque tout le jour, jusqu'à ce qu'on fût les chercher en cajeu. Jamais mes gens ni moi n'avions été si fatigués de notre vie. Voilà un bon métier pour tempérer les feux de la jeunesse! Nous ne laissons pas de chanter et rire pour faire voir à notre guide que la fatigue ne nous fait pas de peine. » Est-elle bien française cette manière alerte de dépeindre les souffrances et les privations d'un pareil voyage? Voilà, en effet, un bon métier pour tempérer les feux de la jeunesse! Le journal de route de Bienville, joint à celui de d'Iberville et remis au ministère de la marine, a été publié dans les Mémoires et documents pour servir à l'histoire des origines françaises des pays d'outre-mer.

En 1701, troisième voyage à la Louisiane de d'Iberville, à bord de la *Renommée*, avec son frère de Sérigny, lieutenant de vaisseau, commandant le *Palmier*. Après avoir transporté à la Mobile, dont le port offrait plus de sécurité pour les bâtiments, l'établissement de Biloxi, et y avoir fait construire un fort, des casernes et des magasins, il passait des traités avec diverses tribus, dont il visitait les territoires, puis il revenait à la côte et, le 27 avril 1702, il appareillait pour la métropole. En 1706, nommé chevalier de Saint-Louis et capitaine de vaisseau, il armait une escadre à la Martinique et enlevait aux Anglais l'île de Nièves. Il se préparait à réaliser le rêve de toute sa vie en allant attaquer et détruire Boston et New-York, lorsque, le 9 juillet, il succombait, à la Havane, sur le vaisseau le *Juste*, à un accès de fièvre jaune.

L'aîné des frères Le Moyne, de Longueil, après avoir pris part à de nombreuses campagnes au Canada, devint gouverneur de Montréal, où il mourut en 1716. De Bienville, après avoir été longtemps commandant à la Louisiane, repassa en France et mourut à Paris, en 1767, à l'âge de quatre-vingt-neuf ans. Sérigny parvint, comme d'Iberville, au grade de capitaine de vaisseau, et fut chargé de la direction du port de Rochefort. Maricourt, Châteauguay se distinguèrent également à côté de leurs frères dans diverses expéditions; le fils de Châteauguay, à son tour, fut gouverneur de la Guyane, puis de Louisbourg, qu'il défendit avec succès contre les Anglais. C'est ainsi que, du Saint-Laurent au golfe du Mexique, continua longtemps encore à servir sa double patrie la plus noble des nombreuses familles auxquelles ont donné naissance ces colonies françaises dont l'histoire, trop ignorée, constitue cependant un des plus beaux fleurons de nos gloires nationales.

CHAPITRE VII

NOUVELLES LUTTES CONTRE LES ANGLAIS

Après la mort du comte de Frontenac, deux candidats firent des démarches actives pour obtenir sa succession : l'intendant Champigny, qui s'était acquis les sympathies de la population par son désintéressement et son équité, et le chevalier de Callières, également très estimé des Canadiens ; mais ce dernier pouvait de plus, comme officier, se montrer à la tête des troupes qui avaient marché bien des fois sous ses ordres et qui admiraient son intrépidité. « Sans avoir le brillant de son prédécesseur, il en possédait tout le solide, des vues droites, une fermeté toujours d'accord avec la raison, un grand sens, beaucoup de probité et d'honneur, et une pénétration d'esprit à laquelle une grande application et une longue pratique avaient ajouté tout ce que l'expérience peut donner de lumières ; il avait pris dès le commencement un grand empire sur les sauvages qui le connaissaient exact à tenir sa parole et ferme à vouloir qu'on lui gardât celles qu'on lui avait données. » (Charlevoix.) Confident des projets de Frontenac, son collaborateur le plus dévoué, il était mieux que personne en mesure de continuer son œuvre et d'achever la pacification si énergiquement poursuivie par ce gouverneur. Aussi sa nomination fut-elle accueillie avec joie par la colonie. M. de Vaudreuil, dont l'activité et le brillant courage dans les diverses campagnes contre les cantons avaient été admirés de tous, fut désigné pour remplacer Callières au poste de Montréal.

Informés de la mort de M. de Frontenac, les Iroquois auraient volontiers profité de l'occasion pour tenter quelque coup sur nos alliés, mais la paix conclue entre la France et la Grande-Bretagne leur donna fort à réfléchir, car ils ne pouvaient plus désormais compter sur l'appui des Anglais en cas de guerre avec le Canada. Les instructions envoyées de Londres à M. de Bellomont, gouverneur de la Nouvelle-Angleterre, et communiquées en même temps au chevalier de Callières, portaient en effet : « Pour prévenir la continuation des différends qui sont survenus au sujet des Indiens des cinq nations, nous sommes convenus avec le Roi Très

Chrétien qu'ils vivront paisiblement et qu'ils jouiront des fruits de la paix conclue à Ryswick, aussi bien que les autres Indiens leurs voisins; qu'en conséquence de cela les prisonniers et les otages seront relâchés de part et d'autre, et que les Indiens des cinq nations, aussi bien que ceux avec lesquels ils ont été en guerre et autres qui sont leurs voisins, seront désarmés autant qu'il sera jugé à propos par vous et par le gouverneur français, pour les contenir dans la tranquillité dont on est convenu qu'ils jouiront. En cas que les Indiens aient la guerre les uns avec les autres, ou qu'ils inquiètent les colonies anglaises ou françaises, vous agirez de concert avec le gouverneur français contre eux, afin de les obliger à vivre en repos. »

Les chefs des cantons étant venus à Montréal en députation pour traiter de l'échange de prisonniers et de la paix, Callières leur fit traduire la lettre qu'il avait reçue en communication pour leur démontrer qu'ils n'avaient plus à attendre aucun secours de leurs voisins. « Ils n'étaient pas tout à fait contents de cette lecture, remarque La Potherie qui assistait à la conférence, car, malgré le grand flegme qui leur est naturel, je m'apercevais bien que cette ligue offensive et défensive entre nous et les Anglais les inquiétait extrêmement. Ils étaient surpris des moyens violents dont les Anglais voulaient se servir. »

Après de longs conciliabules, les Onnontagués et les Tsonnontouans envoyèrent à Montréal, au mois de juillet 1700, six ambassadeurs qui furent présentés au gouverneur par Le Moyne de Maricourt. Reçus solennellement par M. de Callières entouré de ses officiers, ils lui déclarèrent qu'ils venaient aussi de la part des cantons de Goyogouin et d'Onneyout, et que si leurs députés ne les accompagnaient pas, c'est que le gouverneur de la Nouvelle-Angleterre les avait dissuadés de se rendre à Montréal et qu'ils étaient allés le trouver pour savoir de lui quelles raisons il avait de s'opposer à ce voyage. Ils se plaignirent ensuite de ce que dans leurs chasses ils avaient été attaqués par les Outaouais, les Illinois et les Miamis, qui leur avaient tué plusieurs hommes, alors que la paix était conclue entre la France et l'Angleterre et qu'ils la croyaient étendue aux alliés des deux nations. En témoignage de leurs intentions pacifiques, ils prièrent le gouverneur d'autoriser Maricourt à les accompagner avec un autre officier, Joncaire, également adopté par eux, et le père Bruyas, missionnaire, qui ramèneraient les prisonniers retenus dans les cantons. Callières leur répondit que M. de Bellomont n'avait rien à voir dans les engagements entre les cinq nations et les Français; qu'il avait insisté auprès de ses alliés pour les amener à ne se livrer à aucune hostilité pendant les pourparlers de paix, mais que des Iroquois ayant attaqué dans leurs territoires de chasse des Miamis dont ils avaient tué plusieurs, ils n'avaient pas à se plaindre d'avoir à leur tour subi de justes représailles; qu'il consentait au départ des deux officiers et du missionnaire désignés par eux, à la condition que ces derniers ramèneraient tout à la fois les prisonniers français restés dans leurs villages et des ambassadeurs munis de pleins pouvoirs pour conclure la paix avec les Français et tous leurs alliés. Un des députés des cantons devait en outre rester en otage jusqu'au retour de Maricourt, de Joncaire et du père Bruyas. Quatre d'entre eux s'offrirent à demeurer, ce qui fut accepté, et les deux autres partirent en compagnie des trois Français qui furent reçus à Onnontagué avec de grandes démonstrations de joie. Pendant que l'on y attendait les envoyés des Goyogouins et des Onneyouts, Maricourt et le père Bruyas visitèrent les prisonniers français qu'ils purent rencontrer et les invitèrent à revenir avec eux à la colonie; mais pour les uns les familles qui les avaient adoptés refusèrent de s'en séparer; d'autres, accoutumés à la vie sauvage et à son extrême liberté, préférèrent continuer à rester dans le milieu où ils se trouvaient; très peu acceptèrent de retourner au Canada. Joncaire, qui avait été adopté par les Tsonnontouans comme Maricourt par les Onnontagués, fit les mêmes démarches dans son canton; on lui accorda la liberté de tous les Français qui s'y trouvaient, mais la plupart ne purent également se résoudre à reprendre leur ancienne existence; les uns se cachèrent, les autres refusèrent catégoriquement de regagner Montréal. Dix seulement revinrent avec Maricourt et Joncaire.

Une manœuvre insolente des Anglais avança plus nos affaires que toute l'éloquence de nos envoyés. Pendant un conseil tenu par eux avec les chefs, un jeune Anglais arriva d'Orange, entra dans l'assemblée, avertit les assistants, de la part du gouverneur de la Nouvelle-Angleterre, de ne pas écouter les officiers français, leur défendit de tenir conseil avec eux et leur donna l'ordre de venir à Orange où son chef les attendrait dans dix ou douze jours. Cette manière de parler si hautaine surprit et indigna les Iroquois; ils répondirent fièrement à cet émissaire qu'ils ne faisaient rien en cachette et que leurs ambassadeurs allaient partir pour Montréal afin d'y signer la paix avec Onontio leur père. Quant à leur frère anglais d'Orange, ils iraient le voir à leur retour puisqu'il désirait les entretenir. Dix-neuf d'entre eux se rendirent à Montréal où ils furent reçus au bruit des salves d'artillerie.

Dans une assemblée à laquelle assistaient des chefs hurons, outaouais, abénaquis et iroquois chrétiens, l'orateur des cantons exposa brièvement que les Iroquois avaient renoncé à faire la guerre aux alliés des Français, et qu'ils étaient venus à Montréal malgré la défense du gouverneur anglais qui pouvait vouloir s'en venger. Il manifesta, en terminant, l'espoir que ses frères trouveraient au fort Frontenac les marchandises qu'ils ne pouvaient plus obtenir à Orange, et les armes dont ils auraient besoin afin de pouvoir se passer des Anglais ou se défendre contre eux s'ils en étaient attaqués. M. de Callières remercia les envoyés d'avoir ramené plusieurs prisonniers français et les invita à délivrer les autres ainsi que ceux enlevés aux alliés. Il leur donna rendez-vous au mois d'août de l'année suivante, date à laquelle les députés de toutes les nations seraient réunis à Montréal pour la traite des pelleteries, et les prévint que si quelque différend surgissait entre eux, il voulait que la partie lésée s'adressât directement à lui pour obtenir justice. Quant au fort Frontenac, en attendant les ordres du roi à qui il allait soumettre leur demande, il y enverrait un officier, des marchandises et un forgeron qui réparerait leurs armes. Les alliés présents acceptèrent les conditions de la paix et, le 8 septembre 1700, tous signèrent un traité provisoire qui devait être ratifié l'année suivante à l'assemblée générale. Les sauvages mirent au bas de l'acte, comme signature, la marque de leur nation : les Onnontagués et les Tsonnontouans une araignée, les Goyogouins un calumet, les Onneyouts un morceau de bois en fourche, les Agniers un ours, les Hurons un castor, les Abénaquis un chevreuil et les Outaouais un lièvre. Ces préliminaires achevés, le gouverneur chargea M. Tilly de Courtemanche, officier énergique et habitué aux mœurs des

Coureurs des bois trafiquant avec des sauvages

sauvages[1], de se rendre auprès des nations d'en haut avec le père Anjelran, missionnaire aux Outaouais, pour engager celles dont les députés n'étaient pas venus à Montréal à y descendre afin d'assister au rendez-vous général du mois d'août 1701.

Courtemanche parvint, après de longues négociations et des voyages pénibles au cœur même de l'hiver, à réunir les adhésions des Outaouais et des Hurons voisins de Michillimakinac, puis des sauvages au sud des lacs : Miamis, Poutéouatamis, Sokokis, Outagamis, Illinois, Mascoutens, Sakis, Puants, Maloumines et Kikapous. Délivrance des prisonniers, apaisement des luttes intestines, des amours-propres froissés, toutes les difficultés furent surmontées et Courtemanche, ayant réuni les députés de ces nations, partit de Michillimakinac pour Montréal à la tête de cent quatre-vingts canots; mais trente furent contraints de relâcher en route par suite des maladies de ceux qui les montaient.

Un homme avait singulièrement aidé l'officier français dans sa mission; c'était le chef huron Kondiaronk, le Rat, qui avait, sous M. de Denonville, si habilement fait rompre les préliminaires de paix alors qu'il croyait sa tribu sacrifiée par ce gouverneur. Renommé pour ses exploits et d'un esprit bien supérieur à la masse des sauvages, il avait longtemps songé à une fédération de toutes les tribus de sa race et à l'éviction des Européens du nouveau monde; forcé de reconnaître que ce n'était là qu'un vain rêve, et placé entre les Anglais et les Français, il avait préféré notre alliance et donné à M. de Frontenac un concours que ce dernier appréciait fort. Il lui avait en effet conféré le rang de capitaine et lui en faisait remettre la solde. Mêlé à toutes les négociations avec les nations d'en haut et comprenant que l'avenir de sa tribu était lié au développement de la Nouvelle-France, le Rat avait appuyé de toutes ses forces les démarches de Courtemanche et fait disparaître les malveillances ou les mauvaises volontés qui s'étaient manifestées dans certaines bourgades.

Le 21 juillet 1701, les délégués des diverses nations arrivaient au Sault Saint-Louis dont ils saluaient le fort de coups de fusil. Le commandant y répondait par des salves d'artillerie, les troupes françaises formaient la haie au bord de l'eau au moment du débarquement. « On ne voyait de toutes parts, dit un témoin, qu'empressement pour recevoir ces nombreux hôtes. On avait brûlé les herbes qui étaient dans les rues, et on les avait balayées pour les rendre plus propres. »

Accueillis par les sauvages chrétiens de la résidence, les envoyés entrèrent dans une grande cabane de plus de soixante pieds de long; pendant que l'on préparait un festin, douze sauvages se mirent en rond au milieu de la cabane, chacun tenant une petite calebasse pleine de pois, et chantèrent le calumet en remuant leurs gourdes en cadence. Un chef outaouais, debout derrière les chanteurs, tenait ce calumet; c'était une pipe de pierre rouge, avec tige en bois creux couvert de plumes de tête de canard avec des plumes d'aigle pendant au milieu. « On avait attaché une brasse de tabac à une perche; un chef se leva un quart d'heure après le commencement de cette chanson du calumet et, prenant une hache, il en frappa

---

1. En 1693, M. de Frontenac l'avait envoyé comme commandant chez les Miamis, au sud du lac Michigan. « Son savoir-faire parmi ces sauvages qui ont beaucoup de créance en lui — écrivait le gouverneur au ministre — ne sera pas peu utile pour empêcher que les Anglais n'y mettent le nez, comme j'ai eu avis qu'ils en avaient le dessein. » (Lettre du 15 octobre 1693.)

un poteau. Les musiciens se turent aussitôt. « J'ai, dit-il, tué quatre Iroquois il y a cinq ans à tel endroit », et, arrachant un bout de ce tabac, il le prit comme une médecine pour se refaire l'esprit. Les musiciens applaudirent par des cris et un mouvement précipité de leurs gourdes, et l'on entendit le bruit de deux à trois cents sauvages d'un bout à l'autre de la cabane à peu près comme celui d'une mousqueterie qui se perd dans une forêt ou dans les rochers. Tant que le tabac dura, on ne manqua pas d'acteurs qui citèrent leurs beaux exploits. On apporta trois heures après six chaudières pleines de chiens et d'un ours que l'on expédia en un moment. On dansa ensuite. Le soir, on servit huit grandes chaudières pleines de maïs bouilli et chacun en remplit son écuelle de bois. » (La Potherie.)

Le lendemain, tous les canots descendaient à Montréal et plus de mille Peaux-Rouges y débarquaient successivement, au bruit du canon et des cris de joie de la population. Ils cabanèrent le long des palissades formant l'enceinte fortifiée, où l'on eut le soin de leur faire apporter quantité de branches d'arbres pour les mettre à l'abri du soleil. Tous les chefs furent d'abord présentés à M. de Callières et le Rat prit la parole au nom des nations alliées. « Notre père, dit-il, tu nous vois auprès de ta natte; ce n'est pas sans beaucoup de périls, que nous avons essuyés dans un si long voyage. Les chutes, les rapides et mille autres obstacles ne nous ont point paru si difficiles à surmonter par l'envie que nous avions de te voir et de nous assembler ici. Nous avons trouvé beaucoup de nos frères morts le long du fleuve; notre esprit en a été attristé, le bruit avait couru que la maladie était grande à Montréal; tous ces cadavres rongés des oiseaux que nous rencontrions à chaque moment en étaient une preuve assez convaincante. Cependant nous nous sommes fait un pont de tous ces corps sur lequel nous avons marché avec fermeté. Nous ne laissons pas d'être tous malades d'un rhume qui nous accable, et tu dois juger par là des fatigues que nous avons supportées. »

Le gouverneur remercia les envoyés de leur venue, leur dit qu'on les avait abusés en leur donnant à entendre qu'une épidémie régnait à Montréal, car ils verraient par eux-mêmes qu'il n'en était rien; puis il reçut en audience particulière les chefs des diverses peuplades, fit grand accueil à ceux d'entre eux qui, déférant à ses instructions, avaient amené des prisonniers iroquois, et les séduisit par ses manières affables.

Le 1er août, une assemblée générale de tous les députés des nations eut lieu sous la présidence du gouverneur. Un chef huron prononça un discours pendant lequel le Rat, en proie à une fièvre violente, se trouva mal. On s'empressa de le secourir avec d'autant plus de zèle que les Français lui avaient presque toute l'obligation de cette réunion sans exemple jusqu'alors. Lorsqu'il reprit connaissance, on apporta un fauteuil dans lequel on le fit asseoir au milieu de l'assemblée, et tous les assistants s'approchèrent pour l'entendre. Il parla longtemps et fut écouté avec une religieuse attention. Après avoir exposé simplement les démarches qu'il avait faites pour ménager une paix durable entre les nations, il démontra la nécessité de cette paix, les avantages qui en résulteraient pour le pays en général et pour chaque peuple en particulier; il termina en priant le chevalier de Callières de faire en sorte que la confiance que tous plaçaient en lui ne fût pas trahie. « Ce grand chef tint lui seul toute l'audience, malgré l'état languissant où il était. Les nations l'écoutaient avec admiration et, à chaque affaire différente dont il parlait, elles l'applaudissaient par des tons de voix qui partaient du creux de l'estomac, dont les sauvages ont coutume de se servir. » (La Potherie.)

Le Rat se trouva trop faible à la fin de la séance pour pouvoir retourner à sa cabane : on le porta jusqu'à l'hôpital où il succomba dans la nuit. Sa mort causa une affliction générale, d'autant plus vivement ressentie qu'il était l'âme de sa nation et le plus influent allié des Français. Le gouverneur et l'intendant allèrent exprimer à ses proches les regrets que leur causait sa perte. Les chefs iroquois et ceux des autres nations vinrent à leur tour pleurer le mort et faire des présents aux Hurons. Transporté de l'hôpital à sa cabane, le Rat fut étendu sur des peaux de castor, et recouvert d'une étoffe écarlate; on plaça, suivant la coutume indienne, une chaudière de cuivre à droite de sa tête, un fusil et une épée à gauche. Le lendemain, on procéda solennellement aux funérailles du chef décédé ; M. de Saint-Ours, premier capitaine des troupes, précédait le cortège avec soixante soldats; seize guerriers hurons, enveloppés de robes de castor, le visage noirci en signe de deuil, suivaient quatre par quatre avec leurs fusils sous le bras; le clergé venait ensuite, puis six chefs de guerre portant le cercueil couvert de fleurs. Le frère et les enfants du Rat, accompagnés de nombreux guerriers, marchaient derrière le corps; Mme de Champigny, femme de l'intendant, M. de Vaudreuil, gouverneur de Montréal, et tous les officiers français fermaient la marche. Après le service, les soldats et les chefs de guerre tirèrent deux salves de mousqueterie et défilèrent devant le cercueil. Le corps fut inhumé dans l'église, et l'on grava sur la tombe cette inscription : *Cy gît le Rat, chef huron.*

Les négociations préliminaires avec chacune des nations étant achevées et l'échange des prisonniers convenu, l'assemblée générale pour la conclusion de la paix eut lieu le 4 août. Dans la plaine hors de Montréal, on avait disposé une vaste enceinte de branches d'arbres avec une partie couverte de feuillages pour recevoir les personnes de qualité et les dames de la ville. Les soldats formaient la haie autour de l'enceinte, dans laquelle se groupèrent treize cents sauvages rangés en ordre par nation. Le gouverneur, entouré de l'intendant, de M. de Vaudreuil et des principaux officiers et fonctionnaires de la colonie, placé de manière à être vu et entendu de toute l'assemblée, dit qu'il avait tenu à réunir les chefs des nations pour leur ôter la hache des mains, conclure la paix entre eux, et leur faire connaître que désormais il voulait être le seul arbitre de leurs différends; il les invita à remettre leurs intérêts entre ses mains, promettant de leur rendre toujours justice et, s'il arrivait quelque désordre, de punir les agresseurs. Lorsqu'il eut achevé ce discours, dont il avait remis des copies aux interprètes, le père Bigot, missionnaire, en traduisit le contenu aux Abénaquis et aux Algonquins; Nicolas Perrot aux Miamis, aux Illinois et aux autres sauvages de l'ouest des lacs; le père Garnier aux Hurons ; le père Bruyas aux Iroquois et le père Anjelran aux Outaouais. Tous applaudirent avec de grandes acclamations, et afin que le traité fût scellé d'une manière inviolable, trente et un colliers furent distribués aux chefs des nations qui s'avancèrent successivement pour les recevoir et remettre leurs prisonniers au gouverneur. Chacun d'eux prononça un discours; ils dirent tous qu'ils sacrifiaient leurs intérêts particuliers à la paix générale, et qu'ils obéissaient surtout au désir de contenter leur père Onontio.

Ce défilé dura longtemps et offrit dans son étrangeté diverses scènes qui, malgré tout ce qu'avait de sérieux la cérémonie, égayèrent fort l'assistance. Certains des chefs, surtout ceux des peuplades les plus éloignées, avaient revêtu des costumes extraordinaires contrastant singulièrement avec la gravité qu'ils affectaient. Le chef des sauvages du Sault Sainte-Marie avait disposé un plumet en rayon autour de sa tête peinte comme les autres à la manière indienne. Celui des Poutéouatamis s'était coiffé avec la peau de la tête d'un taureau dont les cornes lui pendaient sur les oreilles. L'Outagamis s'était peint le visage en rouge et avait sur le crâne une vieille perruque poudrée, toute mêlée. Il s'en était fait un ornement pour se mettre à la française et cela lui donnait, outre sa laideur, un air affreux et ridicule. Voulant faire voir qu'il savait vivre, il ôta sa perruque et en salua le chevalier de Callières comme d'un chapeau. Malgré le sang-froid qu'il était nécessaire de conserver dans la circonstance, l'assemblée ne put s'empêcher d'éclater de rire, mais cela ne déconcerta pas du tout l'Outagamis qui se recouvrit avec gravité et adressa sans embarras son discours au gouverneur. Le chef des Algonquins, vêtu en voyageur canadien, avait accommodé ses cheveux en crête de coq avec un plumet rouge qui pendait par derrière. C'était un grand jeune homme qui, à la tête de trente guerriers dont le plus âgé n'avait pas vingt ans, avait défait et tué auprès du fort Frontenac le principal chef de guerre onnontagué, la Chaudière noire, un de nos adversaires les plus redoutables.

Les divers chefs alliés ayant parlé, tous les yeux se tournèrent vers l'orateur des cantons; s'avançant gravement, il présenta de leur part au gouverneur quatre colliers, l'assura qu'ils seraient fidèles observateurs du traité et que pour les prisonniers restés dans leurs bourgades ils l'en rendaient maître. Pour confirmer le traité de paix conclu et signé de tous les chefs, MM. de Callières, de Champigny et de Vaudreuil fumèrent le calumet offert par les Miamis; il passa ensuite aux mains des Iroquois et de tous les députés alliés. Cette cérémonie terminée, des soldats apportèrent dix grandes chaudières où l'on avait fait bouillir trois bœufs coupés en morceaux. Après ce festin, bien frugal pour tant de monde, la fête s'acheva par des feux de joie et des décharges de mousqueterie et de canon. Elle devait avoir d'importantes conséquences; elle nous donna en effet, ainsi que le constate justement Garneau, une influence considérable sur toutes les nations indigènes, en établissant entre elles et nous une espèce de droit international. « La politique française éleva en quelques jours des barrières qui subsistèrent un demi-siècle et dont le premier effet fut de paralyser l'action des colonies anglaises dans la guerre qui allait bientôt intervenir. »

Avant leur départ de Montréal, tous les chefs reçurent des présents au nom du roi. Maricourt accompagna les Onnontagués et Joncaire les Tsonnontouans pour ramener ceux des prisonniers restés dans les cantons. Les députés agniers, arrivés quelques jours après le départ des autres chefs, s'excusèrent de ce retard, approuvèrent tout ce qui avait été fait et se retirèrent après avoir signé le traité et échangé des présents avec le gouverneur. Telle fut la consécration, sous l'habile et heureuse influence de M. de Callières, de l'œuvre si longtemps poursuivie par M. de Frontenac.

Le gouverneur avait informé les Iroquois qu'il avait fait rétablir le fort du Détroit où ils trouveraient des marchandises à un prix raisonnable. C'était, avec celui de Frontenac, un sérieux obstacle aux incursions des trafiquants anglais, dont il fallait toujours se défier. Le commandement en fut confié, avec cent hommes de garnison, au sieur de La Mothe-Cadillac. C'était un esprit aventureux, fort éveillé, connaissant bien les colonies anglaises, et appréciant tous les dangers de ce voisinage ; il avait

CHEF EN GRAND COSTUME.
Dessin de A. de Neuville.

été capitaine d'infanterie avant de venir s'établir en Acadie, où il s'était marié et avait inutilement essayé de gagner sa vie comme colon. Rentré dans l'armée à la Nouvelle-France, il avait commandé à Michillimakinac et rendu de grands services par son initiative et sa connaissance des mœurs des sauvages. C'est lui qui, informé des intrigues d'un chef outaouais nommé la Grosse Tête, qui songeait à attirer les Anglais dans les pays des lacs, lui disait dans cette langue imagée si chère aux Peaux-Rouges : « As-tu vu la lune dans ton lac lorsqu'il fait beau et que le temps est calme? Elle paraît être dans l'eau et cependant elle est au ciel. Tu es bien vieux, mais sache que si tu revenais à ton premier âge et que tous les ans tu te misses dans l'esprit de pêcher la lune dans ton lac, tu réussirais et tu la prendrais plutôt dans tes rets que tu ne saurais venir à bout de ce que tu projettes. Sois assuré que l'Anglais et le Français ne se peuvent trouver dans une même terre sans se tuer. » Le sauvage, qui l'écoutait avec attention, lui répondit seulement : « Voilà qui est étrange ! » (La Potherie).

Lorsque le commandant arriva au Détroit avec ses hommes, dans le mois de juin 1700, « ils furent, dit Garneau, enchantés de la beauté du pays et de la douceur du climat. En effet, la nature s'est plu à déployer toutes ses magnificences dans cette contrée délicieuse. Un terrain légèrement ondulé, des prairies verdoyantes, des forêts de chênes, d'érables, de platanes et d'acacias, des rivières d'une limpidité admirable, au milieu desquelles les îles semblent avoir été placées comme par la main de l'artiste pour charmer les yeux, tel est le tableau qui s'offrit à leur vue lorsqu'ils s'avancèrent dans ces lieux découverts par leurs pères. C'est aujourd'hui le plus ancien établissement de l'État de Michigan, et la plupart des terres y sont encore entre les mains de descendants de Français. »

La conclusion de la paix générale avec les nations avait d'autant plus d'importance que le traité de Ryswick avec l'Angleterre ne constituait qu'une simple trêve qui allait être bientôt rompue. Le roi d'Espagne Charles II se mourait et, comme il n'avait pas d'héritier, Louis XIV obtint de lui de désigner dans son testament comme son successeur le duc d'Anjou, second fils du Dauphin. Une coalition entre l'Autriche, qui prétendait à cette succession, l'Angleterre et la Hollande chassée de la Belgique par Louis XIV, se forma contre la France. La lutte s'engagea sur le continent, dirigée pour les coalisés par le duc de Marlborough et le prince Eugène, qui firent éprouver à nos troupes, mal commandées, de sanglantes défaites. Ils auraient achevé de les accabler sans l'intervention du maréchal de Villars, dont la victoire de Denain en 1712 sauva la France d'une invasion et amena les adversaires à conclure le traité d'Utrecht. Toutes les forces de la monarchie étant engagées dans cette lutte, les secours envoyés au Canada furent à peu près nuls, et la colonie dut résister seule aux attaques des Anglais qui espéraient bien cette fois en avoir promptement raison. Il s'agissait d'abord pour eux de s'emparer de Plaisance, dans l'île de Terre-Neuve, d'en chasser les Français afin d'être les uniques maîtres de la pêche dans ces régions, puis de reprendre l'Acadie, dont le voisinage gênait les colons de Boston, et enfin, les abords du golfe Saint-Laurent enlevés, de pénétrer dans le fleuve et d'arriver devant Québec, dernier centre de résistance à conquérir. Une expédition fut organisée contre Plaisance, mais elle échoua et n'aboutit qu'au pillage et à la destruction de quelques bateaux de pêche. Pour l'Acadie, Callières, inquiet, demanda des renforts au ministre. On les lui promit sans les envoyer. Le commandant de cette province, M. de Villebon, étant mort, M. de Brouillan fut désigné pour le remplacer. Il eut bientôt à se défendre contre les troupes de la Nouvelle-Angleterre qui ravagèrent les côtes et s'emparèrent de plusieurs bâtiments. Informé que les prisonniers détenus à

PAYSAGE CANADIEN.
Dessin de Slom, d'après une photographie de MM. Notman et Son.

Boston y étaient maltraités, M. de Brouillan fit prévenir le gouverneur du Massachusetts qu'il userait de représailles. Son envoyé l'avertit à son retour qu'on attendait à Boston des navires d'Angleterre pour croiser à l'embouchure du Saint-Laurent, attaquer les convois qui viendraient de France et aller assiéger Québec. Il envoya aussitôt un courrier à M. de Callières qui se disposa de son mieux à résister à cette agression et fit renforcer les fortifications de la ville. Le gouverneur présidait à ces préparatifs de défense lorsque la mort le surprit le 26 mai 1703. Il fut profondément regretté de toute la colonie, et « laissa la réputation d'un excellent général, d'un homme intègre et d'un véritable ami du pays, où il avait passé une grande partie de sa vie ». (Ferland.) Son administration avait duré quatre ans et demi. Le commandement général revint alors au marquis de Vaudreuil, qu'à la demande des habitants, dont il avait gagné l'estime et la confiance, le roi nomma gouverneur. L'intendant de Champigny, qui avait aspiré à cette charge à la mort de M. de Frontenac, était retourné en France l'automne précédent.

Si les Anglais, dans leurs luttes contre les Canadiens, avaient trouvé dans les cinq nations des alliés disposés à suivre leurs conseils et à désoler par leurs brigandages la colonie française, il n'en avait pas été de même sur les côtes d'Acadie, où la tribu des Abénaquis s'était constamment opposée à leurs envahissements et leur avait souvent infligé de sanglantes représailles. Chassés des territoires de la Nouvelle-Angleterre, qu'ils occupaient, par les empiètements des colons, ces sauvages, hospitaliers et généreux envers les étrangers amis, étaient implacables dans leur ressentiment à l'égard de leurs adversaires ou de ceux qui avaient offensé leur nation. (Maurault.) Convertis au catholicisme par nos missionnaires, ils se montrèrent toujours fidèles à notre cause et résistèrent avec une indomptable ténacité aux tentatives des Anglais pour les réduire ou les gagner. Décimés par la guerre, victimes d'odieuses trahisons, ils finirent par succomber lorsque l'ennemi nous enleva cette partie de territoire, et, plutôt que de rester sous sa domination, ils préférèrent passer au Canada, où ils s'installèrent sur des terres qui leur furent concédées sur les bords de la rivière Saint-François près du lac Saint-Pierre.

Informé au début de la guerre que des relations s'étaient établies secrètement entre Boston et quelques Abénaquis pour les engager à nous abandonner, M. de Vaudreuil réunit, afin d'y couper court, un parti de guerriers de cette nation avec quelques Français et en remit le commandement au lieutenant de Beaubassin, qui ravagea quinze lieues de côtes sur la frontière. Divisés par bandes, ils assaillirent à la fois les places fortifiées et les habitations des colons, dont plus de trois cents furent tués. Il semblait à ces malheureux affolés qu'à la porte de chaque maison un sauvage caché épiait sa proie. L'épouvante et la mort planèrent sur la contrée. Les Anglais, désespérant alors de gagner ces sauvages, firent passer des détachements dans leur pays et massacrèrent tous ceux qu'ils surprirent. Les chefs demandèrent des secours à M. de Vaudreuil, qui leur envoya, dans l'hiver de 1703-1704, deux cent cinquante hommes sous les ordres du lieutenant Hertel de Rouville. Ce dernier remplaçait dignement son père, auquel son âge et ses infirmités ne permettaient plus d'entreprendre de grandes courses. Quatre de ses frères accompagnèrent de Rouville. Celui-ci avait l'ordre de se diriger sur Deerfield, le premier des établissements anglais sur les frontières du Massachusetts.

Il partit de Montréal avec son détachement au commencement de février 1704, remonta sur les glaces la rivière de Richelieu, le lac Champlain, et traversa les bois à la raquette. Le 28 février il arriva, pendant la nuit, devant la bourgade défendue par une palissade formant enceinte. Il y avait quatre pieds de neige sur le sol et le vent en avait amoncelé au dehors jusqu'à la hauteur de la palissade. Informé par ses éclaireurs que les sentinelles, chassées par le froid, avaient abandonné leurs postes et que les habitants n'avaient pris aucune précaution, malgré les avis qui leur avaient été donnés par le colonel Schuyler, Hertel engagea aussitôt l'action. Franchissant l'enceinte, sauvages et Français sautèrent dans la place et, divisés en plusieurs bandes, attaquèrent à la fois toutes les maisons. Quarante-sept habitants furent tués en se défendant, et le village brûlé. Les assaillants se retirèrent avec cent vingt prisonniers; quelques-uns de ces derniers succombèrent aux fatigues de la retraite, que les Anglais cherchèrent vainement à inquiéter. Conduits à Montréal, ces infortunés, ainsi que le constate un historien américain (William Smith, *History of Vermont*), y furent reçus avec humanité par les Français, contrairement à ce qui se passait à Boston, où les prisonniers abénaquis et canadiens subissaient les plus mauvais traitements.

Au printemps de 1704, les Anglais, pour se venger de ce désastre, préparèrent une attaque contre l'Acadie. Le 2 juillet, une flotte de vingt-deux bâtiments apparaissait devant Port-Royal, et débarquait des troupes qui brûlaient des habitations isolées et faisaient plusieurs prisonniers. Sommation était adressée aux défenseurs de Port-Royal de se rendre, et avis leur était donné qu'ils seraient tous massacrés s'ils s'y refusaient. Le gouverneur, M. de Brouillan, forma quelques détachements qui arrêtèrent les Anglais et leur infligèrent, dans diverses actions assez vives, des pertes qui les forcèrent à renoncer à leur entreprise. Ils finirent par se retirer, non sans avoir opéré plusieurs descentes sur des points du littoral laissés sans défense, où ils brûlèrent quelques cabanes et prirent une cinquantaine de personnes, vieillards, femmes et enfants, qu'ils emmenèrent à Boston.

Les années suivantes, les Abénaquis renouvelèrent avec plus d'audace leurs terribles incursions dans les villages du Massachusetts, et ramenèrent chaque fois au Canada des prisonniers et un riche butin. Ils étaient souvent dirigés dans ces entreprises par un homme dont l'existence aventureuse mériterait une sérieuse étude, et qui accomplit dans ces contrées des exploits dont les Anglais conservèrent longtemps le terrifiant souvenir. Le baron de Saint-Castin, Béarnais d'origine, était capitaine au régiment de Carignan. Après le licenciement de ce corps, il vint, vers 1670, de Québec, à travers forêts et montagnes, s'établir au milieu des rochers de Pentagoet en Acadie; il y construisit un fort et épousa la fille d'un chef abénaquis. Il était brave, d'une force remarquable, adroit aux exercices du corps, doué d'un grand esprit d'entreprise et fertile en ressources. Il mena, parmi ces sauvages qu'il avait séduits par son courage et son entrain, une vie de chasses et de combats, d'embuscades et de pillage qui plaisait à son caractère et le rendait l'idole de ses compagnons d'armes. Sa réputation se répandit rapidement dans toute l'Acadie; à son appel les sauvages prenaient les armes et venaient le rejoindre au fort de Pentagoet pour courir sus aux Anglais. Par ses incursions sur leur territoire, il paralysa la colonisation du Maine pendant trente ans et repoussa toutes les attaques dirigées contre sa nation. Aussi les chroniques puritaines de l'époque sont-elles remplies d'imprécations contre ce terrible ennemi. En 1708, il repassa en France pour recueillir un héritage qui lui était échu dans le Béarn, et laissa son fort de Pentagoet à son fils aîné, qui continua la lutte contre les Anglais. Fait prisonnier par trahison en 1722 et jeté dans les cachots de Boston, ce jeune homme fut envoyé en Angleterre, d'où il parvint à s'échapper, et gagna la France, où son père venait de mourir. Revenu en Acadie en 1731, il acheva sa vie au milieu de la tribu qui l'avait vu naître. Il y aurait encore, croit-on, sur la rivière Pénobscot, où se trouvait le fort Pentagoet, des descendants sauvages de cette famille portant le nom de Saint-Castin. (Maurault.)

La terreur répandue dans les colonies anglaises par les courses meurtrières des Abénaquis détermina le gouvernement du Massachusetts à faire les plus grands efforts pour chasser entièrement les Français de l'Acadie, et supprimer ainsi l'appui donné par eux à leurs sauvages alliés. Le 6 juin 1707, vingt-quatre vaisseaux portant deux mille hommes de troupes apparaissaient à l'entrée du bassin de Port-Royal. Une quinzaine d'hommes, qui y faisaient sentinelle, n'eurent que le temps de se sauver par les bois et d'avertir le commandant du fort de l'arrivée des ennemis, dont la flotte vint jeter l'ancre à une lieue de la place. M. de Brouillan, mort en 1705, avait eu pour successeur au gouvernement de l'Acadie M. de Subercase, qui l'avait déjà remplacé à Plaisance et venait de faire une brillante campagne à Terre-Neuve. C'était un officier actif, intrépide et vigilant. A la nouvelle de l'approche des Anglais, il fit prévenir en toute hâte les habitants, qui vinrent renforcer la garnison, et le baron de Saint-Castin, qui accourut avec ses Abénaquis. Débarqués à une lieue du fort, le lendemain de leur arrivée en rade, les Anglais se divisèrent en deux troupes, l'une de quinze cents hommes, l'autre de cinq cents, et s'avancèrent de chaque côté de la baie vers le fort; mais des détachements de soldats, d'habitants et de sauvages, cachés dans les bois qui couvraient le sol aux alentours, les harcelèrent de si près et les inquiétèrent tellement par leurs escarmouches qu'ils mirent plusieurs jours avant de pouvoir aborder la place. Ne pouvant utiliser pour la défense les maisons voisines du fort, M. de Subercase les fit brûler. Le 11 juin, la tranchée fut ouverte; mais le lendemain, quatre cents Anglais s'étant détachés pour tuer les bestiaux et détruire les plantations des habitants, un parti de quatre-vingts Acadiens et sauvages commandé par Saint-Castin les surprit au milieu des bois, en tua plusieurs et les chargea si vigoureusement qu'ils se hâtèrent de regagner en désordre leur campement. Dans la nuit du 15 au 16, l'ennemi, après avoir ouvert un feu violent contre la place, lança une colonne de cinq cents hommes pour s'emparer des brèches. Il comptait sur de nombreuses désertions dans la garnison, quelques misérables soldats en ayant déjà donné l'exemple, mais son attente fut trompée et l'artillerie du fort lui infligea de cruelles pertes. Ses munitions épuisées et l'attitude des défenseurs de Port-Royal ne laissant aucun espoir de reddition, le colonel March, qui commandait la flotte anglaise, n'osa pas tenter un assaut et fit rembarquer ses troupes. Il laissait dans son camp et aux alentours une centaine de morts. Rendu à la baie de Casco, il y apprit que les Bostonais, ne doutant pas du succès de l'expédition, avaient déjà commencé des réjouissances pour la prise de Port-Royal. Il écrivit aussitôt au gouverneur, le suppliant de ne pas lui imputer la mauvaise réussite de l'affaire, parce que ses troupes s'étaient soulevées contre lui lorsqu'il avait proposé

PÊCHE DE LA MORUE SUR LE GRAND BANC DE TERRE-NEUVE.
Dessin de Le Breton.

de risquer un assaut général, et que ses principaux officiers avaient appuyé la désobéissance des soldats.

La fureur de la populace de Boston à la nouvelle de la retraite de la flotte fut extrême : elle aurait mis le colonel March en pièces si elle l'avait pu saisir. Ordre lui fut donné de rester à Casco et d'y attendre des renforts pour recommencer l'attaque. En toute hâte, six cents hommes, avec plusieurs membres du parlement de Boston et le fils du gouverneur, s'embarquèrent sur trois navires, puis rejoignirent March, qui, pour venger son échec, fit de nouveau voile vers Port-Royal. Le 20 août, sa flotte était signalée à l'entrée de la rade. Cette nouvelle inattendue jeta la consternation dans la garnison, bien qu'elle eût été renforcée par l'équipage d'une frégate que commandait M. de Bonaventure, le compatriote et l'ami du vaillant d'Iberville. Personne ne croyait possible la résistance à une force aussi considérable. Le gouverneur, cependant, ne désespéra pas et parvint à inspirer à sa faible troupe la confiance qui l'animait. Les habitants, avisés de ce retour offensif de l'éternel ennemi, accoururent à la rescousse, et Saint-Castin avec ses fidèles sauvages arriva de son côté assez à temps pour prendre à l'action la part la plus active. Sauvages et habitants avaient d'autant plus de mérite à agir ainsi que la cour de France, qui leur promettait et devait leur faire parvenir des vivres, des vêtements et des munitions, n'envoyait rien et les abandonnait à leur malheureux sort. Les Abénaquis troquaient des peaux de castor contre des marchandises anglaises qu'ils recevaient par les Mahingans, sauvages de même race de la Nouvelle-Angleterre, et « nos propres ennemis subvenaient ainsi aux besoins de nos plus fidèles alliés, que nous laissions manquer du nécessaire, tandis qu'ils exposaient tous les jours leur vie pour notre service ». (Charlevoix.) De là, chez eux comme chez les habitants, un profond mécontentement contre le gouverneur, car il ne retenait les uns dans le devoir et n'amenait les autres à le secourir que par des promesses que l'abandon de la mère patrie le mettait hors d'état de tenir. Dans sa correspondance, il écrivait au ministre qu'il était réduit à donner à ces malheureux jusqu'à ses chemises, les draps de son lit, et tout ce dont il pouvait se passer pour soulager la misère des plus pauvres; il affirmait qu'il n'y avait plus un moment à perdre si l'on voulait secourir et garder cette colonie qui pouvait être une source de richesse pour la nation, car par la pêche sur les côtes les Anglais y faisaient des profits tellement considérables que soixante de leurs navires étaient employés à transporter les morues en Espagne et dans la Méditerranée. Ces plaintes devaient, hélas! rester vaines, et ces avis si pressants inutiles.

Les Anglais, arrivés le 20 août 1707 devant Port-Royal, attendirent au lendemain pour descendre à terre, ce qui permit aux secours du dehors d'entrer au fort. Le 21, à dix heures du matin, une centaine de chaloupes remplies de soldats abordèrent de l'autre côté de la baie. Les hommes débarqués se mirent en marche à travers bois pour camper à un quart de lieue de la place, dont une rivière les séparait. Quatre-vingts sauvages et trente Acadiens s'embusquèrent aux environs pour tomber sur les détachements qui ne manqueraient pas de pénétrer dans l'intérieur afin de détruire les habitations. Après deux jours employés à se fortifier dans leur camp, huit cents ennemis s'engagèrent dans les bois où leur avant-garde tomba tout entière sous les coups de nos tirailleurs. N'osant pas s'aventurer plus loin après ce premier échec, le gros de la bande rejoignit le camp, que M. de

Subercase fit harceler vigoureusement et couvrir de boulets. Le 26 août, les Anglais, fatigués de ces continuelles alarmes, se retirèrent à une demi-lieue, hors de la portée de l'artillerie; mais les partis de sauvages et d'habitants les attaquèrent sans relâche, leur tuant des sentinelles, enlevant des hommes, en blessant d'autres. Le 30, l'ennemi, désespérant d'aborder la place de ce côté, se rembarqua, et, comme le gouverneur l'avait prévu en voyant cette manœuvre, le 31 il débarqua, sous le canon de sa flotte, de l'autre côté de la rivière. Il avait devant lui une pointe couverte de bois où le baron de Saint-Castin s'était embusqué avec cent cinquante guerriers; ce dernier laissa les Anglais approcher jusqu'à portée de pistolet, et fit alors sur eux trois décharges successives qui semèrent la mort dans leurs rangs et leur inspirèrent une telle épouvante qu'ils battirent en retraite. Un renfort d'une centaine d'hommes étant venu rejoindre Saint-Castin, Acadiens et sauvages chargèrent furieusement les ennemis et pénétrèrent avec eux dans leurs retranchements où l'on se battit à coups de hache et de crosse de fusil. Saint-Castin et deux autres chefs y furent blessés, mais les quinze cents Anglais, si vivement attaqués, reculèrent de plus d'un quart de lieue vers leurs chaloupes, laissant sur le terrain un grand nombre des leurs. Les Français et leurs alliés, après un instant de repos, dessinèrent une nouvelle attaque aussi violente; les Anglais, démoralisés par leurs pertes et les terribles cris des sauvages dont ils avaient une extrême frayeur, coururent sans les attendre à leurs embarcations et s'y précipitèrent confusément pour regagner la flotte qui alla s'ancrer hors de portée des canons du fort. La nuit suivante, ils jetèrent à la mer de nombreux cadavres, car on en trouva ensuite beaucoup ramenés par le flot sur les grèves. Des éclaireurs entendirent du rivage plusieurs soldats anglais, qui venaient en chaloupe faire du bois et de l'eau, dire que leur chef méritait d'être pendu pour avoir fait tuer inutilement tant de monde. Désespérant d'aboutir à un meilleur résultat, et n'étant plus en état de reprendre l'offensive, le commandant anglais fit voile vers le large et regagna la Nouvelle-Angleterre. Parmi les prisonniers restés aux mains des Français se trouvait un pilote. Interrogé par M. de Subercase, il l'informa que l'attaque de Port-Royal avait été concertée avec la reine d'Angleterre qui voulait être en possession de l'Acadie avant la fin de la guerre et enverrait les renforts nécessaires pour atteindre ce but. Il fallait donc s'attendre à une nouvelle agression dès le printemps suivant, et le gouverneur en avisa le ministre, sans plus de succès d'ailleurs que les années précédentes. Aussi la chute de Port-Royal, si longtemps et si bravement défendu, devait-elle fatalement survenir : les ennemis s'y acharnant avec des troupes constamment renouvelées, sa petite garnison, dénuée de tout, ne recevant ni vivres ni renfort, finissait, à bout de forces, par lâcher prise.

En 1710, six navires de guerre anglais portant des troupes de débarquement et une galiote à bombes arrivèrent à Boston et, le 5 octobre, cinquante et un bâtiments, dont quatre vaisseaux de soixante pièces de canon, deux de quarante, un de trente-six et deux galiotes à bombes, quittèrent ce port sous le commandement du général Nicolson. Il y avait quinze jours que la garnison de Port-Royal, bloquée par trois vaisseaux d'avant-garde, couchait sur le rempart et dans les batteries que l'on avait remis en état le mieux possible. Le 6, l'ennemi débarquait. M. de Subercase ne fit pas obstacle à cette descente. Il ne comptait plus ni sur ses soldats ni sur les habitants; il savait qu'aucun de ceux qu'il ferait sortir du fort n'y reviendrait, tellement le découragement les avait envahis. Il lui restait trois cents hommes épuisés moralement et physiquement pour résister à trois mille quatre cents, outre les officiers et les équipages. Aussi, désespérant d'opposer une défense sérieuse à un adversaire dix fois plus nombreux, n'eut-il plus d'autre vue que de sortir de la place avec honneur. Ne rencontrant pas de résistance, les Anglais marchèrent droit au fort; mais, lorsqu'ils furent à portée, un feu d'artillerie bien dirigé les arrêta et en tua un certain nombre. Les autres reculèrent dans les bois pour échapper aux boulets. Plusieurs jours, une violente canonnade s'échangea entre les galiotes et le fort, tandis que l'ennemi travaillait aux tranchées et à l'établissement de batteries. Le 10, quelques bombes tombèrent pendant la nuit dans le fort; cinquante habitants, profitant du désordre occasionné par leur explosion, désertèrent; le lendemain, les autres, mécontents et brisés de fatigue, présentèrent au gouverneur une requête pour le prier de se rendre, car ils se trouvaient dans l'impossibilité de repousser un assaut et ils appréhendaient que l'ennemi ne leur fît point de quartier. La frayeur n'était pas moindre chez les soldats, qui menaçaient ouvertement de déserter. M. de Subercase réunit un conseil de guerre; les vivres manquaient, les munitions étaient épuisées, les hommes affaiblis par les fatigues et les veilles, les caractères démoralisés; le conseil conclut unanimement à la capitulation. Le 16 octobre, la garnison, qui ne comptait plus que cent cinquante-six hommes exténués, en haillons, aux visages défaits et amaigris, sortit du fort avec armes et bagages; les honneurs de la guerre lui avaient été accordés, mais elle ne put emporter les mortiers et les canons, les chevaux des habitants ayant été chassés au fond des bois. M. de Subercase vendit cette artillerie au général anglais pour acquitter les dettes qu'il avait contractées au nom du roi. Il ne restait plus de vivres dans la place, et le lendemain les vainqueurs se virent obligés d'en distribuer aux Français pour ne pas les laisser mourir de faim. En l'honneur de la reine Anne, les Anglais donnèrent à leur nouvelle conquête le nom d'Annapolis, qu'elle a gardé depuis.

À Terre-Neuve, les succès remportés par les Français au prix de fatigues et de dangers inouïs n'eurent pas au fond de meilleurs résultats. L'idée que d'Iberville avait essayé de mettre à exécution : le dégagement des abords du fleuve Saint-Laurent et du Canada, en assurant à la France la possession de l'Acadie, de Terre-Neuve et de la baie d'Hudson, fut reprise encore une fois, alors que les Anglais de leur côté cherchaient à s'emparer de ces pays et à isoler le Canada pour l'attaquer ensuite avec toutes leurs forces. Quelques centaines de volontaires, de notre côté, accomplissaient des merveilles d'héroïsme, d'endurance et d'heureuse audace; des milliers sortis des colonies de la Nouvelle-Angleterre ou des ports de la Grande-Bretagne venaient regagner, au prix de lourds sacrifices d'hommes et d'argent, tout le terrain perdu, et l'idée des colons anglais appuyés par la mère patrie apparaissait de jour en jour plus nette : chasser les Français du Canada, sauf à se débarrasser ensuite de la tutelle de l'Angleterre pour rester seuls maîtres de ce nouveau monde.

En 1703, la guerre étant engagée entre la France et l'Angleterre, M. de Subercase, qui commandait alors à Plaisance, proposa de reprendre la conquête de Terre-Neuve, et le ministre, approuvant son projet, donna l'ordre au Canada de lui envoyer un corps de volontaires. Quatre cent cinquante hommes vigoureux et accoutumés aux marches à la raquette dans les neiges débarquèrent à Plaisance, et le 15 janvier 1705 M. de Subercase partit à leur tête pour la côte anglaise. Chaque soldat portait vingt jours de vivres, ses armes et une couverture. Après avoir traversé quatre rivières couvertes de glaces flottantes, la troupe arriva au milieu des habitations ennemies où sa présence inspira une terreur telle que per-

UNE RUE DE SAINT-PIERRE.
Dessin de Taylor, d'après une photographie.

sonne ne songea à se défendre. Alors on marcha sur Saint-Jean, dont les deux forts couvrirent les assaillants de bombes et de boulets, et en tuèrent une quinzaine. Les autres, n'ayant plus que de la poudre mouillée au passage des rivières, se virent contraints à la retraite, mais ils ne l'effectuèrent qu'après avoir détruit toutes les habitations aux alentours et ravagé la côte jusqu'à Bonaviste et Carbonière.

M. de Subercase, nommé gouverneur de Port-Royal où il fit contre les Anglais la défense que nous avons relatée, fut remplacé à Plaisance par M. de Costebelle avec M. de Saint-Ovide comme lieutenant. Celui-ci offrit de recommencer à ses frais la campagne contre Saint-Jean et engagea dans ce but cent vingt-cinq sauvages, habitants et matelots, auxquels se joignirent vingt soldats venus d'Acadie et vingt-quatre hommes de la garnison. Le dernier jour de décembre, ils arrivèrent à quatre lieues de Saint-Jean. Le 1er janvier 1709, deux heures avant le jour, ils franchirent par surprise la palissade du premier fort qui était mal gardée, se précipitèrent dans le chemin couvert, traversèrent le fossé sous le feu de l'ennemi qui en blessa dix, et, à l'aide d'échelles, escaladèrent le rempart et s'emparèrent de la place. Poursuivant les fuyards à outrance, M. de Saint-Ovide entra en même temps qu'eux dans le second fort et fit la garnison prisonnière. Le premier fort comptait plus de cent défenseurs; il était armé de dix-huit canons en batterie et de vingt-quatre mortiers. L'impétuosité de l'attaque et la vivacité de la poursuite avaient brisé toute résistance. Un troisième fort, situé de l'autre côté du port, fut remis deux jours après sans lutte aux Français, bien qu'il s'y trouvât quatre-vingts hommes et des vivres pour plusieurs mois. M. de Costebelle, informé du brillant succès de son lieutenant, mais ne croyant pas pouvoir laisser une garnison dans ce poste trop éloigné de Plaisance, estima, contrairement à l'opinion de M. de Saint-Ovide, qu'il fallait l'abandonner, et invita cet officier à le rejoindre. Il lui envoya dans ce but un navire pour embarquer avec lui sa troupe et ses prisonniers, ainsi que les munitions de guerre dont la place était garnie. M. de Saint-Ovide fit alors démolir les forts ainsi que les constructions existant dans la ville et regagna Plaisance. Il eut quelque temps après le chagrin d'y apprendre que le ministre, partageant son avis, prescrivait, mais trop tard, de garder cette ville de Saint-Jean qu'il avait dû abandonner pour se conformer aux ordres de son chef.

L'île de Carbonnière était le dernier point occupé par les Anglais à Terre-Neuve. M. de Costebelle voulut les en chasser, et envoya dans cette direction deux détachements, l'un par mer, l'autre à travers l'île, sous le commandement d'un corsaire de Plaisance, nommé Gaspard Bertrand. Dans la baie de la Trinité, voisine de Carbonnière, une frégate anglaise était à l'ancre; elle était armée de trente canons et comptait cent trente hommes d'équipage. Bertrand eut l'audace de l'attaquer en plein jour. Avec trois chaloupes portant chacune vingt-cinq hommes, il se dirige à force de rames sur le bâtiment ennemi et saute sur le pont à la tête de ses matelots. En quelques instants, les officiers anglais sont mis hors de combat, l'équipage rejeté dans l'entrepont et contraint de rendre les armes. Deux corsaires anglais survenant, essayèrent vainement de poursuivre et de canonner le navire enlevé. Les Français, dont le chef avait été tué en montant le premier à l'abordage, et qui étaient d'ailleurs trop épuisés pour recommencer un combat, gagnèrent le large. Quant à l'île de Carbonnière, sa situation isolée et la difficulté d'y aborder la sauvèrent encore une fois de l'attaque projetée contre elle. Le commerce des Anglais sur les côtes de Terre-Neuve était momentanément ruiné, mais il leur suffisait d'y revenir l'année suivante, comme ils l'avaient déjà fait plusieurs fois après ces incursions, et de reprendre possession des divers postes que le manque de troupes ne permettait pas aux officiers français de garder. Et cependant M. de Frontenac, d'Iberville, les intendants, les gouverneurs de Plaisance, tous avaient signalé à la cour de France et aux ministres successifs de la marine la nécessité de conserver cette conquête pour protéger le Canada et assurer à la France les profits considérables de la pêche sur les bancs.

Après la prise de Port-Royal, le général Nicolson, de retour à Boston, se rendit à Londres pour y insister sur l'urgence de s'emparer de Québec si l'on voulait en finir avec les agressions incessantes des Canadiens qui dévastaient les colonies anglaises. L'assemblée de la Nouvelle-York avait déjà présenté en 1709 à la reine Anne une adresse dans le même sens; elle y disait : « Nous ne pouvons songer sans

RADE DE SAINT-PIERRE, A TERRE-NEUVE.
Dessin de Weber, d'après une photographie.

les plus vives appréhensions au danger qui menace les sujets de Votre Majesté dans ce pays; si les Français, après avoir gagné peu à peu les nations sauvages, se jettent sur ces colonies, il sera presque impossible aux forces que la Grande-Bretagne pourra envoyer contre eux de les vaincre ou de les réduire. » La France avait éprouvé en Europe des revers qui l'avaient abattue; ses ressources étaient anéanties, son crédit détruit; le moment était propice pour lui enlever une colonie qu'elle ne pouvait plus secourir et qui ne comptait pas cinq mille hommes pour la défendre en y comprenant tous les habitants de quinze à soixante-dix ans. Le ministère de Londres se rallia volontiers à la proposition d'une expédition contre la Nouvelle-France, et, proportionnant l'effort à la grandeur des résultats à obtenir, fit partir de ses ports une flotte de soixante-dix-sept navires de guerre et de transport commandée par l'amiral Walker. Il avait sous ses ordres, outre ses équipages, sept régiments de vétérans ayant servi sur le continent dans l'armée de lord Marlborough, et un bataillon de soldats de marine. A Boston, deux régiments de milice complétèrent le corps d'expédition qui s'éleva ainsi à dix mille hommes. Les troupes de débarquement étaient commandées par le brigadier général Hill, frère de la favorite de la reine Anne. Pendant que la flotte faisait voile vers le golfe Saint-Laurent, le général Nicolson, réunissant quatre mille hommes de milice et six cents sauvages, allait camper auprès du lac Saint-Sacrement, et y attendait, pour continuer sa marche sur notre colonie, l'arrivée de Walker devant Québec. Les Anglais reprenaient ainsi pour la seconde fois le plan d'une double invasion par terre et par mer, dont Phips avait déjà essayé l'application en 1690. En Angleterre, la certitude du succès était telle que lord Bolingbroke, un des chefs du parti au pouvoir, apprenant que la flotte avait traversé heureusement l'Atlantique et était arrivée à Boston, écrivait à un de ses amis : « Vous pouvez être assuré que nous sommes maîtres maintenant de toute l'Amérique septentrionale. » Le noble lord allait se voir infliger bientôt un terrible démenti. Le 30 juillet 1711, l'amiral Walker partait de Boston et hissait son pavillon à bord de l'*Edgar*, vaisseau de soixante-dix canons.

A Québec, le gouverneur, M. de Vaudreuil, averti des formidables préparatifs effectués dans la Nouvelle-Angleterre pour l'armement d'une flotte et de la formation d'un gros corps de troupes destiné à envahir en même temps le Canada par le lac Champlain, avait fait travailler aux fortifications de la ville, placer cent canons en batterie sur les remparts, appelé les milices; il avait en outre invité les sauvages alliés à descendre à Montréal; huit cents y arrivèrent bientôt, et M. de Vaudreuil les convia tous à un grand festin dans lequel ils levèrent la hache et entonnèrent des chants de guerre. On forma un détachement sous les ordres de M. Le Moyne de Longueil pour aller observer l'ennemi du côté de Chambly. Quant aux rives du fleuve au-dessous de Québec, elles étaient gardées par de nombreux corps de volontaires et de sauvages algonquins et abénaquis. Les emplacements pour les troupes furent désignés, et chacun à l'apparition de l'ennemi devait gagner aussitôt son poste de combat. Toutes ces précautions pour soutenir énergiquement l'attaque suprême allaient, heureusement, devenir inutiles, et le danger mortel dont la colonie était menacée disparaissait bientôt dans les brumes lointaines du golfe. L'amiral Walker, faisant voile avec sa nombreuse flotte vers le fleuve Saint-Laurent, avait été rejoint à la hauteur du cap Breton par la frégate le *Chester*, qui, quelques jours auparavant, avait rencontré au large, poursuivi et pris un petit bâtiment de cent vingt tonneaux, le *Neptune*, venant de la Rochelle, armé de dix canons et portant soixante-dix hommes dont trente destinés à la garnison de Québec. Le capitaine, nommé Paradis, était un vieux loup de mer qui effectuait son quarantième voyage au Canada ; il connaissait admirablement la navigation du Saint-Laurent, si dangereuse à cause des courants, des îles nombreuses et des roches parsemant son lit. L'amiral anglais prit cet homme à son bord, lui promit une forte récompense s'il consentait à le piloter dans le fleuve, et continua sa route malgré les avertissements de son prisonnier, qui lui signala sans ménagement les dangers auxquels il allait s'exposer.

A l'entrée du Saint-Laurent, la pluie et les brouillards enveloppèrent la flotte, qui parvint difficilement à garder sa ligne de marche, malgré l'ordre donné par l'amiral aux commandants de divisions de tirer à boulets sur les transports qui s'écarteraient. Toute la journée du 22 août s'écoula ainsi ; mais, vers le soir, le vent augmenta et se prit à souffler en foudre, le brouillard se fit plus intense et les navires coururent vers la côte nord au milieu des ténèbres et de la tempête. Bientôt des brisants apparurent sur lesquels la mer déferlait furieusement. L'*Edgar*, sous la direction du Français prisonnier, franchit le redoutable passage à travers les flots blancs d'écume. L'amiral, séparé de son escadre au milieu des brumes, revint vers le sud où le matin seulement il rencontra le *Swiftsure*, de soixante-dix canons, qui lui apprit une partie de l'immense désastre dont la flotte avait été victime pendant la tempête. Huit gros transports chargés de troupes s'étaient brisés sur une île sauvage et dénudée formée de rochers granitiques à peu de distance de la côte nord à l'embouchure du Saint-Laurent. Elle est connue sous le nom d'île aux OEufs. Officiers, équipages et troupes transportées jonchaient de leurs cadavres les grèves de l'île avec les débris des bâtiments éventrés sur les roches. Plus de trois mille hommes avaient trouvé la mort dans cette terrible nuit. Accablé par cette nouvelle, Walker s'efforça, la tempête apaisée, de réunir les navires qui lui restaient et tint avec leurs capitaines un conseil de guerre au cours duquel les pilotes anglais, insistant sur les dangers de la navigation du fleuve, se reconnurent incapables de diriger la flotte jusqu'à Québec. Walker donna l'ordre à plusieurs bâtiments de croiser aux abords du lieu du sinistre pour sauver les naufragés qu'ils pourraient trouver encore vivants, et regagna le cap Breton. Après un court séjour à la baie des Espagnols, il se résigna à rejoindre les côtes anglaises. Les vivres lui faisaient défaut pour continuer la campagne ou tenter même, comme il en avait l'ordre, une attaque sur Plaisance. Afin de laisser au moins une trace de son passage autre que les restes de ses équipages broyés par la mer, il fit remplacer au cap Breton les armes de France par une croix, avec une inscription latine indiquant la prise de possession de ce sol qu'il allait fuir honteusement. Au retour, une frégate de trente-six canons, portant cent quatre-vingt-seize hommes d'équipage, et trois transports se perdirent dans la traversée du golfe ; enfin, le vaisseau l'*Edgar*, monté par quatre cent soixante-dix hommes, prit feu en rade de Portsmouth et fit explosion ; il disparut sans qu'il en restât un débris pour en rappeler le souvenir. Walker, rendu responsable de tous ces malheurs, se vit rayé de la liste des amiraux, privé de sa solde, et assailli d'injures en Angleterre comme à Boston ; il se réfugia aux îles Barbades, puis à la Caroline, où il mourut en 1725.

À Québec, lorsqu'on apprit tout à la fois la disparition de l'ennemi et le naufrage de tant de navires sur l'île aux OEufs, « M. Duplessis, receveur des droits de l'amirauté, et M. de Montseignat, agent de la ferme, frétèrent une barque et gagèrent quarante hommes à qui ils donnèrent des provisions pour aller passer l'hiver dans cet endroit, afin qu'au printemps ils en tirassent tout ce qu'ils pourraient. Ils partirent en 1711 et revinrent en 1712, au mois de juin, avec cinq bâtiments chargés. Ils trouvèrent un spectacle dont le récit fait horreur : plus de deux mille cadavres nus sur la grève qui avaient presque tous des postures de désespérés ; les uns grinçaient des dents, les autres s'arrachaient les cheveux, quelques-uns étaient à demi enterrés dans le sable, d'autres s'embrassaient. Il y avait jusqu'à sept femmes qui se tenaient par la main et qui apparemment avaient péri ensemble. On sera étonné qu'il se soit trouvé des femmes dans ce naufrage. Les Anglais se tenaient si assurés de prendre ce pays qu'ils en avaient déjà distribué les gouvernements et les emplois : ceux qui devaient les remplir amenaient leurs femmes et leurs enfants afin de s'établir en arrivant. Les Français prisonniers qui étaient dans la flotte en virent quantité qui suivaient leurs pères ou leurs maris et grand nombre de familles entières qui venaient pour prendre habitation. La vue de tant de morts était affreuse et l'odeur qui en sortait insupportable ; quoique la marée en emportât tous les jours quelques-uns, il en restait assez pour infecter l'air. On en trouva qui s'étaient mis dans le creux des arbres ; d'autres s'étaient couchés dans les herbes. On vit des pistes d'hommes pendant deux ou trois lieues, ce qui fit croire que quelques-uns avaient été rejoindre plus bas leurs navires. On rapporta des ancres d'une grandeur surprenante, des canons, des boulets, des chaînes de fer, des habits fort étoffés, des couvertures, des selles de chevaux magnifiques, des épées d'argent, des tentes bien doublées, des fusils en abondance, de la vaisselle, des ferrures de toutes les sortes, des cloches, des agrès de vaisseaux et une infinité d'autres choses. On en vendit pour cinq mille livres. Tout le monde courait à cet encan, chacun voulait avoir quelque chose des Anglais. On y laissa beaucoup plus qu'on n'en put enlever ; cela était si avant dans l'eau qu'il fut impossible de tirer tout ce qu'on vit ; on en rapporta deux ans après pour douze mille livres. » (Histoire de l'Hôtel-Dieu de Québec.)

Sur terre, le résultat pour les Anglais avait été le même : le général Nicolson, qui s'était arrêté auprès du lac Champlain, attendant l'attaque de Québec par la flotte, informé des malheurs dont elle avait été accablée, se replia sur Albany, et les colons de la Nouvelle-Angleterre, épouvantés à leur tour à l'idée de représailles sur leur territoire, se hâtèrent de faire réparer leurs forts avancés et d'augmenter leurs défenses. Pendant qu'ils attaquaient la colonie par terre et par mer, les Anglais, usant toujours du même procédé, avaient essayé de nous susciter dans les pays d'en haut de nouveaux embarras. N'ayant pu réussir à entraîner les Iroquois dans leur parti, ils avaient cherché parmi les autres peuplades, vivant aux abords des grands lacs, des alliés qui pourraient les aider à prendre pied sur ces territoires qu'ils convoitaient, et ils avaient trouvé une nation, celle des Outagamis ou Renards, sauvages féroces et dissimulés, qui vivaient de pillage et de rapines dans les plaines au delà du lac Michigan. Ils étaient un objet de haine pour les autres tribus, qui les considéraient comme de véritables brigands. Séduits par les propositions et les présents des Anglais, ils leur promirent de s'emparer du fort du Détroit, d'en massacrer la garnison française et d'y installer leurs nouveaux amis. Deux peuplades voisines, les Mascoutens et les Kikapous, de même origine, détestant les Outaouais qui vivaient auprès du poste du Détroit, s'allièrent aux Outagamis dans l'espoir de massacrer, en même temps que la garnison, leurs adversaires abhorrés.

Pour exécuter leur dessein, les Outagamis vinrent s'installer au Détroit même, à peu de distance du fort, qui était alors commandé par le sieur Dubuisson, ancien officier doué d'un grand sang-froid et connaissant bien les nations au milieu desquelles il vivait. Il n'avait malheureusement avec lui qu'une vingtaine de soldats; les sauvages outaouais, hurons, illinois, saulteux et autres qui étaient venus camper dans ces parages se trouvaient alors au loin, en expédition de chasse. Dubuisson, dès l'arrivée des Renards, que les Mascoutens vinrent bientôt rejoindre, fit prévenir en hâte ses sauvages amis du danger qui le menaçait, et que révélait clairement l'insolence des Renards. Ceux-ci n'attendaient plus que la venue prochaine des Kikapous pour attaquer le fort. Dubuisson profita du répit qu'ils lui laissaient pour démolir toutes les cabanes hors de l'enceinte, mettre des canons en batterie, renforcer les palissades et prendre toutes les mesures possibles afin de soutenir les premiers assauts des ennemis.

L'arrivée des alliés, avertis du danger que courait Dubuisson, vint tout à coup changer la face des choses. Au nombre de six cents, Hurons, Outaouais, Poutéouatamis, Sakis, Maloumines, Osages, répondirent à l'appel pressant du chef français et se présentèrent au fort. Le commandant leur fit le meilleur accueil et leur remit des vivres, du tabac, de la poudre et du plomb qui leur manquaient. Le siège du fort édifié par les Renards et les Mascoutens à une portée de fusil de celui des Français fut entrepris aussitôt et le feu dirigé sur les barbares les amena vite, comme l'animal dont ils portaient le nom, à creuser des terriers et à se blottir à cinq ou six pieds sous le sol. Alors les assiégeants construisirent rapidement, sur des troncs d'arbres à vingt-cinq pieds de hauteur, deux plates-formes d'où leurs tireurs fusillaient à l'intérieur du fort tous ceux qui se montraient. N'osant plus sortir pour avoir de l'eau, et leurs vivres étant épuisés, les Renards n'en combattirent pas moins avec l'énergie du désespoir jusqu'à ce qu'une centaine des leurs eussent succombé à la faim et aux blessures qu'ils avaient reçues. Leurs cadavres, que le feu meurtrier des assiégeants les empêchait d'ensevelir, encombraient la place et produisaient en se décomposant une puanteur insupportable. Les survivants demandèrent alors à traiter. Leurs envoyés, reçus par Dubuisson en présence des chefs alliés, lui remirent les prisonniers qu'ils avaient faits, et le conjurèrent de leur laisser la liberté de se retirer dans leurs anciens cantonnements. Dubuisson leur répondit que sa parole était engagée et que ses alliés décideraient du sort qui leur était réservé. Ces derniers applaudirent à ces paroles et déclarèrent qu'ils exigeaient que les assiégés se rendissent à discrétion. Rentrés dans leur fort, Renards et Mascoutens recommencèrent le feu avec vigueur, et lancèrent des flèches garnies d'étoupes enflammées qui incendièrent dans le fort des Français plusieurs maisons couvertes de paille. Enfin, n'y pouvant plus tenir et une dernière proposition d'accommodement ayant été dédaigneusement repoussée, ils profitèrent, le vingt-neuvième jour du siège, d'un violent orage pendant une nuit obscure pour s'évader sans que leur départ donnât l'éveil aux assiégeants. A l'aube, leur disparition fut constatée et l'on se mit aussitôt à leur poursuite. Ils s'étaient réfugiés à quatre lieues de là, dans une presqu'île s'avançant dans le lac de Sainte-Claire, et avaient élevé à la hâte des retranchements dont les poursuivants s'approchèrent sans précaution. Leur arrivée fut saluée d'une violente fusillade qui en tua ou blessa une vingtaine. Un nouveau siège devenait nécessaire; il dura quatre jours et ne s'acheva qu'à l'arrivée de deux pièces de campagne avec lesquelles Dubuisson fit tirer à outrance sur les assiégés. Épuisés par la faim, ils se rendirent à discrétion. Ceux qui avaient les armes à la main furent massacrés; les autres, au nombre de cent cinquante, ainsi que les femmes et les enfants, furent partagés comme esclaves entre les alliés qui les égorgèrent presque tous. Cette campagne avait coûté la vie à plus de deux mille Renards, et des années s'écoulèrent avant qu'ils fussent en état de recommencer leurs déprédations. Dubuisson, pour retenir ses alliés pendant une lutte si longue, leur avait généreusement remis tout ce qu'il possédait, et avait donné l'exemple d'un courage à toute épreuve et du plus généreux désintéressement. Il avait détruit le projet formé par les Anglais de s'établir au Détroit et de s'emparer par là de tout le commerce avec la région des lacs.

Pendant que la lutte s'achevait ainsi en Amérique par le succès de nos armes, les puissances rivales en Europe, lassées et épuisées par la guerre, en arrivaient à traiter; plusieurs de ceux qui l'avaient commencée et poursuivie contre la France avaient disparu de la scène politique: notre adversaire le plus dangereux et le plus acharné, Guillaume III, roi d'Angleterre, était mort en 1702; Joseph Ier, empereur d'Allemagne, avait succombé en 1711, laissant l'Empire à son frère, compétiteur du roi Philippe en Espagne; Marlborough, dont la femme, longtemps favorite de la reine Anne, avait fini par perdre sur elle toute influence à cause de son esprit tyrannique, s'était vu remplacer à la tête de l'armée des Flandres, et le parti whig, qu'il dominait tout en le trahissant, avait cédé le pouvoir aux tories moins opposés à un arrangement avec la France. Au mois de janvier 1712, des conférences pour la paix furent entamées à Utrecht. La victoire de Denain, remportée par le maréchal de Villars sur le prince Eugène, facilita les négociations, qui aboutirent en 1713 à la paix signée entre la France et l'Espagne d'une part, l'Angleterre, la Hollande, la Savoie, la Prusse et le Portugal, de l'autre.

Par ce traité, si la France conservait une partie de la Flandre, avec Lille, Condé, Valenciennes et Maubeuge, elle acceptait l'anéantissement militaire du port de Dunkerque, d'où étaient sortis depuis 1702 sept cent quatre-vingt-onze corsaires qui avaient fait éprouver à la marine anglo-batave des pertes énormes. Par contre, le petit-fils de Louis XIV était maintenu sur le trône d'Espagne et l'Angleterre signait avec nous un traité de commerce.

La situation était à peu près sauvegardée en Europe; aux colonies, les sacrifices consentis avec une déplorable facilité étaient considérables et témoignaient d'une indifférence qui se retrouvera plus grande encore lorsque les mêmes fautes et la même incurie en amèneront un jour la perte. Par les stipulations du traité d'Utrecht, « la France abandonne l'île de Saint-Christophe à l'Angleterre; elle remet à la reine de la Grande-Bretagne la baie et le détroit d'Hudson, avec le pays qui en dépend. La Compagnie du Nord, établie à Québec, laisse les forts de la baie d'Hudson en l'état où ils sont, avec l'artillerie, les boulets, etc.; elle emporte seulement ses marchandises ». La France cède également à l'Angleterre « la Nouvelle-Écosse, autrement dite Acadie, en son entier, conformément à ses anciennes limites, comme aussi la ville de Port-Royal, la ville et le port de Plaisance et autres lieux occupés par les Français dans l'île de Terre-Neuve ». Il nous restait le droit de pêcher et de faire sécher le poisson à terre depuis le cap Bonaviste jusqu'à la pointe nord et de là jusqu'à la pointe Riche. L'île du Cap-Breton et toutes les autres dans le golfe Saint-Laurent demeuraient à la France avec entière faculté d'y fortifier une ou plusieurs places. Enfin, les cinq cantons iroquois étaient considérés comme

HABITATIONS A TERRE-NEUVE.
Dessin de Weber.

soumis à la Grande-Bretagne et Louis XIV renonçait à ses droits sur leurs territoires.

Ainsi les Anglais, qui n'avaient même pas pu pénétrer dans le Saint-Laurent, qui avaient été chassés de la baie d'Hudson et de Terre-Neuve, obtenaient, grâce à l'incurie de nos représentants, ce que le succès des armes leur avait refusé : l'Acadie, dont la possession mettait la Nouvelle-Angleterre à l'abri des incursions meurtrières des Abénaquis; Terre-Neuve, cette source de richesses infinies par la pêche de la morue et l'armement de nombreux navires, pépinières de matelots pour la flotte de guerre; la baie d'Hudson, par laquelle était assuré le commerce des pelleteries avec les tribus au nord des lacs; ils enserraient dans leurs domaines ce Canada, objet de leur constante et insatiable ambition, mais préparaient par contre à leur insu l'affranchissement de leurs propres colonies. Ce n'est pas sans raison, en effet, que Bancroft, l'éminent historien américain, dit que l'avenir des colonies anglaises était dès lors entrevu et que, trop faibles pour marcher encore au grand jour, pour rompre de vive force les entraves qui les arrêtaient à chaque pas, « elles cheminaient vers leur but par des routes cachées ». Ce but, c'était l'indépendance; le moyen, nous allons bientôt le voir apparaître et se poursuivre plus clairement :

se servir des Anglais pour chasser les Français du Canada, afin de s'assurer la possession du nouveau monde, et chasser ensuite les Anglais avec l'appui sollicité de cette France qui devait faire au plus ardent de ses ennemis, le bonhomme Franklin, un accueil enthousiaste, et prodiguer dans cette guerre de l'Indépendance son or et le sang de ses enfants, sans songer même à revendiquer la vallée du Saint-Laurent, « les quelques arpents de neige » où vivaient encore des milliers de colons français.

Il ne nous restait dans le golfe Saint-Laurent que l'île du Cap-Breton comme poste avancé de la colonie du Canada; il fut décidé, après le traité d'Utrecht, d'y bâtir une ville et de la fortifier. Son port devait servir de point de relâche pour nos nombreux pêcheurs et les navires venant de France à destination de Québec. On fit choix dans ce but du Port à l'Anglais, auquel on donna le nom de Louisbourg. Le gouvernement en fut confié à M. de Costebelle, précédemment commandant à Plaisance, cédée aux Anglais.

L'abandon de la baie d'Hudson de la part de la Compagnie du Nord était déjà un fait presque accompli; elle n'y avait conservé que le fort Bourbon, et le sieur Jérémie, qui y commandait, n'avait reçu d'elle depuis cinq ou six ans aucun secours. Il ne lui restait que seize hommes pour occuper le fort et un autre éloigné de deux lieues au nord, que l'on avait construit pour y mettre les magasins, les poudres et se réserver une retraite en cas d'attaque. Les vivres étant épuisés, Jérémie envoya son lieutenant et sept hommes à la chasse des caribous qui venaient pendant l'été pâturer en grand nombre dans ces quartiers. Les chasseurs campèrent auprès d'une bande de sauvages qui, faute de poudre, ne pouvaient atteindre le gibier et se trouvaient dans une profonde détresse. L'idée leur vint de massacrer les Français pour s'emparer de leurs munitions; ils en invitèrent deux à une fête de nuit dans leurs cabanes et les y tuèrent sans peine; courant alors aux autres qui dormaient tranquillement sous leurs tentes, ils les égorgèrent également, sauf un seul qui, blessé, put gagner les bois voisins, panser ses plaies avec des feuilles d'arbre et rejoindre le fort Bourbon où il donna l'avis du massacre de ses compagnons. Le sieur Jérémie, ne pouvant garder les deux forts avec les neuf hommes qui lui restaient, prit le parti de se cantonner dans le fort Bourbon, pendant que les sauvages pillaient l'autre et s'emparaient des poudres qu'il contenait. La petite garnison, privée à son tour de munitions, passa l'hiver dans les affres les plus cruelles, et lorsque Jérémie reçut, l'année suivante, l'ordre de remettre le poste aux Anglais, c'est sans regret qu'il quitta ces parages où il avait tant souffert.

Quant à la renonciation de la souveraineté sur les cantons, elle n'eut pas d'effets immédiats; informés des clauses du traité entre la France et l'Angleterre, les Iroquois renouvelèrent leurs protestations contre les prétentions des Anglais sur leur pays et se montrèrent décidés à maintenir leur indépendance.

Pour les Abénaquis, les Anglais s'imaginèrent qu'ils ne trouveraient plus de difficultés à les soumettre, l'article 12 du traité d'Utrecht leur donnant la possession de l'Acadie ou Nouvelle-Écosse en son entier. Leurs colons vinrent s'installer peu à peu le long de la rivière de ces sauvages qui, après avoir imprudemment laissé faire les premiers qui leur apportaient des marchandises à très bon marché en échange de leurs pelleteries, finirent par leur demander de quel droit ils s'établissaient ainsi sur leurs terres et surtout y construisaient des forts. On leur répondit que le roi de France avait cédé cette contrée à l'Angleterre. Très émus de ce renseignement, ils envoyèrent sur-le-champ des députés au marquis de Vaudreuil, gouverneur du Canada, pour savoir si le fait était vrai, et si le roi de France avait ainsi disposé d'un territoire dont ils prétendaient être les seuls maîtres. Le gouverneur répondit que le traité d'Utrecht ne faisait aucune mention de leur pays. Satisfaits de cette réponse, ils envoyèrent, sur l'invitation des Anglais eux-mêmes, quatre des leurs à Boston pour négocier et affermir la paix. On les fit prisonniers à leur arrivée, et l'on informa leurs parents qu'on les gardait comme otages jusqu'à ce que leur nation eût dédommagé les Anglais de quelques bestiaux tués dans leurs habitations et dont le prix était estimé à deux cents livres de castor. Bien que contestant le fait, les Abénaquis, pour libérer leurs députés, réunirent la rançon exigée, mais ils n'en furent pas plus avancés. La mauvaise foi de leurs voisins avait là matière à s'exercer; la marchandise reçue, ils invoquèrent divers prétextes pour retenir leurs prisonniers. Les Abénaquis, outrés, finirent par sommer les Anglais d'élargir ceux des leurs qu'ils retenaient arbitrairement malgré leur parole de les délivrer après le payement d'une somme déterminée, et de quitter un pays où ils n'avaient pas le droit de s'installer sans leur agrément. Un délai de deux mois, après lequel la nation saurait bien se faire justice, était fixé pour cette évacuation. On ne tint naturellement aucun compte de ces réclamations, et comme deux hommes, le baron de Saint-Castin fils et le père Rasle, missionnaire, paraissaient l'âme de la résistance de cette tribu, les gens de Boston résolurent de s'en défaire. Pour le premier, ce fut facile; un officier anglais qu'il connaissait particulièrement parut avec son bâtiment devant le lieu de sa résidence et, dès qu'il eut mouillé l'ancre, envoya un de ses hommes l'inviter à une collation. Saint-Castin, sans défiance, se rendit à bord; il y fut retenu prisonnier par son perfide ami et conduit à Boston, où il resta détenu cinq mois, malgré les réclamations indignées du marquis de Vaudreuil.

Contre le père Rasle, l'animosité des Bostonais était d'autant plus grande qu'il avait fait échouer tous les efforts de leurs ministres protestants pour convertir les Abénaquis à leurs croyances. Il était de ce fait « bon, non plus à prendre, mais à tuer ». Originaire de la Franche-Comté, le père Rasle était alors âgé de soixante-sept ans; il vivait depuis plus de trente ans au milieu des Abénaquis dont il parlait admirablement la langue, et avait constamment maintenu chez eux l'influence française. Déjà depuis longtemps ses amis de la colonie, qui savaient quelle haine les Anglais lui portaient, l'avaient engagé à revenir à Québec, mais il s'y était toujours refusé, estimant que sa place était au milieu de la tribu qui l'avait adopté. Des offres furent faites aux sauvages pour le livrer; on leur proposa de le renvoyer à Québec; on les engagea à le laisser enlever; on mit sa tête à prix et l'on promit vingt-cinq mille francs à celui qui l'apporterait. Toutes ces infamies coutumières à la race n'aboutissant qu'à inspirer aux Abénaquis un profond dégoût pour ceux qui leur faisaient de pareilles propositions, une première agression fut tentée contre la bourgade où séjournait le missionnaire. Elle resta sans résultat; les habitants, prévenus de l'approche de la troupe anglaise, se réfugièrent dans les bois et y entraînèrent le père Rasle. Caché derrière un arbre, il échappa aux recherches de l'ennemi.

Une autre expédition ayant le même but fut entreprise quelque temps après; trois cents hommes marchèrent sur la bourgade où il n'était resté qu'une cinquantaine de guerriers, les autres étant partis à la chasse. Surpris par les décharges dont leurs cabanes furent criblées, les Abénaquis se retirèrent en protégeant de leur mieux la fuite des femmes et des enfants. Le père Rasle, averti du danger par les clameurs et faisant à l'avance le sacrifice de sa vie, alla courageusement au-devant des agresseurs, dans l'espérance d'attirer toute leur attention. A sa vue, les Anglais jetèrent de grands cris et tirèrent sur lui de tous côtés. Percé de coups, le vieillard tomba mort; ses meurtriers s'acharnèrent alors sur son cadavre et le laissèrent gisant, la chevelure enlevée, le crâne brisé à coups de hache, la bouche et les yeux remplis de terre, les os des jambes fracassés et tous les membres mutilés. Après cette victoire, complétée par le massacre de sept femmes et quatorze enfants dont elle avait pu s'emparer, la bande se retira; elle avait accompli sa mission. Le gouvernement de la métropole, informé par le marquis de Vaudreuil de ce meurtre d'un Français en pleine paix, ne formula aucune protestation. Que lui importaient les Abénaquis et le père Rasle! Louis XIV était mort, et la Régence avait bien d'autres préoccupations.

CHAPITRE VIII

LES VARENNES DE LA VÉRENDRYE

Malgré les concessions accordées bénévolement à l'Angleterre par nos ministres qui n'attachaient d'importance qu'aux questions européennes, sans se douter que la suprématie dans l'avenir se réglerait au nouveau monde, le traité d'Utrecht avait du moins laissé respirer les malheureux habitants du Canada, et vingt-cinq ans de tranquillité permirent à la colonie de se développer assez rapidement.

Après vingt et un ans de gouvernement qu'aucune querelle intestine n'avait troublé, M. de Vaudreuil mourait en 1716 à Québec. C'était un bon officier, un administrateur vigilant, dévoué au pays dont il avait pris à cœur les intérêts. Constamment préoccupé du danger que présentait pour le Canada le voisinage des possessions anglaises, dont la population augmentait dans des proportions inquiétantes, il écrivait dès 1714 au ministre Pontchartrain : « Le Canada n'a actuellement que quatre mille quatre cent quatre-vingt-quatre habitants en état de porter les armes depuis l'âge de quatorze ans jusqu'à soixante, et les vingt-huit compagnies de troupes de la marine que le roi y entretient ne font en tout que six cent vingt-huit soldats. Ce peu de monde est répandu dans une étendue de cent lieues. Les colonies anglaises ont soixante mille hommes en état de porter les armes, et on ne peut douter qu'à la première rupture elles ne fassent un grand effort pour s'emparer du Canada. »

Le régent, fatigué des avis réitérés de ce gouverneur prévoyant et sage, envoya quelques émigrants et considéra qu'il avait assez fait pour ce pays lointain, perdu au delà des mers. On avait, il est vrai, songé en 1702 à fortifier Québec; en 1711 et 1712, des murailles avaient été commencées, mais on apportait à ce travail une telle incurie qu'en 1716 M. de Vaudreuil dut supplier instamment le ministre d'achever enfin ces fortifications, « car la ville prise, le Canada était perdu ».

En 1720, l'enceinte n'était pas encore terminée, et jusqu'au jour de la chute de la colonie les remparts restèrent dans le même état, par suite du manque de fonds et de la criminelle insouciance de la Régence.

M. de Vaudreuil fut remplacé par le marquis de Beauharnois, capitaine de vaisseau, qui appartenait par sa mère à une famille alliée des Pontchartrain. Sa carrière d'officier de marine avait été brillante; comme administrateur, il continua les errements de son prédécesseur et encouragea tous les efforts tendant au développement de la colonie. Sous son énergique impulsion et celle du nouvel intendant, M. Hocquart, dont l'esprit d'initiative et les vues excellentes contribuèrent fort aux progrès qui se réalisèrent alors, l'industrie des bois, qui devait prendre un jour une extension considérable, commença bientôt à donner des résultats : en 1735, cinq mille planches, vingt-cinq bordages de pin pour les chantiers de la marine royale à Rochefort, et quatre cents barils de goudron furent expédiés en France. Des plantations de tabac réussirent à Chambly et à Beauport; des mines de plomb, de cuivre et de fer furent découvertes et mises en exploitation; des forges établies aux Trois-Rivières permirent de fabriquer six cent mille livres de fer par année.

Malheureusement la colonie eut à souffrir de tremblements de terre et d'inondations; en outre, la petite vérole, en 1732, décima les colons. Dix-huit cents personnes en moururent; les malades, au fort de l'épidémie, atteignirent, à Québec, le chiffre de deux mille, tant à l'hôpital que chez les particuliers. La misère fut grande, et toutes les mesures prises pour procurer du travail aux indigents leur permirent à grand'peine de traverser cette triste crise en vivant de bourgeons et « de ce qu'on regardait alors comme n'étant guère plus nourrissant, de pommes de terre ». (Garneau.)

Les soucis causés par ces tristes épreuves et les soins à donner à l'administration de la colonie ne faisaient pas perdre de vue au gouverneur les explorations et les découvertes dans l'intérieur, au delà de ces pays d'en haut parcourus maintenant par nos coureurs des bois. Déjà un parent de Le Moyne d'Iberville, Lesueur, venu avec lui à la Louisiane, avait remonté le Mississipi et pénétré chez les Sioux, dans les plaines de l'Ouest désignées sous le nom caractéristique de Prairies. Arrivé au lac Supérieur, il y avait découvert des mines de cuivre dont il avait rapporté des échantillons. Un autre coureur des bois, du Luth, se rendit par le Saint-Laurent et les grands lacs chez les mêmes peuplades, avec lesquelles il entra en relations commerciales. Il en revint après avoir délivré de l'esclavage le père Hennepin et deux autres Français envoyés par La Salle à la recherche des sources du grand fleuve, pendant qu'il descendait lui-même jusqu'à son embouchure.

M. de Beauharnois, d'accord avec l'intendant, estima qu'il était nécessaire d'achever de ce côté les découvertes des Français et de parvenir jusqu'à la mer qui, croyait-on alors, ne devait pas être très éloignée des plaines parcourues par les sauvages sioux. L'homme choisi par lui pour mener à bien cette entreprise fut La Vérendrye, dont la vie et celle de ses enfants devait dès lors être consacrée à cette exploration. Pierre Gaultier de Varennes de La Vérendrye était le fils de René Gaultier, seigneur de Varennes, qui avait pendant vingt-deux ans rempli les fonctions de gouverneur des Trois-Rivières. Venu en France, il y avait servi au régiment de Bretagne. Atteint de neuf blessures à la sanglante bataille de Malplaquet, « où il trouva le moyen de se distinguer entre les siens qui cependant firent mer-

RIVIÈRE NIPIGON.
Dessin de Weber, d'après une gravure américaine.

veille », il avait été laissé pour mort sur le terrain. Le Trésor était vide, la solde des officiers n'était plus payée; la misère contraignit La Vérendrye à retourner au Canada, où il dut abandonner son grade de lieutenant pour servir comme simple enseigne. C'était un esprit énergique, épris d'aventures et de voyages; il obtint un emploi dans les postes de l'Ouest, et en 1728 il commandait le fort du lac Nipigon, au nord du lac Supérieur. Il se trouvait alors à l'entrée des immenses territoires qui s'étendent pendant des centaines de lieues jusqu'aux montagnes Rocheuses, et que sillonnent ou découpent, à travers les forêts, des cours d'eau et des lacs sans nombre. Ses relations avec les sauvages cris et assiniboines lui permettaient de croire à la présence dans ces vastes contrées d'une rivière se dirigeant vers l'Ouest et conduisant à l'océan Pacifique.

D'autre part, la traite pouvait donner dans ces parages des résultats merveilleux; les animaux à fourrures abondaient dans les forêts et leurs peaux formaient un objet d'échange à peu près inépuisable.

Varennes de La Vérendrye envoya plusieurs mémoires à la cour, mais l'épuisement des finances ne permettait pas de songer à subventionner des voyages de découverte, et ses propositions, transmises au ministère, y restèrent sans aucune suite. M. de Beauharnois ayant été nommé gouverneur, La Vérendrye descendit à Québec pour lui soumettre ses idées. Tout le nord-ouest de l'Amérique était encore inconnu et offrait un magnifique champ d'explorations. M. de Beauharnois comprit de quelle importance était pour le Canada cette pacifique conquête; il fit le meilleur accueil au commandant du fort du lac Nipigon, et le chargea de reconnaître les pays de l'Ouest jusqu'à la mer. Il l'autorisa en même temps, pour subvenir aux frais de l'entreprise, à faire la traite dans les postes qu'il établirait, c'est-à-dire à y transporter de Québec et de Montréal, sur des canots d'écorce, les marchandises qu'il céderait ensuite aux sauvages contre des peaux et des fourrures. Par un traité passé le 19 mai 1731, en présence de M. de Chassaigne, gouverneur de Montréal, La Vérendrye s'associa quelques marchands qui lui avancèrent les objets d'échange nécessaires à la traite, et peu de jours après il partit de cette ville avec trois de ses fils et son neveu Dufrost de La Jemeraye, « tous intrépidement et infatigablement dévoués à son entreprise, avec une générosité égale à son désintéressement ». (Margry.) Le dernier fils de La Vérendrye, trop jeune encore pour accompagner ses frères, apprenait l'art de lever les plans et de dresser une carte, pour être à même d'enregistrer les découvertes des siens dans les campagnes suivantes.

Après avoir remonté les lacs et pris à Michillimakinac le père Messager, missionnaire qui devait les accompagner, les explorateurs gagnèrent le poste créé en 1717 sur la rivière de Kamanistigoya, au nord du lac Supérieur, et un détachement sous la conduite de La Jemeraye alla établir un fort au lac de la Pluie. « Rien de triste et de désolé comme la région solitaire au milieu de laquelle ce lac se développe. Des marais, peu de végétation, des arbres rabougris, et au-dessus de tout cela des rochers nus de quatre à cinq cents pieds de haut. C'est le désert avec ses imposantes sévérités. Mais un peu plus loin la scène change et la vallée de la rivière de la Pluie réserve au voyageur d'éclatantes compensations. Là, point de portages, point de rapides; un cours d'eau magnifique de plus de cent milles se déroule bordé de frênes, d'ormes, de peupliers et de vieux chênes, tout enlacés de plantes grimpantes ou de convolvulus en fleurs. Ailleurs ce sont de grandes prairies verdoyantes, où l'on aperçoit les débris d'un campement indien. Des millions d'oiseaux peuplent cette vallée splendide, qu'on ne quitte qu'à regret pour s'engager sur la nappe verdâtre du lac des Bois. » (Gay.)

Ce long voyage en canots avait pris toute la saison, et La Vérendrye fut obligé d'hiverner à Kamanistigoya jusqu'au 8 juin suivant. La chasse au milieu des neiges et quelques échanges avec les sauvages cris donnèrent un peu de pelleterie que le fils aîné de La Vérendrye transporta jusqu'à Michillimakinac, pendant que ses frères et leur père remontaient au lac des Bois. « Le 8 juin, dit le voyageur dans son mémoire à M. de Beauharnois, nous partîmes, le père missionnaire, mon neveu et deux de mes enfants, avec sept canots pour suivre ma découverte. J'eus grand soin de faire accommoder tous les portages par où il nous fallait passer. Enfin nous arrivâmes, le 14 juillet, au fort Saint-Pierre, qui est à la décharge du lac de la Pluie, que nos Français avaient bâti l'automne précédent. Plus de cinquante canots de sauvages nous accompagnèrent et nous conduisirent au fort Saint-Charles, au lac des Bois. — Le 12 novembre, ajoute simplement l'auteur du mémoire, notre convoi de Michillimakinac arriva sur les glaces, les hommes ayant été obligés de laisser leurs canots à dix lieues de notre fort. »

Il avait fallu six mois au fils aîné de La Vérendrye pour aller au fort de Michillimakinac et en rapporter les effets qui lui avaient été envoyés là de Montréal. Nous savons déjà par les récits de Cavelier de La Salle quelle somme incroyable de fatigues et d'efforts représentaient de pareilles courses : pendant douze ans La Vérendrye, ses enfants et ses engagés vont mener cette existence au milieu des bois, des lacs et des rivières du Nord-Ouest, s'avançant toujours du côté de cette mer qu'ils espéraient découvrir et se heurtant finalement aux montagnes Rocheuses, qu'ils ne pouvaient dépasser.

Au printemps de 1733, le père Messager, gravement malade des suites de l'hivernage, prit la résolution de retourner à Montréal. La Vérendrye envoya avec lui son neveu, La Jemeraye, pour rendre compte au gouverneur « de la manière favorable dont il avait été reçu de toutes les nations » et lui faire part des nouveaux renseignements que les sauvages lui avaient donnés au cours de l'hiver. Il attendait pour reprendre ses explorations quatre canots chargés qu'il avait laissés l'automne précédent à Kamanistigoya ; il ne reçut qu'une allège. Les engagés qui la montaient lui apprirent que les hommes laissés au fort par ses associés pour la traite et la garde des marchandises avaient tout consommé. C'était encore une saison perdue en attendant les canots de Michillimakinac et les faibles provisions qu'ils apportaient à la fin de septembre.

Les sauvages assiniboines demandant avec instance à La Vérendrye de s'établir chez eux pour y faire la traite, il leur envoya au printemps de 1734 son fils aîné, qui s'engagea résolument dans l'immense labyrinthe d'îles encombrant la sortie du lac des Bois par la rivière Winnipeg. Sous ses yeux surpris se déroulaient alors les vues les plus grandioses : « A la sortie du lac, le paysage prend un aspect sévère, les roches se dépouillent, et c'est au milieu d'un véritable chaos, par mille bras enchevêtrés dans tous les sens, que s'engouffrent les eaux. Elles s'encaissent de plus en plus à mesure que la vallée se rétrécit ; elles se heurtent, se brisent, se précipitent en cataractes de trois cent cinquante pieds de haut, tantôt d'un vert émeraude, tantôt blanches d'écume, rompant seules par leur mugissement l'éternel silence de cette solitude. Spectacle merveilleux qu'on sent et qu'on ne peut rendre, qui échappe à toute description et qu'aucun pinceau ne saurait reproduire, quand les premiers rayons du soleil viennent iriser l'écume fumante et colorer les hautes cimes, tandis que le gouffre reste dans l'obscurité; ou bien quand, par une belle nuit, la lune, dominant la scène, argente de sa pâle clarté les mille remous de la rivière. » (Gay.) Sur cette rivière Winnipeg, aux sites si variés, le jeune La Vérendrye établit le fort Maurepas et s'y installa. D'autres forts furent ensuite créés; gagnant constamment au nord-ouest et à l'ouest, les La Vérendrye prenaient ainsi possession de la contrée par une chaîne de postes destinés à les protéger contre les attaques toujours à craindre des sauvages, et à servir de rendez-vous de traite. Ils traversèrent le lac Dauphin et celui des Cygnes, reconnurent la rivière des Biches et le lac Winnipeg, véritable mer intérieure dont l'étendue dépasse celle du lac Ontario; ils remontèrent enfin jusqu'à sa fourche la rivière Saskatchewan; ils élevèrent le fort Dauphin près de l'entrée du lac Manitoba, et le fort de la Reine au fond du même lac, le fort Bourbon sur la rivière des Biches, le fort Rouge au confluent de la rivière Rouge et de celle des Assiniboines; ils parvenaient en 1738 chez les Mandanes sur le haut Missouri, dont ils remontaient le cours en 1742 jusqu'à la rivière Yellowstone; enfin, le 1er janvier 1743, le fils aîné arrivait avec un de ses frères et deux engagés au pied des montagnes Rocheuses dont les massifs contreforts et les sommets couverts de neige leur barraient la route vers l'océan Pacifique. Ainsi se trouve résumée en quelques lignes l'œuvre de ces intrépides pionniers; mais il faut en reprendre quelques détails pour bien saisir avec quelles difficultés ils ont été aux prises, et quels périls ils ont affrontés dans ces interminables voyages à travers des contrées qu'aucun blanc n'avait visitées avant eux.

Au printemps de 1734, ne recevant rien de ses associés et toutes ses ressources étant épuisées, La Vérendrye prit le parti de descendre à Montréal, où il arriva le 25 août. Après avoir rendu compte au gouverneur de ses découvertes et passé l'hiver en préparatifs, il quittait la colonie le 6 juin 1735 pour regagner le fort Saint-Charles, au lac des Bois, où il arrivait le 6 septembre avec le père Auneau, remplaçant comme missionnaire le père Messager. Il trouva le poste complètement affamé et « sans espérance de folle avoine par la grande abondance des eaux ». Après avoir pourvu au ravitaillement des hommes qui y séjournaient, il envoya son neveu et deux de ses fils avec des vivres au fort Maurepas, établi l'automne précédent. Pendant ce temps, les canots qui devaient le suivre se perdaient au Grand Portage « par la mauvaise manœuvre des conducteurs », et tout ce qu'il avait apporté lui-même suffit à peine à nourrir son monde pendant l'hiver. Au printemps de 1736, il était de nouveau dénué de tout, à plus de six cents lieues du premier poste habité. Le 4 juin, ses deux fils, épuisés de fatigue et de faim, revenaient du fort Maurepas, après avoir abandonné leurs canots à vingt lieues de là, au portage de la Savane, et lui apprenaient la mort de son neveu La Jemeraye. Il avait succombé pendant l'hiver au froid et aux privations qu'ils avaient eu à supporter. C'était pour l'explorateur une perte cruelle. Dufrost de La Jemeraye, fils d'une sœur de La Vérendrye, s'était associé aux travaux et à la fortune de son oncle dès le commencement de son entreprise. Au milieu de difficultés sans nombre, et malgré la résis-

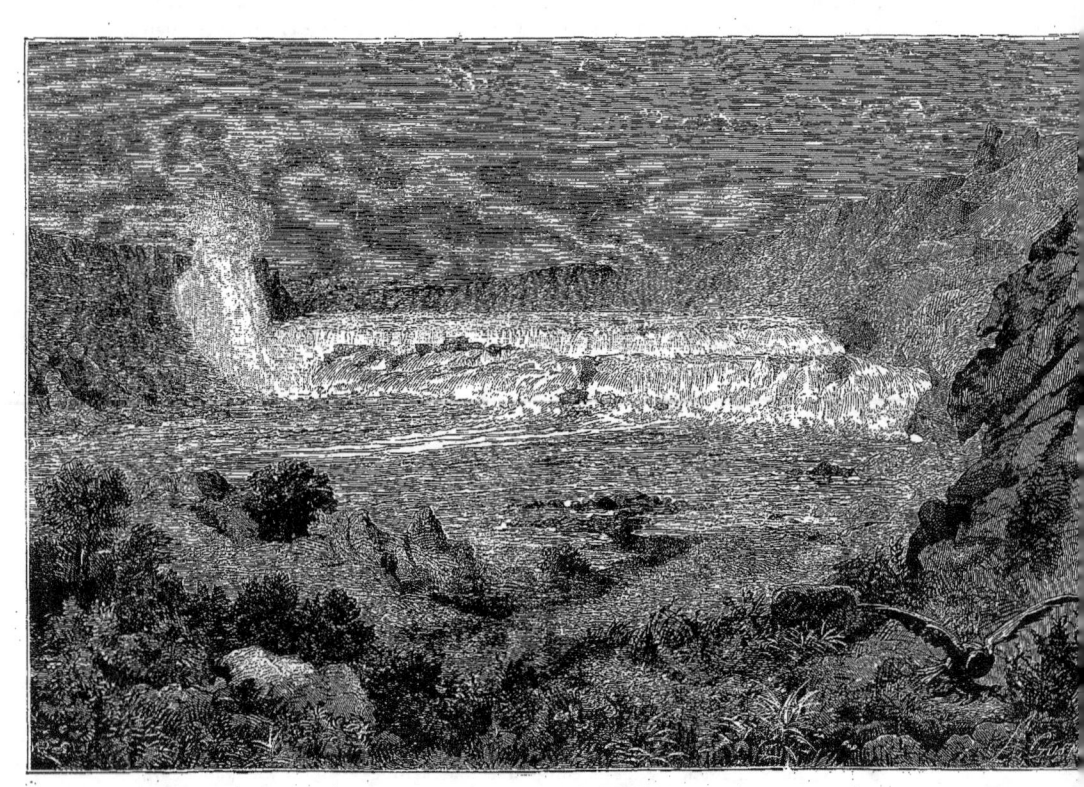

CHUTES DU HAUT MISSOURI.
Dessin de J. Laurens, d'après les documents publiés par le Sénat des États-Unis.

tance des engagés rebutés par les fatigues des portages, il avait passé outre et créé le premier poste au lac de la Pluie. M. de Beauharnois l'en avait récompensé en le nommant enseigne. « Son dévouement, son courage, son intelligence lui avaient mérité la confiance la plus complète de La Vérendrye, et à sa mort celui-ci regretta non seulement un parent qui lui était cher, mais encore un lieutenant précieux à son entreprise. » (Margry.)

Les vivres et les munitions manquaient; il fallait aviser sans retard à s'en procurer si l'on ne voulait pas voir les cinquante Français réunis dans ce pays perdu mourir de faim les uns après les autres. Le père Auneau s'offrit pour descendre à Michillimakinac avec le fils aîné de La Vérendrye et vingt hommes. Le 8 juin, la petite troupe s'embarquait dans trois canots; à sept lieues du fort, dans une île du lac des Bois, elle était surprise au campement et massacrée par une bande de pillards sioux. Quelques jours après, cinq coureurs des bois trouvèrent les cadavres mutilés : les têtes de ces malheureux, dépouillées de leurs chevelures, étaient posées sur des peaux de castor; le missionnaire, une flèche dans le crâne et le corps éventré, était agenouillé la main gauche contre terre et la droite levée vers le ciel; le fils de La Vérendrye, étendu sur le ventre, avait le dos percé de coups de couteau et un pieu enfoncé dans les reins; sa tête coupée et le corps avaient été ornés par dérision de jarretières et de bracelets de porc-épic. (Rapport du voyageur Bourassa.)

Le contre-coup de cet affreux massacre se fit durement sentir dans les autres postes de l'Ouest et amena l'évacuation du fort établi au delà des lacs, sur le haut Mississipi, à une cinquantaine de lieues de la rivière Wisconsin. Le commandement en avait été confié au sieur Legardeur de Saint-Pierre, officier d'une rare énergie, qui avait passé une partie de sa vie dans les postes d'en haut. Partout son audace et son sang-froid à toute épreuve en avaient imposé aux indigènes, avec lesquels il eut souvent maille à partir. Informé par des sauvages saulteux du meurtre du fils de La Vérendrye et des Français qui l'accompagnaient, il vit venir quelque temps après à son fort un chef sioux avec trois guerriers qui demandèrent à échanger des peaux contre des marchandises. Ce chef avait un cachet d'argent pendu à son oreille. C'était sans aucun doute un produit du pillage de la troupe massacrée. « Le sieur de Saint-Pierre, s'en étant aperçu, lui demanda où il l'avait pris. Il ne lui répondit rien et se mit à rire. Il lui arracha ce cachet avec l'oreille en lui disant qu'il était bien hardi de paraître devant lui avec une pareille marque, et le fit mettre dehors du fort. » Quelques semaines après, menacé chaque jour d'une attaque par les Sioux qui avaient déjà tué plusieurs coureurs des bois chassant dans les environs, abandonné par les sauvages saulteux et puants qui campaient dans le voisinage, « il tint conseil avec le sieur de Linctot, son second, le père Guignas, missionnaire, et les Français qui étaient dans le poste pour voir le parti qu'ils prendraient. Ils lui dirent qu'il n'y en avait point d'autre que celui d'abandonner le poste, brûler le fort et se sauver, parce qu'on courait tous les jours le risque d'être égorgé par les Sioux. Il leur répondit que son avis était de rester, mais ils répliquèrent qu'ils aimaient mieux sacrifier leurs biens que leur vie, ce qui obligea le sieur de Saint-Pierre à évacuer le poste ». C'était cependant un homme d'un caractère vigoureusement trempé que celui qui reculait ainsi; il suffit pour le démontrer de rappeler un des incidents les plus dramatiques de sa carrière, raconté par lui-même dans un mémoire qui donne une juste idée de l'existence que menaient ces hardis aventuriers et des dangers courus par eux au milieu des tribus avec lesquelles ils faisaient la traite.

Appelé, quelques années après les événements dont il vient d'être parlé, à succéder au sieur de La Vérendrye, décédé, dans le commandement des forts créés par

UNE ÎLE DU LAC DES BOIS.
Dessin de Weber.

ce dernier, Legardeur de Saint-Pierre raconte en ces termes l'épisode auquel nous venons de faire allusion : « J'avais eu grande attention de faire mettre dans le meilleur état tous les forts qui m'étaient confiés, et d'y placer des personnes de confiance. Au désir de mon instruction, j'avais eu le plaisir de réparer moi-même le fort la Reine, sans m'attendre à l'aventure dont je vais parler. Le 22 février 1752, environ neuf heures du matin, je me trouvais dans ce fort avec cinq Français. J'avais envoyé le surplus de mes gens, consistant en quatorze personnes, chercher des vivres dont je manquais depuis plusieurs jours. J'étais tranquille dans ma chambre lorsqu'il entra dans mon fort deux cents Assiniboines, tous armés. Ces sauvages se dispersèrent en un instant dans toutes les maisons; plusieurs entrèrent chez moi sans être armés, les autres restèrent dans le fort. Mes gens vinrent m'avertir de la contenance de ces sauvages. Je courus à eux. Je leur dis vertement qu'ils étaient bien hardis de venir en foule dans mon fort, armés. L'un d'eux me répondit en cristinau qu'ils venaient pour fumer. Je leur dis que ce n'était pas de la façon dont ils devaient s'y prendre, et qu'ils eussent à se retirer sur-le-champ. Je crus que la fermeté avec laquelle je leur parlais les avait un peu intimidés, surtout ayant mis à la porte quatre d'entre eux, les plus insolents, sans qu'ils eussent dit un seul mot. Je fus tout de suite chez moi; mais dans le même instant un soldat vint m'avertir que le corps de garde était plein de ces sauvages et qu'ils s'étaient rendus maîtres des armes. Je me hâtai de me rendre au corps de garde. Je fis demander à ces sauvages par un Cristinau qui me servait d'interprète quelles étaient leurs vues, et pendant ce temps-là je me disposai au combat avec ma faible troupe. Mon interprète, qui me trahissait, me dit que ces sauvages n'avaient aucun mauvais dessein, et, dans la minute, un orateur assiniboine, qui n'avait cessé de me faire de belles harangues, dit à mon interprète que, malgré lui, sa nation voulait me tuer et piller. A peine eus-je pénétré dans leur résolution, que j'oubliai qu'il fallait prendre les armes. Je me saisis d'un tison de feu ardent; j'enfonçai la porte de la poudrière, je défonçai deux barils de poudre sur lesquels je promenai mon tison en faisant dire à ces sauvages, d'un ton assuré, que je ne périrais pas par leurs mains et qu'en mourant j'aurais la gloire de leur faire subir à tous mon même sort. Ces sauvages virent plutôt mon tison qu'ils n'entendirent mon interprète. Ils volèrent tous à la porte du fort, qu'ils ébranlèrent considérablement tant ils sortaient avec précipitation. J'abandonnai bien vite mon tison et n'eus rien de plus pressé que d'aller fermer la porte de mon fort. Le péril, dont je m'étais heureusement délivré, en me mettant en danger de périr moi-même, me laissait une grande inquiétude pour les quatorze hommes que j'avais envoyés chercher des vivres. Je fis bon quart sur mes bastions, je ne vis plus d'ennemis et, sur le soir, mes quatorze hommes arrivèrent sans avoir eu aucune mauvaise rencontre. Je passai le reste de l'hiver tranquillement dans mon fort. Dès le petit printemps, il arriva une bande d'Assiniboines, autres que ceux qui avaient médité ma perte, qui me prièrent instamment de les écouter, ce que je leur accordai. Ils firent de grandes et longues harangues qui tendaient à obtenir la grâce de leurs frères. Je leur répondis que je n'étais point partie capable de la leur accorder, qu'ils avaient M. le général pour père, qui m'avait envoyé à eux, que je lui rendrais compte de tout, et qu'il verrait ce qu'il aurait à faire; qu'ils pouvaient néanmoins être assurés que, bien loin de leur faire la peine qu'ils mériteraient, je porterais au contraire leur père à leur pardonner, persuadé de la sincérité de leur repentir. Comme j'étais sur mon départ pour le Grand Portage et qu'après ce qui s'était passé il n'aurait pas été prudent de laisser des Français dans ce fort, je le recommandai à ces sauvages qui me promirent d'en avoir grand soin. C'est tout ce que je pus faire de mieux, eu égard à la consternation où mon aventure avait plongé mes gens dont pas un seul n'aurait voulu agréer le commandement de ce fort, eût-il été question pour lui de la fortune la plus brillante. Je me vis même à la veille d'y rester seul tant ils étaient épouvantés. »

C'est au milieu de ces sauvages perfides et dissimulés que La Verendrye poursuivait ses opérations de traite et ses découvertes. En 1736, « n'ayant reçu qu'un très petit secours » et réduit au désespoir, il descendit à Montréal où il arriva le 24 août. Le gouverneur approuva tous ses actes et le chargea de continuer ses explorations, commencées au prix de tant de souffrances et de pertes d'hommes. Quant à la cour, elle se désintéressait de cette affaire. Dès le 10 octobre 1733, le gouverneur et l'intendant avaient écrit au ministre Maurepas : « M. de La Jemeraye, neveu de M. de La Vérendrye, nous a représenté que si Sa Majesté voulait en faire la dépense on pourrait aisément réussir à la découverte de la mer de l'Ouest, étant présentement au lac Winnipeg, mais que pour eux et leurs associés ils ont perdu plus de quarante-trois mille livres et les voyageurs ne voulant aller plus loin qu'ils ne soient payés de ce qui leur est dû, ni les équipeurs leur fournir des marchandises pour continuer leurs voyages. » MM. de Beauharnois et Hocquart ajoutaient à l'appui de la demande de secours de l'explorateur : « La dépense, Monseigneur, ne serait pas considérable; les frais des engagés pendant trois ans et ce que l'on pourrait fournir des magasins du roi, suivant les calculs que nous en avons faits en la présence de M. de La Jemeraye, ne monteraient tout au plus qu'à trente mille livres. Nous avons l'honneur de vous apprendre que par le traité nous ne pouvons les obliger d'aller plus loin que le lac Winnipeg, que nous ne croyions pas si éloigné. » Le ministre répondit qu'il n'était pas convenable que le roi entrât dans cette dépense, et que ceux qui étaient dans l'affaire devaient pouvoir la continuer avec les profits des pelleteries qu'ils se trouvaient à portée de traiter. En 1735, même refus. La Vérendrye devait abandonner son entreprise de découvertes ou la poursuivre seul à ses risques et périls avec l'appui moral du gouverneur et de l'intendant, que la criminelle incurie du ministre réduisait eux-mêmes à l'impuissance.

L'hiver se passa encore en préparatifs, et le 18 juin La Vérendrye, ayant pris les mesures nécessaires pour achever son œuvre, retourna au lac des Bois; il débarquait le 2 septembre au fort Saint-Charles. Après avoir mis tout en bon ordre dans ce poste où, à la sollicitation des sauvages des environs, il laissa un de ses enfants, La Vérendrye en partit avec six canots bien équipés et atteignit le fort Maurepas pour remonter, à quinze lieues de là, la rivière des Assiniboines sur un espace de soixante lieues. Arrêté par la baisse des eaux, il fit bâtir à cet endroit le fort de la Reine. C'était, comme toujours, une enceinte de pieux renfermant à l'intérieur des cabanes en troncs d'arbres, installation des plus sommaires, mais suffisante pour abriter les marchandises d'échange destinées à la traite et pour mettre les deux ou trois gardiens laissés dans ces postes à l'abri d'un coup de main comme celui dont avaient été victimes le fils aîné de La Vérendrye et ses compagnons. Une douzaine d'engagés étant venus rejoindre l'explorateur, il choisit vingt hommes pour traverser les prairies et se rendre chez les Mandanes, tribu séjournant sur le haut Missouri, d'où il espérait gagner les bords de l'océan Pacifique. Ennemis des Sioux, les Mandanes occupaient neuf villages et comptaient plusieurs milliers de guerriers; leurs mœurs hospitalières, leur courage et leur caractère belliqueux en faisaient des alliés précieux pour les Français.

Au milieu des plaines interminables à travers lesquelles il s'avançait avec ses hommes et quatre Peaux-Rouges qu'il avait pris pour guides, La Vérendrye trouva une bourgade d'Assiniboines, composée de cent deux cabanes, dont les habitants offrirent de l'accompagner ; mais le jour même de son entrée dans ce village un sauvage, profitant de la négligence des engagés, lui volait un sac renfermant les présents destinés aux chefs mandanes et prenait la fuite sans pouvoir être rejoint au milieu des prairies. On arriva enfin chez les Mandanes, « après avoir, dit La Vérendrye dans sa relation au gouverneur, essuyé bien des misères ». Quelle somme de souffrances et de fatigues représentent ces quelques mots sous la plume d'un voyageur aussi énergique ! Mais ses épreuves n'étaient pas finies. A peine arrivés, les Assiniboines décampèrent, et l'interprète que La Vérendrye s'était assuré, « après qu'il l'eut bien payé », s'enfuit avec eux. Impossible dès lors de s'entendre avec les Mandanes et d'en obtenir les renseignements nécessaires pour continuer à travers ces contrées inconnues le voyage jusqu'à la mer, dont rien ne faisait soupçonner le voisinage. Ses provisions épuisées, La Vérendrye prit le parti de retourner à son fort, laissant seulement deux Français chez ses hôtes pour apprendre leur langue et lui servir plus tard d'interprètes. Il se mit en route, quoique très malade, dans l'espérance de mieux se porter en chemin. Mais on était dans la saison la plus rude de l'année, et c'est à demi mort qu'il rejoignit le lac des Bois où il arriva le 11 février 1739, « avec toute la misère possible. On ne peut, dit-il, souffrir davantage ; il n'y a que la mort qui puisse nous délivrer de pareilles peines » ! Pour l'achever, les marchandises de traite sur lesquelles il comptait ne lui parvenaient pas, et ses hommes, descendus au Grand Portage pour y recevoir les effets que ses associés devaient lui expédier de la colonie, restaient dix-huit jours à attendre dans ces parages déserts des provisions qui n'arrivèrent pas. « Ils jeûnèrent pendant ce temps-là malgré eux », écrit philosophiquement leur chef, accoutumé, lui aussi, à ces longues privations. Leur seule nourriture, à défaut de gibier, était la tripe de roche, herbe sauvage et spongieuse croissant sur les rochers, dont l'usage occasionnait souvent de violentes douleurs d'entrailles, des vomissements et des crachements de sang. Pressés par la faim et trop affaiblis pour retourner au lac des Bois, ils se décidèrent à descendre à Michillimakinac, où ils apprirent qu'un ordre de justice prescrivait la saisie d'une somme de quatre mille livres sur La Vérendrye, à la requête de ses fournisseurs de Montréal. Ces derniers, contrairement à leurs promesses, n'avaient rien envoyé pour ravitailler les postes de traite. Dans l'embarras où se trouvèrent les engagés, ils s'adressèrent au commandant du fort et lui représentèrent les risques que couraient leurs camarades au fond des forêts du nord-ouest s'ils n'étaient pas secourus. Celui-ci leur fournit, à des prix exorbitants, quelques marchandises avec lesquelles ils s'embarquèrent. Le 20 octobre, ils arrivaient au fort Saint-Charles. L'hivernage achevé, La Vérendrye se trouva encore une fois sans vivres et dépourvu d'objets d'échange ; encore une fois, il reprit, infatigable, le long trajet de Montréal pour exposer au gouverneur la triste situation dans laquelle il se débattait, prendre des arrangements avec ses créanciers et dissiper les indignes calomnies dont il était l'objet de la part de misérables envieux. On l'accusait méchamment de ne penser, au milieu de cette dure existence et de ces périls journaliers auxquels avaient déjà succombé deux des siens les plus chers, qu'à amasser de gros biens ! Aussi répondait-il plaisamment à ces vils délateurs : « Si plus de quarante mille livres de dettes que j'ai sur le corps sont un avantage, je puis me flatter d'être fort riche ! »

Le gouverneur écrivait de son côté au ministre à ce sujet : « Cet officier m'a paru dans la dernière des mortifications de ce que l'on ait essayé de donner à la pureté de ses sentiments pour parvenir à cette découverte un caractère opposé au but qu'il avait. — L'idée qu'on s'est faite des biens qu'il avait ramassés dans ces endroits tombe d'elle-même par l'indigence où il est, pouvant vous assurer, Mon-

VILLAGE MANDANE.
Dessin de A. de Neuville, d'après l'album de M. Catlin.

seigneur, sans aucune complaisance ni prédilection pour lui, que douze années qu'il a passées dans ces postes ne lui produisent pas environ quatre mille livres, qui est tout ce qu'il a, et qui pourront peut-être lui rester après qu'il aura payé les dettes qu'il a contractées pour cette entreprise. »

Ses affaires arrangées, La Vérendrye reprit la route du Grand-Ouest; le 16 septembre 1741, il débarquait au fort Saint-Charles; le 13 octobre, il était au fort de la Reine. Il y trouvait l'aîné de ses fils qui revenait de la tribu des Mandanes, dans laquelle il n'avait pas pu se procurer un guide pour le conduire à l'Océan, mais dont les chefs lui avaient remis une couverture de coton « de la façon des blancs qui sont à la mer ». Cette couverture fut envoyée à M. de Beauharnois avec les renseignements obtenus par le fils de La Vérendrye pendant son voyage.

Après l'établissement du fort Dauphin au lac des Prairies et du fort Bourbon dans le fond du lac Winnipeg, La Vérendrye fit partir le 29 avril 1742 deux de ses fils pour le haut Missouri; ils étaient « bien équipés de ce qui pouvait être nécessaire pour suivre leur découverte de la mer de l'Ouest ». Le 27 octobre 1744, le marquis de Beauharnois envoyait au ministre le journal de ce voyage, rédigé par un des frères, le chevalier de La Vérendrye, et y joignait une lettre qu'il terminait en ces termes : « Je ne connais aucun endroit par lequel le sieur de La Vérendrye ait pu mériter la mortification qu'il a eue de n'être point avancé, et j'oserais même ne l'attribuer qu'à l'oubli que vous avez fait, Monseigneur, de la proposition que j'ai eu l'honneur de vous faire de cet officier comme le plus ancien des lieutenants et le sujet qui me paraissait le plus digne des grâces du roi. En effet, six années de service en France, trente-deux en cette colonie, sans reproches, du moins je n'en sache aucun à lui faire, et neuf blessures sur le corps, étaient des motifs qui ne m'ont pu faire balancer à vous le proposer pour remplir une des compagnies vacantes, et si j'ai eu lieu de me flatter, Monseigneur, que vous étiez persuadé que je n'admettais sur mes listes que les officiers capables de servir et qui méritaient vos bontés, c'était particulièrement dans l'attention que vous auriez bien voulu faire en faveur du sieur de La Vérendrye. »

On ne pouvait formuler à l'égard de cet officier, si brave et si désintéressé, un éloge plus délicat et plus mérité. Malgré cette recommandation si chaude de M. de Beauharnois, il lui fallut cependant attendre encore deux ans son grade de capitaine, et deux autres années la croix de Saint-Louis.

Revenons maintenant au voyage vers la mer de l'Ouest. Le chevalier de La Vérendrye et son frère, accompagnés de deux coureurs des bois, avaient quitté le 9 avril 1742 le fort de la Reine pour se rendre chez les Mandanes. Après avoir séjourné deux mois au milieu de cette tribu en attendant vainement l'arrivée d'autres sauvages, les Gens des Chevaux, dont les territoires de chasse s'étendaient, disaient leurs hôtes, du côté de la mer, les deux explorateurs, voyant la saison s'avancer, cherchèrent des guides pour aller rejoindre cette peuplade. Deux Mandanes s'offrirent à les accompagner, et la petite troupe marcha vingt jours vers le sud-ouest, ne trouvant sur sa route que des plaines désertes et des bêtes sauvages.

Parvenus le 11 août à un pic isolé qu'ils appelaient la montagne des Gens des Chevaux, les deux Mandanes refusèrent de passer outre. On construisit alors un abri en bois pour y attendre les indigènes qu'on pourrait découvrir aux alentours. Les deux frères étant bien résolus à se confier aux premières nations qui se présenteraient, des feux furent allumés comme signaux. Le 10 septembre, il ne restait qu'un Mandane; l'autre avait repris le chemin de sa bourgade. Le 14, une fumée fut aperçue au sud-ouest. C'était la tribu des Beaux Hommes, chez lesquels les La Vérendrye séjournèrent avec leurs engagés pendant une vingtaine de jours. Le second guide, craignant cette nation ennemie des siens, avait à son tour abandonné les Français, laissés ainsi seuls à des centaines de lieues de leurs postes. Quelques présents parurent satisfaire les chefs qui fournirent une escorte pour aller d'abord à un village des Petits Renards, où les voyageurs furent bien

LA DANSE DU BISON CHEZ LES MANDANES.
Dessin de A. de Neuville, d'après l'album de M. Catlin.

accueillis, et ensuite, après plusieurs journées de marche, à une bourgade des Gens des Chevaux. Ces derniers étaient dans une grande désolation : ce n'étaient que pleurs et hurlements ; tous leurs villages avaient été détruits par les Gens du Serpent et très peu des leurs avaient échappé au massacre. « Cette nation du Serpent, dit le chevalier de La Vérendrye dans son mémoire, passe pour très brave. Ils ne se contentent pas d'une campagne, selon la manière de tous les sauvages ; ils continuent la guerre depuis le printemps jusqu'à l'automne ; ils sont très nombreux et malheur à ceux qui se trouvent sur leur route ! On nous dit que, l'année précédente, ils avaient entièrement défait dix-sept villages, tué tous les hommes et les femmes âgées, fait esclaves les jeunes femmes et les avaient trafiquées à la mer pour des chevaux et quelques marchandises. »

Les Gens des Chevaux conduisirent les explorateurs chez une autre peuplade, les Gens de l'Arc, les seuls des habitants de ces contrées qui, par leur bravoure, ne craignaient point les Gens du Serpent. Leur chef fit aux Français le meilleur accueil et ordonna de mettre dans sa loge, qui était très grande, tous leurs équipages. Le chevalier de La Vérendrye l'interrogeant sur les blancs qui habitaient les bords de la mer, il lui fit cette réponse : « Nous les connaissons par ce que nous ont dit des prisonniers de ces Gens du Serpent, que nous devons joindre dans peu. Ne soyez pas surpris si vous voyez assemblés avec nous tant de villages ; les paroles sont envoyées de tous côtés pour nous secourir. Vous entendez tous les jours chanter la guerre ; nous allons marcher du côté des grandes montagnes qui sont proches de la mer pour y chercher les Gens du Serpent. N'appréhendez point d'y venir avec nous, vous n'avez rien à craindre, vous y pourrez voir cette mer que vous cherchez. »

Toute la troupe se mit en route vers l'ouest, s'augmentant à chaque bourgade qu'elle rencontrait, et le 1er janvier 1743 elle se trouvait en vue des montagnes Rocheuses, que, les premiers des Européens, les La Vérendrye contemplaient, avec l'espérance de toucher enfin au but poursuivi depuis tant d'années. Par contre, ils avaient la crainte, inspirée par certains renseignements des sauvages, de rencontrer à la mer les Espagnols, dont un parti, venu à la découverte du Missouri, avait été massacré dans les environs. Le nombre des combattants dépassait deux mille. « Avec leurs familles, cela faisait une troupe considérable, marchant toujours par des prairies magnifiques, où les bêtes se trouvaient en abondance. Toutes les nuits ce n'était que chants et hurlements, et on ne faisait autre chose que de venir pleurer sur la tête des Français pour les accompagner à la guerre. »

Jusqu'au 12 janvier, on se dirigea vers les montagnes, au pied desquelles on arriva enfin. « Elles étaient très boisées et paraissaient fort hautes. » Les éclaireurs, s'étant approchés du village des Gens du Serpent qui en occupaient les premiers contreforts, reconnurent « qu'ils s'étaient tous sauvés avec grande précipitation, après avoir abandonné leurs cabanes et une grande partie de leurs équipages ». Au lieu d'encourager à l'attaque les Gens de l'Arc, ce renseignement répandit parmi eux la terreur, « dans l'appréhension où ils étaient que les ennemis les ayant découverts, ils n'allassent sur leurs villages et ne s'y rendissent avant eux ».

Malgré les objurgations des chefs et les efforts des La Vérendrye, désespérés de reculer alors qu'ils touchaient au but, tous firent volte-face, et « chacun s'enfuit

LES MONTAGNES ROCHEUSES.
Dessin de Pelcoq, d'après une esquisse de M. Bourgeau.

de son bord ». Abandonnés à leurs seules forces dans cette déroute insensée, les explorateurs se dirigèrent au hasard vers les villages des Gens de l'Arc, où ils arrivèrent, leurs chevaux épuisés, après deux jours d'une course effrénée ; ils n'avaient rencontré sur leur route qu'une quinzaine de sauvages ennemis, dont quelques coups de fusil les débarrassaient promptement. Ne voyant aucun moyen de reprendre le chemin des montagnes, les La Vérendrye, à bout de ressources, se résignèrent à retourner chez les Mandanes, dont ils regagnèrent les cabanes après une marche qui se prolongea du 15 mars au 18 mai. Ils se reposèrent quelques jours au milieu de cette tribu amie, puis ils rejoignirent une centaine d'Assiniboines avec lesquels ils firent route à travers les prairies dans la direction des lacs. Mais jusqu'au dernier jour, ils devaient avoir des alertes. Le 31 mai, leurs éclaireurs apercevaient des Sioux embusqués sur leur passage. C'était une bande de guerriers parcourant ces vastes plaines et massacrant tous ceux d'une autre nation qu'ils rencontraient. A leur vue, les Assiniboines chargèrent, ayant au milieu d'eux les quatre Français. « Nous donnâmes tous ensemble, dit le chevalier ; ils furent fort surpris de voir tant de monde et se retirèrent en bon ordre, faisant face de temps en temps à ceux qui les approchaient un peu trop. Ils savaient bien à qui ils avaient affaire, connaissant les Assiniboines pour des lâches. Mais sitôt qu'ils nous aperçurent montés sur nos chevaux, et que nous étions des Français, ils se sauvèrent en grande hâte, ne regardant plus derrière eux. Nous n'avons eu personne de tué, mais plusieurs blessés ; nous ne savons pas ce qu'ils ont perdu de monde, sinon un homme qui se trouve parmi nous. » Et la relation s'achève par cette phrase, qui rend bien le sentiment éprouvé par ces intrépides jeunes gens rentrés enfin au milieu des leurs après quinze mois d'exploration dans des contrées inconnues, parmi des peuplades en guerre les unes avec les autres : « Nous prîmes au village des Assiniboines un guide pour nous conduire au fort de la Reine, où nous sommes arrivés le 2 juillet, au grand contentement de notre père, qui était très inquiet de nous, n'ayant pas été possible de lui donner de nos nouvelles depuis notre départ, et à notre grande satisfaction, nous voyant hors de peines, de périls et de dangers. »

Ces vaillants cœurs étaient encore à six cents lieues de Montréal ; mais le drapeau de la France flottait sur leur poste et ils avaient retrouvé la Patrie.

Fatigué de cette existence si pénible, abandonné par ses fournisseurs, criblé de dettes, La Vérendrye, découragé, descendit à Montréal pour y remplir ses fonctions de capitaine ; mais ses fils continuèrent son œuvre. En juin 1748, l'un d'eux, le chevalier, partait encore de Québec pour le Grand Ouest où il poursuivait ses explorations au milieu des forêts et des lacs. L'année suivante, La Vérendrye lui-même, ayant reçu la croix de Saint-Louis et cédant à la demande du gouverneur, prenait, malgré son âge, le parti de rejoindre ses fils au lac des Bois. Il écrivait à Québec le 17 septembre 1749 : « Je compte faire toute la diligence possible pour aller hiverner au fort Bourbon, qui est le dernier au bas de la rivière aux Biches de tous les forts que j'ai établis, trop heureux si, à l'issue de toutes les peines, fatigues et risques que j'ai essuyés dans cette longue découverte, je pouvais parvenir à vous prouver mon désintéressement, mon grand zèle, aussi bien que celui de mes enfants pour la gloire du roi et le bien de la colonie. »

Mais au milieu des préparatifs de cette dernière expédition vers la mer de l'Ouest, la mort surprenait La Vérendrye, qui succombait à Montréal le 6 décembre 1749. Une société se formait alors pour l'exploitation du Grand Ouest entre le nouvel intendant, Bigot, et le nouveau gouverneur, M. de La Jonquière, « le premier qui n'avait jamais assez d'argent pour le dissiper, le second pour l'entasser ». (Margry.) Les fils de La Vérendrye, rappelés à Québec et dépouillés des postes créés par leur père, furent remplacés par deux autres officiers, Legardeur de Saint-Pierre et Marin. Ces derniers, profitant des relations établies par les La Vérendrye avec les sauvages, se livrèrent à peu près exclusivement à la traite, et rapportèrent à Montréal nombre de pelleteries sur lesquelles les associés firent un profit tel que la part du gouverneur s'éleva, dit-on, à trois cent mille francs. Quant aux fils de La Vérendrye, après un vain appel au ministre de la marine, ils durent se résigner à rester avec leur grade d'enseigne dans la colonie. Ils avaient semé, d'autres récoltaient, et « du dévouement à la Patrie ils n'avaient connu que les misères ».

L'histoire impartiale doit à cette famille un souvenir attendri : c'est pour la France que ces braves gens ont souffert et se sont acharnés à ces découvertes qui les exposaient, ainsi que l'écrivait le gouverneur, à de plus grands dangers que des guerres ouvertes. Leur nom mérite d'être inscrit au livre d'or de nos explorateurs, à côté de ceux des Jacques Cartier, des Champlain, des La Salle et des d'Iberville.

CHAPITRE IX

LES DÉBUTS D'UN GRAND HOMME

Depuis le traité d'Utrecht, la paix avait été maintenue entre la France et l'Angleterre; mais la longue administration du cardinal Fleury n'avait obtenu cet accord entre les deux cabinets qu'en laissant, par une déplorable incurie, dépérir notre marine militaire et en abandonnant à leur sort nos colonies, pendant que celles de l'éternelle rivale grandissaient de jour en jour. Par contre, notre marine marchande, qui avant lui ne comptait que trois cents navires de commerce, en possédait dix-huit cents en 1738, et les ports de Nantes, de Marseille, de Bordeaux armaient de véritables flottes que les vieux vaisseaux de guerre, pourrissant dans les rades de Toulon et de Brest, ne pouvaient plus protéger. Quant à la misère dans les campagnes sous ce gouvernement indigne, elle était telle que « les hommes mouraient dru comme mouches, de pauvreté et broutant l'herbe ».

A la fin de 1740, d'Argenson affirmait qu'il était mort de faim plus de Français depuis deux ans que n'en avaient tué toutes les guerres de Louis XIV. Dans de pareilles conditions, les secours expédiés au Canada avaient toujours été insignifiants, et un seul point, Louisbourg, avait été sérieusement fortifié. Quant à la colonisation, deux causes l'avaient constamment entravée, et il importe d'y insister, car elles tiennent au caractère même de notre race, à des traditions avec lesquelles il faut rompre à tout prix, si l'on ne veut pas voir dans l'avenir se renouveler les mêmes désastres. La première consiste dans cette manie d'isolement qui entraîne nos colons à s'établir aussi loin que possible les uns des autres, et qui supprime ainsi pour eux les forces et les bienfaits de l'association; la seconde, c'est la tendance néfaste, mortelle, du pouvoir central de ne laisser aux colonies aucune initiative, de les organiser comme des centres exploitables exclusivement au profit de la métropole, de les peupler de fonctionnaires inutiles et par cela même nuisibles, de vouloir toujours ignorer que la liberté n'est pas un vain mot, qu'elle seule peut assurer, par l'initiative qu'elle développe, la prospérité des colonies comme celle des nations.

La guerre de la succession d'Autriche, survenue en 1740, mit encore une fois aux prises la France et l'Angleterre, et le contre-coup s'en fit bientôt sentir au Canada. Depuis plusieurs années, le gouverneur, le marquis de Beauharnois, prévoyait une agression et avait fait tous les préparatifs que lui permettaient ses faibles ressources et le peu d'hommes dont il disposait : six cents soldats, douze mille miliciens et treize à quatorze cents sauvages. Les forts Niagara et Frontenac furent remis en état, les garnisons des postes de Chambly et de Saint-Frédéric à la pointe à la Chevelure, près du lac Champlain, furent augmentées, de manière à leur permettre de repousser une attaque par l'intérieur des terres. Quant à Louisbourg, dans l'île du Cap-Breton, ses défenses étaient formidables; un rempart en pierres de douze mètres de hauteur l'entourait, et du côté de la terre un fossé de vingt-cinq mètres de largeur en interdisait l'approche; trois batteries de mortiers et une centaine de canons garnissaient les bastions; trente bouches à feu installées dans une île à l'entrée du port en défendaient l'entrée; une autre batterie de trente pièces établie au fond de la baie commandait la ville et la mer. Vingt-cinq années et trente millions avaient été consacrés à ces ouvrages et Louisbourg passait pour la plus forte place de guerre de l'Amérique. La garnison consistait en huit compagnies françaises formant un total de cinq cents hommes et cent cinquante Suisses mercenaires; huit cents habitants pouvaient en outre être armés et servir comme miliciens. Le gouverneur, M. Duchambon, était un homme d'un caractère bienveillant, mais faible, et les criminelles manœuvres du commissaire ordonnateur, Bigot, son protégé, devaient bientôt paralyser ses efforts. Il a déjà été question de ce dernier au sujet des fils de La Vérendrye qu'il dépouilla; il débutait à Louisbourg où il allait, par ses agissements, amener la révolte des troupes; nous le retrouverons plus tard intendant à Québec, au moment de la chute de la colonie, que ses malversations devaient préparer et rendre inévitable. « Par un fâcheux présage, il était venu de France en Canada sur la frégate la *Friponne*. C'était un malhonnête homme, cupide, joueur, ne considérant ses hautes fonctions et le pouvoir dont il était revêtu que comme des moyens de s'enrichir facilement; pour lui, la guerre, la famine, la triste situation du pays ne furent que des occasions favorables pour augmenter sa fortune. » (Dussieux.)

A défaut d'ouvriers, les soldats de la garnison de Louisbourg avaient été employés aux travaux d'achèvement des fortifications; mais Bigot, et quelques officiers indignes, de complicité avec lui, gardèrent pour eux le supplément de solde qui avait été promis, ainsi qu'une partie de la paye et de l'habillement des hommes. Ceux-ci se plaignirent, réclamèrent, mais en vain. Toute discipline avait à peu près disparu avec de pareils chefs; une révolte s'ensuivit, dont les Suisses mercenaires donnèrent les premiers le signal. Les séditieux chassèrent leurs officiers, en choisirent d'autres parmi eux, occupèrent les casernes et les magasins, et sommèrent le gouverneur et Bigot de leur remettre ce qui leur était dû. Ils réussirent ainsi à faire rendre gorge, au moins en partie, à ce misérable ordonnateur, mais cet état de trouble et de désordre se continua tout l'hiver. Quatre-vingts prisonniers, amenés par des détachements français à Louisbourg, y avaient passé l'été et, sans doute pour ménager les vivres, avaient imprudemment été relâchés par le gouverneur. De retour à la Nouvelle-Angleterre, ils racontèrent les faits dont ils avaient été les spectateurs, et leur témoignage trop fidèle y fit naître l'idée d'une attaque à laquelle, dans d'autres circonstances, on n'aurait même pas songé. Le gouverneur du Massachusetts, un avocat nommé Shirley, fit proposer à Londres d'envoyer quelques navires pour aider les colons anglais à enlever cette place, seul refuge des corsaires qui ravageaient les pêcheries des bancs de Terre-Neuve et les côtes de la Nouvelle-Angleterre. On porterait en même temps un coup mortel à la marine française, qui employait tous les ans plus de cinq cents navires et dix mille marins sur les bancs, car il ne leur resterait plus d'asile dans ces mers.

Au mois de janvier 1745, sans attendre la réponse de Londres, Shirley obtint de la législature du Massachusetts, à la majorité d'une voix, une complète adhésion à son projet, bien qu'il parût fort téméraire, et quatre mille hommes furent embauchés, réunis, armés et embarqués sur une centaine de bâtiments sous le commandement d'un marchand, William Pepperell. Quatre vaisseaux de guerre, aux ordres du commodore Warren, vinrent de la métropole prêter leur concours à l'attaque projetée. Elle était étrange, cette armée improvisée, composée d'ouvriers, de bûcherons habitués au campement dans les bois, de fermiers apportant chacun leurs armes et leurs munitions, de pêcheurs chassés des bancs par les corsaires français et qui gardaient avec eux leurs filets et leurs lignes pour continuer leur profession pendant le siège, de pasteurs protestants que leurs femmes et leurs enfants accompagnaient comme s'il s'agissait d'une simple excursion. Les connaissances militaires chez tous étaient nulles; seule la haine des Français et l'espérance de profiter des désordres signalés pour les chasser de Louisbourg les animaient. Les uns, pour l'escalade des remparts avant l'ouverture des brèches, imaginaient des équipages de ponts volants; d'autres préconisaient des procédés pour éviter l'explosion des mines, ou soumettaient à Pepperell, aussi ignorant qu'eux, les plans les plus infaillibles pour l'ouverture des tranchées et la disposition des batteries. (Bancroft.) S'attaquant avec de tels éléments à une place bien fortifiée, l'entreprise était folle : la lâcheté du gouverneur et des officiers, les prévarications de Bigot, l'indiscipline de la garnison allaient en assurer le succès!

Le 31 avril, la flotte ennemie arrivait devant Louisbourg; les volontaires anglais descendaient à terre avec dix-huit canons et quelques mortiers pendant que les navires de guerre ouvraient le feu sur la place. Dans la nuit du 13 mai, le colonel Vaughan, à la tête des milices du New-Hampshire, s'approchait des magasins situés au fond de la baie et les incendiait; la fumée, poussée par un vent furieux, envahit la batterie voisine dont les défenseurs, surpris et se croyant abandonnés, prirent la fuite dans la direction de la ville. Les canons qu'ils laissaient furent alors dirigés contre les remparts et quelques pièces, traînées à bras à travers un marais où les hommes enfonçaient jusqu'aux genoux, permirent d'ouvrir sur la place, du côté de la terre, des feux qui achevèrent de démoraliser la garnison.

Au commencement du siège, le gouverneur Duchambon avait réuni les soldats et leur avait demandé d'oublier le passé, de se souvenir seulement qu'ils étaient Français, chargés de la défense de Louisbourg. Tous avaient promis de faire leur devoir, mais les officiers, gardant à leur égard une invincible méfiance, persuadèrent au gouverneur que ces recrues indisciplinées ne proposaient de participer à des sorties que pour déserter, et paralysèrent toute action offensive contre l'ennemi. Pendant ce temps, les volontaires anglais s'approchaient des murailles et le commodore Warren pénétrait hardiment dans le port d'où il bombardait la ville. Enfin, pour achever le désarroi dans lequel se trouvaient les assiégés, un vaisseau français de soixante-quatre canons, le *Vigilant*, portant des vivres et cinq cent soixante hommes destinés à renforcer les défenseurs de Louisbourg, donnait au milieu de la flotte anglaise et, après une lutte inégale soutenue pendant plusieurs heures, tombait en vue de la place au pouvoir de l'ennemi. Complètement découragé par ce dernier échec, Duchambon offrit de capituler. Le 17 juin, après un siège de quarante-neuf jours et une perte de deux cents hommes, il rendait la ville aux Anglais surpris eux-mêmes de leur incroyable succès. Si ce gouverneur avait tenu quelques jours de plus, le beau temps, qui avait favorisé les assiégeants, cessait pour faire place à des pluies diluviennes et à des tempêtes qui les auraient contraints à regagner promptement New-York et Boston. Par ruse de guerre, le commodore Warren laissa flotter sur les murs de la cité le pavillon français; plusieurs navires, sans défiance, vinrent se réfugier dans le port et furent pris; deux bâtiments de la Compagnie des Indes, notamment, tombèrent dans ce piège, et leur chargement, évalué à quinze millions, couvrit en grande partie les frais de la campagne des Anglo-Américains. La garnison prisonnière et les habitants de l'île furent transportés en Europe et débarqués sur la côte de France, près de Brest, où ces malheureux trouvèrent un refuge.

La joie fut grande dans les colonies anglaises à l'annonce de la chute de Louisbourg; à Boston, toutes les cloches de la ville sonnèrent pour fêter ce triomphe miraculeux de la foi protestante et la prise du plus redoutable rempart du papisme. En Angleterre, l'enthousiasme égala celui des Américains et le ministère prodigua les récompenses aux chefs de l'entreprise. Par contre, le retentissement de cet échec fut profondément douloureux au Canada, dont il assombrissait l'avenir, et en France, où une pareille défaite venait ternir les succès remportés par le maréchal de Saxe à Fontenoy, et par notre marine dans l'Inde. Il fallait à tout prix effacer cette honte et reconquérir une place que l'on considérait avec raison comme la clef du Canada. M. de Beauharnois écrivit de Québec au ministre de la marine pour l'engager vivement à reprendre l'île Royale et l'Acadie, l'assurant que deux mille cinq cents hommes suffiraient pour cette entreprise. Il ajoutait prophétiquement : « Les Anglais tiennent toujours la même conduite; ils veulent occuper tous les passages, et ils les occupent en effet. Envoyez-moi au moins des munitions et des armes; je compte sur la valeur des Canadiens et des sauvages. La conservation du Canada est l'objet le plus important; si une fois l'ennemi en devenait le maître, il faudrait peut-être renoncer pour toujours à ce continent! »

M. de Maurepas, alors ministre de la marine, que ces considérations avaient frappé, fit faire en toute hâte les préparatifs d'un armement formidable : onze vaisseaux de guerre et trente navires de commerce devaient transporter trois mille hommes à l'île Royale, assiéger Louisbourg, enlever ensuite Port-Royal et l'Acadie, puis attaquer Boston et ravager les côtes de la Nouvelle-Angleterre. C'était l'effort le plus considérable qui eût encore été tenté par la France dans l'Amérique du Nord; mais la direction en fut confiée à un courtisan, le duc d'Anville, lieutenant général des galères. Son rapide avancement dans la marine n'avait été dû qu'à des influences de cour et son incapacité trop notoire allait entraîner la ruine de l'expédition. Descendu au sud des Açores au lieu de traverser l'Océan plus au nord, le duc d'Anville fut surpris par les calmes très fréquents dans ces parages, et resta vingt-deux jours en pleine mer sans un souffle de vent pour continuer sa route. Les vivres, avariés par la chaleur, et le manque d'eau amenèrent bientôt une épidémie de scorbut à bord des navires, et lorsque le temps vint à fraîchir et permit de gagner les parages de l'île Royale, après une navigation de plus de trois mois, la mort avait fait de terribles ravages parmi les matelots et les soldats, entassés sur les vaisseaux sans aucun souci des règles de l'hygiène. On était enfin parvenu en vue de la terre lorsqu'une effroyable tempête s'abattit sur la flotte qu'elle dispersa; quelques navires purent se réfugier aux Antilles; d'autres, poussés par un vent furieux, furent ramenés jusqu'en France; plusieurs transports allèrent se briser sur l'île de Sable; le reste, battu par les flots, réussit à revenir à la côte d'Acadie. Les malades purent alors être débarqués à terre, mais leur séjour dans les entre-ponts empestés par l'épidémie les avait tellement affaiblis qu'ils mouraient par centaines. Depuis le départ de la métropole, deux mille quatre cents hommes avaient succombé; de deux cents malades atteints sur un des navires, un seul survécut, malgré les soins dont ils furent tous entourés! (Garneau.) Le duc d'Anville, désespéré de ce désastre, succomba au fléau et fut remplacé par M. d'Estournelle, qui, bientôt atteint lui-même, se perça de son épée dans un accès de fièvre. Les survivants songèrent encore, malgré leur détresse, à attaquer Port-Royal, et les quatre vaisseaux qui restaient mirent à la voile dans la direction de cette place; mais une nouvelle tempête s'abattit sur eux devant le cap de Sable et les rejeta en plein Océan. Force leur fut de regagner, à demi désemparés, les côtes de France. Pendant ce temps, les six cents Canadiens venus à la baie de Fundy, au-devant du corps de débarquement dont l'incapacité du chef avait déterminé la perte, s'étaient approchés de Port-Royal, dont ils avaient bloqué la garnison à laquelle ils faisaient une centaine de prisonniers. Après la dispersion de la flotte, il leur fallut songer à la retraite. Comme la saison était trop avancée pour retourner à Québec, ils se cantonnèrent à Beaubassin, obligeant ainsi, par leur présence dans ces parages, les Anglais à renforcer la garnison de Port-Royal pour éviter une surprise. Un secours de cinq cents hommes envoyé de Boston, sous les ordres du colonel Noble, vint hiverner à la Grand'Prée, de l'autre côté de la baie de Fundy. Au mois de février 1747, le commandant français, M. de Ramesay, qu'une blessure au genou retenait alité, chargea son lieutenant, Coulon de Villiers, de surprendre les Anglais dans leur cantonnement. A la tête de trois cents Canadiens et sauvages, cet officier fit au milieu des bois et des neiges accumulées soixante lieues autour de la baie et arriva au point du jour devant la Grand'Prée. Ses troupes reposées, il fondit sur l'ennemi dont l'opiniâtre résistance se prolongea jusqu'au milieu de la journée. Le colonel Noble fut tué et plus du tiers de ses hommes jeté bas au cours de cette lutte; les derniers survivants, arrêtés dans leur fuite par la profondeur des neiges, se réfugièrent dans une maison et, se voyant cernés, se rendirent prisonniers. De Villiers avait eu, à la fin de l'action, le bras fracassé par une balle; il succombait aux suites de sa blessure peu de temps après son retour à Québec.

Pendant que le gouvernement français hâtait les préparatifs de l'expédition si malheureuse du duc d'Anville, le gouverneur du Massachusetts, Shirley, d'accord avec Pepperell et l'amiral Warren, proposait à Londres d'envahir le Canada par le lac Champlain, tandis qu'une flotte portant des troupes de débarquement viendrait d'Angleterre assiéger Québec. Huit mille volontaires se réunirent à Albany, prêts à marcher au premier signal sur le fort Saint-Frédéric et Montréal; mais l'annonce de la présence de M. de Ramesay à Beaubassin et du départ de la flotte française pour l'Acadie fit aussitôt abandonner ce projet, et une partie des troupes fut dirigée en toute hâte vers Port-Royal. Leur retraite permit aux Canadiens, accompagnés des sauvages alliés, de prendre l'offensive et de recommencer à travers les territoires occupés par les colons anglais des courses meurtrières qui jetèrent l'épouvante jusque dans les centres les plus éloignés. Vingt-sept de ces expéditions furent accomplies en trois ans; Saratoga fut enlevé et une centaine d'habitants faits prisonniers; le fort Massachusetts, construit à cinq lieues de Saint-Frédéric, tomba aux mains de Rigaud de Vaudreuil, major des Trois-Rivières, dont les volontaires dévastèrent le pays à douze lieues aux alentours; un détachement anglais, surpris et assailli à coups de hache près du fort Clinton, se vit acculé à une rivière et précipité dans ses eaux. Les fermiers, épouvantés, abandonnèrent les frontières du Massachusetts, du Connecticut et de la Nouvelle-York pour se réfugier à l'intérieur.

En France, la perte de l'escadre du duc d'Anville, compensée par les victoires du maréchal de Saxe et la prise de Madras sur la côte de Coromandel, ne découragea pas le ministère. Il fit aussitôt équiper une nouvelle flotte dont il confia le commandement au marquis de La Jonquière. Ce dernier devait faire route d'abord avec une autre force navale se rendant dans les mers de l'Inde; les deux escadres réunies comprenaient douze vaisseaux de guerre et trente bâtiments chargés de troupes, de vivres et de marchandises. Une flotte anglaise de dix-sept vaisseaux, sous le commandement de l'amiral Anson, partit de Portsmouth à la recherche du convoi français et le rencontra en vue des côtes d'Espagne, à la hauteur du cap Finistère.

M. de La Jonquière prit ses dispositions de combat et ordonna au convoi qu'il escortait de fuir sous la protection des frégates pendant qu'il essaierait d'arrêter l'ennemi. D'habiles manœuvres prolongèrent longtemps la lutte meurtrière qui s'engagea; mais les bâtiments français, accablés sous le nombre, furent contraints les uns après les autres de se rendre. « Le *Sérieux*, que montait La Jonquière, avait soutenu à lui seul trois heures de combat contre cinq vaisseaux ennemis; mais, ayant perdu ses mâts, ses agrès, plus de la moitié de son équipage, réduit à la plus absolue impossibilité de manœuvrer, présentant de plus l'affreux spectacle d'un entrepont où l'eau s'engouffrait par les sabords et dans l'enceinte resserrée duquel les malheureux canonniers auraient vainement essayé de se débattre contre la mort, il se rendit. Le brave La Jonquière, dans cette longue et désespérée défense, avait eu le cou traversé par une balle. » (Guérin.) Le convoi, grâce à cette résistance acharnée, put en grande partie échapper à la poursuite dont il fut ensuite l'objet; neuf bâtiments furent seuls atteints et pris. L'ennemi rendit justice à l'énergie déployée par La Jonquière et ses officiers. Le capitaine du *Windsor* disait à leur sujet dans son rapport : « Je n'ai jamais vu une meilleure conduite que celle du commandant français et, pour dire la vérité, tous les officiers de cette nation ont montré un grand courage; aucun d'eux ne s'est rendu que quand il lui a été absolument impossible de manœuvrer. »

Quelques mois après, la dernière de nos flottes, huit vaisseaux et deux frégates, escortant un convoi pour les Antilles, était attaquée dans les eaux de Belle-Isle-en-Mer par dix navires anglais et détruite après un combat acharné; deux navires seulement, le *Tonnant* et l'*Intrépide*, parvenaient à regagner Brest après une lutte héroïque contre un ennemi très supérieur. La flotte marchande avait été sauvée par cette belle résistance, mais la marine de guerre française était anéantie.

Le marquis de La Jonquière avait été désigné pour succéder à Québec à M. de Beauharnois après la campagne du duc d'Anville. Fait prisonnier au cap Finistère, il fut remplacé comme gouverneur, pendant sa captivité, par le comte Rolland de La Galissonnière, un de nos meilleurs officiers de marine, homme fort instruit, d'un esprit vif et pénétrant. L'intendant, M. Hocquart, dont le séjour au Canada avait été marqué par l'influence la plus heureuse sur le développement de la colonie et les mesures les plus sages pour y favoriser le commerce et l'industrie, fut rappelé en France, et la cour lui donna pour successeur le néfaste Bigot.

En Europe, la victoire de Lawfeld sur le duc de Cumberland et la prise de Berg-op-Zoom permettaient au gouvernement français de faire la paix et d'en dicter les termes. Mais les ministres, jaloux des succès du maréchal de Saxe, et la marquise de Pompadour, lasse de suivre Louis XV dans les camps, agirent sur le roi pour lui faire accepter les plus humiliantes conditions. Par le traité d'Aix-la-Chapelle, signé en 1748, il fut convenu que les conquêtes faites de part et d'autre seraient restituées; Louisbourg revenait à la France et Madras à l'Angleterre; mais les fortifications de Dunkerque devaient rester démantelées et le prince Édouard, prétendant d'Angleterre dont la descente en Écosse avait causé de vives alarmes au gouvernement anglais, se voyait expulsé de France. C'était ce que Louis XV, dans son inconsciente vanité, appelait faire la paix en roi et non en marchand. Quant aux frontières de l'Acadie, elles étaient encore une fois laissées, comme dans le traité d'Utrecht, sans délimitations certaines, au grand avantage de nos adversaires, qui maintenaient leurs prétentions sur les territoires s'étendant jusqu'aux bords du Saint-Laurent et voyaient là pour l'avenir un sujet de contestations dont ils pourraient tirer profit.

La paix d'Aix-la-Chapelle, bien qu'elle accordât à l'Angleterre des avantages que ses défaites sur le continent ne lui donnaient pas lieu d'espérer, ne fut qu'une courte trêve bientôt rompue par les colons de la Virginie. Sans se préoccuper du droit de découverte et de possession des Français, qu'ils déniaient audacieusement, ils voulaient s'emparer des terres au delà des monts Alleghanis et s'étendre jusqu'au Mississipi. La vallée de l'Ohio les attirait surtout; son sol fertile leur promettait de riches moissons. Dès 1716, ils avaient formé une société pour l'achat à vil prix d'une partie de cette contrée aux indigènes, mais le cabinet de Versailles, informé de ce projet, avait protesté contre une pareille intrusion sur un territoire dont il revendiquait la propriété, et il n'avait pas été donné suite à l'acquisition. La population de la Nouvelle-Angleterre augmentant rapidement, l'idée fut reprise et il se fonda une nouvelle société à la tête de laquelle se mit le gouverneur de la Virginie, Robert Dinwiddie. Le Parlement anglais lui concéda cinq cent mille acres de terrain à prendre dans la vallée de l'Ohio, sans se soucier si d'autres occupants avaient des droits à faire valoir. Avisé du fait, le gouverneur du Canada, M. de La Galissonnière, considérant qu'il était urgent de s'opposer énergiquement à tout envahissement de ce genre, estima que le moyen le plus sûr d'y parvenir était

LE « SÉRIEUX » RÉSISTE A CINQ NAVIRES ANGLAIS.
Dessin de Sahib.

d'augmenter la ligne des forts destinés à protéger les communications entre Québec et la Louisiane, en même temps qu'à affirmer les droits de la France sur les vallées du Mississipi et de l'Ohio, son affluent. Les forts existants furent remis en état de défense; d'autres furent construits à la Présentation, entre Montréal et

Frontenac, sur la rive droite du fleuve Saint-Laurent; à la Presqu'île, sur les bords du lac Érié; à la rivière aux Bœufs, au confluent de la rivière Ouabache et de l'Ohio.

Enfin, pour mettre fin à toute contestation, M. de La Galissonnière fit de nouveau prendre solennellement possession de la vallée de l'Ohio par le capitaine de Céloron, chevalier de Saint-Louis.

Accompagné de huit officiers, six cadets, vingt hommes de troupes, cent quatre-vingts Canadiens et une trentaine de sauvages iroquois et abénaquis, M. de Céloron descendit le cours de la Belle-Rivière ; c'était le nom que les coureurs des bois donnaient à l'Ohio. A divers endroits, il enterra des plaques de plomb sur lesquelles était gravée une inscription mentionnant la prise de possession; à des arbres, il attacha les armes de France frappées sur une feuille de métal. Les indigènes, réunis dans leurs villages, reçurent ses présents et lui promirent de ne plus tolérer chez eux les marchands anglais qui venaient y colporter en fraude des armes et de l'eau-de-vie.

« Mes enfants, leur disait M. de Céloron, la raison qui a déterminé votre père Onontio à m'envoyer auprès de vous a été la connaissance qu'il a eue que les Anglais se proposaient d'y former un établissement assez considérable pour envahir un jour cette terre et s'y multiplier de façon, si on les laissait faire, qu'ils s'en rendraient maîtres, et vous en seriez les victimes, comme vous l'avez déjà été dans le passé. Souvenez-vous que vous possédiez autrefois, à Philadelphie, des terres magnifiques sur lesquelles vous trouviez abondamment de quoi nourrir vos familles. Ils se sont approchés de vous, sous prétexte de vous donner des marchandises, et, petit à petit, sans que vous vous en soyez aperçus, ils ont établi des forts et ensuite des villes, et quand ils ont été assez puissants, ils vous ont chassés et vous ont forcés à venir vous établir sur ces terres-ci, pour faire subsister vos femmes et vos enfants. Ce qu'ils ont fait à Philadelphie, ils veulent le faire aujourd'hui sur la Belle-Rivière. » (Archives de la marine.) C'était, en quelques mots, l'histoire trop fidèle de la race rouge, que les Anglais devaient repousser peu à peu jusqu'aux montagnes Rocheuses et détruire sans merci pour s'emparer de ses territoires.

L'occupation effective de la vallée de l'Ohio par M. de Céloron renversait les projets des colons de la Virginie, et la société qu'ils avaient constituée pour y établir des plantations se trouvait dès lors sans objet. Aussi le principal intéressé, Dinwiddie, sans tenir aucun compte de la paix signée entre les deux nations, résolut-il de brusquer les choses, de sommer les Français d'évacuer la contrée qu'ils occupaient et de s'en emparer par la force s'ils refusaient de se retirer. Il écrivit en conséquence au commandant des troupes françaises de l'Ohio une lettre qui peut être considérée comme un modèle d'audace et de fourberie. Ses termes méritent d'être retenus, car ils sont la négation même du traité d'Aix-la-Chapelle, qui portait expressément que les deux nations resteraient en Amérique sur le même pied qu'avant la guerre, c'est-à-dire les Anglais en deçà des monts Alleghanis : « Monsieur, les pays situés le long de la rivière d'Ohio, dans la partie occidentale de la colonie de la Virginie, sont si évidemment la propriété de la couronne de la Grande-Bretagne que je suis surpris d'apprendre qu'un corps de troupes françaises érige des forteresses et fait des établissements sur cette rivière qui est le domaine de Sa Majesté britannique. Les plaintes réitérées que j'ai reçues de ces actes d'hostilité me mettent dans la nécessité d'envoyer, au nom du roi mon maître, le porteur de cette lettre, le major Washington, un des adjudants généraux des troupes dans ce pays, pour se plaindre à vous des usurpations ainsi faites aux sujets de la Grande-Bretagne, en violation manifeste du droit des gens et des traités actuels qui subsistent entre les deux couronnes. Si ces faits sont vrais et que vous vouliez justifier votre conduite, je souhaiterais que vous me fassiez l'honneur de me faire savoir par quelle autorité ou par l'ordre de qui vous avez marché du Canada, à main armée et en force, pour venir envahir les terres de Sa Majesté britannique en la manière représentée, pour que, selon la teneur de votre réponse, je puisse, de mon côté, agir conformément à la commission dont le roi mon maître m'a honoré. Néanmoins, monsieur, pour obéir à mes instructions, il est de mon devoir de vous requérir préalablement que vous ayez à vous en retourner en paix et de cesser désormais de poursuivre un dessein qui interrompra bientôt l'harmonie et la bonne intelligence que Sa Majesté britannique désire entretenir avec le Roi Très Chrétien. Je me flatte que vous voudrez bien recevoir le major Washington avec les témoignages de politesse et de franchise naturelles à votre nation, et je serai au comble de la satisfaction si vous le renvoyez avec une réponse conforme aux vœux que je fais pour une paix durable entre nous.

« J'ai l'honneur d'être, monsieur, votre très humble

« ROBERT DINWIDDIE,

« à Williamsbourg, dans la Virginie.

« Le 31 octobre 1753. »

Le porteur de cette lettre était George Washington, le futur président de la république des États-Unis. C'était alors un jeune homme de vingt-deux ans, d'abord géomètre, puis engagé dans les milices de Virginie, où il était bientôt devenu major. Habitué par son premier métier à la vie des bois, il avait les qualités nécessaires pour s'acquitter de la mission qui lui était confiée. Il lui fallait, en effet, parcourir plus de cinq cents milles à travers un pays accidenté, couvert de forêts et presque entièrement désert. Ses instructions, assez louches pour un officier, lui prescrivaient de se rendre au fort principal des Français, d'y remettre la lettre du gouverneur de la Virginie au commandant et d'en recevoir la réponse, mais, en outre, « de s'informer activement et avec prudence de la force du corps français qui occupait ces parages, des renforts attendus du Canada, du nombre des forts élevés et de leur situation, des garnisons, de leur état et de leur distance réciproque, et en résumé tous les renseignements possibles sur la position et les projets des usurpateurs ». Mission officielle, doublée d'un rôle d'espion, qui fut d'ailleurs habilement rempli. C'est Washington lui-même qui nous l'apprend, car nous lisons dans son journal : « Nous vîmes les couleurs de la France arborées sur une maison. Je m'y rendis sur-le-champ pour m'informer de la résidence du commandant. J'y trouvai trois officiers. L'un d'eux, le capitaine Joncaire, m'apprit qu'il avait le commandement de l'Ohio, mais qu'il y avait au fort le plus proche un officier général, auquel il me conseillait de m'adresser pour une réponse. Il nous invita à souper avec eux et nous traita avec la plus grande politesse. — Ils me dirent qu'ils avaient le ferme projet de se rendre maîtres de l'Ohio. — Ils prétendent avoir un droit incontestable sur la rivière depuis la découverte d'un nommé La Salle, qui date de soixante ans ; le motif de l'expédition est d'empêcher que nous formions des établissements sur le bord du fleuve, ayant entendu dire que quelques familles étaient en marche avec le projet de s'y installer. »

Après cette cordiale réception, Washington se rendit au fort de la rivière aux Bœufs, auprès du commandant des troupes françaises, Legardeur de Saint-Pierre. « C'est un homme qui n'est plus jeune, dit-il, mais qui a une belle tournure militaire. Je lui fis part de ma mission, et lui présentai mon message et la lettre ; il désira que je les gardasse jusqu'à l'arrivée de M. Reparti, capitaine placé au fort voisin, qu'on avait envoyé chercher. — A deux heures, la personne qu'on attendait arriva ; j'offris de nouveau ma lettre : ils la reçurent et passèrent dans une autre pièce pour que le capitaine, qui entendait un peu l'anglais, la traduisît. Lorsqu'il eut fini, le commandant me pria d'entrer avec mon interprète, pour lire la traduction et la corriger, ce que je fis. Les principaux officiers se retirèrent pour tenir un conseil de guerre.... » Et Washington, l'ancien géomètre, ajoute sans hésitation : « ... Ce qui me permit de prendre les dimensions du fort et de faire quelques observations. »

Le plan du fort était plus tard envoyé par lui au gouvernement britannique avec les renseignements les plus précis sur les forces et les ressources des Français dans ces parages. Ainsi agissait l'homme au sujet duquel celui qui l'envoyait écrivait en le recommandant : « Je me flatte que vous voudrez bien recevoir le major Washington avec les témoignages de politesse et de franchise naturelles à votre nation. »

Deux jours après, le commandant français remettait au jeune major la réponse suivante qu'il adressait au gouverneur de la Virginie : « Monsieur, comme j'ai l'honneur de commander ici en chef, M. Washington m'a remis la lettre que vous avez écrite au commandant des troupes françaises. J'aurais souhaité que vous lui eussiez donné ordre ou qu'il eût été disposé à aller jusqu'en Canada pour y voir notre général, à qui il appartiendra plus qu'à moi de mettre en évidence les droits incontestables du roi mon maître sur les terres situées le long de l'Ohio et de réfuter les prétentions du roi de la Grande-Bretagne à icelles. Je ferai passer votre lettre à M. le marquis Duquesne. Sa réponse sera ma loi, et s'il m'ordonne de vous la communiquer, vous ne devez pas douter, monsieur, que je ne vous la fasse parvenir en diligence. Pour la réquisition que vous me faites de me retirer, je ne crois pas devoir y obéir. Quelles que soient vos instructions, les miennes sont d'être ici par l'ordre de mon général, et je vous prie, monsieur, d'être persuadé que je tâcherai de m'y conformer avec toute l'exactitude et la résolution qu'on doit attendre d'un bon officier. Je ne sache pas qu'il se soit rien passé, pendant tout le cours de cette campagne, qu'on puisse regarder comme un acte d'hostilité, ni comme contraire aux traités entre les deux couronnes, dont la continuation nous intéresse autant et nous est autant agréable qu'aux Anglais. Si vous aviez bien voulu entrer dans le détail des faits qui font l'objet de vos plaintes, j'aurais eu l'honneur de vous répondre de la façon la plus satisfaisante qu'il m'eût été possible. Je me suis fait un devoir d'accueillir M. Washington avec toute la distinction due à votre dignité et à son mérite personnel, et je me flatte, monsieur, qu'il me rendra la justice d'en être mon garant auprès de vous ainsi que des témoignages du profond respect avec lequel

« J'ai l'honneur d'être, monsieur, votre très humble et très obéissant serviteur.

« Legardeur de Saint-Pierre,
« du fort sur la rivière aux Bœufs.

« Le 15 décembre 1753. »

La réponse était à la fois spirituelle et ferme.

Dinwiddie, dont le parti était pris, passa outre et enjoignit à un détachement de miliciens de se rendre au confluent de la rivière Monongahéla et de l'Ohio pour y construire un fort.

Dans l'intervalle, M. de Contrecœur remplaçait Legardeur de Saint-Pierre au fort de la rivière aux Bœufs, et l'ordre formel lui était donné par le gouverneur du Canada d'interdire aux Anglais le territoire placé sous son commandement. Informé de la tentative des Virginiens, il marcha droit à leur campement avec une troupe de cinq cents hommes, et les somma de se rendre. Cernés par des forces supérieures, les miliciens capitulèrent aussitôt et se retirèrent au delà des montagnes. Le fort commencé par eux fut achevé et mis en état de défense : il reçut le nom de Duquesne; c'était celui du nouveau gouverneur du Canada, remplaçant M. de La Galissonnière, rappelé en France pour faire partie de la commission de délimitation des frontières entre les possessions des deux nations en Amérique.

A ce moment même, Washington, à la tête de deux compagnies de soldats enrôlés par Dinwiddie, marchait sur l'Ohio et élevait aux Grandes-Prairies, à une douzaine de lieues du fort Duquesne, le fort de Nécessité. Ses instructions, relatées dans son journal, lui prescrivaient « de rester sur la défensive, mais de prendre ou tuer tous ceux qui prétendraient s'opposer de vive force aux travaux des Anglais ou s'attaquer à leurs établissements ». M. de Contrecœur, qui s'était installé au fort Duquesne, fut bientôt averti que les Virginiens, revenus en nombre sur la Monongahéla, s'y fortifiaient en toute hâte. Il chargea aussitôt un de ses officiers, Villiers de Jumonville, de se rendre en parlementaire auprès du commandant des forces anglaises et de lui remettre une sommation d'avoir à se retirer, car il était sur le territoire français. Afin de protéger son envoyé au milieu des forêts contre les sauvages ennemis, il le fit accompagner par une trentaine d'hommes, presque tous Canadiens. Leur approche fut signalée à Washington par un chef sauvage, le Demi-Roi, qui lui proposa de tomber en force sur ces étrangers et de les massacrer. Malgré ses instructions lui prescrivant la défensive, le jeune commandant écouta ce sinistre conseil. Par une nuit obscure et pluvieuse, il se rendit avec quarante soldats au campement de son astucieux allié. A l'approche du jour, Anglais et Peaux-Rouges cernèrent Jumonville et ses compagnons qui avaient passé la nuit à l'abri de quelques rochers. Sans leur laisser le temps de se reconnaître, Washington commanda le feu et tira le premier sur les Français. Une seconde décharge suivit, tuant plusieurs hommes. Jumonville, par un interprète, fit dire à ses agresseurs de cesser leur attaque, car il avait une communication à leur faire. Le feu s'arrêta et Jumonville donna l'ordre à l'interprète de lire la sommation que son chef l'avait chargé de signifier aux envahisseurs. Au milieu de cette lecture, une balle atteignit à la tête l'officier et le renversa raide mort. Pendant quelques minutes la lutte continua ; dix Canadiens furent tués, un blessé et vingt et un restèrent prisonniers. Après cet exploit, les Anglais regagnèrent précipitamment le fort Nécessité, et Washington, écrivant à Robert Dinwiddie pour l'informer du succès de son opération, essaya de justifier sa conduite par des insinuations et des commentaires vraiment étranges après le rôle qu'il avait joué lui-même au fort de la rivière aux Bœufs : « Lorsque nous fûmes arrivés, dit-il, à l'endroit où se trouvaient les traces du passage des Français, le Demi-Roi se fit suivre par deux Indiens, afin de découvrir la place où ils étaient campés ; ils les trouvèrent à environ un mille de la route, dans un lieu très sombre et entouré de rochers. Là-dessus je pris mes dispositions de concert avec le Demi-Roi pour attaquer de tous les côtés à la fois. Dans un engagement d'environ quinze minutes, nous en tuâmes dix, en blessâmes un et fîmes vingt et un prisonniers. Au nombre des morts est M. de Jumonville, le commandant. Ces individus prétendent qu'ils venaient en ambassade ; mais l'absurdité de ce prétexte est trop manifeste. Leurs instructions étaient de reconnaître le pays, les routes, les criques jusqu'au Potomac, ce qu'ils étaient en train de faire. Ces hommes déterminés avaient été choisis à dessein pour prendre des informations qu'ils devaient transmettre par dépêches, en même temps que l'indication du jour où ils remettraient le message, ce qui ne pouvait être dans d'autres vues que d'attendre un renfort pour tomber sur nous à l'improviste. Ces raisons, jointes à quelques autres, ont porté nos officiers à croire qu'ils étaient envoyés comme espions plutôt que dans tout autre but. En conséquence, ils m'ont engagé à les retenir comme prisonniers, bien que ceux-ci s'attendissent ou feignissent de s'attendre à être traités comme ambassadeurs. Lorsqu'ils ont connu le lieu de notre campement, loin de venir nous trouver ouvertement ils ont cherché une retraite des plus cachées et beaucoup plus convenable pour des déserteurs que pour des ambassadeurs ; ils y sont restés deux ou trois jours, envoyant, pendant ce temps, des espions pour reconnaître notre camp, comme on nous l'a dit, quoiqu'ils affirment le contraire. Leur corps d'armée se tenait à environ deux milles en arrière, pendant qu'ils envoyaient deux coureurs pour informer Contrecœur de nos forces et du lieu où nous étions campés. Trente-six hommes ! Il y a là de quoi compléter le cortège d'un ambassadeur de prince, tandis qu'il s'agissait d'un petit gouverneur. Pourquoi, si leurs projets étaient francs, sont-ils restés si longtemps à cinq milles de nous, sans s'acquitter de leur message ou sans m'en donner avis ? Ils ne pouvaient attendre ainsi que dans le seul but d'appuyer par la force leur message aussitôt qu'il serait remis. Ils n'avaient pas besoin d'envoyer des espions, puisque le caractère d'ambassadeur est sacré chez toutes les nations, mais c'est par les traces de ces espions qu'ils ont été découverts et que nous avons eu connaissance de leurs projets. »

Quelques jours après, détruisant lui-même dans une autre dépêche toutes ses assertions, et démontrant ainsi qu'elles n'étaient que de simples conjectures de sa part, Washington disait : « Depuis ma dernière lettre, j'ai acquis de fortes présomptions, je dirai même la certitude que ces gens-là étaient envoyés comme espions, et avec ordre de rester dans notre voisinage jusqu'à ce qu'ils fussent bien informés de nos projets, de notre situation et de nos forces. » Puis il ajoutait, avec une véritable inconscience : « J'ai pensé qu'il était convenable d'instruire Votre Honneur de ce qui précède, car je m'imagine qu'ils auront l'audace de réclamer les privilèges des ambassadeurs, lorsque, en bonne justice, ils devraient être pendus comme des espions de la pire espèce, attendu qu'ils exécutaient les ordres secrets de leur chef, sous le couvert d'un caractère qui devrait être sacré pour toutes les nations, et dont on ne devrait jamais se jouer ni se servir d'une manière équivoque. »

A la nouvelle de cette incroyable agression et de la mort de Jumonville, une immense indignation s'empara de tous les Canadiens ; elle fut bientôt partagée

GROUPE DE SAUVAGES SIOUX.
Dessin de Gilbert.

par la France entière. De Québec, le gouverneur, M. de Duquesne, écrivit au ministre : « J'ai infiniment pris sur moi de ne pas mettre tout à feu et à sang, après l'acte d'hostilité indigne commis sur le détachement du sieur de Jumonville. »

Au fort Duquesne, le commandant, M. de Contrecœur, ordonna aussitôt au capitaine de Villiers, frère de Jumonville, de partir avec six cents Canadiens et cent sauvages pour châtier les auteurs de cet assassinat. Afin de bien préciser la conduite que cet officier devait suivre, il lui remit les instructions dont nous reproduisons les termes : « Nous, capitaine d'une compagnie du détachement de la marine, commandant en chef les partis de la Belle-Rivière, des forts Duquesne, Presqu'île et de la rivière aux Bœufs.

« Il est ordonné au sieur de Villiers, capitaine d'infanterie, de partir incessamment avec le détachement françois et sauvage que nous luy confions, pour aller à la rencontre de l'armée angloise.

« Luy ordonnons de les attaquer s'il voit jour à le faire, et de les détruire même en entier, si il le peut, pour les châtier de l'assassin qu'ils nous ont fait en violant les lois les plus sacrées des nations policées.

« Si le dit sieur de Villiers ne trouvoit plus les Anglois et qu'ils se fussent retirés, il les suivra autant qu'il le jugera nécessaire pour l'honneur des armes du Roy.

« Et dans le cas qu'ils fussent retranchés et qu'il ne vît pas jour à pouvoir combattre les Anglois, il ravagera leurs bestiaux et tâchera de tomber sur quelques-uns de leurs convois, pour les deffaire en entier.

« Malgré leur action inouïe, recommandons au sieur de Villiers d'éviter toute cruauté, autant qu'il sera en son pouvoir.

« S'il peut les battre et nous venger de leur mauvais procédé, il détachera un de leurs prisonniers pour annoncer au commandant anglois que si il veut se retirer de dessus les terres du Roy et nous renvoyer nos prisonniers que nous deffendrons à nos troupes de les regarder à l'avenir comme ennemis.

« Il ne leur laissera pas ignorer que nos sauvages, indignés de leur action, nous ont déclaré ne pas vouloir rendre les prisonniers qui sont entre leurs mains, mais que nous ne doutons pas que M. le général ne fasse à leur égard comme il a fait par le passé.

« Comme nous nous en rapportons entièrement à la prudence de M. de Villiers pour tous les cas que nous ne pouvons prévoir, nous approuvons tout ce qu'il fera, en se consultant dans ce cas avec les capitaines seulement.

« Fait au camp du fort Duquesne, le 28 juin 1754.

« CONTRECŒUR. »

Washington s'était renfermé dans le fort Nécessité, qui était garni de dix pièces de canon, et avait écrit aux gouverneurs de la Virginie, de la Pensylvanie et du Maryland pour leur demander des renforts, mais l'attaque foudroyante des Canadiens ne leur permit pas d'arriver à temps. Le fort était bâti dans une clairière, entre des coteaux couverts d'arbres séculaires. Aussitôt parvenu à portée de la palissade, M. de Villiers fit ouvrir un feu violent sur la garnison. Animés d'une fureur extrême, décidés à venger leurs camarades si lâchement massacrés, Canadiens et sauvages cernèrent le fort, en décimèrent les défenseurs qu'ils ajustaient du haut des arbres de la forêt voisine, tuèrent les artilleurs qui se montraient auprès des pièces, et abattirent ainsi promptement une soixantaine d'hommes. Épouvantés par ce tir meurtrier et se voyant perdus si la lutte continuait, les Anglais demandèrent à capituler. L'action, commencée à midi, était terminée à huit heures du soir. Six cents Canadiens et une centaine de sauvages, n'ayant pour armes que leurs fusils, avaient réduit à merci Washington et ses cinq cents hommes renfermés dans un fort pourvu d'une batterie d'artillerie.

Voici maintenant le texte de la capitulation, dont une copie originale est conservée aux archives de la marine.

« Capitulation accordée par M. de Villiers, capitaine d'infanterie commandant les troupes de S. M. T. C. à celuy des troupes angloises actuellement dans le fort de la Nécessité, qui avoit été construit sur les terres du domaine du Roy.

« Sçavoir :
« Ce 3 juillet 1754, à huit heures du soir.

« Comme notre intention n'a jamais été de troubler la paix et la bonne harmonie qui régnoit entre les deux princes amis, mais seulement de venger l'assassin qui a été fait sur un de nos officiers porteur d'une sommation et sur son escorte, comme aussy d'empêcher aucun établissement sur les terres du Roy mon maître;

« A ces considérations nous voulons bien accorder grâce à tous les Anglois qui sont dans le dit fort aux conditions cy-après :

« Art. I. — Nous accordons au commandant anglois de se retirer avec toute sa garnison pour s'en retourner paisiblement dans son pays, et luy promettons d'empêcher qu'il luy soit fait aucune insulte par nos François et de maintenir autant qu'il sera en notre pouvoir tous les sauvages qui sont avec nous.

« Art. II. — Il luy sera permis de sortir et d'emporter tout ce qui leur appartiendra, à l'exception de l'artillerie que nous nous réservons.

« Art. III. — Que nous leur accordons les honneurs de la guerre, qu'ils sortiront tambour battant, avec une petite pièce de canon, voulant bien par là leur prouver que nous les traitons en amis.

« Art. IV. — Que, sitôt les articles signés de part et d'autre, ils amèneront le pavillon anglois.

« Art. V. — Que demain, à la pointe du jour, un détachement françois ira pour faire défiler la garnison et prendre possession du dit fort.

« Art. VI. — Que comme les Anglois n'ont presque plus de chevaux ny bœufs, ils seront libres de mettre leurs effets en cache, pour venir les chercher lorsqu'ils auront rejoint des chevaux; ils pourront à cette fin y laisser des gardiens en tel nombre qu'ils voudront, aux conditions qu'ils donneront parole d'honneur de ne plus travailler à aucun établissement dans ce lieu icy ny en deça la hauteur des terres pendant une année à compter de ce jour.

« Art. VII. — Que comme les Anglois ont en leur pouvoir un officier, deux cadets, et généralement les prisonniers qu'ils ont faits dans l'assassinat du sieur de Jumonville, et qu'ils promettent de les renvoyer avec sauvegarde jusqu'au fort Duquesne, situé sur la Belle-Rivière, et pour sûreté de cet article ainsy que de ce traité, MM. Jacob Van Braam et Robert Stobo, tous deux capitaines, nous seront remis en otage jusqu'à l'arrivée de nos Canadiens et François cy-dessus mentionnés.

« Nous nous obligeons de notre côté à donner escorte pour ramener en sûreté les deux officiers qui nous promettent nos François dans deux mois et demy pour le plus tard.

« Fait double sur un des postes de notre blocus ce jour et an que dessus.

« Signé :
« James Mackay, G° Washington, Coulon-Villiers. »

Dès le lendemain, les assiégés survivants abandonnaient la place avec une telle précipitation qu'ils y laissaient leur drapeau. Après en avoir détruit les palissades et brûlé les bâtiments, M. de Villiers revint au fort Duquesne avec les sieurs Stobo et Van Braam, gardés comme otages jusqu'au retour des compagnons de Jumonville, prisonniers en Virginie. Sur ce point encore, la signature de Washington devait rester protestée. Plus d'un an après, le 30 octobre 1755, M. de Vaudreuil, devenu gouverneur du Canada après la mort de M. de Duquesne, écrivait de Montréal au ministre de la marine : « J'ai l'honneur de vous envoyer ci-joint la liste des officiers, cadets et Canadiens qui accompagnaient M. de Villiers de Jumonville dans le voyage qu'il fit l'année dernière à la Belle-Rivière, par ordre de M. le marquis Duquesne, pour aller sommer les Anglais de se retirer et de ne faire aucun établissement sur les terres de Sa Majesté. Vous verrez, Monseigneur, par cette liste :

« 1° Qu'il périt neuf hommes avec M. de Jumonville qui furent assassinés avec lui par le colonel Washington et sa troupe, composée de sauvages et de miliciens de la Nouvelle-Angleterre ;

« 2° Que M. Drouillon, officier, deux cadets de nos troupes et onze Canadiens ont été envoyés à Londres ;

« 3° Que le sieur Laforce, excellent et brave Canadien, est détenu en prison à la Virginie ;

« 4° Que six autres de nos Canadiens ont été renvoyés à la Martinique ; il en est arrivé deux qui m'ont donné la dernière liste et m'ont informé des cruautés dont les Anglais avaient usé à leur égard, pendant qu'on s'étudiait ici à procurer tous les agréments possibles aux deux otages de M. de Villiers, et à leur donner une entière liberté. »

La dernière phrase de la lettre concernait les capitaines Stobo et Van Braam, amenés par M. de Villiers au fort Duquesne. Le premier était un Écossais, aussi peu scrupuleux que son chef quant aux moyens de renseigner les siens sur les forces de l'adversaire. Profitant de ce que, après avoir donné sa parole d'honneur, il était traité en officier et laissé libre, il leva un plan du fort et l'envoya secrètement en Virginie avec une lettre dans laquelle, à la suite de minutieux détails sur les rapports des Français avec les sauvages de la Belle-Rivière, il disait : « Sur l'autre feuille, vous avez le plan du fort. La garnison est de deux cents hommes ; tous les autres sont partis il y a deux jours par détachements. — Contrecœur va demeurer seul, avec quelques jeunes officiers et des cadets. Un lieutenant, parti il y a deux jours avec deux cents hommes pour aller chercher des provisions, est instamment attendu ; il y aura alors quatre cents hommes. Ils désirent beaucoup avoir Laforce ici ; il faut qu'il ait été un homme extraordinaire parmi eux, car ils le regrettent et désirent ardemment son retour. — Cent sauvages armés pourraient surprendre le fort, car ils y sont admis jour et nuit. »

Le Canadien Laforce, ainsi désigné à la haine des Virginiens, paya de plusieurs années de prison la dénonciation de ce misérable.

L'année suivante, cette lettre fut trouvée, après la bataille de la Monongahéla, dans les bagages du général Braddock, et Stobo, arrêté à Québec, se vit déféré à un conseil de guerre présidé par M. de Céloron. Pour toute réponse à l'accusation d'espionnage, il se borna simplement à déclarer « qu'il croyait la capitulation rompue, et que d'ailleurs, n'ayant jamais été à la guerre, il n'en connaissait pas les lois ». Il fut condamné à mort. Grâce à la faiblesse du gouverneur, la sentence resta inexécutée, et Stobo, retenu en prison et mal surveillé, finit par s'évader.

Revenons maintenant à Washington et à la capitulation dont nous avons reproduit le texte. Pouvait-il se tromper sur les termes du document qu'il signait, qu'il avait lu, que son interprète lui avait certainement traduit? Mais le mot assassin est le même dans les deux langues et désigne avec précision le même fait, c'est-à-dire le meurtre d'homme avec préméditation et guet-apens!

En anglais comme en français, celui qui commet un pareil crime est un assassin; l'acte s'appelle assassinat en français et *assassination* en anglais. Washington, signant cette pièce, savait donc de quelle accusation il était l'objet.

Les circonstances mêmes qui accompagnaient cet acte lui donnaient une singulière gravité. Celui qui dictait la capitulation était le frère de Jumonville, la victime du guet-apens; le nom de Jumonville, que Washington connaissait puisqu'il le cite lui-même comme l'officier tué par le feu qu'il a commandé, figure à l'article VII avec le mot « assassinat » qui le précède immédiatement; les termes employés : « venger l'assassin », « les prisonniers faits dans l'assassinat du sieur de Jumonville », ne laissaient aucun doute possible sur l'accusation formulée.

C'est donc bien en connaissance de cause que la signature de Washington a été apposée au bas de la capitulation si généreusement accordée aux défenseurs du fort Nécessité par M. de Villiers. Il a ainsi qualifié lui-même son agression au regard de M. de Jumonville; et d'ailleurs, s'il n'avait pas eu la conscience intime de la mauvaise action commise, il lui restait une ressource à laquelle il n'a pas eu recours, celle de repousser toute stipulation infamante et de se faire tuer à la tête de ses hommes.

Certains apologistes du fondateur de la grande république américaine ont prétendu que, dans la situation désespérée où il se trouvait, il n'avait probablement pas lu la pièce qu'il avait signée. C'est vraiment trop faire injure à l'homme, et l'on ne peut prétendre raisonnablement qu'un officier, si jeune et ignorant qu'il soit, signe une capitulation sans parcourir ce document et sans en peser les mots. D'autres, comme Bancroft, ont avancé que Washington ne savait pas le français et qu'il accepta les termes de la convention comme ils lui étaient interprétés, c'est-à-dire que les expressions d'assassin, d'assassinat, jointes au nom de Jumonville qu'il savait bien avoir tué puisqu'il l'a écrit lui-même, n'ont pas frappé son attention distraite, et que son interprète lui aura peut-être traduit le terme commun aux deux langues par « glorieuse action » ou « loyal combat ».

Quant aux historiens américains, dont les livres sont répandus dans les écoles aux États-Unis, cet incident est par eux présenté sous un jour des plus simples. Il suffit d'en citer un, car ils se répètent tous : « George Washington, alors âgé de vingt-deux ans, fut envoyé avec une lettre au commandant français sur l'Ohio qui lui répondit qu'il agirait suivant les ordres de son chef. Après avoir reçu cette réponse par écrit, Washington retourna en Virginie, mais non sans avoir soigneusement relevé le plan du fort. »

L'espionnage reste avoué; il ne touche évidemment pas le sentiment national. Puis, l'auteur, après avoir indiqué que les Français avaient chassé les Anglais de la vallée de l'Ohio et que Washington fut envoyé pour les repousser, ajoute : « Il apprit d'un Indien ami que les Anglais, qui avaient érigé un fort au confluent de l'Ohio, avaient été attaqués et battus par les Français, qui avaient achevé le fort pour eux-mêmes, et qu'un parti ennemi était campé à une courte distance. Il surprit cette troupe et la défit complètement. Informé que le commandant français s'approchait avec neuf cents hommes et des Indiens, et ne comptant pas lui-même quatre cents soldats, il retourna à son fort. Là, il se défendit si bien qu'une honorable capitulation lui fut accordée et qu'il retourna en Virginie avec ses hommes. »

C'est ainsi qu'on écrit l'histoire de l'autre côté de l'Atlantique.

Après l'exposé des faits et la lecture des documents officiels, ainsi que de la correspondance de Washington lui-même, il est possible d'arriver à une conclusion. Nous la formulerons très simplement.

Le fait, étant chargé d'une mission et reçu comme l'a été Washington au fort de la rivière aux Bœufs, d'en relever le plan, de prendre en secret des renseignements sur les forces adverses, d'expédier tous ces documents à son gouvernement, constitue-t-il le crime d'espionnage? — Le même acte, accompli au fort Duquesne par un des officiers de Washington, le sieur Stobo, a été déféré à un conseil de guerre qui a prononcé contre son auteur la peine de mort.

Le fait d'attaquer et de tuer en pleine paix, avec préméditation et par surprise, un officier envoyé en parlementaire, porteur d'un message, constitue-t-il, comme l'a écrit M. de Villiers, et comme l'a signé Washington lui-même, un assassinat?

Je laisse au lecteur le soin de répondre.

CHAPITRE X

LA GUERRE DE SEPT ANS

M. de La Galissonnière, après une étude approfondie des ressources de la colonie et de son avenir, avait résumé ses impressions dans un mémoire adressé au ministre. Ses conclusions démontrent combien cet administrateur habile était en même temps clairvoyant, et l'on regrette d'autant plus que le gouvernement français n'ait pas voulu appliquer ses idées. Mais les destinées de notre pays étaient tombées aux mains de la Poisson, marquise de Pompadour, et la lâcheté du roi allait faire descendre la France au comble de l'ignominie.

Voici en quels termes s'exprimait M. de La Galissonnière : « On ne peut négliger ce pays sans perdre pour jamais nos établissements de pêche, dont tous les avantages passeraient aux ennemis. La navigation du Canada forme beaucoup de matelots et en détruit peu ; celle des Antilles produit tout le contraire et dévore chaque année un immense personnel. Les principales denrées du Canada, blé, poisson, chanvre, étant de première nécessité, sont la base d'un commerce solide qui ira toujours en augmentant. Les Canadiens forment un peuple aguerri, résistant à la fatigue ; si on le perd, il fortifiera d'autant nos ennemis. Il produit des hommes, ce qui est bien préférable au sucre et à l'indigo. Nous ne pouvons attaquer l'Angleterre en Europe à cause de sa situation et de ses forces maritimes. Ici, avec nos Canadiens, nous avons tous les avantages de la nature pour nous, et, avec peu de dépenses, nous pouvons détruire, ou du moins neutraliser ses établissements les plus précieux. »

Rappelé en France en 1740, M. de La Galissonnière eut pour successeur M. de La Jonquière, qui avait été mis en liberté par les Anglais à la conclusion de la paix. Il réclama instamment, lui aussi, des secours à la métropole ; des munitions et quelques troupes qu'il reçut lui permirent de renforcer les garnisons sur les frontières et de s'opposer aux empiétements incessants des colons et des trafiquants anglo-américains que le commerce des pelleteries et la vente lucrative d'armes et d'eau-de-vie attiraient chez les sauvages. Trop préoccupé d'augmenter une fortune déjà considérable en participant avec l'intendant Bigot à des entreprises commerciales dans les pays de l'Ouest, il reçut du ministre à ce sujet des reproches à la suite desquels il crut devoir demander son rappel. La mort le surprit avant son retour en France, le 17 mai 1752. Il était alors âgé de soixante-sept ans.

Le marquis Duquesne de Menneville, capitaine de vaisseau et parent du célèbre amiral, fut désigné pour remplacer M. de La Jonquière. Son premier soin, et il eut fort à faire, fut de rétablir l'ordre dans l'administration et la discipline parmi les troupes dont il passa une revue générale aussitôt après son arrivée à Québec, au mois de juillet 1752. Rendant compte au ministre des mesures qu'il prenait pour remédier au mal, il lui signala à quel point le favoritisme et l'improbité de certains chefs avaient troublé les esprits. « Les officiers, disait-il, ne veulent pas obéir et paraissent consternés quand ils reçoivent un ordre de service. L'indiscipline des soldats est outrée, il y a beaucoup de déserteurs et de mauvais sujets. Cela provient de l'impunité que l'on pratique à leur égard dans les cas les plus graves; ils ont des dettes, ne respectent pas leurs officiers et sont d'une malpropreté repoussante. »

Après vingt mois d'efforts et grâce à quelques exemples sévères, la discipline était rétablie et les mauvais sujets dont parlait le gouverneur transformés en soldats dociles et pleins d'ardeur. Mais ces réformes exécutées avec une énergie soutenue et la hauteur de caractère du marquis Duquesne, qui ne se prêtait à aucune des compromissions trop fréquentes sous son prédécesseur, provoquèrent une vive opposition de tous ceux qui étaient, comme l'intendant et ses complices, intéressés à la continuation du désordre. Aussi Bigot écrivait-il au ministre pour lui signaler les prétendus abus de pouvoir du gouverneur « qui bannissait des miliciens et des habitants de la colonie sans procès, sans enquête et sans prendre l'avis de l'intendant ». Il citait comme exemples le cas de deux miliciens qui, s'étant mutinés, avaient été retenus sept mois au cachot, puis chassés du Canada, et celui d'un colon de Détroit qui avait fait la traite avec les sauvages, malgré la défense du commandant de ce fort. En dépit de toutes ces résistances intéressées, Duquesne parvint à mettre la colonie en état de soutenir la guerre dont elle était menacée par les agissements des Anglais. Le remplacement d'un certain nombre d'officiers incapables ou malhonnêtes acheva de donner aux troupes une cohésion dont la nécessité n'était que trop démontrée. « Je me saurai bon gré, disait le gouverneur, de débarrasser le roi de certains sujets qui croient l'honorer beaucoup d'être à son service. » Il était temps qu'un homme de cette trempe imprimât à la colonie une vigoureuse impulsion, car les menées des Américains poussés par la métropole et les agissements du cabinet anglais allaient bientôt faire éclater de nouveau la guerre entre les deux nations.

Les instructions du marquis Duquesne lui prescrivaient de s'opposer à l'invasion des terres de l'Ohio par les Anglais qui n'y avaient aucun droit, mais qui prétendaient appliquer là comme ailleurs leur éternel système : prendre d'abord, discuter ensuite et garder toujours. Il devait les empêcher de s'y livrer à la traite, saisir les marchandises de ceux qui s'aventureraient dans ces parages et détruire les postes qu'ils tenteraient d'y établir. On sait avec quelle décision les ordres transmis au commandant de l'Ohio, Legardeur de Saint-Pierre, furent exécutés par lui et par son successeur, M. de Contrecœur. Malheureusement le gouvernement français n'avait qu'une idée : « Maintenir la paix à tout prix, cette paix qui avait coûté si cher à obtenir; telle était toute la politique de Louis XV. Il n'y a pas dans la conduite des affaires d'exemple d'une nation trahie à ce point par son gouvernement. » (Henri Martin.)

Les Anglais, que préoccupait fort la reconstitution de notre marine de guerre, se hâtèrent de faire passer en Amérique des renforts et des munitions. Leurs préparatifs achevés, apprenant l'envoi de troupes françaises au Canada, ils résolurent, au mépris du droit des gens et de la foi des traités, de faire attaquer la flotte de transport, de s'emparer en même temps sur tous les points du globe des navires de commerce, des bateaux de pêche et des caboteurs français qui seraient rencontrés par leurs vaisseaux de guerre. En un mois, trois cents bâtiments et huit mille marins furent ainsi traîtreusement capturés et conduits dans les ports d'Angleterre. Ces actes de brigandage furent dénoncés à Londres et la paix officiellement rompue le 18 mai 1756. Il avait fallu cette immense piraterie pour que Louis XV sentît enfin l'insulte et se décidât à rappeler son ambassadeur.

Au mois d'avril 1755, trois mille hommes formant six bataillons et deux cents officiers avaient été embarqués à Brest à destination de Québec et de Louisbourg. Leur ardeur et leur entrain furent très admirés. Le commissaire Doreil écrivait au ministre de la guerre, au sujet des soldats du régiment de Guyenne appelés à faire partie de cette expédition : « Tout s'est passé dans le meilleur ordre; l'esprit de ces troupes est admirable; tous se sont embarqués avec joie et un empressement si décidé qu'il n'y a pas un seul homme qui ne soit de bonne volonté. » Un autre officier, le lieutenant général de Crémille, écrivait de son côté : « Le régiment de Languedoc vient de suivre parfaitement le bon exemple du régiment de Guyenne; il n'y est entré que des soldats de bonne volonté et il y a même eu bien des contestations entre eux pour la préférence qu'ils demandaient tous également. »

L'escadre portant ces troupes comptait douze vaisseaux et deux frégates. Partie le 3 mai des côtes de France, elle passa aux abords de Terre-Neuve à peu de distance de la flotte anglaise dont elle ne fut pas aperçue au milieu des brouillards, et gagna Québec sans encombre. Seuls trois navires, l'*Alcide*, le *Lys* et le *Dauphin-Royal*, qui s'étaient écartés du gros de la flotte, donnèrent le 8 juin dans l'escadre de l'amiral Boscawen, composée de onze vaisseaux de ligne et de plusieurs frégates.

Le capitaine Hocquart, commandant l'*Alcide*, entouré par six navires anglais, demanda « si l'on était en paix ou en guerre ». Il lui fut répondu par deux fois que l'on était en paix. Mais lorsque le bâtiment français fut à bonne portée, les Anglais le criblèrent de boulets et de mitraille. Après une défense désespérée dans laquelle il perdit deux cent cinquante hommes, et son navire étant désemparé, le capitaine Hocquart fut contraint de se rendre. Le *Lys*, victime de la même perfidie, essaya de fuir lorsqu'il eut reçu les premiers boulets; mais, poursuivi par trois vaisseaux et couvert de leurs feux, il finit également par amener son pavillon. Ces deux navires avaient à bord huit compagnies des troupes envoyées au Canada et plusieurs officiers qui restèrent prisonniers. Quant au *Dauphin-Royal*, il parvint, en forçant de voiles, à échapper aux Anglais et à gagner Louisbourg.

Les troupes envoyées d'Angleterre en Amérique étaient commandées par le général Braddock. C'était un vieux soldat, habitué à la tactique européenne, d'une extrême sévérité au point de vue de la discipline, parfaitement convaincu que des miliciens comme ceux du Canada et des sauvages ignorant les premiers principes de la guerre ne tiendraient pas un moment devant les troupes qu'il dirigeait. Un homme sur le compte duquel la France s'est étrangement méprise, car elle n'a pas eu de plus ardent ennemi, Franklin, vint trouver le général anglais pour l'avertir des dangers qu'il pouvait courir et l'animer de sa haine contre les Français. Braddock, riant de ses conseils, répondit simplement : « Lorsque j'aurai pris le fort Duquesne, j'irai à Niagara : je ne suppose pas que ce fort doive m'arrêter plus de trois ou quatre jours, et de là je ne prévois rien qui puisse entraver ma marche jusqu'à Frontenac. — Quant aux sauvages, ajoutait-il dédaigneusement, ils peuvent être redoutables pour des miliciens sans expérience, mais ils sont incapables de faire la moindre impression sur les troupes régulières et disciplinées du roi. » L'armée dont il prenait la direction se composait de mille hommes de vieilles troupes amenés par lui d'Angleterre, de quinze cents miliciens de Virginie et de Pensylvanie commandés par Washington, et de quelques centaines de sauvages que la hauteur et le mépris du général pour de pareils auxiliaires firent bientôt déserter. Le 10 juin, l'expédition, retardée par les fournisseurs qui n'avaient préparé ni approvisionnements ni moyens de transport, partait du fort Cumberland et s'engageait au milieu des forêts de la vallée de l'Ohio. La colonne occupait plus d'une lieue d'étendue ; les chariots qu'elle traînait et l'artillerie obligeaient les miliciens et les soldats, pour frayer le chemin dans les bois, à établir des ponts de troncs d'arbres sur les cours d'eau afin d'en permettre le passage. Il fallut un mois pour arriver à quelques lieues de la fourche de l'Ohio. En Angleterre, où la nouvelle de la prise du fort Duquesne était attendue chaque jour, on trouvait que Braddock « n'était guère impatient de se faire scalper ».

Arrivé aux ruines du fort Nécessité, le général fut informé que le commandant du fort Duquesne, M. de Contrecœur, allait prochainement recevoir un secours de cinq cents hommes. Afin de devancer l'arrivée de ce renfort, il divisa sa troupe en deux sections, laissa les bagages avec sept cents hommes à l'arrière, sous les ordres du colonel Dunbar, et prit les devants avec l'élite de ses forces et dix canons. Le 9 juillet, il traversait, à quinze milles du fort Duquesne, la rivière Monongahéla, que nos coureurs des bois appelaient, en simplifiant le nom, la Malengueulée, et s'engageait en toute hâte dans les bois de la rive méridionale, sans prendre même la peine, tant son impatience était grande d'arriver en vue du fort et sa confiance absolue dans le succès, de faire reconnaître le terrain et fouiller la forêt sur son passage. Jamais Washington n'avait vu un plus beau spectacle que le défilé des troupes anglaises dans cette mémorable matinée : « Tous les soldats, rangés en colonnes, marchaient en bon ordre ; le soleil brillait sur leurs armes polies, la rivière coulait paisiblement à leur droite, et à leur gauche d'immenses forêts les ombrageaient avec leur solennelle grandeur. Les officiers et les soldats étaient également animés par de brillantes espérances et par la ferme conviction du succès. »

Le commandant du fort Duquesne, M. de Contrecœur, informé de l'approche de la colonne anglaise, avait pris toutes ses dispositions pour la repousser.

« Depuis le commencement de ce mois, écrivait-il au gouverneur, je n'ai cessé d'envoyer des détachements de Français et de sauvages pour harceler les Anglais, que je savais être au nombre de trois mille à trente ou quarante lieues du fort, se préparant à le venir assiéger. Ces troupes se tenaient sur leurs gardes, marchant toujours en ordre de bataille, de sorte que tous les efforts des détachements contre

NAVIRES FRANÇAIS ATTAQUÉS PAR LA FLOTTE ANGLAISE.
Dessin de Weber.

elles devenaient inutiles. Enfin, apprenant qu'elles approchaient, j'envoyai un officier avec quelques Français et sauvages pour savoir précisément où elles étaient. Il m'apprit le 8 que les Anglais étaient à huit lieues de ce fort. Un autre détachement m'informa qu'ils n'étaient plus qu'à six lieues et qu'ils marchaient sur trois colonnes. Le même jour, je formai un parti de tout ce que je pouvais mettre hors du fort pour aller à leur rencontre; il était composé de deux cent cinquante Français et de six cent cinquante sauvages, ce qui faisait neuf cents hommes. M. de Beaujeu, capitaine et commandant de ce parti, se mit en marche le 9 à huit heures du matin, et se trouva à midi et demi en présence des Anglais, à environ trois lieues du fort. »

M. de Beaujeu avait sous ses ordres les capitaines Dumas et de Ligneris, quatre lieutenants, six enseignes et vingt-deux cadets, parmi lesquels figuraient les jeunes de Courtemanche, Hertel, les deux frères Linctot, d'Ailleboul, de Céloron, Saint-Ours, fils d'officiers canadiens et prêts à suivre l'exemple de leurs pères qui étaient l'honneur de la colonie. Cent quarante-six miliciens et soixante-douze soldats des troupes de la marine les accompagnaient. Les sauvages alliés, apprenant que le parti allait à la rencontre d'une armée de trois mille hommes, avaient d'abord refusé de suivre Beaujeu; mais ils eurent honte de leur hésitation en voyant la décision qui animait les Français, et, saisissant leurs armes, ils rejoignirent la colonne déjà en route. Beaujeu, le fusil à la main, habillé à la sauvage comme la plupart des officiers qui occupaient des postes avancés au milieu des tribus, marchait en tête du détachement. Il devait se rendre à un endroit que M. de Contrecœur avait été choisir lui-même au milieu des ravins et des bois. Il n'eut pas le temps d'y arriver, et il descendait les hauteurs bordant la Monongahéla lorsqu'il aperçut la première colonne anglaise engagée dans un sentier de chasse. « Les sauvages s'arrêtèrent un moment pour considérer cette masse d'hommes qui s'avançaient lentement et régulièrement à travers les bois si épais de cette partie du pays. Les baïonnettes étincelantes, les brillants habits écarlates des soldats anglais étonnèrent ces enfants de la forêt accoutumés à ne rencontrer que des guerriers habillés comme eux. » (Ferland.)

Après avoir disposé ses Français au centre et les sauvages sur les ailes, Beaujeu ouvrit sur la colonne massée qu'il avait devant lui un feu violent qui produisit des effets terribles dans les troupes anglaises et les contraignit à se replier sur le corps principal que dirigeait Braddock. Celui-ci fit reformer les rangs, reprendre la marche et avancer l'artillerie qui commença à tirer sur les Français masqués derrière les arbres, d'où ils fusillaient leurs adversaires. A la troisième décharge des canons, Beaujeu fut atteint par un boulet et tué raide. Son second, Dumas, prit aussitôt le commandement et le feu redoubla d'intensité. Les sauvages alliés, d'abord effrayés par les coups de canon, avaient commencé à battre en retraite; quelques-uns même et des recrues voyant le feu pour la première fois regagnèrent en fuyant le fort Duquesne, mais les autres, rassurés par l'intrépidité des Canadiens et des troupes de marine continuant à tirailler et à démonter les artilleurs et les officiers de la colonne anglaise, reprirent avec de grands cris leurs postes derrière les arbres et dirigèrent à leur tour sur les masses ennemies un tir des plus meurtriers. A plusieurs reprises Braddock, faisant serrer les rangs, lança ses troupes en colonne contre ces bois d'où un adversaire invisible les décimait; accueillies chaque fois par une grêle de balles, elles furent toujours obligées de reculer en désordre, laissant une grande partie des leurs sur le terrain. Des rangs entiers tombaient et la plupart des officiers furent tués à leur poste. Après trois heures de combat, les artilleurs abandonnèrent leurs canons et se replièrent avec les soldats qui devaient les soutenir sur le corps qui suivait. Aussitôt, les Français et les sauvages, enlevés par leurs chefs, se jetèrent la hache à la main sur cette masse en désordre et l'enfoncèrent. Anglais et miliciens, épouvantés par cette charge et les hurlements terribles des Peaux-Rouges, prirent honteusement

DES DÉTACHEMENTS DE SAUVAGES NE CESSAIENT DE HARCELER LES ANGLAIS.
Dessin de A. de Neuville.

la fuite, « comme des moutons poursuivis par des chiens, au point qu'il fut impossible de les rallier ». (Washington.) Un grand nombre tombèrent sous les coups des assaillants, d'autres se noyèrent en voulant traverser à la nage la Monongahéla; plus de mille restèrent sur le champ de bataille couvert de caissons, de chariots et de tentes abandonnées. Soixante-trois officiers étaient parmi les morts. Braddock, après avoir eu trois chevaux tués sous lui, fut atteint par une balle qui lui brisa un bras et pénétra dans les poumons. Déposé d'abord sur un tombereau, puis placé sur un cheval et enfin porté par des soldats, il expira le 13 juillet, après quatre jours de souffrances, au milieu de la retraite désordonnée des siens. Il fut enterré dans cette contrée, alors déserte, aux abords du fort Nécessité.

Les restes de sa colonne, rejoignant le convoi du colonel Dunbar, lui communiquèrent leur panique. Les pièces furent enclouées ou détruites, les bagages brûlés, et les fuyards éperdus ne s'arrêtèrent qu'au fort Cumberland, leur point de départ. Treize canons, la caisse militaire et les papiers du général Braddock restèrent aux mains des Français, ainsi que cinq cents chevaux abandonnés dans la déroute. Les vainqueurs n'avaient perdu dans toute cette action qu'une quarantaine d'hommes. « Tous les officiers, mandait M. de Contrecœur au gouverneur, se sont distingués; les cadets ont fait des merveilles, ainsi que nos soldats. »

Par contre, Washington, qui avait de son mieux protégé la retraite des troupes anglaises à l'aide de ses miliciens dont beaucoup étaient restés sur le champ de bataille, écrivait à la suite de cette affaire : « Nous avons été battus, honteusement battus par une poignée d'hommes qui ne prétendaient que nous inquiéter dans notre marche. Nous nous pensions presque aussi nombreux que toutes les troupes du Canada; eux venaient dans l'espérance de nous harceler. Cependant, contre toute probabilité humaine, nous avons été défaits et nous avons tout perdu. »

La victoire de la Monongahéla assurait à la France pour cette année encore la possession de la vallée de l'Ohio, si ardemment convoitée par les Américains, chez lesquels des partis de guerre portèrent bientôt l'épouvante et levèrent des chevelures; les frontières de la Virginie, de la Pensylvanie et du Maryland furent de nouveau désertées par leurs habitants dont les Peaux-Rouges détruisirent les propriétés, après en avoir scalpé les défenseurs.

L'escadre venue de France au mois de juin 1755 avait amené à Québec, avec les troupes, le général Dieskau, chargé de diriger les opérations militaires, et M. de Vaudreuil, fils de l'ancien gouverneur de ce nom, qui venait remplacer le marquis Duquesne, rappelé en France sur sa demande pour y reprendre du service dans la marine. Pierre Rigaud de Vaudreuil, né au Canada où il avait passé comme officier une partie de sa jeunesse, était gouverneur de la Louisiane depuis 1742; sa nomination fut accueillie avec satisfaction par les Canadiens; c'était un homme honnête, animé des meilleures intentions, mais d'un caractère faible, et les circonstances dans lesquelles il entrait en fonctions allaient bientôt le soumettre aux plus dures épreuves.

Le baron de Dieskau, Saxon d'origine au service de la France, s'était distingué sous le maréchal de Saxe dont il avait été l'ami. Ses instructions lui prescrivaient de commencer par attaquer le fort de Chouaguen, élevé par les Anglais sur le lac Ontario, d'où ils menaçaient les communications avec les pays d'en haut et la Louisiane. Déjà quatorze cents hommes avaient été envoyés dans ce but au fort

Frontenac, et Dieskau se préparait à les rejoindre avec le reste de ses troupes lorsqu'on apprit à Montréal, par des coureurs des bois et des sauvages envoyés à la découverte, qu'une armée nombreuse se concentrait près du lac Saint-Sacrement dans le but d'attaquer le fort Saint-Frédric et de marcher ensuite sur Montréal pendant que les Français seraient retenus devant Chouaguen. A cette fâcheuse nouvelle, il fallut renoncer à l'expédition projetée, et Dieskau se dirigea sur le lac Champlain pour faire face à l'attaque dont la colonie était menacée de ce côté.

L'armée anglaise, réunie à Albany pendant les mois de juin et juillet 1755 et placée sous les ordres du général Johnson, comprenait six mille hommes de troupes, avec de l'artillerie, des bateaux destinés à remonter la rivière d'Hudson, des vivres et un matériel de siège. A la mi-août, Johnson était arrivé au portage entre la rivière d'Hudson et le lac Saint-Sacrement; il y fit commencer sur les hauteurs un fort qui fut désigné sous le nom de fort Édouard, puis avec une partie de ses forces il se dirigea vers la pointe du lac Saint-Sacrement, où il établit son camp qu'il fit entourer d'abatis et couvrir de retranchements garnis de canons.

BATAILLE DE LA MONONGAHÉLA.
Dessin de Philippoteaux.

Dieskau, qui occupait le fort Saint-Frédéric avec trois mille soldats, reçut avis par ses éclaireurs que l'ennemi n'avait que cinq cents hommes de troupes au fort Édouard, dont les travaux n'étaient pas achevés, et qu'il y avait laissé ses approvisionnements et ses magasins. Il pensa qu'il serait facile de surprendre la place et de l'enlever avant qu'elle pût être secourue par Johnson, et il se mit aussitôt en route avec deux cent vingt soldats, six cent quatre-vingts Canadiens et six cents sauvages conduits par Legardeur de Saint-Pierre, qui avait sur eux une grande influence. Pour dérober sa marche à l'ennemi, il remonta le lac Champlain et alla débarquer le 7 septembre à six lieues du fort Édouard, qu'il devait attaquer le lendemain. Mais les sauvages, mécontents de ce qu'une partie de l'armée était restée à Saint-Frédéric, déclarèrent qu'ils ne prendraient aucune part à l'action. Les Canadiens, avisés que neuf cents miliciens de la Nouvelle-Angleterre avaient rejoint les troupes du fort Édouard, approuvèrent les sauvages et proposèrent, d'accord avec eux, de marcher d'abord sur le camp de Johnson dont l'attaque serait plus facile. Dieskau, ne pouvant passer outre dans ces conditions, dut renoncer à son projet primitif et se dirigea le lendemain vers le campement de Johnson, dont il n'était qu'à quelques lieues. Ce dernier, prévenu de la marche des Français sur le fort Édouard, avait envoyé aussitôt au secours de ce poste huit cents soldats et deux cents sauvages sous les ordres du colonel Williams. A leur approche, Dieskau disposa ses troupes régulières au centre, pendant que les Canadiens à droite et les sauvages à gauche se dispersaient dans les fourrés à trois ou quatre cents mètres en avant pour attaquer les flancs de l'ennemi. Les Canadiens déposèrent leurs sacs pour être plus lestes et tous attendirent, le doigt sur la détente, l'arrivée des Anglais.

Par malheur, les sauvages, voyant la colonne s'avancer, commencèrent le feu sans attendre le commandement. Le colonel Williams disposait déjà ses hommes pour repousser cette agression lorsque Dieskau donna l'ordre de charger à ses soldats et aux Canadiens afin de ne pas laisser à l'ennemi le temps de se reconnaître. Tous s'élancèrent avec furie sur les Anglais et les mirent en déroute, pendant que les sauvages, dont le commandant, Legardeur de Saint-Pierre, était tué par une balle au début de l'action, vengeaient la mort de leur chef en massacrant à coups de hache tous ceux qu'ils pouvaient atteindre. Un autre détachement, envoyé par Johnson au bruit de la fusillade, fut chargé avec la même ardeur et culbuté aussi rapidement. Dieskau, continuant la poursuite des fuyards, arriva bientôt devant les abatis qui protégeaient le camp ennemi et voulut l'attaquer aussitôt; mais ses troupes étaient harassées, elles avaient parcouru depuis le matin plusieurs lieues à travers un pays accidenté, couvert de bois et de broussailles; les sauvages et les Canadiens s'étaient arrêtés pour ramasser leurs blessés assez nombreux et le reprendre un instant haleine. Ils demandèrent au général de leur accorder quelques minutes de repos avant de recommencer l'attaque. Dieskau, trop imbu des idées européennes et dédaignant des auxiliaires aussi peu disciplinés, passa outre et marcha avec ses soldats seuls vers les retranchements. Ceux-ci, adossés au lac, étaient édifiés sur une hauteur, et formés de bateaux, de chariots et d'arbres renversés; sur les côtés, des marécages en défendaient l'approche. A deux cents mètres, Dieskau fit former ses troupes en colonnes d'assaut, et, après un feu de peloton, les lança à la baïonnette sur les abatis. Les Anglais, qui avaient réservé leurs feux, commencèrent alors une violente fusillade, soutenue par le tir de leur artillerie. Malgré leur élan, les assaillants, décimés par les balles, furent obligés de se replier. Sous l'impulsion de leurs chefs, ils se reformèrent et revinrent à la charge, combattant ainsi pendant plusieurs heures à découvert contre un ennemi solidement retranché. « En vérité, écrivait quelques jours après un officier anglais, c'étaient de braves soldats et tous des gens d'élite qui ne semblaient point faire attention au feu continuel que nous faisions sur eux. » (Ferland.)

La moitié des Canadiens et des sauvages, malgré le dédain de Dieskau à leur égard, étaient venus rejoindre les colonnes d'attaque; ils se jetèrent à droite et à gauche dans les bois, sur des hauteurs d'où ils ouvrirent un feu meurtrier sur les défenseurs du camp. Désespéré de son insuccès, Dieskau se mit, dans une dernière tentative, à la tête de ses hommes et les conduisit l'épée à la main jusqu'au pied des retranchements; il y fut atteint de trois coups de feu dont un lui brisa le genou droit. Sans vouloir se laisser emporter loin de l'ennemi, il ordonna de continuer l'assaut en disant « que le lit où il se trouvait était aussi bon pour mourir que celui qu'on voulait lui donner ». Au même instant, ses soldats, réduits à une centaine, étaient forcés de se replier; les Canadiens et les sauvages, voyant l'inutilité de leurs efforts, et ayant perdu presque tous leurs officiers, tués ou blessés, battaient également en retraite. Quant à l'ennemi, la vivacité des assauts qu'il avait soutenus l'avait ébranlé; les pertes sensibles qu'il avait éprouvées lui-même et sa fatigue ne lui permirent pas de songer à une poursuite. Le général Dieskau, ramassé au pied des abatis, fut transporté à la tente de Johnson, qui le fit panser devant lui et le traita avec humanité. Retenu prisonnier jusqu'à la fin de la guerre, il revint alors en France et y mourut, à Suresnes, des suites de ses blessures.

Johnson, à qui l'ordre de se porter sur le fort de Saint-Frédéric fut envoyé lorsqu'on apprit sa victoire, répondit que ses troupes, exténuées, manquaient de tout, et que d'ailleurs « la manière dont les Français les avaient attaquées leur avait imprimé une telle terreur qu'il ne fallait pas songer à les entraîner sur le territoire canadien ». Leur licenciement fut alors prononcé; il ne resta que six cents hommes pour la garde du fort Édouard, ainsi que du camp autour duquel des remparts furent élevés et qui prit le nom de fort William-Henry.

Les Français et les sauvages de la colonne Dieskau étant revenus à Saint-Frédéric, le gouverneur, M. de Vaudreuil, fit construire à la tête du lac Champlain le fort Carillon, qui devait barrer la route à toute invasion de la colonie par le lac Saint-Sacrement. Puis, rassuré par l'immobilité de Johnson et le licenciement de son armée, il donna l'ordre aux commandants des frontières d'organiser des partis de guerre qui portèrent durant l'hiver le fer et le feu dans les établissements ennemis depuis l'Acadie jusqu'à la Virginie. Plus de mille colons anglais furent tués ou traînés en captivité. « Nous avions mis, dit un de leurs historiens, quatre armées sur pied; nos côtes étaient gardées par la flotte du brave et vigilant Boscawen, nous n'attendions qu'un signal pour nous emparer de la Nouvelle-France; mais Braddock a été défait, Niagara et Saint-Frédéric sont encore entre les mains des Français, et les barbares ravagent nos campagnes dont ils égorgent les habitants! » (Minot.)

Ainsi s'achevait la campagne engagée dans les forêts du nouveau monde entre les deux nations rivales. La vallée de l'Ohio restait à la France et l'expédition de Johnson s'était arrêtée au lac Saint-Sacrement. Sur un seul point, en Acadie, l'Angleterre avait triomphé, mais pour y accomplir la plus grande infamie du siècle.

CHAPITRE XI

LE MARTYRE D'UN PEUPLE

C'EST la forêt, antique et sombre. Les pins murmurants et les mélèzes vêtus de mousse et de feuillage se dressent, masse confuse, dans le crépuscule, et, comme les Druides d'autrefois, font entendre leurs voix tristes et prophétiques. L'Océan voisin gronde dans les cavernes sonores des rochers, et ses accents inconsolables répondent aux gémissements de la forêt.

« C'est la forêt antique et sombre, mais où sont les cœurs qui sous la ramée battaient comme celui du chevreuil à la voix du chasseur? Où sont les villages aux toits de chaume des laboureurs acadiens dont la vie s'écoulait paisible comme les ruisseaux arrosant leurs bois, voilés par les ombres de la terre, mais reflétant l'image des cieux? Les fermes dévastées ont disparu et leurs habitants sont partis pour toujours, dispersés comme la poussière et les feuilles, quand les violentes rafales d'octobre les saisissent et les font tourbillonner dans l'air pour se perdre enfin au loin sur l'Océan. »

Ainsi commence le poème si touchant d'Évangéline, dans lequel Longfellow dépeint, d'après les traditions qu'il avait recueillies, le douloureux exode des Acadiens. Aujourd'hui de patientes recherches ont fait découvrir des correspondances et des documents qui établissent avec quelle odieuse perfidie et quelle cruauté insatiable ce peuple innocent a été déporté.

L'article 9 du traité d'Aix-la-Chapelle stipulait que toutes choses seraient remises sur le même pied qu'avant la guerre. Or, du côté de l'Acadie, la France avait gardé, après le traité d'Utrecht, la possession du pays jusqu'à la baie de Fundy et conservé un fort à l'entrée de la rivière Saint-Jean. L'occupation de l'île du Cap-Breton et la construction des fortifications de Louisbourg constituaient également un acte de possession que l'Angleterre n'avait pas contesté. Mais les négociateurs français ayant renouvelé à Aix-la-Chapelle la faute de laisser à une commission le soin de fixer ultérieurement les limites entre les colonies des deux nations, le cabinet de Londres émit la prétention que la Nouvelle-Écosse, dont il revendiquait la propriété, embrassait non seulement toute l'Acadie cédée par la France au traité d'Utrecht, mais encore le continent depuis la rivière Sainte-Croix jusqu'au Saint-Laurent. Il osa même soutenir que ce fleuve devait être la ligne de démarcation entre les deux colonies. Ces réclamations n'avaient qu'un but : faire traîner les négociations en longueur et endormir l'attention des Français, pendant qu'on se préparait à reprendre la guerre.

M. de La Galissonnière, gouverneur du Canada, maintint avec fermeté les droits de la France et envoya un détachement à la baie de Fundy, avec ordre de repousser au besoin par la force les Anglais s'ils essayaient, contrairement aux termes précis du traité d'Aix-la-Chapelle, de sortir de la péninsule acadienne. Pour arrêter leurs empiétements, deux forts furent construits à Beauséjour et à Gaspareaux, entre la baie de Fundy et la baie Verte.

Le gouverneur anglais de l'Acadie, Cornwallis, prétendant que son pouvoir devait s'étendre à la côte septentrionale de la baie de Fundy, chargea, au mois de mai 1750, le major Lawrence d'en expulser les Français. Avant l'arrivée de son détachement, les Acadiens du village de Beaubassin, voulant rester sujets de la France, mirent eux-mêmes le feu à leurs habitations et se retirèrent derrière la rivière Messagouetche, dont les eaux fangeuses servaient de limite à nos possessions dans ces parages. Beaubassin était le dernier village du territoire cédé à l'Angleterre ; il s'élevait au milieu de prairies dont l'herbe nourrissait de nombreux et riches troupeaux. Les collines qui l'entouraient, couvertes de forêts, fournissaient le bois nécessaire à la construction et au chauffage des habitations.

Le chevalier de la Corne, qui commandait les troupes françaises occupant le fort de Beauséjour, vint rejoindre les Acadiens fugitifs sur la rive droite de la rivière, et en interdit le passage au major Lawrence jusqu'à ce que la question des frontières fût résolue par la conférence de Paris. Lawrence se le tint pour dit, retourna à Beaubassin et s'y fortifia. Quelque temps après, le commandement du fort Beauséjour fut malheureusement confié à une créature de l'intendant Bigot. Ce dernier, dénoncé comme favorisant ses amis et faisant avec eux à Québec des opérations malhonnêtes dans le seul but de s'enrichir au détriment de la colonie, avait jugé prudent de repasser en France. Il comptait y dissiper, grâce à ses relations, les soupçons qui pesaient sur lui et s'y créer de nouveaux protecteurs avec l'appui desquels il pourrait reprendre impunément ses malversations. Avant son départ, il recommanda chaudement au gouverneur le sieur de Vergor, fils de Duchambon, l'ancien commandant de Louisbourg, qui l'avait autrefois soutenu malgré ses agissements, et dont la famille était restée pauvre. Vergor, pour le malheur des Acadiens réfugiés sur le territoire français, fut envoyé au fort Beauséjour. A peine y était-il arrivé qu'il recevait de Bigot une lettre dans laquelle ce dernier, connaissant l'homme, lui disait cyniquement : « Profitez, mon cher ami, de votre place ; taillez, rognez, vous avez tout pouvoir, afin que vous puissiez bientôt me venir joindre en France, et acheter un bien à portée de moi. » L'élève était digne du maître. Le prédécesseur de Vergor avait fait rentrer dans le fort plusieurs cordes de bois pour le chauffage de la garnison. Comme il était d'usage qu'un profit fût alloué au commandant pour chaque corde achetée, Vergor fit dresser un procès-verbal constatant que le bois livré était pourri, en acheta d'autre et toucha une nouvelle commission. Mais où ces menées devinrent criminelles, c'est lorsque ce misérable, spéculant sur la détresse des Acadiens cantonnés autour du fort, leur défendit de retourner chez les Anglais pour s'y procurer des vivres et leur vendit à chers deniers les objets les plus nécessaires, alors que les magasins étaient remplis de provisions envoyées de France pour être distribuées gratuitement à ces infortunés. L'incapacité militaire et la lâcheté qui, chez cet officier indigne, égalaient la rapacité, allaient être néfastes à Beauséjour. Plus tard, elles devaient assurer le succès du général Wolfe dans son attaque contre Québec et permettre à l'ennemi de se déployer dans les plaines d'Abraham où se joua le sort de la colonie.

En 1755, pendant que le général Braddock se portait sur l'Ohio et Johnson sur le fort de Saint-Frédéric, les colons du Massachusetts réunirent deux mille cinq cents hommes de milices pour chasser les Français de la partie de l'Acadie qu'ils détenaient encore. Le commandement en fut confié aux colonels Monckton et Winslow; leur transport de Boston à la baie de Fundy s'effectua sur une trentaine de bâtiments soutenus par trois frégates. Le débarquement opéré, ils marchèrent avec leur artillerie sur le fort Beauséjour, après avoir débusqué d'un blockhaus élevé sur leur route une poignée de Français et d'Acadiens que Vergor y avait placés en grand'garde. La tranchée fut ouverte le 12 juin; la garnison du fort se composait de cent cinquante soldats des troupes de la marine et de quinze cents Acadiens et sauvages. Vingt et une pièces de canon défendaient les remparts et les magasins étaient remplis d'approvisionnements. Après un bombardement de quatre jours, Vergor demanda un armistice pour arrêter les termes d'une capitulation. En vain, plusieurs officiers lui firent remarquer que la place n'avait pas encore sérieusement souffert du feu des batteries ennemies, que la résistance pouvait être prolongée, que des secours avaient été demandés à Louisbourg et qu'il fallait tenir tout au moins jusqu'à leur arrivée. Vergor ne voulut rien entendre et capitula le jour même. Il fut transporté avec ses hommes à Louisbourg, sous condition de ne point porter les armes dans l'Amérique pendant un délai de six mois. Pour les Acadiens réfugiés au fort, « comme ils avaient été obligés de prendre les armes sous peine de perdre la vie, le pardon leur était accordé pour le parti qu'ils avaient pris ».

M. de Villeray, commandant au fort de Gaspareaux, où il n'avait comme garnison qu'une vingtaine de soldats et quelques habitants, se rendit aux mêmes conditions. Après ce succès, les trois frégates anglaises gagnèrent la rivière Saint-Jean pour y attaquer un petit poste que quelques Français occupaient; mais ces derniers, considérant toute résistance comme impossible en raison de leur faible nombre, mirent le feu aux bâtiments et rejoignirent des bandes de volontaires et de sauvages avec lesquels ils harcelèrent les Anglais, qu'ils battirent dans plusieurs rencontres et empêchèrent de s'avancer au delà de Beauséjour.

Lorsqu'on apprit en France la reddition des forts et les conditions dans lesquelles elle avait eu lieu, ordre fut donné de traduire Vergor et Villeray devant un conseil de guerre qui se réunit l'année suivante à Québec; mais les deux accusés furent acquittés. L'influence toute-puissante de l'intendant Bigot, revenu au Canada, sauva Vergor d'une condamnation infamante; on prétexta qu'il s'était rendu pour sauver les Acadiens, que les Anglais considéraient comme des rebelles. Il fut plai-

C'EST LA FORÊT ANTIQUE ET SOMBRE.
Dessin de Moynet.

samment surnommé « l'homme au siège de velours ». Quant au fort de Gaspareaux, les juges admirent qu'il ne pouvait être considéré comme étant en état de soutenir un siège.

L'évacuation définitive de l'Acadie laissait à la merci des Anglais les habitants de cette province, qui, tout en restant neutres entre les deux nations, avaient conservé l'amour de la Patrie malgré l'abandon dont ils avaient été l'objet. Leur séjour sur cette terre qu'ils avaient défrichée exaspérait les Américains et demeurait pour eux un sujet d'inquiétude. Leur dispersion fut résolue, et le nouveau gouverneur, Charles Lawrence, se chargea de cette œuvre. Le ministère anglais, qui l'avait nommé, le laissa faire et approuva ses actes, dont il partage la responsabilité.

Dès 1744, Shirley, gouverneur du Massachusetts, avait proposé de chasser une partie des Acadiens de leurs terres pour les donner à des colons américains et d'accorder des récompenses pécuniaires à ceux des habitants qui abjureraient le catholicisme; mais le peu de troupes dont les Anglais disposaient alors en Acadie ne permettait pas d'user de procédés qui auraient eu pour conséquence une révolte dangereuse et le passage sur le territoire français de plusieurs milliers d'hommes laborieux et paisibles. On ajourna donc l'idée, mais Port-Royal fut agrandi, Halifax fondé, et des forts s'élevèrent en divers endroits de la presqu'île. Leurs garnisons étaient composées de miliciens capables des pires excès sous l'impulsion du fanatisme, et animés de la haine la plus vive contre les Français. Un de leurs officiers, Murray, écrivait à son collègue Winslow : « Vous savez que nos soldats détestent les Acadiens, et que s'ils peuvent seulement trouver un prétexte pour les tuer, ils les tueront. »

L'heure avait sonné où l'idée pouvait être reprise : des chefs existaient capables de descendre à de pareilles cruautés; leurs troupes étaient prêtes à exécuter les ordres les plus inhumains; le gouverneur Lawrence, après en avoir informé le cabinet de Londres, commanda l'exécution. D'abord apprenti peintre en bâtiment, cet individu, arrivé au poste qu'il occupait, avait gardé dans ses fonctions son caractère de parvenu, tyrannisant les populations qu'il avait sous ses ordres, traitant comme des criminels les malheureux Acadiens, accaparant au profit de ses favoris et surtout au sien tous les biens dont il pouvait se saisir. Deux officiers, le colonel Winslow et le capitaine Murray, se firent les séides de ce bourreau, reçurent ses instructions et ne trouvèrent pas une parole de protestation contre le guet-apens auquel ils s'associaient, bien que l'un d'eux au moins, Winslow, en aperçût tout l'odieux, car au moment d'agir il écrivait : « J'en ai lourd sur le cœur et sur les mains; j'ai hâte d'en avoir fini avec cette besogne, la plus pénible à laquelle j'aie jamais été employé. » Mais il était du Massachusetts, imbu des préjugés les plus sectaires contre les papistes, et s'il envisagea toute l'infamie de sa mission, il l'accomplit néanmoins dans des conditions qui laisseront sur sa mémoire une flétrissure éternelle.

Et quel était ce peuple que l'on vouait ainsi à la proscription et à la mort? « Les Acadiens étaient honnêtes, industrieux, sobres et vertueux, — nous dit un officier anglais, Brook-Watson, qui avait servi pendant la campagne à la baie de Fundy; — rarement des querelles s'élevaient parmi eux. En été, les hommes étaient constamment occupés à leurs fermes; en hiver, ils coupaient du bois pour leur chauffage et leurs clôtures et se livraient à la chasse ; les femmes travaillaient à carder, filer et tisser la laine et le chanvre, que ce pays fournissait en abondance. Ces objets avec les fourrures d'ours, de castor, de renard, de loutre et de martre, leur donnaient non seulement le confort, mais bien souvent de jolis vêtements. Ils leur procuraient aussi les autres choses nécessaires ou utiles au moyen du commerce d'échange qu'ils entretenaient avec les Anglais et les Français. Il y avait peu de maisons où l'on ne trouvât pas une barrique de vin de France. Ils n'avaient d'autres teintures que le noir et le vert ; mais, afin d'obtenir du rouge, dont ils étaient remarquablement épris, ils se procuraient des étoffes rouges anglaises, qu'ils coupaient, cardaient, filaient et tissaient en bandes dont étaient ornés les vêtements des femmes. Leur pays abondait tellement en provisions qu'on achetait un bœuf pour cinquante shillings, un mouton pour cinq, et un minot de blé pour dix-huit deniers. On n'encourageait pas les jeunes gens à se marier, à moins que la jeune fille ne pût tisser une mesure de drap et que le jeune homme ne sût faire une paire de roues. Ces qualités étaient jugées essentielles pour leur établissement, et ils n'avaient guère besoin de plus, car chaque fois qu'il se faisait un mariage tout le village

FERME ACADIENNE.
Dessin de R. Delafontaine.

s'employait à établir les nouveaux mariés. On leur bâtissait une maison, on défrichait un morceau de terre suffisant pour leur entretien immédiat ; on leur fournissait des animaux, des volailles, et la nature, soutenue par leur propre industrie, leur permettait bientôt d'aider les autres. Leurs longs et froids hivers se passaient dans les plaisirs d'une joyeuse hospitalité. Comme ils avaient du bois en abondance, leurs maisons étaient toujours confortables. Les chansons rustiques et la danse étaient leur principal amusement. » (Collection de la Société historique de la Nouvelle-Écosse, vol. II.)

Un autre protestant, Moïse de Les Derniers, qui séjournait au milieu des Acadiens au moment de leur expulsion, les dépeint sous le même jour : « Ils vivaient dans un état de parfaite égalité, sans distinction de rang dans la société. Ignorant le luxe et même les commodités de la vie, ils se contentaient d'une manière de vivre simple qu'ils se procuraient facilement par la culture de leurs terres. Ils allaient au-devant des besoins les uns des autres avec une bienveillante libéralité ; ils n'exigeaient pas d'intérêt pour des prêts d'argent ou d'autres propriétés. Ils étaient humains et hospitaliers à l'égard des étrangers. — C'était un peuple fort et sain, capable d'endurer d'extrêmes fatigues et vivant généralement jusqu'à un grand âge, quoique personne n'employât de médecin. — Ils paraissaient toujours joyeux et gais de cœur. Si quelques disputes s'élevaient dans leurs transactions, ils se soumettaient volontiers à un arbitrage et leur dernier appel était aux missionnaires. »

« Les Acadiens, dit de son côté le savant historien Casgrain, dans son Pèlerinage au pays d'Évangéline, n'avaient pas atteint cet idéal qu'ont voulu y voir certains auteurs qui en ont tracé des tableaux de fantaisie; ils avaient leur part des misères et des défauts qui sont l'apanage de l'humanité. Un bon nombre d'entre eux étaient processifs comme les Normands leurs pères, jaloux les uns des autres comme les Canadiens leurs frères; mais en général ils étaient bons, affables et serviables. L'esprit français toujours gai, vif, prompt aux réparties, s'était conservé parmi eux. Modérés dans leurs goûts, simples dans leurs habitudes, ils avaient peu de besoins et ils étaient contents de leur sort. L'incomparable fertilité de leurs terres, moins difficiles à ouvrir et à cultiver que celles du Canada, leur donnait en peu d'années assez d'aisance pour établir leurs enfants autour d'eux et pour jouir d'une vieillesse heureuse. »

Tels étaient les hommes que leur attachement à la France, à leur religion et à leurs coutumes désignait à la persécution et au martyre. Ils ne voulaient pas porter les armes contre leur ancienne patrie; abandonnés par elle, ils lui gardaient une affection filiale; c'était un crime qu'il fallait leur faire expier. Et d'ailleurs, leurs terres étaient fertiles, il était nécessaire de les en chasser pour en faire don aux avides marchands de Boston et de New-York, qui sauraient bien les exploiter ou les vendre.

Mais il aurait été imprudent de procéder du premier coup à des arrestations en masse. Deux mesures préliminaires s'imposaient : le désarmement et l'enlèvement des missionnaires. Le premier de ces actes fut accompli au mois de juin 1755. « Bien que la guerre ne fût pas encore déclarée entre la France et l'Angleterre, le fort français de Beauséjour était assiégé par Monckton. Bon nombre d'Acadiens avaient commis le grand crime de s'enfuir devant l'orage qui allait fondre sur leurs têtes. Ce fut dans ces circonstances que Charles Lawrence inventa la ténébreuse machination que l'on va voir, dans le but d'enlever toute espèce d'armes et de munitions aux Acadiens restés sous sa main. La première précaution prise fut de feindre une grande partie de plaisir, une excursion de pêche, afin de ne pas éveiller les soupçons des habitants. Un détachement d'une cinquantaine d'hommes envoyés d'Halifax était venu prêter main-forte à la garnison du fort Édouard. Au jour fixé, des piquets de soldats furent postés à la tête des chemins par où les Acadiens auraient pu s'échapper. Les troupes furent divisées par escouades et mises en marche vers chaque village, de manière à n'y arriver qu'à la chute du jour. Au lieu de faire camper les soldats dans les granges, comme cela se faisait ordinairement, les officiers avaient ordre de les distribuer deux par deux dans les maisons. Mis dans les secrets de la conspiration, ils avaient pour instructions de s'amuser, de boire et de manger en amis avec la famille durant la soirée, et de se coucher ensuite tranquillement. Mais à minuit ils devaient se lever soudainement et s'emparer de toutes les armes et munitions qu'ils pourraient saisir. Le coup réussit à merveille. — Il ne manquait à cet exploit qu'un dernier outrage, Lawrence ne faillit pas à sa tâche. Il lança une proclamation ordonnant à tous ceux qui possédaient encore des armes de venir les apporter sans délai sous peine d'être traités comme félons et rebelles s'ils étaient découverts. » (Casgrain.)

Le 1er août, l'ordre était donné de procéder à l'enlèvement des trois missionnaires français qui se trouvaient à la Grand'Prée, à la rivière aux Canards et à

Port-Royal. Ils furent conduits à Halifax, entourés de cent cinquante hommes de troupe, au milieu d'une population consternée et fondant en larmes. Les Acadiens étaient sans armes, les hommes que l'on considérait comme leurs conseils et leurs soutiens étaient détenus à Halifax, après y avoir été exposés sur la place publique aux railleries et aux insultes de la populace; Lawrence allait maintenant sans danger achever son œuvre; la sanglante défaite de Braddock à la Monongahéla venait d'être connue, il pouvait frapper sur les Acadiens; l'animosité des colons anglais et leurs alarmes trouveraient une satisfaction dans cette basse vengeance sur une population inoffensive.

LA DANSE ÉTAIT LEUR PRINCIPAL AMUSEMENT.

Embarqué le 14 août à Beauséjour avec trois cent treize miliciens, et muni des instructions du gouverneur, le colonel Winslow pénétrait dans le bassin des Mines et débarquait à la Grand-Pré. De là il remontait la rivière jusqu'au fort Édouard, où commandait le capitaine Murray, pour s'entendre avec lui sur la marche à suivre afin d'exécuter les ordres de Lawrence. Redescendu à la Grand'Prée, il s'installa dans le presbytère, fit dresser les tentes de ses soldats sur la place du village et entourer son camp d'une enceinte de pieux. Comme le gouverneur lui exprimait dans une de ses lettres la crainte que les Acadiens ne prissent l'alarme en présence de ces préparatifs, il lui répondit qu'il n'avait pas à s'en préoccuper. « Ces travaux, lui dit-il, ne leur ont pas causé la moindre inquiétude, car ils y ont vu la preuve que le détachement doit passer l'hiver au milieu d'eux. » Il ajoutait que, les récoltes n'étant pas encore achevées, il était convenu avec Murray d'attendre jusqu'au vendredi suivant pour procéder aux arrestations.

Le 30 août, Murray, venu du fort Édouard à la Grand'Prée, s'entendit avec Winslow sur les derniers préparatifs; puis, de retour à son poste, il réunit ses officiers, les informa du plan concerté pour surprendre la population et leur donna ses instructions. Aucun d'eux ne protesta contre l'étrange mission dont on les chargeait. Ses dispositions prises, Winslow rédigea, d'accord avec Murray, la proclamation suivante, qu'il fit afficher le 4 septembre, dans les principaux centres :

« John Winslow, écuyer lieutenant-colonel et commandant des troupes de Sa Majesté à la Grand'Prée, les Mines, la rivière aux Canards et les lieux adjacents,

« Aux habitants des districts susnommés, aussi bien aux anciens qu'aux jeunes gens et aux petits garçons.

« Comme Son Excellence le gouverneur nous a instruit de sa dernière résolution concernant les matières proposées récemment aux habitants en général et en personne, Son Excellence désirant que chacun d'eux fût parfaitement informé des intentions de Sa Majesté, qu'il nous a aussi ordonné de vous communiquer telles qu'elles nous ont été transmises ;

« Nous ordonnons donc et enjoignons strictement par ces présentes à tous les habitants aussi bien des districts susnommés que de tous les autres, aux vieillards de même qu'aux jeunes gens, et aussi à tous les garçons de dix ans, de venir à l'église de la Grand' Prée vendredi, le 5 courant, à trois heures de l'après-midi, afin que nous leur fassions part de ce que nous avons reçu ordre de leur communiquer ; déclarant qu'aucune excuse ne sera admise sous aucun prétexte que ce soit, sous peine de confiscation de leurs biens meubles et immeubles.

« Donné à la Grand'Prée, le 2 septembre, en la vingt-neuvième année du règne de Sa Majesté, A. D. 1755. »

Le lendemain, à midi, les miliciens de Winslow étaient rangés en armes, fusils chargés, au pied de l'église de la Grand'Prée. Devant eux, leur chef, entouré de ses officiers, attendait l'arrivée des victimes, « parcourant d'un regard inquiet les chemins aboutissant au village et ne pouvant réprimer sur ses traits l'expression de joie secrète qu'il éprouva lorsqu'il les vit se couvrir de longues files d'habitants, les uns à pied, les autres en voiture ». (Casgrain.)

A trois heures, quatre cent dix-huit Acadiens étaient réunis dans l'église. Lorsque tous y furent entrés, Winslow fit fermer et garder les portes, puis il vint, avec plusieurs officiers, se placer dans le chœur, devant une table, et lut la proclamation suivante, que traduisait à mesure un interprète : « J'ai reçu de Son Excellence le gouverneur Lawrence les instructions du roi que j'ai entre les mains. C'est par ses ordres que vous êtes assemblés pour entendre la résolution finale de Sa Majesté concernant les habitants français de cette sienne province de la Nouvelle-Écosse, où depuis près d'un demi-siècle vous avez été traités avec plus d'indulgence qu'aucun autre de ses sujets dans aucune partie de ses États. Vous savez mieux que personne quel usage vous en avez fait. Le devoir que j'ai à remplir, quoique nécessaire, m'est très désagréable et contraire à ma nature et à mon caractère, mais il ne m'appartient pas de m'élever contre les ordres que j'ai reçus ; je dois y obéir. Aussi, sans autre hésitation, je vais vous faire connaître les instructions et les ordres de Sa Majesté, qui sont que vos terres, vos maisons, votre bétail et vos troupeaux de toute sorte sont confisqués par la Couronne, avec tous vos autres effets, excepté votre argent et vos objets de ménage, et que vous-mêmes vous devez être transportés hors de cette province. Les ordres péremptoires de Sa Majesté sont que tous les habitants français de ces districts soient déportés ; et, grâce à la bonté de Sa Majesté, j'ai reçu l'ordre de vous accorder la liberté de prendre avec vous votre argent et autant de vos effets que vous pourrez emporter sans surcharger les navires qui doivent vous recevoir. Je ferai tout en mon pouvoir pour que ces effets soient laissés en votre possession et que vous ne soyez pas molestés en les emportant, et aussi que chaque famille soit réunie dans le même navire, afin que cette déportation qui, je le comprends, doit vous occasionner de grands ennuis, vous soit rendue aussi facile que le service de Sa Majesté peut le permettre. J'espère que, dans quelque partie du monde où le

LE MARTYRE D'UN PEUPLE.

sort va vous jeter, vous serez des sujets fidèles, et un peuple paisible et heureux. »

Winslow termina sa lecture en informant les habitants, consternés par cette menaçante communication, qu'ils étaient tous ses prisonniers. Ils comprirent alors, mais trop tard, dans quel piège abominable ils étaient tombés, et leurs larmes coulèrent, mais leurs supplications trouvèrent leur geôlier impitoyable.

Murray avait procédé avec la même perfidie dans son cantonnement et ramassé cent quatre-vingt-trois Acadiens. Comme quelques-uns des habitants, plus méfiants, ne s'étaient pas rendus à la convocation des officiers anglais, des détachements furent envoyés dans les campagnes avec ordre de saisir tous les hommes qu'ils rencontreraient, et de tirer sans merci sur ceux qui voudraient essayer de s'enfuir. Il y en eut plusieurs tués dans ces conditions en cherchant à gagner les bois. Six cents malheureux furent ainsi entassés dans l'église de la Grand'Prée, en attendant l'arrivée des navires qui devaient les disperser au loin.

PUIS CE FUT LE TOUR DES FEMMES ET DES ENFANTS.

Le 10 septembre, Winslow fit prendre les armes à ses soldats, les disposa en rangs devant l'église et fit prévenir par interprète ses prisonniers que deux cent cinquante d'entre eux, en commençant par les jeunes gens, allaient être embarqués sur cinq bâtiments envoyés de Boston. Il y avait parmi ces infortunés des enfants de dix et douze ans! « J'ordonnai aux prisonniers de marcher, dit Winslow dans son journal; tous répondirent qu'ils ne partiraient pas sans leurs pères. Je leur signifiai que c'était une parole que je ne comprenais pas, car le commandement du roi était pour moi absolu et devait être obéi; que je n'aimais pas les mesures de rigueur, mais que le temps n'admettait pas de pourparlers ni de délais. Alors j'ordonnai à toutes les troupes de croiser la baïonnette et de s'avancer sur les Français. Je commandai moi-même aux quatre rangées de droite des prisonniers, composées de vingt-quatre individus, de se séparer du reste; je saisis l'un d'entre eux qui empêchait les autres d'avancer, et je lui ordonnai de marcher. Il obéit. » Les autres suivirent au milieu des lamentations et des cris de désespoir des femmes et des enfants; les mères, les sœurs de ces infortunés les accompagnaient en gémissant et s'attachaient à leurs pas, priant, s'agenouillant, implorant leur grâce et cherchant à les embrasser une dernière fois. Et les convois se succédèrent à la Grand'Prée, à Beauséjour, à Port-Royal, à Halifax. Partout l'ardeur des pourvoyeurs était la même; Murray écrivait à Winslow qu'aussitôt « après avoir dépêché ces vauriens, il se donnerait le plaisir d'aller le voir et de boire à leur bon voyage! » (Journal de Winslow.)

Puis ce fut le tour des vieillards, des femmes, des enfants! Le 8 octobre, tout cette foule, ramassée dans les villages et poussée à la côte par des escouades de miliciens, fut entassée pêle-mêle sur de vieux navires, « jusqu'à ce qu'ils en fussent, dit Winslow lui-même, effroyablement chargés »! Le gouverneur Lawrence avait loué pour cette déportation à la maison Apthorp et Hancock, de Boston, tout ce qu'elle avait pu ramasser de voiliers à peu près hors d'usage, sans plus se soucier de la santé et de la vie des infortunés passagers que s'il s'était agi de bestiaux.

Le contrat de transport prévoyait le chargement déjà monstrueux de deux individus par tonneau de jauge, mais ce chiffre fut dépassé d'accord avec les capitaines des navires, intéressés à recevoir le plus grand nombre possible de prisonniers. Plus de dix mille personnes furent ainsi embarquées brutalement, à coups de crosse, les membres de la même famille arrachés les uns aux autres, malgré leurs plaintes, par des soldats et des équipages qui ne les comprenaient pas et que leur désespoir laissait insensibles s'il ne leur causait pas une féroce satisfaction. L'opération achevée, les habitations furent mises au pillage et détruites, afin d'obliger ceux des Acadiens qui s'étaient réfugiés dans les bois à se rendre; les granges, les étables, tout disparut dans les flammes. L'Acadie n'était plus qu'un désert, les colons anglais pouvaient venir en prendre possession « dans la paix du Seigneur ».

Les navires qui emportaient ce peuple déporté en masse furent dirigés sur les côtes d'Amérique, depuis Boston jusqu'à la Floride; mais rien n'y avait été préparé pour les recevoir, et les ports se virent, à l'entrée de l'hiver, encombrés d'une foule de malheureux et de malades, sans ressources ni moyens d'existence. Pour certains, la traversée avait duré jusqu'à deux mois; dès les premiers jours, le scorbut avait éclaté dans cet entassement d'êtres humains confinés pêle-mêle à fond de cale et qu'on ne laissait monter sur le pont que par petites bandes afin de prévenir une révolte. « On aurait pu suivre les navires à la trace des cadavres qui furent jetés à la mer le long de la route. »

Un des bâtiments sombra au large avec son chargement. Sur un autre, les Acadiens, exaspérés par les mauvais traitements des brutes qui les gardaient, se révoltèrent. Un d'entre eux, du nom de Beaulieu, qui avait longtemps navigué, demanda au capitaine où il allait être conduit avec les deux cent vingt-quatre autres exilés que portait le vaisseau. « Dans la première île déserte que je rencontrerai, répondit-il; c'est tout ce que méritent des chiens de Français et des papistes comme vous. »

Rendu furieux par cette insolente apostrophe, Beaulieu, qui était d'une force peu commune, se jeta sur le capitaine et d'un coup de poing le renversa sur le pont. Les autres captifs se saisirent aussitôt des hommes de garde, les désarmèrent et s'emparèrent du bâtiment que Beaulieu conduisit à la rivière Saint-Jean. Les Acadiens sauvés par lui, n'ayant plus ni famille ni toit pour s'abriter, se transformèrent en corsaires, et pendant toute la guerre coururent sus aux navires anglais sur les équipages desquels ils se vengèrent des longues tortures que leurs geôliers leur avaient fait subir.

Pour ceux qui arrivèrent au terme de leur voyage, deux mille furent débarqués à Boston, trois cents dans le Connecticut, deux cents à New-York, trois cents à Philadelphie, deux mille au Maryland, mille en Virginie, deux mille dans les Carolines, quatre cents en Géorgie. L'accueil dont ils furent l'objet de la part des habitants de ces colonies a été dépeint par un historien américain : « Des sept mille proscrits qui furent ainsi dispersés comme les feuilles par les tempêtes de l'automne, depuis le Massachusetts jusqu'à la Géorgie, au milieu d'un peuple qui haïssait leur religion, détestait leur pays, se moquait de leurs coutumes et riait de leur langage, il en resta bien peu pour grossir le nombre des habitants. En descendant sur ces lointains rivages, ces hommes, qui avaient connu l'abondance et la richesse, se virent montrés du doigt et repoussés comme des vagabonds réduits à la mendicité ; et ces cœurs brisés, atteints dans toutes leurs affections, ne rencontrèrent que rarement de bons samaritains pour panser leurs plaies intérieures et verser l'huile et le vin de la consolation sur leurs poitrines endolories. » (Stevens, History of Georgia.)

En Géorgie, les arrivants furent cantonnés par petits groupes dans divers centres, puis embarqués sur d'informes bateaux qu'on avait daigné leur permettre de construire et avec lesquels ces désespérés, longeant les côtes, essayèrent de regagner leur pays natal. Des quinze cents de la Caroline du Sud, une partie fut renvoyée en France aux frais de la colonie ; d'autres, traversant les vastes solitudes qui les séparaient de la Louisiane, parvinrent au Mississipi et se retrouvèrent enfin sur une terre française. Un autre groupe, d'après un mémoire de M. de La Rochette (Archives des Affaires étrangères), réussit à rejoindre l'Acadie ; mais au prix de quelles souffrances et de quels sacrifices ! « Les habitants de la Caroline leur donnèrent deux vieux navires, une petite quantité de mauvaises provisions et la permission d'aller où ils voudraient. Embarqués dans ces vaisseaux qui faisaient eau de toutes parts, ils échouèrent bientôt sur les côtes de Virginie. On les prit d'abord pour des ennemis qui venaient piller ; ensuite pour des pirates ; enfin pour des hôtes dangereux dont il fallait se défaire. On les força d'acheter un vaisseau et tout l'argent qu'ils purent rassembler entre eux se montait à quatre cents pièces de huit : ce fut le prix qu'on leur demanda. Ce navire valait encore moins que ceux qu'ils venaient de quitter et ils eurent toutes les difficultés du monde à se faire échouer une seconde fois à la côte du Maryland. Les débris de leur naufrage furent alors la seule ressource qu'ils eussent à espérer, et ils passèrent deux mois sur une île déserte à raccommoder ce vaisseau. Ils réussirent à la fin, et, après avoir repris la mer pour la troisième fois, ils eurent le bonheur d'aborder à la baie de Fundy, où ils débarquèrent, près de la rivière Saint-Jean. »

En Virginie, le refus de recevoir les Acadiens fut absolu. Les navires qui les avaient amenés furent dirigés sur l'Angleterre et leur cargaison humaine dispersée dans divers ports, Liverpool, Bristol, Southampton, Penryn, où la plus grande partie succomba bientôt. Trois cents d'entre eux débarqués à Bristol restèrent trois jours et trois nuits gardés sur les quais, mourant de faim et de froid. On finit par les renfermer dans des magasins en ruines où la petite vérole les décima. Après la guerre, ceux qui avaient survécu obtinrent de passer en France ; ils s'établirent dans le Poitou, le Berry et à Belle-Isle-en-Mer, où leurs descendants habitent encore la paroisse du Palais.

Trois navires chargés de quatre cent cinquante prisonniers, que les maladies, le chagrin et les mauvais traitements avaient épuisés, abordèrent en Pensylvanie. Le gouverneur Morris refusa de les recevoir, plaça sur les bâtiments une garde choisie et ne fournit à ces infortunés quelques provisions qu'à la condition qu'elles seraient payées par la métropole, « le Trésor de la province n'ayant aucun fonds pour cela ».

Le gouverneur du New-Jersey déclara que si on essayait d'y amener de ces Français neutres, « ou plutôt de ces traîtres et rebelles », il devait au peuple confié à ses soins de faire tout son possible pour l'empêcher.

A Long Island, soixante-dix-huit de ces malheureux, à peine débarqués, furent arrêtés, relégués dans divers villages et contraints aux travaux les plus durs. Mais ils n'avaient pas encore épuisé la somme des douleurs humaines; une dernière fibre restait frémissante dans ces cœurs endoloris : plusieurs avaient réussi, à force de courage et de privations, à conserver leurs enfants au milieu de si terribles épreuves. Ordre fut donné par les autorités de les leur enlever. Cinquante-neuf garçons et quarante-neuf filles furent ainsi arrachés à leurs pères et à leurs mères pour être placés loin d'eux, dans des familles chargées d'en faire de bons et loyaux sujets.

A Philadelphie, où plus de la moitié des transportés succombaient bientôt à la maladie et au désespoir, des fanatiques proposèrent de vendre les survivants comme esclaves! En présence des protestations indignées des Acadiens, la proposition n'eut pas de suite, mais la nostalgie et la misère à laquelle ils étaient réduits dans ce milieu hostile et malveillant en firent périr un grand nombre. Les autres furent dispersés dans les différentes parties de la province où les habitants devinrent leurs geôliers. La petite vérole acheva ceux qui étaient restés à Philadelphie, et le dernier document qui les concerne est la requête suivante d'un entrepreneur à la Chambre d'Assemblée en 1766 : « Pétition de John Hill, charpentier, exposant qu'il a été employé de temps en temps à fabriquer des cercueils pour les Français neutres qui sont morts dans la ville et ses environs, et que ses comptes ont été régulièrement reconnus et payés par le gouvernement jusqu'à ces derniers temps; qu'il est informé par les commissaires qui avaient coutume de le solder qu'ils n'ont plus de fonds entre leurs mains pour l'acquittement de telles dépenses; que n'ayant reçu aucun contre-ordre depuis le dernier règlement, il a fait seize nouveaux cercueils. En conséquence, il prie l'Assemblée de donner des ordres pour que ces matériaux et son travail lui soient payés. »

Quinze ans après, les habitants de Philadelphie, révoltés à leur tour contre le gouvernement anglais, acclamaient comme des sauveurs les régiments français qui venaient les secourir; et nos soldats, passant devant ce cimetière où dormaient les martyrs, demandaient curieusement, mais sans obtenir de réponse, quelles étaient ces tombes que des croix distinguaient des autres.

CHAPITRE XII

CAMPAGNES DE 1756 ET 1757

En 1850, un savant historien, professeur à l'École militaire de Saint-Cyr, exposait pour la première fois aux élèves notre histoire nationale. « Lorsque j'en vins, dit-il, au récit de la lutte qui nous a coûté le Canada, l'ardente et sympathique jeunesse qui m'écoutait tressaillit au récit des grandes actions qui avaient honoré le nom français en Amérique. » L'émotion qui s'empara de cet auditoire d'élite lorsque Dussieux évoqua devant lui cette belle page de nos annales militaires, je la ressens à mon tour en abordant cette dernière partie si passionnante de l'histoire de la Nouvelle-France. C'est la lutte finale dans des conditions d'inégalité telles, qu'après en avoir parcouru les diverses phases, on reste surpris de l'héroïsme déployé par les chefs, de la vigueur des troupes qu'ils commandaient et de l'esprit de sacrifice d'une population que soutenait seul, au milieu des souffrances les plus cruelles, l'amour du vieux pays.

Le premier de ces chefs, celui que des victoires inespérées allaient couvrir de gloire, et qui devait tomber en soldat aux dernières heures de la lutte, c'est Montcalm. Louis-Joseph de Montcalm-Gozon, marquis de Saint-Véran, né le 28 février 1712 au château de Candiac, sur les bords du Vistre, à trois kilomètres de Vauvert (Gard), descendait d'une ancienne famille du Rouergue, adonnée au culte des armes; un de ses aïeux maternels, Gozon, chevalier, puis grand maître de l'ordre de Saint-Jean de Jérusalem, s'était illustré au xive siècle en délivrant l'île de Rhodes, disait la légende, d'un dragon qui la dévastait. Après de fortes études littéraires dont il garda le goût au milieu des camps, où ses lectures favorites étaient les œuvres de Plutarque dans le texte grec et les pages immortelles de notre grand Corneille, le jeune Montcalm était, au mois d'août 1721, nommé enseigne au régiment d'infanterie de Hainaut; à dix-sept ans, il était capitaine et faisait ses premières armes sous les ordres du maréchal de Berwick. La guerre de la succession d'Autriche le conduisit en Bohême, où il se lia avec le héros de Prague,

Chevert, qui l'honora d'une constante amitié. Promu en 1743 colonel du régiment d'Auxerrois-infanterie, il était nommé la même année chevalier de Saint-Louis. Le 13 juin 1746, à la bataille de Plaisance, il déploya le plus grand courage, et resta, dans une dernière charge, sur le terrain. « Nous avons eu hier, écrivait-il alors à sa mère, une affaire des plus fâcheuses. Il y a nombre d'officiers généraux et colonels tués ou blessés. Je suis des derniers avec cinq coups de sabre. Heureusement aucun n'est dangereux, à ce que l'on m'assure, et je le juge par les forces qui me restent, quoique j'aie perdu de mon sang en abondance, ayant eu une artère coupée. »

Son régiment, qu'il avait deux fois rallié, avait été anéanti.

L'année suivante, au sanglant combat du col d'Exiles, dans les Alpes, servant sous les ordres du chevalier de Belle-Isle qui s'y fit tuer avec quatre mille hommes de son armée, Montcalm, devenu brigadier, chargeait avec sa fougue entraînante à la tête des troupes lorsqu'il fut atteint de plusieurs coups de feu et emporté hors du champ de bataille.

En 1734, il avait épousé, entre deux campagnes, la petite-nièce de l'intendant Talon, qui avait contribué si largement au développement de la Nouvelle-France. Quatre filles et deux fils naquirent de ce mariage. En 1748, après la paix d'Aix-la-Chapelle, nommé maître de camp, Montcalm séjourna souvent au vieux château de Candiac, se consacrant à l'éducation de ses enfants, relisant ses auteurs favoris, se passionnant toujours pour les choses de l'armée, et approfondissant toutes les questions militaires. Mais cela ne suffisait pas à son activité; en 1750, il siégeait aux états du Languedoc; en 1753, il faisait partie, comme seigneur de Gabriac, des états du Gévaudan. D'une ardeur infatigable, d'une vivacité d'esprit merveilleuse, Montcalm, en 1755, n'avait pas encore, malgré ses brillants services, la réputation dont il était digne. Au mois de novembre de cette année, se trouvant à Paris, il alla voir le ministre de la guerre, d'Argenson, et s'entretint avec lui des nouvelles reçues du Canada où la défaite du baron Dieskau pouvait entraîner des conséquences désastreuses. La netteté de vues, l'élévation d'idées et l'entrain du jeune maître de camp charmèrent le ministre. Deux mois après, ayant à désigner le général qui allait être chargé du commandement des troupes à Québec, il écrivait à Montcalm : « Versailles, 25 janvier 1756, minuit. Peut-être ne vous attendiez-vous plus, monsieur, à recevoir de mes nouvelles au sujet de la conversation que j'ai eue avec vous le jour que vous m'êtes venu dire adieu à Paris. Je n'ai cependant pas perdu un instant de vue, depuis ce temps-là, l'ouverture que je vous ai faite alors, et c'est avec le plus grand plaisir que je vous en annonce le succès. Le roi a déterminé sur vous son choix pour vous charger du commandement de ses troupes dans l'Amérique septentrionale, et il vous honorera à votre départ du grade de maréchal de camp. »

Montcalm était invité en même temps à se rendre « sans perdre un instant » à Versailles, pour les préparatifs de l'expédition. Il fit aussitôt ses adieux à sa vieille mère, la marquise de Saint-Véran, à sa femme et à ses enfants, qu'il espérait revoir un jour couvert de gloire et digne d'être comparé à ces héros de l'antiquité, dont il faisait revivre les vertus. La mort, hôte trop fidèle, devait anéantir cette illusion.

Avec lui et comme lieutenants, Montcalm emmenait au Canada le chevalier de

Lévis, le colonel de Bourlamaque, et un aide de camp, capitaine de dragons, Bougainville.

Le chevalier de Lévis, depuis duc et maréchal de France, était alors brigadier; ses rapports avec Montcalm furent toujours ceux d'un officier dévoué à son chef et disposé à lui assurer le concours le plus entier pour la réussite de ses projets. Dès 1756, Montcalm, écrivant au ministre, disait de lui : « M. le chevalier de Lévis a fort bien pris avec les troupes. Il a un ton très militaire et la routine du commandement. Il n'est pas étonné, il sait prendre un parti, être ferme et s'écarter des ordres donnés de soixante lieues quand il les croit contraires au bien par des circonstances qu'un général éloigné n'a pu prévoir. »

L'entente entre ces deux hommes était complète; le même sentiment du devoir, la même passion des armes les animaient. Aussi, de son côté, le chevalier de Lévis disait-il au ministre dans sa correspondance : « Je ne sais si M. le marquis de Montcalm est content de moi : ce qu'il y a de certain, c'est que je le suis beaucoup de lui. Je serai toujours charmé de servir sous ses ordres. Ce n'est pas à moi à vous parler de son mérite ni de ses talents, vous les connaissez mieux

LE MARQUIS DE MONTCALM.
D'après une gravure de l'époque.

que moi; mais je puis avoir l'honneur de vous assurer qu'il a généralement plu dans cette colonie, et qu'il traite très bien avec les sauvages. Il a aussi établi la discipline parmi nos troupes. »

M. de Bourlamaque, colonel d'infanterie et ingénieur distingué, qui devait « gagner furieusement » dans l'esprit de tout le monde pendant la campagne de 1757, apportait dans l'accomplissement des missions qui lui étaient confiées un caractère parfois trop minutieux, mais en même temps une grande fermeté et un courage à toute épreuve.

La carrière de Bougainville est trop connue pour y insister ici : ce capitaine de dragons, alors âgé de vingt-sept ans, avait été d'abord avocat au Parlement de

Paris; il était devenu ensuite un mathématicien que ses travaux devaient faire entrer à l'Académie des sciences, et ses voyages comme navigateur l'ont rendu immortel. Montcalm disait un jour de lui : « Du talent, la tête et le cœur chauds ; cela mûrira. »

Très observateur, infatigable au travail, d'une froide intrépidité au milieu des plus graves dangers, le jeune aide de camp devait rendre à son chef des services que celui-ci savait apprécier, et lorsqu'il lui fallut, à la veille de succomber, adresser au gouvernement qui l'abandonnait un suprême appel, ce fut à Bougainville qu'il confia cette mission.

Et quelles forces le monarque, qui le chargeait de la défense du Canada contre les colonies anglaises appuyées par les troupes de la métropole, mettait-il à la disposition du général? Trois mille huit cents hommes. Tel était l'effectif qu'avec ce qu'il amenait de France Montcalm allait avoir sous la main au début des opérations. L'année suivante, quinze cents hommes, le dernier secours envoyé, arriveraient de France, Royal-Roussillon, Languedoc, La Reine, Artois, Guyenne, La Sarre, Béarn et Berry, tels sont les noms des régiments dont les cinq mille trois cents soldats, mal nourris, sans souliers, sans solde, n'ayant le plus souvent de munitions que celles enlevées à l'ennemi, devaient être, en quatre ans, réduits à deux mille deux cents, après une série de combats et d'exploits qu'une ingrate patrie a trop oubliés.

Deux mille hommes des troupes de la marine, les contingents des milices canadiennes et les sauvages alliés portaient l'ensemble des forces françaises à quinze ou seize mille hommes chargés de défendre un pays plusieurs fois grand comme la mère patrie, et menacé par soixante mille ennemis. « Étonnantes campagnes dont aucune guerre d'Europe ne donne l'idée : pour théâtre des lacs, des fleuves, des forêts sans limites succédant à d'autres lacs, à d'autres forêts, à d'autres fleuves. Pour armée des troupes étranges : le highlander écossais et le grenadier de France qui porte la queue et l'habit blanc, combattent près de l'Iroquois et du Huron à la plume d'aigle. Tantôt la hache à la main, le fusil en bandoulière, les soldats de ces armées cheminent sous bois, tantôt ils portent à bras, au delà des rapides écumants, les bateaux où ils se rembarquent; l'hiver, les raquettes aux pieds, la peau d'ours au dos, ils suivent sur la neige les traîneaux de campagne attelés de grands chiens. Guerre remplie de surprises, de massacres, de combats corps à corps, dans laquelle les décharges de l'artillerie et le roulement des tambours répondent aux hurlements des Peaux-Rouges et au fracas des cataractes. » (De Bonnechose.)

Le chevalier de Lévis signalait au comte d'Argenson, ministre de la guerre, ces conditions particulières de la lutte engagée lorsqu'il lui écrivait du fort de Carillon le 17 juillet 1756 : « Toutes les entreprises sont dans ce pays très difficiles ; on en doit presque toujours le succès au hasard. Toutes les positions qu'on peut prendre sont critiques ; les attaques et les retraites sont difficiles à faire ; on ne voyage que dans les bois ou par les rivières ; il faut user des plus grandes précautions et avoir la plus grande patience avec les sauvages qui ne font que leur volonté, à laquelle dans bien des circonstances il faut céder. »

Du côté des Anglais, les préparatifs pour la campagne de 1756 étaient formidables. Rien ne fut changé au plan d'invasion de l'année précédente, mais le cabinet de Londres, sous le coup de la honteuse défaite du général Braddock, envoya tous les secours qui lui furent demandés. Plusieurs régiments traversèrent l'Atlantique pour renforcer les troupes déjà transportées en Amérique. Un vieil officier des guerres d'Europe, le comte de Loudoun, fut désigné comme général en chef; la Chambre des Communes vota un secours de cent quinze mille livres sterling pour les colonies; les gouverneurs des provinces, réunis à New-York, résolurent de lever dix mille hommes en dehors des troupes régulières pour attaquer le fort Saint-Frédéric et marcher ensuite sur Montréal; six mille pour enlever le fort Niagara et couper toute communication du Canada avec la vallée de l'Ohio; trois mille pour s'emparer du fort Duquesne, et deux mille pour descendre vers Québec par la rivière Chaudière, afin de jeter l'alarme au centre même de la colonie et d'empêcher les détachements qui s'y trouveraient de se porter au secours des autres points attaqués.

BOUGAINVILLE.
Dessin de Vuillier.

Du côté des Français, pour s'opposer à une invasion que la supériorité comme nombre des forces anglaises donnait lieu de craindre, trois camps furent créés : l'un au fort de Carillon, élevé à la pointe sud du lac Champlain; le chevalier de Lévis en prit le commandement à la tête de deux mille hommes; le second à Frontenac, à l'entrée du lac Ontario, sous les ordres du colonel de Bourlamaque; le troisième à Niagara, entre les lacs Ontario et Érié, où le capitaine Pouchot, du régiment de Béarn, ingénieur de grand mérite, mit la place en état de résister aux attaques des Anglais et de s'opposer à toute communication avec les nations des hauts pays.

Les frontières ainsi protégées, il restait à profiter de l'inaction de l'ennemi pour essayer de prendre l'offensive. Le gouverneur du Canada, M. de Vaudreuil, considérait comme d'une importance extrême l'enlèvement du fort de Chouaguen, établi par les Anglais au sud du lac Ontario, d'où ils pouvaient prendre la colonie à revers et s'emparer de la navigation des grands lacs. Ce poste n'avait été d'abord qu'un simple établissement de commerce, installé malgré les traités à l'embouchure de la rivière des Onnontagués; puis nos rivaux, sans s'arrêter devant les protestations des gouverneurs de Québec, y avaient, en pleine paix, élevé des retranchements. Ils avaient fini par y édifier trois forts, et leur projet était d'y concentrer des troupes destinées à attaquer et à prendre les forts Niagara et Frontenac. La colonie française perdait dès lors le commerce des lacs qui formait sa principale richesse; toutes ses communications avec les postes des pays d'en haut et la Louisiane étaient coupées; les tribus sauvages de ces contrées, parmi lesquelles nous comptions des amis nombreux et fidèles, séparées de la colonie, ne pouvaient plus lui apporter leur concours, et le Canada, isolé, sans secours de la mère patrie, restait à la merci d'une invasion.

L'établissement de Chouaguen se composait du fort Ontario, placé à droite de la rivière, sur un plateau élevé: il était garni de douze pièces d'artillerie et entouré d'un fossé de six mètres de largeur sur trois de profondeur; du vieux fort de Chouaguen, consistant en un bâtiment crénelé aux murailles de trois pieds d'épaisseur, avec deux grosses tours carrées et une enceinte défendue par dix-huit canons et quinze obusiers; du fort George, construit de pieux avec retranchement en terre, à six cents mètres de celui de Chouaguen, sur une hauteur le dominant. Dans les terres, enfin, les Anglais avaient édifié, près du lac des Onneyouts, le fort Bull, où ils rassemblaient des provisions et des munitions qui devaient être transportées à Chouaguen.

Le gouverneur, M. de Vaudreuil, chargea le lieutenant de Léry, des troupes de la marine, de marcher sur ce dernier poste et de le détruire : il lui donna, pour accomplir cette mission, quatre-vingt-treize soldats de marine, cent soixante-dix miliciens et quatre-vingt-deux sauvages. Parti de Montréal le 17 mars 1756, et passant, à travers les glaces et les neiges, par des sentiers connus des Peaux-Rouges seuls, M. de Léry arriva en vue du fort Bull, dont la garnison se composait de quatre-vingt-dix hommes. Afin de ne pas laisser à l'ennemi le temps de recevoir des secours, il attaqua sans délai, couvrit de feux les assiégés, enfonça les portes à coups de hache et se rendit maître de la place dont les défenseurs furent exterminés. Le fort Bull était palissadé et percé de meurtrières. « Sa prise offrit ceci de singulier que les meurtrières, au lieu d'être une protection pour la garnison, servirent aux assaillants, qui s'en emparèrent avant qu'elle pût s'y placer et tirèrent par ces ouvertures du dehors au dedans de l'enceinte. » (Garneau.) Les hangars du fort contenaient une énorme quantité de lard, de farine et de biscuit, ainsi que des provisions considérables de poudre et de boulets. De Léry fit enlever tout ce que pouvaient porter ses hommes, jeta les boulets dans le lac, mit le feu aux bâtiments et, en se retirant, fit sauter la poudrière, dont l'explosion acheva de tout détruire.

Au mois d'avril, un autre détachement de huit cents hommes, sous le commandement de M. de Villiers, gagna la rivière au Sable, près du lac Ontario, et y construisit au milieu des bois un fort de pieux. De là M. de Villiers, tenant en échec la garnison de Chouaguen, dirigea plusieurs partis qui attaquèrent audacieusement les convois de l'ennemi, pillèrent ses arrivages et interceptèrent souvent ses communications avec l'intérieur.

Le siège de Chouaguen étant résolu et toutes les dispositions prises entre le gouverneur, le marquis de Montcalm et l'intendant chargé de fournir les vivres et les moyens de transport, les troupes destinées à l'expédition furent dirigées sur le fort Frontenac. Pendant ce temps, pour donner le change à l'ennemi, Montcalm se transporta au fort de Carillon, où il chargea le chevalier de Lévis de se livrer du côté du fort William-Henry, que les Anglais occupaient, à des démonstrations destinées à leur faire croire que l'attaque principale des Français allait avoir ce point comme objectif. L'artillerie, les munitions de guerre et de bouche et les troupes qui devaient prendre part au siège étant arrivées à Frontenac, Montcalm s'y rendit à son tour le 29 juillet et prit le commandement des trois mille hommes dont se composait sa petite armée, en y comprenant le corps détaché précédemment sous les ordres de M. de Villiers. Ce corps, servant d'avant-garde et dirigé par M. Rigaud de Vaudreuil, commandant des Trois-Rivières, se porta rapidement sur Chouaguen.

Montcalm, après avoir pourvu aux dispositions nécessaires pour assurer sa retraite dans le cas où des forces adverses supérieures la rendraient inévitable, donna l'ordre à deux bâtiments, armés l'un de seize canons, l'autre de douze, de se rendre devant Chouaguen pour y bloquer les chaloupes avec lesquelles les Anglais auraient pu tenter de s'opposer à la traversée du lac Ontario, puis il fit embarquer ses troupes à Frontenac, et en quatre jours leur transfert sur l'autre rive fut effectué.

Le 10, l'avant-garde, cheminant à travers bois, parvenait à une anse située à une demi-lieue de Chouaguen, et y protégeait le débarquement de l'artillerie. Le 11, à la pointe du jour, les Canadiens et les sauvages s'avancèrent jusqu'à un quart de lieue du fort Ontario et l'investirent. Un chemin fut tracé au milieu des marécages et des bois pour amener l'artillerie à portée du fort, et le travail poussé avec tant d'ardeur que le lendemain les canons y passèrent. On avait en même temps établi le camp, la droite appuyée au lac Ontario et la gauche protégée par un marais; la flottille ayant servi au transport des troupes était mise hors d'insulte entre le camp et la rive du lac, qu'une batterie défendait contre toute attaque. La marche des Français, s'avançant seulement la nuit et faisant halte le jour dans les bois, avait été ignorée de l'ennemi. Leur approche lui fut révélée par les sauvages qui, après avoir occupé les fourrés des alentours, allèrent faire le coup de feu jusqu'au pied du fort.

Le 12, le débarquement du parc d'artillerie et des vivres étant opéré, les dispositions furent prises pour ouvrir la tranchée le soir même. Montcalm confia la direction des travaux du siège au colonel de Bourlamaque, qui y employa sans relâche six piquets de travailleurs, de cinquante hommes chacun, avec deux compagnies de grenadiers pour les soutenir. A minuit, une parallèle était ouverte à cent quatre-vingts mètres du fossé du fort, dans un terrain embarrassé d'abatis et de troncs d'arbres. Achevée le lendemain à cinq heures du matin, elle fut complétée par des chemins de communication et l'établissement des batteries. L'artillerie ouvrit alors un feu violent sur les remparts, en même temps que la fusillade meurtrière des sauvages et des Canadiens obligeait la garnison à s'abriter derrière les bâtiments et les palissades. A six heures du soir, le tir des Anglais, qui jusque-là avait été soutenu, cessa brusquement, et l'on s'aperçut bientôt que la garnison avait évacué la place pour se réfugier de l'autre côté de la rivière dans le fort de Chouaguen, dont l'enceinte de pierres et les retranchements en terre lui offraient une protection plus efficace contre les balles de nos tirailleurs et les boulets des batteries. Huit canons et quatre mortiers étaient restés dans le fort abandonné. M. de Bourlamaque, après une reconnaissance de ses éclaireurs, fit occuper aussitôt le fort Ontario par les grenadiers de tranchée, et ordonna aux travailleurs de continuer la parallèle, sous le feu des Anglais, jusqu'au bord de la rivière. Il y fit dresser une grande batterie placée de façon à battre Chouaguen ainsi que le chemin du fort George. Vingt pièces de canon y furent charriées à bras d'homme pendant la nuit, et toutes les troupes s'y employèrent avec la plus grande ardeur.

Le 14, au lever du jour, les Canadiens et les sauvages, sous les ordres de M. Rigaud de Vaudreuil, qui donna dans cette journée l'exemple de l'énergie et de l'audace, traversèrent partie à gué, partie à la nage, la rivière dont le courant était des plus rapides, et se dispersèrent en tirailleurs dans les bois voisins de Chouaguen pour intercepter les communications avec le fort George. A neuf heures du matin, les canons de la batterie tiraient à toute volée sur le fort et les retranchements, dont les défenseurs étaient décimés par nos tirailleurs cachés dans la forêt. Le colonel Mercer, commandant du fort, était tué, et vers dix heures les assiégés aux abois arboraient le drapeau blanc. Le feu ayant cessé, deux officiers vinrent en parlementaires trouver le commandant Rigaud de Vaudreuil pour demander à se rendre. Il les envoya sous escorte à Montcalm qui accorda la capitulation, à la condition que la garnison resterait prisonnière de guerre et que les troupes françaises occuperaient immédiatement les forts Chouaguen et George. A la tête des compagnies de grenadiers et des piquets de tranchée qui avaient si brillamment préparé les approches, M. de Bourlamaque prit possession des deux forts et fit procéder à leur démolition, pendant que l'on effectuait le déblaiement de l'artillerie et des munitions qui s'y trouvaient. Les sauvages alliés avaient commencé, dès la reddition accomplie, à se livrer au pillage et à enlever les chevelures de quelques blessés; des mesures énergiques aussitôt prises pour s'opposer à ces cruautés et la promesse de riches présents parvinrent heureusement à les arrêter. « Il en coûtera huit à dix mille livres, écrivit Montcalm au ministre, mais cela nous conservera plus que jamais l'affection de ces nations. »

« La célérité des travaux dans un terrain que les Anglais avaient jugé impraticable, — lit-on dans une relation du temps, — l'établissement de nos batteries fait si rapidement, l'idée que ces travaux ont donnée du nombre des troupes françaises, la mort du colonel Mercer et, plus que tout, encore, la manœuvre hardie du sieur Rigaud et la crainte des Canadiens et des sauvages qui faisaient déjà feu sur le fort, ont sans doute déterminé les assiégés à ne pas opposer une plus longue défense. Ils ont perdu cent cinquante-deux hommes, y compris quelques soldats tués par les sauvages en voulant se sauver dans les bois. Le nombre des prisonniers a été de plus de seize cents, dont quatre-vingts officiers. On a pris aussi sept bâtiments de guerre, dont un de dix-huit canons, un de quatorze, un de dix, un de huit, et les trois autres armés de pierriers, outre deux cents bâtiments de transport; les officiers et équipages de ces bâtiments ont été compris dans la capitulation de la garnison. L'artillerie qu'on a prise consiste en cinquante-cinq pièces de canon, quatorze mortiers, cinq obusiers et quarante-sept pierriers qu'on a enlevés avec une grande quantité de boulets, bombes, balles et poudre, et un amas considérable de vivres. » (Relation de la prise des forts de Chouaguen, 1756.)

Tous les préparatifs des Anglais pour envahir par ce côté la colonie étaient anéantis. Le colonel Webb, à qui Mercer avait écrit le 12 pour lui demander secours et qui arrivait du fort William-Henry à la tête de deux mille hommes, apprit en route par des fuyards la prise de Chouaguen et rebroussa précipitamment chemin.

Le 21 août, les démolitions achevées, le transport à bord de sa flottille des prisonniers, de l'artillerie conquise et des vivres accompli, Montcalm se rembarquait avec ses troupes pour regagner Montréal, d'où il adressait le 28 au ministre une dépêche lui annonçant la réussite de l'expédition : « C'est peut-être, disait-il, la première fois qu'avec trois mille hommes et moins d'artillerie on en a assiégé dix-huit cents qui devaient être promptement secourus par deux mille et qui pouvaient s'opposer à notre débarquement, ayant une supériorité de marine sur le lac Ontario. — Toute la conduite que j'ai tenue à cette occasion et les dispositions que j'avais arrêtées sont si fort contre les règles ordinaires que l'audace qui a été mise dans cette entreprise doit passer pour témérité en Europe. Aussi je vous supplie pour toute grâce d'assurer Sa Majesté que si jamais elle veut, comme je l'espère, m'employer dans les armées, je me conduirai sur des principes différents. Il faut croire, — ajoutait-il, surpris lui-même de la faible résistance qui lui avait été opposée, — que les Anglais transplantés ne sont pas les mêmes qu'en Europe. »

Présent sur tous les points d'attaque, il rendait à ses soldats une éclatante justice : « Nos troupes se sont portées à tout ce que j'en ai exigé avec un zèle incroyable. Le succès de cette expédition, disait-il en terminant, est décisif pour la colonie, Chouaguen a été la pomme de discorde. Sa position sur le lac Ontario, la manière dont les Anglais s'y fortifiaient, la facilité que les sauvages trouvaient dans cette place pour la traite de leurs pelleteries à beaucoup meilleur compte que dans nos forts, toutes ces raisons faisaient appréhender que tôt ou tard l'Angleterre n'eût la supériorité dans le commerce des pays d'en haut. La prise de Chouaguen rompt leur entreprise à cet égard. C'est une perte de quinze millions pour eux. »

Montcalm écrivait en même temps à sa mère et à sa femme pour leur faire part de sa victoire. Après avoir relaté les détails du siège et les préliminaires de la capitulation, il disait à la marquise de Saint-Véran : « Les hurlements de nos sauvages les firent promptement se décider. Ils se sont rendus prisonniers de guerre au nombre de dix-sept cent quatre-vingts, dont quatre-vingts officiers, deux régiments de la vieille Angleterre. Je leur ai pris cinq drapeaux, trois caisses militaires d'argent, cent vingt et une bouches à feu, un amas de provisions pour trois mille hommes durant un an, six barques armées et pontées depuis quatre jusqu'à vingt canons. Et comme il fallait dans cette expédition user de la plus grande diligence pour envoyer les Canadiens faire les récoltes et ramener les troupes sur une autre frontière, du 15 au 21 j'ai démoli ou brûlé leurs trois forts et amené artillerie, barques, vivres et prisonniers. »

A sa femme il adressait la relation du siège avec ce tendre et galant billet : « Voilà une assez jolie aventure, ma très chère; je vous prie d'en faire dire une messe dans ma chapelle. J'ai encore un bon bout de campagne à faire. Je pars pour aller rejoindre avec un renfort de troupes le chevalier de Lévis au lac Saint-Sacrement, à quatre-vingts lieues d'ici. Je n'écris qu'à vous, à notre mère, aux Molé, à Chevert et aux trois ministres, à personne d'autre; ma foi, suppléez-y. Je suis excédé de travail; que ma mère et vous m'aimiez et que je vous rejoigne tous l'année prochaine. J'embrasse mes filles. On ne peut vous aimer plus tendrement, ma très chère. »

Pendant que dans la colonie on se livrait à des réjouissances en l'honneur de sa victoire et que l'on suspendait aux voûtes de la cathédrale de Québec les drapeaux conquis sur l'ennemi, Montcalm se rendait par le lac Champlain au fort de Carillon pour y prendre, d'accord avec le chevalier de Lévis, les mesures nécessaires afin de mettre le poste à l'abri d'un coup de main et de s'opposer à une invasion de ce côté où les Anglais avaient rassemblé de grandes forces. Mais l'enlèvement de Chouaguen les avait surpris et le reste de l'année se passa en escarmouches et en courses de partis qui accrurent chez leurs colons la terreur des Canadiens et des sauvages. Aussi Lévis pouvait-il écrire avec raison au ministre le 26 octobre 1756 : « Nous terminons cette campagne très glorieusement et très heureusement vis-à-vis de forces beaucoup supérieures aux nôtres. »

En dehors de l'incurie du gouvernement et du coupable abandon dans lequel il laissait le Canada, deux fléaux devaient fatalement en amener la perte : la famine et les prévarications de l'intendant et de ses complices. Les miliciens, appelés aux armées, laissaient les champs sans culture; les récoltes manquaient, et il fallait attendre des vivres de France pour nourrir les soldats et la masse de la population réduite à la plus affreuse détresse. Plusieurs milliers d'Acadiens, fuyant la proscription anglaise, avaient cherché un refuge au Canada. Tout y faisait défaut pour les recevoir, et ces malheureux, déjà décimés par les fatigues et les maladies dans leur fuite à travers les forêts désertes, eurent à souffrir les plus grandes privations. On les nourrit avec de la viande de cheval et de la morue sèche. Trop affaiblis pour résister au mal, ils succombèrent en grand nombre aux atteintes de la petite vérole qui sévissait à l'état épidémique. La maladie s'étendit aux tribus sauvages parmi lesquelles elle fit d'effroyables ravages; les Abénaquis, si braves et si fidèles, furent presque entièrement anéantis par le fléau.

Les approvisionnements trouvés à Chouaguen servirent à alimenter les postes de Frontenac, de Niagara et de l'Ohio, qu'il aurait été impossible de ravitailler autrement. A Québec, à Montréal, aux Trois-Rivières, l'intendant fut obligé, pour nourrir la population, de lui faire distribuer du pain chez les boulangers auxquels il livrait de la farine provenant des magasins du roi. « Les habitants, mourant de faim, accouraient en foule et se l'arrachaient à la distribution. » (Garneau.) A Québec même, la ration de chaque personne finit par être réduite à cent vingt grammes par jour. Quant à l'armée, les soldats recevaient encore une livre et demie de pain et de la viande de cheval; mais les souliers manquaient et la poudre faisait défaut. La détresse était telle qu'au mois d'octobre 1757 le commissaire des guerres, Doreil, écrivait au ministre ces lignes véritablement navrantes : « Je n'ose pas désirer les renforts si urgents en hommes, car on ne pourra les nourrir! — Nous sommes, à l'égard des subsistances, dans la plus grande détresse depuis l'hiver. »

Le gouverneur, l'intendant, Montcalm, Lévis, tous écrivirent en France pour dépeindre la situation dans laquelle on se débattait; tous insistèrent sur ce point que le succès de la prochaine campagne dépendrait surtout des vivres qui seraient expédiés, et que sans cet envoi la colonie était exposée aux plus grands dangers. Mais la cour avait bien d'autres soucis que de secourir ces désespérés dont les plaintes l'importunaient et qui coûtaient trop cher au Trésor : il s'agissait d'humilier le roi de Prusse qui osait se moquer de Mme de Pompadour, et de donner des centaines de millions et tout le sang de nos soldats à l'Autrichienne Marie-

Thérèse, la grande amie de la maîtresse du roi. Quant à ceux qui, malgré tout, défendaient au loin l'honneur de la France, mille ou douze cents recrues et quelques navires chargés de farine suffisaient.

Si, encore, les secours dérisoires envoyés de France étaient parvenus à destination et avaient été utilisés au mieux des intérêts de la colonie ! Mais il s'était formé un monstrueux syndicat de convoitises et d'appétits dont le chef occulte n'était autre que l'intendant lui-même, l'infâme Bigot, le second de M. de Vaudreuil, dont l'incroyable faiblesse tolérait tous les abus, tous les crimes, et il n'en était pas de plus odieux que d'affamer un peuple pour s'enrichir à millions.

Bigot, proche parent du marquis de Puysieulx et du maréchal d'Estrées, était d'autant plus dangereux que, très appuyé auprès d'une cour que les pires corruptions déshonoraient elle-même, il était assez habile pour masquer ses agissements et avait trouvé des appuis et des complices dans l'entourage du gouverneur. D'un caractère dur et hautain avec les faibles, il était en affaires d'une souplesse et d'une finesse extrêmes. Aimant le jeu, très fastueux, il dépensait en orgies, avec la même facilité qu'il les gagnait, les sommes énormes que lui rapportaient ses ténébreuses spéculations. Grâce à ses manœuvres et à sa fortune, il avait monopolisé, sous le couvert d'une société, tout le commerce de la colonie, les fournitures de vivres et d'outils à l'armée, les transports pour la guerre, les bois de chauffage et les travaux publics. Toute la finance, comme intendant, était dans ses mains ; il agissait sans contrôle, sans surveillance, et usait à ce point de vue d'une autorité presque despotique, changeant le nom des dépenses, leur objet, leur quantité, concluant des marchés factices, étendant ses opérations sur toutes les livraisons possibles, et volant sur tout. Il faisait enlever par la force, au nom du roi, les grains et les bestiaux chez les malheureux habitants des campagnes, les leur payait à vil prix, et en opérait la revente, par la société, à des taux fabuleux. Le pain, qui lui revenait ainsi à trois sous la livre, était livré au public à vingt et trente sous ; la viande, qui lui en coûtait six, n'était cédée que de quarante à soixante sous. Les vivres distribués aux soldats étaient comptés et payés quatre fois plus qu'ils ne valaient. On alla jusqu'à faire solder, comme achetés, ceux qui étaient remis, au nom du roi, au munitionnaire !

Les principaux associés de Bigot dans son œuvre malfaisante étaient un nommé Cadet, de boucher devenu munitionnaire général, homme ignorant, cruel et fourbe ; Varin, commissaire ordonnateur de la marine à Montréal ; Hugues Péan, aide-major à Québec ; Le Mercier, de simple soldat devenu maître d'école à Beauport, ensuite cadet, officier de milices, et enfin commandant de l'artillerie, créature de Vaudreuil sur lequel il avait, disait-on, une grande influence ; des commis marchands comme Corpron et Maurin ; Bréard, contrôleur de la marine ; d'Estèbe, garde des magasins à Québec, qui rentra en France avec une fortune de près d'un million ; Perrault, cultivateur, puis aubergiste, secrétaire du gouverneur et major général des milices ; et bien d'autres dont les déprédations étaient couvertes par l'intendant tant qu'elles ne heurtaient pas ses propres intérêts. Toute la correspondance du Canada est remplie d'accusations contre cette bande ; ses malversations, ses rapines sont signalées à l'envi par Montcalm, par Lévis, par Bougainville, comme par le commissaire des guerres Doreil et tous les honnêtes gens. « Je ne blâme pas seulement le munitionnaire, écrivait Doreil, il y aurait tant de choses à dire là-dessus que je prends, par prudence, le parti de me taire. Je gémis de voir une colonie si intéressante et les troupes qui la défendent exposées, par la cupidité de certaines personnes, à mourir de faim et de misère. » (22 octobre 1757.)

Trois jours après, dans une autre lettre chiffrée adressée au ministre, après avoir rappelé la famine qui désolait le Canada, l'épidémie apportée par les recrues nouvellement débarquées, il revenait sur les agissements de Bigot et terminait en ces termes : « Je n'aspire qu'au moment heureux où, avec la permission du roi, je pourrai repasser en France et n'être plus spectateur inutile de choses aussi monstrueuses que celles qui se passent sous nos yeux. M. de Moras, ministre de la marine, ignore la véritable cause de notre triste situation; il ne convient ni à M. de Montcalm ni à moi de tenter de l'en instruire, d'autant plus que nos représentations ne parviendraient probablement pas jusqu'à lui. »

Plus tard, il écrivait encore au sujet de Péan : « Il est attaché à la partie des subsistances. — Il a fait une fortune si rapide qu'on lui donne deux millions. Regardez-le comme une des premières causes de la mauvaise administration et de la perte de ce malheureux pays. »

Montcalm, dans une dépêche du 4 novembre 1757 au ministre de la guerre, déplore que Bigot ait acheté beaucoup de vin et d'eau-de-vie, et peu de farine, parce qu'il y avait plus à gagner sur la boisson; « mais, ajoute-t-il, couvrons cette matière d'un voile épais, elle intéresserait peut-être les premières têtes d'ici ».

« Quel pays, écrivait-il à sa mère, tous les marauds y font fortune et tous les honnêtes gens s'y ruinent! »

Enfin, le 12 avril 1759, il disait au ministre : « M. Bigot ne paraît occupé que de faire une grande fortune pour lui et ses adhérents et complaisants. L'avidité a gagné les officiers; gardes-magasins, commis qui sont vers la rivière Saint-Jean ou vers l'Ohio, auprès des sauvages dans les pays d'en haut, font des fortunes étonnantes. Ce n'est que certificats faux admis; si les sauvages avaient le quart de ce qu'on dépense pour eux, le roi aurait tous ceux de l'Amérique. — L'envie de s'enrichir influe sur la guerre sans que M. de Vaudreuil s'en doute. Comment abandonner des positions qui servent de prétexte à faire des fortunes particulières? Les transports sont donnés à des protégés. — On dit que ceux qui ont envahi le commerce sont de par le roi. A-t-il besoin d'achats de marchandises pour les sauvages, au lieu d'acheter de la première main on avertit un protégé qui achète à quelque prix que ce soit. De suite M. Bigot le fait porter aux magasins du roi en donnant cent et même cent cinquante pour cent de bénéfice à des personnes qu'on a voulu favoriser. Faut-il faire marcher l'artillerie, faire des charrettes, des outils, M. Mercier, qui commande l'artillerie, est entrepreneur sous d'autres noms. Cet homme, venu simple soldat il y a vingt ans, sera bientôt riche d'environ six ou sept cent mille livres, peut-être un million, si cela dure. J'ai parlé souvent avec respect de ces dépenses à M. de Vaudreuil et à M. Bigot, chacun a rejeté la faute sur son collègue. » Et Montcalm ajoutait cette réflexion d'une terrible portée : « Il paraît que tous se hâtent de faire leur fortune avant la perte de la colonie, que plusieurs peut-être désirent comme un voile impénétrable de leur conduite! »

Ces plaintes si précises, ces accusations si accablantes n'eurent qu'un résultat, une lettre du ministre de la marine à Bigot, dans laquelle il lui disait : « On vous attribue directement d'avoir gêné le commerce dans le libre approvisionnement de la colonie. Le munitionnaire général s'est rendu maître de tout et donne à tout prix ce qu'il veut. Vous avez vous-même fait acheter pour le compte du roi, de la seconde et troisième main, ce que vous auriez pu vous procurer de la première à moitié meilleur marché. Vous avez fait la fortune des personnes qui ont des relations avec vous, par les intérêts que vous avez fait prendre dans ces achats ou dans d'autres entreprises; vous tenez l'état le plus splendide et le plus grand jeu au milieu de la misère publique. Je vous prie de faire de très sérieuses réflexions sur la façon dont l'administration qui vous est confiée a été conduite jusqu'à présent. Cela est plus important que peut-être vous ne le pensez. »

Mais la cour était loin, les ministres changeaient au gré de la favorite, le gouverneur, dans son aveugle confiance, écrivait à Paris pour justifier l'intendant, et les désordres continuèrent, comme l'indiquait Montcalm, jusqu'à la chute de la colonie, désirée par ces misérables « comme un voile impénétrable ».

Les agissements de Bigot avaient une autre conséquence, celle d'amener d'incessants tiraillements entre le commandant des troupes et le marquis de Vaudreuil. Celui-ci, Canadien de naissance, subissait l'influence de son entourage et favorisait des officiers de milices que leur entente avec Bigot aurait dû lui faire tenir à l'écart. Écoutant trop volontiers leurs incitations malveillantes, il reprochait aux troupes régulières de ne pas vivre en bonne intelligence avec les Canadiens, à leurs officiers de traiter les milices d'une façon hautaine et de maltraiter les sauvages. Lévis, Bougainville, Montcalm lui-même s'efforçaient vainement de l'éclairer, de lui signaler les dangers d'une pareille attitude dans une situation aussi critique. Montcalm, avec une franchise et une bonne foi dignes de ce noble cœur, écrivait à M. de Vaudreuil pour lui indiquer les inconvénients graves de l'hostilité que l'on cherchait à envenimer entre eux, et il ajoutait très loyalement : « J'ai déjà eu l'honneur de vous dire que nous comptions n'avoir tort ni l'un ni l'autre ; il faut donc croire que nous l'avons tous les deux, et qu'il faut apporter quelque changement à notre façon de procéder. »

Bougainville, envoyé par son chef auprès du gouverneur, obtint de lui la promesse de vivre en bons rapports avec le général, mais cette entente ne devait pas durer. Trop de gens travaillaient à maintenir la désunion, et Bougainville écrivait avec raison au ministre que « ces tracasseries étaient excitées entre les chefs par des subalternes intéressés à les brouiller », et que les intrigants « qui avaient peut-être un intérêt pécuniaire et de concussion à ce que les conseils d'un homme aussi intègre que juge éclairé ne fussent pas crus en tout » susciteraient sans doute de nouvelles difficultés.

Pour les Canadiens, tout en appréciant leur courage, l'endurance dont ils donnaient tant de preuves et leur adresse comme tireurs, Montcalm considérait que « des soldats qu'on ne peut garder que cinq mois en campagne ne pourraient jamais lutter contre des troupes régulières ». Comme on lui reprochait cette opinion, il répondit au ministre : « A l'égard de leur valeur, nul ne rend aux Canadiens plus de justice que moi, mais je ne les emploierai que dans leur genre et je chercherai à étayer leur bravoure de l'avantage des bois et de celle des troupes réglées. » C'est dans ces conditions, en effet, que ces intrépides colons étaient de merveilleux auxiliaires et que leur supériorité comme tireurs assurait le succès.

Quant aux sauvages, jamais homme n'eut sur eux plus d'influence que Montcalm. Dès les premiers jours de son arrivée au Canada, on vit ce lettré, cet homme d'une vivacité toute méridionale, d'une mobilité d'esprit merveilleuse, passer gravement des journées entières dans une hutte de Peaux-Rouges, assis au feu du conseil, et fumant le calumet au milieu des chefs. « Avec mes amis les sauvages, souvent insupportables, écrivait-il à sa mère, il faut avoir une patience d'ange; depuis que je suis ici, ce ne sont que visites, harangues et députations de ces messieurs; les dames des Iroquois, qui ont toujours part chez eux au gouvernement, en ont été aussi et m'ont fait l'honneur de m'apporter un collier, ce qui m'engage à les aller voir et à chanter la guerre chez eux. » En présence de ses amis rouges, il gardait « le sérieux qui sied à un guerrier et surtout à un grand chef », mais il faisait d'eux à sa mère un portrait qui complète merveilleusement ce qu'en disent toutes les relations : « Ce sont de vilains messieurs, même en sortant de leur toilette, où ils passent leur vie. Vous ne le croiriez pas, mais les hommes portent toujours, avec le casse-tête et le fusil, un miroir à la guerre pour se faire barbouiller de diverses couleurs, arranger leur plumet sur la tête, leurs pendeloques aux oreilles et aux narines. Une grande beauté, chez eux, c'est de s'être fait déchiqueter de bonne heure l'orbe des oreilles, de l'avoir allongé pour le faire tomber sur les épaules. »

Il ne fallait pas moins que la conduite si politique du général pour s'assurer le concours de ces guerriers indociles, fiers et vindicatifs, mais doués d'une subtilité inouïe, guides indispensables au milieu des forêts du nouveau monde et formidables combattants lorsque, hurlant leur cri de guerre, ils se précipitaient sur l'ennemi terrifié par leur effrayante apparition.

Manque de vivres, de chaussures et d'habillements, défaut de munitions, dissensions avec le gouverneur et l'intendant, telles sont les difficultés au milieu desquelles vont se débattre, jusqu'à la dernière heure de la lutte suprême, l'infortuné Montcalm et ses lieutenants. Lévis, dont la correspondance révèle un caractère froid et résolu, insiste continuellement sur la détresse des troupes, auxquelles une nourriture insuffisante ne permet pas de supporter les extrêmes fatigues de pareilles campagnes. « A peine avions-nous des vivres pour tenir un mois, écrit-i au printemps de l'année 1757, mais, comptant sur les secours de France, on forma les préparatifs pour faire le siège du fort William-Henry; les matériaux furent mis en mouvement de bonne heure. »

Après avoir détruit Chouaguen, il s'agissait en effet d'attaquer le fort élevé par les Anglais à l'extrémité du lac Saint-Sacrement, dont le baron de Dieskau n'avait pu s'emparer, et qui permettait à l'ennemi de réunir dans ces parages des forces nombreuses menaçant les forts Carillon et Saint-Frédéric. L'hiver, bien qu'il eût été d'une rigueur extrême, n'avait pas arrêté les hostilités. Un gros détachement comprenant deux cent cinquante soldats volontaires des régiments de la Sarre, Royal-Roussillon, Languedoc et Béarn, deux cent cinquante hommes de troupes de la colonie, six cents Canadiens et trois cents sauvages, s'était porté, sous le commandement du frère du gouverneur, Rigaud de Vaudreuil, jusqu'aux abords du fort William-Henry, franchissant soixante lieues à raquettes sur les glaces et les neiges, chacun portant ses vivres, couchant dans les bois par un froid terrible, et n'ayant qu'une simple toile pour s'abriter du vent. Mais le manque d'artillerie n'avait pas permis d'attaquer la place, et les Français avaient dû se borner à tout ravager aux alentours. Trois cent cinquante canots, quatre grandes barques armées de canons, des moulins, deux magasins remplis d'effets de troupes et de vivres, toutes les habitations entourant le fort ainsi que d'énormes approvisionnements de bois de construction et de chauffage furent incendiés, malgré les feux de mousqueterie et les coups de canon tirés des remparts; pendant quatre jours, la garnison, environnée de flammes, n'osa pas effectuer une sortie, et laissa détruire ainsi tous les préparatifs accumulés sur ce point pour une invasion du Canada par le lac Champlain. Dans cette pointe hardie sur le territoire ennemi, les divers corps composant la colonne avaient rivalisé d'entrain et d'endurance. « Les Canadiens, disait Montcalm au ministre en lui rendant compte de l'opération, ont été étonnés de voir que nos officiers et soldats ne leur ont cédé en rien dans une guerre et un genre de marche auxquels ils n'étaient pas accoutumés. Il faut en effet convenir qu'on n'a point idée en Europe d'une fatigue où l'on soit obligé pendant six semaines de marcher et coucher quasi toujours sur la neige et sur la glace, être réduits au pain et au lard et souvent traîner ou porter des vivres pour quinze jours. Nos troupes l'ont soutenu avec

SAUVAGE A SA TOILETTE.
Dessin de A. de Neuville.

beaucoup de gaieté et pas le moindre murmure. Parmi les diverses souffrances que l'on a eues dans ce détachement, l'on a éprouvé un accident singulier, c'est celui de perdre la vue totalement par la réflexion du soleil sur la glace. Il y a eu au retour un tiers d'aveugles, tant Canadiens, sauvages, que des nôtres, que leurs camarades étaient obligés de mener comme des Quinze-Vingts. Mais au bout de deux jours ils ont recouvré la vue avec des remèdes faciles. » (Lettres des 24 avril et 11 juillet 1757.) Le thermomètre était descendu pendant cette expédition à dix-huit, vingt et vingt-sept degrés au-dessous de zéro.

Les préparatifs de l'ennemi avaient été ruinés, et l'obligation où il se trouvait de les renouveler avant de pouvoir rien entreprendre permettait aux Français de conserver encore une fois l'offensive. Quelques prisonniers, amenés par des éclaireurs et interrogés sur les mouvements des troupes anglaises, donnaient lieu de croire qu'une partie de leurs forces, sous le commandement du général Loudoun, se portait vers Louisbourg pour en entreprendre le siège. Il fallait profiter de leur éloignement pour attaquer le fort William-Henry, et supprimer enfin ce dangereux voisinage. « Nous allons nous mouvoir dans quelques jours, écrit Montcalm à sa mère le 25 avril 1757; un corps de Canadiens part pour la Belle-Rivière à trois cents lieues d'ici; des troupes de terre, qui ont passé l'hiver à cent vingt lieues, pourront les suivre. M. de Bourlamaque part aussi avec des troupes pour le fort de Carillon, que j'avais mis hors d'insulte et approvisionné; le reste s'avance sur la frontière. »

Mais il était d'abord nécessaire de réunir des vivres. On en fit faire dans les campagnes la recherche exacte, facilitée du reste par la bonne volonté des Canadiens auxquels on laissait espérer que les approvisionnements destinés par la cour à la colonie, et que le gouverneur avait demandés avec instance, ne tarderaient pas à arriver pour remplacer ce qu'on leur prenait.

Puis il y eut à attendre les sauvages alliés; toutes les nations des pays d'en haut avaient été convoquées à Montréal; trente-deux avaient répondu à cet appel. Le 22 juillet, deux cents canots montés par deux mille guerriers étaient réunis sous les remparts du fort de Carillon; beaucoup d'entre eux avaient parcouru trois et quatre cents lieues pour se trouver au rendez-vous. Un des principaux chefs de ces nations, s'adressant à Montcalm, lui dit au nom de tous, dans sa langue imagée : « Nous voulons essayer sur les Anglais le tomahawk de nos pères, afin de voir s'il coupe bien ! »

A la fin de juillet, trois mille hommes de troupes, deux mille cinq cents Canadiens et les sauvages étant rassemblés, les opérations commencèrent aussitôt. Pendant qu'à grand'peine les soldats, officiers en tête, traînaient ou portaient à bras, en six jours, trente-deux pièces de canon, cinq mortiers, cinq cents canots, les munitions et les vivres du lac Champlain au lac Saint-Sacrement, les sauvages s'avancèrent en éclaireurs vers le fort William-Henry. Un de leurs détachements, conduit par des Canadiens, aperçut dans le lointain, au petit jour, une troupe en reconnaissance sur le lac Saint-Sacrement. Elle était composée de trois cent cinquante soldats anglais et onze officiers montés sur vingt-deux berges. Les sauvages, embusqués dans les bois le long du lac, laissèrent s'approcher à portée les embarcations ennemies, puis ouvrirent sur elles un feu meurtrier et se jetèrent avec leurs légers canots à leur poursuite. Les hurlements des agresseurs et la vigueur de l'attaque imprimèrent aux adversaires une telle frayeur qu'ils n'opposèrent qu'une faible résistance. Deux berges parvinrent à se sauver à force de rames; toutes les autres furent prises ou coulées à fond. Cinq officiers et cent cinquante-six hommes restèrent aux mains des assaillants; cent cinquante furent tués ou noyés.

L'arrivée des vainqueurs avec leurs prisonniers au milieu du campement français répandit dans les troupes la plus vive allégresse; elles voyaient dans cet heureux coup de main le présage du succès de la campagne qui commençait. Mais les sauvages faillirent la compromettre en voulant se disperser et regagner leurs villages. Ils considéraient en effet qu'après avoir ainsi frappé sur l'adversaire, c'était tenter le Maître de la vie que de continuer la lutte, et « leur esprit superstitieux et inquiet à l'excès jonglait, rêvait et se figurait que tout délai pouvait leur être fatal ». (Bougainville.)

Montcalm, qui connaissait leurs usages et leurs préjugés comme s'il avait été élevé dans une de leurs cabanes, les réunit en conseil et les écouta patiemment. Après que chacun des chefs eut parlé librement, il se leva, répondit à leurs objections, leur dit que le grand Onontio, le roi de France, l'avait envoyé au milieu d'eux pour défendre ses enfants, et qu'ils ne pouvaient pas le quitter ainsi, l'abandonner au début de la lutte engagée contre leurs ennemis communs. Il acheva son discours en jetant à leurs pieds un collier, gage sacré de sa parole et image de leur union.

Un chef outaouais, portant sur la poitrine une médaille à l'effigie du roi, ramassa le collier et déclara solennellement au nom de tous qu'ils obéiraient à la volonté de leur père. Puis, du sein de cette foule frémissante, une voix s'éleva, invoquant les esprits : « Manitous, vous tous qui êtes dans les airs, sur la terre et sous nos pieds, détruisez nos ennemis, livrez-nous leurs dépouilles et ornez nos cabanes de leurs sanglantes chevelures! » Une explosion de hurlements et de cris de guerre répondit à ce chant. Montcalm pouvait compter sur ses alliés.

Tandis que le chevalier de Lévis, avec trois mille hommes, suivait par terre à travers les taillis et les bois les bords du lac Saint-Sacrement jusqu'en vue des retranchements de William-Henry, le reste des troupes gagnait par eau la plage la plus voisine, et, le 30 juillet, l'armée était concentrée à une demi-lieue du fort. Pendant cette opération, les sauvages, contournant la place dont la forêt facilitait l'approche, allaient occuper les sentiers et intercepter toute communication avec le fort Lydius, situé à six lieues de distance, et où se trouvait le colonel Webb avec quatre mille hommes.

Le fort William-Henry, disposé en carré garni de quatre bastions, était entouré de murs de quatre à cinq mètres d'épaisseur formés de gros troncs d'arbres soutenus par des pieux et garnis de terre, avec fossés et terrassements défendus par vingt-cinq pièces d'artillerie. Cinq cents hommes en constituaient la garnison. A quelque distance, une hauteur rocheuse dominait les alentours; on y avait établi un camp retranché, occupé par dix-sept cents hommes destinés à relever à tour de rôle la garnison du fort.

Le chevalier de Lévis, à qui Montcalm avait confié le commandement de l'avant-garde, commença les approches. Repoussant vivement les postes avancés de l'ennemi qu'il rejeta dans la place, il gagna le chemin du fort Lydius, investit le fort et le camp retranché, et prit ses dispositions pour faire front aux secours que le colonel Webb allait sans doute envoyer aux assiégés. Ses éclaireurs firent quelques prisonniers par lesquels il apprit qu'un renfort d'un millier d'hommes était arrivé la veille au fort William-Henry et que le camp renfermait deux mille soldats et miliciens. Les retranchements ne pouvaient être enlevés par une attaque de vive force. Montcalm, renonçant à un assaut qu'un ennemi nombreux, à l'abri de solides fortifications, aurait certainement repoussé, se décida à commencer le siège du fort, pendant que Rigaud de Vaudreuil, à la tête des sauvages et des Canadiens, occupait les troupes concentrées dans le camp retranché. M. de Bourlamaque fut chargé comme ingénieur de diriger les travaux d'approche.

Tous les préparatifs étant achevés le 3 août, Montcalm somma en ces termes le colonel Munro, commandant du fort, d'avoir à se rendre : « J'ai ce matin investi votre place avec une nombreuse armée, une artillerie supérieure et tous les sauvages des pays d'en haut, dont un détachement de votre garnison a trop appris récemment à connaître la férocité. Je suis obligé, par humanité, de désirer que vous vous rendiez. Il est encore en mon pouvoir de retenir les sauvages et de les obliger à observer une capitulation, alors qu'aucun d'eux n'a encore été tué ; cela ne me sera plus possible dans d'autres circonstances, et votre insistance à défendre votre fort ne peut en retarder la perte que de peu de jours en exposant sans nécessité une malheureuse garnison qui ne peut recevoir aucun secours par suite des précautions que j'ai prises. »

Le colonel Munro répondit : « Monsieur le général, je vous suis obligé des offres gracieuses que vous me faites, mais je ne puis les accepter. Je crains peu la barbarie ; j'ai d'ailleurs sous mes ordres des soldats disposés comme moi à périr ou à vaincre. »

La parole était au canon. La tranchée, ouverte le 4 août vers huit heures du soir, malgré le feu de l'artillerie anglaise, permit d'installer les batteries à six cents mètres des remparts et de commencer à tirer sur la place, au milieu des cris de joie des sauvages, ravis de voir parler les « gros fusils ». Soldats et Canadiens, enflammés par l'exemple de Montcalm, dont la vivacité et l'entrain les électrisaient, s'étaient employés avec une indicible ardeur à creuser le sol et à traîner sur un espace d'une demi-lieue, à travers les fourrés et les rochers, les pièces destinées au siège ; les sauvages eux-mêmes, armés de pelles et de pioches, ouvrirent une tranchée vers le camp qu'ils étaient chargés de surveiller, et furent bientôt à portée de fusil. Profitant alors des épaulements de terrain qui les masquaient, ils dirigèrent sur les palissades un feu tel qu'il ne permit pas à l'ennemi de tenter une sortie.

Cinq cents hommes soutenus par trois cents grenadiers étaient employés aux tranchées, dont les travaux furent poussés avec la plus grande vivacité, malgré le tir continuel de la place. Le quatrième jour, la dernière parallèle était ouverte à soixante-dix mètres des remparts. Le 7, vers le soir, cinq cents soldats essayèrent une sortie du camp retranché, pour communiquer avec le fort Lydius ; M. de Villiers, avec un petit corps de sauvages et de Canadiens, les arrêta dans leur marche et, après en avoir tué soixante, rejeta le reste dans la place en faisant quelques prisonniers.

Malgré la vigueur de l'attaque et la rapidité avec laquelle les assiégeants gagnaient du terrain, le colonel Munro résistait énergiquement ; il comptait sur la prochaine arrivée du colonel Webb qui, du fort Lydius, pouvait entendre les roulements incessants du canon. Une communication de Montcalm réduisit à néant cette espérance. Des sauvages, embusqués dans les bois en avant des grand'gardes, surprirent deux courriers partis du fort Lydius. L'un fut pris, l'autre tué ; en fouillant ce dernier, on trouva sur lui une lettre cachée dans une balle creuse. Elle était du colonel Webb. Il mandait à Munro que la situation dans laquelle il se trouvait ne lui permettait ni d'aller à son secours, ni de se dégarnir d'une partie de ses troupes ; que les Français, d'après ses renseignements, étaient au nombre de onze mille, avec une artillerie considérable, et qu'il lui conseillait de se rendre en se ménageant les conditions les plus avantageuses, à moins qu'il ne fût en état d'attendre l'arrivée des renforts demandés à Albany. Montcalm, mis en possession de ce document, écrivit aussitôt au commandant anglais : « Monsieur, un de mes partis rentré hier au soir avec des prisonniers, m'a procuré la lettre que je vous envoie par une suite de la générosité dont je fais profession vis-à-vis de ceux avec qui je suis obligé de faire la guerre. »

Munro fut atterré par cette communication, et profondément découragé par l'abandon d'un frère d'armes sur le secours duquel il avait cru pouvoir compter; il voyait ses batteries démontées, ses soldats décimés par le tir meurtrier des

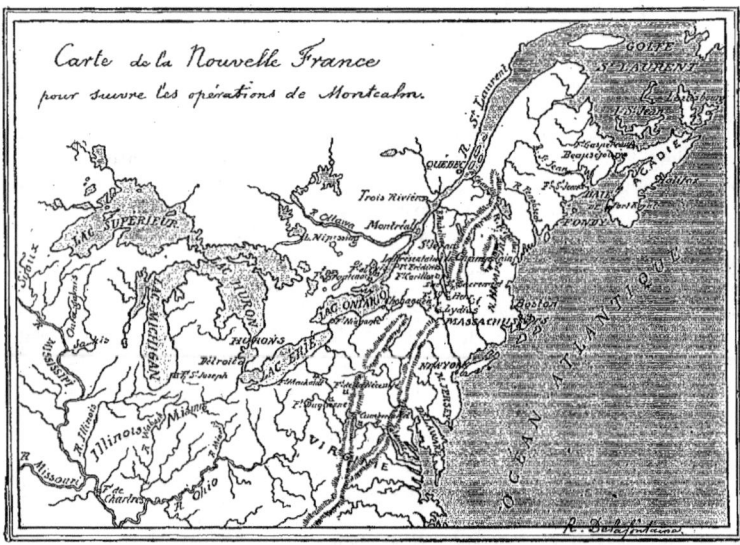

Français; ceux qui restaient, malgré leur nombre, étaient démoralisés par les progrès rapides des assiégeants et les vociférations des sauvages se préparant à l'assaut, au massacre et au pillage. Le 9 août, à sept heures du matin, le drapeau blanc était hissé sur les remparts croulants; Munro demandait à capituler. Montcalm, pour rendre hommage à la belle défense du vieil officier que le sort des armes mettait à sa merci, lui accorda la sortie de la garnison du fort et des troupes du camp retranché avec les honneurs de la guerre; les bagages des officiers, les effets des soldats et leurs armes leur étaient laissés. Aucun d'eux, aux termes de l'article 4 de la capitulation, ne devait servir pendant dix-huit mois contre la France et ses alliés. L'article 5 spécifiait que tous les officiers et soldats français, ainsi que les Canadiens et les sauvages faits prisonniers depuis le commencement de la guerre dans l'Amérique du Nord, seraient délivrés en échange dans un délai de trois mois. Enfin, pour escorter les Anglais sur la route du fort Lydius, il fut convenu qu'un détachement, avec quelques officiers ou interprètes attachés aux sauvages, les accompagnerait le lendemain matin jusqu'à une certaine distance. On trouva dans le fort quarante-trois bouches à feu, trente-cinq mille livres de poudre et des vivres en quantité suffisante pour nourrir l'armée pendant six semaines. C'était afin de réserver ces approvisionnements pour ses propres troupes que Montcalm autorisait les deux mille cinq cents prisonniers, que la reddition du fort William-Henry lui livrait, à regagner le territoire anglais; jamais il n'aurait pu alimenter tout ce monde.

Les signatures échangées, les vaincus se retirèrent dans leur camp, pendant que les troupes de service à la tranchée, sous la direction de Bougainville, prenaient possession du fort qu'elles devaient détruire jusqu'aux fondements après l'enlèvement de l'artillerie et des vivres.

Avant d'accorder la capitulation, Montcalm avait voulu prendre l'avis de toutes les nations sauvages, afin de les adoucir par cette condescendance et de rendre inviolable le traité par leur agrément. « Tous les chefs avaient approuvé les articles de la convention et s'étaient engagés à maintenir la jeunesse dans le devoir. » Mais on sait quelle faible influence ils exerçaient sur les guerriers qui les accompagnaient, surtout lorsque l'eau-de-feu qu'ils recherchaient avidement les transformait en fous furieux. Aussi Bougainville, en exécution des ordres de Montcalm, fit-il immédiatement défoncer tous les tonneaux de spiritueux qui furent trouvés dans le fort. Malheureusement, les Anglais, croyant se concilier ainsi les Peaux-Rouges, dont ils avaient une frayeur inconcevable, leur distribuèrent pendant la nuit, malgré les conseils des officiers français, le rhum et l'eau-de-vie dont ils étaient restés détenteurs. L'ivresse produisit alors chez les sauvages ses terribles effets. Frustrés, les uns dans leurs espérances de pillage, les autres, comme les Abénaquis, dans leurs idées de vengeance contre des ennemis abhorrés, ils se répandirent dans les bois au moment du départ des prisonniers avec leur escorte et, se mêlant à elle à une demi-lieue du fort, commencèrent à piller les bagages. Ils se ruèrent ensuite sur les Anglais dont ils tuèrent une cinquantaine, pendant que les autres, jetant leurs armes et même leurs habits, prenaient la fuite de tous côtés. Les quatre cents hommes d'escorte, au milieu de cette bagarre, s'étaient précipités au-devant des Peaux-Rouges pour les désarmer et leur arracher les victimes qu'ils entraînaient. Le chevalier de Lévis, les officiers français et canadiens, indignés, intervinrent au péril de leur vie pour mettre un terme à ce désordre; Montcalm, accouru aux cris des blessés et des fuyards, se multiplia pour arrêter le tumulte : plusieurs soldats, exécutant ses ordres, furent blessés ou tués. Tous ces efforts aboutirent enfin et les sauvages se dispersèrent, emportant les dépouilles de leurs victimes et entraînant de nombreux prisonniers que Montcalm parvint à leur arracher à force de prières, de menaces et de promesses. Beaucoup étaient nus lorsqu'ils furent délivrés; nos soldats partagèrent avec eux leurs vêtements. « Les Anglais, dit Lévis dans son journal, ne doivent s'en prendre qu'à eux-mêmes de l'infraction qui a été faite de la capitulation par les sauvages, puisqu'ils leur ont donné de l'eau-de-vie malgré la recommandation qu'on leur avait faite de ne leur donner aucune boisson. Ils doivent être satisfaits de ce qu'ils ont vu que toutes les troupes françaises et les Canadiens, de même que les officiers supérieurs, ont exposé leur vie pour les tirer des mains et de la fureur des sauvages, et l'on comprendra avec peine comment deux mille trois cents hommes armés se sont laissé déshabiller par des sauvages qui n'étaient armés que de lances et de casse-têtes sans qu'ils aient fait seulement mine de se mettre en défense. Sans le secours qu'ils ont reçu des officiers français, ils auraient été tous tués. »

Montcalm, en même temps qu'il renvoyait sous bonne garde au fort Lydius tous les Anglais qu'il avait délivrés, écrivit à lord Loudoun, pour lui faire connaître les faits, la lettre suivante :

« Le 14 août 1757.

« Mylord, la défense honorable du colonel Munro m'a déterminé à lui accorder et à sa garnison une capitulation honorable ; elle n'aurait pas souffert la moindre altération si vos soldats n'avaient donné du rhum, si cette troupe avait voulu sortir avec plus d'ordre et ne pas prendre une terreur de nos sauvages qui a enhardi ces derniers, en un mot s'ils avaient voulu exécuter ce que je leur avais fait prescrire pour leur propre avantage. Vous savez ce que c'est de contenir trois mille sauvages de trente-trois nations différentes, et je n'en avais que trop de crainte que je n'avais pas laissé ignorer au commandant du fort dans ma sommation. Je m'estime heureux que le désordre n'ait pas eu de suites aussi fâcheuses que j'étais en droit de le craindre, et je me sais gré de m'être exposé personnellement ainsi que mes officiers pour la défense des vôtres qui rendent justice à tout ce que j'ai fait dans cette occasion. — J'ai retiré des sauvages plus de quatre cents prisonniers et le peu qui reste entre leurs mains sera rassemblé par M. le marquis de Vaudreuil à qui j'ai dépêché un courrier. »

Le gouvernement anglais annula la capitulation et refusa de rendre ses prisonniers en échange de ceux que Montcalm avait délivrés. Ce dernier fut odieusement accusé à Londres d'avoir fait volontairement massacrer des vaincus désarmés, et cette assertion mensongère, répandue dans l'Amérique anglaise, y entretint la haine des Français en même temps que l'effroi de leurs sanglantes incursions. L'Angleterre n'avait pas besoin de prétextes pour manquer à la parole donnée ; elle avait déjà laissé inexécutée la convention signée par Washington après la reddition par ce dernier du fort où il s'était réfugié à la suite de l'assassinat de M. de Jumonville, car dans la même lettre à lord Loudoun, du 14 août 1757, Montcalm, s'en rapportant, sur le nombre des prisonniers à rendre, à la bonne foi de ce général, ajoutait : « Je réclame nommément Laforce, Canadien, qui aurait dû être renvoyé par la capitulation du fort Nécessité. »

Les Anglais conduits sous escorte au fort Lydius, il fut procédé à l'enlèvement des munitions et des provisions restées dans le fort William-Henry, puis à sa démolition et à la destruction de tout le matériel qui ne pouvait être emporté. Lorsque les dernières compagnies de l'armée victorieuse se retirèrent, la citadelle n'était plus qu'un monceau de décombres ; les remparts détruits par la mine, les poutres carbonisées, les canons éclatés ou démontés jonchaient confusément le sol, et des corbeaux affamés, flairant des cadavres, planaient seuls au-dessus de ce désert.

Les instructions rédigées par le gouverneur et remises au marquis de Montcalm portaient que s'il parvenait à réduire le fort William-Henry, « le fort Lydius en serait intimidé au point de n'opposer qu'une faible résistance » ; il n'aurait donc « rien de plus pressé que de s'y rendre avec son armée et d'en faire le siège, à moins qu'il n'y eût évidence de compromettre les forces de la colonie dans cette expédition ». En tout cas, le général était invité « à renvoyer vers la fin du mois d'août les nations des pays d'en haut et la plus grande partie des Canadiens pour faire les récoltes ». (Collection de manuscrits relatifs à la Nouvelle-France.) Mais les sauvages, le fort pris et les prisonniers arrachés de leurs mains par les officiers français, s'étaient dispersés sans attendre davantage, chacun regagnant sa bourgade avec les chevelures enlevées à l'ennemi ; il ne restait à Montcalm que les troupes et les milices dont la présence était réclamée dans la colonie pour les travaux de la moisson. Le fort Lydius était à l'abri d'un coup de main ; ses remparts couverts d'une nombreuse artillerie exigeaient un siège en règle ; et une garnison de quatre mille hommes, renfermée dans la place, recevait chaque jour des renforts de l'intérieur. De munitions et de vivres, l'armée n'avait plus que ceux enlevés au fort William-Henry, et leur transport à Carillon exigeait toutes les forces dont il était possible de disposer. Après en avoir délibéré, l'entreprise n'ayant aucune chance de succès dans les conditions où l'on se trouvait, Montcalm, à qui ses instructions recommandaient surtout « de prendre les plus justes mesures pour ne pas recevoir d'échec », y renonça pour cette année, et regagna le fort Carillon. Les derniers convois y parvenaient le 1ᵉʳ septembre et, la saison s'avançant, les troupes furent dirigées sur leurs cantonnements pour y passer l'hiver.

La détermination du général était d'autant plus justifiée que l'intendant lui écrivait dès le 16 août : « Le parti que vous avez pris de ne point faire le siège du fort Lydius et de ne pas prendre la garnison prisonnière de guerre est des plus convenables à tous égards ; nous n'aurions pu la nourrir, et il aurait été bien à craindre que la récolte du gouvernement de Montréal eût été perdue si vous aviez gardé les habitants plus longtemps. Vous n'aviez pas assez de vivres à Carillon pour cette entreprise ; je n'aurais pu faire subsister votre armée sur le lac Saint-Sacrement passé le mois d'août. »

Les résultats de la campagne de 1757 dans le nouveau monde étaient en définitive à l'avantage de la France ; l'armée anglaise, malgré son énorme supériorité numérique, était restée impuissante ; la démonstration sur Louisbourg du général Loudoun n'avait pas abouti par suite de l'arrivée dans ce port d'une flotte française ; les partis qui s'étaient aventurés dans la vallée de l'Ohio avaient été détruits ; la prise du fort William-Henry jetait un nouvel éclat sur nos armes, et les communications par les lacs avec la vallée du Mississipi et la Louisiane étaient maintenues. Mais l'effort accompli avait aggravé la situation si pénible de la colonie ; les récoltes endommagées par les pluies et des gelées précoces n'avaient pas donné les résultats qu'on espérait : il fallut encore réduire la population à un quart de livre de pain par jour, les soldats à une demi-livre, et remplacer la viande de bœuf par du cheval et de la morue salée.

Comme pour insulter à cette misère si vaillamment supportée, à ces souffrances de tout un peuple, les bals et les fêtes se succédaient chez l'intendant à Québec ; on y jouait un jeu à faire trembler les plus déterminés, et Bigot, qui faisait les honneurs de la partie, y perdait deux cent mille livres.

CHAPITRE XIII

BATAILLE DE CARILLON — MORT DE MONTCALM

Les échecs subis en Amérique et en Europe avaient produit en Angleterre une profonde émotion, et l'opinion publique, vivement surexcitée, avait imposé l'entrée dans le ministère d'un homme entre les mains duquel tous les partis abdiquèrent, et qui, par son énergie, son obstination, allait incarner la nation anglaise dans sa lutte contre la France. De scrupules, William Pitt n'en connaissait point ; il n'avait qu'un but, la grandeur de sa patrie poursuivie par tous les moyens, au mépris des droits de l'étranger et de l'humanité. « Il haïssait la France comme un Romain haïssait Carthage, et son avènement était le signal d'une guerre à mort. » (Henri Martin.) Chargé des ministères de la guerre et des affaires étrangères, agissant en véritable dictateur et soutenu par toute la nation qui partageait ses passions et ses haines, il lui rendit bientôt par ses actes une confiance en elle-même qu'elle avait perdue après les revers éprouvés en Allemagne, la prise de Port-Mahon par le duc de Richelieu et les succès de Montcalm au Canada. L'organisation des milices remit des armes aux mains du peuple qui en avait désappris l'usage ; parmi les montagnards écossais récemment révoltés, trois mille furent enrôlés, organisés en régiments et envoyés à la Nouvelle-Angleterre ; on leva plus de cent mille hommes pour les services de mer et de terre ; le Parlement accorda deux cents millions de subsides. L'amiral Bing, qui avait eu le tort de se laisser vaincre par M. de La Galissonnière dans la Méditerranée et de ne pas sauver Minorque, fut impitoyablement traduit devant un conseil de guerre, condamné à mort et fusillé ; les états-majors épurés virent disparaître les officiers de cour et les nullités qui les encombraient ; d'immenses préparatifs s'effectuèrent enfin pour enlever le Canada à la domination française. Pitt, avec le génie de l'homme d'État, considérait que la prise de cette colonie, en débarrassant l'Amérique anglaise d'un dangereux voisinage, assurerait dans le nouveau monde, dont il entrevoyait l'avenir sans limites, la suprématie définitive de l'Angleterre. Il régla en conséquence le plan des opérations de la campagne de 1758, bien décidé à écraser l'ennemi sous le poids de forces dix fois supérieures. Il s'inspira dans ce but des avis d'un homme qui connaissait admirablement les contrées où la lutte décisive allait s'engager ; c'était Benjamin Franklin, alors agent à Londres de plusieurs des colonies anglo-américaines.

Mis en rapport avec le ministre et ses secrétaires, Franklin ne cessa de leur signaler la nécessité d'arracher à la France sa colonie ; il indiquait en même temps les voies et moyens pour y réussir. Communications, brochures, il employa tous les procédés pour imposer son opinion. Prendre et garder le Canada, telle était son invariable conclusion, qu'il finit par faire triompher. La guerre terminée, il insista avec la plus vive ardeur auprès du gouvernement anglais et de William Pitt en particulier pour que le territoire conquis ne fût pas rendu à la France ; sa conservation était, selon lui, nécessaire pour la sûreté de la Nouvelle-Angleterre qui ne pourrait plus ainsi être envahie ou inquiétée de ce côté. Ce fut le même homme qui, reçu plus tard en France avec un fol enthousiasme comme représentant des colonies anglaises révoltées, obtint le concours de nos armées en spécifiant que le gouvernement français, oubliant les soixante mille sujets qu'il avait abandonnés sur les bords du Saint-Laurent, s'abstiendrait de réclamer, comme prix de son alliance, la rétrocession du Canada cédé à l'ennemi !

Le plan d'attaque, mûrement élaboré, consista :

Dans le siège et la prise de Louisbourg, afin d'isoler complètement le Canada et de fermer aux secours qui pourraient être envoyés de France l'entrée du golfe Saint-Laurent ;

Dans une invasion simultanée de la colonie par une nombreuse armée réunie au fort Lydius, dont les forces écrasantes ne permettraient pas aux faibles détachements français d'arrêter la marche par le lac Champlain sur Montréal et Québec.

Ces deux attaques, savamment combinées, préparées avec tous les moyens dont pouvait disposer le cabinet anglais, furent conduites avec la même vigueur, sinon avec le même succès.

Vingt vaisseaux de ligne, dix-huit frégates, et quatorze mille hommes de troupes, sous le commandement du général Amherst, furent dirigés sur Louisbourg.

Les milices des colonies et les régiments envoyés d'Angleterre, formant une masse de cinquante mille hommes, destinés à opérer à la fois dans la vallée de l'Ohio et sur le lac Champlain, reçurent pour chef le général Abercromby, sur l'énergie duquel Pitt comptait pour anéantir un adversaire à qui son infériorité numérique n'allait plus permettre une sérieuse résistance. Quelle défense, en effet, le Canada pouvait-il opposer à ce formidable assaut ? Une garnison de trois mille hommes, en y comprenant six cents miliciens et sauvages, défendait Louisbourg ; cinq mille sept cent quatre-vingts hommes de troupes régulières, les sauvages et les miliciens de quinze à soixante ans, au total quatorze à quinze mille hommes, gardaient sur le continent les divers postes épars sur des centaines de lieues, depuis l'embouchure du Saint-Laurent et les frontières d'Acadie jusqu'aux pays d'en haut. La population était réduite à deux onces de pain par jour et les arrivages de France étaient attendus avec une impatience fébrile.

« L'article des vivres me fait frémir, disait Montcalm dans une de ses lettres. Il nous est arrivé dans la rade de Québec une frégate, une prise anglaise que la frégate a faite chemin faisant, et dix navires chargés, partis de Bordeaux, portant des vivres arrivés au dernier instant, le peuple commençant à brouter, et la substance du soldat réduite à une demi-livre de pain encore pour un mois. »

Le 18 avril 1758, au moment où commençaient les préparatifs de la nouvelle campagne, le général, convaincu que la supériorité des forces ennemies ne lui permettrait plus de prendre l'offensive, écrivait à sa mère : « Nous ne pouvons douter que les Anglais, qui ont reçu du renfort en automne, n'aient dans l'Amérique septentrionale, avec leurs montagnards d'Écosse, vingt-trois bataillons de troupes de la vieille Angleterre bien complets. Quand même nous ne ferions qu'une défensive, pourvu qu'elle arrête l'ennemi, elle ne sera pas sans mérite. Imaginez que je ne puis être en campagne avec des forces médiocres avant six semaines, et toujours obligé de licencier moitié de mon armée pour la récolte. Pour cette année-ci, je croirai faire beaucoup de parer à tout; ainsi n'attendez rien de brillant; je veux être Fabius plus qu'Annibal, et c'est nécessaire. »

WILLIAM PITT.
Dessin de Ronjat.

Enfin, le 10 avril, il disait au ministre : « Nous sommes toujours dans la même position, grande disette de vivres, beaucoup de misère dans le peuple, de patience et de bonne volonté de la part du soldat qui est toujours réduit à vivre de cheval et à n'avoir qu'une demi-livre de pain, grande impatience de recevoir les secours en vivres que nous attendons de France. »

Dans une telle situation, il fallait se préparer à recevoir le choc de l'ennemi et à résister de son mieux. C'est ce que Montcalm faisait connaître le 16 juin au ministre, en ajoutant : « Nous combattrons, nous nous ensevelirons s'il le faut sous les ruines de la colonie. »

Pendant que le général Abercromby se hâtait de réunir ses troupes et les milices au fort Lydius, la flotte anglaise, sous les ordres de l'amiral Boscawen, arrivait le 2 juin devant Louisbourg. Les fortifications de la place, malgré tout ce qu'avait pu faire le gouverneur, M. de Drucourt, tombaient en ruines. Les revêtements des courtines étaient en partie écroulés, et il fallait enlever les décombres des maçonneries gisant au pied des remparts dont ils rendaient l'accès facile pour l'escalade. « Rien dans ce pays, dit un témoin du siège, ne tient contre la rigueur des saisons. La terre de Louisbourg, quand elle est sèche, n'a pas plus de consistance que la tourbe et la cendre. L'air de la mer, joint aux pluies et aux neiges, détruit toute maçonnerie si elle n'est pas revêtue de madriers. Il y avait autant à craindre du détonement de notre canon que de celui de l'ennemi, et cette raison a souvent empêché d'en tirer. » (Rapport de M. de La Haulière, 6 août 1758. Dépôt de la Guerre.)

Le chevalier de Drucourt, convaincu qu'il valait mieux essayer de s'opposer au débarquement de l'ennemi que de l'attendre derrière des murailles délabrées, disposa la plus grande partie de ses troupes le long de la côte; il établit en outre aux points les plus accessibles des batteries que protégeaient des abatis d'arbres. Pendant six jours, il réussit à repousser toutes les tentatives des Anglais qui perdirent dans ces divers engagements plus de cinq cents hommes; mais une centaine de tirailleurs, conduits par le général Wolfe, ayant escaladé un rocher couvert d'épais buissons, parvinrent à s'y maintenir, grâce à l'appui des canons des vaisseaux, et permirent à d'autres troupes de mettre pied à terre. La garnison française, pour éviter d'être tournée, se vit dès lors contrainte de rentrer dans la place, après en avoir brûlé les faubourgs afin d'empêcher les assiégeants de s'y retrancher.

Les travaux du siège, qui furent conduits avec vigueur, commencèrent aussitôt. Dès que l'artillerie eut été débarquée, deux batteries installées sur des hauteurs dominant la rade commencèrent le 19 juin à tirer sur les navires et sur la ville. Les pièces qui défendaient l'entrée du port, couvertes de boulets et de bombes par la flotte anglaise, et celles des tranchées ayant été successivement démontées, M. de Drucourt, afin de s'opposer à l'entrée de l'ennemi dans le port, fit couler dans la passe, le 29 juin, deux frégates et quatre bâtiments marchands. Mais les travaux d'approche des assiégeants, favorisés par une brume épaisse, leur permirent d'établir de nouvelles batteries, et d'augmenter la puissance de leur tir. Le 21 juillet, une bombe tombée sur un des vaisseaux restés à flot y mit le feu et le fit sauter. Deux autres, atteints par les flammes qu'il vomissait, furent également détruits. Les deux derniers parvinrent à grand'peine à échapper au désastre en passant entre les navires embrasés et les batteries anglaises dont le tir redoublait pour augmenter l'incendie. « Il y eut beaucoup de monde tué en y portant du secours; cela fit un triste et affreux spectacle. »

M. de Drucourt résistait de toutes ses forces aux attaques des assiégeants. Il savait que l'armée qui attaquait Louisbourg devait, après la prise de la ville, aller se joindre aux troupes du général Abercromby pour envahir le Canada, et chaque jour de retard enlevait une chance à l'ennemi d'opérer sa jonction en temps utile. La femme du gouverneur lui apporta dans cette lutte acharnée le plus précieux concours. Pour encourager les troupes, elle allait chaque jour dans les batteries les plus exposées mettre le feu à plusieurs pièces de canon; elle visitait les blessés, les pansait et relevait par de douces paroles leur courage abattu. Son mépris du danger et son admirable conduite contribuèrent efficacement à soutenir le moral des hommes et à prolonger la résistance jusqu'à la plus extrême limite. Mais les

BATAILLE DE CARILLON. — MORT DE MONTCALM.

murailles croulaient de toutes parts sous le feu des assiégeants; plusieurs brèches qu'il était impossible de réparer rendaient facile un assaut meurtrier; les casernes étaient incendiées; des deux derniers navires restés à flot, l'un avait été enlevé par un coup de main de l'ennemi, l'autre brûlé; la garnison avait perdu par le feu et les maladies plus de quinze cents hommes; ceux qui survivaient étaient excédés de fatigue et incapables de résister à une nouvelle attaque; il ne restait de la ville qu'un monceau de ruines, les remparts étaient renversés et tous les canons, sauf douze pièces, démontés. La place avait pendant deux mois tenu l'ennemi en échec. Le 26 juillet, le gouverneur réunit son conseil; l'avis unanime fut qu'une plus longue résistance était impossible. Amherst, renseigné par des déserteurs sur la situation désespérée des assiégés et ayant déjà pris ses dispositions pour une attaque générale par terre et par mer, exigea que la garnison se rendît prisonnière de guerre. Pour éviter un assaut qu'il aurait été hors d'état de repousser et préserver les habitants du meurtre et du pillage, M. de Drucourt finit par accepter cette dure condition. « Je n'aurais pas hésité un instant, dit-il dans son Mémoire sur le siège, à sacrifier le reste de la garnison ainsi que le peuple qui était dans la ville si j'avais aperçu le plus léger avantage pour le bien du service du roi. » La capitulation fut signée le 26 juillet et la place rendue le même jour. « Les soldats anglais n'y entrèrent pas seulement par la brèche, mais par dix endroits différents, auxquels les officiers supérieurs furent obligés de faire mettre des sentinelles pour empêcher le pillage et la licence. Au moment de la reddition, l'ennemi avait en batterie quarante-deux mortiers et soixante-cinq pièces de trente-six et de vingt-quatre, outre l'artillerie de vingt-quatre vaisseaux de ligne et dix-huit frégates. » (De La Haulière.) La garnison, les matelots et les troupes de marine restèrent prisonniers de guerre. Les habitants furent transportés en France. Les efforts désespérés du chevalier de Drucourt et des officiers sous ses ordres pour tenir dans une place à demi démantelée avaient immobilisé pendant de longues semaines la flotte anglaise et une armée entière devant les murs croulants de Louisbourg. Leur résistance prolongée avait empêché le général Amherst, retenu devant cette ville, de s'embarquer avec ses troupes et de se porter sur Québec, dont l'attaque aurait perdu le Canada en obligeant Montcalm à diviser ses forces pour faire face aux envahisseurs.

Pendant que la première armée assiégeait Louisbourg, le corps d'invasion, s'élevant à vingt-cinq mille hommes, se réunissait au fort Lydius sous les ordres du général Abercromby. Neuf cents bateaux, cent trente-cinq grandes chaloupes devaient servir au transport des troupes sur les lacs Saint-Sacrement et Champlain; l'artillerie et le matériel, les vivres et les munitions étaient chargés sur de nombreux radeaux; on n'attendait plus que le signal du départ. Soldats réguliers, bataillons écossais, miliciens, tous étaient prêts à marcher à la voix de leurs pasteurs contre les Canadiens papistes et « à renouveler les jours où Moïse, les foudres de Dieu à la main, envoyait Josué contre les Amalécites ». La confiance dans le succès était générale, et les forces réunies pour accabler l'ennemi donnaient lieu de croire que la résistance serait insignifiante. Les éléments eux-mêmes contribuaient à entretenir l'enthousiasme. Au moment où l'armée s'embarquait sur le lac Saint-Sacrement, « le ciel était pur et le temps superbe, dit un des membres de l'expédition; la flotte avançait au son d'une musique guerrière.

Les drapeaux flottaient étincelants aux rayons du soleil et l'espoir du triomphe brillait dans tous les yeux. Le ciel, la terre et tout ce qui nous environnait présentaient un spectacle enchanteur. Le soleil, depuis qu'il a commencé son cours dans les cieux, a rarement éclairé tant de beauté et de magnificence. » (Dwight.) Cet enchantement allait bientôt faire place à l'effroi et aux tristesses de la déroute. Pendant que le chevalier de Lévis, à la tête de quelques centaines d'hommes, devait tenter une diversion au sud du lac Ontario, Montcalm partait le 24 juin de Montréal pour le fort de Carillon autour duquel trois mille hommes étaient réunis le 30. Informé par ses éclaireurs de la concentration de l'ennemi sur les bords du lac Saint-Sacrement, à l'emplacement même du fort William-Henry détruit l'année précédente, il envoya l'ordre à Lévis de le rejoindre à marches forcées et fit presser les secours que le gouverneur lui avait promis. Six cents hommes purent ainsi atteindre Carillon avant que la bataille fût engagée.

Le fort de Carillon était situé sur un plateau accidenté, commandant la rivière de la Chute, par laquelle les eaux du lac Saint-Sacrement, après avoir franchi plusieurs rapides, viennent se déverser dans le lac Champlain. Ses murailles étaient faites de troncs d'arbres équarris, liés avec des traverses et soutenus par des épaulements en terre. Il pouvait contenir une garnison de trois cents hommes. Sauf du côté du lac, la place était environnée de bois à la lisière desquels s'élevait, à demi-portée de canon, une hauteur dominant la forêt. Montcalm, après avoir reconnu le terrain, fit entourer cette hauteur d'un retranchement solide. Il ordonna en même temps d'abattre tous les arbres aux alentours, et leurs branches, renversées et aiguisées, s'entassèrent les unes sur les autres pour former, du fort à la hauteur, un rempart improvisé derrière lequel la garnison couvrait de ses feux le sol dénudé en avant des abatis. Pour permettre aux travailleurs d'achever ces retranchements, Montcalm poussa une forte reconnaissance jusqu'au lac Saint-Sacrement, déployant ses troupes comme s'il allait prendre l'offensive. Abercromby, trompé par cette démonstration, retarda son mouvement en avant jusqu'à ce qu'il eût concentré toute son armée et reconnu qu'il ne s'agissait que d'une fausse attaque.

Le 6 juillet, après quatre jours d'hésitation, il s'engagea sur le lac et chassa devant lui les éclaireurs français, qui se retirèrent le long de la rivière de la Chute, dans la direction de Carillon, en profitant de tous les obstacles pour faire le coup de feu et entraver la marche de l'ennemi. La retraite se serait accomplie sans pertes si un détachement de trois cents hommes ne s'était égaré dans la forêt et, revenant sur ses pas, n'avait débouché au milieu des ennemis qui l'attaquèrent de tous côtés, et, malgré sa résistance acharnée, finirent par le disperser. La moitié des soldats qui le composaient furent pris ou tués; les autres parvinrent à se faire jour et à rejoindre nos avant-postes. Du côté des adversaires, les pertes furent aussi sensibles; une des premières balles échangées tua lord Howe, brigadier général, le second d'Abercromby et l'âme de l'expédition.

La lenteur avec laquelle s'avançait l'armée anglaise redoubla l'ardeur de Montcalm. En lui permettant d'achever ses préparatifs de défense, elle lui donnait la certitude d'arrêter l'ennemi dans sa marche et la chance de lui infliger peut être une sanglante défaite. Il écrivit alors au gouverneur : « J'espère beaucoup de la volonté et de la valeur des troupes françaises. Je vois que ces gens-là marchent avec précaution et tâtonnent; s'ils me donnent le temps de gagner les hauteurs de Carillon, je les battrai. »

Le 7 juillet, au lever du jour, le général, parcourant le terrain où la lutte allait s'engager, désignait à chaque bataillon l'endroit qu'il devait achever de fortifier et défendre ensuite. Toutes les troupes s'y employèrent « avec une ardeur incroyable »; les officiers, encourageant les soldats par leur exemple, travaillèrent eux-mêmes, et dès le soir on fut en état de recevoir les Anglais, dont les postes avancés campèrent à trois quarts de lieue des retranchements.

Le 8, à trois heures du matin, quatre cents hommes sous les ordres de Lévis arrivaient au camp après avoir marché jour et nuit et occupaient, aux acclamations enthousiastes de l'armée, leur place de combat. A l'aube, les abatis achevés, Montcalm prit le commandement du centre avec le Royal-Roussillon déployant son drapeau rouge et bleu, les quatre cents hommes amenés par Lévis et le bataillon de Berry; le chevalier de Lévis eut sous ses ordres la droite de l'armée composée des bataillons de Guyenne et de Béarn, des troupes de marine et des milices canadiennes, rivalisant d'ardeur avec les vieilles compagnies de France; la gauche, appuyée à la rivière et commandée par M. de Bourlamaque, comprenait les bataillons de la Sarre et de Languedoc. « Un soleil de Naples » brillait au-dessus des deux armées et embrasait l'air de ses rayons. « Mes enfants, dit Montcalm aux troupes qui l'entouraient frémissantes, la journée sera chaude! »

A midi et demi, les gardes avancées, tout en échangeant des coups de feu avec les éclaireurs anglais, se replièrent sur les retranchements. « Je vous amène les ennemis », dit le capitaine Duprat qui commandait ces braves; et, comme on lui criait d'escalader les abatis : « Non, répondit-il, à Dieu ne plaise que je leur donne l'exemple! » Et sous une grêle de balles il fit le tour des fortifications et rentra par les barrières dans l'intérieur des lignes. (Bougainville.)

L'attaque commença par un feu des plus vifs, exécuté au son des fifres et des cornemuses. Les Anglais s'avançaient sur quatre grosses colonnes débouchant des bois dans la clairière avec des tirailleurs dans leurs intervalles. Les deux premières colonnes marchèrent sur la gauche des Français, la troisième sur le centre, et la dernière, en grande partie composée de montagnards écossais, contre la droite. D'après l'ordre de Montcalm, les nôtres, disposés sur trois rangs le long des retranchements, laissèrent froidement tirer sans riposter et s'avancer jusqu'à quarante-cinq pas les masses ennemies qu'une effroyable fusillade couvrit alors de balles. Morts et blessés jonchèrent le sol pendant que les rangs éclaircis se reformaient aux cris des chefs pour s'élancer de nouveau et venir se briser au pied des abatis.

A la droite, le chevalier de Lévis, voyant l'ennemi s'acharner contre ses retranchements et gagner du terrain, ordonna aux Canadiens de faire une sortie et de prendre, par les bois, les assaillants à revers. Dispersés en tirailleurs, ils décimèrent de feux meurtriers la colonne anglaise qui, pour les éviter, se rejeta sur le centre et dut s'arrêter dans sa marche. Cette habile manœuvre, répétée pendant le cours des assauts chaque fois qu'ils se renouvelaient de ce côté, brisa tout l'élan des agresseurs et leur infligea des pertes énormes. Des soldats écossais, plus de neuf cents restèrent sur le terrain avec vingt-cinq officiers tués ou grièvement blessés. A la gauche, le feu fut si vif que la colonne d'assaut ne put déboucher que par pelotons qui s'approchèrent jusqu'à vingt pas des retranchements; mais, accablés par le tir des Français, ils furent toujours dispersés et détruits. Pendant ces attaques, une trentaine d'embarcations, traînées à bras jusqu'au pied du portage, s'approchèrent de la rive pour menacer notre gauche. Du fort de Carillon, les canonniers leur envoyèrent plusieurs boulets qui en coulèrent deux; quelques coups de fusil tirés du rivage achevèrent de les mettre en fuite.

Repoussés une première fois et ralliés hors de portée, les Anglais reformèrent leurs colonnes et, « avec une vivacité digne des meilleures troupes », marchèrent de nouveau sur les retranchements sous le feu le plus soutenu; mais ils durent se replier encore en désordre, laissant le terrain couvert de leurs morts. Six fois, Abercromby, avec un acharnement infatigable, réunit ses régiments et les lança contre les lignes que les Français défendaient avec une égale opiniâtreté; six fois ils vinrent jusqu'aux abatis pour reculer toujours devant les feux terribles qui les décimaient et les sorties à la baïonnette au milieu des branches enflammées par le canon et la fusillade. Vers six heures du soir, épuisés de fatigue et découragés, les Anglais se replièrent sur les bois. Quelque temps encore, pour cacher leur retraite, des coups de feu continuèrent sur la lisière de la forêt, puis ils cessèrent avec la nuit. Abercromby, dont les vingt mille hommes n'avaient pu entamer les lignes de Montcalm, en avait perdu pendant cette bataille quatre mille tués ou blessés. La lassitude extrême des vainqueurs ne leur permit pas de le poursuivre.

Dans la crainte d'un retour offensif, toute la nuit fut employée à réparer et à compléter les retranchements; mais des éclaireurs firent bientôt savoir que les Anglais, pris de panique, s'enfuyaient en désordre par le lac Saint-Sacrement. Le chevalier de Lévis, envoyé le 10 à la découverte, trouva sur le chemin suivi par les vaincus de nombreux blessés qu'il fit transporter à Carillon, des armes, des outils, des bagages, du matériel abandonné, et des barils de poudre jetés à l'eau qu'il prit le soin de faire repêcher. « L'armée, et trop petite armée du roi, — écrivait Montcalm le soir même de la victoire au commissaire des guerres Doreil, — vient de battre ses ennemis. Quelle journée pour la France! Si j'avais eu deux cents sauvages pour servir de tête à un détachement de mille hommes d'élite dont j'aurais confié le commandement au chevalier de Lévis, il n'en serait pas échappé beaucoup dans leur fuite.... Ah! quelles troupes, mon cher Doreil, que les nôtres! Je n'en ai jamais vu de pareilles. »

Le lendemain, il informait en ces termes le marquis de Vaudreuil du succès remporté : « L'armée a résisté avec un courage héroïque à toutes les attaques. Il y a eu dans tous les points également du danger, et pendant fort longtemps; heureusement aucune troupe ne s'est démentie, MM. les officiers y ont accompli des prodiges de valeur, et leur exemple a fait faire des choses incroyables au moindre soldat. Les troupes de la colonie et les Canadiens nous ont fait regretter de ne pas en avoir un plus grand nombre.... Tous les commandants des corps, et généralement tous les officiers, se sont comportés de façon que je n'ai eu que le mérite de me trouver général de troupes aussi valeureuses et d'avoir attention de les faire secourir successivement suivant que les parties de notre abatis étaient plus ou moins vivement attaquées. »

Ce que ne disait pas Montcalm, c'est que pendant toute l'action il avait, en se portant sur les divers points menacés, donné l'exemple du courage le plus héroïque et de la plus entraînante ardeur. Aussi sa petite armée, enflammée par ses paroles et ses actes, se battit-elle avec une admirable intrépidité aux cris enthousiastes de : « Vive le général ! »

Si les pertes des Anglais étaient considérables, — elles atteignaient le quart de leur effectif, — celles des Français étaient sensibles, et ce n'était pas sans voir tomber un trop grand nombre des leurs qu'ils avaient résisté aux charges désespérées des colonnes d'Abercromby; trois cent soixante-dix-sept hommes et trente-huit officiers avaient été tués ou blessés dans cette glorieuse journée; M. de Bourlamaque, qui avait déployé dans son commandement le plus beau sang-froid, était blessé dangereusement à l'épaule; le chevalier de Lévis avait reçu plusieurs balles dans ses vêtements; Bougainville était blessé. Montcalm signala le 12 juillet la brillante conduite de ses lieutenants et de tous les officiers français et canadiens; il demanda pour eux au ministre les récompenses qu'ils méritaient. « Si jamais, lui disait-il, il y a eu un corps de troupes digne de grâces, c'est celui que j'ai l'honneur de commander. Je vous supplie, monseigneur, de l'en combler. »

Quant à lui, heureux de son succès, mais attristé par ses dissentiments avec le gouverneur et l'impuissance où il se trouvait de remédier aux maux dont souffrait la colonie, il ajoutait en terminant : « Pour moi, je ne vous en demande d'autre que de me faire accorder par le roi mon retour : ma santé s'use, ma bourse s'épuise. Je devrai dix mille écus au trésorier de la colonie, et plus que tout encore l'impossibilité où je suis de faire le bien et d'empêcher le mal me détermine à supplier avec instance Sa Majesté de m'accorder cette grâce, la seule que j'ambitionne; jusqu'alors je donnerai volontiers le dernier souffle de ma vie pour son service. » Montcalm, en écrivant ces lignes, avait-il le pressentiment du sort qui lui était réservé?

En attendant la réponse du ministre, il fallait continuer à se défendre et à tenir les Anglais en échec. Les reconnaissances, effectuées par de hardis volontaires canadiens et quelques sauvages arrivés au camp après la bataille, firent connaître que les adversaires se retranchaient au fort Lydius, et qu'un gros corps de troupes s'était mis en route sous les ordres du colonel Bradstreet, des milices américaines, dans la direction de l'Ouest. Montcalm, que ce renseignement remplit d'inquiétude, le transmit sans délai à Montréal. Le général Abercromby, informé que le chevalier de Lévis, qui devait au début des opérations se porter sur le lac Ontario, avait été rappelé au secours de Montcalm et que le fort Frontenac ne renfermait qu'une faible garnison, avait, en effet, songé à s'emparer de ce poste important. Bradstreet, détaché avec trois mille hommes et onze canons, devait, en hâtant sa marche, le surprendre et l'enlever avant qu'il pût être secouru. Après avoir descendu la rivière des Onnontagués et traversé sans obstacle le lac Ontario, il arrivait le 25 août en vue de la place qui n'était gardée que par soixante-dix hommes sous les ordres de M. de Noyan, vieil officier des troupes de la colonie. Le gouverneur avait commis la faute impardonnable de laisser presque sans défense ce fort de Frontenac, qui était notre principal entrepôt de vivres et de munitions pour les postes des pays d'en haut, de marchandises pour la traite avec les sauvages, et qui servait de port à la flottille destinée à nous assurer la domination sur les grands lacs. Il y avait quatre-vingts pièces de canon dans la place; une partie des approvisionnements, des bateaux et de l'artillerie y avait été amenée lors de la prise du fort de Chouaguen. L'abandon dans lequel ce point était laissé allait avoir pour le Canada des conséquences désastreuses. M. de Noyan, malgré le petit nombre de soldats dont il disposait, opposa aux Anglais la plus vive défense et supporta pendant deux jours le feu de l'artillerie, qui détruisit les bâtiments intérieurs et démantela l'enceinte de pieux. Le 27 août, la brèche ouverte et l'assaut imminent, il se rendit. « Les ennemis, écrivit Montcalm au ministre, se sont emparés du fort Frontenac qui, à la vérité, ne valait rien ; mais, ce qu'il y a de plus fâcheux, ils ont pris beaucoup de vivres, beaucoup de marchandises, quatre-vingts canons grands et petits, et détruit la marine, qui était due à ma prise de Chouaguen, en brûlant cinq de nos bâtiments et en emmenant deux ; cette marine nous assurait la supériorité sur le lac Ontario que nous perdons en ce moment. »

Revenant alors sur la détermination qu'il avait prise de rentrer en France, le général achevait sa lettre en ces termes : « J'avais demandé mon rappel après la journée glorieuse du 8 juillet, mais puisque les affaires de la colonie vont mal, c'est à moi de tâcher de les réparer ou d'en retarder la perte le plus qu'il me sera possible. »

Sa destinée devait s'accomplir.

Après avoir chargé sur ses embarcations tout ce qu'il put emporter et renvoyé la garnison sur parole, Bradstreet détruisit le fort de fond en comble et se retira au sud du lac Ontario, où il rétablit le fort Bull.

Un détachement de quinze cents miliciens et de sauvages envoyé de Montréal par le gouverneur à la réception de l'avis de Montcalm laissant pressentir cette attaque sur Frontenac, apprit à moitié route la reddition de la place, et dut revenir sur ses pas après avoir renforcé la garnison du fort Niagara, qui ne se composait également que de quelques hommes, et qui aurait pu être enlevée avec la même facilité.

Cet échec ne fut pas le seul que l'ennemi devait nous infliger. Son énorme supériorité numérique, malgré les pertes qu'il subissait et une défaite humiliante comme celle de Carillon, lui permettait d'attaquer en force nos possessions sur tous les points. Pendant qu'Abercromby opérait vers le lac Champlain, il avait chargé le général Forbes de descendre dans la vallée de l'Ohio et de marcher sur le fort Duquesne. Six mille cinq cents hommes de troupes régulières et de milices de la Virginie, que commandait le colonel Washington, prirent part à cette expédition. Le souvenir de la défaite de Braddock fit choisir aux Anglais une nouvelle route pour traverser les montagnes et les forêts ; aussi la marche de cette armée fut-elle des plus lentes ; au mois de septembre, elle était encore à quinze lieues du fort Duquesne. Forbes fit halte en cet endroit, et le major Grant, avec un détachement d'un millier d'hommes, reçut l'ordre d'aller reconnaître le terrain. Cet officier, s'avançant rapidement au milieu des bois, parvint à un quart de lieue de la place sans avoir donné l'éveil, et se cacha dans les fourrés. Son intention était d'attaquer pendant la nuit les sauvages campés autour de l'enceinte ; mais le commandant du fort, M. de Ligneris, avisé de sa présence par ses éclaireurs, réunit aussitôt huit cents hommes, qui se jetèrent sur l'ennemi, le chassèrent à travers bois, en tuèrent ou blessèrent plus de trois cents et en prirent une centaine parmi lesquels vingt officiers et le major Grant lui-même. Les fuyards,

CAMPEMENT DANS LA FORÊT.
Dessin de Weber, d'après une gravure américaine.

épouvantés par cette ardente poursuite, rejoignirent le général Forbes. Celui-ci, redoutant le sort de l'infortuné Braddock, mis en déroute dans les mêmes parages, n'osa pas s'avancer davantage et réunit un conseil de guerre dont l'avis fut qu'il était impossible de continuer la campagne, car les Français étaient sur leurs gardes et les neiges commençaient à couvrir le sol. Malheureusement, la destruction du fort Frontenac et des approvisionnements qu'il contenait ne permit pas de faire passer au fort Duquesne les choses les plus nécessaires, et le défaut de subsistances obligea le commandant, M. de Ligneris, à renvoyer un grand nombre de Canadiens et presque tous les sauvages. Le 18 octobre, il écrivit au gouverneur pour l'informer de la situation désespérée dans laquelle il se trouvait. « Le fort Duquesne, lui disait-il, est encore au roi, mais je ne sais si nous le conserverons longtemps. Je n'ai bientôt plus de vivres, et les marchandises me manquent. Il en faut pourtant pour que les sauvages de la Belle-Rivière continuent d'être pour nous, comme ils paraissent actuellement. Je n'ai plus rien à leur donner, ni même de quoi habiller la garnison si, comme je l'espère, nous passons ici l'hiver.... Je suis dans la plus triste situation qu'on puisse imaginer, mais je me tirerai d'embarras le mieux qu'il me sera possible. »

Ce que craignait cet officier allait bientôt se réaliser. Le général Forbes, informé par des déserteurs que les sauvages auxiliaires avaient été renvoyés et que la garnison du fort Duquesne était réduite à deux cents hommes sans vivres pour soutenir un siège, laissa dans son camp ses bagages et marcha sur ce poste avec toutes ses troupes. M. de Ligneris, averti de son approche et ne pouvant compter sur aucun secours, fit placer ses canons et ses malades sur des bateaux qu'il envoya aux Illinois, brûla les bâtiments en bois servant d'habitation et de magasins, détruisit les retranchements et se retira au fort Machault, élevé à l'embouchure de la rivière aux Bœufs. Il ne laissait aux ennemis qu'un monceau de ruines. Les communications avec la Louisiane étaient interceptées, les pays d'en haut isolés de la colonie, Louisbourg détruit, et la flotte anglaise, maîtresse des mers, bloquait l'entrée du Saint-Laurent. Ainsi que le disait l'hiver précédent le chevalier de Lévis aux soldats se plaignant de voir leur ration diminuée et répugnant à manger du cheval, le Canada était en réalité une place assiégée privée de toute assistance extérieure.

Aussi Montcalm écrivait-il dès le 1ᵉʳ septembre au ministre : « Monseigneur, la situation de la Nouvelle-France est des plus critiques si la paix ne vient pas au secours. Les Anglais réunissent avec les troupes de leurs colonies mieux de cinquante mille hommes; nonobstant l'entreprise de Louisbourg, ils en ont eu trente mille qui ont agi cette campagne vis-à-vis le Canada. Qu'opposer à cela? Huit bataillons qui font trois mille deux cents hommes; le reste, troupes de la colonie, dont mille deux cents seulement en campagne, le surplus à Québec, Montréal, la Belle-Rivière, pays d'en haut; puis les Canadiens, il n'y en a eu cette année en campagne qu'environ mille deux cents. J'appelle en campagne ceux qui l'ont faite entière. On a prêté deux mille quatre cents Canadiens, depuis le 13 juillet qu'on n'en avait plus besoin, jusqu'au 12 août qu'on les a demandés pour la récolte. Pourrait-on en tirer meilleur parti? Je le crois; cependant on n'en pourra jamais tenir pendant cinq mois au delà de trois mille sans ruiner le pays. Les sauvages sont bons pour les courses; il ne faut pas compter sur eux pour le fond d'une armée. Avec si peu de forces, comment garder sans miracle depuis l'Ohio jusqu'au lac Saint-Sacrement, et s'occuper de la descente à Québec, chose possible? Qui écrira le contraire de ce que j'avance trompera le roi. Quelque peu agréable que cela soit, je dois le dire comme citoyen. Ce n'est pas découragement de ma part ni de celle des troupes, résolus de nous ensevelir sous les ruines de la colonie; mais les Anglais mettent sur pied trop de forces dans ce continent pour croire que les nôtres y résistent et attendre une continuation de miracles qui sauvent la colonie de trois attaques. »

Doreil écrivait de son côté : « Que la paix se fasse cet hiver, sans quoi le Canada est perdu sans ressource. Outre l'extérieur, son intérieur est une machine mal montée, qui est toujours prête à crouler. Il n'y a plus guère à espérer; malgré tous les soins et les talents de M. de Montcalm, je ne serais pas surpris si l'ennemi était maître de la colonie avant l'arrivée des premiers secours du printemps. »

Lévis disait également : « Notre position devient tous les jours plus critique et la besogne beaucoup plus difficile. — Après la prise de Louisbourg, les ennemis seront beaucoup plus à portée d'intercepter les secours destinés pour cette colonie, dont nous avons les plus grands besoins pour la campagne prochaine, quelque économie que nous fassions sur nos vivres pendant l'hiver. — La paix est bien à désirer pour ce pays. »

Le marquis de Vaudreuil exprimait le même avis dans une lettre du 2 septembre : « La paix me paraît d'une nécessité absolue pour cette colonie. — Si la guerre continue l'année prochaine, il faudra que Sa Majesté nous envoie de puissants secours en vivres, hommes et vaisseaux pour pouvoir balancer les forces ennemies. » — « La situation, disait-il encore le 6 septembre, devient chaque jour plus triste et plus critique. — Je dois m'attendre à être attaqué de tous côtés. »

Enfin, pour éclairer la cour et exposer la détresse extrême de la colonie ainsi que le sort dont elle était menacée, M. de Vaudreuil, d'accord avec Montcalm, envoya en France l'aide de camp Bougainville. Celui-ci fut bien accueilli à Versailles; le roi nomma le vainqueur de Carillon lieutenant général et commandeur de l'ordre de Saint-Louis; Lévis maréchal de camp, de Bourlamaque brigadier, M. de Vaudreuil grand-croix de Saint-Louis, Bougainville colonel et chevalier de Saint-Louis; toutes les récompenses demandées par le général pour ses officiers furent accordées; on chanta un *Te Deum* à Paris en l'honneur de la « victoire de M. de Montcalm en Amérique », et on inséra le rapport du gouverneur dans la *Gazette de France*. Mais le ministère, après avoir examiné toutes les ressources disponibles, fait le recensement des arsenaux, des ports et des magasins, reconnut qu'il ne pouvait envoyer à la Nouvelle-France que trois cent vingt-six recrues et le tiers des vivres si ardemment réclamés. Les campagnes en Allemagne, où l'on n'éprouvait que des défaites, absorbaient toutes les forces de la mère patrie. Comme Bougainville insistait auprès du ministre de la marine Berryer, créature inconnue de Mme de Pompadour, ce dernier lui répondit : « Monsieur, quand le feu est à la maison, on ne s'occupe pas de l'écurie! » L'aide de camp, homme d'esprit, répliqua vivement : « On ne dira pas du moins, monsieur, que vous parlez comme un cheval ! »

Bougainville pouvait retourner auprès de son chef; il savait qu'il n'y avait rien à attendre de la cour et que le Canada était sacrifié.

Par les navires partis de Québec l'automne précédent, Montcalm avait instamment réclamé des secours. Le 19 février 1759, le ministre de la guerre, le vieux maréchal de Belle-Isle, lui répondit qu'il ne devait pas compter recevoir de troupes de renfort. « Outre qu'elles augmenteraient, lui disait-il, la disette des vivres que vous n'avez que trop éprouvée jusqu'à présent, il serait fort à craindre qu'elles ne fussent interceptées par les Anglais dans le passage ; et comme le roi ne pourrait jamais vous envoyer de secours proportionnés aux forces que les Anglais sont en état de vous opposer, les efforts que l'on ferait ici pour vous en procurer n'auraient d'autre effet que d'exciter le ministère de Londres à en faire de plus considérables pour conserver la supériorité qu'il s'est acquise dans cette partie du continent. »

Ce même ministre, que les ordres du roi obligeaient à abandonner si honteusement les admirables défenseurs de la Nouvelle-France, ajoutait de sa main cette recommandation vraiment étrange après le refus de tout appui : « Il est de la dernière importance de conserver un pied dans le Canada, quelque médiocre qu'en soit l'espace ; car si nous l'avions perdu en entier, il serait comme impossible de le ravoir. C'est pour remplir cet objet que le roi compte sur votre zèle, votre courage, votre opiniâtreté, et que vous mettrez en œuvre toute votre industrie, que vous communiquerez les mêmes sentiments aux officiers principaux et tout ensemble aux troupes qui sont sous vos ordres. »

Montcalm accusa réception de cette lettre dans des termes d'une simplicité et d'une grandeur antiques : « J'ose vous répondre de mon entier dévouement à sauver cette malheureuse colonie ou à mourir. »

Il lui restait trois mille deux cents hommes, les quelques recrues arrivées de France, quinze cents soldats des troupes de marine et les milices.

Le gouverneur, comprenant que l'heure suprême était arrivée et qu'il fallait employer toutes les forces disponibles pour résister à l'assaut formidable que la colonie allait subir, ordonna la levée en masse de tous les Canadiens de seize à soixante ans. Son appel fut entendu par ses compatriotes qui, malgré la faiblesse de son caractère, le savaient dévoué à leur cause et prêt à se sacrifier pour elle. Dix mille hommes quittèrent leurs foyers pour se joindre à l'armée ; on vit, touchant et noble exemple de patriotisme, des enfants de douze ans et des vieillards de quatre-vingts grossir les rangs des milices ou s'employer de leurs mains débiles, à défaut de bêtes de somme, aux charrois de vivres et d'artillerie. Il ne resta dans les campagnes, pour le travail de la terre, que les femmes et les petits enfants. Quant aux sauvages, qui voyaient l'infériorité trop manifeste des Français et que les émissaires anglais cherchaient par tous les moyens à rallier à leur cause, ils refusèrent pour la plupart de quitter leurs bourgades ; les Hurons, les Iroquois chrétiens et les quelques Abénaquis ayant survécu à l'épidémie de petite vérole des années précédentes répondirent seuls, au nombre de neuf cents, à l'appel du gouverneur et de Montcalm.

Contre ces faibles forces, épuisées par les privations et les souffrances d'un long et froid hiver, l'ennemi disposait de quarante mille hommes de troupes, soutenus par vingt mille soldats de réserve. William Pitt confia le commandement de la principale armée à un jeune et ardent général, James Wolfe, qui s'était distingué au siège de Louisbourg. Wolfe avait sous ses ordres douze mille hommes qu'une

REPRÉSENTATION DU FEU D'ARTIFICE TIRÉ DEVANT L'HÔTEL DE VILLE DE PARIS LE 1R OCTOBRE 1758
EN RÉJOUISSANCE DE LA VICTOIRE REMPORTÉE PRÈS DU LAC CHAMPLAIN.
D'après une gravure de l'époque.

flotte de vingt vaisseaux et trente frégates, montée par plus de dix-huit mille matelots et artilleurs, devait transporter devant Québec; le général Amherst, à qui la Chambre des communes avait voté des remerciements pour la prise de Louisbourg, remplaçait Abercromby; il allait marcher avec douze mille hommes, par le lac Champlain, sur le centre de la colonie et rejoindre sous Québec l'armée de Wolfe.

Une troisième armée, celle qui avait pris le fort Duquesne, était chargée, sous le commandement du général Prideaux, de tourner la colonie par les lacs, d'occuper le fort Niagara et de descendre le fleuve Saint-Laurent jusqu'à Montréal. « Si le général Montcalm, disait Wolfe, trompe encore cette fois nos efforts, il pourra passer pour un habile officier. »

Le 25 juin, la flotte anglaise, après avoir évité, par une heureuse fortune qui surprit alors, les dangers de la navigation sur le fleuve, arrivait en vue de Québec. Elle avait été dirigée, au milieu des passes et des écueils du Saint-Laurent, par un officier de la marine royale, Canadien d'origine, Denis de Vitré. Fait prisonnier, il avait accepté de servir de pilote à l'ennemi, contre promesse d'un grade et une somme d'argent. Cette infâme trahison fut largement récompensée. (Dussieux.) Il y a des actes que tout l'or d'une nation ne saurait effacer, et celui du misérable qui ouvrait le Canada aux ennemis est du nombre.

Malgré les menaces d'invasion par le fleuve, renouvelées chaque année depuis le commencement de la guerre, les remparts de Québec étaient restés inachevés. Dès 1758, Montcalm avait signalé le danger au ministre : « Il y a deux ans, lui disait-il, que je ne cesse de parler de l'entreprise et de la descente que l'ennemi peut faire à Québec; on ne veut rien prévoir ni rien ordonner. »

Le 12 avril 1759, il revenait encore sur le péril qu'il entrevoyait : « A Québec, l'ennemi peut venir si nous n'avons pas d'escadre; et, la capitale prise, la colonie est perdue; et, cependant, nulle précaution. J'ai écrit, j'ai fait offre de mettre de l'ordre pour empêcher une fausse manœuvre à la première alarme; la réponse : — Nous aurons le temps! » Funeste illusion! Et combien Montcalm, cette fois encore, voyait juste!

L'attaque prochaine de la flotte anglaise étant signalée, le général se rendit le 22 mai à Québec, où il fut bientôt rejoint par M. de Vaudreuil et le chevalier de Lévis. Après un sérieux examen de la place et de ses abords, tous trois reconnurent qu'elle n'était point tenable du côté de la campagne, où il n'existait pour la défendre qu'un simple mur de deux mètres de hauteur, sans fossé ni glacis. Afin d'empêcher l'ennemi de tourner la position et de la prendre à revers, il fallait à tout prix s'opposer à un débarquement et protéger la ville par un vaste camp retranché. Ce dernier prit le nom du village de Beauport qu'il renferma. Le Saint-Laurent en couvrait le front, la gauche s'appuyait à la rivière Montmorency, descendant des montagnes par un profond ravin, et la droite était réunie à la ville par un pont sur la rivière Saint-Charles, dont un barrage et deux navires coulés en arrière interdirent l'entrée. Des redoutes élevées le long des retranchements et sur les quais de la basse ville augmentaient la force de la position. Les troupes et les milices furent disposées sur les emplacements qu'elles devaient défendre, et y campèrent; le chevalier de Lévis commandait la gauche, Bougainville la droite; Montcalm établit son quartier général au centre. Les deux frégates françaises et les bâtiments de commerce qui se trouvaient dans le port de Québec furent placés sous la direction du capitaine Vauquelin, jeune officier de marine d'une bravoure éprouvée. Trop faible pour résister à la flotte ennemie, il devait remonter le

LE SAULT DE MONTMORENCY.
Dessin de Paul Huet, d'après un croquis de M. Deville.

fleuve et s'opposer de toutes ses forces, avec l'appui des batteries de terre, aux tentatives que pourraient faire les Anglais pour le suivre en amont de la ville, où les falaises abruptes bordant le fleuve interdisaient tout débarquement.

La flotte anglaise, parvenue à l'île d'Orléans, y débarqua l'armée d'invasion et vint prendre position à la pointe, en face de la ville et du camp retranché. Sept brûlots avaient été préparés par les Français pour incendier les bâtiments lorsqu'ils seraient à l'ancre; le 28 juin, par une nuit obscure, ils furent dirigés sur les navires qu'ils devaient détruire, mais les hommes qui les montaient y mirent le feu beaucoup trop tôt, et les chaloupes anglaises, à l'aide de grappins, les entraînèrent jusqu'à la berge où ils achevèrent de se consumer. D'autres essais, avec des radeaux enflammés, restèrent également sans résultat, et la flotte anglaise put s'embosser et se préparer à couvrir la ville de ses feux. Pendant ce temps, Wolfe, après avoir vainement essayé de faire sortir Montcalm de ses retranchements, employait une partie de son armée à construire de l'autre côté du fleuve, sur la pointe de Lévis, plusieurs batteries qui, le 12 juillet, commencèrent à tirer en même temps que la flotte sur les maisons de Québec. Pendant deux mois, le bombardement ne se ralentit pas, allumant de tous côtés des incendies que la population, aidée des troupes, parvenait difficilement à éteindre, et détruisant presque entièrement la basse ville.

En attendant le général Amherst, qui devait le rejoindre sous les murs de Québec, Wolfe fit ravager avec une impitoyable férocité tous les environs de la cité, incendier les fermes, brûler quatorze cents maisons, massacrer les habitants, égorger les bestiaux, couper les arbres fruitiers, et faire un désert de ces malheureuses campagnes, sans parvenir à ébranler son adversaire. Montcalm restait enfermé dans la ville et le camp retranché, repoussant toute tentative de descente en aval et en amont, et laissant les Anglais se morfondre dans l'île d'Orléans et dans le camp élevé par eux à gauche du ravin de Montmorency près du village de l'Ange-Gardien. C'était la base des opérations que Wolfe, las d'attendre inutilement Amherst, se décida à entreprendre seul contre les positions françaises.

Le 31 juillet, un vaisseau de soixante canons et deux frégates vinrent s'embosser à gauche des retranchements de Beauport contre lesquels ils commencèrent un feu terrible, pendant que des hauteurs au delà du sault de Montmorency une batterie de vingt-six pièces prenait le retranchement à revers. A marée basse, les troupes anglaises campées de l'autre côté de la rivière descendirent en colonnes, sous la protection de leur artillerie, jusqu'au gué qu'elles passèrent au-dessous du sault, et se réunirent à celles qui, venant de la pointe de Lévis, débarquaient sur la berge, appuyées par le feu des frégates. Formées en bataille, elles s'avancèrent vers les retranchements; à leur approche, les Français les accueillirent par des salves rapides de mousqueterie sous lesquelles elles commencèrent à plier et à se rompre.

Les redoutes menacées n'avaient que dix canons à opposer aux cent dix-huit pièces de l'ennemi, mais les volontaires canadiens, embusqués derrière les taillis et les roches, tuèrent à coups de fusil les artilleurs anglais. Le chevalier de Lévis, sous les ordres duquel combattaient les Français sur ce point, fit des merveilles; les renforts que dirigeait Montcalm en personne arrivèrent au moment où l'ennemi, décimé, commençait à se retirer. Un violent orage, accompagné d'une pluie diluvienne, vint alors interrompre la lutte. Montcalm se disposait à la continuer vigoureusement lorsque, la pluie cessant, il vit les Anglais se retirer précipitamment, après avoir mis le feu à leurs frégates embossées près de la côte. L'action avait duré six heures; les batteries anglaises avaient tiré sur les retranchements des Français plus de trois mille coups de canon. Wolfe avait engagé huit mille hommes

BATAILLE DE CARILLON. — MORT DE MONTCALM.

dans cette attaque; il en avait perdu six cents tués ou blessés; l'orage, en arrêtant la poursuite du vainqueur, lui avait épargné de plus grandes pertes. Rentré dans son camp et accablé par l'échec qu'il venait d'éprouver, il envisagea avec effroi l'impression que sa défaite allait causer en Angleterre, et les amères critiques dont sa conduite, dans une entreprise au-dessus de ses forces, serait certainement l'objet. Une dernière tentative faite, par son ordre, sous la direction du général Murray, en amont de Québec, ayant été repoussée de même, il tomba gravement malade, et ses troupes restèrent plusieurs jours dans l'inaction, en attendant sa convalescence. Aussitôt qu'il put reprendre la direction des opérations, il adressa à son gouvernement une longue dépêche dans laquelle « il exposait tous les obstacles contre lesquels il avait à lutter, et les regrets cuisants qu'il éprouvait du peu de succès de ses efforts ». (Garneau.)

Les deux armées qui devaient le rejoindre sous les murs de Québec pour l'aider à venir à bout de la résistance opiniâtre à laquelle il se heurtait étaient restées en route; le général Amherst avait dû s'arrêter à Carillon, pendant que le général Prideaux était tué à Niagara.

La défense, au fort de Carillon, avait été confiée à M. de Bourlamaque; deux mille trois cents hommes occupaient sous ses ordres ce poste et celui de Saint-Frédéric. Les retranchements de Carillon avaient été remis en état, mais lorsque les mouvements de l'ennemi furent connus et Québec désigné comme le but de la principale attaque, M. de Bourlamaque reçut l'ordre, si les forces qui allaient le menacer étaient trop supérieures en nombre pour permettre de leur résister à Carillon, de faire sauter ce fort ainsi que celui de Saint-Frédéric, et de se retirer à l'île aux Noix, dans la rivière de Richelieu, où les travaux de défense effectués récemment lui donneraient les moyens d'arrêter l'ennemi.

Le général Amherst, qui commandait de ce côté l'armée anglaise et que la sanglante défaite subie l'année précédente à Carillon par son prédécesseur invitait à la prudence, commença par réunir toutes ses troupes au fort Lydius; puis il en fit construire un nouveau près de l'emplacement autrefois occupé par le fort William-Henry. Sa base d'opérations ainsi assurée, il s'embarqua le 21 juillet sur le lac Saint-Sacrement avec douze mille hommes et cinquante-quatre bouches à feu. Deux jours après, il arrivait en vue de Carillon. Bourlamaque, qui avait essayé vainement de s'opposer à sa marche, et qui avait dû se replier sur le fort, y laissa quatre cents hommes pour le détruire et se retira à Saint-Frédéric. Le 26, après avoir fait sauter le fort, la garnison quitta Carillon sans être inquiétée et rejoignit Bourlamaque. Celui-ci, craignant d'être tourné à Saint-Frédéric, en détruisit également les murailles et opéra sa retraite sur l'île aux Noix. Le 4 août, Amherst occupa les forts abandonnés, les fit reconstruire et ordonna de mettre en chantier des embarcations en nombre suffisant pour permettre à ses troupes de s'engager sur le lac Champlain. Les mois d'août et de septembre s'écoulèrent avant qu'il fût en mesure de reprendre ses opérations et de surmonter les obstacles accumulés sur sa route par son habile adversaire. Les neiges et les gelées arrivant, toute navigation devint impossible, et force fut aux Anglais de reculer pour hiverner dans leurs forts.

Du côté du lac Ontario, le capitaine Pouchot avait été chargé, avec trois cents soldats et Canadiens, d'occuper le fort Niagara; il devait s'y fortifier, et, s'il était attaqué, appeler à son secours les postes de la rivière aux Bœufs et de Détroit, commandés l'un par M. de Ligneris et l'autre par le capitaine Aubry. Si, au contraire, l'offensive lui était possible, il avait à s'entendre avec eux pour essayer de chasser les Anglais du fort Duquesne. Aucun mouvement des ennemis ne se produisant du côté du fort Machault, le capitaine Pouchot y envoya un détachement avec des vivres et des marchandises pour essayer de maintenir les sauvages des alentours dans notre alliance. Pendant qu'il dirigeait toute son attention de ce côté, le général Prideaux quittait Albany le 20 mai avec deux mille hommes d'infanterie, de l'artillerie et plusieurs milliers de sauvages, Loups, Mahingans, Iroquois, que la prise du fort Duquesne et la faiblesse numérique des Français avaient rejetés du côté du vainqueur. Le 1er juillet, il arrivait au lac Ontario qu'il traversait sans donner l'éveil à la garnison de Niagara, et débarquait le 6 dans le voisinage du fort, qu'il investissait.

Le capitaine Pouchot, lorsqu'il était arrivé à Niagara, avait trouvé les murailles en ruine et les fossés à demi comblés; il avait aussitôt travaillé à réparer les fortifications. Au moment où il allait subir un siège, les remparts étaient achevés, mais les batteries des bastions n'étaient pas encore en place, et les bâtiments destinés à l'hôpital et à l'emmagasinement des poudres restaient inachevés. Il renforça l'hôpital par des blindages et protégea la poudrière par des ouvrages en terre. Dès que l'ennemi fut signalé, il envoya des courriers aux forts de Détroit et de la rivière aux Bœufs pour prier leurs commandants de venir en toute hâte à son secours avec ce qu'ils auraient de Français et de sauvages sous leurs ordres.

Le 10 juillet, dans la nuit, les Anglais ouvrirent une première parallèle à six cents mètres des remparts. Du 13 au 22, ils continuèrent leurs travaux d'approche, démasquant successivement plusieurs batteries. Le général Prideaux fut tué d'un éclat de mortier; le colonel Johnson, qui le remplaça, poursuivit les opérations du siège avec la plus grande énergie. Les bastions démolis, les canons démontés, les assiégés en furent réduits à empiler des paquets de pelleteries sur les décombres des fortifications pour tirer moins à découvert, et à bourrer leurs dernières pièces avec des couvertures et des chemises. La brèche était ouverte; depuis dix-sept jours aucun des hommes de la garnison ne s'était couché, beaucoup étaient blessés; le commandant, ses munitions épuisées, n'avait plus qu'un espoir, c'était d'être secouru à temps par de Ligneris et Aubry, dont il connaissait la bravoure, et qui l'avaient informé de leur arrivée prochaine avec six cents Français et un millier de Peaux-Rouges. Mais leurs émissaires sauvages, avec une insigne perfidie, avertirent en même temps leurs « frères » amis des Anglais et le colonel Johnson lui-même. Ce dernier n'eut alors qu'à tendre aux arrivants une embuscade dans laquelle ils tombèrent; ses troupes, cachées derrière des abatis d'arbres le long du sentier allant de la cataracte au fort, laissèrent s'avancer les Français que leurs alliés sauvages suivaient à distance. Ces derniers, à la vue de l'ennemi, s'arrêtèrent aussitôt, ne voulant pas, disaient-ils, combattre contre leurs frères des cinq nations. Abandonnés à leurs seules forces, de Ligneris et Aubry continuèrent à suivre rapidement le sentier dans lequel ils furent assaillis par des coups de feu partant des abatis. Chargeant alors l'ennemi à travers bois, ils le chassèrent au premier choc de ses positions; mais, enveloppés par plus de deux mille hommes, ils furent écrasés, et quelques Canadiens purent seuls échapper à la poursuite des Peaux-

Rouges. Ils se réfugièrent au fort de Détroit. Quant à nos misérables alliés, dont la trahison et la lâcheté avaient amené ce désastre, leurs « frères » les traitèrent comme les Français eux-mêmes et les massacrèrent. Presque tous les officiers furent tués ou pris; Ligneris et Aubry, blessés, restèrent aux mains des Anglais. Johnson informa sans délai le capitaine Pouchot de son succès, en lui adressant la liste des officiers prisonniers. Le commandant du fort envoya un parlementaire pour s'assurer de l'exactitude de cette défaite, qui lui enlevait toute chance d'être secouru. Sa garnison réduite d'un tiers était épuisée, les fortifications n'existaient plus qu'à l'état de ruines informes; la brèche grande ouverte permettait l'assaut; il accepta les conditions honorables que lui offrait Johnson, qui désirait de son côté occuper le fort avant l'arrivée du général Gage, désigné pour remplacer Prideaux. La garnison sortit avec les honneurs de la guerre, tambours en tête, mèches allumées, pour s'embarquer sur le lac et être conduite à New-York, où Pouchot fut bientôt mis en liberté par voie d'échange. La prise de Niagara achevait d'isoler le Canada du côté des lacs et de la Louisiane.

Informé de la retraite de M. de Bourlamaque à l'île aux Noix et de la reddition du fort Niagara, M. de Vaudreuil, effrayé des conséquences que pouvaient avoir pour la colonie ces succès de l'ennemi, eut l'idée malheureuse, dans ces circonstances critiques, de faire sortir de Québec le chevalier de Lévis qui, avec sept cents Canadiens et cent soldats des troupes de terre, fut envoyé aux rapides, entre le lac Ontario et Montréal, pour y organiser la défense. Le 6 septembre, Lévis écrivait de Montréal à Montcalm pour lui faire part de la situation de cette partie de la colonie; il terminait sa lettre en termes qui témoignent d'une admirable clairvoyance, et qui font d'autant plus regretter que leur auteur ait été éloigné, au moment décisif, du champ de bataille où allaient se jouer les destinées de la Nouvelle-France. « J'espère, dit-il à son chef, que les ennemis qui sont vis-à-vis de vous, dans la partie de Québec, ne tarderont pas à partir; et dans ce cas nous ne serons pas attaqués dans ces deux parties. C'est bien à désirer pour celle des rapides, car pour cette année, ou du moins jusqu'au 1er octobre, elle est bien en l'air. Je crois, mon cher général, que vous ferez bien de vous tenir rassemblé le plus possible, car les ennemis en partant doivent chercher à avoir une action qui donne de la réputation à leurs armes et qui justifie la conduite que Wolfe a tenue toute la campagne. Je désire bien ardemment de pouvoir vous rejoindre. »

Depuis deux mois, la formidable artillerie des vaisseaux anglais et les batteries de la pointe de Lévis foudroyaient sans discontinuer de leurs feux les retranchements de Montcalm et la ville de Québec, dans laquelle les incendies produits par les bombes avaient détruit la plus grande partie des maisons et des établissements; depuis deux mois, Wolfe, qui avait fait passer, en remontant la nuit le Saint-Laurent, une partie de sa flotte devant la ville en ruines, avait tenté vainement à diverses reprises un débarquement en amont de Québec; depuis deux mois, les actes de brigandage contre les propriétés des malheureux Canadiens avaient continué jusqu'à la destruction complète de toutes les habitations des alentours; la saison s'avançait, le froid et les glaces allaient rendre le séjour du fleuve impossible et obliger à la retraite l'armée anglaise impuissante à forcer les lignes de défense du général français; l'amiral Saunders avait réuni à son bord un conseil de guerre, et il avait été décidé que le 20 septembre la flotte embossée devant Québec lèverait l'ancre pour regagner le golfe Saint-Laurent et le port d'Halifax, où elle serait à l'abri des tempêtes et des désastres qu'autrefois les navires de Phips et de l'amiral Walker avaient éprouvés dans ces parages.

Ainsi que l'avait prévu le chevalier de Lévis, Wolfe, remontant et descendant le fleuve, l'âme ulcérée de désespoir, avait pris la résolution d'essayer une dernière attaque, et de tenter à une demi-lieue au-dessus de Québec l'escalade de la falaise, au sommet de laquelle un sentier étroit et escarpé pouvait le conduire si les Français lui en laissaient l'accès libre. C'était la dernière chance et la plus improbable de succès. Le général anglais, décidé à la tenter en y laissant à la fois, s'il échouait, sa réputation et sa vie, prit les dispositions les plus habiles pour dérober son approche à l'adversaire. Afin d'attirer l'attention de Montcalm et de l'obliger à diviser ses forces, il fit remonter le fleuve à une partie de sa flotte accompagnée de nombreuses chaloupes, comme s'il voulait effectuer un débarquement à quatre ou cinq lieues en amont de la ville. Bougainville fut détaché avec deux mille hommes pour surveiller ses mouvements et repousser toute tentative de descente. Il campa en face de la flotte, prêt à jeter à la rivière les corps qui voudraient débarquer.

Pendant la nuit du 12 au 13 septembre, Wolfe, dérobant dans l'obscurité ses mouvements à son adversaire, descendit le fleuve avec ses canots et un détachement d'Écossais choisis parmi les plus lestes. Il fit halte à une demi-lieue de Québec, à l'anse au Foulon, où il avait résolu de mettre pied à terre. Par une étrange fatalité, l'officier qui commandait ce poste était M. de Vergor, la créature de l'intendant Bigot, l'ancien commandant du fort de Beauséjour, qu'il avait lâchement rendu, l'homme que le conseil de guerre n'avait acquitté que grâce à la néfaste influence de son protecteur. C'est lui qui, par son inepte incurie, allait permettre au général anglais de rompre enfin cette ligne de défense contre laquelle il se heurtait vainement depuis deux mois! Deux déserteurs avaient informé Wolfe que des chaloupes françaises, chargées de vivres, devaient pendant la nuit descendre jusqu'à Québec en suivant la rive du fleuve. Profitant de ce renseignement, il choisit quelques officiers parlant parfaitement le français, et lorsque ses canots passèrent devant les sentinelles postées au pied des falaises, ceux-ci répondirent au qui-vive qu'on leur adressait : « Ne faites pas de bruit; ce sont des vivres! » Il atteignit ainsi, dans la nuit noire, sans avoir donné l'éveil, l'anse au Foulon; débarqué le premier, il gravit à la tête de ses highlanders le sentier aboutissant au plateau. Aussitôt, le poste qui devait garder ce débouché fut enveloppé, et Vergor, couché et endormi, fait prisonnier.

Wolfe avait réussi dans sa tentative désespérée; il avait pris pied sur le plateau et tourné les positions de Montcalm qu'il n'avait pu forcer de front. Avec une hâte fébrile, les bataillons anglais, amenés par les centaines de chaloupes des navires descendus avec la marée jusqu'au niveau de l'anse, se pressent le long du sentier, escaladent les falaises et viennent se développer dans la plaine; le général les y dispose rapidement en bataille. Au lever du jour, l'armée débarquée, forte de huit mille hommes et formée en carré, commençait à se retrancher.

Montcalm, que les mouvements de l'ennemi préoccupaient, avait fait coucher le 12 septembre ses troupes au bivouac. Averti dès les premières heures du jour du débarquement de l'armée anglaise à l'anse au Foulon et de sa présence dans les plaines d'Abraham, à une demi-lieue de Québec, il appela aussitôt à lui les troupes

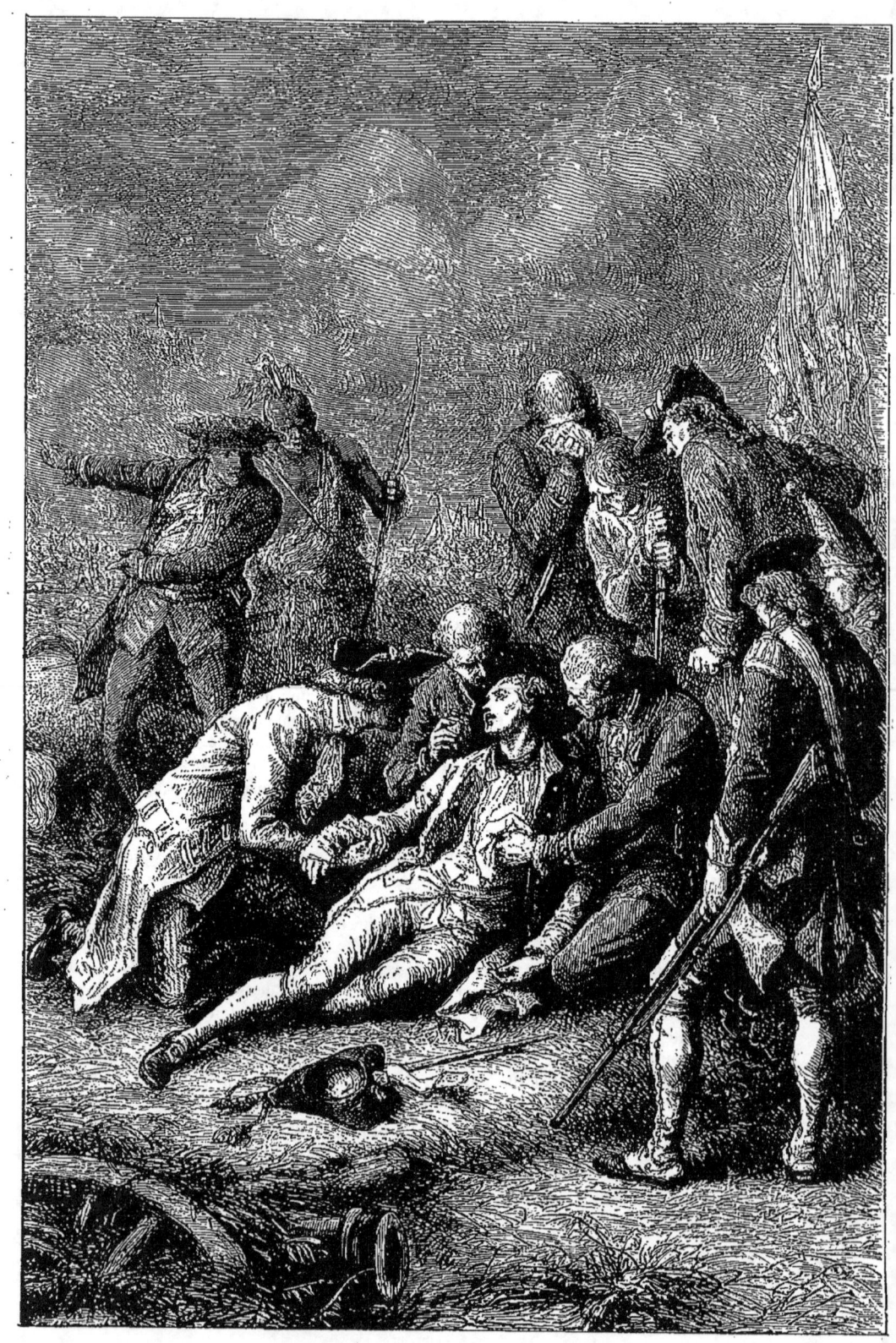

MORT DU GÉNÉRAL WOLFE.
Dessin de Lix.

et les milices campées à Beauport, n'y laissant que quatorze cents hommes pour garder les retranchements; puis il fit prévenir Bougainville d'avoir à le rejoindre le plus promptement possible. Mais cet officier se trouvait à quatre lieues de là; on était séparé de lui par les troupes anglaises, il fallait compter une demi-journée pour lui permettre de regagner Québec et chaque heure perdue profitait à l'ennemi dont la situation, appuyée par sa flotte, menaçait de devenir bientôt formidable. A tout prix, on devait l'attaquer et le chasser du plateau, d'où il allait pouvoir, s'il restait libre d'achever sa concentration, prendre Québec à revers et enlever la place. La générale battue, toutes les troupes réunies dans la ville sortirent successivement et occupèrent les hauteurs en avant du mur d'enceinte, pendant que le bataillon de Guyenne, déployé en tirailleurs, commençait à échanger des coups de feu avec les avant-postes anglais. Les derniers détachements ayant rejoint, la petite armée de Montcalm comptait quatre mille cinq cents hommes dont les trois quarts étaient des miliciens. Disposés sur trois rangs et entraînés par le général qui leur communiquait son ardeur, Canadiens et Français marchèrent à l'ennemi en tiraillant; quelques sauvages les accompagnaient. « On se fusilla pendant longtemps, dit le major de Québec, Joannès, qui assistait à l'action; enfin, vers dix heures, M. le marquis de Montcalm, voyant l'ennemi se grossir de plus en plus et quelques pièces de canon qui tiraient, jugea à propos de ne pas lui laisser le temps de se fortifier davantage et donna le signal pour charger. Les troupes s'ébranlèrent avec beaucoup de légèreté, ainsi que les Canadiens, mais après quelques pas en avant, le petit bouquet de bois qui s'allongeait sur la droite servit de retraite aux miliciens, qui laissèrent marcher seuls les cinq bataillons, ce qui occasionna un peu de flottement. Enfin, après s'être approchée à la portée du pistolet et avoir fait et essuyé trois ou quatre décharges, la droite plia et entraîna le reste de la ligne. »

Profitant de ce mouvement de retraite, Wolfe ordonne à ses troupes de charger et s'élance à leur tête sur l'ennemi; une balle l'atteint au poignet; il se contente de bander la plaie avec un mouchoir et continue la poursuite; deux autres projectiles le frappent en plein corps; il tombe la poitrine traversée; on le porte en arrière en cachant ses blessures aux soldats; un des officiers qui l'entourent l'informe que les Français fuient vers Québec. « Déjà! dit-il faiblement; alors je meurs content. » Et il expira.

Le même sort était réservé à son brave et malheureux adversaire. Dans ses efforts pour arrêter la retraite de ses troupes, poursuivies avec acharnement par les bataillons écossais, Montcalm avait déjà reçu deux coups de feu; pendant qu'il essayait de rallier son armée pour s'opposer aux progrès de l'ennemi, une autre balle l'atteignit dans les reins et le renversa mortellement blessé sur le champ de bataille. Au chirurgien qui sondait sa plaie, il demanda combien de temps il lui restait à vivre. « Quelques heures », répondit avec franchise cet officier. « Tant mieux, dit Montcalm, je ne verrai pas les Anglais dans Québec. »

Il rentra dans la ville soutenu sur son cheval par trois grenadiers. Des femmes, le voyant passer défaillant et couvert de sang, se mirent à pleurer en s'écriant : « Mon Dieu! le marquis est tué! » S'efforçant de sourire, malgré les souffrances qu'il éprouvait, le blessé leur dit : « Ce n'est rien, ne vous affligez pas pour moi, mes bonnes amies! » On le déposa chez le chirurgien Arnoux, rue Saint-Louis. Sa dernière préoccupation fut pour les Canadiens, et augmenta encore chez ceux-ci le chagrin que leur causa sa perte. (Gagnon.) Il dicta les lignes suivantes, qu'il fit adresser au commandant de l'armée anglaise : « Général, l'humanité des Anglais me tranquillise sur le sort des prisonniers français et sur celui des Canadiens. Ayez pour ceux-ci les sentiments qu'ils m'avaient inspirés; qu'ils ne s'aperçoivent pas d'avoir changé de maître. Je fus leur père; soyez leur protecteur. »

A M. de Ramesay, commandant la place, qui lui demandait son opinion sur la défense qu'on pourrait opposer, il répondit expirant : « Je confie à votre garde l'honneur de la France! »

Il mourut le 14 septembre, à cinq heures du matin, et fut inhumé dans la chapelle des Ursulines, à moitié détruite par les projectiles. « Ce fut le soir même du 14, vers neuf heures, à la lueur des flambeaux, que se fit la cérémonie funèbre; les ténèbres et le silence planaient tristement sur les ruines de la cité, pendant que défilait le lugubre cortège composé du clergé, des officiers civils et militaires, auxquels se joignirent, chemin faisant, les hommes, les femmes et les enfants qui erraient çà et là au milieu des décombres. Les cloches restèrent muettes, le canon ne résonna point, et les clairons furent sans adieu pour le plus vaillant des soldats. » (Histoire des Ursulines de Québec.)

L'historien américain Bancroft a dépeint en termes dignes d'être rappelés l'homme qui succombait ainsi après avoir pendant quatre ans tenu en échec toutes les forces des Anglais dans le nouveau monde : « Infatigable au travail, juste, désintéressé, toujours rempli d'espérance, et quelquefois jusqu'à la témérité, sage dans les conseils, actif dans l'action, c'était une source continuellement jaillissante de hardis projets. Sa carrière au Canada fut une inexorable destinée. Il supportait avec une égale patience la faim et le froid, les veilles et les fatigues. Plein de sollicitude pour ses soldats, il ne pensait pas à lui. Souvent il apprit aux sauvages à s'oublier et à tout souffrir, et, au milieu d'une corruption générale, il ne chercha jamais que l'intérêt de la colonie. »

Montcalm mortellement blessé, une véritable panique s'empara des troupes qui s'enfuirent jusqu'au camp de Beauport; à la nuit, elles rallièrent par groupes, en remontant dans les terres, le corps de Bougainville. Ce dernier, qui n'avait appris qu'à huit heures du matin le débarquement des Anglais, avait marché aussitôt à l'ennemi, mais à son arrivée aux plaines d'Abraham la bataille était perdue; les Français avaient abandonné leurs positions et regagné Québec, dont les Anglais s'approchaient. M. de Vaudreuil, d'accord avec Bougainville, assembla un conseil de guerre qui opina pour la retraite jusqu'à la rivière Jacques-Cartier dont on pourrait se servir comme ligne de défense. Le chevalier de Lévis, désigné précédemment par le roi pour remplacer Montcalm en cas de mort, fut rappelé aussitôt de Montréal. Quant à la retraite, elle s'effectua dans un désarroi et une précipitation tels que la plupart des approvisionnements restèrent dans le camp de Beauport, où ils furent oubliés. Les miliciens se dispersèrent pour rentrer chez eux, d'autres se mirent à piller dans les campagnes sans qu'il fût possible d'arrêter ce désordre. (Lévis.)

Dans la nuit du 13 au 14 septembre, les Anglais, après avoir constaté la disparition des troupes françaises, se rapprochèrent de Québec et commencèrent à ouvrir la tranchée à une portée de fusil du rempart. Il était resté dans la ville mille huit cents soldats, miliciens et matelots qui, pendant la bataille, avaient eu à soutenir une violente canonnade contre les batteries de la pointe Lévis. Le commandement de la place avait été remis à M. de Ramesay, officier médiocre, sans caractère, protégé de M. de Vaudreuil, qui lui avait laissé des instructions d'une indécision déplorable. Tout en lui recommandant de résister aux attaques dont il pourrait être l'objet, il lui disait : « Nous prévenons M. de Ramesay qu'il ne doit pas attendre que l'ennemi l'emporte d'assaut ; ainsi sitôt qu'il manquera de vivres, il arborera un drapeau blanc et enverra l'officier de sa garnison le plus capable et le plus intelligent pour proposer sa capitulation. »

M. de Ramesay, s'appuyant sur ce texte et oubliant les dernières paroles de Montcalm à son lit de mort, ne se rendit pas compte qu'il est des moments où un officier ne doit jamais hésiter à faire tout son devoir, que le sien dans la circonstance était de tenir jusqu'à la dernière extrémité, et qu'il allait, en capitulant, porter le coup mortel à son pays. Le 18 septembre, sans sommation de l'ennemi, sans avoir reçu un coup de canon des tranchées anglaises qui n'étaient même pas encore achevées, effrayé par les mouvements des vaisseaux qui paraissaient se disposer à reprendre le bombardement de la ville, découragé par les plaintes de la population demandant à se rendre pour obtenir de meilleures conditions du vainqueur et ne plus souffrir de la faim et du froid, cet officier fit arborer le drapeau blanc et envoya le major de Joannès soumettre des propositions à l'ennemi. Un groupe de cent cavaliers, portant des vivres, arriva sur ces entrefaites et informa le commandant de la place de l'approche de l'armée de secours. M. de Joannès insista pour rompre les pourparlers engagés avec le général anglais ; rien n'y fit. M. de Ramesay, épouvanté à l'idée du bombardement qu'il allait subir, invoqua les instructions de M. de Vaudreuil et signa la capitulation qu'il avait offerte. Le successeur de Wolfe, le général Townshend, qui ne s'attendait pas à rencontrer un si triste adversaire, accorda aussitôt les conditions sollicitées et aux termes desquelles la garnison, composée des forces de terre et des soldats de marine, sortirait de la ville avec armes et bagages, tambours battants, mèches allumées, pour être embarquée et transportée en France. Quant aux habitants, ils devaient être conservés « dans la possession de leurs maisons, biens, effets et privilèges ».

Le chevalier de Lévis, informé de la défaite et de la mort de Montcalm, était accouru de Montréal. Après avoir réuni les troupes de Bougainville et celles venant du camp de Beauport, il jugea qu'il était nécessaire de se reporter en avant pour ne pas laisser tomber Québec au pouvoir de l'ennemi. Si l'on ne pouvait s'y maintenir, on verrait à achever de détruire la ville de manière à empêcher les Anglais d'y passer l'hiver et à les contraindre à se rembarquer. Cette décision prise, Lévis fit partir en avant le groupe de cent cavaliers qui allait annoncer à Ramesay que l'armée était en marche pour le secourir à tout prix. En arrivant à la rivière Saint-Charles, il apprit que, malgré l'avis reçu, le commandant avait capitulé. En présence d'une pareille lâcheté, il manifesta la plus violente indignation ; il était inouï, en effet, de rendre ainsi une place sans qu'elle fût attaquée ni investie. Mais le mal était sans remède ; il n'y avait plus d'autre parti à prendre que de rétrograder jusqu'à la rivière Jacques-Cartier, à neuf lieues de Québec, et d'y élever des retranchements pour arrêter l'ennemi s'il songeait à marcher sur Montréal. Mais la saison s'avançait. Les Anglais, satisfaits de la prise de la capitale du

Montcalm blessé est ramené à Québec

Canada, ne songeaient qu'à s'y installer pour l'hivernage; ils y laissèrent huit mille cinq cents hommes de troupes de ligne sous le commandement du général Murray, nommé gouverneur de la place, puis leur flotte fit voile le 18 octobre pour Halifax.

Les faibles restes de l'armée française prirent leurs quartiers d'hiver dans les villes de Montréal et des Trois-Rivières. La situation était désespérée; la famine menaçait; les armées ennemies allaient recommencer la campagne suivante, en partant de Québec et du lac Champlain, leur marche sur Montréal; c'était la fin de la lutte et la chute fatale de la colonie si de puissants renforts n'arrivaient pas de France. Le chevalier de Lévis écrivit le 1ᵉʳ octobre 1759 au maréchal de Belle-Isle pour lui rendre compte des opérations accomplies et lui dépeindre l'extrême détresse dans laquelle se trouvait le Canada; sa lettre se termine en termes d'une navrante tristesse : « Il faut convenir que nous avons été bien malheureux. Au moment où nous devions espérer de voir finir la campagne avec gloire, tout a tourné contre nous; une bataille perdue, une retraite aussi précipitée que honteuse nous ont réduits au point où nous en sommes. On impute à M. de Montcalm d'avoir trop divisé l'armée et d'avoir attaqué trop tôt les ennemis sans avoir rassemblé toutes les forces qu'il aurait pu avoir. Je dois à sa mémoire, pour assurer la droiture de ses intentions, de dire qu'il a cru ne pouvoir faire mieux; mais malheureusement les généraux ont toujours tort quand ils sont battus. Je ferai tous mes efforts, conjointement

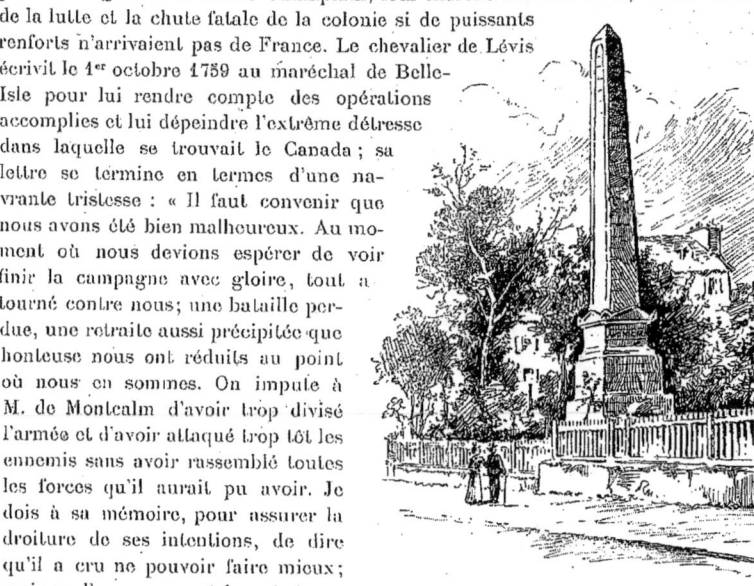

MONUMENT DE MONTCALM ET DE WOLFE A QUÉBEC.
Dessin de Delafontaine.

avec M. de Vaudreuil, pour soutenir cet hiver le reste de cette malheureuse colonie et attendre les secours qu'il plaira à Sa Majesté de nous envoyer dans les premiers jours du mois de mai. — Faute de munitions de guerre et de bouche, il nous sera impossible de faire aucune expédition ni entreprise cet hiver; bien heureux si nous pouvons nous soutenir. Nous finirons de manger la plus grande partie du reste des bœufs et chevaux. Nous aurons à nourrir dans les postes de trois à quatre mille personnes, y compris les sauvages, ce qui achèvera de consommer le peu de ressources qui pourront rester dans la colonie. Si le roi ne juge pas devoir nous donner du secours, je dois vous prévenir qu'il ne faut plus compter sur nous à la fin du mois de mai. Nous serons obligés de nous rendre par misère; manquant de tout, il nous restera du courage, sans aucune ressource pour le mettre en usage. »

CHAPITRE XIV

LA DERNIÈRE VICTOIRE — PERTE DU CANADA

Québec, bombardé pendant deux mois, était pris ; les campagnes avaient été ravagées, les fermes brûlées, les bestiaux abattus pour la subsistance des armées ; les caches faites dans les bois détruites par l'ennemi ; le pays, épuisé et sans ressources, voyait ses communications interceptées avec la France, la Louisiane et les pays d'en haut ; habitants et soldats mouraient de faim ; tout semblait fini. Les trois armées anglaises, arrêtées dans leur marche par la mauvaise saison et la résistance acharnée qui leur avait été opposée, n'avaient plus qu'à se rejoindre sous les murs délabrés de Montréal. Personne n'imaginait en Europe qu'une poignée d'hommes, réduits à la dernière extrémité, à qui toute espérance semblait interdite, oseraient songer à retarder une destinée inévitable. C'est cependant l'étonnant spectacle auquel nous allons assister.

Le chevalier de Lévis, en qui survivait l'indomptable énergie de Montcalm, conçut l'audacieux projet de se porter sur Québec dès que les grands froids seraient passés, de surprendre les Anglais et d'enlever la ville avant l'arrivée des secours qu'ils attendaient d'Europe.

Des reconnaissances poussées pendant l'hiver jusqu'aux abords de Québec empêchèrent l'ennemi de s'étendre au loin pour se ravitailler ; toutes les embarcations que l'on put trouver furent réunies en arrière près de Montréal ; les troupes, disséminées chez les habitants pour leur permettre de vivre, furent exercées et soumises à une sévère discipline ; les miliciens, réunis aux soldats réguliers, s'habituèrent aux mêmes manœuvres ; tous les préparatifs s'achevèrent avec rapidité sous l'impulsion vigoureuse du général et du gouverneur que le chevalier de Lévis avait convaincu de la nécessité de reprendre Québec à tout prix si l'on voulait éviter d'être écrasé au printemps par l'ennemi.

Le 29 mars 1760, à la veille de commencer les opérations qu'il projetait, Lévis adressa aux commandants de bataillons, avec prière de la communiquer à leurs officiers et aux soldats sous leurs ordres, une lettre qui affermit tous les courages, prépara les cœurs aux plus rudes efforts et qui reste comme une des plus admirables pages de cette histoire : « Nous touchons au moment où l'armée va s'assembler et marcher. Je ne doute pas que vous n'ayez pris tous les arrangements nécessaires pour que votre bataillon soit en état de tout point, ainsi que les miliciens qui sont commandés pour y servir, pour partir au premier ordre que je puis vous envoyer d'un moment à l'autre. Notre départ dépend de la fonte des glaces, pour profiter de l'instant où la navigation sera libre; car il est très important que l'armée soit rendue devant Québec avant que les ennemis aient pu travailler à des ouvrages extérieurs. Il est inutile que je renouvelle aux troupes le zèle avec lequel elles doivent se porter à cette expédition dont dépendent le salut de la colonie, la gloire des armes du roi et même celle de chacun en particulier. Nous devons aussi, par une entreprise audacieuse, marquer la reconnaissance que nous devons à la colonie qui nous nourrit depuis le temps que nous y sommes. Les habitants ont reçu nos soldats comme leurs enfants, et nous ne pouvons que nous louer de l'amitié et de l'attachement que nous avons reçus, tant en général qu'en particulier, de tous les Canadiens. J'ai l'honneur de vous prévenir que M. le marquis de Vaudreuil envoie des ordres aux capitaines des côtes pour faire fournir huit jours de vivres à compter du jour du départ à tous les soldats et miliciens qui composent votre bataillon. Je vous prie de les prévenir qu'ils doivent s'attendre à faire une campagne dure. Je ne vois la subsistance bien assurée qu'en pain, et lorsque nous serons devant Québec nous ne mangerons, soit en cheval ou en bœuf, que la viande que nous pourrons avoir. Ceux qui pourront emporter quelques douceurs feront bien de les prendre. Je vous prie d'inspirer d'avance la plus exacte discipline dans votre bataillon et d'y tenir la main. Nous avons à combattre des troupes qui l'observent et, pour les vaincre, il ne faut pas s'écarter de ce principe. »

Afin d'éviter toute confusion dans la marche et dans le combat, des instructions furent rédigées par le chevalier de Lévis et remises aux officiers des troupes régulières et des milices. Leur esprit se résume dans l'article 6 ainsi conçu : « La force de l'infanterie consiste dans la discipline et l'ordre. Messieurs les commandants des corps et officiers en général doivent donner leurs attentions et applications pour mettre en vigueur ces deux points, malheureusement trop négligés dans nos troupes; ils doivent souvent inspirer aux soldats que la victoire et leur sûreté en dépendent; que toute troupe dispersée est presque toujours battue et souvent détruite; qu'ils doivent être attentifs, faire silence et se posséder pour exécuter les ordres de ceux qui les commandent, ne faire feu que sur leur ordre, quand bien même ils verraient tirer partout; leur inspirer que, pour leur honneur, la gloire des armes et le salut du pays, ils doivent chercher à réparer la perte du 13 septembre, et se souvenir que ce sont les mêmes ennemis qu'ils ont eu à combattre à Chouaguen, au fort William-Henry et à Carillon. »

La dernière armée de la colonie, enflammée d'ardeur, était réunie le 17 avril à Montréal et, au milieu de la débâcle des glaces, commençait le 20 à descendre le fleuve sur les frégates, les bâtiments et les embarcations rassemblés pour la transporter à proximité de Québec. Elle se composait, d'après l'état dressé par le général, de : Trois mille six cent dix soldats des régiments de la Reine, de Languedoc, de la Sarre, de Béarn, de Royal-Roussillon et de Guyenne, avec deux cent soixante-dix-neuf officiers; deux mille huit cent vingt et un miliciens; deux cents sauvages et trois cent cinquante-deux non combattants, chirurgiens, domestiques, employés. C'était tout ce qu'il avait été possible de concentrer pour l'expédition projetée.

En arrivant à la pointe aux Trembles, on trouva le fleuve encore plein de glaces; il faisait un froid terrible et Lévis dut s'arrêter pour prendre des vivres et des munitions réunis en cet endroit. Le 26, les embarcations purent descendre jusqu'à Saint-Augustin; les soldats qui les montaient les traînèrent sur les glaces accumulées le long de la rive pour les mettre à terre. L'armée débarquée n'emporta que du pain, des fusils et trois pièces de canon. M. de Bourlamaque fut envoyé avec une avant-garde de sauvages, de grenadiers et un détachement d'artillerie pour établir des ponts sur la rivière du Cap-Rouge que les troupes traversèrent pendant la nuit, par un orage affreux. Elles étaient le matin dans un état pitoyable et le général dut les laisser reposer dans les habitations en ruines des alentours. Il espérait surprendre les Anglais par la rapidité de sa marche et enlever un de leurs corps cantonné aux abords du cap Rouge; mais, par un de ces hasards qui déconcertent les mesures les mieux prises, l'ennemi stupéfié de tant d'audace avait appris l'arrivée de l'armée française à quelques heures de Québec. Voici comment se produisit cet incident qui eut les suites les plus graves au point de vue du résultat final des opérations, en permettant à Murray de sauver un de ses corps et de se renfermer dans la ville pour y soutenir un siège.

En arrivant au cap Rouge, un des bateaux portant les troupes avait été renversé par le choc d'énormes glaces.

Les artilleurs qui le montaient se noyèrent; un seul se sauva en sautant sur un glaçon et fut emporté par le courant sans pouvoir rejoindre la berge. Il descendit ainsi le fleuve au milieu de la débâcle, à demi mort de froid et de fatigue. Lorsqu'il passa devant Québec, les Anglais, émus de compassion, envoyèrent des canots à son secours et parvinrent difficilement à le sauver, car les bords du Saint-Laurent étaient encore gelés. Réconforté avec des cordiaux, il commençait à respirer et à recouvrer ses sens lorsqu'ils lui demandèrent d'où il venait et qui il était. « Il répondit innocemment qu'il était un artilleur de l'armée de M. de Lévis au cap Rouge. D'abord ils crurent qu'il rêvait et que les souffrances qu'il avait éprouvées sur le fleuve lui avaient tourné la tête. Mais, après avoir constaté que ses réponses étaient toujours les mêmes, ils furent convaincus de sa véracité et un peu confondus d'avoir une armée française à trois lieues de Québec sans en avoir la moindre information. Tous les soins pour lui sauver la vie furent inutiles ; il mourut un moment après avoir révélé cet important secret. » (*Campagne du Canada*, 1760, relation anglaise.)

Murray, ainsi prévenu de l'approche de l'armée de Lévis, avait aussitôt concentré ses troupes dans Québec et pris toutes ses dispositions pour repousser les Français. Il fit chasser les habitants de la ville pour éviter une trahison de leur part. « Les soldats de la garnison, quoique accoutumés à toutes les horreurs de la guerre, ne purent voir sans émotion ces infortunés, hommes, femmes, vieillards, enfants, s'éloigner de leurs murailles, sans savoir où adresser leurs pas, dans un pays dévasté et réduit à la dernière misère. » (Garneau.) Trois mille hommes

LA DERNIÈRE VICTOIRE. — PERTE DU CANADA.

occupèrent, avec plusieurs pièces d'artillerie, les hauteurs de Sainte-Foye devant Québec, depuis l'église jusqu'à la route de Suède.

Les Français ne pouvaient déboucher du bois marécageux qui les couvrait pour aborder l'ennemi qu'en se massant sur le grand chemin et en s'exposant au feu des troupes retranchées dans l'église et les habitations voisines. Une attaque de front, dans ces conditions, sans artillerie, avec des bataillons formés partie de troupes régulières, partie de miliciens, pouvait être dangereuse et aboutir à un échec irréparable. Lévis eut l'heureuse idée de se porter avec le gros de ses forces sur le flanc gauche de Murray dont il tournait ainsi la position. Dès que les ombres de la nuit dérobèrent ses mouvements aux Anglais, il donna l'ordre à ses chefs de corps de gagner, à travers le bois dont ils longeaient la lisière, la route de Sainte-Foye. Menacé par ce mouvement d'être coupé de la place, Murray fit rétrograder ses troupes dont une partie rentra dans Québec pendant que le reste occupait les hauteurs en avant de la ville pour observer l'adversaire.

La journée du 27 se passa en escarmouches; le chevalier de Lévis concentrait ses bataillons dont la marche était retardée par une pluie continuelle qui détrempait les chemins et les rendait à peu près impraticables. Le 28, Murray, voulant profiter de ce que toute l'armée française n'était pas encore réunie pour l'attaquer au milieu de sa concentration dans les plaines d'Abraham, sortit avec sa garnison composée de sept mille hommes d'une valeur éprouvée, ne laissant dans la ville que quatre à cinq cents soldats chargés de garder les remparts pendant qu'il allait tenter le sort des armes. Il avait, comme artillerie, vingt-deux bouches à feu et comptait accabler avec ses troupes fraîches des recrues harassées par la fatigue et le mauvais temps. Il y aurait réussi sans l'habileté et le sang-froid du chevalier de Lévis. Celui-ci, croyant d'abord les Anglais décidés à s'en tenir à la défense de la place, avait donné l'ordre de marcher en avant pour arriver de bonne heure à l'anse au Foulon, où les chaloupes et les berges devaient achever le débarquement de son matériel. En allant reconnaître avec son état-major les positions qu'il comptait faire prendre à ses troupes, il aperçut une forte colonne ennemie qui sortait de la ville pour se former en bataille du coteau de Sainte-Geneviève à la falaise bordant le fleuve Saint-Laurent. Il fit occuper aussitôt par son avant-garde, à droite, une redoute élevée l'année précédente par les Anglais près de la côte du Foulon, et, à gauche, un moulin et divers bâtiments sur le chemin de Sainte-Foye. Le gros de l'armée arrivait à peine sur le terrain lorsque les Anglais attaquèrent le moulin qui couvrait la route par laquelle débouchaient nos soldats. Murray voulait enlever ce point avec des forces supérieures pour se jeter ensuite sur le centre de l'armée française, l'enfoncer et couper son aile droite qu'il aurait écrasée.

Évitant une attaque à laquelle n'auraient pas résisté les cinq compagnies de grenadiers qui gardaient le moulin, Lévis les fit reculer jusqu'à l'entrée du bois pendant qu'il pressait la marche en avant de ses dernières brigades. Celles-ci arrivées sur le champ de bataille, il les lança à l'assaut de la position que l'ennemi occupait lui-même avec presque toutes ses forces et la plus grande partie de son artillerie. Les grenadiers abordèrent les Anglais au pas de charge, culbutèrent les régiments écossais et enlevèrent le moulin à la baïonnette. Attaqués à leur tour par les bataillons ennemis reformés en arrière, ils durent reculer pour revenir encore à la charge et reprendre le moulin dans lequel ils purent, cette fois, se maintenir.

Tout l'effort des Anglais sur la droite était brisé. Lévis profite de ce qu'ils ont affaibli leur gauche pour attaquer à fond de ce côté. Ses troupes, entraînées par leurs officiers, s'élancent sur l'ennemi, et, après l'avoir ébranlé par leur feu, se jettent sur lui à la baïonnette, l'enfoncent et le poursuivent avec acharnement. Les fuyards se sauvent vers le centre dont ils interrompent le feu et où ils propagent le désordre. Lévis fait alors charger sa gauche qui culbute à son tour la droite ennemie et la chasse la baïonnette dans les reins. La déroute des Anglais est complète. Ils se précipitent vers la ville dont la proximité leur permet de rejoindre les remparts. Leur fuite même les préserve d'un désastre, car Lévis espérait les tourner s'ils avaient tenu pied et les jeter dans la rivière Saint-Charles. Ils laissaient entre les mains du vainqueur artillerie, munitions, outils, morts et blessés. Près du quart de leur effectif avait été tué ou mis hors de combat. Si les Français avaient pu attaquer la ville sur-le-champ, elle serait probablement retombée en leur pouvoir, car la confusion y était telle que les remparts étaient abandonnés par les fuyards réfugiés jusque dans la basse ville, et que les portes restèrent quelque temps ouvertes. Mais les vainqueurs étaient harassés de fatigue; leurs forces épuisées ne leur permettaient pas de continuer la poursuite; ils avaient été aussi très éprouvés, car, dans l'action qui avait duré plus de trois heures, ils avaient perdu sept cents des leurs et cent quatre officiers tués ou blessés. Le spectacle du champ de bataille était effroyable. « Deux mille cinq cents hommes avaient été atteints par les feux et le fer dans un espace relativement resserré. L'eau et la neige, qui couvraient le sol par endroits, étaient rougies de sang que la terre gelée ne pouvait boire, et ces malheureux nageaient dans des mares horribles où l'on enfonçait jusqu'à mi-jambe. »

Les blessés français furent portés à l'hôpital sur les bords de la rivière Saint-Charles. « Il faudrait une autre plume que la mienne, écrivait une religieuse, pour peindre les horreurs que nous eûmes à voir et à entendre pendant vingt-quatre heures que dura le transport. — Il faut dans ces moments une force au-dessus de la nature pour pouvoir se soutenir sans mourir. Après avoir dressé plus de cinq cents lits que nous avions eus des magasins du roi, il restait encore de ces pauvres malheureux à placer. Nos granges et nos étables en étaient remplies. Nous avions dans nos infirmeries soixante-douze officiers, dont trente-trois moururent. On ne voyait que bras et jambes coupés. Pour surcroît d'affliction, le linge nous manqua; nous fûmes obligées de donner nos draps et nos chemises. » (Garneau.)

Des hauteurs que les Anglais avaient abandonnées, on découvrait les remparts de Québec. Aussitôt après la retraite de l'ennemi, le chevalier de Lévis se hâta de les occuper. Après avoir reconnu les abords de la place, il fit commencer une parallèle à cinq cents mètres du rempart. Trois batteries, une de six pièces, une de quatre et la dernière de trois y furent installées avec des difficultés inouïes, car on cheminait sur le roc et il fallait apporter la terre de très loin dans des sacs. Deux mortiers complétaient tout le matériel de siège qu'il avait été possible de traîner jusqu'aux tranchées. L'ennemi démasqua soixante pièces de canon sur les fronts attaqués, et son artillerie, servie avec la plus grande vivacité, non seule-

Le chevalier de Lévis à la bataille de Sainte-Foye

ment retarda les travaux d'approche, mais obligea plusieurs fois les troupes placées en arrière des hauteurs à décamper. Murray, malgré sa défaite, était déterminé à opposer la plus vigoureuse résistance aux Français. Dès le lendemain de sa rentrée dans Québec, il avait expédié un navire chargé d'aller prévenir à Halifax la flotte anglaise du péril qui le menaçait, et adressé à ses soldats une proclamation destinée à relever leur courage abattu : « La journée du 28 avril, leur disait-il, a été malheureuse pour nos armes; mais les affaires ne sont pas si désespérées qu'elles ne se puissent réparer encore. Je connais par expérience la bravoure des troupes que je commande; elles sauront faire tous leurs efforts pour regagner ce qu'elles ont perdu. Une flotte est attendue; des renforts nous arrivent. J'invite les officiers et les soldats à supporter leurs fatigues avec patience et à s'exposer courageusement à tous les périls. Ils se rappelleront qu'ils se doivent à leur pays et à leur roi. »

Il fit compléter les fortifications du côté menacé par les travaux d'approche des Français, renforcer les parapets par un remblai de fascines et de terre, et garnir les remparts de cent quarante canons de gros calibre empruntés aux batteries du port, devenues inutiles.

Lévis n'avait pour répondre à cette formidable artillerie que ses quinze pièces, dont la plupart furent bientôt hors de service. Le manque de poudre et de boulets était tel que chaque pièce n'avait que vingt coups à tirer par jour. Tout ce qu'il était possible de faire, dans de pareilles conditions, c'était de se maintenir dans les retranchements élevés à la hâte devant la ville et d'attendre ainsi les secours si instamment sollicités du ministère. Le 30 avril, Lévis écrivait à Vaudreuil :

« Du camp sous Québec. Les ennemis démasquent beaucoup d'embrasures, ce qui nous annonce un feu considérable de leur part. Tout cela ne serait rien si nous avions l'artillerie et les munitions nécessaires pour leur répondre; mais il faut espérer qu'il nous viendra quelque chose de France. Si notre faible artillerie pouvait ouvrir le mur, je vous assure que j'y grimperais le premier et que le succès ne dépendra ni de moi, ni des troupes, qui sont très bien disposées. »

Les Anglais, de leur côté, démoralisés par leur sanglante défaite, n'osaient plus se hasarder à attaquer les Français; leurs hôpitaux étaient encombrés de malades et de blessés, et ils n'espéraient leur salut que de la flotte dont on leur faisait entrevoir la prochaine arrivée. Chaque jour, dès les premières lueurs de l'aube, assiégeants et assiégés regardaient avec anxiété dans la direction du fleuve. Le 9 mai, ils voyaient poindre à l'horizon une voile qui remontait le Saint-Laurent. Une véritable angoisse étreignit tous les cœurs. Bientôt, on distingua le gréement du navire; c'était une frégate. « Nous restâmes quelque temps en suspens, dit le capitaine Knox, de l'armée assiégée, n'ayant pas assez d'yeux pour la regarder; mais nous fûmes bientôt convaincus qu'elle était anglaise. On ne peut exprimer l'allégresse qui transporta la garnison. Officiers et soldats montèrent sur les remparts faisant face aux Français et poussèrent pendant plus d'une heure des hourras continuels en élevant leurs chapeaux en l'air. La ville, le camp ennemi, le port, les campagnes voisines à plusieurs lieues de distance retentirent de nos cris et du roulement de nos canons, car le soldat, dans le délire de sa joie, ne se lassait point de tirer. Enfin, il est impossible de se faire une idée de notre allégresse si l'on n'a pas souffert les extrémités d'un siège et si l'on ne s'est pas vu, avec de braves compagnons d'armes, exposé à une mort cruelle. » La joie délirante dont témoigne l'auteur de ce passage démontre combien avaient été grandes les craintes des assiégés.

Chez les Français, si la déception fut profonde, ils n'en laissèrent rien paraître et continuèrent avec plus de vigueur leur feu contre les fortifications. Mais le 15 mai, deux autres navires anglais mouillaient devant Québec et débarquaient les renforts qu'ils amenaient à la garnison. Lévis, désespéré, craignant d'être coupé dans sa retraite, prit le parti de lever le siège et de se retirer encore une fois derrière la rivière Jacques-Cartier. Il donna l'ordre aux bâtiments portant les vivres de remonter le fleuve et aux deux frégates de suivre les embarcations. Puis, à la nuit, il fit jeter l'artillerie, qu'il ne pouvait emporter, en bas de la falaise près de l'anse au Foulon, distribuer aux troupes les approvisionnements qui restaient et commencer la retraite qu'il effectua sans être inquiété.

Quant aux bâtiments et aux frégates, à peine appareillaient-ils qu'ils étaient poursuivis par plusieurs vaisseaux anglais et obligés de s'échouer pour éviter de tomber aux mains de l'ennemi. Seul Vauquelin, sur l'*Atalante*, soutint pendant deux heures une lutte acharnée contre ses agresseurs et continua son feu jusqu'à ce qu'il n'eût plus ni poudre ni boulets. La moitié de son équipage était hors de combat. Il fit débarquer les hommes encore valides en les invitant à rejoindre l'armée et resta sur son bâtiment, avec les blessés et les morts, maintenant fièrement, sous le feu de l'ennemi auquel il ne pouvait plus répondre, son pavillon flottant au vent. Sommé de l'abattre ou de tirer, il répondit aux Anglais que s'il avait eu de la poudre il n'aurait pas attendu leur avis pour continuer le feu sur leurs vaisseaux; que pour son pavillon, il avait toujours abattu celui des autres et qu'on pouvait amener le sien, mais qu'il ne l'abaisserait pas lui-même. L'amiral anglais rendit hommage à ce noble adversaire en lui accordant sa liberté et en le faisant reconduire en France. Vauquelin devait y trouver comme ministre ce même Berryer que Bougainville avait vainement supplié de venir en aide au Canada. La duchesse de Mortemart fit une démarche en faveur de l'intrépide marin auprès de l'indigne protégé de la Pompadour; elle en reçut cette réponse qui ne donne que trop la mesure de l'esprit qui régnait alors dans la marine de guerre : « Madame, je sais très bien que M. Vauquelin a servi le roi merveilleusement comme un héros; mais il n'est pas gentilhomme de naissance, et je dois pourvoir aux demandes d'un grand nombre d'officiers de grande famille. Il s'est formé dans le service marchand; qu'il y retourne! »

Lévis, après s'être rendu compte des vivres qui restaient et avoir examiné la situation de l'armée, dont la plupart des Canadiens, voyant tout perdu, avaient quitté les rangs pour retourner chez eux, laissa un corps de dix-huit cents hommes au fort Jacques-Cartier et partit pour Montréal, où il arriva le 29 mai. Toutes les ressources de la colonie en poudre, vivres et artillerie avaient été épuisées pour le siège de Québec; les mauvais temps qui avaient accompagné la retraite et le défaut de moyens de transport avaient obligé d'abandonner en route le matériel traîné jusqu'aux tranchées; les troupes qui restaient à la disposition du général se trouvaient dans le plus complet dénuement; les bataillons étaient réduits à deux cent cinquante hommes et au tiers de leurs officiers; il n'y avait plus aucune espérance de secours; le fleuve était couvert de vaisseaux anglais. Dans l'impossibilité de tenir ses troupes réunies, Lévis les dissémina chez les habitants avec lesquels elles partagèrent le peu qui leur restait en attendant que l'ennemi, après avoir reçu tous ses renforts, s'avançât vers Montréal. Huit cents hommes défendaient les rapides du Saint-Laurent; cinq cents étaient postés au Sault Saint-Louis;

COMBAT DE L' « ATALANTE » CONTRE LA FLOTTE ANGLAISE.
Dessin de Weber.

Bougainville, avec douze cents, occupait le fort de l'île aux Noix à l'entrée du Champlain. De la métropole, il n'était venu qu'un secours dérisoire. Les commandants des quelques bâtiments envoyés avec du matériel et des provisions, ayant appris dans le golfe qu'une escadre anglaise avait remonté le fleuve, s'étaient réfugiés dans la baie des Chaleurs où ils restèrent à l'ancre, attendant des nouvelles de Montréal. Averti de leur présence, le capitaine anglais Byron vint de Louisbourg avec plusieurs vaisseaux de guerre les attaquer et les détruire.

Une dernière ressource restait aux Canadiens : les avances qu'ils avaient faites au gouvernement depuis le commencement de la guerre et qui s'élevaient à plus de quarante millions. M. de Vaudreuil fut informé que, le Trésor étant vide, le payement des lettres de change tirées par le Canada était suspendu. Ce fut le dernier coup pour ces malheureux. « Les habitants sont désespérés, écrivait M. de Lévis au ministre, ils ont tout sacrifié pour la conservation du pays et se trouvent ruinés sans ressources. Nous n'avons, ajoutait-il, de la poudre que pour un combat, mais si les ennemis ne mesurent pas leurs mouvements, nous en profiterons pour combattre le corps qui débouchera le premier. C'est l'unique ressource qui nous reste. Nous sommes hors d'état de tenir la campagne, et il est surprenant que nous existions encore. »

Comme les années précédentes, trois armées anglaises allaient converger sur Montréal. Murray, laissant à Québec une forte garnison, remonta le Saint-Laurent avec trois frégates et trente-deux bâtiments transportant quatre mille hommes et une artillerie considérable. Il passa devant les retranchements élevés aux Trois-Rivières et à l'entrée de la rivière Richelieu sans être arrêté par le feu des quelques batteries installées sur la rive, reçut devant Sorel un renfort de quinze cents hommes détachés de la Nouvelle-Écosse, et y attendit l'approche des deux autres armées et l'arrivée du général Amherst, chargé de la direction des opérations. Il avait, sur sa route, incendié les maisons sans défense et fait publier partout qu'il détruirait les villages dont les habitants ne rendraient pas leurs armes; ceux des Canadiens qui resteraient dans les rangs des troupes françaises étaient en outre menacés de subir le sort des vaincus et d'être transportés en Europe. La seconde armée, commandée par le général Haviland, devait traverser le lac Champlain et enlever l'île aux Noix; elle était forte de neuf mille hommes; cinq grands bateaux armés chacun de dix-huit canons, deux batteries flottantes et des berges transportant l'artillerie de gros calibre lui faisaient escorte. Débarqués le 14 août en vue de l'île, les Anglais établirent aussitôt plusieurs batteries qu'ils démasquèrent le 18. Bougainville en essuya le feu pendant huit jours presque sans y répondre, afin de réserver le peu de munitions qu'il possédait pour repousser une attaque de vive force.

Mais les Anglais ne réussissant pas à enlever la position de front, la tournèrent, forcèrent les chaînes barrant la rivière et continuèrent à descendre au fil de l'eau vers le Saint-Laurent. Bougainville, ne pouvant s'opposer à leur passage, reçut l'ordre du gouverneur d'évacuer le fort et d'opérer sa retraite sur Montréal, ce qu'il fit dans la nuit du 27 au 28, en passant sans être aperçu au milieu des troupes ennemies.

La troisième armée, la plus importante, dirigée par le général Amherst, comptait onze mille combattants. Réunie à Chouaguen, elle s'engagea dans les rapides du fleuve Saint-Laurent et fut arrêtée par le fort Lévis, où le commandant Pouchot, renouvelant sa belle défense de Niagara, la tint en échec pendant douze jours; ce ne fut qu'après un assaut repoussé, ses murailles détruites, ses canons démontés, tous ses officiers et le tiers de ses hommes tués ou blessés, qu'il se résigna à capituler. C'était le dernier effort opposé à l'invasion. Les rapides franchis en y laissant soixante-quatre berges coulées et quatre-vingt-dix-huit hommes qui se noyèrent, Amherst débarquait le 6 septembre à trois lieues de Montréal, et le 8 les deux autres armées le rejoignaient devant la ville, dont la seule défense consistait dans une simple muraille de deux ou trois pieds d'épaisseur.

Dans la nuit du 6 au 7, M. de Vaudreuil réunit un conseil de guerre. Après avoir exposé la situation désespérée où l'on se trouvait, il émit l'avis, auquel se rallièrent unanimement les membres présents, « que l'intérêt général de la colonie exigeait que les choses ne fussent pas poussées à la dernière extrémité, et qu'il convenait de préférer une capitulation avantageuse au peuple et honorable aux troupes ».

Bougainville fut chargé de se rendre auprès du général Amherst pour lui proposer une suspension d'armes et, sur son refus, une capitulation dont les articles principaux portaient que les troupes et milices sortiraient avec les honneurs de la guerre et que les habitants conserveraient l'entière et paisible possession de leurs biens ainsi que le libre exercice de leur religion. Amherst ne consentit à suspendre les hostilités que jusqu'au lendemain et n'admit que la dernière partie des articles, proposée dans l'intérêt des habitants. Il répondit à la demande relative aux troupes : « Toute la garnison de Montréal doit mettre bas les armes

RETOUR EN FRANCE.

et ne servira point pendant la présente guerre. » Lévis, indigné, fit avec ses principaux officiers les instances les plus vives auprès de Vaudreuil pour repousser cette condition humiliante et d'autant moins justifiée que la dernière rencontre entre les armées des deux nations dans les plaines d'Abraham s'était terminée par une éclatante victoire des Français. Le gouverneur refusa de rompre les négociations.

Lévis lui remit alors un mémoire dont nous reproduisons les termes : « Aujourd'hui 8 septembre 1760, M. le marquis de Vaudreuil, gouverneur général de la Nouvelle-France, nous ayant communiqué les articles de capitulation qu'il a proposés au général anglais pour la reddition du Canada et les réponses à ces articles, et ayant vu dans lesdites réponses que ce général exige, pour dernière résolution, que les troupes mettront bas les armes et ne serviront point pendant le cours de la présente guerre, nous avons cru devoir lui représenter en notre nom et en celui des officiers principaux et autres des troupes de terre que nous commandons, que cet article de la capitulation ne pourrait être plus contraire au service du roi et à l'honneur de ses armes, et qu'il ne doit être admis qu'à la dernière extrémité, puisqu'il prive l'État pendant toute cette guerre du service que pouvaient lui rendre huit bataillons de troupes de terre et deux de celles de la marine, lesquelles ont servi avec courage et distinction; service dont l'État ne serait pas privé si les troupes étaient prisonnières de guerre ou même prises à discrétion. En conséquence, nous demandons à M. le marquis de Vaudreuil de rompre présentement tout pourparler avec le général anglais et de se déterminer à la plus vigoureuse défense dont notre position actuelle puisse être susceptible. Nous occupons la ville de Montréal qui, quoique très mauvaise et hors d'état de soutenir un siège, est à l'abri d'un coup de main et ne peut être prise sans canon. Il serait inouï de se soumettre à des conditions si dures et si humiliantes pour les troupes sans avoir été canonné. D'ailleurs, il reste encore assez de munitions pour soutenir un combat si l'ennemi voulait nous attaquer l'épée à la main, et pour en livrer un si M. le marquis de Vaudreuil veut tenter la fortune, quoique avec des forces extrêmement disproportionnées et peu d'espoir de réussir. Si M. de Vaudreuil, par des vues politiques, se croit obligé de rendre présentement la colonie aux Anglais, nous lui demanderons la liberté de nous retirer avec les troupes de terre dans l'île de Sainte-Hélène pour y soutenir l'honneur des armes du roi, résolus de nous exposer à toutes sortes d'extrémités plutôt que de subir des conditions qui nous y paraissent si contraires. Je prie M. le marquis de Vaudreuil de mettre sa réponse par écrit au bas du présent mémoire.

« Le chevalier DE LÉVIS. »

Le gouverneur répondit : « Attendu que l'intérêt de la colonie ne nous permet pas de refuser les conditions proposées par le général anglais, lesquelles sont avantageuses à un pays dont le sort m'est confié, j'ordonne à M. le chevalier de Lévis de se conformer à ladite capitulation et de faire mettre bas les armes aux troupes.

« A Montréal, ce 8 septembre 1760.

« VAUDREUIL. »

Un suprême et impérieux devoir restait à accomplir. Lévis, reconnaissant avec douleur que le gouverneur avait pris son parti, voulut du moins épargner aux troupes une dernière humiliation. Il ordonna qu'on brûlât les drapeaux pour se soustraire à la dure condition de les remettre aux ennemis.

Le lendemain, vingt mille Anglais occupaient Montréal. Quelques jours après, les deux mille deux cents hommes, en comprenant les malades, blessés et invalides, restes des huit bataillons venus au Canada avec Dieskau, Montcalm et Lévis, descendaient le fleuve sur des navires de commerce pour retourner en France, et, gagnant la haute mer, voyaient fuir dans le lointain, puis disparaître à l'horizon, cette terre où ils avaient si vaillamment lutté et sous laquelle les trois quarts des leurs, tombés sur les champs de bataille, dormaient du sommeil éternel.

CHAPITRE XV

PREMIÈRES ANNÉES DE L'OCCUPATION ANGLAISE

L'ANGLETERRE s'était enfin emparée du Canada, que Pitt convoitait depuis si longtemps et pour la conquête duquel sa nation avait dépensé des centaines de millions; il s'agissait maintenant de prendre possession du pays, d'en chasser les Français, en les déportant au besoin comme les Acadiens et de traiter ceux qui resteraient ainsi que des ilotes ou des sauvages dont on pouvait se défaire par tous les moyens. Comment les Canadiens ont-ils réussi à déjouer les machinations de la tourbe d'aventuriers abattus comme de sinistres corbeaux sur leur pays après l'évacuation des troupes françaises? Grâce à quelles circonstances indépendantes de la volonté de la nation anglaise ont-ils échappé au triste sort qui les menaçait? C'est ce que la suite des événements va nous apprendre, mettant en relief, là comme dans le passé, la mauvaise foi, l'hypocrisie et la férocité du vainqueur, en même temps que la patiente ténacité, la foi robuste, le courage indomptable dans leur résistance à la tyrannie des colons français qui, abandonnés sur les rives du Saint-Laurent, ont fini par y reconstituer une nation aujourd'hui libre et confiante dans ses destinées.

Nos troupes avaient quitté le Canada, occupé par les régiments anglais; dans ce pays autrefois si prospère et si vivant, il ne restait plus que des ruines; la ville de Québec, assiégée deux fois, bombardée et presque entièrement brûlée, était à peu près détruite; les environs, théâtre de trois batailles acharnées, avaient été ravagés jusqu'à plusieurs lieues; des fermes, des champs, des vergers, il ne se voyait plus que les cendres et les débris; les habitants, décimés par les combats, mouraient de faim sur leurs terres en friche, abandonnés par leurs chefs, seigneurs, fonctionnaires, notables, qui avaient suivi les débris des régiments français retournant en Europe. La détresse était telle que les vainqueurs durent pourvoir à la nourriture d'un certain nombre de ces malheureux, et leur avancer quelque argent pour leur permettre de se procurer les objets les plus indispensables.

Réfugiés dans leurs villages, s'isolant de leurs nouveaux maîtres et attendant le retour des anciens, ils se consacrèrent uniquement aux travaux de la terre, qui leur fournit bientôt les légumes et le blé nécessaires à leur nourriture; le chanvre filé par les femmes, comme dans le vieux temps, leur donna les vêtements; et la vie se continua, triste des défaites subies, animée par le labeur quotidien, avec une espérance vague, mais persistante, qu'un jour « les leurs » reviendraient et que l'on reprendrait l'existence heureuse de jadis. Pauvres gens! si simples et si attachés au vieux pays, leur cœur devait être une seconde fois brisé : par le traité de Paris de 1763, le plus honteux que la France ait jamais signé, Louis XV cédait définitivement le Canada à l'Angleterre. L'abandon était complet, les soixante-dix mille Français restés sur les bords du Saint-Laurent devenaient sujets anglais. Cette cession amena une nouvelle émigration; les marchands, les hommes de loi, les quelques fonctionnaires restés dans les villes vendirent ou abandonnèrent leurs biens et revinrent en France. Les campagnes seules demeurèrent étrangères à ce mouvement; les habitants, attachés au sol qui les avait vus naître, vivant dans leurs fermes, sur les terres défrichées par leurs pères, se groupèrent autour des prêtres qui partageaient leur sort et repoussèrent énergiquement toute assimilation avec les nouveaux arrivants; outragés dans leurs croyances, lésés dans leurs droits, ils se retranchèrent obstinément « derrière l'infranchissable barrière qu'élève entre deux races la différence du culte et du langage ». (Achintre.)

Le général Murray, resté à Québec comme commandant des forces d'occupation, fut en 1763 nommé gouverneur du Canada. Des conseils de guerre permanents avaient été aussitôt après la conquête installés à Québec, Trois-Rivières et Montréal; ils connaissaient de toutes les affaires civiles ainsi que des affaires criminelles, appliquant les lois anglaises entièrement ignorées des habitants presque autant du reste que des juges eux-mêmes, « officiers que leur éducation et leurs précédentes habitudes avaient beaucoup plus familiarisés avec le champagne et le bourgogne qu'avec Coke et Blackstone ». Quant aux magistrats civils qui les remplacèrent, ils furent choisis « parmi ce qu'il y avait de plus respectable » dans la population anglaise protestante nouvellement arrivée dans la colonie; c'était, ainsi que le reconnaît Murray lui-même dans sa correspondance avec le ministère de Londres, une nuée d'aventuriers et d'intrigants qui s'étaient abattus sur le Canada à la suite des troupes et après la capitulation de Montréal, « des marchands d'une réputation perdue, des cabaretiers crapuleux, des individus n'ayant reçu qu'une très médiocre éducation, qui, ayant leur fortune à faire, s'inquiétaient fort peu des moyens, pourvu qu'ils atteignissent la fin, en un mot les hommes les plus immoraux qu'on eût jamais vus ».

« Le gouvernement civil établi, écrivait-il encore, il a fallu choisir les magistrats et prendre les jurés parmi quatre cent cinquante commerçants, artisans et fermiers méprisables, principalement par leur ignorance. Il n'est pas raisonnable de supposer qu'ils résistent à l'enivrement du pouvoir mis dans leurs mains contre leur attente, et qu'ils manquent de faire voir combien ils sont habiles à l'exercer. Ils haïssent la noblesse canadienne à cause de sa naissance et parce qu'elle a des titres à leur respect; ils détestent les autres habitants, parce qu'ils les voient soustraits à l'oppression dont ils les ont menacés. »

PREMIÈRES ANNÉES DE L'OCCUPATION ANGLAISE.

Vainement les Canadiens, opposant à ces intrus une résistance latente, mais opiniâtre, protestèrent contre ce qu'ils considéraient avec raison comme la violation absolue de leurs droits, garantis par la capitulation de Montréal; vainement ils réclamèrent, aux termes mêmes de cet acte solennel, le libre exercice de leur culte, de leur langue et de leurs lois; les nouveaux colons anglais, décidés à les traiter comme les Acadiens et les Irlandais, exigèrent impérieusement qu'on leur confiât toutes les fonctions, à l'exclusion des anciens possesseurs du sol, et adressèrent à Londres les plus ardentes récriminations contre Murray, qui ne se prêtait pas à tous leurs désirs et ne persécutait pas assez âprement à leur gré les infortunés dont ils poursuivaient avec acharnement la ruine et l'expulsion. Malgré les protestations des habitants et leurs pétitions en faveur du gouverneur, ils obtinrent le rappel de Murray, qui dut aller se justifier à Londres des sympathies qu'il avait témoignées aux Canadiens. Il lui fut facile de le faire en plaçant sous les yeux des ministres le recensement de la population qui, en 1765, comprenait en tout cinq cents protestants sur soixante-neuf mille deux cent soixante-quinze habitants; il n'était pas possible de ne pas tenir compte de cette énorme disproportion, et de laisser, sans danger de révolte, persécuter impitoyablement des hommes pour la plupart anciens soldats, courageux et simples, mais vivement attachés à leurs coutumes.

Au regard des sauvages, les agissements des Anglais furent encore plus insolents qu'à l'égard des Français vaincus. Après la capitulation de Montréal, leur principal agent auprès des Peaux-Rouges, le capitaine Rogers, avait pris possession des forts élevés par les Français sur les grands lacs; il avait ensuite été nommé commandant à Michillimakinac. Par celui-là, on peut juger des autres : c'était, disent ses compatriotes eux-mêmes, « un misérable de la plus vile espèce », et cependant il fut, à de nombreuses reprises, investi de missions de confiance. Commandant du fort de Michillimakinac, il chercha à le vendre aux Espagnols occupant alors la haute Louisiane; poursuivi pour ce fait, il prit la fuite et revint en Europe d'où il passa dans les États barbaresques, au service du dey d'Alger. Apprenant l'insurrection des colonies anglo-américaines, il se hâta de leur offrir ses services. Washington l'admit dans son armée; il en fut bientôt récompensé : espion d'abord, déserteur ensuite, Rogers reçut pour prix de sa trahison un brevet de colonel dans l'armée anglaise. C'est à des êtres de cette espèce que la Grande-Bretagne confiait le soin de ses relations avec les Peaux-Rouges. Oubliant, en outre, les ménagements qu'il devait à ces peuplades guerrières, et ne songeant qu'à diminuer ses dépenses, le gouvernement retranchait chaque année quelque chose des présents destinés aux chefs sauvages, et ces présents diminuaient encore en passant par les mains rapaces de ceux qui étaient chargés de les remettre. Il estima enfin que le voisinage d'une colonie française n'étant plus à redouter, il était de son intérêt de ne plus fournir d'armes et de munitions aux indigènes; et ces peuplades, qui avaient abandonné depuis longtemps l'usage de l'arc et des flèches, se trouvèrent tout à coup privées de fusils, de poudre et de plomb. Il leur fut dès lors impossible de vivre du produit de leur chasse et de s'approvisionner de fourrures pour les échanges. Des tribus entières se virent ainsi réduites à la plus extrême misère. Leurs terres étaient envahies chaque jour par des émigrants qui les chassaient devant eux comme de véritables bêtes fauves. Quant aux aventuriers anglais qui les exploitaient, leurs déprédations, leurs vols, leurs attentats de toute espèce restaient impunis. De pareils traitements devaient révolter ces guerriers si fiers et si jaloux de leur indépendance. Aussi, dès 1761, l'idée germa-t-elle dans les tribus de massacrer les Faces-Pâles et de reprendre les contrées dont elles s'étaient emparées contre toute justice et tout droit. En 1762, le complot s'étendit et aboutit à un projet des plus dangereux et des mieux conçus : il consistait dans une attaque simultanée, par surprise, le même jour, de tous les postes occupés par les Anglais. Les garnisons massacrées, les sauvages espéraient pouvoir jeter ensuite à la mer les Européens dispersés sur le littoral de l'Atlantique. Un chef huron, le Rat, avait déjà eu autrefois cette idée. Le plan fut repris par un sauvage outaouais, Pontiac, qui en poursuivit l'exécution avec une fermeté et une décision étonnantes. C'était un ami des Français ; il avait combattu à leurs côtés pendant les dernières campagnes, et l'insolence des Anglais depuis le départ de nos troupes lui était insupportable. A force de diplomatie, de patience, de conciliabules avec les autres chefs des diverses nations, il parvint à donner un but à leurs ressentiments, à leur haine toujours croissante contre les envahisseurs et à coordonner jusque dans ses moindres détails la révolte qui devait bientôt éclater comme la foudre et surprendre complètement les autorités anglaises, dont le mépris pour ces êtres de race inférieure allait se changer en folle épouvante.

Au mois de mai 1763, Pontiac, d'accord avec les autres chefs, réunit les guerriers et se présenta devant Détroit, le fort le plus important et le mieux approvisionné de tous ceux que les Anglais occupaient dans les pays d'en haut. Pendant ce temps, les autres postes contenant des garnisons étaient assaillis, presque tous enlevés par surprise et leurs défenseurs massacrés.

L'attaque de Michillimakinac donne une idée des ruses auxquelles eurent recours les Peaux-Rouges. Depuis plusieurs jours, les sauvages saulteux et sakis des environs s'exerçaient au jeu de la crosse devant l'enceinte, amusant la petite garnison, une quarantaine d'hommes que leur réclusion à peu près complète en cet endroit éloigné privait de toute distraction. Dans la monotonie des journées, ce spectacle apportait une diversion qui fut accueillie par les Anglais avec une vive satisfaction. Ce sport animé les intéressait. Oubliant trop facilement qu'ils se trouvaient au milieu de peuplades récemment vaincues, encore frémissantes sous le joug nouveau de maîtres brutaux et grossiers, officiers et soldats assistèrent attentifs au jeu des sauvages, qui annoncèrent une grande partie pour le 4 juin 1763, anniversaire de la naissance du roi George d'Angleterre. C'était une fête pour la garnison : « Le temps était magnifique, un soleil ardent répandait ses chauds rayons, et la nature, drapée dans son riche manteau de verdure, semblait devoir ajouter à l'éclat des réjouissances. Les canons du fort faisaient entendre de temps à autre quelques salves bien nourries et leurs bruyantes détonations allaient réveiller les échos les plus lointains du lac Huron. Les sauvages, parés de leur mieux, le visage vermillonné, se comptaient par centaines, et, à les voir, on les aurait crus exclusivement préoccupés par l'issue de la lutte qui allait s'engager entre les deux tribus. La partie de crosse devait avoir lieu sur la grande plaine qui avoisine le fort. L'heure de la lutte arrivée, le commandant et son lieutenant vinrent prendre place à l'extérieur des palissades, à quelques pas de la porte, afin de

LE JEU DE CROSSE.
Dessin de Gustave Doré.

mieux observer les mouvements des joueurs. Le premier semblait surtout s'intéresser à la lutte, car il avait parié en faveur des Saulteux. La partie de crosse se poursuivit depuis le matin jusqu'à midi, sans que la victoire se prononçât en faveur de l'une ou l'autre tribu. Plusieurs fois déjà, la balle avait été jetée, intentionnellement, au dedans de l'enceinte du fort, d'où elle avait été renvoyée par les soldats de la garnison.

« Le commandant, désirant offrir toutes les facilités possibles aux sauvages, ordonna finalement d'ouvrir la porte du fort afin qu'ils allassent eux-mêmes chercher la balle. C'était justement ce qu'ils désiraient. Ils ne tardèrent pas à la lancer de nouveau dans l'intérieur du fort en se ruant à sa poursuite. Leurs sauvagesses, obéissant à un mot d'ordre, se précipitèrent aussi en dedans des palissades, afin de leur donner les tomahawks qu'elles tenaient cachés sous leurs couvertures. Ce fut le signal du massacre. Les sauvages commencèrent alors à faire entendre leurs terribles cris de guerre, puis à égorger tous les soldats qui leur tombaient sous la main. Ceux-ci, désarmés pour la plupart, s'étaient groupés sans défiance près de l'enceinte afin de pouvoir mieux suivre les péripéties de la lutte. Ils furent complètement surpris. Le nombre des morts s'éleva à dix-sept; les autres furent faits prisonniers; les vainqueurs en massacrèrent encore cinq les jours suivants. » (Tassé.)

Le commandant anglais fut sauvé par un Canadien nommé Langlade, qui l'avait vainement prévenu quelque temps auparavant du complot. Sept ou huit autres postes, notamment ceux de Saint-Joseph, des Miamis, du fort aux Bœufs et de la Presqu'île tombèrent en même temps entre les mains des Peaux-Rouges, et les chevelures de leurs défenseurs fournirent une nouvelle parure aux cabanes des tribus, pendant que des coureurs sauvages portaient l'épouvante dans la Pensylvanie et la Virginie, dont ils ravageaient les frontières. Quant au fort de Détroit, renfermant une centaine de maisons de bois et défendu par une garnison de quatre cents hommes, il fut plusieurs fois approvisionné la nuit par quelques hardis traitants canadiens, mais pendant soixante jours et soixante nuits les soldats restèrent sur les remparts, attendant à chaque instant un assaut et ne dormant que l'arme au bras, tout habillés, à leur poste de combat. Plusieurs sorties désespérées furent repoussées; dans l'une d'elles, les Anglais laissèrent soixante-dix des leurs sur le terrain et comptèrent quarante blessés; mais leur résistance prolongée pendant plusieurs mois permit aux secours envoyés de Québec et de la Nouvelle-Angleterre d'arriver et de les dégager. Plusieurs rencontres de sauvages confédérés avec les détachements anglo-américains aboutirent à des échecs qui les obligèrent, en 1766, à faire la paix. Pontiac, abandonné par ses alliés, se retira chez les Illinois; les Anglais, craignant que son influence sur les tribus ne ramenât quelque prise d'armes meurtrière, le firent assassiner par un de leurs coureurs des bois, nommé Williamson.

La triste destinée des Peaux-Rouges, appelés à disparaître devant les empiétements des Anglo-Saxons, devait dès lors s'accomplir. Les Anglais y aidèrent du reste par des moyens abominables dont témoigne une correspondance entre deux officiers : pendant la lutte contre les sauvages révoltés, sir Jeffrey Amherst écrivait en effet au colonel Bouquet, commandant les troupes envoyées contre les rebelles : « Ne pourrait-on pas essayer de répandre la petite vérole parmi les tribus révoltées des Indiens? Nous devons en cette circonstance user de tous les stratagèmes en notre pouvoir pour les réduire. »

Bouquet répondit : « Je vais essayer d'inoculer la variole au moyen de couvertes qui pourront tomber entre leurs mains, et je prendrai garde de ne pas contracter la maladie moi-même. Comme il est déplorable d'exposer contre eux de braves gens, je désirerais faire usage de la méthode espagnole, les chasser avec des chiens anglais soutenus par les coureurs des bois et quelques chevaux agiles qui pourraient efficacement, je crois, extirper ou éloigner cette vermine. »

Amherst se hâta de répliquer : « Vous ferez bien d'essayer d'inoculer la maladie aux Indiens au moyen de couvertes, et d'employer également tout autre moyen qui pourrait servir à exterminer cette exécrable race. »

Quelques mois plus tard, la petite vérole faisait d'affreux ravages parmi les tribus. (Parkman, Conspiracy of Pontiac.)

En 1766, le gouverneur Murray fut remplacé par le brigadier général Guy Carleton, qui eut à lutter contre les mêmes difficultés que son prédécesseur et à refréner les malversations et les pratiques odieuses des émigrants anglais; mais les troubles qui commençaient dans la Nouvelle-Angleterre et qui allaient bientôt aboutir à la guerre de l'Indépendance devaient préoccuper un esprit ouvert comme celui du nouveau gouverneur. Aussi écrivait-il, le 28 mars 1770, à lord Hillsborough : « Votre Seigneurie a appris que les protestants qui se sont établis ou qui ont plutôt séjourné ici depuis la conquête ne se composent que de commerçants, de soldats licenciés et d'officiers, ces derniers, si l'on en excepte un ou deux, au-dessous du grade de capitaine; quant aux membres des justices de paix, ceux qui réussissaient en affaires ne pouvaient trouver le temps de siéger comme juges, et quand plusieurs, à la suite d'accidents ou d'entreprises mal conçues, eurent fait faillite, ils ont cherché naturellement à se refaire aux dépens du public; d'où vient une variété de manœuvres pour augmenter les procès et leurs propres émoluments. Des huissiers, nommés par ces juges, la plupart soldats libérés du service ou déserteurs, se répandant dans les paroisses avec des citations en blanc, à l'affût de toute querelle ou discorde légère parmi les habitants, les poussent à leur ruine et les forcent à plaider pour ce qu'ils auraient aisément réglé à l'amiable si on les eût laissés à eux-mêmes. Ils leur font supporter des frais extravagants pour le recouvrement de fort petites sommes, vendre leurs terres précipitamment pour le payement de créances insignifiantes, et les deniers provenant de ces ventes sont absorbés par d'exorbitants honoraires, tandis que les créanciers ne recueillent que bien peu de la ruine de leurs malheureux débiteurs. Ce n'est là qu'une bien faible esquisse de la misère des Canadiens, et c'est la cause de beaucoup de reproches qu'ils adressent à notre justice nationale et au gouvernement de Sa Majesté. Dans mon dernier voyage à travers le pays, les clameurs étaient générales. » (Archives canadiennes, année 1890.)

Les avertissements de Carleton, soulignés par les agissements des colons américains, furent entendus à Londres, où le ministère comprit qu'il importait de ne pas pousser à bout, pour plaire à une infime minorité de gens tarés et indignes, cette population canadienne, voisine de la Nouvelle-Angleterre, et que cette dernière appelait avec elle à la révolte. En 1774, le parlement britannique votait un bill déclarant nulles et non avenues toutes les dispositions antérieurement adoptées pour le Canada et ordonnant que les contestations relatives aux propriétés seraient dorénavant jugées d'après les textes précédemment en vigueur dans le pays; les lois anglaises, avec le jury, ne furent maintenues que pour les affaires criminelles. La création d'un conseil législatif nommé par la Couronne, le rétablissement de la Coutume de Paris pour la législation civile, des dîmes ecclésiastiques pour le clergé et des redevances féodales pour les seigneurs restés dans la contrée donnèrent une première satisfaction aux Canadiens, qui furent en même temps dispensés du serment de fidélité et d'abjuration de leur religion, que les émigrants anglais prétendaient leur imposer. Ces concessions, que dictait seule aux conquérants l'approche du danger, décidèrent les Canadiens à rester neutres pendant la guerre de l'Indépendance. Un certain nombre, par vieille haine des Yankees, s'engagèrent même dans les milices, et soutinrent le gouverneur de Québec dans ses efforts pour repousser les invasions de leur pays par les Américains.

Au mois d'octobre 1774, une déclaration du Congrès de Philadelphie, où se trouvèrent réunis les députés de douze des colonies de la Nouvelle-Angleterre, acheva d'indisposer les Canadiens contre les révoltés et de les décider à rester de préférence sous le drapeau de la Grande-Bretagne, qui venait de leur rendre leurs lois et de les laisser libres de suivre leur religion. Parmi les griefs invoqués par le Congrès contre la métropole était relevé le bill du Parlement qui reconnaissait la religion catholique, abolissait « l'équitable système des lois anglaises dans la province de Québec et y établissait au profit des papistes une véritable tyrannie civile et spirituelle, au grand danger des provinces voisines qui avaient contribué de leur sang et de leur argent à sa conquête ». Par une inconséquence vraiment étrange, le même Congrès, après avoir ainsi profondément froissé ces Canadiens qu'il considérait toujours comme des ennemis, leur adressait, avec une hypocrite effusion de sympathie, un manifeste dans lequel il leur exposait les avantages d'une constitution libre, où il les invitait à se joindre à lui pour défendre leurs droits communs.

Distribué à profusion dans tout le Canada, ce placard n'y produisit que peu d'effet : les habitants, délivrés à propos de l'oppression que faisaient peser sur eux les nouveaux venus, et ne prévoyant pas qu'elle pouvait se renouveler dès que l'Angleterre en aurait fini avec la rébellion de ses colonies, refusèrent d'écouter les Bostonais, ces voisins qui avaient tant contribué à leur défaite, et ne conservèrent que le souvenir de la déclaration du Congrès de Philadelphie contre la religion catholique et les lois françaises : pour eux, elle traduisait la véritable pensée de ces puritains dont l'appel à la révolte après cette déclaration constituait à leurs yeux une insigne fourberie. Par contre, fait assez singulier, les colons anglais, à qui la métropole avait accordé tant de faveurs au détriment des vaincus, tenaient ouvertement pour le Congrès et se montraient disposés, dans leurs conciliabules de Montréal et de Québec, à favoriser une invasion du Canada par les troupes des provinces révoltées.

Nous ne rechercherons pas ici quels avantages aurait pu tirer la population franco-canadienne d'une action commune avec les Américains. Comme plusieurs historiens l'ont fait ressortir, elle aurait certainement évité ainsi les persécutions qu'elle devait encore subir de la part des Anglais dès que ceux-ci n'auraient plus à se préoccuper des États-Unis devenus libres, et surtout l'invasion des loyalistes qui, refusant de rester dans un pays où ne gouvernait plus leur roi, achevèrent de chasser les Acadiens des provinces maritimes et prirent possession des terres fertiles du haut Canada, y créant de toutes pièces une province essentiellement anglaise et barrant ainsi la route à toute expansion de la race française. Mais d'autre part, perdue dans l'immense confédération américaine, n'aurait-elle pas été amenée, par un contact journalier avec les Yankees, à renoncer à sa langue, à ses mœurs et à ses lois? L'exemple de la Louisiane, si française cependant au moment où elle était cédée aux États-Unis, donne lieu de croire que les choses se seraient passées de même à Québec, et l'on comprend qu'entre deux maîtres exécrés, qu'ils avaient rencontrés toujours unis jusque-là pour les écraser, les Canadiens aient préféré celui qui était loin et qui venait de leur faire des concessions importantes, aux Bostonais avec lesquels ils n'avaient pas cessé depuis de longues années d'échanger des coups de fusil. D'ailleurs, il faut bien le reconnaître, la France a joué alors un rôle peut-être très chevaleresque, mais bien peu conforme à ses intérêts. Décidée à venir au secours des États-Unis, elle devait, en engageant la lutte contre l'Angleterre, avoir pour premier but de délivrer tout au moins ses enfants du joug qui pesait sur eux dans le nord de l'Amérique, en reprenant possession du Canada; c'était l'idée très juste du ministre des affaires étrangères M. de Vergennes, mais elle n'était point partagée par les autres ministres. Le maréchal de Lévis, le héros des plaines d'Abraham, offrait en vain de se charger du commandement des troupes qui auraient été envoyées à Québec. Le roi de Prusse, le grand Frédéric, qui suivait attentivement les événements, appréciait comme M. de Vergennes le rôle de la France; le 8 septembre 1777, il écrivait de Potsdam à son ambassadeur à Paris : « On se trompe fort en admettant qu'il est de la politique de la France de ne point se mêler de la guerre des colonies. Son premier intérêt demande toujours d'affaiblir la puissance britannique partout où elle peut, et rien n'y saurait contribuer plus promptement que de lui faire perdre ses colonies en Amérique. Peut-être même serait-ce le moment de reconquérir le Canada. L'occasion y est si favorable qu'elle n'a été ni le sera peut-être dans trois siècles » Et dans une autre lettre du même jour à son ambassadeur à Londres : « C'est un grand bonheur pour l'Angleterre que sa rivale la France soit si entichée de ses dispositions pacifiques qu'elle laisse échapper la meilleure occasion qui s'est présentée peut-être depuis quelques siècles pour prendre l'ascendant sur elle et reconquérir les provinces qu'elle lui a arrachées dans le nouveau monde. »

Les Anglais eux-mêmes attendaient cet effort et croyaient que le premier souci de Louis XVI serait de chercher à recouvrer notre ancienne colonie. Bien loin de là, la France ne s'enthousiasmait que pour la cause des Américains insurgés, et ses ministres, en traitant avec la nouvelle République, acceptaient, à la demande du bonhomme Franklin, cette clause vraiment stupéfiante « qu'ils renonceraient à reprendre le Canada ». Un vent de folie soufflait sur cette cour que la Révolution devait bientôt balayer. « Ce qu'il y a de plus remarquable, dit un des jeunes officiers qui ont pris part à la guerre d'Amérique, c'est que, à la cour comme à la ville, chez les grands comme chez les bourgeois, parmi les militaires comme parmi les financiers, au sein d'une vaste monarchie, sanctuaire antique des privilèges nobiliaires, parlementaires, ecclésiastiques, malgré l'habitude d'une longue obéissance au pouvoir arbitraire, la cause des Américains insurgés fixait toutes les attentions et excitait un intérêt général. De toutes parts, l'opinion pressait le gouvernement royal de se déclarer pour la liberté républicaine et semblait lui reprocher sa lenteur et sa timidité. » (De Ségur.)

Aussitôt que la guerre fut engagée entre l'Angleterre et ses colonies, celles-ci, malgré l'ignorance et l'indiscipline de leurs troupes, avaient songé à envahir le Canada et organisé une armée dans ce but. En 1775, le général Montgomery, à la tête de trois mille hommes, déboucha par le lac Champlain et s'empara successivement, sans grande résistance, des postes de Chambly et de Saint-Jean, puis de la ville de Montréal, d'où le gouverneur Carleton put s'échapper à grand'peine pour aller s'enfermer dans Québec avec le peu de soldats qu'il avait à sa disposition. Il y fut bientôt assiégé par Montgomery, que le colonel Arnold, celui qui devait plus tard trahir la cause américaine, avait rejoint avec un millier d'hommes par la rivière de la Chaudière. Un assaut, tenté dans la nuit du 31 décembre au milieu d'une tempête de neige, fut repoussé. Montgomery y perdit la vie, et Arnold, blessé à la jambe d'un coup de feu, dut se replier sur Montréal, puis évacuer la province à l'arrivée des renforts d'Angleterre. La guerre, reportée sur le territoire des États-Unis, se continua, avec des alternatives de succès et de revers pour les deux adversaires, jusqu'à l'intervention de la France dont les flottes et une armée commandée par le comte de Rochambeau permirent à Washington d'enfermer le général Cornwallis dans Yorktown et de le réduire à capituler.

Au Canada, les Anglais, délivrés de la crainte d'une invasion et d'une révolte des habitants, recommencèrent bientôt à réclamer fonctions et propriétés; les membres du conseil, en grande partie composé de créatures de cette espèce, « travaillaient avec une prodigieuse ardeur soit à accumuler les emplois sur leurs têtes, soit à accaparer les terres publiques ». Les seigneurs conseillers réclamaient pour eux l'exemption des corvées et du logement des troupes; imbus de principes monarchiques, ils prenaient chaudement la cause du pouvoir dans toutes les questions qui ne touchaient pas à leurs institutions, et leur maxime restait : « Si veut le roi, si veut la loi ». Une ordonnance sur les milices, contenant plusieurs dispositions fort dures, indisposa les Canadiens à qui elle imposait des charges énormes; les corvées, dont le peuple des campagnes fut écrasé pendant la guerre, occasionnèrent aussi de nombreuses plaintes. Sur ces entrefaites, Carleton fut remplacé en 1778 par le général Haldimand, Suisse d'origine, depuis longtemps au service de l'Angleterre. C'était un homme d'un caractère impérieux et dur que ses habitudes militaires et sa brutalité rendaient tout à fait impropre aux fonctions d'administrateur. Voisin de provinces en révolution, suspectant le loyalisme des habitants qui devaient, selon lui, en raison de leur origine, sympathiser avec les insurgés américains que la France défendait, il estima qu'il ne pourrait les contenir que par des mesures d'une extrême rigueur. Aux justes réclamations qui lui furent soumises, il répondit par une plus rude application de l'ordonnance sur les milices, par un redoublement de vexations dans les corvées qui devinrent un véritable fléau, par l'emprisonnement sur le moindre soupçon de centaines de colons; les correspondances privées étaient violées; partout l'esprit soupçonneux de ce reître grossier voyait des espions ou des ennemis; les prisons ne suffirent bientôt plus à contenir la masse des suspects que son inquiète vigilance faisait arrêter chaque jour. Les vaisseaux de guerre ancrés devant Québec en furent remplis; puis il fallut prendre le couvent des récollets pour y enfermer de nouveaux détenus. Soumises à d'odieux traitements, réduites souvent au pain et à l'eau, ces victimes

MARCHÉ DE LA HAUTE VILLE, A QUÉBEC.
Dessin de Taylor, d'après une photographie.

de la brute qui remplissait les fonctions de gouverneur étaient gardées dans les cachots pendant des mois entiers, des années même, puis relaxées sans savoir de quel crime elles étaient accusées; aucune ne fut mise en jugement.

La paix signée à Paris entre l'Angleterre, les États-Unis et la France, le

3 septembre 1783, mit fin à cet exécrable régime, et Haldimand, rappelé, fut bientôt remplacé par son prédécesseur, Carleton, élevé à la pairie sous le nom de lord Dorchester. Les réclamations des habitants étaient parvenues à Londres nombreuses, ardentes contre l'administration du soudard dont on les délivrait; mais le mal était grand, et il fallait y apporter un remède si la métropole ne voulait pas voir un jour le Canada, soutenu par les anciennes colonies devenues les libres États-Unis, revendiquer à son tour une complète indépendance. Il importait en outre au cabinet de Londres, en présence des graves événements qui se déroulaient en France et de la révolution qui s'y accomplissait, de ne pas fournir à ses nouveaux sujets les motifs d'une révolte qui exigerait l'envoi de troupes dont la présence était nécessaire en Europe. Aussi fut-il admis en 1791, par le Parlement, après de longues discussions, qu'il y avait lieu de donner aux habitants de la province de Québec une satisfaction, en leur accordant un système représentatif et quelques-unes des libertés auxquelles pouvait prétendre tout sujet anglais.

Le 4 mars 1791, le premier ministre William Pitt soumettait à la Chambre des communes un projet partageant la province en deux, l'une, le Bas-Canada, habitée en grande majorité par la race française, l'autre, le Haut-Canada, peuplée d'Anglais, réfugiés loyalistes. Le bill attribuait à chacune d'elles une Chambre élective. « La division en deux gouvernements, disait le ministre, mettra un terme à cette rivalité entre les émigrants anglais et les anciens habitants français, qui occasionne tant d'incertitude dans les lois et tant de dissensions. J'espère qu'elle pourra se faire de façon à assurer à chaque peuple une grande majorité dans la partie du pays qu'il occupe, car il n'est pas possible de tirer une ligne de séparation parfaite. Je proposerai d'établir, à l'imitation de la constitution de la mère patrie, un Conseil composé de membres nommés à vie par la Couronne ou siégeant en vertu d'un titre héréditaire, que le roi aura le privilège d'attacher à certains honneurs, et une Chambre des députés élue de la manière ordinaire. »

Après avoir exposé les mesures qu'il y avait lieu de prendre pour pourvoir à la subsistance du clergé protestant en le dotant de terres, pour assurer la propriété et les concessions dans les deux provinces, le ministre terminait en ces termes : « Afin de prévenir le retour de difficultés pareilles à celles qui ont amené la séparation des États-Unis et de l'Angleterre, il sera statué que le Parlement britannique ne pourra imposer d'autres taxes que des droits sur le commerce; et encore, afin d'empêcher l'abus de ce pouvoir, la législature dans chaque province pourra-t-elle disposer du produit de l'impôt. »

Le bill, voté dans les deux Chambres malgré l'opposition furieuse des émigrants anglais qui voyaient leur échapper la domination sur les habitants français, à qui leur nombre assurait la majorité dans la Chambre élective, donnait à ces derniers le moyen d'intervenir dans la direction de leurs affaires : le plein exercice de leur religion leur était garanti et la législation civile restait pour eux celle de la Coutume de Paris. Le Conseil législatif devait se composer d'au moins quinze membres pour le Bas-Canada et de sept pour le Haut; l'Assemblée représentative d'au moins cinquante membres pour le Bas-Canada et de seize pour le Haut, élus par les propriétaires d'immeubles d'un revenu de 50 francs dans les campagnes et de 125 francs dans les villes. Les locataires des villes payant un loyer de 250 francs avaient le droit de vote. La durée des Parlements ne devait pas excéder quatre ans. Telle était la charte de 1791 ; elle donnait à la population une assemblée pour faire entendre sa voix; mais il y manquait une partie essentielle, qui ne devait être obtenue qu'après des troubles sanglants ; il y avait un parlement, mais pas de ministère. « Et sans ministère, dit un célèbre historien anglais, un gouvernement parlementaire, tel qu'il existe chez nous, ne peut jamais fonctionner sûrement. Il est indispensable pour nos libertés que la Chambre des communes ait le moyen d'exercer sur le pouvoir exécutif un contrôle réel, une influence souveraine. » (Macaulay.)

Le 17 décembre 1791 s'ouvrait à Québec, dans l'ancien palais épiscopal, la première session du Parlement du Bas-Canada. Le choix du président de l'assemblée fit aussitôt ressortir l'antagonisme des deux races et mit en évidence les prétentions à la suprématie des membres anglais. Seize d'entre eux avaient été bénévolement élus par les Canadiens qui, grâce à ce témoignage de confiance, espéraient, bien à tort, faire régner la concorde dans la nouvelle assemblée. Ils réclamèrent immédiatement la nomination d'un président anglais et l'abolition de la langue française. Ces deux propositions furent rejetées par la majorité, qui nomma président M. Panet, Canadien français, avocat distingué, et décida que les procès-verbaux de la Chambre seraient écrits dans les deux langues. « Eh quoi !, s'était écrié au cours de la discussion le député Papineau, parce que les Canadiens devenus sujets de l'Angleterre ne savent pas la langue parlée sur les bords de la Tamise, ils seront privés de leurs droits ! » — « Privez-en donc, ajouta M. Panet, les habitants des îles de la Manche, qui parlent français et vous appartiennent depuis Guillaume le Conquérant ! » Ces véhémentes apostrophes déconcertèrent l'opposition. Après de longues séances consacrées aux questions de création d'écoles de paroisses, d'impôts et de finances, la Chambre adopta une résolution des plus importantes, qui fut toujours renouvelée depuis, et dont les gouverneurs contestèrent longtemps la validité : elle décida que le vote des subsides lui appartenait d'une manière exclusive. Mais les émigrants anglais, perdus au milieu de la population française, avaient toutes les places dans l'administration et dans le Conseil, composé de membres nommés par la Couronne. Le gouverneur et le Conseil, réunis contre l'assemblée élue, annulaient ses décisions et s'efforçaient de conserver intacte leur domination. Une lutte acharnée s'engagea bientôt entre les deux partis, soutenue du côté des Canadiens par des hommes comme MM. Bédard et Papineau, avec une constance, une énergie et une habileté parlementaire qui devaient finir, sinon par assurer le succès de leurs revendications légitimes contre les prétentions extravagantes de l'oligarchie anglaise, du moins par obliger les gouverneurs à en tenir un compte sérieux et la métropole à les examiner. Les débats, auxquels prirent une part active les Canadiens français, eurent un autre résultat que souligne avec une malicieuse ironie l'historien Garneau : « La discussion du règlement de l'assemblée mit les membres au fait des règles parlementaires, et la politesse française, introduite par les Canadiens dans la tenue de la Chambre et dans les délibérations, donna à ce corps un air de respectueuse gravité que n'avait pas la Chambre des communes d'Angleterre, où les membres se tiennent enveloppés dans leurs manteaux, la tête couverte et la canne ou la cravache à la main, comme dans une foire. »

En 1796, lord Dorchester repassa en Angleterre et fut remplacé comme gouverneur par le général Prescott, qui ouvrit le second parlement provincial le 24 janvier 1797. M. Panet en fut réélu président. Craignant le progrès des idées révolutionnaires dont la France était alors l'ardent foyer, Prescott se fit donner par les Chambres un pouvoir à peu près absolu de faire arrêter les citoyens ou les étrangers soupçonnés d'être favorables aux idées nouvelles. Des mesures sévères furent prises pour interdire l'entrée au Canada de toutes les personnes suspectes de sympathies à l'égard des Français, ainsi que des livres ou journaux pouvant faire connaître leurs dangereuses opinions. Le clergé approuva ces mesures et le curé de Québec, dans un langage qui choqua les Canadiens eux-mêmes par sa servilité, recommanda au peuple la soumission au souverain légitime. « Nos conquérants, disait-il en prononçant l'oraison funèbre de son évêque, Mgr Briand, regardés d'un œil ombrageux et jaloux, n'inspiraient que de l'horreur; on ne pouvait se persuader que des hommes étrangers à notre sol, à notre langage, à nos lois, à nos usages et à notre culte, fussent jamais capables de rendre au Canada ce qu'il venait de perdre en changeant de maîtres. Nation généreuse, qui nous avez fait voir avec tant d'évidence combien ces préjugés étaient faux; nation industrieuse, qui avez fait germer les richesses que cette terre renfermait dans son sein; nation exemplaire qui, dans ce moment de crise, enseignez à l'univers attentif en quoi consiste cette liberté après laquelle tous les hommes soupirent et dont si peu connaissent les justes bornes; nation compatissante qui venez de recueillir avec tant d'humanité les sujets les plus fidèles et les plus maltraités de ce royaume auquel nous appartînmes autrefois; nation bienfaisante, qui donnez chaque jour au Canada de nouvelles preuves de votre libéralité, non, vous n'êtes pas nos ennemis, ni ceux de nos propriétés que vos lois protègent, ni ceux de notre sainte religion, que vous respectez! Pardonnez donc ces premières défiances à un peuple qui n'avait pas encore le bonheur de vous connaître; et si, après avoir appris le bouleversement de l'État et la destruction du vrai culte en France, et après avoir goûté pendant trente-cinq ans les douceurs de votre empire, il se trouve encore parmi nous quelques esprits assez aveugles ou assez mal intentionnés pour entretenir les mêmes ombrages et inspirer au peuple des désirs criminels de retourner à ses anciens maîtres, n'imputez pas à la totalité ce qui n'est que le vice d'un petit nombre! » On ne pouvait témoigner d'une soumission plus humble : elle fut récompensée. Le langage de l'abbé Plessis lui valut d'être admis plus tard à remplacer comme évêque celui dont il avait prononcé l'oraison funèbre.

Les mesures prises pour empêcher la propagande des idées révolutionnaires au Canada aboutirent à un de ces crimes judiciaires dont les Anglo-Saxons donnent trop souvent l'exemple en paraissant hypocritement respecter la loi : « Un enthousiaste Américain, du nom de Mac Lane, ajoutant foi aux soupçons que l'on semait contre la population (que les émigrants anglais disaient disposée à se rallier au drapeau de la révolution), se laissa attirer à Québec par un charpentier de navire nommé Black, qui avait su acquérir assez de popularité pour se faire élire, en 1796, membre de l'Assemblée législative. Aussitôt que Black l'eut en son pouvoir, il courut avertir l'autorité, qu'il avait prévenue d'avance. Mac Lane, accusé de haute trahison, fut livré aux tribunaux. Le choix des jurés, les témoignages, le jugement, le supplice, tout fut extraordinaire. Il fut condamné à mort et exécuté, avec un grand appareil militaire, sur le glacis des fortifications, dans un endroit élevé et visible des campagnes environnantes. Le corps du supplicié, après être resté quelque temps suspendu au gibet, fut descendu au pied de l'échafaud; le bourreau en trancha la tête, la prit par les cheveux et, la montrant au peuple, cria : « Voilà la tête d'un traître ! » Il ouvrit ensuite le cadavre, en arracha les entrailles, les brûla et fit des incisions aux quatre membres. Jamais pareil spectacle ne s'était encore vu en Canada ! Les accusateurs et les témoins à charge eurent des terres pour prix de leur complaisance ou de leurs délations. Black lui-même reçut des gratifications; elles ne lui portèrent pas bonheur, car tout le monde ne voulut plus voir en lui qu'un traître. Repoussé par ses concitoyens, objet du mépris public, il finit par tomber dans une profonde misère, et on le vit, quelques années après, couvert de vermine, mendier son pain dans la ville où il avait siégé autrefois comme législateur. » (Garneau.)

La rigueur contre tout ce qui pouvait venir de France était poussée à ce point que le territoire fut interdit à un émigré, M. de La Rochefoucault-Liancourt, qui, parcourant les États-Unis et le Haut-Canada, voulait visiter Montréal et Québec; et cependant celui-là était fidèle aux sentiments de la noblesse de ce temps, mais il lui restait, malgré tout, l'amour de la patrie absente, et c'est avec un véritable soulagement qu'on lit, après l'étrange allocution de l'abbé Plessis, les réflexions que dictait à ce voyageur la vue de tout ce qui l'entourait : « Je suis embarrassé de me rendre compte à moi-même des différents sentiments qui m'oppressent J'aime les Anglais plus peut-être qu'aucun Français ne les aime : j'en ai toujours été très bien traité. J'ai des amis parmi eux; je hais les crimes infâmes dont la Révolution française a été souillée, qui m'ont d'ailleurs enlevé des objets chers à mon affection et à mon estime; je suis banni de France, mes biens sont confisqués, je suis traité par le gouvernement de mon pays comme si j'étais un criminel, séparé de tout ce qui m'est cher, et mes malheurs sont loin de finir; eh bien, ce sentiment de la patrie, ce sentiment aujourd'hui si pénible, si contradictoire avec ma position, domine tous les autres et vient me poursuivre ici plus que jamais. Ce pavillon anglais sous lequel je navigue, sur des lacs où a si longtemps flotté le pavillon français; ces forts, ces canons enlevés à notre puissance, ce témoignage perpétuellement sous mes yeux de notre ancienne faiblesse et de nos adversités, me gênent, m'accablent et me donnent un excès d'embarras, de honte, que je ne puis trop bien démêler et moins encore définir. Les succès que lord Howe a eus l'année dernière, dont les Anglais parlent d'autant plus librement devant nous qu'ils croient notre cause attachée à la leur; cette avidité d'annoncer de nouvelles défaites des Français, d'y croire et d'oser nous en complimenter, en nous assurant que nous rentrerons dans nos propriétés par les efforts britanniques; tous ces sujets habituels d'une conversation dans laquelle l'intention de mes hôtes semble toujours bonne, ont quelque chose d'autant plus pénible qu'il faut cacher sa pensée dans le silence, qu'en la disant on passerait pour un sot aux yeux du très petit nombre par qui on ne serait pas jugé un Jacobin, un Robespierre. Et cependant il est en moi, il est profondément en moi de préférer garder toute ma vie mon état de banni, de pauvre diable, à me voir rappeler dans mon pays et dans mes biens par l'influence des puissances étrangères et par l'orgueil anglais. Je n'entends pas parler d'une défaite des troupes françaises sans une grande peine, de leurs succès sans un sentiment d'amour-propre satisfait que je ne cherche pas toujours assez à cacher. »

Le gouverneur anglais avait raison de ne pas laisser pénétrer au milieu des Canadiens français cet exilé qui portait si vivace au fond du cœur le culte de la patrie, car ils avaient conservé le même sentiment, et les agissements dont ils étaient l'objet de la part de leurs nouveaux maîtres n'étaient pas pour le faire disparaître.

Dans la Chambre élue, les luttes se continuèrent au sujet des concessions de terres, de la tentative de création d'une « Institution royale » destinée à anglifier le pays en imposant l'enseignement de la langue anglaise, de la question des taxes qui passionna particulièrement les esprits. Le *Mercury*, journal anglais fondé en 1805 pour soutenir les intérêts des marchands anglo-saxons contre la population canadienne, résuma très nettement les tendances des immigrants et le but qu'ils poursuivaient : « Cette province est trop française pour une colonie britannique. Que nous soyons en guerre ou en paix, il est essentiel de faire tous nos efforts, par tous les moyens avouables, pour nous opposer à l'accroissement des Français et de leur influence. Après une possession de quarante-sept ans, il est juste que la province devienne enfin anglaise. »

Les habitants répondirent à ce manifeste par la création, au mois de novembre 1806, d'un autre journal intitulé *Le Canadien*, dont l'apparition était justifiée en ces termes dans le prospectus qui l'annonçait : « Il y a déjà longtemps que des personnes qui aiment leur pays et leur gouvernement regrettent que le rare trésor que nous possédons dans notre constitution, la liberté de la presse, demeure si longtemps caché. Ce droit qu'a le peuple anglais d'exprimer librement ses sentiments sur tous les actes publics de son gouvernement est ce qui en fait le principal ressort. C'est cette liberté qui rend la constitution anglaise si propre à faire le bonheur des peuples qui sont sous sa protection. Le despote ne connaît le peuple que par le portrait que lui en font les courtisans, il n'a d'autres conseillers qu'eux. Sous la constitution anglaise, le peuple a le droit de se faire connaître lui-même par le moyen de la presse et, par l'expression libre de ses sentiments, toute la nation devient pour ainsi dire le conseiller privé du gouvernement. »

Ce journal, traduisant fidèlement les aspirations des Canadiens, prit fièrement pour devise : « Nos institutions, notre langue et nos lois ».

Au mois d'octobre 1807, un nouveau gouverneur, sir James Craig, arriva d'Angleterre. C'était un ancien officier, d'une santé débile, d'un esprit fantasque et borné, aigri par la maladie, « qui déploya un grand étalage militaire et parla au peuple comme à des recrues soumises au fouet ». (Garneau.) Ses préjugés contre les Canadiens et ses terreurs d'une révolte en faveur de la France, que sa patrie combattait alors à outrance, le livrèrent aux pires ennemis des habitants et lui inspirèrent les mesures les plus arbitraires : Dissolution de la Chambre élue, dont les discussions lui paraissaient révolutionnaires; saisie des presses du *Canadien*; arrestation de l'imprimeur, de députés, de notables dont les tendances étaient suspectes; tout fut employé pour répandre la terreur et briser la résistance légale des Canadiens français. Mais l'horizon redevenait menaçant dans les provinces voisines : les États-Unis, à propos des droits des neutres ouvertement violés par l'Angleterre dans sa lutte acharnée contre Napoléon, allaient bientôt recommencer la guerre une première fois soutenue pour leur indépendance. Le gouvernement de la métropole se résigna, pour éviter une révolte et la perte certaine du Canada, à sanctionner le bill interdisant l'élection des juges à la Chambre d'assemblée et à remplacer Craig, dont la violence et l'incapacité avaient fait un objet d'exécration, par un homme

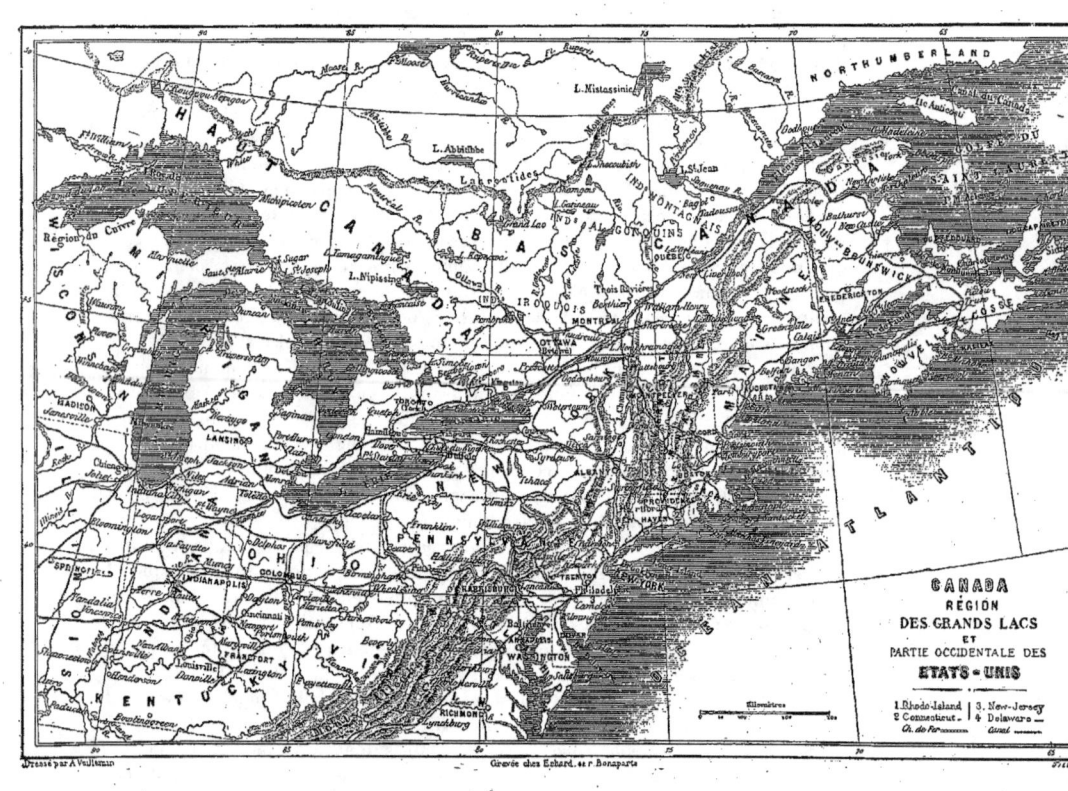

d'un caractère absolument différent, dont la bienveillance, le bon sens et l'impartialité pouvaient seuls ramener le calme dans les esprits.

Les premiers actes de sir George Prevost lui gagnèrent la sympathie des Canadiens français. Des postes de juges, de fonctionnaires, de commandants de milices leur furent confiés; la reconnaissance légale du catholicisme apaisa le clergé; les mesures conciliantes du gouverneur au regard des habitants et l'accueil qu'il leur fit lui assurèrent bientôt leur fidélité. Le choix de l'homme avait été opportun; ses actes valurent à l'Angleterre le concours des Canadiens dans la nouvelle campagne qui allait s'engager contre les États-Unis. Grâce à eux, les tentatives d'invasion renouvelées à plusieurs reprises par les milices des États furent repoussées, malgré les défaites des Anglais sur les lacs, où leurs flottes succombèrent sous les coups de leurs adversaires.

La principale armée envoyée pour attaquer Montréal et Québec était forte de sept mille hommes et commandée par le général Hampton. Elle fut arrêtée dans sa marche et finalement repoussée par un petit corps de trois cents Canadiens, qui renouvelèrent ainsi un de ces merveilleux faits d'armes dont leurs pères étaient coutumiers. Le colonel Salaberry, qui les commandait, s'était retranché sur les bords de la rivière Châteauguay dans une excellente position, au milieu de bois et de fourrés épais, sa droite appuyée à la rivière, son centre et sa gauche protégés par des abatis et des marécages. Le 26 octobre 1813, Hampton, marchant par cette vallée, se heurta aux abatis, derrière lesquels les Canadiens accueillirent ses troupes par un feu soutenu qui fit de nombreuses victimes. Vainement, concentrant ses forces, il reporta ses assauts sur une aile puis sur l'autre; tous ses efforts ne parvinrent pas à déloger ses adversaires de leurs positions, et ses soldats, harassés, surpris par une attaque de flanc au milieu des bois qu'ils croyaient remplis d'ennemis, finirent par battre en retraite après quatre heures de lutte. Vivement poursuivis, ils s'enfuirent en complète déroute. La victoire de Châteauguay eut pour résultat l'évacuation du Canada par les troupes américaines, et la lutte se continua sur les frontières jusqu'au traité signé à Gand le 24 décembre 1814.

Le 1er mars 1815, la conclusion de la paix fut officiellement annoncée par le gouverneur à la Chambre, dont le nouveau président, élu en remplacement de M. Panet, nommé conseiller, était M. Papineau, fils de celui qui avait si vaillamment soutenu dans les législatures précédentes les intérêts de ses compatriotes. Ce jeune homme, dont l'éloquence et la forte volonté allaient peser d'un grand poids dans les débats entre les deux races, adressa à sir George Prevost ces paroles dont l'effet fut considérable aussi bien au Canada que dans la métropole : « Les événements de la dernière guerre ont resserré les liens qui unissent ensemble la Grande-Bretagne et les Canadas. Ces provinces lui ont été conservées dans des circonstances extrêmement difficiles. Lorsque la guerre a éclaté, le pays était sans troupes, sans argent, et Votre Excellence se voyait à la tête d'un peuple en qui, disait-on, plus d'un demi-siècle de repos avait détruit tout esprit militaire. Vous plaçant au-dessus des préjugés, vous avez su trouver dans le dévouement de ce peuple brave et fidèle, injustement calomnié, assez de ressources pour déjouer les projets de conquête d'un ennemi nombreux et plein de confiance en ses forces. Le sang des enfants du Canada a coulé, mêlé à celui des braves soldats envoyés à leur secours. Après toutes les preuves que la métropole et la colonie ont données, l'une de l'efficacité de sa protection, et l'autre de sa fidélité inaltérable, les habitants de ce pays peuvent prétendre avec plus de raison que jamais à la conservation et au libre exercice des avantages que leur assurent leur constitution et leurs lois. »

On ne pouvait faire entendre un langage plus parlementaire et formuler un vœu plus juste; mais le groupe de marchands et d'immigrants britanniques espérait bien que la métropole resterait sourde, et que le mot d'ordre du ministère serait, comme par le passé : « Tout pour les Anglais, rien pour les vaincus ». Ces insolentes prétentions allaient bientôt amener une situation telle que les Canadiens, exaspérés, finirent par se révolter.

Tout d'abord, le gouvernement anglais, à la suite de la conquête, s'était substitué au gouvernement français dans la possession des terres non encore concédées; il avait, en outre, mis la main sur les biens des jésuites; de 1793 à 1811, le gouverneur en fit une distribution arbitraire à ses favoris; une centaine reçurent ainsi plus de trois millions d'acres; le gouverneur lui-même en prit soixante-dix mille pour sa part. Ces individus, en accaparant le sol, n'avaient pas du tout l'intention de le mettre en valeur; comme il ne leur avait presque rien coûté, ils comptaient le laisser inculte jusqu'à ce que les progrès de la colonisation aux alentours en eussent fait augmenter le prix. Gouverneur et Conseil prétendaient border ainsi les frontières des États-Unis de loyaux sujets qui empêcheraient les vaincus de fraterniser avec les Américains. Quant aux Canadiens, toutes leurs réclamations pour obtenir la répartition des concessions entre les cantons proportionnellement au nombre des habitants se heurtèrent à un parti pris de malveillance absolu; leurs recours aux autorités de la métropole y trouvèrent le même accueil qu'à Québec. Un autre de leurs griefs portait sur la partialité dont faisaient preuve les gouverneurs en faveur de cette oligarchie de marchands et d'aventuriers d'origine anglo-saxonne qui s'était implantée dans la province et qui accaparait presque tous les emplois publics. En 1834, sur une population de six cent mille habitants, dont soixante-quinze mille seulement étaient Anglais, quarante-sept officiers, les moins rétribués, étaient de race française; cent cinquante-sept, occupant les postes les plus importants et les plus richement payés, étaient d'origine anglaise. Ces derniers, en outre, faisaient lourdement sentir aux habitants leur autorité, mettaient chaque jour en relief l'infériorité des vaincus, dénigraient leur origine, tournaient en ridicule leur langue et leurs institutions, et soutenaient de toutes leurs forces les gouverneurs dans leurs luttes contre la Chambre élue.

Des juges, Anglais de race, faisant partie, malgré leurs fonctions, de la Chambre, étaient accusés de substituer leur volonté arbitraire aux règles de la justice, de commettre des malversations éhontées; les gouverneurs, approuvés par les autorités de la métropole, les maintinrent en place : la Chambre les expulsa et émit plusieurs fois le vœu que les fonctionnaires fussent exclus de la députation; elle fut dissoute. Les élections, malgré la pression du parti anglais, lui donnèrent gain de cause : la population renomma les mêmes membres.

La question des subsides, soulevée de nouveau par la Chambre qui voulait avoir, comme en Angleterre, l'initiative de toutes les mesures concernant l'emploi des deniers publics, augmenta l'antagonisme entre le corps élu et le gouverneur soutenu par le Conseil, qui prétendait disposer à son gré de ces fonds comme cela s'était fait depuis la conquête. Le gouverneur était alors Charles Lennox, duc de Richmond, qui avait rempli les mêmes fonctions en Irlande. Héritier d'un grand nom et d'une fortune considérable qu'il avait dissipée par son faste, ses extravagances et sa passion du jeu, il était venu à Québec en 1818 avec la pensée de la reconstituer aux dépens de la colonie. Dès la première session de la Chambre, il lui demanda de voter, comme les années précédentes, une liste civile, mais augmentée d'un cinquième. Sur le refus des députés, il leur adressa de vifs reproches et prorogea le Parlement. Universellement reconnu pour un ennemi des Canadiens et souverainement détesté par eux, il mourut peu de temps après cette prorogation, dans des circonstances vraiment dramatiques. « Au cours de l'été de 1819, le château Saint-Louis, à Québec, présentait une animation inaccoutumée. Les gardes étaient doublées à toutes les issues et une foule nombreuse entrait et sortait sans interruption du château. Le silence de cette foule indiquait une cérémonie funèbre. En effet, elle venait visiter la chambre mortuaire du duc de Richmond, enlevé par une mort tragique dans laquelle la croyance populaire voyait un châtiment de Dieu. On pouvait lire sur toutes les figures qu'on rencontrait une expression de soulagement et de satisfaction secrète. Chacun racontait à sa manière les incidents de la mort du duc. Mordu par un renard captif, avec lequel il avait voulu jouer en passant à Sorel, au moment où il se rendait à la chasse, il ressentit, au milieu de la forêt, les premières atteintes de la rage que ce renard, pris d'hydrophobie sans que personne le sût, lui avait communiquée. Dès que les gens de sa suite s'en furent aperçus, ils l'engagèrent à descendre à Québec. Il partit en effet, mais dès qu'il entrevit l'eau de la rivière Ottawa, où il allait s'embarquer, l'horreur hydrophobique s'empara de lui et il s'enfonça de nouveau dans la forêt. On l'entendait s'écrier, en se parlant à lui-même : « Lennox, sois un homme ! » Mais sa volonté était vaincue ; impossible d'avancer. Il fallut l'entraîner malgré lui et le lier dans le canot, où les convulsions de la rage, en entendant le clapotement de l'eau autour de lui, le mirent dans un état indescriptible. Il mourut peu de temps après, avant même d'arriver à Québec. Cette fin tragique fit une grande sensation dans tout le pays. » (Gagnon.)

Son successeur, le comte Dalhousie, refusa, ainsi que lui, de reconnaître à la Chambre le droit de voter annuellement et par chapitres détaillés les fonds nécessaires au gouvernement. Comme elle persistait dans cette résolution, dernière sauvegarde de la liberté du peuple qu'elle représentait, Dalhousie prononça sa dissolution et fit procéder à de nouvelles élections. En même temps, le parti anglais, appuyé par la population de même race du Haut-Canada, obtenait du ministère la présentation à la Chambre des Communes de Londres d'un bill tendant à la réunion des deux provinces sous un seul gouvernement. Ce bill accordait au Haut-Canada une députation beaucoup plus nombreuse qu'au Bas-Canada, proscrivait l'usage de la langue française dans le Parlement et les tribunaux, portait atteinte à la liberté du culte dont les représentants étaient mis à la discrétion du gouverneur, et assurait aux Anglais, malgré leur extrême infériorité numérique, la majorité dans les Chambres.

Dès que l'on apprit au Canada les dispositions si hostiles de ce bill, toute la population d'origine française protesta contre un pareil projet, qui la réduisait au même état que l'Irlande. De nombreuses pétitions contre l'union projetée furent signées par des milliers de Canadiens et transmises à Londres; MM. Papineau et Nelson, deux de leurs représentants à la Chambre élue, y furent envoyés pour appuyer ces protestations auprès du gouvernement. En présence d'aussi ardentes réclamations, de l'agitation produite par la nouvelle dissolution de la Chambre et du trouble profond que causait dans la colonie la présentation du bill, le ministère finit par le retirer. Les élections, faites au milieu d'une excitation générale, donnèrent lieu à de graves désordres provoqués par la minorité anglaise; la nomination par la nouvelle Chambre de M. Papineau comme président fut désapprouvée par le gouverneur, qui recourut encore à la dissolution pour se débarrasser de son opposition importune. Dans de nombreuses réunions publiques, la population d'origine française protesta de toutes ses forces contre de pareils agissements, et des requêtes couvertes de plus de quatre-vingt mille signatures furent envoyées à Londres pour demander instamment le rappel du comte Dalhousie.

L'agitation qui se manifestait dans la colonie, le souvenir de la révolte des Anglo-Américains pour des causes analogues firent réfléchir le ministère anglais qui se décida à rappeler le gouverneur. Sir James Kempt, son successeur, était un homme éclairé, bienveillant, et ses instructions lui prescrivaient une politique de modération, seule capable, en calmant les esprits, de ramener l'entente entre l'administration et les habitants. Il admit sans difficulté M. Papineau comme président de la Chambre élue, dont le nombre des membres, par suite de l'accroissement de la population, fut porté de cinquante à quatre-vingt-quatre. Il reconnut à la Chambre la libre disposition des fonds destinés aux dépenses publiques, à l'exception du traitement du gouverneur et des juges. Grâce à ces concessions, il obtint de nombreux subsides s'appliquant à la construction de divers établissements publics, à l'amélioration des chemins, à l'ouverture de nouvelles routes de colonisation, à la création d'écoles. Mais bientôt des divergences se manifestèrent sur la composition du Conseil, et sir James Kempt, pour éviter des manifestations hostiles, demanda son rappel. Son successeur, lord Aylmer, arrivé à Québec le 13 octobre 1830, se trouva bientôt aux prises avec les plus sérieuses difficultés; les nouvelles élections auxquelles il fit procéder en 1832 donnèrent lieu à des troubles; le 21 mai, trois Canadiens furent tués à Montréal par les troupes anglaises, et cette brutale intervention de la force armée provoqua dans toute la province de vives protestations. Le choléra, qui survint sur ces entrefaites et qui fit des ravages si épouvantables que la population de Québec en fut décimée, imposa une trêve de quelques mois à peine; dès l'automne, des réunions publiques furent organisées, et l'on y discuta les questions politiques les plus propres à passionner les esprits. La Chambre fut saisie de pétitions et de plaintes; elle procéda d'autre part à une longue enquête sur le meurtre des malheureux Canadiens tués par la troupe à Montréal; elle protesta contre l'intention prêtée à l'Angleterre d'annexer l'île de Montréal au Haut-Canada. Par contre, le Conseil, composé des créatures du gouverneur, accusa la Chambre élue de vouloir créer une république française sur les bords du Saint-Laurent. Irritée par cette absurde accusation, l'assemblée prit en 1834 la décision de soumettre ses griefs au Parlement de la métropole et les résuma dans quatre-vingt-douze résolutions que M. Papineau soutint et fit voter à la suite de longues et vives discussions.

Après avoir relevé les abus d'autorité des administrations provinciales, qui foulaient aux pieds les droits et les sentiments les plus chers des Canadiens; la nomination des membres du Conseil législatif par la Couronne, dont ils restaient ainsi les serviles créatures; la partialité dans la distribution des charges publiques portée à son comble; les prévarications des juges, l'intervention de la force armée dans les élections; les dépêches insultantes du ministre des colonies à l'égard de la Chambre élue; le refus systématique de donner satisfaction aux aspirations des habitants à une plus grande somme de libertés et à une participation plus étroite à l'administration de la chose publique, la Chambre disait dans ces résolutions, véritables litanies répétant et développant les griefs des Canadiens : « La fidélité des peuples et la protection des gouvernements sont des obligations corrélatives, dont l'une ne saurait longtemps subsister sans l'autre ; or, par suite des défectuosités qui se trouvent dans les lois et constitutions de cette province et dans la manière dont elles ont été appliquées, le peuple n'est pas suffisamment protégé dans sa vie, ses biens et son honneur, et la longue suite d'actes d'injustice et d'oppression dont il a à se plaindre s'est accrue en violence et en nombre avec une rapidité alarmante. »

La Chambre disait encore, avec une juste fierté, dans sa cinquante-deuxième résolution : « Puisqu'un fait, qui n'a pas dépendu du choix de la majorité du peuple de cette province, son origine française et son usage de la langue française, est devenu pour les autorités coloniales un prétexte d'injures, d'exclusion, d'infériorité politique et de séparation de droits et d'intérêts, cette Chambre en appelle à la justice du gouvernement de Sa Majesté et de son Parlement. La majorité des habitants du pays n'est nullement disposée à répudier aucun des avantages qu'elle tire de son origine et de sa descendance de la nation française qui, sous le rapport des progrès qu'elle a fait faire à la civilisation, aux sciences, aux lettres et aux arts, n'a jamais été en arrière de la nation britannique, et qui, aujourd'hui, dans la cause de la liberté et la science du gouvernement, est sa digne émule. »

Les quatre-vingt-douze résolutions, qui se terminaient par la demande de mise en accusation du gouverneur devant la Chambre des lords, eurent dans tout le Canada un retentissement énorme; de nombreuses réunions en approuvèrent les termes ; elles devinrent le drapeau du parti des revendications nationales. Transmises à Londres et soumises au Parlement, elles y provoquèrent une vive émotion, et déterminèrent le ministère à rappeler lord Aylmer que remplaça lord Gosford. Ce dernier fut chargé de faire une enquête sur la situation de la colonie; mais chaque jour les manifestations populaires devenaient plus menaçantes : les orateurs des réunions invoquaient l'exemple des États-Unis, rappelaient les événements qui avaient provoqué leur révolte, et se prononçaient pour les mesures extrêmes. La Chambre persistant avec une fermeté inébranlable dans sa décision de rester maîtresse du vote des subsides, le gouverneur la prorogea; il destitua en outre un certain nombre de juges et d'officiers de milice canadiens, notamment M. Papineau; la population leur fit un accueil triomphal. Le bruit courut que la métropole, dont les intentions malveillantes à l'égard des Canadiens n'étaient un secret pour personne, voulait les soumettre à un pouvoir arbitraire et tyrannique, après leur avoir enlevé leurs franchises politiques; les habitants résolurent alors de se protéger eux-mêmes : les invitations à la résistance se multiplièrent; à Saint-Denis, à Saint-Charles, à Saint-Eustache, à Berthier, à Chambly, l'agitation devint menaçante. Elle s'accrut encore lorsqu'on apprit qu'à la suite de l'enquête dont le gouverneur avait été chargé et sur ses conclusions, la Chambre des communes était saisie par le ministère de propositions qui recommandaient d'employer les deniers publics sans l'autorisation de la Chambre; de mettre en accusation les députés qui avaient pris la tête du mouvement, comme rebelles et coupables de

LES QUAIS DE MONTRÉAL.
Dessin de Weber, d'après une photographie.

violation du serment par eux prêté; de modifier la constitution et de préparer une nouvelle loi électorale qui augmenterait la représentation anglaise en exigeant des électeurs français une qualification double de celle des Anglais. L'indignation fut alors portée à son comble, et les réunions provoquées par les députés menacés adoptèrent des résolutions aux termes desquelles la population protestait solennellement contre les décisions de la Chambre des communes comme enlevant à la province toutes garanties de liberté et de bonne administration. « Nous ne pouvons, y était-il dit, regarder le gouvernement qui a recours à l'injustice, à la force et à une violation du contrat social, que comme un pouvoir oppresseur, un gouvernement de force, pour lequel la mesure de cette soumission ne devra être désormais que la mesure de notre force numérique jointe aux sympathies que nous trouverons ailleurs. » (Réunion de Saint-Ours, comté de Richelieu, 7 mai 1837.)

Pendant ce temps, les colons d'origine anglaise se réunissaient à Québec, à Montréal, et rédigeaient des adresses au gouverneur. « Nous ne saurions, lui disaient ceux de Montréal, exprimer en termes assez énergiques notre horreur pour l'effet immoral et désorganisateur des mesures recommandées et des résolutions adoptées dans les réunions d'habitants récemment tenues dans diverses parties de cette province, et nous les désavouons comme directement opposées au sentiment de Sa Majesté et au dévouement à son gouvernement éprouvé par les loyaux sujets de toute la province. »

Les premiers troubles se produisirent à Montréal le 7 novembre 1837; ils commencèrent par une rixe entre Canadiens français faisant partie de la société « les Fils de la liberté », créée pour soutenir les revendications nationales, et des membres du Doric Club, composé d'émigrants anglais partisans de l'écrasement de la race autrefois vaincue. Des maisons, notamment celle de M. Papineau, furent attaquées à coups de pierres; les ateliers d'un journal français saccagés. Profitant de ce tumulte, les autorités anglaises décernèrent aussitôt des mandats de prise de corps contre les chefs canadiens, dont vingt-six furent accusés du crime de haute trahison. Plusieurs arrestations eurent lieu sans résistance à Montréal et à Québec, mais il n'en fut pas de même dans la campagne. Parmi ceux contre lesquels des mandats avaient été lancés se trouvaient deux habitants de Saint-Jean-d'Iberville, très aimés dans leur voisinage. On envoya pour s'emparer d'eux un détachement de la cavalerie volontaire de Montréal. Il prit ces deux patriotes et les conduisit au retour, enchaînés, par le chemin le plus long. « Cet étalage de force militaire pour capturer deux hommes était destiné à frapper de terreur les populations au milieu desquelles le convoi devait passer; mais le but ne fut pas atteint, car cela ne servit qu'à les exaspérer davantage. Arrivés près de Longueil, les militaires furent arrêtés dans leur marche triomphale; un parti considérable d'habitants de la paroisse s'était organisé pour délivrer les prisonniers : ils se placèrent derrière une clôture de la grande route par où la bande devait passer. Les cavaliers avaient traversé toutes les parties du district de Montréal que l'on considérait comme les plus agitées; déjà ils se flattaient de l'heureuse issue de leur entreprise quand tout à coup un homme sans armes surgit près de la voiture, sauta à la bride des chevaux et ordonna au conducteur de faire halte. La voiture contenait, outre les prisonniers, deux gardiens et un constable. Ce dernier tira un coup de fusil sur l'homme qui retenait l'attelage. Il ne fut pas touché et répéta impérieusement son ordre d'arrêter; pendant ce temps-là, les balles tirées par ceux qui se tenaient derrière la clôture sifflaient aux oreilles des cavaliers qui prirent la fuite à travers champs, laissant les prisonniers dans la voiture renversée par les efforts désordonnés des chevaux qu'effrayait le bruit des coups de feu. » (Carrier.) Les fuyards arrivèrent en déroute à Montréal et la rumeur s'y répandit que tout le district était en pleine révolte. En réalité, les habitants s'étaient dispersés après le coup de main qui avait délivré les deux prisonniers, et la résistance ne s'organisa sérieusement qu'à Saint-Denis, à Chambly, sur la rive droite du fleuve, et à Saint-Eustache, au nord de Montréal.

A Saint-Denis, le Dr Nelson, un des chefs du parti canadien dont la personne faisait l'objet d'un des mandats d'arrestation délivrés à Montréal, s'était retranché dans une grande maison de pierre. Au son du tocsin, huit cents hommes vinrent le rejoindre, mais la plupart n'avaient ni armes ni munitions. Une centaine étaient porteurs de fusils de chasse, les autres se munirent de lances, de fourches et de bâtons. Une partie, à l'approche des troupes anglaises, jugea la lutte trop inégale et se retira. Les autres ouvrirent sur le détachement envoyé pour les disperser un feu des plus vifs et repoussèrent victorieusement les assauts dirigés contre le village. Rejoints par une centaine de leurs compatriotes armés de fusils, ils prirent à leur tour l'offensive et chassèrent, après six heures de lutte, les cinq compagnies anglaises. Le colonel Gore, vieux décoré de Waterloo, se vit contraint de fuir devant ces adversaires qu'il méprisait, en leur abandonnant un canon qu'il avait amené, ses blessés et ses bagages.

À Chambly, les Canadiens insurgés avaient construit à la hâte des barricades avec des arbres renversés et de la terre; ils étaient à peine deux cents, aussi mal armés que les patriotes de Saint-Denis. Attaqués par une colonne de trois cent cinquante hommes d'infanterie accompagnée de deux pièces de canon, ils résistèrent avec succès pendant plusieurs heures aux efforts des troupes qui les assaillaient, mais l'artillerie finit par renverser leurs fragiles retranchements et un dernier assaut emporta le village dont la plupart des défenseurs furent massacrés. Les Anglais saccagèrent ensuite et brûlèrent les habitations, puis ils regagnèrent triomphalement Montréal, où la loi martiale fut proclamée.

Il y avait un dernier foyer de résistance à écraser; il s'était constitué à Saint-Eustache sous la direction du Dr Chénier; les volontaires réunis autour de lui n'avaient pas de fusils; ils se saisirent de ceux des sauvages du voisinage et se retranchèrent dans les maisons du village. Le commandant des forces anglaises au Canada, sir John Colborne, vint lui-même les attaquer avec deux mille hommes et huit pièces de canon. À son approche, une grande partie des volontaires abandonnèrent Chénier, avec qui il n'en resta que deux cent cinquante déterminés à opposer à leurs oppresseurs une furieuse résistance. Beaucoup étaient sans armes; ils en réclamèrent à leur chef qui leur répondit froidement : « Attendez; il y en aura de tués parmi nous; vous prendrez leurs fusils. » Pendant deux heures, ces désespérés tinrent en échec les forces supérieures de l'ennemi, malgré les décharges meurtrières des canons et les feux terribles de mousqueterie qui les décimaient; le manque de munitions, l'incendie des maisons qui les abritaient, obligèrent les survivants à se masser dans l'église où les flammes et les boulets vinrent les atteindre; bientôt l'édifice, sous les coups de l'artillerie, menaça ruine. Le Dr Chénier, à bout de ressources, réunit les quelques hommes qui lui restaient, sauta le premier par une fenêtre dans le cimetière et essaya de se faire jour au travers des troupes qui le cernaient; frappé mortellement par une balle, il expira presque aussitôt. Ce ne fut plus alors qu'une scène de carnage; avec la férocité dont il allait bientôt donner d'autres témoignages, Colborne n'accorda de quartier à personne; et lorsqu'il eut la certitude que les derniers défenseurs du village étaient couchés, cadavres sanglants, dans les rues, il ordonna le pillage des maisons, dont le feu acheva la destruction. Le hameau de Saint-Benoît, par cela seul qu'il était voisin de Saint-Eustache, fut traité avec la même sauvagerie.

Un détachement de onze cents hommes, envoyé à Saint-Denis pour venger l'échec infligé au colonel Gore, trouva là bourgade vide; ses défenseurs s'étaient dispersés après la retraite des Anglais, et les habitants avaient cherché un refuge dans les bois. Tout fut détruit comme à Saint-Eustache et à Saint-Benoît. Cette facile victoire, remportée par des troupes exercées sur des volontaires en petit nombre et la plupart sans armes, démontrait que la résistance avait été tout à fait improvisée, et que la masse de la population y était restée étrangère, malgré les excitations et les provocations auxquelles elle avait été en butte.

Lord Gosford, ayant demandé et obtenu son rappel, fut remplacé comme gouverneur par lord Durham, qui arriva au Canada muni de pleins pouvoirs, le Parlement anglais, après les événements qui venaient de se passer, ayant suspendu la constitution de 1791 et supprimé ainsi les dernières garanties qui restaient aux Canadiens. Il fit son entrée dans Québec le 21 mars 1838, au bruit des salves d'artillerie, entre deux haies de soldats. Les prisons étaient encombrées de détenus, et de nombreux ordres d'arrestation avaient été lancés contre une foule de Canadiens fugitifs. Lord Durham, dans le but de calmer les esprits, prit le parti de proclamer une amnistie dont il n'excepta que huit prisonniers, les plus compromis, et quatorze contumax parmi lesquels se trouvait Papineau. Ils avaient trouvé un refuge aux États-Unis. Le gouverneur les condamna au bannissement. Ces mesures, bien accueillies au Canada, furent sévèrement critiquées en Angleterre, où l'on refusa de reconnaître à lord Durham ce droit de grâce et d'amnistie. En présence du désaveu dont ses actes étaient l'objet, il donna sa démission et laissa le gouvernement à sir John Colborne. Son départ fut le signal d'un nouveau soulèvement provoqué par les Canadiens réfugiés aux États-Unis; il se produisit tout à la fois dans le Bas et dans le Haut-Canada, où les Anglais loyalistes réclamaient également les libertés que refusait aux uns comme aux autres le gouvernement de la métropole. Sous les ordres du Dr Nelson, un corps d'Américains et de réfugiés pénétra dans le Bas-Canada et prit possession du village de Napierville, pendant qu'un semblant de résistance s'organisait dans plusieurs paroisses sur la rivière de Chambly. Sir John Colborne proclama aussitôt la loi martiale, fit arrêter un grand nombre de suspects, arma les volontaires et réunit huit mille hommes avec lesquels il marcha sur les insurgés qui furent promptement défaits et dispersés. Beaucoup, n'ayant que des bâtons et des piques et ne recevant pas les armes que les agitateurs leur avaient promises, avaient regagné leurs villages sans prendre autrement part à la lutte. Nelson repassa la frontière avec ceux qui purent le suivre. Sir John Colborne n'eut plus alors qu'à donner un libre cours à la cruauté dont il avait déjà fait preuve : dans toute la contrée où des velléités de soulèvement s'étaient produites, il promena le fer et le feu, n'épargnant personne et ne laissant sur son passage que des ruines et des cendres.

L'oligarchie anglaise, qui avait déjà manifesté l'année précédente un vif mécontentement de ce que de nombreuses exécutions n'avaient pas suivi la défaite des insurgés de Saint-Denis et de Saint-Eustache, réclama instamment des victimes. « Pour avoir la tranquillité, disait le *Herald* de Montréal, il faut que nous fassions la solitude. Balayons les Canadiens de la surface de la terre ! »

Et quel tableau il trace des atrocités qu'il avait conseillées : « Dimanche soir, tout le pays en arrière de la Prairie présentait le spectacle funèbre d'une vaste nappe de flammes livides, et l'on rapporte que pas une maison de rebelle n'a été

VILLAGE CANADIEN.
Dessin de Barclay, d'après une photographie de MM. Notman et son.

laissée debout. Dieu sait ce que deviendront les Canadiens qui n'ont pas péri, ainsi que leurs femmes et leurs enfants, pendant l'hiver qui approche; ils n'ont plus devant les yeux que les horreurs du froid et de la faim. Il est triste, ajoutait ce journal, d'envisager les terribles suites de la rébellion, et la ruine irréparable de tant d'êtres humains innocents ou coupables. Néanmoins, il faut maintenir l'autorité des lois; il faut que l'intégrité de l'empire soit respectée, et que la paix et la prospérité soient assurées aux Anglais, même au prix de l'existence de la nation canadienne française tout entière. »

Sir John Colborne, donnant satisfaction à ces haines, organisa sans délai des conseils de guerre et leur déféra les prisonniers qu'il ramenait, ainsi que les accusés qui remplissaient les prisons. Quatre-vingt-dix-neuf furent condamnés à mort. Le *Herald* exultait, et ses sentiments se manifestèrent dans un article du 19 novembre qui devait inspirer aux plus indifférents une profonde horreur : « Nous avons vu, disait le rédacteur, la nouvelle potence faite par M. Brondson, et nous croyons qu'elle va être aujourd'hui élevée en face de la prison, de sorte que les rebelles qui y sont enfermés pourront jouir d'une perspective qui ne saurait manquer de leur procurer un sommeil profond et des songes agréables. Six ou sept y tiendront à l'aise, mais dans un cas pressé il sera facile d'en loger un plus grand nombre. » « La punition des chefs, écrivait-il encore, quelque agréable qu'elle puisse être aux habitants anglais, ne ferait pas une impression aussi profonde et aussi utile sur l'esprit du peuple que la vue de cultivateurs étrangers placés dans les paroisses sur l'habitation de chaque agitateur. Le spectacle de la veuve et des enfants, étalant leur misère autour des riches demeures dont ils auraient été dépossédés, serait d'un bon effet. Il ne faut pas balancer à exécuter cette mesure. Des commissaires spéciaux doivent être immédiatement nommés et chargés de mener à fin le procès de cette fournée de traîtres qui est en prison. Il serait ridicule d'engraisser cela tout l'hiver pour le conduire plus tard à la potence. »

Le misérable qui donnait ces sinistres conseils était un nommé Adam Thom, éditeur du journal le *Herald* de Montréal. « Cet homme, journellement excité par l'abus des liqueurs fortes, devenait un fou furieux quand il parlait des Canadiens français. Exaltée par la soif du sang, sa haine alors ne connaissait pas de bornes. Depuis plusieurs années, des outrages contre la nation tout entière et des provocations réitérées à l'assassinat des représentants les plus populaires souillaient chaque jour les pages de son journal; on l'avait vu figurer comme chef de bande dans les émeutes qui, depuis quatre années, avaient éclaté dans Montréal, émeutes dirigées par des magistrats anglais contre les citoyens qui, dans les élections ou dans la Chambre des députés, s'étaient mis en opposition avec le pouvoir exécutif. » (Papineau, *Revue du Progrès*, mai 1839.)

Cinquante-huit des condamnés furent déportés comme des forçats en Australie, onze mis en liberté sous caution, et douze réservés au dernier supplice.

L'un d'eux, M. de Lorimier, a écrit la veille de sa mort une lettre d'une simplicité touchante, et dont les nobles accents forment avec les articles du *Herald* un saisissant contraste. Elle est adressée à ses amis pour justifier sa conduite et leur recommander ses enfants.

« Prison de Montréal, 13 février 1839, onze heures du soir.

« Je meurs sans remords. Je ne désirais que le bien de mon pays et son indépendance; mes vues et mes actions n'ont été entachées d'aucun des crimes qui déshonorent l'humanité et qui ne sont que trop communs dans l'effervescence des passions déchaînées. Depuis dix-sept ou dix-huit ans, j'ai pris une part active dans presque toutes les mesures populaires, et toujours avec conviction et sincérité. Mes efforts ont été pour l'indépendance de mes compatriotes. Nous avons été malheureux jusqu'à ce jour. La mort a déjà décimé plusieurs de mes collaborateurs; beaucoup sont dans les fers, un plus grand nombre sur la terre de l'exil, avec leurs propriétés détruites et leurs familles abandonnées sans ressources à la rigueur des froids d'un hiver canadien. Malgré tant d'infortunes, mon cœur entretient son courage et des espérances pour l'avenir. Mes amis et mes enfants verront de meilleurs jours; ils seront libres : un pressentiment certain, ma conscience tranquille me l'assurent. Voilà ce qui me remplit de joie, lorsque tout n'est que désolation et douleur autour de moi. Les plaies de mon pays se cicatriseront; après les malheurs de l'anarchie et d'une révolution sanglante, le paisible Canadien verra renaître le bonheur et la liberté sur le Saint-Laurent. Tout concourt à ce but, les exécutions mêmes. Je laisse des enfants qui n'ont pour héritage que le souvenir de mes malheurs. Pauvres orphelins, c'est vous que je plains, vous que la main sanglante et arbitraire de la loi martiale frappe par ma mort. — Quand votre raison vous permettra de réfléchir, vous verrez que votre père a expiré sur le gibet pour des actions qui ont immortalisé d'autres hommes plus heureux. — Pauvres enfants, vous n'aurez plus qu'une mère désolée pour appui, et si ma mort et mes sacrifices vous réduisent à l'indigence, demandez quelquefois en mon nom le pain de la vie; je ne fus pas insensible aux malheureux. Quant à mes compatriotes, puisse mon exécution et celle de mes compagnons d'infortune leur être utile. Pour eux, je meurs sur le gibet, de la mort infâme du meurtrier; pour eux je meurs en m'écriant : « Vive la liberté! Vive l'indépendance! »

« Chevalier de Lorimier. »

A quelques semaines d'intervalle, les douze condamnés, les douze martyrs, montaient sur l'échafaud et leurs cadavres se balançaient aux potences anglaises, « aux applaudissements de leurs ennemis accourus pour prendre part à un spectacle qu'ils regardaient comme un triomphe ». (Garneau.) Deux étaient exécutés le 23 décembre 1838, cinq le 18 janvier 1839, et cinq, parmi lesquels Chevalier de Lorimier, le 15 février 1839.

Lorsque lord Durham revint en Angleterre, il soumit aux ministres un long rapport sur la situation au Canada et proposa diverses mesures tendant à l'anglification définitive de cette colonie.

Sa conclusion était de réunir les deux Canadas sous un seul gouvernement, et la majorité étant assurée dans le Parlement à la représentation anglaise, de placer à la tête des diverses administrations des ministres qui régiraient les affaires publiques suivant le vœu de cette majorité. Le projet fut soumis à Londres aux

Communes qui l'adoptèrent presque sans discussion. Il attribuait à chacune des provinces, malgré la différence du nombre des habitants, une représentation égale, et mettait en outre arbitrairement à la charge du Bas-Canada une dette de vingt-cinq millions contractée par le Haut-Canada pour divers travaux de vicinalité.

A la Chambre des lords, une certaine opposition se manifesta. Lord Gosford, qui avait été gouverneur du Canada pendant plus de deux ans, présenta diverses observations qui produisirent une sérieuse impression sur la Chambre : « Je regarde, dit-il, l'union des deux provinces comme une entreprise des plus injustes et des plus tyranniques, car elle va priver la province inférieure de sa Constitution pour les actes de quelques hommes mal intentionnés, et la livrer, en noyant la population française, à ceux qui, sans cause, lui ont montré tant de haine. » Lord Wellington, lord Brougham combattirent également le projet, mais le ministère en obtint finalement le vote, malgré leur opposition. Ce fut du reste, et par-dessus tout, une question de boutique qui décida le Parlement anglais : la maison Baring de Londres, à laquelle était due la majeure partie des sommes empruntées par le Haut-Canada, usa de toute son influence, qui était grande, pour enlever un vote lui assurant le payement de ses avances. Beaucoup de marchands, de capitalistes et de membres du Parlement, intéressés dans l'affaire, lui prêtèrent leur appui.

L'acte d'union, sanctionné par la reine, fut proclamé au Canada le 5 février 1841 par le nouveau gouverneur, lord Sydenham. Aux termes de ses dispositions, l'anglais était la seule langue admise dans les tribunaux et au Parlement. Le nombre des représentants pour chaque province était fixé à quarante-deux, bien que le Haut-Canada ne comptât que cinq cent mille habitants, tandis que le Bas en avait sept cent mille. La dette du Haut-Canada passait à la charge des deux provinces réunies. Le choix de la capitale était laissé au gouvernement, qui désigna Kingston, petite ville du Haut-Canada, exclusivement habitée par des Anglais.

Les protestations des Canadiens français contre le traitement qui leur était infligé et une constitution qu'on leur imposait sans les consulter furent nombreuses et ardentes : elles trouvèrent dans un de leurs élus, M. Lafontaine, un interprète énergique et habile qui, se plaçant sur le terrain légal, engagea et poursuivit avec persévérance une lutte dans laquelle il finit par triompher. Battu d'abord lorsqu'il se présenta à la députation, par suite de l'intervention personnelle du gouverneur, il prit sa revanche aux élections suivantes et devint à la Chambre le chef du parti franco-canadien. Son premier discours fut une éloquente protestation contre l'exclusion de sa langue maternelle, dont il revendiqua fièrement l'usage.

Sir Charles Bagot, qui remplaça en janvier 1842 lord Sydenham, mort le 19 septembre précédent des suites d'une chute de cheval, eut le bon esprit d'accorder sa confiance aux hommes de talent qui se trouvaient alors à la tête du parti des réformes. M. Lafontaine devint, avec M. Robert Baldwin, du Haut-Canada, le chef d'un ministère que les Canadiens français, fiers de voir un des leurs à la tête du gouvernement, et les libéraux du Haut-Canada appuyèrent de leurs votes dans les diverses mesures qu'il proposa, telles que le transfert de la capitale de Kingston à Montréal, la reconnaissance du droit à la Chambre seule de voter le budget et de fixer les impôts, l'indépendance des juges, l'incompatibilité des fonctions administratives et du mandat de député, dispositions qui mirent fin à des abus dont la population avait eu amèrement à se plaindre. Malheureusement, sir Charles

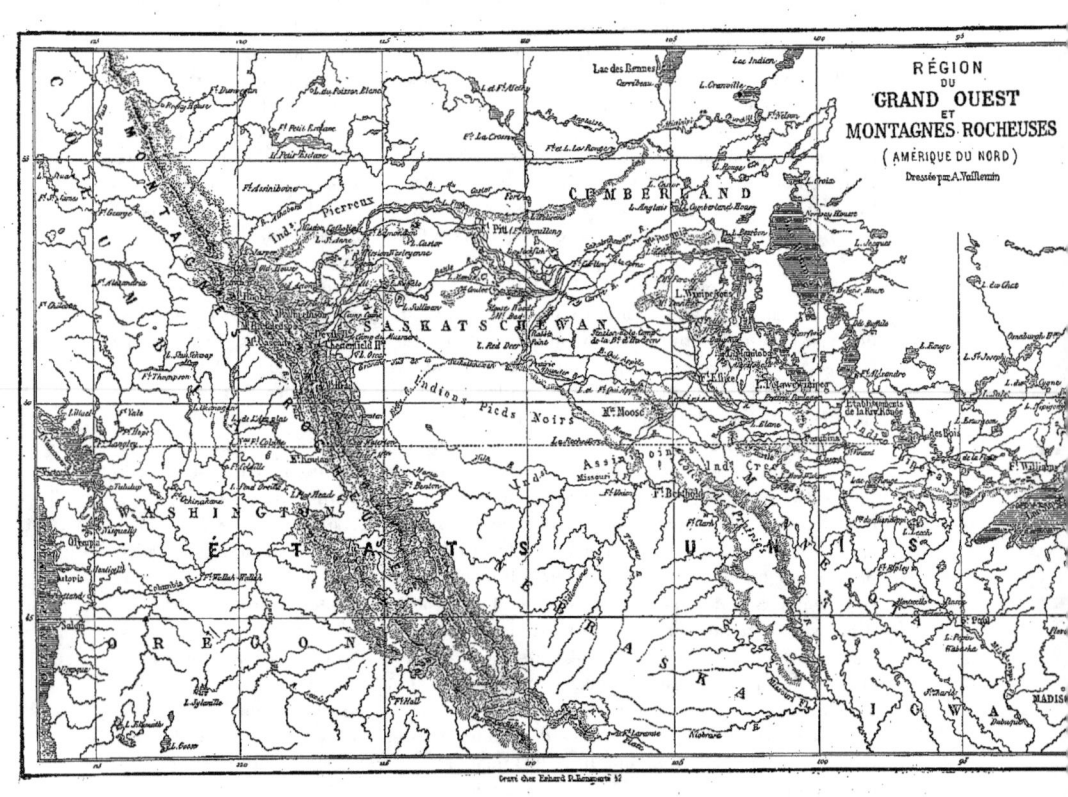

Bagot se vit contraint par le mauvais état de sa santé de demander son rappel : il mourut à Kingston au mois de mai 1843 et fut remplacé par sir Charles Metcalfe, qui avait été précédemment gouverneur des Indes et de la Jamaïque. Peu préparé par ces emplois à observer les règles constitutionnelles, il prétendit disposer des places sans consulter ses ministres. Ceux-ci, en présence des dispositions hostiles qu'il leur témoignait, résignèrent leurs fonctions. De nouvelles élections, dans lesquelles sir Metcalfe intervint personnellement, lui assurèrent, grâce au Haut-Canada qui bénéficiait de la plus grosse part des subsides pour les travaux publics et recevait une somme d'un million pour les pertes qu'il avait subies pendant les troubles de 1837, une majorité avec laquelle il gouverna contre les Canadiens français. Atteint d'un cancer au visage, il retourna en Angleterre, où il succomba en 1846 au mal affreux qui le rongeait.

Son successeur, lord Elgin, vit les débuts de sa longue et habile administration assombrie par l'arrivée de plus de cent mille émigrés irlandais qui, chassés de leur pays par la misère et jetés à demi morts de faim et de privations sur les rives du Saint-Laurent, y apportèrent le typhus. L'épidémie en enleva le plus grand nombre et causa également de funestes ravages dans la population de la province. Le dévouement et l'humanité dont les Canadiens firent preuve à l'égard de ces infortunés méritèrent les plus grands éloges. Des règlements sévères prévinrent pour l'avenir de pareilles calamités.

Comme sir Charles Bagot, lord Elgin, partisan sincère du régime parlementaire, était convaincu que la colonie qu'il allait administrer trouverait dans sa loyale application les plus grands avantages, et que c'était le meilleur moyen, sinon le seul, de faire disparaître les rivalités entre les deux provinces, ainsi que les haines entre les deux races appelées à y vivre l'une à côté de l'autre. Aussi, appliquant impartialement, en gouverneur constitutionnel, les règles du parlementarisme, prit-il toujours ses ministres dans la majorité de la Chambre élue et leur laissa-t-il la direction des affaires. Les élections de 1848 ayant assuré le triomphe du parti libéral, lord Elgin fit appeler ses chefs, MM. Lafontaine et Baldwin, et leur remit le soin de constituer la nouvelle administration. Dès les débuts de leur ministère, des concessions de terres et la création de nombreux chemins favorisèrent la colonisation ; l'acte de navigation dont les dispositions interdisaient aux navires étrangers l'accès des ports du Canada fut abrogé, et la colonie, bénéficiant de tous les avantages de la liberté commerciale, put régler elle-même les détails de son tarif de douanes ; une amnistie générale fut accordée aux condamnés politiques de 1837-38 ; le principal d'entre eux, Papineau, qui s'était réfugié en France, reçut à son retour au Canada un accueil enthousiaste de ses compatriotes ; enfin, l'usage de la langue française fut officiellement rétabli dans les débats du Parlement et les actes judiciaires. Lord Elgin, en ouvrant la session de 1849, informa le Parlement de cette décision et prononça en français, aux applaudissements des Canadiens, le discours d'ouverture.

Au milieu de ces progrès, une mesure de stricte justice prise par les ministres vint raviver les haines des colons anglais et déterminer de leur part des récriminations véhémentes et une émeute. Les victimes de la guerre civile dans le Haut-Canada avaient été largement indemnisées sous le gouvernement de lord Metcalfe ; MM. Lafontaine et Baldwin proposèrent d'affecter deux millions cinq cent mille francs à celles du Bas-Canada, pour les dommages que leur avait causés la même insurrection « par la destruction injuste, inutile ou malicieuse des maisons, édifices et propriétés des habitants, et par la saisie, le vol ou l'enlèvement de leurs biens et effets ». Les opposants du Haut-Canada jetèrent de grands cris, prétendant que le ministère voulait récompenser des rebelles français, en les punissant, eux, de leur dévouement à l'Empire; ils menacèrent de se joindre aux États-Unis si la mesure était adoptée. « Les Hauts-Canadiens, disait impérieusement un de leurs chefs, sir Allan Mac Nab, se plaignent d'être aujourd'hui placés sous la domination de maîtres français. Je puis assurer que jamais ils ne consentiront à payer les pertes des rebelles Bas-Canadiens; ceux qu'on voulait écraser par l'Union dominent, ceux en faveur de qui elle a été faite sont les serfs des autres. J'avertis le ministère du danger, je le préviens que la marche qu'il suit est propre à jeter le peuple du Haut-Canada dans le désespoir et à lui faire penser que s'il doit être gouverné par des étrangers, il lui serait bien plus avantageux de l'être par un peuple voisin et de même race, plutôt que par des hommes avec qui il n'a rien de commun, ni le sang, ni la langue, ni les intérêts. »

La discussion ainsi engagée fut d'une violence extrême; les applaudissements du public, les sifflets et des rixes obligèrent le président à faire évacuer les galeries.

Les journaux anglais discutèrent le projet avec une passion et une mauvaise foi insignes. « Le défi est jeté, disaient-ils, il faut qu'une des deux races, la saxonne ou la française, disparaisse du Canada! » Ils provoquaient leurs lecteurs à se réunir, affirmaient que la province serait inondée de sang plutôt que de permettre aux Canadiens français de jouir du pouvoir, et prétendaient mensongèrement que le crédit demandé, dont ils doublaient le chiffre, serait prélevé par une taxe directe sur le Haut-Canada. L'excitation fut bientôt à son comble dans les principaux centres de cette province; à Belleville, notamment, les deux partis en vinrent aux mains et le sang coula.

Au cours de la discussion à la Chambre, Papineau, réélu par ses concitoyens, rappela comment l'Angleterre avait récompensé, par une longue suite d'abus et une tyrannie sanglante, la fidélité des Canadiens, qui avaient défendu la colonie pendant que les Anglais passaient à l'ennemi ou se tenaient prudemment à l'écart. Il raconta les cruautés des volontaires et des magistrats anglais. « Nul autre pays, dit-il, dans des circonstances semblables à celles où nous avons souffert, n'a été traité avec plus de barbarie. De nombreux citoyens, sans procès, sans le verdict d'un seul corps de jurés, ont perdu la vie, ont péri sur l'échafaud! Compatriotes infortunés, ils sont tombés victimes innocentes de la haine et des plus odieuses passions. Leur mémoire est chère au peuple canadien et le sera toujours. Ils sont morts en braves, comme ils avaient vécu, répétant à l'envi : « Dieu, mon « pays et sa liberté! » Il faudrait bien peu de courage pour ne pas applaudir au patriotisme constant dont ils ont donné la preuve éclatante! »

M. Lafontaine défendit éloquemment la proposition, repoussa les calomnies répandues contre lui et rappela que le Haut-Canada avait d'autant moins à récriminer qu'il avait été précédemment l'objet d'une semblable mesure. La discussion dura plusieurs jours, et la dernière séance se prolongea jusqu'au lendemain onze heures du matin. Par quarante-huit voix contre vingt-trois, le projet fut adopté.

Vingt-quatre députés anglais, s'associant à l'acte de justice du ministère, votèrent avec la majorité.

On devait croire que les conservateurs, se voyant vaincus, se seraient inclinés devant cette décision. Il n'en fut pas ainsi. Dans l'espoir que le gouverneur ne sanctionnerait pas le projet, ils lui présentèrent des adresses et firent entendre des menaces s'il osait passer outre. Lord Elgin, sans s'arrêter à ces clameurs d'un parti aux abois et n'obéissant qu'au devoir que lui dictait sa haute situation, se rendit au Parlement pour approuver le projet d'indemnité. « Au moment où il lui donnait sa sanction, les conservateurs, placés en nombre considérable dans les galeries, firent entendre des cris de désespoir, que couvrirent les applaudissements des libéraux. Puis on les vit sortir et insulter le gouverneur et son état-major, leur lançant à leur départ des œufs pourris et des pierres, qu'ils accompagnèrent de grognements et de vociférations. » (Turcotte.)

Ce n'était pas assez : le soir, une bande organisée par eux vient assiéger l'édifice où l'Assemblée tenait séance et jette dans la salle une grêle de pierres ; puis les émeutiers pénètrent en furieux dans l'enceinte législative, que les députés abandonnent en désordre, brisent les pupitres et les fauteuils, proclament la dissolution de la Chambre et mettent le feu au bâtiment qui devient la proie des flammes. Les archives de la province, les deux bibliothèques contenant vingt-deux mille volumes, dont seize cents ouvrages rares sur l'Amérique, tout fut consumé. Les pertes s'élevèrent à plus de deux millions. Pendant quelques jours, la ville de Montréal fut sous la domination de ces énergumènes. Aux encouragements des journaux anglais qui leur conseillaient d'exterminer tout ce qui portait un nom français, ils brûlèrent ou saccagèrent les propriétés de M. Lafontaine et de plusieurs libéraux. Lord Elgin dut faire venir des troupes régulières pour rétablir l'ordre.

Lorsque la Chambre se réunit de nouveau, elle exprima dans une adresse à lord Elgin son indignation pour les actes commis par la populace et l'assura de ses sentiments de loyauté et d'attachement à sa personne. Le ministère de Londres approuva également sa conduite, malgré les récriminations que lui firent parvenir les colons anglais, et témoigna ainsi de sa volonté de laisser la colonie s'administrer elle-même. Par suite de ces émeutes et de l'incendie du Parlement, Montréal perdit le siège du gouvernement qui fut transféré alternativement à Toronto et à Québec.

La session de 1850 s'ouvrit à Toronto, et le ministère Lafontaine-Baldwin, avec le concours de la majorité des députés, continua sa politique de réformes. Une loi modifia, en l'améliorant, le régime judiciaire ; le système municipal, dans le Bas-Canada comme dans le Haut, donna à chaque district, à chaque paroisse le droit de gérer ses propres affaires ; de nouvelles écoles furent créées ; le tarif des lettres diminué ; un vaste système de canaux, destinés à faciliter la navigation en évitant les saults du fleuve Saint-Laurent, s'acheva bientôt, au grand bénéfice de l'industrie des transports ; plusieurs chemins de fer étaient commencés et l'essor donné aux grands travaux qui allaient transformer la colonie.

La première exposition provinciale, qui eut lieu en 1851 à Montréal, fit connaître les richesses naturelles du pays, ainsi que l'industrie des Canadiens, dont la brillante participation la même année à l'Exposition universelle de Londres démontra les progrès rapides.

C'est au milieu de cette période si favorable à la colonie et en pleine possession de la confiance du Parlement que MM. Lafontaine et Baldwin quittèrent le pouvoir. M. Baldwin, à la suite d'un vote sur l'organisation de la cour de chancellerie dans le Haut-Canada, n'ayant obtenu la majorité qu'avec les voix des Canadiens français, crut devoir se retirer. M. Lafontaine, malgré toutes les instances de ses amis, le suivit dans sa retraite à la fin de la session. La démission de ces deux hommes d'État causa d'universels regrets; celle de M. Lafontaine, alors qu'il était encore dans la plénitude de son intelligence et de sa popularité, fut une perte sensible pour ses compatriotes. « Jamais, constate l'historien canadien de cette période, chef politique n'avait joui à un si haut degré de la confiance et de l'estime continuelles de ses concitoyens. Lorsqu'il s'agissait d'une réforme, d'une mesure importante, tous comptaient sur sa prudence, sa sagesse et sa fermeté. Il avait compris l'essence de la constitution anglaise, et grâce à l'union de toute la population française et à l'alliance bienfaisante de M. Baldwin, il put parvenir au pouvoir et prendre effectivement en mains la cause de ses compatriotes. Le Bas-Canada sortit alors de l'état humiliant où l'avaient placé l'acte d'union et l'administration des conservateurs; il reprit, autant qu'il était possible dans ces circonstances, ce pied d'égalité auquel il avait droit et conquit sa juste part d'influence. M. Lafontaine occupe sans contredit le premier rang parmi nos gloires nationales. » (Turcotte.) Grâce à lui et à la majorité qui l'avait fidèlement suivi, les résultats de l'acte d'union, qui devait aboutir à l'écrasement de la nationalité franco-canadienne, avaient été tout autres. Les deux races restaient sur le pied de l'égalité, et la province de Québec se développait assez rapidement pour tenir tête aux envahissements répétés des émigrants anglais avec lesquels la métropole avait espéré d'abord anéantir l'élément français. Les luttes allaient se continuer sur le terrain parlementaire, mais désormais l'avenir se montrait moins sombre; les qualités que les Canadiens tenaient de leurs ancêtres normands et bretons, fermeté, ténacité, finesse et subtilité d'esprit, allaient leur permettre de se défendre victorieusement contre les assauts des Hauts-Canadiens et d'arriver enfin à un régime qui assurerait définitivement leur liberté. Mais cela n'eut pas lieu sans une lutte longue et acharnée. Elle fut engagée par les députés anglais du Haut-Canada dirigés par M. Brown, qui prit pour plate-forme la modification de la représentation.

Il exigeait non plus la moitié des députés pour sa province, comme l'acte d'union l'avait établi, mais un nombre proportionnel à la population. Depuis quelques années, en effet, le Haut-Canada, qui avait trouvé l'égalité de représentation excellente, alors que ses habitants étaient beaucoup moins nombreux que ceux du Bas-Canada, avait vu, par suite des immigrations irlandaise, écossaise et anglaise, les proportions renversées et la majorité se déplacer en sa faveur. Dès lors M. Brown et ses partisans, considérant comme détestable l'égalité de représentation, avaient engagé une campagne acharnée contre les Français du Bas-Canada qu'ils dépeignaient dans leur journal, *Le Globe* de Toronto, comme des hommes ignorants, haineux et conspirant la chute du protestantisme. Ce parti prit pour devise : « *No popery! no french domination!* » — « Plus de papisme! plus de domination française! » et fit une guerre acharnée à tous les ministères qui se succédèrent. Il avait beau jeu auprès d'une population dont quelque temps auparavant un voyageur qui ne peut être suspect, un Anglais, M. Allen Talbot, après un séjour de plusieurs années parmi elle, traçait ce portrait peu flatteur : « La grande masse des habitants du Haut-Canada est composée d'émigrants des États-Unis et des descendants de ceux qui se réfugièrent dans cette province, aussitôt après que la guerre révolutionnaire fut terminée. Entreprenants et ambitieux à l'excès, ils sont toujours pressés de saisir les occasions de s'enrichir ; malheureusement pour eux, il leur arrive très souvent de ne saisir que l'ombre et de perdre la réalité, faute d'être bien pénétrés d'un esprit de modération et de savoir diriger leur zèle. Se livrant sans cesse à de fausses spéculations, à des espérances incertaines, ils se lancent dans des entreprises hasardeuses qui finissent par détruire en eux tout sentiment de rectitude et de probité. De là il résulte qu'on ne peut pas compter sur leurs engagements, ni ajouter foi à leur parole, car ils promettent sans avoir l'intention de tenir et contractent des obligations qu'ils entendent bien ne jamais remplir.

« Leur dépravation égale leur ignorance, et toutes les deux sont souvent surpassées par leur vanité sans bornes et leur invincible opiniâtreté. Semblables aux républicains leurs voisins, ils se croient le peuple le plus éclairé de la terre, et il serait aussi inutile de leur donner un conseil sur quelque sujet que de tenter d'apprivoiser un zèbre. Ils aiment beaucoup les boissons de toute espèce ; comme les liqueurs ne sont pas chères, ils en prennent souvent jusqu'à l'ivresse. Les jeux de cartes, les courses de chevaux et la lutte sont leurs amusements favoris. Les paris se font ordinairement en bestiaux, et s'élèvent parfois à des valeurs extravagantes. Le sort d'une vache, d'une paire de bœufs ou de chevaux dépend souvent de la couleur d'une carte, et un grand nombre de fermiers se voient quelquefois privés, par une heure de jeu, des fruits péniblement acquis par vingt années de travail et d'industrie. Lorsque les courses sont finies, les luttes commencent et sont bientôt suivies de combats de boxeurs. Rien ne doit paraître plus dégoûtant aux yeux des hommes raisonnables. Au lieu de lutter comme des ennemis qu'une passion violente anime momentanément, ce qui sous tous les rapports serait déjà assez fâcheux, ils s'attaquent comme de vrais dogues, et semblent ne viser qu'à se défigurer. Le principal but des combattants paraît être « le calcul des éclipses » ; en d'autres termes, ils cherchent à se crever mutuellement les yeux. Pour y parvenir, ils portent l'index de la main droite dans les yeux de leur antagoniste, « afin de lui fermer la lumière du jour », selon leur expression favorite ; s'ils échouent dans leur entreprise, ils ont recours à leurs dents pour s'assurer la victoire ; une fraction de nez, la moitié d'une oreille, un morceau de lèvre sont les trophées des vainqueurs. »

Au point de vue moral, le même auteur résume en ces termes son opinion sur ses compatriotes : « En fait, l'amour du gain est leur véritable dieu ; ils lui sacrifient tout principe et toute vérité, et lorsque la religion et la morale pure sont mises en opposition avec cette idole, elles sont tenues pour des objets de nature secondaire, et entièrement subordonnées aux considérations terrestres. Le plus fin, le plus adroit est regardé comme le plus honnête. Aucun homme dans ce pays n'a la plus légère obligation à son voisin. L'action de prêter et celle d'emprunter y sont également inconnues ; une faveur n'y est jamais accordée sans la perspective assurée d'une prompte rémunération. Chaque chose a son prix déterminé. Si quelqu'un a besoin de la charrue, de la herse, du chariot ou du traîneau de son voisin, ne fût-ce que pour une heure, il lui est impossible de l'obtenir à

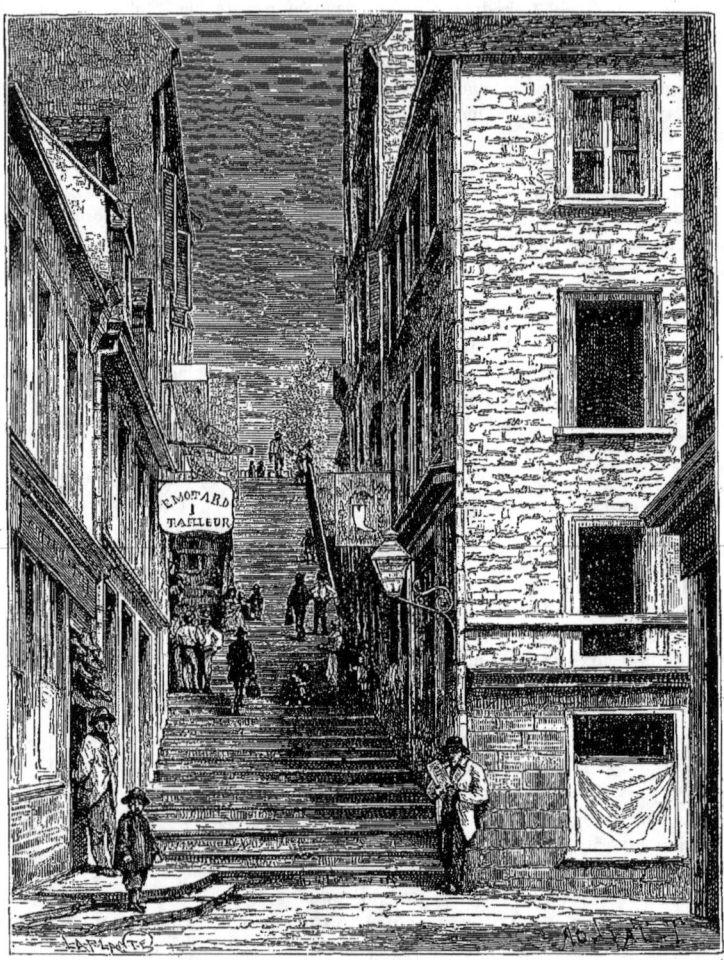

LA RUE DU PETIT-CHAMPLAIN, A QUÉBEC.
Dessin de Taylor, d'après une photographie.

titre de prêt, mais il l'obtiendra facilement à titre de location. Les hommes mêmes qui dès leur première jeunesse ne se sont pas perdus de vue sont si peu disposés à s'obliger sans une compensation immédiate qu'un individu ne peut emprunter à un autre une bride, une selle, un harnais ou tout autre objet, sans être convenu d'avance non seulement de payer tout le dommage qui pourra y être fait, mais encore de donner une certaine rétribution pour chaque jour qu'il lui conviendra de le garder. Il est aisé d'apercevoir combien cette singulière manière d'agir est destructive de toutes les dispositions amicales qui, dans les autres pays, attachent les hommes les uns aux autres. Ici l'homme ne veut vivre que pour lui seul, et son intérêt personnel est l'unique base de sa conduite et de ses actions. »

Le même voyageur, après avoir visité le Bas-Canada avant de retourner en Angleterre, donnait de la population française un portrait qui contraste heureusement avec celui des Hauts-Canadiens : « Je puis assurer, dit-il à la fin de son ouvrage, que dans les établissements ruraux de cette province, quoique les habitants soient, en général, dépourvus d'éducation et privés des moyens de se la procurer, j'ai trouvé plus de bonheur réel, plus de véritable politesse et une plus grande union entre eux que dans aucun des pays que j'ai parcourus. C'est à l'agriculture qu'ils doivent cette heureuse existence. Quiconque voudra voir la vie morale et la félicité qu'elle procure dans leur perfection doit aller visiter la demeure d'un Canadien français. Si je pouvais bannir de mon cœur les doux sentiments qui m'attachent à ma terre natale, je construirais une demeure champêtre au milieu des modestes habitations du Bas-Canada, et dans cet heureux séjour, exempt de soucis et d'inquiétudes, je passerais doucement ma vie au milieu d'un peuple doué des vertus sociales, et dont tout l'extérieur annonce le bonheur et la gaieté. »

Pour remplacer MM. Lafontaine et Baldwin, lord Elgin fit appel à MM. Hincks, du Haut-Canada, qui faisait déjà partie du ministère précédent, et Morin, l'homme politique le plus populaire du Bas-Canada après M. Lafontaine. Ils maintinrent dans leur programme et firent aboutir trois grandes mesures déjà présentées par leurs prédécesseurs : l'augmentation du nombre des députés porté de quatre-vingt-quatre à cent trente, soixante-cinq pour chaque province; la sécularisation des réserves du clergé, qui affectaient de grandes étendues territoriales dont profita la colonisation; l'abolition de la tenure seigneuriale, débris du régime féodal resté dans le Bas-Canada. De toutes les charges dont le censitaire était grevé sous ce régime, il ne subsista qu'une rente foncière rachetable à volonté. Les seigneurs dépossédés des droits de quint, de banalité, de lods et de ventes, reçurent à titre d'indemnité une somme de seize millions. Pour comprendre l'importance de cette mesure au point de vue des habitants canadiens, il faut se rappeler que la plupart tenaient leurs concessions des anciens seigneurs auxquels ils devaient à perpétuité une redevance; ils étaient en outre obligés de porter leurs grains au moulin du seigneur qui prélevait le quatorzième pour droit de mouture; de plus, si un domaine changeait de propriétaire, le seigneur recevait à chaque mutation, comme lods et ventes, ou droit d'aliénation, le douzième du prix avec faculté d'acheter lui-même la propriété au chiffre stipulé par les parties, s'il le supposait inférieur à la valeur réelle; pour les terres possédées à l'état de fief, le tenancier avait à payer au seigneur les droits de quint et de relief : le premier était le cinquième du prix d'achat qui devait être soldé à chaque changement de propriétaire par vente ou de toute autre manière, à l'exception de la succession en ligne directe; l'acheteur qui payait le quint immédiatement avait droit à une réduction des deux tiers. Le relief était le revenu d'une année, dû pour certaines mutations, comme la succession en

LA VOIE FERRÉE DANS LES MONTAGNES ROCHEUSES.
Dessin de Taylor.

ligne collatérale. « Les seigneurs imposaient encore des corvées à leurs censitaires; ils s'emparaient sans indemnité des bois de construction, de la pierre, pour leur usage ou pour l'utilité publique; ils retenaient le droit de possession des rivières et des grèves, percevaient une dîme sur le poisson pris dans les pêcheries sises sur les grèves de leurs seigneuries, et prétendaient enfin se servir seuls des cours d'eau pour faire mouvoir les moulins, les usines et les manufactures. Ces réserves furent aussi toutes abolies sans compensation. » (Turcotte.)

Cette grande réforme, dont l'application dura plusieurs années et qui améliora beaucoup la situation des habitants par l'affranchissement du sol et le rachat de toutes les charges qui le grevaient, s'effectua de la manière la plus régulière, et M. Lafontaine, nommé président de la cour seigneuriale chargée de statuer sur les nombreuses questions soulevées par l'application de cette loi, put dire avec raison : « C'est toute une révolution dans nos institutions, et cette révolution qui, dans d'autres pays, n'aurait pu s'opérer sans effusion de sang et sans remuer l'édifice social jusque dans ses fondements, s'accomplit paisiblement, à l'honneur de la population, sans troubles et sans aucune commotion. »

En décembre 1854, lord Elgin fut rappelé à Londres; un de ses derniers actes comme gouverneur consista dans la négociation d'un traité de commerce avec les États-Unis. Aux termes de cet acte, les produits agricoles, grains, farines, et les bestiaux pouvaient s'échanger en franchise du Canada aux États-Unis; ces derniers obtenaient le droit de pêche dans les eaux du golfe Saint-Laurent.

Le nouveau gouverneur, sir Edmund Head, continua les traditions constitutionnelles de lord Elgin; les ministères qui se succédèrent furent toujours choisis dans la majorité de la Chambre élue; diverses lois organisèrent la milice, pour remplacer les troupes anglaises que le gouvernement de la métropole annonçait devoir retirer, laissant sa colonie s'administrer et se défendre seule; constituèrent les municipalités des paroisses; modifièrent le mode de nomination des membres du Conseil législatif; créèrent des écoles normales et l'Université Laval, qui contribua rapidement, par le choix de ses professeurs et l'affluence de ses élèves, au relèvement de la culture intellectuelle et des études littéraires dans la population française de la province.

L'année 1855 fut marquée par la seconde exposition universelle, qui eut lieu à Paris. Le Canada y prit une part des plus brillantes; la variété de ses productions agricoles, la beauté de ses bois dont avait été construit, au centre de la section, un superbe trophée; la richesse de ses fourrures et de ses minéraux, — leur magnifique collection obtint une médaille d'honneur, — attirèrent l'attention de tous les visiteurs. Pendant que cette exposition avait lieu, le gouvernement français envoyait à Québec une frégate commandée par M. le capitaine de vaisseau de Belvèze, pour rétablir avec son ancienne colonie des relations qui devaient profiter aux deux pays. « La présence des Français fut un véritable événement. Les Canadiens, sans distinction d'origine, accueillirent et fêtèrent, surtout dans les principales villes, avec le plus grand enthousiasme, le premier navire de guerre français venu depuis la conquête; ils saisirent cette occasion pour témoigner à la France leurs profondes sympathies. Ce n'étaient pas des étrangers qu'ils recevaient, mais des frères, des alliés. Les Français témoignèrent de leur côté leur vive reconnaissance pour le gracieux et bienveillant accueil qu'ils reçurent des Canadiens. Le résultat de la mission de M. de Belvèze fut l'établissement d'un consulat général au Canada et la modification du tarif français pour l'introduction des bois et des navires canadiens en France. » (Turcotte.)

Les luttes parlementaires reprirent sur le choix d'une capitale; l'alternance entre Toronto et Québec entraînait des frais considérables et ne pouvait être continuée; les partis se divisèrent sur la désignation de la ville qui serait le siège du gouvernement. Finalement ils s'en remirent, ne pouvant s'entendre, au choix de la reine qui, à la surprise de tous les compétiteurs, désigna, pour des raisons stratégiques, une bourgade dont le nom était alors à peu près inconnu, Ottawa, sur la rivière Outaouais. Ce choix excita de tels mécontentements sur tous les bancs de la Chambre qu'il détermina la chute du ministère. Il fut néanmoins maintenu, et les édifices d'État, chambres du Parlement et ministères, s'élevèrent rapidement dans la nouvelle capitale. L'éternelle discussion sur l'augmentation du nombre des députés proportionnellement au chiffre de la population de chaque province, reprise par M. Brown et ses adhérents de plus en plus nombreux dans le Haut-Canada, finit par rendre la stabilité des divers ministères tout à fait précaire; conservateurs et libéraux, par suite du défaut de majorité, se succédaient au pouvoir à quelques mois d'intervalle. La situation politique était devenue à peu près inextricable; l'union des deux provinces ne pouvait se prolonger qu'au prix de crises incessantes; une entente seule entre les chefs des différents partis, pour arriver à une modification de la constitution et à la suppression de l'acte d'union, pouvait y mettre un terme. Elle eut lieu en 1864; un ministère de conciliation, comprenant M. Brown pour le Haut-Canada et MM. Taché et Cartier, les chefs politiques du Bas-Canada, se forma pour étudier les moyens d'assurer l'indépendance réciproque des deux provinces, et développer en même temps les ressources du pays. La base de l'entente était la suppression de l'acte d'union et la création d'une confédération des diverses colonies de l'Amérique du Nord, comprenant les deux Canadas, le Nouveau-Brunswick, la Nouvelle-Écosse, l'île du Prince-Édouard et Terre-Neuve.

Le 10 octobre 1864, les délégués des diverses provinces intéressées se réunirent à Québec sous la présidence de M. Taché, et adoptèrent, après seize jours de débats, un projet de confédération. Ce projet établissait pour la confédération un Parlement avec Chambre haute appelée Sénat, composée de soixante-seize membres nommés à vie, dont vingt-quatre pour chacun des deux Canadas; une Chambre des communes, dans laquelle le Bas-Canada avait soixante-cinq députés, sa population devant servir de base pour fixer le chiffre de la représentation des autres provinces. D'après ce calcul, le Haut-Canada avait droit à quatre-vingt-deux députés, la Nouvelle-Écosse à dix-neuf et le Nouveau-Brunswick à quinze. La durée du Parlement fédéral était fixée à cinq ans. Les deux langues anglaise et française étaient maintenues sur le pied de complète égalité. La métropole était représentée par un gouverneur général faisant fonctions de président de la confédération. Chaque province, conservant son indépendance et son autonomie, constituait à son gré son Parlement local et avait le contrôle de ses institutions civiles, religieuses et municipales; les gouverneurs étaient nommés et salariés par le gouvernement fédéral.

Les diverses colonies adhérèrent, sauf l'île de Terre-Neuve, à la nouvelle confédération; elles considérèrent, comme leurs délégués, qu'elle était nécessaire, au point de vue de la défense commune, en facilitant l'établissement d'une organisation militaire uniforme; au point de vue commercial, en permettant de créer entre elles une véritable union douanière et de construire le grand chemin de fer qui, traversant toutes les provinces et réunissant l'Atlantique au Pacifique, allait donner bientôt une énorme impulsion à la colonisation et au transport des produits agricoles et industriels.

Soumis au Parlement de Londres, le projet fut adopté par lui le 29 mars 1867 et une proclamation royale fixa au 1er juillet de la même année l'inauguration de la nouvelle Puissance du Canada. Ainsi s'achevait, pour la province de Québec, par la conquête définitive de son indépendance, la lutte ouverte depuis un siècle pour y anéantir la nationalité française.

CHAPITRE XVI

RÉVOLTE DES MÉTIS — SITUATION ACTUELLE

Le 1er juillet 1867, la nouvelle Puissance du Canada était inaugurée au milieu des réjouissances publiques. Lord Monk, successeur de sir Edmund Head, prêtait serment à Ottawa comme lieutenant général gouverneur et choisissait pour ministres les deux hommes qui avaient le plus activement contribué au vote de la constitution, MM. Mac Donald, du Haut-Canada, et Cartier, du Bas-Canada, chefs du parti conservateur dans les deux provinces. C'est sous ce ministère qu'une question des plus graves, celle des Métis, vint agiter l'opinion publique et donner aux Anglais de la province d'Ontario, affiliés aux sociétés secrètes désignées sous le nom de Loges orangistes, une nouvelle occasion de manifester leur haine constante pour la race française en poursuivant avec une énergie farouche l'exécution d'un malheureux dont le grand crime était à leurs yeux d'appartenir à cette nationalité qu'ils abhorraient. « Jamais question politique, — constate un écrivain canadien qui a publié sur les événements de 1870 et de 1885 un ouvrage des plus intéressants, — n'a, depuis l'établissement de la confédération, agité plus vivement l'opinion publique en ce pays, que celle se rattachant aux réclamations des Métis du Nord-Ouest, ainsi qu'aux deux insurrections qu'elles provoquèrent en 1869-70 et en 1885. Le caractère de justice dont elles étaient revêtues, le principe sacré de droit naturel qu'elles défendaient, les prérogatives imprescriptibles qu'elles invoquaient et que les autorités fédérales foulèrent audacieusement à leurs pieds, devaient nécessairement leur attirer les sympathies des minorités, qui ne purent s'empêcher de voir, dans cet envahissement brutal et calculé, un danger réel et permanent pour toutes les libertés qui leur étaient chères. Aussi éclatèrent-elles de toutes parts, vives, chaudes et ardentes. La province de Québec, comme c'était son droit et son devoir, se mit en tête du mouvement, et l'on vit pendant un certain temps, comme aux beaux jours des glorieuses luttes politiques du passé, régner l'union parmi les descendants de la grande famille française et catholique. D'un autre côté, la majorité anglaise et protestante du Canada, hostile par tradition à la nationalité française, ennemie par principe de la croyance catholique que professait la nation métisse presque tout entière, fit taire la voix de la conscience et de la justice pour n'écouter que celle des préjugés de race et du fanatisme religieux. Elle ne vit dans ce soulèvement d'un petit peuple aux abois qu'une protestation insolente et criminelle, à laquelle le canon et l'échafaud devaient seuls répondre pour disperser au loin et anéantir, s'il le fallait, les rejetons d'une nation qui, par son origine et sa foi, faisait tache sur ces beaux territoires de Nord-Ouest. » (Ouimet.)

En 1669, dès les débuts de la lutte entre l'Angleterre et la France sur le territoire de l'Amérique du Nord, une compagnie avait été fondée à Londres pour la recherche et le commerce des fourrures ; elle prit le nom de Compagnie de la baie d'Hudson, et c'est à cette baie que furent d'abord limitées ses opérations. Le jour où le Canada devint possession anglaise, elle envoya ses agents vers l'intérieur, chez ces peuplades cris et assiniboines, avec lesquelles les découvertes des La Vérendrye avaient mis notre colonie en relations. Mais une société concurrente, dite Compagnie du Nord-Ouest, se créa bientôt à Montréal dans le but de faire le même commerce de pelleteries avec les tribus des plaines à l'ouest des grands lacs. Les deux compagnies, rivales dans leurs intérêts, l'étaient aussi au point de vue de leur personnel ; la première, dont le siège était en Angleterre, y recrutait ainsi qu'en Écosse la plupart de ses gens ; la Compagnie du Nord-Ouest, au contraire, installée à Montréal, engageait ses voyageurs parmi les Canadiens français intrépides, endurcis aux fatigues et habitués à la vie errante des sauvages.

L'antagonisme était si accentué que pour tous, au Canada, les employés de la Compagnie de la baie d'Hudson étaient « les Anglais », ceux de la Compagnie du Nord-Ouest, « les Français ». Chacune des deux sociétés rivales occupait plus de trois mille hommes, comme commis dans les postes de traite, guides, interprètes et voyageurs. Nos Canadiens français n'avaient pas de rivaux pour conduire les canots d'écorce servant au transport des marchandises jusqu'aux lieux de traite distants de centaines de lieues de Montréal ; ils étaient les plus joyeux compagnons du monde, toujours chantant, buvant de temps à autre, pour surmonter les fatigues de la route ; quelques bonnes rasades d'eau-de-vie, et prenant plaisir dans le trajet à faire subir à ceux de leurs camarades, qui n'étaient pas encore accoutumés à la sagamité de blé d'Inde ou au pemmican de bison et qu'ils appelaient ironiquement « mangeurs de lard », des épreuves rappelant quelque peu le passage de la ligne pour les matelots. « A certains endroits où la profondeur des eaux permettait ces ébats, ils imposaient un tribut à ces voyageurs novices, et, au cas de refus, ils les plongeaient sans pitié dans la rivière, ce qu'ils appelaient les baptiser. » (J. Tassé.) Et les échos répétaient au loin leurs refrains favoris :

> Quand un chrétien se détermine
> A voyager,
> Faut bien penser qu'il se destine
> A des dangers.
>
> Mille fois à ses yeux la mort,
> Par son image,
> Lui fait regretter son sort
> Dans le voyage.

TRAPPEUR CANADIEN.
Dessin de Delort.

ou les couplets gracieux de la chanson des voyageurs : « A la claire fontaine [1] ». Mais ces Français si gais et si amoureux des aventures, vivant avec les sauvages, se créant des familles dans leurs tribus, avaient conservé au cœur une profonde aversion pour la race qui avait pris leur pays et dans les territoires du Nord-Ouest, où les agents des deux Compagnies opéraient, des rencontres parfois se produisaient, sanglantes et entraînant mort d'hommes. Le 19 juin 1816, notamment, au combat des Sept Chênes, le gouverneur Semple de la Compagnie de la baie d'Hudson, fut tué avec une dizaine de ses engagés par une troupe de Métis ou Bois-Brûlés français de la Compagnie du Nord-Ouest. Un des acteurs de ce drame, Pierre Falcon, le chansonnier populaire des Métis français, composa le soir même sur le combat auquel il avait assisté, des couplets pleins d'une verve naïve qui eurent bientôt une grande vogue parmi les coureurs des bois et sous les chaumes de la rivière Rouge où ils sont encore chantés par les descendants de ces intrépides aventuriers :

> Voulez-vous écouter chanter
> Une chanson de vérité?
> Le dix-neuf juin, la bande des Bois-Brûlés
> Sont arrivés comme de braves guerriers.
>
> En arrivant à la grenouillère,
> Nous avons fait trois prisonniers,
> Trois prisonniers des Orcanis,
> Qui sont ici pour piller notre pays.
>
> Étant sur le point de débarquer,
> Deux de nos gens se sont écriés,
> Deux de nos gens se sont écriés :
> Voilà l'Anglais qui vient nous attaquer.
>
> Tout aussitôt nous avons viré,
> Nous avons été les rencontrer.
> J'avons cerné la bande des grenadiers.
> Ils sont immobiles, ils sont démontés!
>
> J'avons agi comme des gens d'honneur.
> J'avons envoyé un ambassadeur :
> « Le gouverneur, voulez-vous arrêter
> Un petit moment, nous voulons vous parler ? »
>
> Le gouverneur qui est enragé
> Il dit à ses soldats : « Tirez! »
> Le premier coup c'est l'Anglais qu'a tiré.
> L'ambassadeur ils ont manqué tuer.
>
> Le gouverneur qui se croit empereur
> Il veut agir avec rigueur;
> Le gouverneur qui se croit empereur
> A son malheur, agit trop de rigueur.
>
> Ayant vu passer tous ces Bois-Brûlés,
> Il a parti pour les épouvanter;
> Étant parti pour les épouvanter,
> Il s'est trompé, il s'est bien fait tuer.
>
> Il s'est bien fait tuer
> Quantité de ses grenadiers;
> J'avons tué presque toute son armée,
> Quatre ou cinq se sont sauvés.

1. Le texte de cette chanson est reproduit dans le tome II de l'*Histoire de la colonisation française* de l'auteur, chap. XXII, *Littérature canadienne*.

> Si vous aviez vu tous ces Anglais,
> Tous ces Bois-Brûlés après,
> De butte en butte les Anglais culbutaient,
> Les Bois-Brûlés jetaient des cris de jouaie.
>
> Qui en a composé la chanson?
> C'est Pierre Falcon, le bon garçon.
> Elle a été faite, et composée
> Sur la victoire que nous avons gagnée.

Cet état d'antagonisme et de lutte ouverte cessa en 1821 par la fusion des deux sociétés rivales, et dès lors la Compagnie de la baie d'Hudson put exploiter sans concurrence tout le Nord-Ouest sur lequel elle prétendait avoir droit de souveraineté. Elle devenait ainsi la plus puissante des associations commerciales; mais de son domaine, comprenant près du quart du continent nord-américain, de la baie d'Hudson jusqu'au Pacifique, elle s'efforça toujours d'écarter la colonisation, le réservant strictement pour la chasse des animaux à fourrure. Elle interdisait à ses agents de révéler la fertilité des plaines s'étendant de la rivière Rouge aux montagnes Rocheuses, en même temps qu'elle apportait une âpreté farouche à la recherche et à la conservation pour son commerce de ces fourrures qui faisaient sa fortune. Il n'était permis dans ses domaines d'acheter et de vendre des pelleteries qu'à ses agents qui seuls fixaient le prix des peaux. Les sauvages qui en livraient aux Métis étaient emprisonnés; la Compagnie leur refusait les vivres et les munitions sans lesquels ils étaient exposés à périr; elle leur interdisait, ainsi qu'à son personnel, l'usage de ces fourrures si nécessaires cependant pour se garantir du froid dans ces régions glacées. « Quelqu'un osait-il porter sur la tête un morceau de peau quelconque, il attentait aux droits de cette puissante association; le réfractaire était aussitôt désigné aux autorités, et si un agent le rencontrait par hasard, il le décoiffait en plein chemin sans autre formalité. De plus, les Métis étaient obligés d'acheter tous leurs effets à la Compagnie; ceux que l'on soupçonnait de faire le commerce de fourrures payaient plus cher que les autres. La Compagnie alla jusqu'à décréter en 1844 que les lettres des colons, destinées à l'étranger, devaient être déposées non cachetées dans ses bureaux. » (J. Tassé.)

Les nombreux coureurs des bois employés par la Société, établis au milieu des tribus sauvages, y avaient contracté des mariages, et leurs descendants avaient peu à peu formé toute une population métisse, partie d'origine française, partie d'origine écossaise ou anglaise, qui s'était établie aux abords de la rivière Rouge et avait imposé dès 1850, par son attitude énergique, la liberté du commerce à la puissante Compagnie de la baie d'Hudson. En 1869, cette colonie métisse comptait onze mille habitants de sang mêlé, la plupart de souche française. Ils vivaient du produit de leurs chasses et de la culture du sol sur lequel ils avaient construit leurs rustiques habitations.

Lorsque l'Union fédérale fut créée, une clause lui réserva l'adjonction de nouvelles provinces, et le gouvernement canadien se fit autoriser par la métropole à acheter tous les territoires du Nord-Ouest à la Compagnie de la baie d'Hudson. « Il fut constaté alors par l'agent même de la Puissance, chargé officiellement de la renseigner sur la valeur et l'étendue des régions à acquérir en même temps que de vérifier les titres de la Société, que cette Compagnie n'avait aucun droit de propriété, par sa charte, sur ces contrées, dont la plus grande partie appartenait aux sauvages qui les habitaient à titre de propriétaires depuis un temps immémorial, et que tout ce qu'ils avaient cédé par des traités à la Compagnie n'était qu'un privilège de chasse et de pêche sur ces terres et rivières. » (Ouimet.)

Les sauvages et les Métis, leurs descendants, avaient donc des droits indiscutables et imprescriptibles à la possession de ces territoires. Sans en tenir compte, le gouvernement canadien traitait en 1869 avec la Compagnie de la baie d'Hudson, et celle-ci lui cédait les contrées qu'elle prétendait lui appartenir pour la somme de sept millions cinq cent mille francs, se réservant tous ses forts et postes de commerce, ainsi qu'une étendue considérable de terrain dans leurs environs. Elle ajoutait en outre au traité une clause qui de sa part était une véritable reconnaissance des droits des propriétaires du sol, car elle disait « que le titre des sauvages serait éteint et réglé par l'acheteur ». Les territoires du Nord-Ouest acquis de la Compagnie, la Puissance fédérale y créa une nouvelle province, celle du Manitoba, et des territoires destinés à devenir provinces à leur tour lorsque le chiffre de la population leur donnerait droit à une représentation dans le Parlement d'Ottawa. Les limites de la province du Manitoba furent tracées dans les bureaux de l'administration fédérale, la constitution décrétée et le personnel chargé de la mettre à exécution désigné avant que les habitants du pays, Métis français, écossais et anglais, qui n'avaient été ni consultés ni pressentis, eussent même connaissance du sort qu'on leur préparait.

A la nouvelle qu'on avait disposé d'eux ainsi que d'un vil bétail, ces libres habitants des prairies furent indignés, et lorsqu'en octobre 1869 le nouveau gouverneur, Guillaume Mac Dougall, dont l'hostilité à l'égard des Français était bien connue, arriva, pour prendre possession du pays, sur les bords de la rivière Sale, à quatre-vingts kilomètres de la frontière américaine, il se trouva en présence d'une troupe de quatre cents Métis armés qui lui intimèrent l'ordre de rebrousser chemin. Comme il demandait au nom de qui cet ordre était donné, il lui fut répondu : « Au nom du gouvernement provisoire ». Les Métis, en effet, informés qu'un Anglais, d'une malveillance notoire, venait chez eux prendre la direction des affaires et mettre à exécution le traité d'achat de leur pays, s'étaient réunis et avaient constitué un gouvernement qui arbora le drapeau blanc aux fleurs de lis avec la harpe d'Irlande et interdit l'entrée de son territoire à l'intrus Mac Dougall. Celui-ci, venu péniblement par la voie de Chicago et des lacs, dut rester tout l'hiver à la frontière, dans une baraque en bois qu'il y fit élever pour se mettre à l'abri du froid, et s'en retourner ensuite à Ottawa. On l'appela dérisoirement Guillaume le Morfondu.

L'âme de la résistance des populations sur les bords de la rivière Rouge était un Métis français, Louis Riel, dont le père avait déjà dirigé en 1850 le mouvement contre la Compagnie de la baie d'Hudson et obtenu d'elle la liberté du commerce et la reconnaissance du droit des Métis à la propriété des terres qu'ils cultivaient. Son fils, d'une intelligence précoce, fut remarqué par l'évêque missionnaire de Saint-Boniface, Mgr Taché, qui le fit entrer au séminaire de Montréal, où il termina ses études. Il revint au Manitoba au moment où ses concitoyens, menacés de dépossession par les arpenteurs envoyés d'Ottawa, commençaient à s'organiser pour résister à ces envahisseurs. Doué d'une certaine éloquence et d'une grande énergie, Louis Riel prit bientôt sur ses compatriotes une influence considérable et se trouva

MAISON DE TRAITANT, A LA RIVIÈRE ROUGE.
Dessin de Dupuy, d'après une photographie.

tout désigné pour faire partie du gouvernement provisoire dont il fut ensuite le chef en remplacement du Métis écossais John Bruce, qui résilia ses fonctions. Il occupa d'abord le fort Garry, qui devint le siège du gouvernement, et publia une « Déclaration de droits » dans laquelle, revendiquant pour les habitants de la rivière Rouge la propriété de leurs terres, il refusait de reconnaître l'autorité de la Puissance du Canada « qui prétendait injustement commander aux Métis et leur imposer une forme de gouvernement despotique ». Les colons anglais, déjà nombreux dans ce territoire, essayèrent de renverser le pouvoir qui venait de se constituer, mais leur tentative aboutit à une échauffourée qui se termina par la prise de leur chef, le Dr Schultz, et l'arrestation de ses partisans.

Au Canada, la nouvelle de ces divers incidents produisit une vive émotion, et Mac Dougall fut blâmé par le ministère qui nomma des commissaires pour entrer en négociations avec le nouveau gouvernement dont Riel était le chef reconnu. Au fort Garry, d'autre part, les habitants du pays, réunis en assemblée plénière, députèrent trois d'entre eux pour présenter à Ottawa leurs revendications et demander, comme le promettaient les représentants du Canada, que tous leurs droits fussent respectés.

Les négociations suivaient leur cours et paraissaient devoir aboutir à l'admission des justes revendications des Métis, lorsque Schultz, évadé de la prison où il était détenu, tenta par un second coup de main de chasser le gouvernement auquel l'assemblée populaire venait de donner une nouvelle adhésion. Réunissant, à quelques kilomètres du fort Garry, six cents Anglais et deux cents sauvages, il les incita à engager contre les Français une guerre à outrance, et marcha sur le fort. Son avant-garde, rencontrée par une trentaine de cavaliers métis et attaquée vigoureusement, fut dispersée; le reste se débanda. Schultz s'enfuit comme les autres et réussit à passer aux États-Unis.

Parmi les prisonniers amenés au fort se trouvait un nommé Thomas Scott, arpenteur, originaire de la province d'Ontario. C'était un individu mal famé, d'un caractère violent, déjà connu par le meurtre d'un Métis français. Forçant un jour les portes de sa prison, il frappa les hommes de garde. Menacé d'être déféré à un conseil de guerre, il réussit de nouveau à sortir et se livra à des voies de fait sur ses gardiens. Traduit alors devant une cour martiale composée de sept chefs métis, il fut condamné à mort et fusillé. Riel ne faisait pas partie de ce tribunal militaire; mais dans la province d'Ontario, où cette exécution produisit une véritable explosion de fureur, sa tête fut mise à prix, ainsi que celle de ses prétendus complices.

Pendant ce temps, le gouvernement d'Ottawa, inquiet de la tournure que prenaient les événements, avait invité Mgr Taché, dont il connaissait l'influence sur les Métis, à revenir de Rome, où il assistait à un concile, et l'avait chargé de faire savoir aux habitants des bords de la rivière Rouge que leurs conditions étaient acceptées, que leur district était érigé en province sous le nom de Manitoba, qu'un gouverneur, des ministres responsables et deux Chambres y assureraient le régime parlementaire, et que les langues française et anglaise seraient de droit employées dans les Chambres et les tribunaux. Quant à l'amnistie, elle était accordée à tous, à l'exception de Riel qui restait exilé pour cinq ans. Grâce à l'intervention de l'évêque de Saint-Boniface et à ses sages conseils, le colonel Wolseley, chargé de rétablir l'ordre dans cette région, put arriver sans lutte au fort Garry et la nouvelle constitution être appliquée ensuite sans secousses. Riel, échappant aux recherches dont il était l'objet, avait gagné les États-Unis. Son intervention avait amené, en définitive, la reconnaissance complète des droits de ses concitoyens qui, lors des élections au Parlement canadien, le nommèrent député du comté de Provencher. Ne voulant pas être une cause de nouveaux désordres, il résigna son mandat et désigna lui-même à ses électeurs, pour le remplacer, le ministre fédéral

LE FORT GARRY.
Dessin de Weber, d'après une gravure américaine.

de la milice, sir George Cartier, que la ville de Montréal n'avait pas réélu. Il fit plus lorsque, l'année suivante, les Irlandais feniens des États-Unis, croyant soulever la population, essayèrent d'envahir la province du Manitoba, le gouverneur Archibald fit appel à tous les Métis, et Riel, qui se présenta à la tête de deux cent cinquante cavaliers, vit son concours accueilli avec empressement. Il retourna ensuite aux États-Unis. Il devait en revenir une dernière fois sur un nouvel appel de ses compatriotes et payer de sa vie la haine que lui avaient vouée les loyaux Anglais de l'Ontario.

Les terres fertiles du Manitoba, devenu province du Dominion canadien, avaient été rapidement envahies par une foule d'émigrants anglais, écossais, irlandais et scandinaves : en 1881, la population s'élevait déjà à soixante-cinq mille âmes. Les Métis, habitués aux longues courses dans les prairies à la recherche des buffles, aux voyages dans les forêts désertes du Nord à la poursuite des animaux à fourrure, avaient vu peu à peu le gibier s'éloigner des régions trop peuplées voisines de la rivière Rouge; beaucoup avaient quitté ses bords pour s'installer sur les territoires d'Assiniboia, de Saskatchewan et d'Alberta, à l'ouest du Manitoba. Les mêmes difficultés s'y produisirent; comme en 1869 dans cette dernière province, des arpenteurs vinrent délimiter les terres pour la colonisation, sans se soucier des occupants. En septembre 1884, ces derniers, réunis à Saint-Laurent, formulèrent, comme autrefois leurs frères du fort Garry, une déclaration de droits qui fut votée à l'unanimité et adressée ensuite au gouvernement fédéral. Ils demandaient la division en provinces des territoires du Nord-Ouest, la concession aux Métis des bords de la rivière Saskatchewan des avantages territoriaux reconnus à ceux du Manitoba; la délivrance aux habitants de titres de propriété; la vente de cinq cent mille acres de terre pour l'établissement d'écoles et hôpitaux, et l'amélioration du sort des sauvages, leurs alliés par le sang. Pendant tout l'hiver, l'agitation continua et s'étendit chez les Métis français, au nombre de deux mille, occupant les bords de la Saskatchewan, aussi bien que chez les Métis écossais et anglais groupés aux environs de Prince-Albert. Les uns et les autres, n'obtenant rien du cabinet fédéral, songèrent à Riel. Une députation fut chargée d'aller l'inviter à prendre encore une fois la tête du mouvement. Proscrit et chassé de sa patrie, Riel avait d'abord parcouru les États-Unis, où les sympathies de quelques compatriotes avaient un peu adouci pour lui les amertumes de l'exil; mais les infortunes et la misère qu'il avait subies avaient altéré ses facultés intellectuelles, et il avait été successivement interné dans une maison d'aliénés à Washington, puis à Saint-Jean-de-Dieu, près de Montréal, et enfin à l'asile de Beauport, voisin de Québec, où il séjourna un an et demi sous le nom de Larochelle. Sorti de cet établissement au mois de janvier 1878, il alla s'établir au Montana, près des montagnes Rocheuses, dans une pauvre mission où les envoyés des Métis le trouvèrent remplissant les fonctions de maître d'école et apprenant à lire aux petits enfants : ils avaient fait pour le rejoindre un trajet de sept cents milles à cheval à travers les forêts et les prairies, exposés aux attaques des tribus sauvages dont ils traversaient les territoires. « Après lui avoir fait connaître le but de notre mission, disent les délégués dans leur rapport au comité des Métis, nous lui présentâmes nos lettres de créance et les résolutions sur lesquelles nous devions le consulter. Nous lui demandâmes de venir avec nous, s'il le pouvait, et de nous aider. — Après avoir examiné le but de notre visite, il nous dit qu'il avait toujours eu pour principe de secourir, autant qu'il était en son pouvoir de le faire, ceux qui se trouvaient dans le cas d'avoir besoin de son aide. Il ajouta que la population du Nord-Ouest lui était particulièrement chère, car il avait beaucoup souffert pour sa cause, et qu'invité à la soutenir dans ses paisibles efforts pour faire respecter ses droits, il ne pouvait lui refuser son aide, si faible qu'il fût. » Et cet humble instituteur, appelé par ses frères, se mettait en route, avec sa femme et ses deux enfants, pour accomplir le long et dangereux trajet déjà parcouru par les envoyés. Un de ces derniers, Gabriel Dumont, allait devenir son lieutenant et en réalité le chef militaire du mouvement métis lorsque les hostilités furent engagées par les troupes du Dominion. Chasseur de buffles à l'époque où leurs innombrables troupeaux parcouraient encore les prairies, il s'était distingué par une adresse, une vigueur et une audace qui avaient fait l'admiration des Peaux-Rouges eux-mêmes avec lesquels il s'était trouvé souvent aux prises et dont il parlait les dialectes. Il excellait surtout à choisir un terrain de combat et à dresser une embuscade.

CHEF CRI.
Dessin d'Émile Bayard.

Peuple primitif, les Métis n'avaient pour ainsi dire pas de gouvernement; cependant, quand ils allaient à la chasse aux bisons, il était nécessaire de maintenir l'ordre dans les rangs, de se tenir en garde contre les attaques des sauvages sioux et leurs vols de chevaux; ils s'organisaient alors et composaient un camp. Un chef était nommé, douze conseillers lui étaient adjoints; les chasseurs se groupaient par dizaine, et chaque dizaine se désignait un capitaine. Dumont était toujours choisi comme chef. « La chasse aux bisons se faisait à cheval. C'était beau de voir des centaines de coursiers se cabrer, hennir, danser, piocher le sol de leurs pieds, demander la bride du regard, à grands coups de tête, et ces cavaliers de premier ordre, assis avec assurance sur leurs petites selles de cuir mou, au milieu des fleurs en rassade dont elles étaient garnies, ayant au poignet leur fouet à plusieurs branches, le fusil d'une main, les rênes de l'autre, retenant la fougue de leurs chevaux, les ménageant jusqu'à ce qu'ils fussent à portée du buffle. Les capitaines présidaient à la course et veillaient à ce que personne ne se lançât avant le mot d'ordre du chef. Le signal donné, la cavalcade bondissait. Un tourbillon de poussière obéissant au commandement partait avec elle. Le buffle, en dévorant la prairie, prenait l'épouvante, pour être bientôt rejoint par les coursiers alertes. Les cavaliers entraient pêle-mêle dans la bande de bœufs sauvages et, choisissant les animaux les plus gras, chacun tirait, tous tiraient en tâchant de ne point se frapper les uns les autres et prenant garde aux hommes et aux chevaux. J'ai vu ces courses, — ajoute l'écrivain à qui nous devons cette chaude description et qui n'est autre que Riel lui-même, — j'ai vu ces courses, j'y ai pris part. Elles sont terribles. L'adresse des chasseurs, leur extrême attention pouvaient seules prévenir les malheurs au risque desquels ces expéditions avaient lieu. »

Tels étaient ces hommes, de mœurs simples, que les politiciens d'Ottawa traitaient comme des sauvages, pendant que les officiers commandant les postes chez les Cris, les Assiniboines, les Pieds-Noirs et les Sioux, avec lesquels leur parenté créait aux Métis des relations d'amitié, ne voyaient dans leurs fonctions qu'un moyen de s'enrichir, dans ces sauvages que des brutes appelées à disparaître bientôt, et on y aidait, pour faire place à la colonisation anglo-saxonne. Triste colonisation, dont la première condition de succès est d'anéantir les hommes des autres races, et, comme aux États-Unis, d'abrutir d'abord les malheureux Peaux-Rouges par l'eau-de-vie pour les massacrer ensuite sous tous les prétextes. C'est ce qu'a résumé en termes aussi justes que sévères le témoin attristé et impuissant de la révolte de 1885, l'archevêque de Saint-Boniface, Mgr Taché, lorsqu'il écrivait le 7 décembre de la même année : « Les responsabilités de nos désastres et de nos hontes sont multiples; elles pèsent non seulement sur les agents actifs du soulèvement et les administrations qui se sont succédé au pouvoir, mais aussi sur bien d'autres. Le peuple canadien et ceux qui le gouvernent, en acquérant les territoires du Nord-Ouest, n'ont pensé qu'à l'étendue et à la richesse des vastes domaines dont ils entraient en possession. On a confié des emplois même importants à des officiers qui n'avaient aucune des qualités essentielles à l'accomplissement de leurs devoirs; tout en nommant des hommes indignes, on a écarté ou laissé dans l'oubli d'autres éminemment aptes, et cela uniquement parce qu'il y a dix ou quinze ans ils étaient des adversaires politiques. Au lieu de rendre aux Métis la justice à laquelle ils avaient droit, on en a trop souvent oublié les prescriptions les plus élémentaires. Au lieu de les traiter comme des gentilshommes traitent tout le monde, on s'est permis à leur égard des grossièretés et des insolences capables de blesser les susceptibilités les plus légitimes. On a oublié qu'étant enfants du sol ils avaient des droits particuliers. »

Et cependant, un des gouverneurs du Canada, lord Dufferin, dans un discours prononcé le 29 septembre 1877, avait exprimé sur les Métis une opinion bien diffé-

LA PRAIRIE DU NORD-OUEST.
Dessin de Taylor, d'après une photographie.

rente de celle des colons anglo-saxons qui considéraient la contrée comme leur proie : « Il n'y a pas le moindre doute, disait cet homme d'État, qu'une large part des bonnes dispositions qui existent entre les Peaux-Rouges et nous-mêmes est due à l'influence et à l'action de cette inappréciable classe d'hommes, les Métis habitants et pionniers du Manitoba. Combinant comme ils le font la vigueur, la force et l'amour des aventures naturel au sang indien qui coule dans leurs veines, avec la civilisation, l'instruction et la force intellectuelle qu'ils tiennent de leurs ancêtres paternels, ils ont proclamé l'évangile de la paix, de la bonne volonté et du respect mutuel, avec des résultats également avantageux au chef sauvage dans son wiggam et au colon dans son chantier. Ils ont été les ambassadeurs entre l'Est et l'Ouest, les interprètes de la civilisation et de ses exigences vis-à-vis de ceux qui habitent la prairie, tout comme ils ont dit aux Blancs quelle est la considération justement due aux susceptibilités, à l'amour-propre si sensible aux préjugés, au désir inné de justice de la race sauvage. En réalité, les Métis ont fait pour la colonie ce qui ne se serait pas accompli sans leur concours ; ils ont créé entre les populations blanche et indienne des sentiments traditionnels de bon vouloir et d'amitié qu'il n'aurait pas été possible d'établir sans eux. »

Lorsque lord Dufferin parlait ainsi, il avait parcouru le pays des Métis, voyagé avec eux, traversé en leur compagnie les prairies et les forêts, employé la charrette et le canot d'écorce ; sachant le français, il n'avait pas dédaigné de causer avec ses guides, de s'intéresser à leurs récits pittoresques, et il avait pu apprécier chez eux les qualités qu'il signalait à ses compatriotes. Ceux-ci ne le comprirent guère, car lorsque le gouvernement d'Ottawa, sans tenir compte des graves motifs de mécontentement de la population des bords de la Saskatchewan, envoya une garnison à Carleton pour assurer l'ordre et en imposer aux mécontents, un de ses émissaires, Laurence Clarke, se permit de dire aux habitants rassemblés à Batoche que cinq cents hommes de police à cheval allaient, dans les vingt-quatre heures, « apporter le redressement de leurs griefs sous forme de chaînes pour leur chef et de balles pour leurs conseillers ».

A cette menace, Gabriel Dumont répondit : « On a morcelé nos terres, nous ne les avons pas défendues ; on nous a traités avec mépris et insolence, nous avons tout enduré ; mais du moment où on en veut à nos vies, à celles de nos familles et de notre chef, nous avons le droit de les défendre, et nous les défendrons jusqu'à la mort. »

Que faisait cependant Riel pour motiver ces menaces et ces mesures de répression ? Il le précise lui-même dans son dernier mémoire, et son dire est confirmé par les témoins les plus dignes de foi : « Je suis venu sans armes et sans munitions, emmenant avec moi ma femme et mes enfants. Je ne pensais pas à la guerre. Je venais pétitionner pour mes gens et pour moi, demander au gouvernement ce qui nous appartenait, dans l'espérance d'obtenir au moins quelque chose, si nous ne pouvions pas avoir satisfaction complète. »

Cette agitation toute pacifique ne faisait pas l'affaire de ceux « qui voulaient ardemment, sinon l'effusion de sang, du moins l'effusion des écus du trésor public, et qui ne pensaient pas qu'en semant le vent on récolte la tempête » ; de ceux qui disaient cyniquement après l'insurrection et sa répression sanglante : « En somme, nous y avons gagné ; il nous faudrait quelque chose de semblable tous les dix

RÉVOLTE DES MÉTIS. — SITUATION ACTUELLE.

ans! » Et le témoin de ces odieuses déclarations ajoute indigné : « Oh! misère des bassesses humaines! il est des gens qui ont poussé à la rébellion, qui se réjouissent des avantages matériels qu'elle leur a procurés, et qui, pour dissimuler leur joie, sont les plus ardents à demander vengeance et à parler de loyauté! » (Taché.)

Satisfaction allait être bientôt donnée à ces fauteurs de désordre. Le major Crozier, commandant la police montée, informé qu'une bande de Métis était réunie près du lac aux Canards, entreprit de la disperser sans attendre le résultat des pétitions et les instructions du gouvernement. A la tête d'une centaine de sss hommes et de quarante volontaires, il se dirigea vers le lac, où il rencontra vingt-six Métis sous les ordres de Gabriel Dumont. Sommé de se rendre, les Métis s'y refusèrent; un des leurs, ayant voulu désarmer un homme de police qui le menaçait, fut atteint d'un coup de fusil. En même temps, le frère de Dumont était tué. Leurs compagnons ouvrirent alors le feu sur les agresseurs, dont quatorze restèrent sur le terrain. Crozier, craignant de s'exposer à de plus grandes pertes que la justesse de tir des Métis rendait trop certaines, prit la fuite avec le reste de sa bande et se réfugia au fort Carleton. L'attaque du lac aux Canards eut les conséquences les plus graves : désormais la lutte était ouverte non seulement entre les troupes de la Puissance et les Métis, mais entre les Blancs et les Peaux-Rouges prenant parti pour leurs frères dépouillés, volés comme eux par les immigrants qui envahissaient leurs terres. Soulevées à l'annonce du succès de Dumont, les tribus cernèrent les Anglais voisins du lac aux Grenouilles et pillèrent leurs magasins; puis, sans distinguer amis ou adversaires, elles massacrèrent plusieurs colons, deux missionnaires oblats, et emmenèrent les survivants prisonniers. Le fort Pitt, attaqué par Gros-Ours, chef des sauvages cris, fut évacué précipitamment la nuit par les vingt-deux hommes de police qui le gardaient. Leur commandant était le fils du célèbre romancier Dickens. Ils descendirent dans un mauvais bateau la Saskatchewan, alors en pleine débâcle, et arrivèrent après cinq jours de dures souffrances à Battleford, où ils se virent bientôt assiégés par les Cris des alentours, soulevés à l'appel de Riel.

MÉTIS FRANÇAIS.
Dessin de Sellier.

La révolte des Métis et des sauvages, annoncée à Ottawa, y retentit comme un coup de foudre. Sir George Cartier, dont les conseils auraient pu éviter le conflit, était mort, sir John Mac Donald, le chef du gouvernement conservateur, excité par les Orangistes d'Ontario, ses soutiens et ses conseillers, entreprit d'écraser la résistance armée de Riel et des siens, pendant qu'une commission chargée bien tardivement de recueillir les plaintes des habitants de la Saskatchewan, dont on reconnaissait ainsi le bien fondé, procéderait à une enquête et à la délivrance des titres de propriété vainement réclamés depuis plusieurs années. Le général Middleton reçut l'ordre, avec une armée de six mille hommes, huit canons et deux mitrailleuses, de réduire ces ennemis qui combattaient pour défendre leurs biens avec une justice si évidente qu'un journaliste anglais, parlant de leur prise d'armes, disait alors dans un de ses articles : « Ce que j'admire malgré moi chez la nation métisse, c'est la patience dont elle a fait preuve au milieu de ses souffrances, c'est la longanimité qu'elle a montrée durant ces six années de persécution. Si de pareils traitements avaient été infligés pendant six mois seulement aux descendants de la race saxonne, la révolte ne se serait pas fait attendre, et ce n'est pas sur les bords de la Saskatchewan qu'on serait allé demander justice les armes à la main, mais sur les banquettes ministérielles à Ottawa. »

Le terrain sur lequel les troupes fédérales allaient s'avancer, détrempé par les pluies et les neiges à demi fondues, formait une série de marécages. Le chemin de fer du Pacifique n'étant encore construit qu'en partie, il fallait traverser, pour gagner les bords de la Saskatchewan, des contrées presque désertes, en transportant, sur des centaines de chariots et d'attelages, les vivres nécessaires à la subsistance des hommes. En face de lui, le général anglais allait avoir trois cents Métis, dont deux cents seulement étaient armés, et cinq cents sauvages, manquant de vivres et de munitions, mais convaincus de la bonté de leur cause et bien décidés à la défendre de toutes leurs forces. Parvenu sur le lieu des opérations, Middleton forma trois colonnes ayant pour point de départ la ligne du Pacifique. La première devait marcher sur Batoche, où Riel et Dumont avaient concentré leurs forces; la seconde allait dégager Battleford cerné par les sauvages; la troisième recevait l'ordre de gagner le fort Edmonton et de disperser les rebelles qu'elle rencontrerait aux alentours. Le 6 avril 1885, la première colonne, partie de la station de Qu'Appelle, marchait sur Batoche en suivant le cours de la Saskatchewan, le long de laquelle les Métis la laissèrent s'avancer sans l'attaquer ou enlever ses convois qui n'étaient pas escortés. Middleton, qui commandait lui-même cette troupe, commit une seconde faute, celle de diviser ses forces pour occuper les deux bords de la rivière, alors qu'il possédait une seule embarcation pour maintenir la communication entre elles. Les Métis auraient pu facilement assaillir et battre ces corps séparés; ils restèrent dans leurs campements, retenus par l'attitude indécise de Riel, dont les fatigues et les préoccupations semblaient avoir paralysé l'ancienne audace, tout en provoquant un nouvel accès du mal qui l'avait autrefois fait interner à plusieurs reprises. Il composait un gouvernement qu'il appelait Exovidat, ajoutait à son nom celui de David, car il se croyait prophète, assistait plus tard aux rencontres avec les troupes, s'exposant aux balles et tenant pour toute arme un crucifix à la main. Dumont proposait, en apprenant la marche de Middleton, d'aller au-devant de sa colonne et de la harceler pendant la nuit afin d'empêcher les hommes de dormir, persuadé que c'était un moyen certain de les démoraliser et de leur faire rapidement perdre courage. Riel s'y refusa, disant que c'était trop cruel, et que d'ailleurs on s'exposerait ainsi à tirer sur des amis canadiens. « Nous avons dû alors, déclare son lieutenant, renoncer au projet d'aller rencontrer les ennemis sur un terrain avantageux pour nous, et, j'en suis sûr, nous les aurions tellement abrutis qu'au bout de trois nuits ils se seraient entre-tués les uns les autres. J'ai cédé au conseil de Riel; j'avais confiance dans sa foi et dans ses prières. »

Les troupes de Midleton approchant sans rencontrer de résistance, Dumont fit remarquer à Riel « qu'il leur donnait décidément trop d'avantages » et qu'il fallait les attaquer pour retarder leur marche et permettre aux Assiniboines et aux Cris d'arriver à leur secours. Riel résistant encore, Dumont lui signifia « qu'il ne pouvait plus suivre ses conseils humanitaires, qu'il était décidé à aller tirer sur les envahisseurs, et que tel était également l'avis de ses gens ». Riel répondit alors : « Eh bien ! faites comme vous voudrez ! » Dumont part avec deux cents hommes, se trouve le lendemain en présence de l'avant-garde ennemie, qu'une fusillade meurtrière tient en échec toute la journée et que le feu, mis aux herbes de la prairie, finit par obliger à prendre la fuite. Les Métis, blottis dans des trous qu'ils avaient creusés dans le sol, avaient pendant tout le combat tiré à peu près à couvert et avec leur adresse habituelle sur les soldats auxquels ils donnaient le change en plaçant des chapeaux ou des couvertures au bout de bâtons.

LOUIS RIEL.
Dessin de Ronjat.

L'artillerie ne les avait pas ébranlés et leurs pertes ne s'élevèrent qu'à onze tués et dix-huit blessés, pendant que Midleton voyait tomber plus de cinquante de ses soldats. « J'avais espoir — écrit Dumont dans son récit des événements — d'avoir du secours de Batoche; mais Riel ne voulait pas laisser partir les hommes; il rassurait la population, lui disant que nous n'aurions pas grand mal. » Et il ajoute naïvement : « J'attribue notre succès aux prières de notre chef qui, pendant tout le temps de l'engagement, se tenait les bras en croix et faisait prier les femmes et les enfants. »

Après avoir longtemps attendu des renforts sans être inquiété, Midleton reprit sa marche sur Batoche, dont les Métis couvraient les approches. Pendant trois jours, toutes ses attaques vinrent se briser sur les positions occupées par Dumont et ses compagnons, que l'épuisement et le défaut de munitions obligèrent enfin à la retraite. Pendant trois jours, ils avaient résisté à des forces dix fois supérieures;

tous les assauts appuyés par l'artillerie avaient échoué contre leurs retranchements improvisés. Riel, au cours de cette lutte opiniâtre, se promenait avec son crucifix devant la ligne des Métis, encourageant les combattants. Ayant pu s'échapper au dernier moment, il vint se livrer trois jours après au général anglais. Dumont, qui s'était battu jusqu'à la fin avec acharnement, se réfugia aux États-Unis. « Il traversa seul ce vaste désert, qu'il parcourait autrefois à la piste des buffles disparus pour jamais, laissant sans ressources son vieux père et sa femme, sa propriété dévastée, son pays meurtri et ses amis morts pour la plupart. »

Les deux autres colonnes avaient également réussi à dégager Battleford et Edmonton; Gros-Ours, battu et poursuivi à outrance, finit par être pris le 3 juillet avec les quelques sauvages cris qui ne l'avaient pas abandonné.

Le 20 juillet, le procès de Riel s'ouvrait à Regina; les jurés étaient tous Anglais, ainsi que le juge stipendiaire Richardson. Les avocats de l'accusé plaidèrent d'abord l'incompétence de la juridiction, puis la folie du malheureux, qui protesta vivement contre ce système et fit valoir éloquemment la justice de la cause qu'il était venu défendre. Mais le chef métis était condamné à l'avance, et son origine même ne devait servir qu'à rendre plus irrévocable la sentence de mort prononcée contre lui depuis quinze ans dans les conciliabules secrets des sectes orangistes d'Ontario. « Riel tombait victime du fanatisme national et religieux de l'immense majorité anglaise et protestante du Canada, qui n'a pas plus dissimulé sa haine que sa joie à l'heure où ce malheureux Métis gravissait les degrés de l'échafaud pour y subir sa peine infamante. » (Ouimet.)

Le 4 août, le jury rendait un verdict de culpabilité « en recommandant le condamné à la clémence de la cour ». Le juge Richardson, sans en tenir compte, prononça la sentence inexorable dans des termes bien propres à satisfaire les viles passions de ses compatriotes. « Je ne puis pas, dit-il à Riel, entretenir d'espoir pour vous et je vous conseille de faire la paix avec Dieu. Pour moi, un seul devoir pénible me reste à accomplir, c'est de prononcer la sentence contre vous; si l'on vous épargne la vie, personne n'en sera plus satisfait que moi, mais je ne puis conserver aucune illusion de ce genre. La sentence est que vous serez conduit à la prison de Regina, d'où vous venez, que vous y serez gardé jusqu'au 18 septembre prochain, et mené de là au lieu de l'exécution où vous serez pendu par le cou jusqu'à ce que mort s'ensuive. Que Dieu ait pitié de votre âme! »

La cour du Banc de la reine à Winnipeg confirma le jugement. Un recours fut alors adressé au Conseil privé de Londres, pendant que le sursis accordé à Riel était prolongé jusqu'au 16 octobre, puis au 10 décembre. Dans cet intervalle, une immense agitation s'organisait dans l'Ontario pour exiger l'exécution de la sentence du meurtrier de Scott, et dans la province de Québec pour s'opposer à cette mise à mort d'un malheureux aliéné, dont le grand crime était surtout son origine française. Les Orangistes finirent par l'emporter, et Riel monta sur l'échafaud. Interrogé par le shérif sur la disposition de ses biens, il lui fit cette touchante et noble réponse : « Je n'ai pour tout bien que ceci, — il désignait son cœur, — et je l'ai donné à mon pays il y a quinze ans. »

Un des faits les plus remarquables dans le développement rapide de la province de Québec depuis la fédération, c'est la marche de la colonisation et le peuplement des territoires du golfe à la vallée de l'Outaouais, et de tout le Nord, que

L'INCENDIE DANS LA PRAIRIE.
Dessin de Gustave Doré.

la forêt sans bornes occupait autrefois. Trois courants principaux se sont dessinés, l'un partant de Québec vers le lac Saint-Jean et le Saguenay, l'autre se dirigeant vers la presqu'île de Gaspé, le troisième s'étendant au nord de Montréal pour gagner par l'Outaouais les plaines du Manitoba et la baie d'Hudson. Des chemins de fer favorisent et activent ce merveilleux essor, qui se continue chaque jour plus intense et qui assurera dans un prochain avenir la possession de toute la contrée à la race franco-canadienne. Longtemps, les régions que les arpenteurs lotissent maintenant étaient restées désertes et inconnues; c'était le Nord, « ce Nord immense, jadis impénétrable, aux proportions colossales, sombre et souvent terrifiant dans ses aspects autant que d'autres fois il déborde de douceur et de mélancolie, empreint d'une grandeur à lui propre, qu'on ne retrouve nulle part, grandeur souveraine qui défie l'imagination, qui repousse comme une profanation toute tentative d'en reproduire une image même affaiblie. On ne peut ni le saisir, ni l'embrasser dans un cadre; ses horizons sont trop vastes, et pendant que le regard cherche à le fixer et à le retenir, il grandit incessamment devant lui, s'élève et gagne de plus en plus la nue, comme une lente et solennelle gravitation de notre planète vers un espace toujours reculé. Les vagues de ses forêts, de ses collines et de ses montagnes flottent et montent dans un ciel sans limites, vers des rivages dont nul ne voit la trace et dont la ligne de l'horizon lointain ne peut donner qu'une illusion passagère. Quand, le soir, les grandes ombres, descendant des montagnes, s'avancent comme une mer de ténèbres, épaississent et mêlent les forêts, jettent sur l'abîme sans fond des lacs une moire sombre et intense qui engloutit en quelques instants les dernières et confuses images du jour, on dirait qu'une planète inconnue, et cependant sœur de la nôtre, descend doucement des hauteurs infinies pour la couvrir de son aile et protéger son repos. Immuables, muettes, coupant le ciel de leur longue ligne azurée, se dressant de plus en plus, et toujours reculant dans leur immobilité, à mesure que l'on croit approcher d'elles, les hautes et silencieuses montagnes, énormes et tranquilles fantômes, amoncelant la nuit autour de leurs cimes, ressemblent à des sentinelles de l'espace accomplissant sans lassitude et sans murmure une consigne éternelle. » (Buies.) C'est tout ce territoire, si poétiquement décrit par l'auteur canadien, que les forestiers d'abord, les colons à leur suite, défrichent et cultivent au prix de fatigues et d'efforts incessants, mais avec un succès qui grandit chaque jour.

Les premiers signes d'encombrement de la population franco-canadienne, massée le long de la vallée du Saint-Laurent, se firent sentir vers 1835; peu à peu ne trouvant pas dans la culture restreinte aux bords du fleuve un élément suffisant pour leur activité, de nombreux Canadiens gagnèrent les États-Unis où ils furent employés dans les manufactures. Quelques-uns revenaient avec leurs gains; beaucoup restaient à l'étranger, perdus pour leur pays natal. Il y avait là un danger au point de vue de l'avenir; le gouvernement provincial essaya de prendre des mesures pour enrayer le mal : il ouvrit de nouveaux centres de colonisation, créa des chemins pour en faciliter l'accès, accorda des concessions de terres dans les meilleures conditions pour les colons, et leur assura par des dispositions législatives une protection efficace. C'est ainsi qu'il fut décidé que les terres qui leur étaient cédées ne pourraient être grevées d'aucune hypothèque ni vendues par l'autorité judiciaire pour une dette antérieure à la concession; de plus, dès que le lot choisi par le colon était occupé, un certain nombre d'objets mobiliers restaient pendant dix ans exempts de saisie et demeuraient la propriété de l'habitant. La liste en est curieuse. Ce sont, aux termes de la loi :

« 1° Le lit, la literie, les couchettes, les vêtements ordinaires et nécessaires du débiteur et de sa famille ;

« 2° Un poêle et son tuyau, une crémaillère et ses accessoires, un assortiment d'ustensiles de cuisine, une paire de pincettes et une pelle, une table, six chaises, six couteaux, six fourchettes, six assiettes, six tasses à thé, six soucoupes, un sucrier, un pot au lait, une théière, six cuillers, tous les rouets à filer et les métiers à tisser destinés aux usages domestiques, dix volumes, une hache, une scie, un fusil, six pièges, les rets et les seines ordinairement en usage ;

« 3° Tout combustible, viande, poisson, farine et légumes en suffisante quantité pour la consommation du débiteur et de sa famille pendant trois mois ;

« 4° Deux chevaux ou deux bœufs de labour, quatre vaches, dix moutons, quatre cochons, huit cents bottes de foin, les autres fourrages nécessaires pour compléter l'hivernement de ces animaux et les grains requis pour engraisser un cochon et en hiverner trois autres ;

« 5° Les voitures et autres instruments d'agriculture. »

Deux autres dispositions complètent la protection assurée aux émigrants, et sont d'une telle efficacité que l'on est surpris de ne pas les voir appliquées dans nos colonies où elles auraient, de toute évidence, les mêmes heureux résultats. C'est d'abord le « homestead » : on appelle ainsi l'octroi gratuit que le gouvernement fait de soixante-quatre hectares de terre au choix de l'émigrant avec la constitution d'un bien de famille insaisissable. C'est ensuite le droit de préemption, qui donne au colon, possesseur de ces soixante-quatre hectares, le privilège d'acheter, de préférence à tout autre, le lot voisin du sien, au prix de vingt-cinq à trente-sept francs l'hectare, et autant de lots qu'il a d'enfants âgés de dix-huit ans. Les conditions du homestead sont les suivantes : en se faisant inscrire au bureau des terres, le colon verse cinquante francs pour les frais d'administration ; il doit résider sur son lot au moins six mois par an pendant trois ans ; préparer dans la première année quatre hectares ; les ensemencer la seconde année et en préparer six autres ; enfin mettre en culture la troisième année les défrichements des deux premières, préparer six autres hectares, et construire sur sa terre une maison habitable. Ces conditions remplies, il reçoit, sans avoir aucun versement à effectuer, ses titres de propriété, dès lors indiscutables et transmissibles à sa seule volonté.

Quant aux impôts, aucun n'est prélevé par les gouvernements, soit général, soit local, sur la propriété foncière ; il est fait face aux charges publiques par les droits imposés sur les marchandises importées de l'étranger, sur les spiritueux et les tabacs. Les habitants ne paient de taxes que celles qu'ils s'imposent eux-mêmes soit pour les besoins de leurs municipalités, soit pour l'entretien de leurs écoles. C'est sous leurs yeux que se dépense l'argent qu'ils versent, et qu'ils regrettent d'autant moins qu'ils apprécient mieux l'utilité de son emploi, dont ils ont ainsi le contrôle immédiat.

« Chez nous, au contraire, ainsi que le remarque avec une certaine ironie M. Duvergier de Hauranne, l'État est comme le soleil qui pompe les nuages, les amasse au ciel et les fait également retomber en pluie. Je ne nie pas la beauté apparente du système, conclut le savant écrivain, mais il a l'inconvénient de cacher aux contribuables l'emploi et la distribution de leurs ressources. Ils voient bien leurs revenus s'en aller en fumée; mais, ne voyant pas d'où vient la pluie qui les féconde, ils s'habituent à considérer les exigences de l'État comme des exactions et ses bienfaits comme un don naturel. » (*Huit mois en Amérique*.)

Du mouvement de colonisation dont nous venons de préciser les débuts et la marche, un homme, Antoine Labelle, se fit l'apôtre et le directeur passionné, au point d'y consacrer sa vie et ses forces, entraînant derrière lui toute une phalange de disciples qui partageaient sa foi dans le succès et ses espérances quant au but à atteindre. But grandiose, car il s'agissait de conquérir sur la forêt toute une province aussi vaste que celle de Québec, d'y implanter la race franco-canadienne d'une expansion si merveilleuse, à laquelle il suffisait d'imprimer la direction pour qu'elle s'assurât bientôt la possession du sol, du lac Ontario au golfe Saint-Laurent, et la suprématie politique dans toute cette partie de la confédération.

Antoine Labelle était membre de ce clergé qui, au Canada, exerce une influence considérable sur les habitants dont il a, depuis la cession de la colonie à l'Angleterre, partagé les sombres jours et les dures épreuves. En 1858, nommé curé du village de Jérôme, au pied des Laurentides, aux portes de la grande et fertile vallée de l'Outaouais, il explora d'abord, pour en apprécier les ressources, cette région qui allait, grâce à son inépuisable initiative, devenir le berceau d'une population nombreuse; puis, émerveillé par les richesses du sol, il se mit en campagne avec une inlassable ardeur, sollicita tous les concours : administrations locales, ministères, journaux, sociétés particulières, obtint la construction de chemins, de voies ferrées, et créa en moins de douze ans plus de quarante paroisses aujourd'hui en pleine prospérité.

Rebuté par les uns, mal secouru par les autres, mais arrivant toujours à ses fins grâce à une merveilleuse énergie, il vivait son rêve, il le développait sans cesse et finissait par convertir et entraîner les plus indifférents. « Je n'ignore point, disait-il chaque jour à ceux qui lui montraient les difficultés de l'entreprise, les embarras inextricables au milieu desquels je me jette tête baissée, mais rien ne pourra ébranler mon courage. Pour moi, il s'agit d'apporter un remède à la plaie de l'émigration qui nous dévore; de prévenir l'agglomération trop rapide de nos gens dans les faubourgs des grandes villes; de sauver notre race des flots de l'immigration étrangère qui menacent de l'engloutir; d'ouvrir aux fils de nos cultivateurs une carrière qui convienne à leurs habitudes et à leurs inclinations; de former des populations mâles et robustes, base indispensable de tout grand édifice social; d'établir et de multiplier ces campagnes heureuses où les familles se développent dans la paix; d'agrandir du double cette province de Québec qui nous appartient, et d'assurer à notre nationalité sa part d'influence dans les Conseils de la Puissance. Quand on poursuit un tel but, on ne recule pas devant les obstacles. »

Tantôt au milieu des forêts, parmi les défricheurs qu'il avait entraînés et qu'il aidait de ses propres mains, qu'il conseillait et enflammait de son ardeur patriotique, tantôt allant de paroisse en paroisse et frappant à toutes les portes, l'apôtre du Nord poursuivait le plan de cette colonisation qui devait assurer à ses

LE TRANSPORT DES BOIS.
Dessin de Taylor, d'après une photographie.

compatriotes « un domaine qui leur appartînt en propre et qui fût comme le rempart, l'asile invulnérable de la nationalité franco-canadienne ». (Buies.)

L'élan donné par cet homme est devenu, grâce à ses efforts, puissant et irrésistible; il a été grandissant chaque jour et ne s'arrêtera plus. Labelle, dont la popularité était aussi considérable que méritée, a vu, avant de mourir, son œuvre en plein essor, et sa vie a été un magnifique exemple de ce que peuvent la foi dans une idée et la persévérance dans son application. La colonisation, ainsi qu'il le répétait sans cesse, est pour le Canada français l'œuvre par excellence, l'œuvre vitale, car seule elle peut lui assurer une prospérité solide et durable. Tous les Canadiens sont d'accord sur ce point. « C'est uniquement par l'expansion de notre race, dit judicieusement un de leurs écrivains les plus distingués, que nous arriverons à poser sur le sol de l'Amérique un pied ferme, et à l'y maintenir en dépit de tous les assauts. Il faut que le petit peuple franco-canadien s'accroisse et se fortifie sur son propre sol s'il veut faire une concurrence au moins égale, sinon victorieuse, aux races scandinave, teutonne et anglo-saxonne qui débordent à flots pressés sur le continent américain. Il le faut, parce que ces races nous sont pour le moins antipathiques, sinon hostiles à des degrés divers, et parce que rien ne leur conviendrait si bien que notre disparition. Il faut coloniser, nous répandre comme une marée montante dans l'est de l'Amérique britannique, afin de contrebalancer l'Ouest colossal où se déverse déjà l'élément anglais de nos cantons ruraux et une grande partie de celui d'Ontario même. Toute considération doit s'incliner devant la question de race. On ne saurait croire les efforts constants et acharnés qui se font pour noyer les Canadiens français partout où ils essaient de pénétrer en dehors de la province de Québec. Les appels réitérés aux émigrants scandinaves et teutons, la transplantation active de ces étrangers sur le sol du Dominion n'ont pas d'autre cause ni d'autre objet. De là cette avalanche des Européens septentrionaux, gens qui peuvent braver l'inclémence du climat et les rigueurs de la vie du Nord avec presque autant de succès que nous. De là ces colonies suédoises, norvégiennes et finlandaises qui ont été dirigées de plus en plus vers le Manitoba et le Nord-Ouest, et que l'on destine sans aucun doute à servir de barrière à l'élément canadien-français qui voudrait s'acheminer d'un côté vers la vallée de la Saskatchewan, de l'autre vers la baie d'Hudson, deux directions différentes auxquelles conduit seule la route de l'Outaouais supérieur. Notre pays est jeune; il manque de population et de capitaux. Nous ne sommes que cinq millions d'âmes disséminées sur un territoire presque aussi grand que l'Europe, mais nos richesses naturelles sont incalculables, illimitées; illimitée aussi notre confiance dans nos forces et dans nos destinées. Un sang nouveau semble avoir pénétré dans nos veines, depuis quinze ou vingt ans, au spectacle des énormes enjambées du progrès scientifique; un ferment d'audace et d'ambition nous agite, nous enflamme et nous pousse incessamment vers de nouvelles entreprises que nous n'aurions pas conçues autrefois, même dans nos rêves. Ce n'est pas en vain que nous respirons l'air puissant de la libre Amérique : avec nos voisins des États-Unis, nous sommes emportés dans le même torrent qui précipite hommes et choses vers des rivages toujours nouveaux, toujours plus reculés. L'action, l'exécution rapide, telle est la condition actuelle de notre nature. Le développement du pays dans toutes ses parties, son accès rendu facile dans toutes les direc-

-tions et sous toutes les formes, voilà ce que nous voulons aujourd'hui et ce que les gouvernements sont tenus de vouloir avec nous, sous peine d'une déchéance prompte et irrévocable. » (Buies.)

Actuellement, les résultats acquis sont tels que personne ne met plus en doute le succès final, et que les Anglais eux-mêmes sont obligés de reconnaître les incessants progrès accomplis par les Franco-Canadiens, aussi bien dans la province de Québec que dans celle d'Ontario, dont ils occupent déjà le nord et l'ouest, éliminant peu à peu les colons anglais qui se retirent devant cette marée montante et préfèrent aller dans l'Ouest, au milieu des leurs, créer de nouvelles fermes. C'est ainsi que le journal *Le Mail* de Toronto, après le dernier recensement, écrivait non sans tristesse un article dont un passage mérite d'être cité ici :

« Les chiffres que nous donnent les dénombrements de la race française sont vraiment extraordinaires. Le nombre des émigrants qui sortirent de la vieille France pour venir s'établir au Canada, sous l'ancien régime, n'a pas dépassé dix mille. L'émigration venant de France cessa effectivement en 1700. En 1763, malgré les guerres sauvages et toutes les misères de la vie de colon, dans ce temps-là, la population de la colonie comptait soixante-dix mille habitants, et aujourd'hui la race française, au Canada et aux États-Unis, s'élève à peu près à deux millions. Quel sera le résultat de cette expansion extraordinaire? Les établissements anglais créés dans Québec par les autorités impériales, dans le but d'éliminer l'influence française, disparaissent les uns après les autres. L'habitant ne se contente pas d'envahir les États de la Nouvelle-Angleterre et de fonder des colonies dans le Nord-Ouest; il pousse vigoureusement les Anglo-Saxons hors d'Ontario. Il est probable que dans vingt-cinq ans les Français seront les maîtres dans toute la partie est d'Ontario, jusqu'à Kingston, sans compter tout le nord de la province. »

Le même renseignement nous est fourni, mais sur un autre ton, par un des écrivains les plus connus du Canada français, historien et littérateur de grand mérite, M. Benjamin Sulte, qui, dans une lettre personnelle, écrivait récemment à l'auteur de ce livre : « Le type percheron-normand-poitevin au Canada, c'est tout un poème! Ces gens-là n'ont pas eu leurs pareils dans les découvertes et dans les guerres en pays sauvages ; pas leurs pareils non plus comme cultivateurs et peuples industrieux, tirant tout d'eux-mêmes, jamais en peine, toujours se relevant d'un désastre, riant de tout, et doublant leur nombre tous les vingt-sept ans depuis 1681 ! Si vous voyiez comme nous envahissons, depuis trente ans, la province d'Ontario! Cela marche comme un air de musique. Nous prenons les terres, uniquement les terres, la vraie conquête normande. Quel avenir de ce côté! Et c'est de l'inattendu, car autrefois, dans ma jeunesse, on eût qualifié de fou celui qui se serait avisé de dire que nous aurions jamais cent familles dans Ontario. Vers 1855, M. Rameau osa prédire que nous pourrions bien avoir notre bonne part de la vallée de l'Outaouais ; on le traita de visionnaire. Aujourd'hui, la vallée est toute française, sauf quelques épaves écossaises et irlandaises qui se transforment très rapidement en éléments français. A mon âge, cinquante-six ans, j'ai vu assez de miracles pour mourir content : ma race est sauvée. »

Sauvée et victorieuse; car non seulement les Canadiens français ont conservé dans le Parlement fédéral une large place, mais sir John Mac Donald, le chef du parti conservateur, qui s'était presque constamment maintenu au pouvoir depuis la création du Dominion, étant mort et son parti ayant été battu aux dernières élections, c'est le chef de l'opposition libérale, M. Wilfrid Laurier, Canadien français, qui est devenu premier ministre et qui a la charge et la direction des affaires publiques de la Puissance. Deux des membres de son ministère sont également des Canadiens français. M. Wilfrid Laurier est un libre-échangiste, partisan de la réciprocité commerciale la plus étendue.

En ce qui concerne les relations du Canada avec la France, elles sont régies par un traité de commerce signé à Paris le 6 février 1893 et soumis à la Chambre des députés le 27 novembre 1894. Attaqué par des représentants de nos départements de l'Ouest qui craignaient de voir notamment les pommes à cidre du Canada venir faire une concurrence ruineuse aux produits de notre sol, il fut défendu par M. Jules Méline, président de la Commission des douanes, et M. Hanotaux, ministre des affaires étrangères, dont la Chambre souligna le discours par de nombreux applaudissements. Après avoir réfuté les assertions des opposants et démontré que le projet de loi était aussi favorable à la France qu'au Canada, car ce dernier, en échange de notre tarif minimum sur vingt articles, nous concédait pour ses traités à venir tous les avantages commerciaux qu'il accorderait aux autres États, le ministre des affaires étrangères, s'élevant au-dessus des questions de détail, achevait son discours par des considérations dont nous reproduisons les termes tels qu'ils figurent au compte rendu sténographique officiel de la séance :

« La convention qui vous est soumise n'a été votée qu'après un assez grand retard par les Chambres canadiennes, et cela parce qu'elles ne la jugeaient pas assez avantageuse pour les produits canadiens; mais le Canada avait un intérêt d'ordre général, sur lequel vous me permettrez d'attirer votre attention, à ouvrir des négociations avec le gouvernement de la République. C'est cette vue qui a amené finalement le Parlement canadien à ratifier la convention qui lui était soumise. C'était la première fois, messieurs, que le Dominion traitait avec une puissance étrangère, en vertu d'un droit qui lui avait été récemment accordé.

« Or, le gouvernement du Canada a voulu user de ce droit pour la première fois avec la France. (Très bien! très bien!) Des plénipotentiaires ont été envoyés à Paris pour traiter avec nous dans les conditions respectivement satisfaisantes qui viennent d'être rappelées. Ces considérations ont eu sur leur décision une influence qui s'est retrouvée finalement dans le vote du Parlement, et vous me permettrez de lire, à ce sujet, un passage d'une lettre que j'ai reçue récemment de notre consul général à Montréal : « Les Canadiens de langue française, sous ce rapport,
« ont témoigné d'une bonne volonté et d'un esprit de discipline dont nous ne pou-
« vons qu'être touchés. Ils ont fait trêve à toutes les divisions de partis, aussi bien à
« la Chambre des communes qu'au Sénat, pour donner, sans conditions, leur adhé-
« sion au premier acte international que le Dominion ait pu conclure avec le pays
« de leurs ancêtres. » (Vifs applaudissements.)

« Messieurs, il est impossible que ces mêmes sentiments ne trouvent pas leur écho dans le Parlement français. La convention est avantageuse pour les deux pays; elle tend à développer entre eux des relations conformes à leurs intérêts et aux souvenirs du passé qui les unit. Je demande à la Chambre de la voter, comme elle a été votée par le Parlement canadien. (Applaudissements.) »

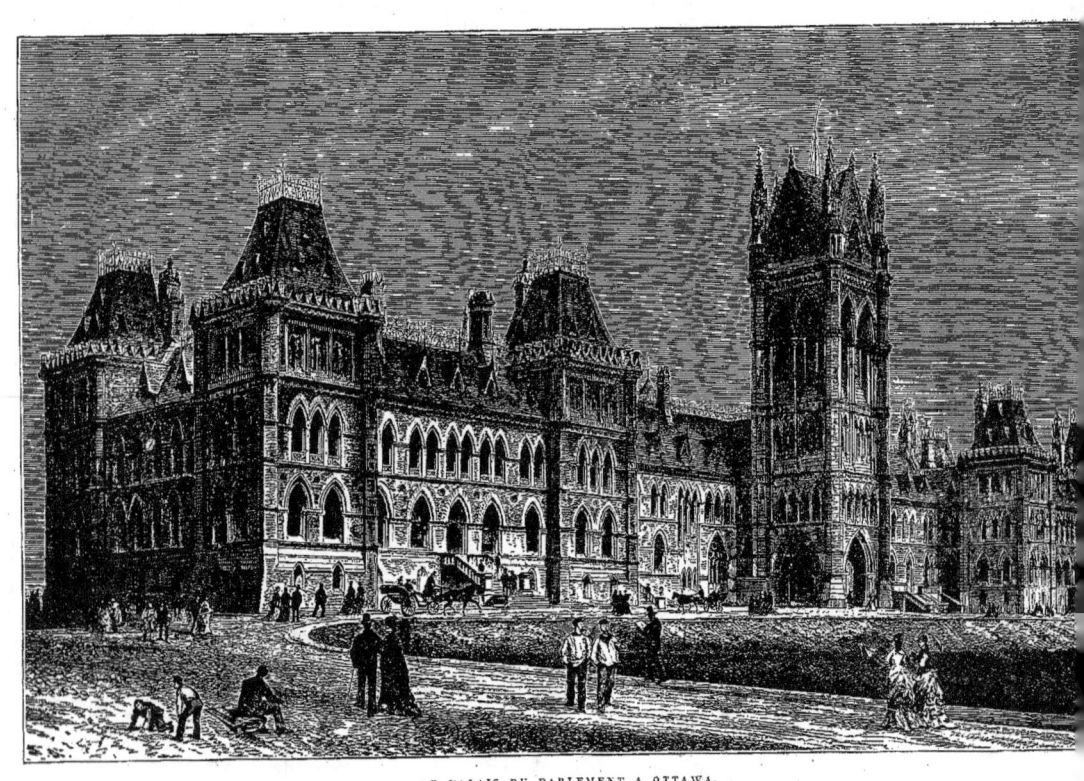

LE PALAIS DU PARLEMENT A OTTAWA.
Dessin de Deroy, d'après une photographie.

Approuvé à une grande majorité par la Chambre des députés, voté sans discussion par le Sénat, le traité a été promulgué au *Journal officiel* du 9 octobre 1895.

Un dernier mot : J'ai commencé l'histoire de la Nouvelle-France avec une dédicace de Faucher de Saint-Maurice, toute vibrante de touchante affection pour la terre de ses ancêtres; je la termine par un discours d'un autre Canadien français, Fréchette, qui respire à un égal degré la passion du vieux pays. C'est une allocution prononcée le 27 juin 1884, lors des noces d'or de la Société de Saint-Jean-Baptiste, la grande association qui groupe tous les Canadiens français de l'Amérique du Nord.

« Messieurs, disait alors l'éloquent auteur de *la Légende d'un peuple*, c'est une tâche grave que celle de se lever un des premiers dans cette occasion solennelle, occasion peut-être unique dans l'histoire de notre pays. Mais je bénis ma bonne fortune et je remercie cordialement MM. les organisateurs de ce banquet de m'avoir imposé cette tâche puisqu'il s'agit de porter un toast à notre chère et glorieuse mère, la France! (Applaudissements.)

« Dans cette réunion où l'on célèbre les noces d'or d'une société qui fut fondée, il y a cinquante ans, pour perpétuer ici le nom, le souvenir et les traditions de la France, et qui a réussi à rendre ces trois grandes choses impérissables en Amérique, le premier toast de circonstance appartenait bien à la grande nation, et s'il ne m'appartenait pas autant de le proposer, je sais bien que personne ici, je sais bien que personne au monde ne saurait le faire avec un cœur plus filial, avec une émotion plus sincère! (Applaudissements.)

« J'ai rencontré plusieurs fois, en Europe et ailleurs, des gens qui s'étonnaient de ce que nous fussions, nous les Canadiens, restés si Français : Français par la langue, Français par les mœurs, Français par le tempérament, et surtout Français par le cœur. Il n'y a pourtant pas là matière à grande surprise. Si nous sommes restés Français, le   irable n'a rien que de tout à fait naturel. Existe-t-il un homme sur la face du globe qui ait eu le bonheur et l'honneur de naître Français, et qui n'ait pas été fier de conserver ce titre toute sa vie?

« Nous sommes restés Français parce que nous sommes fiers d'être Français. On ne renonce pas à ce nom-là. (Longs applaudissements.)

« Ah! si l'on nous montrait une patrie d'origine qui fût plus belle, plus noble, plus chevaleresque, plus glorieuse, peut-être.... Mais non! Cela ne ferait pas pour nous un iota de différence. Nous tenons à la France par toutes les fibres du cœur et elle serait la plus humble des nations que nous lui dirions encore : « Nous sommes à toi; ô sainte France! Généreuse protectrice ou mère oublieuse, nous t'avons aimée, nous t'adorons encore et nous te chérirons toujours. Nos pères sont morts pour toi, nous sommes tes enfants et nous voulons mourir tes enfants! » (Applaudissements prolongés.)

« On ne déracine pas un sentiment comme celui-là, messieurs. Toute la diplomatie de l'Angleterre, intéressée à faire de nous un peuple anglais, toute l'habileté, je dirai même l'astuce de ses hommes d'État les plus roués, se sont heurtées sur lui. Ni les menaces, ni les persécutions, ni les échafauds, ni même les récompenses, — *Danaos et dona ferentes*, — n'ont pu l'ébranler. (Applaudissements.)

« Et les fils des soixante mille Français arrachés violemment à la France, il y a cent vingt-cinq ans, sont aujourd'hui deux millions de patriotes parlant le français, s'appelant des Français, et imposant le caractère distinctif de leur race depuis Boston jusqu'à San Francisco, depuis le golfe du Mexique, je dirai presque jusqu'au Pôle Nord. Si mon brave ami François Mercier, le grand voyageur du Nord-Ouest, était ici présent, il pourrait témoigner de ce dernier détail. Mais il est en ce moment sans doute occupé à tirer le canon en l'honneur de la Saint-Jean-Baptiste, sur les remparts du fort Saint-Michel, l'un des postes les plus avancés de la civilisation dans les régions hyperboréennes! (Applaudissements prolongés.)

« Non, mille fois non, le sentiment français ne se détruit pas. Il est gravé en caractères indélébiles au plus intime de notre être, et ceux qui ont été les témoins de la solennelle démonstration d'hier ne doivent plus avoir de doute à cet égard, s'ils en ont jamais eu.

« Ce sentiment, chez nous, a subi toutes les phases de l'épreuve. Quand la France nous laissait seuls ou presque seuls, chargés de garder intact l'honneur de son nom, nos ancêtres lui donnèrent leur vie et sauvèrent par une victoire suprême sinon sa puissance, du moins l'honneur de son drapeau. Plus tard, elle nous oublia. Alors nous nous mîmes à l'œuvre, et, poignée d'enfants abandonnés réduits à nos seules ressources, nous avons fondé sur ce continent un peuple qui sera la France de l'avenir. (Longs applaudissements.) Quand, victorieuse et superbe, la France éblouissait le monde par l'éclat de ses triomphes, personne n'applaudissait avec plus d'enthousiasme que nous à sa puissance et à sa gloire; et quand vinrent les jours sombres, quand l'oiseau du malheur s'abattit sur son drapeau vaincu, il n'est pas un Français d'Europe qui ait plus vivement ressenti l'affront et plus sincèrement pleuré la défaite que les Français des bords du Saint-Laurent! (Applaudissements prolongés.)

« Oui, nous aimons la France; nous l'aimions monarchique, nous l'aimons républicaine. Son drapeau est notre drapeau. Qu'... soit le drapeau blanc ou le drapeau tricolore, il suffit qu'il soit le drapeau de la France pour avoir le plus sacré des titres à notre vénération. (Applaudissements.)

« De quel droit demanderions-nous compte à la France des institutions qu'elle se choisit? Est-ce que la grande et glorieuse nation n'aurait pas le privilège de se gouverner comme elle l'entend? C'est la France qui passe; est-elle monarchique? est-elle républicaine? Qu'est-ce que cela nous fait? C'est notre mère... à genoux! (Triple salve d'applaudissements.)

« Oh! il avait certainement tort cet homme d'État, que je n'ai pas à juger ici, et qui disait : « Nous sommes des Anglais qui parlons le français ». Nous, au contraire, nous sommes des Français qui parlons l'anglais... quand nous ne pouvons pas faire autrement. (Rires et applaudissements.)

« Je ne voudrais pas que mes paroles fussent interprétées comme défavorables à l'Angleterre.

« Nul plus que moi n'a d'admiration pour le grand peuple dont le drapeau a porté la civilisation dans les parages les plus reculés du globe; nul plus que moi n'apprécie les libertés dont nous jouissons à l'ombre de la constitution britannique; je remercie surtout mes compatriotes anglais de ce que je puis si librement manifester ici mon attachement pour la France, sans éveiller aucune susceptibilité de races. Mais, sans cesser d'être loyaux sujets britanniques, nous resterons toujours les enfants dévoués de la France. Il serait impossible pour nous qu'il en fût autrement. Les deux grandes nations ont chacune une part de nous-mêmes, suivant l'expression de notre grand poète Crémazie :

« Albion notre foi, la France notre cœur! »

« Messieurs, à la France! (Acclamations et longs applaudissements.) »

Ainsi finit l'histoire de la Nouvelle-France.

De son ensemble il ressort jusqu'à l'évidence que la race française, trop calomniée à ce point de vue, est essentiellement apte à la colonisation.

Au Canada, quelques milliers de nos compatriotes ont, envers et contre tous, fait de tels progrès qu'ils constituent actuellement une nation jeune, vivace et forte, marchant à pas de géant vers l'avenir qu'elle entrevoit. Abandon du gouvernement français, incurie et pillages d'une administration prévaricatrice, oppression et tyrannie étrangères, rien n'y a fait. Aussi laisserons-nous dédaigneusement de côté les accusations formulées contre notre race et nous bornerons-nous à tirer dès à présent de cette première partie de l'œuvre que nous avons entreprise une conclusion qui s'impose.

L'histoire, a dit un de nos maîtres, est un perpétuel recommencement et un éternel enseignement.

Nous assistons à un recommencement dont une nation peut être fière. La France a possédé un merveilleux empire colonial : le Canada et l'Inde. Elle l'a perdu par la faute d'un gouvernement que le peuple a voué aux gémonies. Depuis qu'elle a repris en main ses destinées, elle en a reconquis un autre. Redevenue grande puissance coloniale, profitera-t-elle de l'enseignement du passé, évitera-t-elle les fautes commises autrefois et saura-t-elle enfin non seulement se créer des possessions, mais les peupler, les rendre assez fortes pour se défendre seules?

Les fautes, elles sont bien connues : centralisation à outrance, administration méticuleuse et tracassière, défaut de liberté pour les colons, et par suite possessions languissantes, émigrants peu nombreux, commerce nul.

L'Angleterre a procédé autrement, et les progrès de ses colonies sont pour nos hommes d'État un exemple à méditer. Livrées à elles-mêmes, débarrassées d'un personnel administratif surabondant, cause de dépenses excessives et d'entraves continuelles, jouissant d'une liberté à laquelle nous ne pouvons nous accoutumer, elles ont pris un développement qui nous semble merveilleux et qui n'est que la conséquence logique du système dont elles bénéficient.

Arriverons-nous à adopter pour notre empire colonial un régime analogue?

De la réponse dépend l'avenir. Si nous ne parvenons pas à résoudre le problème, et la liberté seule le permettra, il est bien inutile de gaspiller des millions et de sacrifier des milliers d'hommes pour conquérir des territoires qui, à la première guerre maritime, dépourvus de défenseurs et de ressources, seront à la merci de l'ennemi.

FIN

TABLE DES MATIÈRES

	Pages.
Gloria victis	VII
CHAP. I. — Jacques Cartier. — Champlain	9
— II. — Les premiers gouverneurs	51
— III. — Progrès de la colonie	76
— IV. — Jolliet. — Cavelier de La Salle	98
— V. — Massacre de la Chine. — M. de Frontenac	134
— VI. — Une famille de héros	168
— VII. — Nouvelles luttes contre les Anglais	186
— VIII. — Les Varennes de La Vérendrye	217
— IX. — Les débuts d'un grand homme	236
— X. — La guerre de Sept Ans	255
— XI. — Le martyre d'un peuple	266
— XII. — Campagnes de 1756 et 1757	270
— XIII. — Bataille de Carillon. — Mort de Montcalm	301
— XIV. — La dernière victoire. — Perte du Canada	330
— XV. — Premières années de l'occupation anglaise	343
— XVI. — Révolte des Métis. — Situation actuelle	385

Coulommiers. — Imp. PAUL BRODARD. — 1041-90.

www.ingramcontent.com/pod-product-compliance
Lightning Source LLC
Chambersburg PA
CBHW050912230426
43666CB00010B/2137